भारतीय ग्राम श्रृंखला-III

# ग्रामीण परिवेश का बदलता जीवन:

## सामाजिक, आर्थिक एवं राजनीतिक परिप्रेक्ष्य

ग्रामीण भारत के जीवन के विविध आयामों से सम्बन्धित विद्वत्तापूर्ण और अनुसन्धानपरक आलेखों से बनी यह पुस्तक अपने आप में अनूठी है। इसका एक स्पष्ट कारण तो यह है कि इसमें भारत के गाँवों के जीवन के विविध आयामों से सम्बन्धित आलेख सम्मिलित हैं, और दूसरा कारण यह है कि यह पुस्तक स्वतन्त्रता प्राप्ति के बाद के भारत के ग्रामीण जीवन में गत्यात्मक परिवर्तनशीलता की तस्वीर प्रस्तुत करती है। इस पुस्तक के अध्यायों को पढ़ते हुए हमें स्वतन्त्रता प्राप्ति के बाद के आरम्भिक दशकों में भारतीय गाँवों की स्थिति, जातियों की भूमिका और उनमें हो रहे परिवर्तन के बारे में जानकारी मिलती है। बाद के अध्यायों में साठ, सत्तर और अस्सी के दशक में राज्य द्वारा निर्मित नीतियों के कारण ग्रामीण जीवन में होने वाले बदलावों का अनुभवसिद्ध अध्ययन प्रस्तुत किया गया है। इसी तरह, कई अन्य अध्याय उदारीकरण और भूमण्डलीकरण के दौर में भारतीय गाँवों की दशा और दिशा को प्रदर्शित करते हैं। इस पुस्तक के संकलित आलेखों में ग्रामीण परिवेश का आधुनिक और शैक्षणिक दृष्टिकोण, ग्रामीण स्त्रियों की आकांक्षाएँ एवं पुरुष संस्कृति, हाशिये की राजनीति एवं कृषि सम्बन्धी परिवर्तनों का पुनरावलोकन किया गया है।

**इस पुस्तक में विशेष :**

• ग्रामीणता, आधुनिकता और शिक्षा • प्रभुत्वशाली जातियाँ या अमीर किसान • भारत के ग्रामीण राजनेता : सत्ता के दो चेहरे • अस्थायी घर और अदृश्य काम : राजस्थान के एक गाँव का अध्ययन • कौन उधर लेता है? कौन उधर देता है • अनुभव का मानचित्र : एक भारतीय गाँव में प्रवासन के वृत्तान्त • विवाह के मानक, ग्रामीण महिलाओं के विकल्प और आकांक्षाएँ • मर्दाना स्थान : भारत में ग्रामीण पुरुष संस्कृति • ग्रामीण भारत में पत्नी–पिटाई : एक पति का अधिकार? • हाशिये की राजनीति : दो गाँवों की दास्तान • ग्रामीण उड़ीसा में वृद्ध : संकट में अकेलापन • उभरती ग्रामीणता : हरियाणा में ग्रामीण जीवन और खेतिहर बदलाव का पुनरावलोकन

वाणी प्रकाशन

EPW
Economic&PoliticalWEEKLY

TATA TRUSTS

भारतीय ग्राम शृंखला-III

# ग्रामीण परिवेश का बदलता जीवन: सामाजिक, आर्थिक एवं राजनीतिक परिप्रेक्ष्य

सम्पादक
सुरिन्दर एस. जोधका

सह–सम्पादक
कमल नयन चौबे

वाणी प्रकाशन

EPW
Economic&PoliticalWEEKLY

TATA TRUSTS

4695, 21-ए, दरियागंज, नयी दिल्ली 110 002

फ़ोन : +911123273167 फ़ैक्स : +911123275710

शाखाएँ

अशोक राजपथ, पटना 800 004, बिहार

कॉफ़ी हाउस कैम्पस, महात्मा गांधी मार्ग, इलाहाबाद 211 001, उत्तर प्रदेश

महात्मा गांधी अन्तरराष्ट्रीय हिन्दी विश्वविद्यालय, वर्धा 442 001, महाराष्ट्र

सुल्तानिया रोड, मोतिया पार्क, भोपाल 462 001, मध्य प्रदेश

www.vaniprakashan.in

marketing@vaniprakashan.in

sales@vaniprakashan.in

BHARTIYA GRAM SHRINKHLA-III
GRAMEEN PARIVESH KA BADALATA JEEVAN :
SAMAJIK, AARTHIK EVAM RAJNEETIK PARIPREKSHYA
*Editor* : Surinder S. Jodhka
*Co-Editor* : Kamal Nayan Chaubey

ISBN : 978-93-89012-06-4
Social Science


प्रथम संस्करण 2019

मूल्य : ₹ 399

*प्रस्तुत संकलन हिन्दी माध्यम से इकोनॉमिक ऐंड पॉलिटिकल वीकली के कुछ ख़ास अनुसन्धानों को विश्वविद्यालय के छात्रों और शोधार्थियों से परिचित करवाने का ध्येय रखता है। पिछले कई दशकों से ईपीडब्ल्यू में कुछ विशिष्ट क्षेत्रों में प्रकाशित आलेखों में से गिने-चुने आलेखों को इस पुस्तक में संकलित किया गया है। एक वरिष्ठ अकादमिक ने इस पुस्तक को तैयार किया है जिन्होंने इसकी प्रस्तावना भी लिखी है। ईपीडब्ल्यू इस संकलन में शामिल लेखकों का आभार व्यक्त करता है कि उन्होंने हमें अपने आलेखों की पुनःप्रस्तुति की अनुमति दी। टाटा ट्रस्ट के अनुदान की सहायता से इस संकलन का प्रकाशन सम्भव हुआ है। ईपीडब्ल्यू टाटा ट्रस्ट का भी आभार व्यक्त करता है।*



*सिटी प्रेस, दिल्ली-110 095 में मुद्रित*

*वाणी प्रकाशन का लोगो मक़बूल फ़िदा हुसेन की कूची से*

# शब्द–संक्षेप

(नोट : इस पुस्तक में जहाँ भी किसी विस्तृत पद को संक्षिप्त रूप में पहली बार व्यक्त किया गया है, वहाँ कोष्ठक में उसका विस्तृत रूप भी लिखा गया है। आगे इस पुस्तक में प्रयुक्त कुछ शब्द–संक्षेप और उनके अर्थ को प्रस्तुत किया गया है)

| | | |
|---|---|---|
| बीडीओ | : | ब्लॉक डेवलपमेंट ऑफिसर |
| भाजपा | : | भारतीय जनता पार्टी |
| सीडीपी | : | कम्युनिटी डेवलपमेंट प्रोग्राम |
| माकपा | : | मार्क्सवादी कम्युनिस्ट पार्टी |
| डीआरडीए | : | डिस्ट्रिक्ट रूरल डेवलपमेंट अथॉरिटी |
| डीपीडीसी | : | डिस्ट्रिक्ट प्लानिंग ऐंड डेवलपमेंट कौंसिल्स |
| ईजीएस | : | इम्प्लॉयमेंट गारंटी स्कीम |
| एचवाईवी | : | हाई यल्डिंग वैरायटी |
| एचवाईवीपी | : | हाई यल्डिंग वैरायटी (सीड्स) प्रोग्राम |
| आईएएपी | : | इनटेंसिव एग्रीकल्चर एरियाज़ प्रोग्राम |
| आईएडीपी | : | इनटेंसिव एग्रीकल्चरल डेवलपमेंट प्रोग्राम |
| आईआरडीपी | : | इंटिग्रेटेड रूरल डेवलपमेंट प्रोग्राम |
| पीएसीएस | : | प्राइमरी एग्रीकल्चर क्रेडिट सोसायटी |
| एमएफएएलए | : | मार्जिनल फार्मर्स ऐंड एग्रीकल्चरल लेबर एजेंसी |

| | | |
|---|---|---|
| एमजीएनआरईजीएस (मनरेगा) | : | महात्मा गाँधी नैशनल रूरल इम्पलॉयमेंट गारंटी स्कीम |
| एनएबीएआरडी | : | नैशनल बैंक फ़ॉर एग्रीकल्चर ऐंड रूरल डेवलपमेंट |
| एनसीएईआर | : | नैशनल कौंसिल फ़ॉर एप्लाइड इकोनॉमिक रिसर्च |
| एनडीडीबी | : | नैशनल डेयरी डेवलपमेंट बोर्ड |
| ओजीसीएस | : | ऑयलसीड्स ग्रोवर्स को–ऑपरेटिव सोसायटीज़ |
| एसएफडीए | : | स्मॉल फार्मर्स डेवलपमेंट एजेंसी |

# सह–सम्पादक की क़लम से

ग्रामीण भारत के जीवन के विविध आयामों से सम्बन्धित विद्वत्तापूर्ण और अनुसन्धानपरक आलेखों से बनी यह पुस्तक अपने–आप में अनूठी है। इसका एक स्पष्ट कारण तो यह है कि इसमें भारत के गाँवों के जीवन के विविध आयामों से सम्बन्धित आलेख सम्मिलित हैं, और दूसरा कारण यह है कि यह पुस्तक स्वतन्त्रता प्राप्ति के बाद के भारत के ग्रामीण जीवन में गत्यात्मक परिवर्तनशीलता की तस्वीर प्रस्तुत करती है। इस पुस्तक के अध्यायों को पढ़ते हुए हमें स्वतन्त्रता प्राप्ति के बाद के आरम्भिक दशकों में भारतीय गाँवों की स्थिति, जातियों की भूमिका और उनमें हो रहे परिवर्तन के बारे में जानकारी मिलती है। बाद के अध्यायों में साठ, सत्तर और अस्सी के दशक में राज्य द्वारा निर्मित नीतियों के कारण ग्रामीण जीवन में होने वाले बदलावों का अनुभवसिद्ध अध्ययन प्रस्तुत किया गया है। इसी तरह, कई अन्य अध्याय उदारीकरण और भूमण्डलीकरण के दौर में भारतीय गाँवों की दशा और दिशा को प्रदर्शित करते हैं। इस पुस्तक में संकलित आलेखों में वर्ग, जाति और जेंडर जैसे पहलुओं से भारतीय ग्रामीण जीवन के विविध आयामों का अध्ययन प्रस्तुत किया गया है। हालाँकि यह दावा नहीं किया जा सकता कि इसमें देश के सारे प्रदेशों के ग्रामीण जीवन का अनुभव सम्मिलित है, लेकिन यह अवश्य है कि पुस्तक का दायरा काफ़ी विस्तृत है, और यह सिर्फ़ देश के किसी एक भाग की तस्वीर ही प्रस्तुत नहीं करती है, बल्कि इसमें अलग–अलग प्रदेशों का अनुभव पाया जा सकता है।

इस पुस्तक में संकलित शोध–आलेखों की विशिष्टता उनके द्वारा अपनायी गयी अध्ययन–पद्धति भी है। अधिकांश शोध–आलेख अपनी अध्ययन–पद्धति को स्पष्ट रूप से अभिव्यक्त करते हैं। जिन आलेखों में साफ़ तौर पर ऐसा नहीं किया गया है, वहाँ भी पाठक लेखक की लेखन–पद्धति से ग्रामीण जीवन के किसी विषय से सम्बन्धित व्यवस्थित

अध्ययन के सूत्र पा सकते हैं। निश्चित रूप से, जो आलेख पचास के दशक में लिखे गये, वर्तमान में उनकी स्पष्ट सीमाएँ रेखांकित की जा सकती हैं, लेकिन ये आरम्भिक दौर में गाँवों के अध्ययन के स्वरूप और उनसे सम्बन्धित मुद्दों के बारे में महत्त्वपूर्ण अन्तर्दृष्टि प्रदान करते हैं। असल में, ये शोध–आलेख पाठकों और विशेष रूप से समाज विज्ञान में अनुसन्धान करने की चाह रखने वालों को अध्ययन–पद्धति के सन्दर्भ में महत्त्वपूर्ण अन्तर्दृष्टि प्रदान करते हैं।

हक़ीक़त यह है कि इस पुस्तक की तरह ही अन्य अनुसन्धानपरक पुस्तकों को हिन्दी में लाने की आवश्यकता है। विकासशील समाज अध्ययन पीठ (सीएसडीएस) में अभय कुमार दुबे के कुशल नेतृत्व और मार्गदर्शन में समाज विज्ञान से सम्बन्धित बहुत–सी पुस्तकें हिन्दी में प्रकाशित हुई हैं, इनमें अनूदित, सम्पादित, मौलिक अनुसन्धान की पुस्तकों के साथ ही साथ समाज विज्ञान की प्रतिष्ठित जर्नल *प्रतिमान* के प्रकाशन का विशेष रूप से उल्लेख किया जा सकता है। हिन्दी में इस प्रकार की पुस्तकें आने से ज्ञान का लोकतन्त्रीकरण होता है, अर्थात् ज्ञान समाज के उन तबकों तक भी पहुँचता है, जो भाषागत बाधा के कारण अंग्रेज़ी में प्रकाशित इस प्रकार की पुस्तकें नहीं पढ़ पाते हैं। मैंने *इकोनॉमिक ऐंड पॉलिटिकल वीकली* और 'वाणी प्रकाशन' द्वारा प्रकाशित *भारतीय नीतियों का सामाजिक पक्ष* का सह–सम्पादन का काम भी किया है, और विशेष रूप से उत्तर भारत के विविध विश्वविद्यालयों के छात्र–छात्राओं ने उस पुस्तक को अत्यन्त उपयोगी पाया है। मुझे यह उम्मीद है कि यह पुस्तक भी न सिर्फ़ विद्यार्थियों को भारत के ग्रामीण जीवन के बारे में हुए अनुसन्धानपरक अध्ययनों से अवगत करायेगी, बल्कि आम पाठक, ज़मीनी स्तर पर काम करने वाले कार्यकर्त्ता और गाँव स्तर पर सक्रिय युवा आदि भी गाँव और ग्रामीण जीवन के बदलते स्वरूप के बारे में ज़्यादा व्यवस्थित और गहन समझ बना पायेंगे।

हमने यह प्रयास किया है कि पुस्तक की हिन्दी प्रस्तुति की भाषा सहज और सरल रहे। यह अवश्य है कि कई बार दुरूह अवधारणाओं को अभिव्यक्त करने के लिए कुछ–एक ऐसे पारिभाषिक शब्दों का प्रयोग किया है, जिन्हें अमूमन हिन्दी की बोलचाल में इस्तेमाल नहीं किया जाता है। मसलन, पदसोपान (हायरार्की) ऐसा ही एक शब्द है। इसी प्रकार के

कई अन्य शब्दों का उल्लेख किया जा सकता है। लेकिन मूल रूप से अंग्रेज़ी में लिखे गये समाज विज्ञान और उससे सम्बन्धित अवधारणाओं को किसी भारतीय भाषा में लाने के प्रयास में हमें इस तरह की कुछ जटिलताओं का सामना करना ही पड़ेगा। लेकिन आवश्यकता के अनुसार ऐसे शब्दों के आगे कोष्ठक में उनके अंग्रेज़ी शब्दों का भी उल्लेख किया गया है, जिससे पाठक उस अवधारणात्मक शब्द के बारे में ज़्यादा स्पष्टता से समझ बना सकें। इसी तरह, अंग्रेज़ी में अमूमन बहुत से शब्द–संक्षेपों का प्रयोग किया जाता है। पहली दफा ऐसे शब्द–संक्षेप आने पर हमने कोष्ठक में उनका विस्तृत रूप बताया है, और उसके बाद उसी संक्षिप्त रूप का प्रयोग किया है।

असल में, अपनी पहले की पुस्तकों और कई अनुवादों के माध्यम से मेरी यह भी कोशिश रही है कि हिन्दी में समाज विज्ञान की एक ऐसी भाषा का विकास हो जिसमें अवधारणात्मक रूप से कठिन विमर्श भी आसानी से किया जा सके। मुझे यह उम्मीद है कि यह पुस्तक विद्यार्थियों, अनुसन्धानकर्त्ताओं और ज़मीनी स्तर पर काम करने वाले कार्यकर्त्ताओं को भारत के ग्रामीण जीवन के जटिल आयामों से परिचित करायेगी और उनमें इन मुद्दों के बारे में ज़्यादा गहन और साफ़ तरीक़े से विचार करने की क्षमता का विकास करेगी। मेरा यह दृढ़ विश्वास है कि हिन्दी में और अन्य भारतीय भाषाओं में समाज विज्ञान लिखे जाने की आवश्यकता है, और इसके साथ ही इस तरह की उच्च स्तरीय पुस्तकों को अंग्रेज़ी से हिन्दी और अन्य भारतीय भाषाओं में प्रस्तुत करने का व्यवस्थित प्रयास किया जाना चाहिए। इससे दीर्घकालिक रूप से ज्ञान का लोकतन्त्रीकरण होगा, और लोगों की विभिन्न विषयों के सन्दर्भ में आलोचनात्मक तरीक़े से विचार करने की प्रवृत्ति में बढ़ोतरी होगी।

**–कमल नयन चौबे**

# अनुक्रम

# प्रस्तावना

**सुरिन्दर एस. जोधका**

आर्थिक संवृद्धि और विकास से सम्बन्धित प्रचलित परिकल्पना में तक़रीबन सार्वभौमिक रूप से यह माना जाता है कि लोगों को गाँवों को छोड़कर शहरों की ओर जाना अर्थात् शहरीकरण की प्रक्रिया परिवर्तन और विकास की प्रक्रिया के आगे बढ़ने का मुख्य संकेतक है। दरअसल, उत्तरी गोलार्द्ध के आर्थिक रूप से विकसित देशों में ऐसा हुआ भी है, जहाँ बीसवीं सदी के उत्तरार्द्ध तक 'ग्रामीण' क्षेत्र तक़रीबन ग़ायब ही हो गया। पश्चिम विश्व से उभरकर आने वाले विकास चिन्तन के अधिकांश तरफ़दार दक्षिणी गोलार्द्ध के विकासशील देशों में भी इसी तरह का विकास होने की भविष्यवाणी करते हैं। एशिया और लैटिन अमेरिका के कुछ देशों में आर्थिक परिवर्तन के हाल के अनुभव इस बृहद् परिकल्पना की पुष्टि करते हैं।

बहरहाल, हर स्थान पर ऐसी ही स्थिति नहीं रही है। रेखीय प्रगति के लोकप्रिय सिद्धान्तों द्वारा जनसांख्यिक परिवर्तन के स्वरूप के बारे में प्रस्तुत विचारों के विपरीत यह प्रक्रिया ज़्यादा विविधतापूर्ण और जटिल रही है। भारत इसका एक अच्छा उदाहरण है। पिछले दशकों में भारतीय अर्थव्यवस्था में महत्त्वपूर्ण संरचनात्मक बदलाव हुए हैं, जिससे खेती में लगातार गिरावट आयी है।[1] यहाँ की जनसांख्यिक प्रक्रिया में अनुमानित दिशा में परिवर्तन नहीं हुआ है। पिछले सौ वर्षों में भारत में शहरी क्षेत्र का काफ़ी तेज़ी से विस्तार हुआ है, लेकिन असीम या सापेक्षिक सन्दर्भों में 'ग्रामीण' क्षेत्र का संकुचन नहीं हुआ है। इसके विपरीत, 'ग्रामीण' क्षेत्र में भी लगातार वृद्धि हो रही है, और इसकी वृद्धि की गति शहरी क्षेत्र की तुलना में थोड़ी ही कम है। दूसरे शब्दों में, यद्यपि पिछले सौ वर्षों में

भारत के ग्रामीण क्षेत्र की सामाजिक, आर्थिक और राजनीतिक जीवन की संरचना में कई बुनियादी बदलाव हुए हैं, फिर भी, समकालीन भारत में 'ग्रामीण' एक अवशिष्ट या ख़त्म होती श्रेणी नहीं है।

यह बात आँकड़ों से काफ़ी स्पष्ट हो जाती है। मसलन, भारत की स्वतन्त्रता प्राप्ति के समय यहाँ की कुल जनसंख्या में शहरी जनसंख्या का अनुपात तक़रीबन 17 प्रतिशत था और 2011 में यह 31 प्रतिशत से थोड़ा ही ज़्यादा है। यदि हम असीम आँकड़ों के सन्दर्भ में विचार करते हैं तो यह संवृद्धि और ज़्यादा आश्चर्यजनक लगती है। इस अवधि में भारत की शहरी जनसंख्या के आकार में तक़रीबन पाँच गुना वृद्धि हुई। 1951 में शहरी जनसंख्या 62 मिलियन थी, जो 2011 में बढ़कर 377 मिलियन हो गयी। पिछले सौ वर्षों में आधिकारिक रूप से घोषित शहरी क्षेत्रों में भी काफ़ी वृद्धि हुई है। 1901 में ऐसे क्षेत्रों की संख्या 1,827 थी, 1951 में यह 2,843, 2001 में 5,161 तथा 2011 में 7,935 हो गयी। इस अवधि में ग्रामीण जनसंख्या के आनुपातिक आकार में कमी आयी, किन्तु सम्पूर्ण रूप में भारत के बृहद और विविधतापूर्ण ग्रामीण क्षेत्र में रहने वाले लोगों की संख्या में कई गुना वृद्धि हुई। 1951 में 298.6 मिलियन लोग ग्रामीण क्षेत्रों में रहते थे, 1971 में इनकी संख्या बढ़कर 480 मिलियन तथा 2001 में 742 मिलियन हो गयी। 2011 की जनगणना के अनुसार, भारत के पाँच लाख से भी ज़्यादा गाँवों में 833 मिलियन लोग निवास करते थे। 2011 में ग्रामीण जनसंख्या का आकार 1951 की तुलना में तक़रीबन तीन गुना ज़्यादा हो गया था। रोचक बात यह है कि पिछले दशकों में सिर्फ़ ग्रामीण जनसंख्या के आकार में ही बढ़ोतरी नहीं हुई है, बल्कि आधिकारिक रूप में घोषित गाँवों की संख्या भी लगातार बढ़ी है। 1901 में इनकी संख्या 5,67,000 थी, 2001 में यह 6,38,588 और 2011 में 6,40,867 हो गयी।

## जनसांख्यिकीय आँकड़ों से आगे[2]

'ग्रामीण' और 'शहर' लोगों की रिहाइश को वर्गीकृत करने वाले जनसांख्यिक या प्रशासनिक श्रेणियाँ नहीं हैं। जैसा कि ऊपर संकेत किया गया है, विकास और आधुनिकीकरण की मुख्यधारा की समझ में रिहाइशों की इन दो श्रेणियों को सामाजिक संघटन के भिन्न रूपों या प्रकारों के रूप में देखा गया है। आधुनिक समय में पूरी दुनिया में सामाजिक, आर्थिक और

सांस्कृतिक जीवन की परिकल्पना में इस द्विभाजन का केन्द्रीय स्थान रहा है। अमूमन जहाँ 'ग्रामीण' क्षेत्र को 'परम्परा' का गढ़ माना जाता है, वहीं शहरी क्षेत्रों को आधुनिकता का प्रतीक माना जाता है। ग्रामीण और शहरी समाजशास्त्र की लोकप्रिय पुस्तकों से यह बात सामने आती है कि एक ग्रामीण रिहाइश या एक गाँव सिर्फ़ आकार में ही छोटा नहीं होता है; असल में इसके सामाजिक और आर्थिक संगठन की प्रणाली भी सरल होती है। दूसरी ओर, शहर जनसंख्या के मामले में गाँव से ज़्यादा बड़ा होता है, और यह एक बुनियादी रूप से अलग तरह की अर्थव्यवस्था, संस्कृति और मानकीय व्यवस्था के आधार पर संगठित होता है। आधुनिक शहर जीवन की जटिलता का प्रतीक है, जहाँ विभिन्न जातीय समूहों और संस्कृतियों से जुड़े लोगों का समूह एक साथ निवास करता है। किन्तु इन समूहों के बीच कोई गहरा जुड़ाव नहीं होता है।

मुख्यधारा की पुस्तकों के इस दृष्टिकोण में हमेशा ही यह माना जाता है कि ग्रामीण आर्थिक जीवन खेती के आसपास संगठित है। खेती यहाँ के लोगों की जीविका का एक स्रोत है। यह माना जाता है कि खेती करने वाले किसानों के सांस्कृतिक जीवन के केन्द्र में भी भूमि ही होती है। दूसरे शब्दों में, एक ठेठ किसान के लिए खेती एक जीवन–शैली है। एक किसान अपने परिवार के सदस्यों के साथ भूमि के जिस टुकड़े पर खेती करता था, वह उसकी जीविका का स्रोत होती थी, तथा उसमें पहचान और जुड़ाव का बोध भी भरती थी। यह उसे समुदाय और अपने गोत्र समूह की पुरानी पीढ़ी के लोगों के साथ भी जोड़ती थी। गाँव का आकार छोटा होने के कारण वहाँ रहने वाले लोग एक–दूसरे को नज़दीकी रूप से जानते थे तथा प्रत्येक घर के अतीत को याद रखते थे। यहाँ तक कि एक गोत्र से न जुड़े होने पर भी, वे एक समुदाय के रूप में एक–दूसरे से जुड़े हुए थे तथा उनमें एकता और सहभागी पहचान की भावना थी। ग्रामीण क्षेत्रों में एक अलग तरह की परिवार व्यवस्था भी थी, जिसमें एक छत के नीचे बहुत से परिवार संयुक्त रूप से रहते थे, तथा व्यापक सगोत्रता परिवार के व्यक्तिगत सदस्यों के जीवन को एक आकार देने में सक्रिय भूमिका निभाती थी (मसलन देखें, देसाई 1969)।

इसके विपरीत, शहरी आर्थिक और सांस्कृतिक जीवन काफ़ी भिन्न है यद्यपि शहर में उद्योग और व्यवसाय को जीविका का प्रमुख स्रोत माना जाता है, लेकिन शहरों के निवासी विभिन्न प्रकार के काम करते हैं। गाँव

की तुलना में शहर ज़्यादा विभेदीकृत और असमान होते हैं। ऐतिहासिक रूप से, शहरों में ही आधुनिकता और वैयक्तिकता का जन्म हुआ। यह एक रैडिकल बदलाव था, जिसने सामुदायिक जीवन के जुड़ावों को काफ़ी कमज़ोर बना दिया, या ऐसे जुड़ाव तक़रीबन ख़त्म ही हो गये। स्वकेन्द्रित और एजेंसी युक्त या चुनाव करने वाले व्यक्तियों ने इसका स्थान ले लिया। इस तरह शिक्षा, पेशा, सामाजिक वर्ग, व्यक्तिगत पसन्द और उपभोग के आसपास शहरी पहचान का निर्माण हुआ।

रोचक बात यह है कि गाँव और शहर के बारे में सिर्फ़ लोकप्रिय परिकल्पनाओं में ही ग्रामीण और शहरी क्षेत्रों को इस रूप में प्रस्तुत नहीं किया गया है। असल में, बहुत से समाज वैज्ञानिक चिन्तकों द्वारा मानव समाज के बारे में किये गये क्लासिकल सैद्धान्तीकरण में भी इस द्विभाजन ने अत्यन्त महत्त्वपूर्ण भूमिका अदा की है। साथ ही, समकालीन नीतिगत और राजनीतिक परिकल्पनाओं में भी इस द्विभाजन की जड़ें काफ़ी गहरी हैं।

## पश्चिमी विश्व में ग्रामीण समाजशास्त्र और 'ग्रामीण' का अध्ययन

पश्चिमी यूरोप के समाजों में आधुनिक समय की दो महान क्रान्तियों अर्थात् फ्रांसीसी क्रान्ति और औद्योगिक क्रान्ति के कारण काफ़ी सारे परिवर्तन हुए और नयी चुनौतियाँ सामने आयीं। इसी पृष्ठभूमि में पश्चिमी यूरोप में समाजशास्त्र के अनुशासन का उभार हुआ। फ्रांसीसी क्रान्ति के कारण –समानता, आज़ादी और बन्धुत्व जैसे मूल्यों के नये समूह सामने आये, वहीं औद्योगिक क्रान्ति ने आर्थिक और सामाजिक जीवन को संगठित करने की प्रणालियों में दूरगामी परिवर्तनों की शुरुआत की। आधुनिक उद्योग की स्थापना से श्रमिक उत्पादक कार्यों की ओर आकर्षित हुए, जिसके कारण नये औद्योगिक शहरों का विकास हुआ। इन्हीं परिवर्तनों के परिणामस्वरूप समाजशास्त्र के अनुशासन का जन्म हुआ। अमूमन समाजशास्त्र को परिभाषित करते हुए यह कहा जाता है कि यह 'मानव समूहों और समाजों का अध्ययन है, *जो औद्योगीकृत दुनिया के विश्लेषण पर विशेष बल देता है'* (गिडेन्स 1989 : 732; शब्दों पर ज़ोर जोड़ा गया है)।

पश्चिमी पूँजीवादी विश्व ने अपनी सबसे बुनियादी आत्म–छवि में ख़ुद को 'किसानों से रहित दुनिया' के रूप में परिभाषित किया। आरम्भिक

समाज सिद्धान्त की विकासवादी योजना में समाजों को 'आधुनिक' और 'पिछड़े' के रूप में परिभाषित किया गया। इसका अर्थ यह भी था कि अवधारणा के स्तर पर ग्रामीण जनसंख्या को 'अतीत के अवशेषों' (शानिन 1987 : 468) की मिश्रित श्रेणी का अवशेषीकृत भाग मात्र बना दिया गया है।

निस्सन्देह, पश्चिमी दुनिया की विचारधारात्मक आत्म–छवि में इस महत्त्वपूर्ण बदलाव और आर्थिक जीवन में 'ग्रामीण' क्षेत्र की भूमिका में कटौती हुई। इसके बावजूद 'ग्रामीण' पश्चिमी समाज के सामाजिक और जनसांख्यिक भूदृश्य से विलुप्त नहीं हुआ। बीसवीं सदी के मध्य तक औद्योगीकृत देशों में भी जनसंख्या का एक बड़ा अनुपात ग्रामीण क्षेत्रों में निवास करता था, और इसका राजनीतिक प्रभाव भी था। ग्रामीण और शहरी क्षेत्रों के बीच बढ़ती असमानता तथा शहरी केन्द्रों की ओर ग्रामीण जनसंख्या के पलायन की सम्भावना ने नीति–निर्माताओं और राजनीतिक अभिजनों को गहरी चिन्ता में डाल दिया। दूसरे शब्दों में, पश्चिम के तेज़ी से विकसित होते औद्योगिक देशों में शासन सँभालने वाले लोग भी ग्रामीण क्षेत्रों में हो रहे परिवर्तनों की उपेक्षा नहीं कर पाये (गालेस्की 1972 : 1)। इसी सन्दर्भ में संयुक्त राज्य अमेरिका में ग्रामीण समाजशास्त्र के विशिष्ट उप–अनुशासन का जन्म हुआ।

अन्य बातों के अलावा, उन्नीसवीं सदी के आख़िर में अमेरिका के लम्बे गृह युद्ध ने ग्रामीण क्षेत्रों में गम्भीर 'कृषि संकट' की स्थिति पैदा कर दी। ग्रामीण क्षेत्र गहन मन्दी का शिकार हो गये थे। किसान संगठनों ने इस समस्या को हल करने के लिए संघीय सहायता की माँग की। बुनियादी रूप से, इसी संकट के प्रतिक्रिया स्वरूप में एक व्यावहारिक अनुशासन के रूप में ग्रामीण समाजशास्त्र अस्तित्व में आया (न्यूबी 1980 : 10)। 1908 में अमेरिकी राष्ट्रपति थियोडोर रूजवेल्ट ने कंट्री लाइफ़ कमीशन (ग्रामीण जीवन आयोग) का गठन किया, जिसने इस उप–अनुशासन को आगे बढ़ने में महत्त्वपूर्ण भूमिका अदा की। अध्ययन के व्यावहारिक क्षेत्र के रूप में 'ग्रामीण समाजशास्त्र' की मुख्य चिन्ता अमेरिकी किसानों की सामाजिक और आर्थिक समस्याओं को समझने और उनका निदान करने से सम्बन्धित थी। इसमें 'सामुदायिक जीवन' की आन्तरिक संरचना तथा ग्रामीण जनसंख्या के बदल संघटन से सम्बन्धित प्रश्नों पर ज़्यादा ध्यान दिया गया (श्वार्जवेलर 1984 : xi)। यूरोप में भी, द्वितीय विश्व युद्ध के बाद इसी तरह के दृष्टिकोण के साथ ग्रामीण समाजशास्त्र का विकास हुआ (गालेस्की 1972 : 2)।

यह स्पष्ट है कि ग्रामीण समाजशास्त्र का उभार अमेरिकी किसानों को प्रभावित करने वाले सामाजिक और राजनीतिक संकट और राष्ट्रीय स्तर की राजनीतिक प्रक्रिया में उनके प्रभाव के कारण सामने आयी समस्याओं के सन्दर्भ में हुआ। लेकिन इस उप–अनुशासन ने ख़ुद को ग्रामीण समाज के एक विज्ञान के रूप में देखा, और इसने अपने विषय पर अद्वितीय तरीक़े से ध्यान दिया, मानो यह अन्य सभी विषयों से पृथक् हो। दूसरे शब्दों में, इसने ग्रामीण समाज को शेष देश के राजनीतिक और आर्थिक जीवन से एकीकृत नहीं माना, या फिर इसे एक व्यापक समाज के एक भाग के रूप में देखा। जैसा कि ए. आर देसाई ने लिखा है :

> *सभी ग्रामीण समाजशास्त्री यह स्वीकार करते हैं कि समुदाय का सामाजिक जीवन दो विशिष्ट भागों–ग्रामीण और शहरी में बँटा हुआ है। यद्यपि ये भाग आपस में अन्तःक्रिया करते हैं, लेकिन प्रत्येक दूसरे से पर्याप्त रूप से अलग है।*
>
> *ये सभी यह मानते हैं कि ग्रामीण क्षेत्र के सामाजिक जीवन की विशेषताएँ और प्रवृत्तियाँ ख़ास तौर पर इसी से जुड़ी हुई हैं...और...इसलिए वे इसे शहरी क्षेत्र के जीवन से बिल्कुल ही अलग करते हैं।*
>
> *...ग्रामीण समाजशास्त्र का मुख्य लक्ष्य ग्रामीण सामाजिक संगठन, इसकी संरचना, और विकास की वस्तुनिष्ठ प्रवृत्तियों का एक वैज्ञानिक, व्यवस्थित और व्यापक अध्ययन करना होना चाहिए तथा इसे इस प्रकार के अध्ययन के आधार पर ग्रामीण क्षेत्र के विकास के नियमों की खोज करनी चाहिए। (देसाई 1969 : 9)*

इसी तरह, ग्रामीण समाजशास्त्र की एक अन्य पुस्तक में ग्रामीण सामाजिक जीवन की विशिष्ट प्रकृति पर बल दिया गया है। लेखक यह तर्क देते हैं कि 'ग्रामीण जीवन की तुलना शहरी जीवन से करके इसकी विशिष्ट विशेषताओं को स्पष्ट रूप से रेखांकित किया जा सकता है' : '...गाँव की संस्कृति शहर की संस्कृति से बिल्कुल ही अलग है। शहरों की सामाजिक संरचना तुलनात्मक रूप से बड़ी, अवैयक्तिक और जटिल होती है; ग्रामीण समुदाय छोटे होते हैं, एक–दूसरे से निकटता से जुड़े होते हैं और इनका संगठन सरल होता है' (नेल्सन 1984 : 14)।

कई विद्वानों ने ग्रामीण और शहरी क्षेत्रों को भिन्न प्रकार के समाज

मानने वाले दृष्टिकोण की आलोचना की है, तथा इस बात पर बल दिया है कि दोनों के बीच एक सातत्य (कॉन्टिन्युम) है (रेडफील्ड 1947)। वहीं, सैद्धान्तिक रूप से, अभी भी ग्रामीण समाजशास्त्र सामाजिक परिवर्तन की द्विध्रुवीय अवधारणाओं में फँसा हुआ है। इसमें 'ग्रामीण' को 'शहर' के विपरीत माना जाता है, और 'ग्रामीणता' (स्टैलिटी) की परिकल्पना एक स्वायत्त या एक अद्वितीय यथार्थ के रूप में की गयी है (बोनानो 1989)। यह माना जाता है कि इसे व्यापक, सामाजिक, ऐतिहासिक, और राजनीतिक सन्दर्भ से पृथक् रखकर ही समझा जा सकता है (वही : ix)।

विद्वानों ने अन्य समस्याओं का भी उल्लेख किया है। मानव सभ्यता में कई तरह की रिहाइशें रही हैं। जिस प्रकार के बड़े, मध्यम और छोटे आकार के शहर होते हैं, उसी तरह कई प्रकार के 'ग्रामीण' रिहाइशी क्षेत्र भी होते हैं। तेज़ी से वैश्वीकृत होती दुनिया में 'ग्रामीण' और 'शहरी' क्षेत्रों के बीच का समाजशास्त्रीय अन्तर क़ायम रखना और ज़्यादा कठिन हो गया है। इस दौर में दूरसंचार और मास–मीडिया ने शहरों और ग्रामीण क्षेत्रों के बीच के पुराने अन्तर को तक़रीबन मिटा दिया है। पश्चिमी देशों में ग्रामीण समाजशास्त्र का उप–अनुशासन भी पहचान के संकट का सामना कर रहा है, क्योंकि ग्रामीण क्षेत्रों में रहने वाले लोगों की संख्या में लगातार गिरावट हो रही है (फ्राइड लैंड 1982 : 590)।

## भारत में 'ग्रामीण' क्षेत्र का अध्ययन

समकालीन भारत के इतिहास में गाँव के विचार को महत्त्वपूर्ण स्थान प्राप्त है। यह उन मुख्य श्रेणियों में से एक थी, जिसके द्वारा अंग्रेज़ औपनिवेशिक शासकों और राष्ट्रवादी नेतृत्व ने उन्नीसवीं और बीसवीं सदियों में भारत की परिकल्पना की और भारत की छवि को इसके माध्यम से प्रस्तुत किया। भारतीय गाँवों पर इतना ज़्यादा ध्यान दिया गया कि इसे भारत के 'देशज जीवन' का प्रतीक माना जाने लगा। इसे एक ऐसे स्थान के रूप में देखा जाने लगा जहाँ आर्थिक जीवन, सामाजिक संगठन और सांस्कृतिक विश्वासों के स्थानीय स्वरूप का अवलोकन किया जा सकता था। जैसा कि बेते ने लिखा है, '...गाँव सिर्फ़ एक ऐसा स्थान नहीं था जहाँ लोग रहते थे; इसका ऐसा स्वरूप था जिससे भारतीय सभ्यता के बुनियादी मूल्य प्रदर्शित होते थे (बेते 1980 : 108)।

यद्यपि दक्षिण एशियाई क्षेत्र के पूर्व–औपनिवेशिक इतिहास में भी गाँवों के विस्तृत सन्दर्भ देखे जा सकते हैं, लेकिन अंग्रेज़ों के औपनिवेशिक शासन के दौरान ही गाँव ने पारम्परिक भारतीय सभ्यता की लोकप्रिय परिकल्पना में केन्द्रीय स्थान ग्रहण कर लिया। औपनिवेशिक शासन के दौरान विभिन्न विद्वानों द्वारा विविध प्रकृति का लेखन किया गया, लेकिन 'गाँव गणराज्य की भूमि' के रूप में भारत की रूढ़िबद्ध छवि को व्यापक स्वीकार्यता मिली। जेम्स मिल के पहले के लेखन के साथ चार्ल्स मेटकॉफ की 'भारतीय गाँव समुदाय' की अवधारणा ने ग्रामीण भारत के बारे में बाद में होने वाले लेखन की दिशा तय की। अपनी विस्तृत टिप्पणी में मेटकॉफ ने यह विचार व्यक्त किया कि : '....भारत के गाँव समुदाय छोटे गणराज्य थे, उनके पास अपनी आवश्यकता की तक़रीबन सभी वस्तुएँ थीं, और वे विदेश मामलों में तक़रीबन स्वतन्त्र थे। ऐसा प्रतीत होता है कि जब किसी अन्य चीज़ का अस्तित्व नहीं बचा, तब भी इनका अस्तित्व बचा रह गया। वंश–दर–वंश ढ़हते चले गये; क्रान्ति–दर–क्रान्ति होती रही, लेकिन गाँव समुदाय ज्यों–के–त्यों रहें' (कोहेन 1987 : 213 में उद्धृत)।

हर औपनिवेशिक प्रशासक भारतीय गाँव के बारे में मेटकॉफ के मूल्यांकन से सहमत नहीं था, इसके बावजूद यह सबसे लोकप्रिय और प्रभावशाली विवरण बन गया। औपनिवेशिक विमर्श में गाँव एक आत्मनिर्भर समुदाय था, जहाँ भूमि पर सामुदायिक स्वामित्व था, और यहाँ विभिन्न प्रकार के पेशा करने वाले लोगों के बीच एक कार्यात्मक एकीकरण था। इस सन्दर्भ में इंडेन ने यह लिखा है कि : 'प्रत्येक गाँव एक आन्तरिक विश्व था, एक पारम्परिक समुदाय था और इसकी अर्थव्यवस्था आत्मनिर्भर थी। इसके शासन का स्वरूप पितृसत्तात्मक था, और अपनी सीमा पर यह अन्य विरोधी गाँवों और तानाशाही सरकारों से घिरा हुआ था' (इंडेन 1990 : 133)।

सर हेनरी मेन से लेकर कार्ल मार्क्स तक–तक़रीबन हर किसी ने बग़ैर किसी आलोचना के अपरिवर्तित सामुदायिक रिहाइश के रूप में भारतीय गाँव की रूढ़िबद्ध छवि को स्वीकार किया। जब मार्क्स और एंगेल्स ने *द न्यूयॉर्क डेली ट्रिब्यून* में 'जड़ भारत' पर अंग्रेज़ों के शासन के सम्भावित परिणामों के बारे में लिखा, तो उन्होंने भी भारतीय गाँव की इस रूढ़िबद्ध छवि को स्वीकार किया। इसी सन्दर्भ में उन्होंने यह सोचा कि भारत में अंग्रेज़ों का शासन एक सामाजिक क्रान्ति की स्थिति उत्पन्न कर सकता है। इस तरह, बहुत से सामाजिक सिद्धान्तकार भारतीय गाँव के सामाजिक संगठन को

पूर्व–आधुनिक/पारम्परिक समाज का एक क्लासिक उदाहरण मानने लगें।

इसी प्रकार की परिकल्पना से राष्ट्रवादी विमर्श में भी विविध तरीक़ों, से गाँव को प्रामाणिक देशज जीवन का प्रतिनिधि मानने का विचार उत्पन्न हुआ। विभिन्न राष्ट्रवादी नेताओं के बीच अपने विचारधारात्मक रुझानों या राजनीतिक एजेण्डा के आधार पर असहमति और मतभेद थे। लेकिन इसके बावजूद 'गाँव' का विचार एक ऐसी केन्द्रीय श्रेणी बनी रही, जिसके द्वारा 'पारम्परिक' भारतीय सामाजिक जीवन को समझा गया। बहरहाल, अंग्रेज़ प्रशासकों के विपरीत, भारतीय राष्ट्रवादी आन्दोलन के नेताओं के लिए गाँव सिर्फ़ पहले से मौजूद एक सांस्कृतिक संरचना नहीं था। इसके बजाय, यह राजनीतिक का एक स्थान था। वे यह मानते थे कि 'गाँव' 'वास्तविक भारत' का प्रतिनिधित्व करता है। यह एक ऐसे राष्ट्र का प्रतिनिधित्व करता है, जिसे फिर से प्राप्त करने, मुक्त करने और बदलने की आवश्यकता थी। जहाँ गाँधी ने इसे 'प्रामाणिकता' के स्थान के रूप में देखा, वहीं नेहरू यह मानते थे कि गाँव भारत के 'पिछड़ेपन' के स्रोत और स्थान हैं। अम्बेडकर यह मानते थे कि गाँव शोषण का स्थान है जहाँ जाति की संस्था ख़ुद को सबसे क्रूर और अमानवीय रूप में प्रस्तुत करती थी (देखें जोधका 2002)।

औपनिवेशिक शासन से आज़ादी के बाद, गाँव विभिन्न प्रकार के लोगों के लिए रुचि का विषय बना रहा। भारतीय राज्य ने ग्रामीण क्षेत्रों में विकास के कार्यक्रम आरम्भ किये। मीडिया, सिनेमा और टेलीविज़न में भी भारतीय गाँव काफ़ी प्रमुखता से सामने आता है। यह भारतीय समाज का अध्ययन करने वाले समाजवैज्ञानिकों के लिए पसन्दीदा स्थान रहा है। इसने विभिन्न प्रकार के विषयों और प्रश्नों के अध्ययन के लिए पद्धतिशास्त्रीय प्रवेश बिन्दु की भूमिका अदा की है।

## ग्रामीण क्षेत्रों का मानवशास्त्रीय विवरण, 'गाँव अध्ययन'

1947 में भारत को औपनिवेशिक शासन से आज़ादी मिली। इसके बाद विकास प्रक्रियाओं की एक नयी शृंखला आरम्भ हुई, जिसने ग्रामीण समाज के अध्ययन का एक पूरी तरह से नया सन्दर्भ उपलब्ध कराया। गाँव और इसकी अर्थव्यवस्था नये राज्य की विकास नीति के सबसे महत्त्वपूर्ण लक्ष्यों में से एक थी। यद्यपि भारत में अर्थशास्त्रियों ने विकास के विमर्श में

अग्रणी भूमिका निभाई, किन्तु समाजशास्त्रियों और सामाजिक मानवशास्त्रियों ने भारत के विभिन्न क्षेत्रों में रोज़मर्रा के ग्रामीण जीवन कीं ज़मीनी हक़ीक़तों की जाँच–पड़ताल कीं। इस पुस्तक के प्रथम भाग के तेरह अध्याय इस प्रकार के अध्ययनों का बेहतरीन उदाहरण हैं।

अमूमन ये सभी अध्ययन प्रत्यक्ष फील्ड–वर्क (क्षेत्र–अध्ययन) पर आधारित हैं। अधिकांश मामलों में यह अध्ययन एक गाँव में किया गया तथा इसमें 'सहभागी पर्यवेक्षण' (पार्टिशिपेंट ऑब्ज़र्वेशन) की पद्धति का उपयोग किया गया है। इनमें सामाजिक मानवशास्त्रियों ने ग्रामीण लोगों के सामाजिक सम्बन्धों की संरचनाओं, संस्थात्मक स्वरूप, तथा विश्वास और मूल्य व्यवस्थाओं के बारे में लिखा है।[3] भारतीय गाँवों का अध्ययन पश्चिम अकादमिक जगत में किसानों के अध्ययन के बारे में जगी नयी रुचि का प्रत्यक्ष परिणाम था। द्वितीय विश्व युद्ध के बाद विऔद्योगीकरण के कारण बहुत से 'नये राज्यों' का उदय हुआ, जिसने समाज विज्ञान की अनुसन्धान प्राथमिकताओं पर गहरा प्रभाव डाला। नये राज्यों के रूप में उभरकर सामने आये 'तीसरी दुनिया' के इन देशों की सबसे महत्त्वपूर्ण विशेषता यह थी कि इनकी जनसंख्या का एक बड़ा हिस्सा जड़ खेतिहर क्षेत्र पर निर्भर था। औपनिवेशिक शासन से आज़ादी के संघर्ष ने भी इन समाजों की 'आम जनता' और 'अभिजनों' के बीच नवीन आकांक्षाओं को जन्म दिया। इनमें से कुछ देशों की आज़ादी के संघर्ष में किसानों ने महत्त्वपूर्ण भूमिका निभाई थी। इसलिए नयी राजनीतिक व्यवस्था का प्राथमिक एजेण्डा यह था कि उनकी 'पिछड़ी' और जड़ अर्थव्यवस्थाओं में परिवर्तन किया जाये। यद्यपि तीसरी दुनिया के देशों की रणनीतियों और प्राथमिकताओं में भिन्नता थी, किन्तु इनमें से अधिकांश देशों में 'आधुनिकीकरण' और 'विकास' साझा कार्यक्रम के रूप में सामने आये।

इसी ऐतिहासिक पृष्ठभूमि में पूरी दुनिया में विकास अध्ययन अकादमिक रुचि के सबसे महत्त्वपूर्ण विषयों में से एक बन गया। इससे यह उम्मीद की जाती थी कि यह सामाजिक–आर्थिक बदलाव के लिए प्रासंगिक आँकड़े और निर्देशात्मक ज्ञान उत्पन्न करेगा। पश्चिमी शक्तियों की भी इस बात में गहरी रुचि थी कि तीसरी दुनिया के विभिन्न देश विकास का कौन–सा 'पथ' चुनते हैं। दरअसल, बेचैनी का सबसे बड़ा कारण यह डर था कि ये देश विकास के समाजवादी रास्ते का चुनाव न कर लें, और इसके बाद मौजूदा 'सोवियत गुट' की ओर न चले जायें।

चूँकि तीसरी दुनिया के लोगों के बहुत से लोग खेती पर प्रत्यक्ष रूप से निर्भर थे, इसलिए खेतिहर सम्बन्धों की मौजूदा सरंचनाओं को समझने और उन्हें बदलने के तरीक़ों और साधनों को तैयार करने को विकास अध्ययनों में महत्त्वपूर्ण प्राथमिकता के रूप में स्वीकार किया गया। तीसरी दुनिया के ग्रामीण क्षेत्रों में पश्चिम की राजनीतिक रुचि तथा आधुनिकीकरण और विकास सिद्धान्तों के बढ़ते प्रभावों के कारण किसान अर्थव्यवस्थाओं और समाजों के अध्ययन के लिए पश्चिमी देशों द्वारा काफ़ी बड़ी राशि उपलब्ध कराई गयी (सिल्वरमैन 1987 : 11)। सामाजिक मानवशास्त्र के अनुशासन में 'किसान वर्ग' (पीजॅन्ट्री) की अवधारणा प्रचलित हो गयी। एक ऐसे समय में, जब आदिम जनजातियाँ या तो विलुप्त होने की प्रक्रिया में थीं, या पहले से ही विलुप्त हो चुकी थीं, 'किसान–वर्ग' की 'खोज' ने सामाजिक मानवशास्त्र के अनुशासन को एक नया जीवन प्रदान किया (बेते 1974)।

एक सुप्रसिद्ध सामाजिक मानवशास्त्री रॉबर्ट रेडफील्ड ने यह तर्क दिया है कि किसान वर्ग को एक भिन्न प्रकार का सामाजिक संघटन मानना चाहिए। 'किसान समाज और संस्कृति में कुछ आनुवांशिक बातें निहित थीं। यह मानवता की एक ऐसी व्यवस्था है जिसमें पूरी दुनिया में कुछ समानता है' (रेडफील्ड 1965 : 17)। अपने इस विचार को और ज़्यादा विस्तार देते हुए वे लिखते हैं : '...एक किसान ऐसा व्यक्ति है जिसका भूमि के एक टुकड़े पर प्रभावशाली नियन्त्रण होता है, इससे वह परम्परा और संवेदना के बन्धन से लम्बे समय से जुड़ा रहा है। भूमि और किसान एक ही वस्तु, सम्बन्धों के एक पुराने स्थापित निकाय का अलग–अलग भाग हैं' (वही : 19)।

बहरहाल, आदिम जनजातीय समुदायों के विपरीत, किसान समाजों ने अधिशेष (सरप्लस) का उत्पादन भी किया, जिसे अमूमन शहर में शासकों के प्रभावशाली समूह को हस्तान्तरित किया गया (वोल्फ 1966 : 4)। इस तरह, सभ्यताओं के विकास के साथ किसान समाजों का उभार हुआ तथा किसान वर्ग द्वारा उत्पादित अधिशेष ने शहरों के शासक अभिजनों को क़ायम रखा। इसी धारा में लिखते हुए थियोडोर शानिन ने एक ठेठ किसान समाज के लिए 'आदर्श प्रकार' का विकास किया। उनके अनुसार, इसकी चार प्रमुख विशेषताएँ होती हैं, जो दुनिया के सभी भागों में भिन्न स्तरों में पायी जाती थीं। पहली और सबसे प्रमुख विशेषता यह थी कि एक बहुआयामीय सामाजिक संगठन में परिवार उत्पादन और उपभोग की

बुनियादी इकाई था। दूसरा, भूमि पर खेती जीविका का प्रमुख साधन था। तीसरा, एक विशिष्ट पारम्परिक संस्कृति थी, जो किसान समुदायों की जीवन–शैली से जुड़ी हुई थी। चौथा, समुदाय से बाहर रहने वाले एक अभिजन का किसान वर्ग पर प्रभुत्व था (शानिन 1987 : 3–5)।

द्वितीय विश्व युद्ध के बाद पश्चिम में समाज विज्ञान और विकास अध्ययनों में विकसित किसान समाज की अवधारणा, औपनिवेशिक विमर्श में निर्मित भारतीय गाँव की अवधारणा से काफ़ी मिलती–जुलती थी। जैसा कि ब्रेमन ने लिखा है, 'एशिया में किसान अर्थव्यवस्था की सामाजिक बुनियाद के रूप में 'ग्रामीण समुदाय' को चिन्हित किया गया (ब्रेमन 1988 : 1)। दरअसल, भारत के 'गाँव अध्ययन' में रॉबर्ट रेडफील्ड का प्रभाव काफ़ी स्पष्ट है। भारतीय गाँवों के अध्ययन में सबसे लोकप्रिय अवधारणा रेडफील्ड द्वारा प्रस्तुत 'छोटे समुदाय' (लिटिल कम्युनिटी) की अवधारणा ही है।

मानवशास्त्रियों (इनमें से अधिकांश या तो पश्चिम से थे या फिर पश्चिमी विश्वविद्यालयों में प्रशिक्षित भारतीय विद्वान थे) ने यह पाया कि गाँव अध्ययन के लिए एक प्रासंगिक विषय है। इसलिए 1950 के दशक के आरम्भ से उन्होंने क्षेत्र–अध्ययन (फील्ड–स्टडी) करना आरम्भ कर दिया। विभिन्न गाँवों के अलग–अलग विवरण प्रस्तुत करने वाले लघु निबन्ध भारतीय जर्नल द *इकोनॉमिक वीकली* में अक्टूबर 1951 से मई 1954 के बीच प्रकाशित हुए। इस जर्नल का प्रकाशन हाल में ही आरम्भ हुआ था तथा आगे चलकर इसे *इकानॉमिक ऐंड पॉलिटिकल वीकली* के नाम से जाना गया।[4]

समाजशास्त्रियों और सामाजिक मानवशास्त्रियों के साथ कुछ राजनीतिक वैज्ञानिकों, इतिहासकारों और अर्थशास्त्रियों ने भी ग्रामीण जीवन पर विस्तार से लिखा। मानवशास्त्री एक 'मध्यम'–आकार के गाँव को अध्ययन के लिए चुना, वहाँ वे एक से लेकर दो वर्ष की लम्बी अवधि तक रहे। इस पूरी प्रक्रिया के परिणामस्वरूप अन्त में सामाजिक और सांस्कृतिक जीवन का एक 'सम्पूर्ण' विवरण सामने आ पाया। इस प्रकार के अध्ययनों को मानवशास्त्रीय अध्ययन की श्रेणी में डालने वाली मुख्य विशेषता यह थी कि इसमें क्षेत्र–अध्ययन का घटक जुड़ा था और 'सहभागी पर्यवेक्षण' की पद्धति का उपयोग किया गया। पश्चिम के विद्वानों ने आँकड़ों के संग्रहण की इस पद्धति का विकास जनजाति समुदायों के अध्ययन के लिए किया था। गहन क्षेत्र–अध्ययन (फील्ड–वर्क)

को सामाजिक मानवशास्त्र की सर्वप्रमुख विशेषता के रूप में देखा जाने लगा। इसका एक मानकीय स्वरूप उभरकर सामने आया और इसका व्यवहार करने वाले अनुसन्धानकर्त्ताओं को इसी का अनुसरण करना था (बेते 1972; श्रीनिवास 1975)।

सामाजिक मानवशास्त्रियों ने इस तथ्य की ओर संकेत किया है कि क्षैतिज (हॉरिजॉन्टल) जुड़ावों के साथ ही साथ गाँव में एक ऊर्ध्व या लम्बवत (वर्टिकल) जुड़ाव की संरचना भी होती है; मसलन जाति–आधारित व्यवस्था के पदसोपान को इसका उदाहरण माना जा सकता है। यह माना जाता है कि भारत के अधिकांश भागों में एक आम ग्रामीण व्यक्ति के लिए गाँव और जाति उसकी पहचान के प्रमुख स्रोत रहे हैं। विभिन्न विद्वानों ने पहचान के इन दो स्रोतों पर अलग–अलग स्तर तक बल दिया है। मसलन, एम. एन. श्रीनिवास यह तर्क देते हैं कि उनके गाँव के निवासियों में गाँव से जुड़ाव की इतनी मज़बूत भावना थी कि कोई व्यक्ति अपने गाँव के अपमान को अपनी, अपनी पत्नी या अपने परिवार की बेइज़्ज़ती के रूप में देखता था (श्रीनिवास 1976 : 270)। इसी तरह, दुबे इस बात पर बल देते हैं कि :

> *सम्पूर्ण भारतीय उपमहाद्वीप में ग्रामीण समुदायों की कुछ साझा विशेषताएँ हैं। सामाजिक संगठन की एक इकाई के रूप में गाँव गोत्र, जाति और वर्ग से अलग एकजुटता का प्रतिनिधित्व करते हैं।....गाँव में रहने वाले विभिन्न जातियों और समुदायों के लोग इसकी आर्थिक, सामाजिक और कर्मकाण्डीय स्वरूप से, सामान्यतः स्वीकृत परम्पराओं से मान्यता प्राप्त और क़ायम रखे जाने वाले पारस्परिक दायित्वों के जुड़ाव से एक बन्धन में बँधे होते हैं। गाँव के भीतर समूहों और गुटों के अस्तित्व के बावजूद यहाँ के लोग संगठित और सुगठित रूप से बाहरी दुनिया का सामना कर सकते हैं, और वे ऐसा करते भी हैं।* (दुबे 1955ख : 202)

सबसे पहले वाइजर ने 'पारस्परिकता' (रेसीप्रोसिटी) की रूपरेखा में भारतीय गाँव में जाति समूहों के बीच के सामाजिक सम्बन्धों की अवधारणा प्रस्तुत की। यह अवधारणा उनकी क्लासिक पुस्तक *द हिन्दू जजमानी सिस्टम* में सामने आयी थी, जो सबसे पहले 1936 में प्रकाशित

हुई थी। पारस्परिकता की रूपरेखा का अर्थ यह था कि यद्यपि गाँव का सामाजिक संगठन पदसोपानीय (हायरार्किकल) है, किन्तु विभिन्न जातियों समूहों के बीच 'अन्तर्निर्भरता' गाँव की चेतना को अभिव्यक्त करती है। इन जातियों के बीच मतभेद थे, किन्तु ग्रामीण समुदाय अन्तर्निर्भरता के कारण एकजुट थे।

बाद में होने वाले अध्ययन ज़्यादा विस्तृत थे और उनमें ग्रामीण समाज में सामाजिक असमानता और भिन्नता के विविध रूपों का लम्बा विवरण था। लेकिन इसके बावजूद इनमें से बहुत से अध्ययनों ने, विशेष रूप से गाँव के सामाजिक जीवन की एकता की अवधारणा तैयार करने के लिए पारस्परिकता की रूपरेखा का उपयोग किया। मसलन, श्रीनिवास ने गाँव के सामाजिक संगठन की बुनियादी विशेषताओं के रूप में 'ज़मींदार और जोतदार के बीच, मालिक और नौकर के बीच तथा साहूकार और कर्ज़दार के बीच' 'लम्बवत (वर्टिकल) जुड़ावों' के अस्तित्व को स्वीकार किया। लेकिन उन्होंने इन सम्बन्धों को अनिवार्य रूप से टकरावयुक्त या शोषणकारी प्रकृति का नहीं माना। इसके विपरीत, इस तरह के जुड़ावों के परिणामस्वरूप जाति समूहों की अन्तर्निर्भरता ने गाँव को परिभाषित किया (श्रीनिवास 1976 : 185)।

बहरहाल, श्रीनिवास, दुबे या वाइजर की तरह हर किसी ने गाँव के जीवन में एकता पर बल नहीं दिया। कुछ मानवशास्त्रियों ने स्पष्ट रूप से गाँव में एकता होने की थीसिस की आलोचना की, वहीं कई अन्य मानवशास्त्रियों ने अपने तर्कों में इस पहलू को भी स्थान दिया कि गाँव के भीतर संघर्ष का अस्तित्व होता है साथ ही, बाहरी दुनिया से गाँव के जुड़ाव में भी संघर्ष निहित है। मसलन, पॉल हिबर्ट ने एक दक्षिण भारतीय गाँव के अपने अध्ययन में यह तर्क दिया कि जाति व्यवस्था ने गाँव को स्थिरता का स्रोत उपलब्ध कराया, लेकिन उन्होंने इस तथ्य को भी रेखांकित किया कि 'गाँव की ऊपर से दिखने वाली एकता में बहुत गहरी दरारें हैं तथा गाँव बहुत से सामाजिक समूहों में विखण्डित है' (हिबर्ट 1971 : 13)। इसी तरह, मजूमदार ने भी इस बात पर बल दिया है कि 'भारतीय स्थितियों में गाँवों को एक सीमित स्तर तक ही एकीकृत सम्पूर्णता, एक जीवनशैली, चिन्तन और भावना के रूप में माना जा सकता की है' (मजूमदार 1958 : 325)।

भारतीय गाँव में सामुदायिक एकता के विचार को प्रश्नांकित करने वाले मानवशास्त्रियों में लेविस और बेली भी शामिल थे। लेविस ने भारत के 'ग्रामीण समुदाय' की तुलना अमेरिकी पड़ोस से करते हुए यह विचार व्यक्त किया कि :

> *...जाति व्यवस्था गाँव को विभाजित करती है और गाँव में एकजुटता की भावना को कमज़ोर करती है। अमूमन जाति एक विशिष्ट जातीय समूह का प्रतिनिधित्व करती है, जिसका अपना इतिहास, परम्परा और पहचान होती है। और प्रत्येक जाति कमोबेश गाँव के अलग–अलग भागों में निवास करती है...प्रत्येक जाति एक पृथक् छोटे समुदाय का निर्माण करती है। (लेविस 1958 : 314)*

इसी तरह, एफ. जी. बेली ने 'एकता–पारस्परिकता' थीसिस की रैडिकल समीक्षा उपलब्ध कराई, और उन्होंने जाति सम्बन्धों के बल–प्रयोग पर आधारित आयामों को रेखांकित किया (बेली 1960 : 258)। कुछ अन्य विद्वानों ने जजमानी व्यवस्था तथा पारस्परिकता और पदसोपान के मौजूदा मूल्यों की वैकल्पिक व्याख्या प्रस्तुत की। उन्होंने यह तर्क दिया कि प्रभुत्वशाली ज़मींदार आनुवांशिक दायित्वों और पेशागत कर्त्तव्यों का उपयोग पूर्व–पूँजीवादी/सामन्तवादी सम्बन्धों के स्थानीय रूप का स्थायीकरण करने के लिए करते हैं (बीडेलमैन 1959 : 6; ड्जुरफेल्ड्ट और लिंडबर्ग 1976 : 42)। किन्तु इस प्रकार के आलोचनात्मक दृष्टिकोण मोटे तौर पर हाशिये पर ही रहे। 1970 के दशक तक ग्रामीण भारत के बारे में होने वाले समाजशास्त्रीय और सामाजिक मानवशास्त्रीय लेखन पर कार्यवादी दृष्टिकोण (फंक्शनलिस्ट पर्सपेक्टिव) का ही प्रभुत्व रहा।

कार्यवादी दृष्टिकोण के प्रभुत्व के बावजूद 1950 और 1960 के दशक के गाँव अध्ययनों में भारतीय समाज विज्ञान के इतिहास में महत्त्वपूर्ण मील का पत्थर थे। इन अध्ययनों ने औपनिवेशिक प्रशासकों के द्वारा भारतीय गाँव के बारे में बनायी गयी लोकप्रिय रूढ़िबद्ध धारणाओं को चुनौती थी। इन्होंने यह स्पष्ट किया कि औपनिवेशिक शासन द्वारा खेती सम्बन्धी नये क़ानून बनाने से पहले से ही गाँव अपने क्षेत्र की व्यापक अर्थव्यवस्था और समाज से अच्छी तरह से जुड़े हुए थे। इन्होंने यह भी रेखांकित किया कि देश के

विभिन्न भागों में गाँव के सामाजिक जीवन के संगठन में क्षेत्रीय भिन्नता है।

हिन्दू धर्मग्रन्थों द्वारा सैद्धान्तीकृत वर्ण व्यवस्था का आदर्शीकृत प्रतिमान ग्रामीण जीवन की ठोस हक़ीक़त से बिल्कुल ही अलग था। निश्चित रूप से, जाति भारतीय गाँवों की एक महत्त्वपूर्ण संस्था थी, तथा बहुत से अध्ययनों में अन्य भिन्नताओं की तुलना में जाति की भिन्नता को वरीयता दी गयी। लेकिन इसके बावजूद, अनुभवसिद्ध अध्ययनों ने यह दिखाया कि यह पूरी तरह से बन्द और सख़्त तरीक़े से परिभाषित व्यवस्था नहीं थी। जाति सम्बन्धी नियम भी विशिष्ट रूप से कर्मकाण्डीय पदसोपान में किसी की स्थिति से तय नहीं होते थे, और इस व्यवस्था में बहुत से नकारात्मक और विवादित क्षेत्र थे। सबसे ख़ास बात यह है कि गाँव अध्ययन ने भारतीय समाज की समाज वैज्ञानिक समझ में क्षेत्र–अध्ययन (फील्ड–वर्क) की उपयोगिता को साबित किया। आंशिक रूप से, गाँव अध्ययनों की सफलता के कारण ही क्षेत्र–अध्ययन को भारत में समाज विज्ञान के अन्य अनुशासनों में सम्मान दिया जाने लगा।

मध्यकालीन भारत के खेतिहर सम्बन्धों और ग्रामीण जीवन पर ऐतिहासिक अनुसन्धानों ने इन सूत्रीकरणों को बढ़ावा दिया। इन अध्ययनों ने यह स्पष्ट किया कि पूर्व–औपनिवेशिक दौर में भी ग्रामीण जीवन की प्रकृति विविधतापूर्ण और विभेदीकृत थी। इतिहासकारों ने पूर्व–औपनिवेशिक खेतिहर अर्थव्यवस्था की सामुदायिक प्रकृति और निजी सम्पत्ति का अभाव होने सम्बन्धी मान्यताओं को प्रश्नांकित किया। उन्होंने अपने अनुसन्धान के माध्यम से यह दिखाया कि सतही तरीक़े से देखने पर ऐसा लगता है कि भूमि पर सामुदायिक नियन्त्रण था, किन्तु भूमि पर अधिकार काफ़ी हद तक विभेदीकृत थे। चूँकि काफ़ी बड़ी मात्रा में भूमि उपलब्ध थी, इसलिए भारत के ग्रामीण क्षेत्रों के अधिकांश भागों में भूमि की ख़रीद–बिक्री नहीं होती थी। किन्तु हर किसी को खेती करने या भूमि से पैदा होने वाले अनाज पर बराबर अधिकार नहीं था। ये अधिकार प्रथाओं पर आधारित थे, या राज्य के आदेश से तय होते थे (नील 1962 : 21)। मुग़ल काल के बारे में लिखते हुए इरफान हबीब ने यह बताया है कि इन अधिकारों को ख़रीदा या बेचा जा सकता था (हबीब 1963 : 154)। 'गाँव अपनी ज़मीन को साझी ज़मीन के रूप में नहीं रखता था। साझी ज़मीन के लिए अधिकारी और सेवक होते थे' (नील 1962 : 21)।

पूर्व–औपनिवेशिक गाँव राजस्व अधिकारियों के माध्यम से केन्द्रीय प्राधिकार (सेंट्रल अथॉरिटी) से जुड़ा हुआ था। 'मध्यकालीन' समय में भू–राजस्व अधिशेष विनियोग की सर्वप्रमुख पद्धति थी। मुग़ल अधिकारियों ने भू–राजस्व की दर तय करते समय भूमिपतियों के वर्गों के बीच अन्तर किया। ज़मींदारों या मुखिया या राज्य द्वारा अनुग्रह प्राप्त समुदायों के भूमिपतियों को प्रति इकाई कम भू–राजस्व देना होता था (कुमार 1992 : 329–40)।

पूर्व–औपनिवेशिक खेतिहर सम्बन्ध भी संघर्षों और तनावों से मुक्त नहीं थे। जब भी राजस्व की माँग असहनीय हो गयी, तो एक क्षेत्र के किसानों ने बड़े समूहों में ऐसे क्षेत्र में पलायन कर लिया, जहाँ खेती करने के लिए ज़्यादा अनुकूल माहौल था (हबीब 1963; मूर 1966 : 332)। किसान वर्ग द्वारा स्थानीय शासकों के ख़िलाफ़ विद्रोह करने के भी कई उदाहरण मौजूद हैं। किन्तु इनमें से अधिकांश विद्रोह असंगठित थे तथा किसी धार्मिक विचारधारा या किसी बड़े सपने से प्रेरित थे (धनाग्रे 1983 : 29)।

## ग्रामीण विकास

1947 में औपनिवेशिक शासन से आज़ादी ने ग्रामीण भारतीय समाज और इसकी खेतिहर अर्थव्यवस्था के इतिहास में कई तरह से नये चरणों का आगाज़ किया। भारतीय राज्य औपनिवेशिक शासन के ख़िलाफ़ एक दीर्घकालिक संघर्ष से उभरकर सामने आया था, जिसमें विभिन्न सामाजिक श्रेणियों के लोगों ने भागीदारी की थी। भारतीय राज्य ने अपनी जड़ और पिछड़ी अर्थव्यवस्था के बदलाव का कार्य भी अपने हाथों में लिया ताकि वह यह सुनिश्चित कर सके कि आर्थिक संवृद्धि के लाभ पर समाज के एक तबके का ही एकाधिकार न रहे। इस पृष्ठभूमि में 'विकास' आर्थिक परिवर्तन की एक रणनीति और नयी शासन–व्यवस्था की विचारधारा के रूप में सामने आया (देखें इस पुस्तक के भाग 2 में संकलित अध्याय)।

बहरहाल, राजनीतिक व्यवस्था में बहुत ही बुनियादी अर्थ में बदलाव हो जाने के बाद भी ज़मीनी स्तर पर औपनिवेशिक शासन के दौरान विकसित हुई संरचनाओं का अस्तित्व बना रहा। एक लम्बी अवधि के दौरान ग्रामीण क्षेत्र में जो स्थानीय हित सामने आये थे, वे राजनीतिक वातावरण के बदल जाने के बाद भी क़ायम रहे। भारत की आज़ादी के आन्दोलन

के नेताओं के लिए 'खेतिहर प्रश्न' विचार–विमर्श का एक महत्त्वपूर्ण मुद्दा था। मसलन, इसके आरम्भिक दौर में ही रानाडे और दत्त ने बहुत विस्तार से इस बात पर वाद–विवाद किया कि औपनिवेशिक शासन की समाप्ति के बाद किस तरह भारतीय समाज और अर्थव्यवस्था को पुनर्संगठित किया जाना चाहिए (देखें जोशी 1987)।

आज़ादी के संघर्ष के आख़िरी वर्षों में 'भूमि प्रश्न' सबसे तीखे वाद–विवाद का विषय बन गया। नियोजन और विकास के विमर्श में भूमि सुधार के प्रश्न ने काफ़ी अकादमिक रुचि और वाद–विवाद को जन्म दिया। खेती में आधुनिकीकरण की शुरुआत करने के लिए इन्हें आवश्यक माना गया। भारतीय राज्य ने भूमि के पुनर्वितरण के माध्यम से खेतिहर सम्बन्धों को नये सिरे से संगठित करने का प्रयास किया, लेकिन इसने ऐसा विस्तृत और रैडिकल तरीक़े से नहीं किया। जोशी ने इन्हें 'आंशिक या अनुभागीय सुधारों' के रूप में वर्णित किया (जोशी 1987 : 56)। भारत सरकार ने अपने राज्यों को यह निर्देश दिया कि वे मध्यवर्ती भूमि अधिकारों को ख़त्म करें, लगान और जोतदारी अधिकारों का नियमन करें, जोतदारों को स्वामित्व अधिकार प्रदान करें, भूमि स्वामित्व की मात्रा की सीमा तय करें, अतिरिक्त भूमि को ग्रामीण ग़रीबों में वितरित करें तथा उनके स्वामित्व को मज़बूती प्रदान करने में सहायता करें। बहुत ही अल्प समय में राज्य सरकारों द्वारा बहुत से क़ानून बनाये गये। थॉर्नर के अनुसार, इन क़ानूनों की संख्या इतनी ज़्यादा थी कि यह कहा जा सकता था कि 'दर्ज़ इतिहास में किसी भी अन्य देश की तुलना में भारत में इतने कम वर्षों में सबसे ज़्यादा क़ानून बने' (थॉर्नर 1956 : 14)।

बहरहाल, इन क़ानूनों का वास्तविक क्रियान्वयन और खेतिहर संरचना पर उनका प्रभाव पूरी तरह से एक अलग कहानी है। अधिकांश क़ानूनों में जानबूझकर कमियाँ छोड़ दी गयी थीं। इनके मदद से प्रभुत्वशाली भूमिपति भूमि दस्तावेज़ों के साथ छेड़खानी कर सकते थे। बहुत से बड़े भूमिपतियों ने कागज़ पर अपनी ज़मीन को अपने रिश्तेदारों में वितरित कर दिया, तथा जोतदारों को बेदखल कर दिया। इस तरह, ऐसे तरीक़ों का प्रयोग करके वे इस क़ानून से बच गये। ठोस 'राजनीतिक इच्छाशक्ति' के अभाव में (जोशी 1976) भूमि सुधार सिर्फ़ उन्हीं क्षेत्रों में सफल हो पाया, जहाँ किसान वर्ग राजनीतिक रूप से गोलबन्द था, और वह नीचे दबाव डाल पाया (राधाकृष्णन 1989)।

कुल मिलाकर भूमि सुधार नाकाम रहा, किन्तु इसे ग्रामीण समाज पर अनुपस्थित ज़मींदारों की पकड़ को कमज़ोर करने में कामयाबी मिली। साथ ही इसने 'प्रभुत्वशाली राजनीतिक और आर्थिक समूहों के रूप में मज़बूत किसानों और छुटभैये ज़मींदारों' के उभार में सहायता प्रदान की (बेल 1974 : 196)। मसलन, राजस्थान के एक गाँव में 'जागीरों (मध्यवर्ती अधिकारों) का उन्मूलन' सन्तोषजनक नहीं था, लेकिन इसने भू–स्वामित्व के सम्पूर्ण स्वरूप तथा स्थानीय और क्षेत्रीय सत्ता संरचनाओं में काफ़ी बदलाव किया। पूर्व–ज़मींदार राजपूतों के पास अब भूमि सुधार के पहले के दौर की तुलना में काफ़ी कम ज़मीन रह गयी। गाँव की अधिकांश ज़मीन उन किसानों के हाथ में चली गयी, जिन्हें छोटे या मध्यम भूमिपतियों की संज्ञा दी जा सकती थी। एक महत्त्वपूर्ण गुणात्मक परिवर्तन यह हुआ कि अधिकांश ज़मीन पर अब किसान ख़ुद खेती करने लगे तथा जोतदारी की परिघटना में काफ़ी गिरावट आयी (चक्रवर्ती 1975 : 97–98)। बहुत से बड़े भूमिपतियों ने अपनी ज़मीन खोने के डर से या तो अपनी ज़मीन को बेच दिया या फिर इसे इस तरह से पुनर्संगठित किया कि वह भूमि सम्बन्धी क़ानूनों से बच सकें (बाइरेस 1974)।

बहरहाल, ग्रामीण क्षेत्र में पूर्व–'अछूत' जाति से सम्बन्धित लोगों को बहुत कम भूमि मिली। इसी तरह, भूमि सुधार 'जेंडर–अंधता' का शिकार थे। बहुत कम महिलाओं को सम्भावित स्वतन्त्र किसानों के रूप में मान्यता दी गयी। अधिकांश मामलों में लाभार्थी परिवारों में पुरुषों को ही भूमि का मालिकाना पट्टा दिया गया। इस तरह, मुख्य रूप से मध्यम स्तर के जाति समूहों से पुरुषों को ही भूमि सुधारों का लाभ हुआ। ये खेती को अपना पारम्परिक जातिगत पेशा मानते थे। यद्यपि प्राथमिक रूप से परिवार के भीतर भूमि स्वामित्व का विभाजन होने के कारण छोटे और मध्यम आकार के भू–स्वामियों के अनुपात में वृद्धि हुई, फिर भी, भारत में भूमि स्वामित्व की संरचना काफ़ी हद तक असमान बनी रही।

जहाँ यह माना गया कि भूमि सुधार द्वारा ज़मींदारी की समस्या का सामना किया जा सकता है, वहीं किसानों पर साहूकारों की जकड़न को कमज़ोर करने के लिए संस्थात्मक स्रोतों से कर्ज़ देने की व्यवस्था की गयी। पहले इसके लिए उधारदाता संगठनों की और फिर व्यावसायिक बैंकों के राष्ट्रीयकरण के बाद उनकी मदद ली गयी। स्वतन्त्रता प्राप्ति के तुरन्त बाद किये गये एक आधिकारिक सर्वेक्षण से यह निष्कर्ष सामने आया

कि अनौपचारिक स्रोतों द्वारा किसानों की कर्ज़ की कुल आवश्यकता के 91 प्रतिशत को पूरा किया जा रहा था (आरबीआई 1969 : 15)। इसका बड़ा हिस्सा (69.7 प्रतिशत) सूदख़ोर साहूकारों द्वारा उपलब्ध कराया जा रहा था। भारतीय राज्य ने इस हालात को मद्देनजर रखते हुए सहकारी ऋण समितियों के नेटवर्क का विस्तार करने की योजना बनायी। इसके अलावा, व्यावसायिक बैंकों पर पहले 'सामाजिक नियन्त्रण' थोपा गया, और फिर उनका राष्ट्रीयकरण किया गया, और उनसे यह कहा गया कि वे खेतिहर क्षेत्र को प्राथमिकता के आधार पर उधार उपलब्ध करायें। समय बीतने के साथ, ग्रामीण परिवारों की अनौपचारिक स्रोतों पर निर्भरता में काफ़ी कमी आयी है। जहाँ 1961 में कुल उधार आवश्यकता का औसतन 18.4 प्रतिशत संस्थात्मक स्रोतों द्वारा उपलब्ध कराया जा रहा था, वहीं 1981 में यह मात्रा बढ़कर 62.6 प्रतिशत हो गयी (गाडगिल 1986 : 296)।

बहरहाल, यह पूरी कहानी नहीं है। सहकारी ऋण समितियों के मूल्यांकन अध्ययनों से यह पता चलता है कि उन्होंने ज़्यादातर ऋण ग्रामीण समाज के तुलनात्मक रूप से अच्छी स्थिति वाले लोगों को दिया। दूसरी ओर, ग़रीब लोग ज़्यादा महँगे अनौपचारिक स्रोतों पर निर्भर रहें (थॉर्नर 1964; ऑमेन 1984)। इसकी व्याख्या भूमि के पट्टे की तत्कालीन संरचना के आधार पर की गयी (हेरिंग 1977)। इसकी प्रतिक्रिया के रूप में राज्य ने सहकारी समितियों के नौकरशाहीकरण को बढ़ावा दिया। यद्यपि इससे कुछ क्षेत्रों में उधार समितियाँ बड़े भूमिपतियों के नियन्त्रण से मुक्त हुईं, किन्तु नौकरशाहीकरण के कारण भ्रष्टाचार में अत्यधिक वृद्धि हुई, और ये समितियाँ जिनकी सेवा के लिए गठित की गयी थीं, उनके बीच इन समितियों के प्रति उदासीनता बढ़ गयी (जोधका 1995क) और यद्यपि ग्रामीण क्षेत्र के अमीरों ने बैंकों को कभी नियन्त्रित नहीं किया, लेकिन उनके द्वारा दिये जाने वाले उधार का फ़ायदा मुख्य रूप से बड़े किसानों को ही मिला (जोधका 1995ख)। हालाँकि, संस्थात्मक ऋण के ग्रामीण ग़रीब के ख़िलाफ़ निहित पूर्वग्रह होने के बावजूद इसकी उपलब्धता ने हरित क्रान्ति की सफलता में महत्त्वपूर्ण भूमिका निभाई। इसके अलावा, इससे ग्रामीण सत्ता संरचना में पेशेवर साहूकारों के हाशियाकरण में भी सुनिश्चित रूप से मदद मिली।

विकास की एक रणनीति के रूप में, सामुदायिक विकास कार्यक्रम अवधारणात्मक रूप से भूमि सुधार और किसानों को सस्ते संस्थात्मक ऋण

उपलब्ध कराने के विचार से काफ़ी अलग था। जहाँ पहले के कार्यक्रमों ने संस्थावादी दृष्टिकोण को प्रदर्शित किया, वहीं सामुदायिक विकास कार्यक्रम ग्रामीण विकास के उत्पादनवादी दृष्टिकोण से सामने आया था। यह संयुक्त राज्य अमेरिका के खेती विस्तार सेवा से प्रभावित था (दुबे 1958 : 8)। यह एक ऐसे समरसतापूर्ण गाँव समाज की अवधारणा पर आधारित था जिसमें कोई ख़ास आन्तरिक मतभेद या हितों का टकराव न हो (धनाग्रे 1984)। इसमें गाँव के असमान शक्ति सम्बन्धों का बहुत कम उल्लेख किया गया था। इसका लक्ष्य यह था कि खेतिहर उत्पादन में महत्त्वपूर्ण वृद्धि की जाये और बुनियादी सेवाओं में सुधार किया जाये। यह माना गया कि इससे आगे चलकर गाँवों के सामाजिक और राजनीतिक जीवन में बदलाव आयेगा (दुबे 1958)। इसकी बुनियादी मान्यता यह थी कि 'भारतीय किसान अपनी स्वतन्त्र इच्छा और ज़रूरतों के कारण तकनीकी सुधारों को तत्काल ही स्वीकार कर लेगा' (मूर 1966 : 401)।

इस कार्यक्रम की शुरुआत 2 अक्टूबर, 1952 को कुछ चुनिन्दा प्रखण्डों में की गयी, और जल्द ही इसका विस्तार पूरे देश में कर दिया गया। बहरहाल, जिस उत्साह के साथ इस कार्यक्रम की शुरुआत की गयी थी, वह बहुत लम्बे समय तक क़ायम नहीं रह सका। खेतिहर बदलाव के एक ग़ैर–राजनीतिक दृष्टिकोण के कारण सिर्फ़ उन लोगों को मदद मिली, जो पहले से ही गाँवों में शक्तिशाली थे। ग्रामीण अभिजनों के एक छोटे तबके ने अधिकांश लाभों को हड़प लिया।

यद्यपि भारत सरकार द्वारा शुरू किये गये ग्रामीण विकास के आरम्भिक कार्यक्रमों को अपेक्षित कामयाबी नहीं मिली, लेकिन उन्होंने सामाजिक और आर्थिक परिवर्तन की स्थितियाँ तैयार कीं, जिसके कारण देश के कुछ भागों में हरित क्रान्ति हुई। स्वतन्त्रता प्राप्ति के बाद के दौर में आरम्भ किये गये सभी विकासात्मक कार्यक्रमों में हरित क्रान्ति सबसे ज़्यादा सफल हुई है। पूरी दुनिया में इसकी चर्चा हुई है, तथा अकादमिक जगत में भी इस पर काफ़ी विस्तार से अध्ययन और वाद–विवाद होता रहा है। हरित क्रान्ति के कारण खेतिहर उत्पादन में अत्यधिक वृद्धि हुई, जिसने भारत की खाद्य समस्या को तक़रीबन हल कर दिया। इसने भारतीय गाँवों में महत्त्वपूर्ण सामाजिक और राजनीतिक परिवर्तन किये, और एक अर्थ में इसने भारत में 'खेतिहर क्रान्ति' की।

शुद्ध आर्थिक सन्दर्भ में खेतिहर क्षेत्र में प्रति वर्ष 3–5 प्रतिशत तक की संवृद्धि हुई (बाइरेस 1972), यह औपनिवेशिक दौर में होने वाली संवृद्धि

(1 प्रतिशत से भी कम) से कई गुना ज़्यादा थी। इसने खेतिहर बदलाव के बारे में पूरी तरह से तकनीकी स्तर पर विचार किया, तथा यह संवृद्धि दर के बारे में 'रिसाव' (ट्रिकल डाउन) सिद्धान्त पर आधारित था। जानबूझकर 'हरित क्रान्ति' शब्दावली का प्रयोग किया गया, ताकि इसे 'लाल क्रान्ति' से अलग दिखाया जा सके। यह इस दृढ़ विश्वास पर आधारित था कि 'विज्ञान और तकनीक के शान्तिपूर्ण प्रयोग तथा आधुनिकीकरण के आर्थिक लाभों के माध्यम से खेती में परिवर्तन लाया जा सकता है। ऐसा करने से तीव्र परिवर्तन के साथ अमूमन जुड़ी व्यापक उथल–पुथल और अव्यवस्था से भी बचा जा सकता है' (फ्रैंकेल 1971 : v)। इसकी संकल्पना तैयार करने और इसे लागू करने में अमेरिका ने सक्रिय भूमिका निभाई। बहुत से विद्वानों ने यह तर्क दिया है कि उस समय अमेरिका का तीसरी दुनिया की बदलती सामाजिक और आर्थिक स्थितियों में रणनीतिक भू–राजनीतिक हित था, जिसके कारण उसने भारत में 'हरित क्रान्ति' में सहायता की (हैरिस 1987)।

सबसे पहले 1960 के दशक के आख़िर में 'हरित क्रान्ति' शब्द का प्रयोग किया गया। इसका लक्ष्य विकासशील देशों में उच्च उत्पादन करने वाले बीजों के प्रयोग के प्रभावों को वर्णित करना था। लेकिन 'हरित क्रान्ति' सिर्फ़ इस तरह के बीजों के प्रयोग से ही सम्बन्धित नहीं थी। बल्कि यह एक पैकेज के रूप में थी, जिसमें कई अन्य पहलू भी सम्मिलित थे। नये किस्म के बीजों को उर्वरता बढ़ाने वाले कई अन्य कारकों की आवश्यकता थी। मसलन, इनके लिए रासायनिक उर्वरकों, नियन्त्रित सिंचाई की स्थितियों तथा पौधों की सुरक्षा करने वाले रसायनों अर्थात् कीटनाशकों की आवश्यकता थी। इस पैकेज के अन्य घटकों में सस्ता संस्थात्मक ऋण उपलब्ध कराना, अच्छी क़ीमतें देना और बाज़ार की सुविधाएँ उपलब्ध कराना शामिल था। स्थानीय खेतों में नयी तकनीक के प्रयोग का समर्थन करने के लिए नये कार्यक्रम के अन्तर्गत चुने गये क्षेत्रों में बड़ी संख्या में कृषि विश्वविद्यालयों की स्थापना की गयी। फोर्ड फ़ाउण्डेशन के प्रत्यक्ष पर्यवेक्षण में 1961 गहन कृषि विकास कार्यक्रम (इनटेंसिव एग्रीकल्चरल डेवलपमेंट प्रोग्राम – आईएडीपी) की शुरुआत की गयी। आरम्भ में, प्रयोग के तौर पर 14 ज़िलों में इस कार्यक्रम को शुरू किया गया। बाद में, 1965 में गहन कृषि क्षेत्र कार्यक्रम (इनटेंसिव

एग्रीकल्चर एरियाज प्रोग्राम–आईएएपी) के अन्तर्गत इसका विस्तार 114 ज़िलों में किया गया (कुल ज़िलों की संख्या 325 थी)।

इसके समर्थकों ने यह तर्क दिया कि नयी तकनीक 'पैमाना तटस्थ' (स्केल न्यूट्रल) है अर्थात् बड़े और छोटे–दोनों तरह के भूमिपति इसका लाभ उठा सकते थे। लेकिन वास्तविक रूप में इसे लागू करते समय यह पाया गया कि इस तरह के तकनीकी बदलाव कम खेत रखने वाले किसानों के लिए उपयुक्त नहीं थे। दक्षिण भारत में अपने क्षेत्र–अध्ययन (फील्ड वर्क) के दौरान जोआन मेंचर ने यह पाया कि सम्बन्धित कृषि अधिकारी तटस्थ नहीं थे। 'उन्हें यह लगता था कि हरित क्रान्ति को बढ़ावा देने के लिए यह आवश्यक है कि छोटे किसानों की ओर ध्यान न दिया जाये...क्योंकि वे वास्तव में उत्पादन में वृद्धि करने में योगदान नहीं दे सकते थे। ये अधिकारी मानते थे कि प्रगतिशील किसान वे हैं जिनके पास ज़्यादा खेत हैं और जिनकी आर्थिक स्थिति अच्छी है (मेंचर 1978 : 239–40)। हालाँकि रोचक बात यह है कि पंजाब के एक अध्ययन ने यह दिखाया है कि छोटे भूमिपति सिर्फ़ नयी तकनीक को अपनाने के लिए ही उत्सुक नहीं थे, बल्कि एक एकड़ की भूमि से होने वाली उनकी आय बड़े किसानों की तुलना में थोड़ी ज़्यादा ही थी (भल्ला और चड्ढा 1983 : 78)।

बहरहाल, छोटे किसानों के लिए हरित क्रान्ति में भागीदारी करने का अर्थ बड़े किसानों की तरह नहीं था। जहाँ बड़े किसानों के पास इतना अधिशेष था कि वे ज़्यादा पूँजी की माँग करने वाली नयी खेती में निवेश कर सकें, वहीं छोटे भूमिपतियों की उधार पर निर्भरता बढ़ गयी, और विशेष तौर पर उन्हें अनौपचारिक स्रोतों से उधार लेना पड़ा। यद्यपि सैद्धान्तिक रूप से नयी तकनीक 'पैमाना तटस्थ' थी, वहीं निश्चित रूप से यह 'संसाधन तटस्थ' नहीं थी (हैरिस 1987 : 231)। नयी तकनीक ने हर किसी को अनिवार्य रूप से बाज़ार में सम्मिलित कर दिया। पारम्परिक खेती के विपरीत, हरित क्रान्ति के बाद की खेती में किसानों को खेती में प्रयुक्त होने वाली प्रत्येक वस्तु बाज़ार से ख़रीदनी पड़ती थी। इसके लिए अमूमन उन्हें व्यापारियों या संस्थात्मक स्रोतों से ऋण लेना पड़ा। ऐसे में, वे भले ही अपनी फ़सल को अपने उपभोग के लिए रखना चाहते थे किन्तु इस ऋण को चुकाने के लिए उनके पास अपनी उपज को बाज़ार में बेचने के अलावा कोई अन्य उपाय नहीं था।

उन्हें अपनी फ़सल की कटाई के तुरन्त बाद ही उसे कम क़ीमत पर बाज़ार में बेचना पड़ता था, और बाद में अपने खाने के लिए उन्हें ज़्यादा ऊँची क़ीमत पर अनाज ख़रीदना पड़ता था। इस तरह, भले ही छोटे किसानों ने नयी तकनीक को अपनाया, लेकिन उनके संसाधन सीमित थे इसलिए वे नये तरीक़े से अन्य स्रोतों पर निर्भरताओं के शिकार हो गयें। दूसरी ओर, इसने अमीर किसानों की आर्थिक और राजनीतिक स्थिति को मज़बूती प्रदान की।

## वर्तमान में ग्रामीण भारत

शायद हरित क्रान्ति की सबसे बड़ी उपलब्धि यह थी कि इसने देश को खाद्य सुरक्षा की गम्भीर समस्या को हल करने में समर्थ बनाया। बहरहाल, अनाजों के उत्पादन में महत्त्वपूर्ण वृद्धि होने के बावजूद भारत की जनसंख्या का एक बड़ा हिस्सा ग़रीब और वंचित बना रहा। इसका लाभ ग्रामीण जनसंख्या के कुछ तबकों तक ही सीमित रहा। जब विकास योजनाकारों को 'रिसाव' (ट्रिकल डाउन) सिद्धान्त की सीमाओं का अहसास हुआ तो उन्होंने ग़रीबों के लिए लक्षित–समूह केन्द्रित कार्यक्रम की शुरुआत की। एकीकृत ग्रामीण विकास कार्यक्रम (इंटिग्रेटेड रूरल डेवलपमेंट प्रोग्राम–आईआरडीपी) और बाद में महात्मा गाँधी राष्ट्रीय ग्रामीण रोज़गार गारण्टी योजना (महात्मा गाँधी नैशनल रूरल इम्पलॉयमेंट गारंटी स्कीम–मनरेगा) इसी प्रकार की पहल का उदाहरण हैं।

नयी तकनीक के साथ एक अन्य समस्या यह थी कि सिर्फ़ उत्तरी, पश्चिमी और दक्षिणी राज्यों के चुनिन्दा भागों में ही इनका प्रयोग आरम्भ किया गया। मध्य और पूर्वी भारत में बहुत ज़्यादा खेतिहर संवृद्धि नहीं हुई। दूसरे शब्दों में, हरित आन्दोलन ने विभिन्न राज्यों के बीच क्षेत्रीय असमानता में बढ़ोतरी की।

ग्रामीण विकास के कार्यक्रम के रूप में हरित क्रान्ति में आर्थिक संवृद्धि की अत्यन्त सीमित परिकल्पना थी। आर्थिक परिवर्तन के सामाजिक, राजनीतिक और सांस्कृतिक प्रभावों पर कोई विचार नहीं किया गया था। इसलिए इसकी गति ज़्यादा समय तक क़ायम नहीं रही। 1980 के दशक के मध्य से भारतीय ग्रामीण क्षेत्रों में एक नयी तरह की बेचैनी दिखने लगी। हरित क्रान्ति क्षेत्रों के अधिशेष उत्पादित करने वाले किसानों ने खेती में लगने वाले घटकों में सब्सिडी और अपने उत्पादन के लिए बेहतर

क़ीमत तय करने के लिए ख़ुद को गोलबन्द करना आरम्भ कर दिया। उन्होंने यह तर्क दिया कि बाज़ार अर्थव्यवस्था बुनियादी रूप से कृषि क्षेत्र के ख़िलाफ़ है, तथा यह शहरी उद्योगों और मध्य वर्ग के उपभोक्ताओं के अनुकूल है। उन्होंने यह भी कहा कि शहरों और ग्रामीण क्षेत्रों के बीच असमान शक्ति सम्बन्धों के कारण व्यापार में खेतिहर क्षेत्र को असमान शर्तों का सामना करना पड़ता है, जिसका प्रमाण यह है कि किसान वर्गों पर कर्ज़ का बोझ बढ़ा है।

तक़रीबन एक दशक तक भारत के विभिन्न भागों में किसानों ने ख़ुद को सफलतापूर्वक गोलबन्द किया। यद्यपि नेतृत्व और गोलबन्दी की रणनीतियों के सन्दर्भ में इन आन्दोलनों का स्थानीय चरित्र था, लेकिन उन्होंने विभिन्न क्षेत्रों में अपनी गतिविधियों में समन्वय स्थापित किया। एक अर्थ में उन्हें अपने एजेण्डा को राष्ट्रीय राजनीति में स्वीकृति दिलाने में काफ़ी सफलता मिली। 1980 के दशक के कृषक आन्दोलन ने ग्रामीण लोगों के बीच एक नयी सामाजिक श्रेणी के उदय की ओर भी संकेत किया। यह उन लोगों की श्रेणी थी जो हरित क्रान्ति के बाद समृद्ध हुए थे और जो बाज़ार अर्थव्यवस्था से निकटता से जुड़े हुए थे तथा यह मानते थे कि उनकी किस्मत बाज़ार की स्थितियों से तय होती है। इस श्रेणी के लोगों के बीच गाँव से आगे जाने की आकांक्षा थी। खेतिहर अर्थव्यवस्था सामाजिक और सांस्कृतिक गतिशीलता की उनकी आकांक्षाओं को सन्तुष्ट नहीं कर सकती थी। उन्होंने सत्ता के अपने स्थानीय क्षेत्र अर्थात् गाँवों से बाहर निकलना आरम्भ कर दिया तथा वे राज्य की राजधानी में विधानसभा की ओर जाने लगें। खेती में उन्होंने जो अधिशेष उत्पादित किया था, वह शिक्षा, शहरी व्यापार और अन्य ग़ैर–खेतिहर गतिविधियों में ख़र्च होने लगा (ऑमवेट 1992; रुटेन 1995; उपाध्या 1988)। 1980 के दशक के आरम्भ से इस वर्ग की सामाजिक प्रोफ़ाइल में बदलाव की शुरुआत हो गयी। निम्नलिखित पंक्तियाँ बढ़ती विविधता की इस प्रक्रिया का बेहतरीन वर्णन प्रस्तुत करती हैं :

> *...इस वर्ग के एक परिवार की अपने मूल गाँव में ज़मीन है, जिसमें किराये के मज़दूर, बटाईदार, जोतदार या खेतिहर मज़दूर काम करते हैं, पिता या एक पुत्र इसका पर्यवेक्षण करते हैं; शहर में अन्य पुत्रों द्वारा विविध प्रकार के व्यापार किये जाते हैं; और शायद एक युवा और प्रतिभावान बच्चा*

*डॉक्टर या इंजीनियर या प्रोफ़ेसर होता है। यही वर्ग गाँव के ख़िलाफ़ हुए अन्याय के बारे में सबसे ज़्यादा मुखर है।* (बालागोपाल 1987 : 1545)

एक अन्य स्तर पर आर्थिक विकास की प्रक्रिया और गाँवों के व्यापक राजनीतिक और बाज़ार व्यवस्था से बढ़ते एकीकरण से सामाजिक और सांस्कृतिक परिवर्तन सामने आये। पुराना मालिक–ग्राहक सम्बन्ध तेज़ी से विखण्डित होने लगा और इसका स्थान औपचारिक और समझौता आधारित सम्बन्ध लेने लगे, जिसमें पूरी तरह बाज़ार द्वारा लायी गयी वेतन और अदायगी की व्यवस्था ने मध्यस्थ की भूमिका निभाई। जाति आधारित आर्थिक सम्बन्धों की जजमानी जैसी व्यवस्थाओं का भी तक़रीबन पूरे देश में विखण्डन हो चुका है। यदि कहीं मज़दूरी करवाने की पारम्परिक व्यवस्थाओं का उपयोग किया जाता है तो भी वे संरक्षण और दायित्व के पारम्परिक सम्बन्धों को बढ़ावा नहीं देते हैं। जाति की पुरानी विचारधारा का क्षरण होने के कारण दलित समूह ख़ुद को बेहतर वेतन और सामाजिक गरिमा के लिए गोलबन्द करने में सफल हुए हैं। मसलन, पंजाब में बहुत से दलित समूहों ने अपने पुराने जाति–आधारित पेशे को छोड़ दिया। उन्होंने ख़ुद को ग्रामीण/खेतिहर अर्थव्यवस्था से भी दूर किया तथा बन्धुआ मज़दूर के रूप में खेतों में काम करना बन्द कर दिया। इस बदलाव ने उनके भीतर स्वायत्तता की भावना भरी। उनके भीतर एक नयी राजनीतिक चेतना का जन्म हुआ, जिसके माध्यम से उन्होंने अपने अधिकारों की दावेदारी की तथा अपनी विशिष्ट सामाजिक और धार्मिक पहचान को अभिव्यक्त किया (देखें, जोधका 2015)। यहाँ तक कि (कुछ मामलों में) दलित की बढ़ती राजनीतिक दावेदारी के कारण हिंसा और उत्पीड़न की घटनाओं में वृद्धि हुई। इसने दलितों के स्थानीय स्तर की राजनीतिक संस्थाओं में ऊर्जा का संचार किया। इसके बाद के वर्षों में ग्रामीण पंचायतों में अतीत की तुलना में हाशिये के समूहों का प्रतिनिधित्व बढ़ा तथा विभिन्न जातिगत समूहों और हितों का समावेशन हुआ।

ग्रामीण सत्ता संरचना में परिवर्तन स्वतन्त्रता प्राप्ति के बाद भारतीय राज्य द्वारा आरम्भ की गयी विकास प्रक्रिया का एक महत्त्वपूर्ण घटक था। भूमि सुधार के क़ानूनों को लागू करने का एक मुख्य उद्देश्य यह था कि अनुपस्थित ज़मींदारों और भूमिपति अभिजनों की सत्ता को कमज़ोर किया

जाये। इसके अलावा, बलवन्त राय मेहता समिति की अनुशंसाओं के अनुसार 1960 के दशक में तीन–स्तरीय पंचायती राज व्यवस्था की स्थापना की गयी। इसका लक्ष्य स्थानीय सत्ता–संरचना का लोकतन्त्रीकरण करना और शासन को विकेन्द्रीकृत करना था। उसके बाद से भारत सरकार द्वारा नियुक्त बहुत–सी समितियों और आयोगों ने इस व्यवस्था के काम की समीक्षा की है। इन समितियों और आयोगों की अनुशंसाओं के आधार पर बहुत–से ऐसे परिवर्तन और सुधार किये गये हैं, जिनसे इस व्यवस्था को ज़्यादा प्रभावकारी बनाया जा सके।

स्वतन्त्रता प्राप्ति के बाद पहले दो या तीन दशकों तक सामने आने वाले अनुभवसिद्ध साहित्य में यह बताया गया कि अधिकांश ग्रामीण भारत में पारम्परिक रूप से प्रभुत्वशाली समूहों की सत्ता अभी भी बरकरार है। विद्वानों ने बार–बार यह रेखांकित किया कि मौजूदा सत्ता–संरचना के निहित स्वार्थी तत्त्व ग़रीब और कमज़ोर लोगों के कल्याण के लिए बनाये गये कार्यक्रमों के क्रियान्वयन में बाधा उत्पन्न कर रहे हैं। जाति के सन्दर्भ में ग्रामीण सत्ता प्रभुत्वशाली जातियों के हाथों में केन्द्रित रही (श्रीनिवास 1955)। वर्ग की रूपेरखा का उपयोग करने वालों ने यह तर्क दिया कि अमीर भूमिपतियों और साहूकारों ने ग्रामीण अर्थव्यवस्था को नियन्त्रित किया (थॉर्नर 1956)। विभिन्न क्षेत्रों के विद्वानों द्वारा किये गये स्वतन्त्र अध्ययनों से यह विचार सामने आता है कि पंचायत भी ग्रामीण भारत के पहले से ही प्रभुत्वशाली समूहों के प्रभाव और शक्ति का एक अन्य क्षेत्र बन गया है।

बहरहाल, 1980 के दशक में ही जाति–पदसोपानों की पुरानी संरचना के विखण्डन के बढ़ने और स्थानीय स्तर पर सत्ता–संरचना के कमज़ोर होने की ख़बरें आने लगीं। राजस्थान में अपने काम के आधार पर ऑलिवर मेंडेलसन ने यह दिखाया कि जहाँ श्रीनिवास द्वारा 1950 के दशक में 'प्रभुत्वशाली जाति' की बात करना सही था, वहीं समकालीन भारत में इस प्रकार के सूत्रीकरणों का कोई ख़ास मतलब नहीं है। अब 'गाँवों में निम्न जातियाँ और यहाँ तक कि गाँवों के अस्पृश्य भी पुराने समय के आर्थिक और कर्मकाण्डीय रूप से उच्च जातियों के प्रभाव में नहीं है' (मेंडेलसन 1993 : 808)। इसी तरह, 'ग्रामीण भारत में भूमि और प्राधिकार (अथॉरिटी) एक–दूसरे से पृथक् हो चुके हैं, और इससे भले ही एक ग़ैर–क्रान्तिकारी किन्तु ऐतिहासिक विकास हुआ है' (वही : 807)। यहाँ तक कि भारत के

कम विकसित क्षेत्रों के अनुभवसिद्ध अध्ययनों से भी यह बात सामने आयी है कि भारत में जजमानी व्यवस्था का विखण्डन हुआ है (सहाय 2004)।

1980 के दशक से आर्थिक असमानता, जाति सम्बन्धों और सत्ता सम्बन्धों में परिवर्तन से सम्बन्धित प्रश्नों के अतिरिक्त जेंडर और पारिस्थितिकी से सम्बन्धित सवालों ने भी विद्वानों का ध्यान अपनी ओर खींचा है। एक स्तर पर जेंडर का प्रश्न मान्यता से जुड़ा हुआ है। ग्रामीण सामाजिक परिवर्तन से जुड़े अधिकांश लेखन 'जेंडर अन्धता' का शिकार रहे हैं। अमूमन महिलाओं को ऐसे परिवारों का भाग माना जाता रहा है, जहाँ निर्णय लेने की शक्ति पुरुषों के हाथों में रही है। गाँव के सामाजिक और आर्थिक जीवन में महिलाओं के योगदान को शायद ही कभी उचित मान्यता दी गयी। एक अन्य स्तर पर, ग्रामीण क्षेत्र में विकास की प्रक्रिया का महिलाओं और पुरुषों पर अलग–अलग प्रभाव पड़ा। यहाँ तक कि आज भी अधिकांश मामलों में महिला मज़दूरों को पुरुष मज़दूरों की तुलना में कम वेतन दिया जाता है। अप्रवासन और ग्रामीण जनसंख्या की गतिशीलता की प्रक्रिया का पुरुषों और महिलाओं के लिए अलग–अलग नतीजा सामने आया है (देखें, इस पुस्तक के भाग तीन के अध्याय)।

## यह पुस्तक

शायद ग्रामीण भारत के विद्यार्थियों के लिए कोई स्रोत इतना महत्त्वपूर्ण नहीं है, जितना कि *इकोनॉमिक ऐंड पॉलिटिकल वीकली (ईपीडब्ल्यू)* में छपे आलेख। ईपीडब्ल्यू ने ग्रामीण भारत के सम्बन्ध में बहुत से विशेष 'सम्पादकीय', 'टिप्पणियाँ' और 'विशेष आलेख' प्रकाशित किये हैं। इसके साथ ही, इसने इस विषय पर वार्षिक विशेष अंक भी प्रकाशित किये हैं। पहले यह 'रिव्यू ऑफ़ एग्रीकल्चर' (खेती की समीक्षा) तथा बाद में 'रिव्यू ऑफ़ रूरल अफेयर्स' (ग्रामीण मामलों की समीक्षा) शीर्षक से प्रकाशित हुए। इस जर्नल में इस विषय पर प्रकाशित होने वाले 'विशेष आलेखों' या 'समीक्षाओं' की कुल संख्या तक़रीबन 1000 से भी ज़्यादा है। इससे ग्रामीण भारत से सम्बन्धित एक पुस्तक तैयार करने के लिए कुछ प्रतिनिधि आलेखों का चुनाव करना अत्यधिक कठिन हो जाता है। मैंने इस पुस्तक में सम्मिलित आलेखों का चयन करने के लिए ऐतिहासिक दृष्टिकोण का उपयोग करने का प्रयास किया है। इसमें यह ध्यान रखा गया है कि इसमें ऐसे विविध आलेखों को शामिल किया जाये, जो समकालीन समय में ग्रामीण

भारत के व्यापक विषय के विभिन्न आयामों का विश्लेषण करते हों। लेकिन ईपीडब्ल्यू में प्रकाशित होने वाले आलेखों के अन्तःअनुशासनात्मक प्रकृति के कारण यह प्रक्रिया और भी कठिन हो गयी। इसके अलावा, 'ग्रामीण' और 'खेतिहर' के आयाम परस्परव्यापी हैं। यद्यपि इस पुस्तक में संकलित बहुत से आलेख 'भूमि' से उभरने वाले मुद्दों से भी सम्बन्धित हैं, लेकिन यह पुस्तक खेतिहर अर्थव्यवस्था, राजनीति या इसके सामाजिक संगठन के विषय पर प्रतिनिधि सामग्री उपलब्ध नहीं कराती है। इन विषयों पर ईपीडब्ल्यू ने अत्यधिक आलेखों का प्रकाशन किया है।

समाज विज्ञान के विद्यार्थियों और शिक्षकों के अतिरिक्त यह पुस्तक नीति निर्माताओं और नागरिक समाज के कार्यकर्त्ताओं के लिए भी उपयोगी साबित होगी, जो ग्रामीण भारत के बारे में गम्भीर और महत्त्वपूर्ण साहित्य चाहते हैं।

*अनुवाद : कमल नयन चौबे*

## टिप्पणियाँ

1. राष्ट्रीय अर्थव्यवस्था के एक भाग के रूप में खेतिहर आय के हिस्से में काफ़ी गिरावट आयी है। 1950 के दशक में यह देश की कुल आय का तक़रीबन आधा था, किन्तु इक्कीसवीं सदी के दूसरे दशक में यह घटकर 15 प्रतिशत रह गया है।
2. इस प्रस्तावना के कुछ भाग मेरे पहले के लेखन से लिए गये हैं (जोधका 1998, 2003, 2012)।
3. सामाजिक मानवशास्त्रियों द्वारा गाँव अध्ययन के एक व्यापक अवलोकन के लिए देखें–जोधका (1998)।
4. इस पुस्तक के आरम्भिक भाग में इन्हीं निबन्धों में से चुनिन्दा निबन्धों को संकलित किया गया है। एम. एन. श्रीनिवास ने 1955 में प्रकाशित अपनी पुस्तक *इंडियाज विलेजेज़* (मैरीयॉट 1955) में इन निबन्धों की एक ज़्यादा बड़ी सूची को संकलित किया है। यह भी रोचक है कि मजूमदार के *रूरल प्रोफ़ाइल्स का पहला खण्ड* 1955 में ही प्रकाशित हुआ (मजूमदार 1955)। 1955 में ही तेलंगाना क्षेत्र में हैदराबाद के निकट एक गाँव का पहला पूर्ण अध्ययन भी इसी वर्ष प्रकाशित हुआ। यह अध्ययन दुबे द्वारा किया गया था, तथा उनकी पुस्तक का शीर्षक *इंडियन विलेज* था।

## सन्दर्भ

बेली, एफ. जी. 1960, *ट्राइब, कास्ट ऐंड नेशन,* बॉम्बे : ऑक्सफोर्ड यूनिवर्सिटी प्रेस।

बालागोपाल,के. 1987, 'ऐन आइडियोलॉजी ऑफ़ द प्रोविंसियल प्रॉपर्टिड क्लास', *इकोनॉमिक ऐंड पॉलिटिकल वीकली,* 22 (36–37) : 1544–46।

बीडेलमैन, टी. ओ. 1959, अ *कॉम्पेरेटिव एनालिसिस ऑफ़ द जजमानी सिस्टम*, न्यूयॉर्क : एसोसिएशन फ़ॉर एशियन स्टडीज़।

बेल, सी. 1974, 'आइडियोलॉजी ऐंड इकोनॉमिक इंटरेस्ट्स इन इंडियन लैंड रिफॉर्म', संकलित : *एग्रेरियन रिफॉर्म ऐंड एग्रेरियन रिफॉर्मिज़्म : स्टडीज़ ऑफ़ पेरु, चिली, चाइना ऐंड इंडिया*, सम्पादन : डी. लेहमन, लन्दन : फेबर ऐंड फेबर, 190–220।

बेते, ए : 1972, 'द ट्राइब्यूलेशन्स ऑफ़ फील्डवर्क', *इकोनॉमिक ऐंड पॉलिटिकल वीकली* 7 (31, 32, 33) : 1509–16।

1974, *स्टडीज़ इन एग्रेरियन सोशल स्ट्रक्चर*, दिल्ली, ऑक्सफोर्ड यूनिवर्सिटी प्रेस।

1980, द इंडियन विलेज : पास्ट ऐंड प्रेजेंट', संकलित : *पीजेंट्स इन हिस्ट्री : एसेज इन ऑनर ऑफ़ डेनियल थॉर्नर*, सम्पादन : ई जे. हॉब्सबॉम और अन्य, दिल्ली : ऑक्सफोर्ड यूनिवर्सिटी प्रेस, 107–20।

1996 (1965), *कास्ट, क्लास ऐंड पॉवर : चेंजिंग पैटर्न ऑफ़ स्ट्रैटिफिकेशन इन* तंजौर विलेज, नयी दिल्ली : ऑक्सफोर्ड यूनिवर्सिटी प्रेस।

भल्ला, जी. एस., और जी. के. चड्ढा, 1983, *ग्रीन रिवोल्यूशन ऐंड स्मॉल पीजेंट्स : अ स्टडी ऑफ़ इनकम डिस्ट्रीब्यूशन अमॉन्ग कल्टीवेटर्स, पंजाब*, नयी दिल्ली : कॉन्सेप्ट पब्लिशिंग हाउस।

बोनानो, ए. 1989, *सोशियोलॉजी ऑफ़ एग्रीकल्चर*, नयी दिल्ली : कॉन्सेप्ट पब्लिशिंग हाउस।

ब्रेमन, जे. 1988, *द शैटर्ड इमेज : कंस्ट्रक्शन ऐंड डिकंस्ट्रक्शन ऑफ़ द विलेज इन कोलोनियल एशिया*, कॉम्पेरेटिव एशियन स्टडीज़, वोल्यूम 2, एमस्टर्डम : सेंटर फ़ॉर एशियन स्टडीज़।

बाइरेस, टी. जे. 1972, 'द डायलेक्टिक्स ऑफ़ इंडियाज ग्रीन रिवोल्यूशन', *साउथ एशियन रिव्यू* 5(2) : 99–106।

1974, लैंड रिफॉर्म्स, इंडस्ट्रियलाइजेशन ऐंड मार्केटेड सरप्लस इन इंडिया : ऐन ऐसे ऑन द पॉवर ऐंड रूरल बायस', संकलित : *एग्रेरियन रिफॉर्म एंड एग्रेरियन रिफॉर्मिज़्म : स्टडीज़ ऑफ़ पेरु, चिली, चाइना एंड इंडिया*, सम्पादन : डी. लेहमन, लन्दन : फेबर ऐंड फेबर, 221–61।

चक्रवर्ती, ए. 1975, *कॉन्ट्राडिक्शन ऐंड चेंज : इमर्जिंग पैटर्न्स ऑफ़ अथॉरिटी इन अ राजस्थान विलेज*, दिल्ली : ऑक्सफोर्ड यूनिवर्सिटी प्रेस।

कोहेन, बी. एस. 1987, *ऐन एंथ्रोपोलॉजिस्ट अमॉन्ग हिस्टॉरियन्स ऐंड अदर एसेज*, दिल्ली : ऑक्सफोर्ड यूनिवर्सिटी प्रेस।

धनाग्रे, डी. एन. 1983, *पीजेंट मूवमेंट्स इन इंडिया : 1920–1950*, दिल्ली : ऑक्सफोर्ड यूनिवर्सिटी प्रेस।

'एग्रेरियन रिफॉर्म्स ऐंड रूरल डेवलपमेंट इन इंडिया : सम ऑब्जर्वेशन्स', *रिसर्च इन सोशल मूवमेंट्स, कॉन्फ्लिक्ट ऐंड चेंज* VII (1) : 178–93।

देसाई, ए. आर 1969, *रूरल सोशियोलॉजी इन इंडिया,* बॉम्बे : पॉप्यूलर प्रकाशन।

ड्जुरफेल्ड्ट, जी. और एस. लिंडबर्ग, 1976, *बिहाइंड पॉवर्टी : द सोशल फ़ॉरमेशन ऑफ़ ए तमिल विलेज,* नयी दिल्ली : ऑक्सफोर्ड और आईबीएच।

दुबे, एस. सी. 1955क, *इंडियन विलेज,* लन्दन : रॉटलेज और केगन पॉल।

———, 1955ख, 'अ डेक्कन विलेज, संकलित : *इंडियाज विलेज,* सम्पादन : एन. एन. श्रीनिवास, लन्दन : एशिया पब्लिशिंग हाउस।

फ्रैंकेल, एफ. आर 1971, *इंडियाज ग्रीन रिवोल्यूशन : इकोनॉमिक गेन्स ऐंड पॉलिटिकल कॉस्ट्स,* बॉम्बे : ऑक्सफोर्ड यूनिवर्सिटी प्रेस।

फ्राइड लैंड, डब्ल्यू. एच. 1982, 'द ऐंड ऑफ़ रूरल सोसायटी ऐंड द फ़्युचर ऑफ़ सोशियोलॉजी', *रूरल सोशियोलॉजी* 47(4) : 589–608।

गाडगिल, एम. वी. 1986, 'एग्रीकल्चरल क्रेडिट इन इंडिया : अ रिव्यू ऑफ़ परफॉर्मेंसेज ऐंड पॉलीसीज', *इंडियन जर्नल ऑफ़ एग्रीकल्चरल इकोनॉमिक्स* 14(3) : 282–309।

गालेस्की, बोगफ़सलॉव, 1972, *बेसिक कॉन्सेप्ट्स ऑफ़ सोशियोलॉजी.* मैनचेस्टर : मैनचेस्टर यूनिवर्सिटी प्रेस।

गिडेन्स, एंथोनी. 1989, *सोशियोलॉजी.* कैम्ब्रिज : पॉलिटी प्रेस।

हबीब, आई. 1963, *एग्रेरियन सिस्टम्स ऑफ़ मुग़ल इंडिया,* बॉम्बे : एशिया पब्लिशर्स।

हैरिस, जे. 1987, 'कैपिटलिजम ऐंड पीजेंट प्रोडक्शन : द ग्रीन रिवोल्यूशन इन इंडिया'। संकलित : *पीजेंट्स ऐंड पीजेंट सोसायटीज,* सम्पादन : टी. शानिन, लन्दन : ब्लैकवेल, 227–45।

हेरिंग, आर जे. 1977, 'लैंड टेनयोर ऐंड क्रेडिट कैपिटल टेनयोर इन कॉन्टेम्पररी इंडिया', संकलित : *लैंड टेनयोर ऐंड पीजेंट्स इन साउथ एशिया,* सम्पादन : आर ई. फ्राइकेनबर्ग, नयी दिल्ली : मनोहर, 120–58।

हिबर्ट, पी. जी. 1971, कोंडूरु : स्ट्रक्चर ऐंड इंटिग्रेशन इन अ साउथ इंडियन विलेज। मिन्नेपॉलिस : यूनिवर्सिटी ऑफ़ मिन्नेसोटा।

इंडेन, आर 1990, *इमैजिनिंग इंडिया,* ऑक्सफोर्ड : बेसिल ब्लैकवेल।

जोधका, एस. एस. 1995, 'ब्यूरोक्रेटाइजेशन, करप्शन, ऐंड डिपॉलिटाइजेशन चेंजिंग प्रोफाइल ऑफ़ क्रेडिट को–ऑपरेटिव्स इन रूरल हरियाणा', *इकोनॉमिक ऐंड पॉलिटिकल वीकली* 30(1) : 311–32।

1998, 'फ्रॉम "बुक–व्यू" टू "फील्ड–व्यू" : सोशल एंथ्रोपोलॉजिकल कंस्ट्रक्शन्स ऑफ़ द इंडियन विलेज', *ऑक्सफोर्ड डेवलपमेंट स्टडीज़* 26 (3) : 311–32।

2002, 'नेशन ऐंड विलेज : इमेजेज ऑफ़ रूरल इंडिया इन गाँधी, नेहरु ऐंड अम्बेडकर', *इकोनॉमिक ऐंड पॉलिटिकल वीकली* 37(32) : 3343–54।

2003, 'एग्रेरियन स्ट्रक्चर ऐंड देयर ट्रांसफ़ॉर्मेशन्स', संकलित : *ऑक्सफोर्ड इंडिया कॉम्पेनियन टू सोशियोलॉजी ऐंड सोशल एंथ्रोपोलॉजी,* वोल्यूम II, सम्पादन : वीणा दास, नयी दिल्ली : ऑक्सफोर्ड यूनिवर्सिटी प्रेस।

2006, 'बियोंड क्राइसिस : रिथिंकिंग कॉन्टेम्परारी पंजाब एग्रीकल्चर', *इकोनॉमिक ऐंड पॉलिटिकल वीकली* 41(16) : 1530–37।

2012, 'इण्ट्रोडक्शन' संकलित : *विलेज सोसायटी : रीडिंग्स ऑन द इकोनॉमी, पॉलिटी ऐंड सोशायटी*, सम्पादन : एस. एस. जोधका, हैदराबाद : ऑरियन्ट ब्लैकस्वॉन।

2015, *कास्ट इन कॉन्टेम्परारी इंडिया*, नयी दिल्ली : रॉटलेज।

जोशी, पी. सी. 1976, *लैंड रिफॉर्म्स इन इंडिया : ट्रेंड्स ऐंड पर्सपेक्टिव्स*, नयी दिल्ली : अलाईड पब्लिशर्स।

1987, *इंस्टीट्यूशनल एसपेक्ट्स ऑफ़ एग्रीकल्चरल डेवलपमेंट्स : इंडिया फ्रॉम एशियन पर्सपेक्टिव*, नयी दिल्ली : अलाईड पब्लिशर्स।

लेविस, ओ. 1958, *विलेज लाइफ़ इन नॉर्दर्न इंडिया : स्टडीज़ इन अ देल्ही विलेज*। उरबाना : यूनिवर्सिटी ऑफ़ इलिनॉइस प्रेस।

मजूमदार, डी. एन. (सम्पा.), 1955, *रूरल प्रोफाइल्स (1)*, लखनऊ : एथ्नोग्राफिक ऐंड फोक कल्चर सोसायटी।

1958, *कास्ट ऐंड कम्युनिकेशन इन ऐन इंडियन विलेज*, बॉम्बे : एशिया पब्लिशिंग हाउस।

मैरीयॉट, एम. (सम्पा.) 1955, *विलेज इंडिया : स्टडीज़ इन द लिटिल कम्युनिटी*, शिकागो : द यूनिवर्सिटी ऑफ़ शिकागो प्रेस।

मेंचर, जे. पी. 1978, *एग्रीकल्चर ऐंड सोशल स्ट्रक्चर इनत मिल नाडू : पास्ट ऑरिजिन्स, प्रेजेंट ट्रांसफ़ॉर्मेशन्स ऐंड फ्यूचर प्रॉसपेक्ट्स*, नयी दिल्ली : अलाइड पब्लिशर्स।

मेंडलसन, ओ., 1993, 'द ट्रांसफ़ॉर्मेशन ऑफ़ अथॉरिटी इन रूरल इंडिया', *मॉडर्न एशियन स्टडीज़* 27(4) : 805–42।

मूर, बी. जूनियर, 1966, *सोशल ऑरिजिन्स ऑफ़ डिक्टेटरशीप ऐंड डेमॉक्रेसी*, मिडिलसेक्स : पेंग्विन।

नील, डब्ल्यू. 1962, *इकोनॉमिक चेंज इन रूरल इंडिया : लैंड टेन्योर ऐंड रिफॉर्म इन उत्तर प्रदेश, 1800–1955*. न्यू हैवेन : येल यूनिवर्सिटी प्रेस।

नेल्सन, लॉरी, 1948, *रूरल सोशियोलॉजी*, न्यूयॉर्क : अमेरिकन बुक कम्पनी।

न्यूबी, एच. 1980, 'ट्रेंड रिपोर्ट : रूरल सोशियोलॉजी', *करेंट सोशियोलॉजी* 28 (स्प्रिंग) : 1–41।

ऑमवेट, गेल, 1992, 'कैपिटलिस्ट एग्रीकल्चर ऐंड रूरल क्लासेज इन इंडिया', *संकलित : क्लास, स्टेट ऐंड डेवलपमेंट इन इंडिया*, सम्पादन : बी. बेरबेरोलग्ली, नयी दिल्ली : सेज पब्लिकेशन्स।

ऑमेन, टी. के. 1984, *सोशल ट्रांसफ़ॉर्मेशन इन रूरल बंगाल*, नयी दिल्ली : विकास पब्लिशिंग हाउस।

राधाकृष्णन, पी. 1989, *पीजेंट स्ट्रगल्स, लैंड रिफॉर्म्स ऐंड सोशल चेंज : मालाबार 1836–1982*, नयी दिल्ली : सेज पब्लिकेशन्स।

रेडफील्ड, रॉबर्ट, 1947, 'द फोक सोसायटी', *अमेरिकन जर्नल ऑफ़ सोशियोलॉजी* 53 (जनवरी) : 292–308।

1965, *पीजेंट सोसायटी ऐंड कल्चर*, शिकागो : शिकागो यूनिवर्सिटी प्रेस।

रिजर्व बैंक ऑफ़ इंडिया, 1969, *रिपोर्ट ऑफ़ द ऑल इंडिया रूरल क्रेडिट रिव्यू कमिटी* बॉम्बे : आरबीआई।

रुटेन, एम. ए. एफ. 1995, *फार्म्स ऐंड फैक्टरीज : सोशल प्रोफाइल ऑफ़ लार्ज फार्मर्स ऐंड रूरल इंडस्ट्रियलिस्ट्स इन वेस्ट इंडिया*, नयी दिल्ली : ऑक्सफोर्ड यूनिवर्सिटी प्रेस।

सहाय, गौरांग आर 2004, 'हायरार्की, डिफरेंस ऐंड द कास्ट सिस्टम : अ स्टडी ऑफ़ रूरल बिहार', *कंट्रीब्यूशन्स टू इंडियन सोशियोलॉजी* 38 (1 और 2) : 113–26।

श्वार्जवे[illegible]र, एच. के. (सम्पा.) 1984, *रिसर्च इन रूरल सोशियोलॉजी ऐंड डेवलपमेंट*, [illegible]यूम I, ग्रीनवीच : जय प्रेस।

शानिन, टी. (सम्पा.) 1987, *पीजेंट ऐंड पीजेंट सोसायटीज*, लन्दन : ब्लैकवेल।

सिल्वरमैन, एस. 1987, 'द कॉन्सेप्ट ऑफ़ पीजेंट ऐंड द कॉन्सेप्ट ऑफ़ कल्चर', संकलित : *सोशल एंथ्रोपोलॉजी ऑफ़ पीजेन्ट्री*, सम्पा. जे. मेंचर, बॉम्बे : सोमैया पब्लिकेशन्स, 7–31।

श्रीनिवास, एम. एन. 1995क. 'द सोशल स्ट्रक्चर ऑफ़ अ मैसोर विलेज', संकलित : *विलेज इंडिया*, सम्पादन मैकीम मैरियट, शिकागो : यूनिवर्सिटी ऑफ़ शिकागो प्रेस, 1–35।

(सम्पा.), 1955ख. *इंडियाज विलेज*, लन्दन : एशिया पब्लिशिंग हाउस।

1975, 'विलेज स्ट्डीज, पार्टिशिपेंट ऑब्जर्वशेन्स ऐंड सोशिल सांइस रिसर्च इन इंडिया', *इकोनॉमिक ऐंड पॉलिटिकल वीकली* 10 (33–35)।

1976, *द रिमेम्बर्ड विलेज*, दिल्ली : ऑक्सफर्ड यूनिवर्सिटी प्रेस।

थॉर्नर, डी. 1956, *द एग्रेरियन प्रॉस्पेक्ट्स ऑफ़ इंडिया*, दिल्ली : ऑक्सफोर्ड यूनिवर्सिटी प्रेस।

1964, *एग्रीकल्चरल को–ऑपरेटिव्स इन इंडिया*, बॉम्बे : एशिया पब्लिशर्स।

उपाध्या, कैरॉल बी. 1988, 'द फार्मर–कैपिटलिस्ट्स ऑफ़ कोस्टल आन्ध्र प्रदेश', *इकोनॉमिक ऐंड पॉलिटिकल वीकली* XXIII (27 और 28) : 1376–82, 1433–42।

वाइजर, डब्ल्यू. एच. 1968 (1936), *द हिन्दू जजमानी सिस्टम*, लखनऊ : लखनऊ पब्लिशिंग हाउस।

वोल्फ, एरिक आर 1966, *पीजेन्ट्स*, इंगलवुड क्लिफस, एन. जे. : प्रेंटिस हॉल।

# अध्यायों की रूपरेखा

**कमल नयन चौबे**

भारतीय ग्राम शृंखला के इस तीसरे भाग में बदलते ग्रामीण क्षेत्र की तस्वीर प्रस्तुत की गयी है, और इस सन्दर्भ में सामाजिक, आर्थिक और राजनीतिक जीवन में हो रहे बदलावों का अध्ययन करने वाले शोध आलेखों को संकलित किया गया है। पिछले दो भागों की तरह ही इस भाग में सम्मिलित आलेखों को पढ़ते समय भी इनके प्रकाशन वर्ष को ध्यान में रखना आवश्यक है। इससे आलेख में वर्णित सन्दर्भों और विमर्शों को बेहतर तरीक़े से समझा जा सकता है। इस पुस्तक में सुरिन्दर एस. जोधका द्वारा लिखित प्रस्तावना के अतिरिक्त कुल 12 अध्याय हैं। इस भाग के आरम्भ में भी पिछले दो भागों की तरह सुरिन्दर एस. जोधका द्वारा लिखी गयी प्रस्तावना दी गयी है। इस प्रस्तावना में वे स्वतन्त्रता प्राप्ति के बाद से लेकर वर्तमान दौर तक गाँवों के अध्ययन में होने वाले उतार–चढ़ाव और बदलाव की तस्वीर प्रस्तुत करते हैं। असल में, भारतीय ग्राम शृंखला के तीनों भागों में जोधका द्वारा लिखित प्रस्तावना को सम्मिलित करने का कारण यह है कि अगर कोई पाठक किसी एक को भी पढ़े तो उसे इस प्रस्तावना के माध्यम से भारतीय ग्राम अध्ययन में होने वाले बदलावों की एक समग्र समझ मिल पाये।

पुस्तक के पहले अध्याय में कृष्ण कुमार ने ग्रामीण शिक्षा और आधुनिकीकरण की आपसी अन्तःक्रिया और इससे ग्रामीण क्षेत्रों पर पड़ने वाले प्रभावों और शिक्षा माध्यम में ग्रामीणता की वर्चस्वशाली अवधारणा का विश्लेषण किया है। कृष्ण कुमार बताते हैं कि औपनिवेशिक शासन के दौरान और स्वतन्त्र भारत में आधुनिक शिक्षा के इतिहास में बाध्यकारी पाठ्य–पुस्तकों के माध्यम से ज्ञान के प्रसार पर ध्यान केन्द्रित किया गया है। इसमें परीक्षा की एक सुनिश्चित प्रणाली रही है। इसमें शिक्षक की स्थिति और बौद्धिक प्रशिक्षण को ज़्यादा महत्त्व नहीं दिया गया है। आधुनिकता के

एक वाहक के रूप में शिक्षा में आधुनिक शिक्षा–शास्त्र के मूल्यों को स्थान नहीं दिया गया है। औपनिवेशिक दौर में शिक्षा–शास्त्र और पाठ्यक्रम के आधुनिकीकरण का प्रयास किया गया, किन्तु इसे पर्याप्त वित्तीय सहायता नहीं दी गयी। स्वतन्त्रता प्राप्ति के बाद के दौर में भी यही स्थिति क़ायम रही। लेखक ग्रामीण जीवन में शिक्षा के कारण होने वाले बदलावों का विश्लेषण करते हुए यह बताते हैं कि कई बार भूमिहीन परिवार में किसी व्यक्ति के शिक्षित होने के कारण वह शहरों की ओर विस्थापन कर लेता है क्योंकि गाँव में प्रभुत्वशाली समूह उसे अपने बराबर मानने के लिए तैयार नहीं होते हैं। शायद इस सन्दर्भ में यह भी एक महत्त्वपूर्ण तथ्य है कि शहरी जीवन और इसके लाभों ने ग्रामीण जनसंख्या को सामान्य रूप से आकर्षित किया। जन संचार माध्यमों ने भी शहरी आर्थिक और सामाजिक मानकों को बढ़ावा दिया और उन्हें लोकप्रिय बनाया। काफ़ी समय पहले ही एक अपरिवर्तित भारतीय गाँव का विचार एक मिथक साबित हो चुका है। लेकिन हम अपनी आधुनिक शहरी परिकल्पना से जिस गाँव का निर्माण कर रहे हैं, वह भी कम–से–कम ख़ुद हमारे द्वारा बनायी गयी आंशिक मिथक ही है। कृष्ण कुमार इस बात पर बल देते हैं कि आधुनिक शिक्षा और इसके पाठ्यक्रम का एक योगदान यह रहा है कि इसने ग्रामीण और शहरी जीवन के बीच ध्रुवीयता को बढ़ावा दिया है। इस ध्रुवीयता ने ही एक ख़ास तरह की रूढ़बद्ध धारणा को बढ़ावा दिया है, जिसमें यह माना जाता है कि गाँव वह है जिसे शहर ने तथाकथित रूप से पीछे छोड़ दिया है। लेकिन यदि हम ग्रामीण और शहरी निवासियों के वास्तविक जीवन पर ध्यान दें तो ध्रुवीयता के बजाय परस्पर व्यापन के ज़्यादा प्रमाण सामने आते हैं। बहुत से अच्छे पदों पर बैठे आधुनिकीकरण समर्थक ग्रामीण समस्याओं के सन्दर्भ में बहुत ही जल्दबाजी दिखाते हैं। वे ऐसे तकनीकी समाधान प्रस्तुत करते हैं जिसका तुरन्त रैडिकल प्रभाव पड़े। ऐसे लोगों के पास समझने की एक ऐतिहासिक भावना नहीं होती है कि असल में भारतीय गाँव अपने लम्बे इतिहास में काफ़ी लचीले रहे हैं। कृष्ण कुमार मानते हैं कि गाँवों में शिक्षा, गाँवों के बारे में शिक्षा और आधुनिकता के प्रसार के प्रभावों के अध्ययन के सन्दर्भ में ये सभी आयाम महत्त्वपूर्ण हैं।

दूसरे अध्याय में, जॉन मैकडॉगल ने समकालीन ग्रामीण भारत के साहित्य में प्रचलित 'प्रभुत्वशाली जाति' और 'अमीर किसानों' की दो अवधारणाओं का तुलनात्मक अध्ययन किया है। ग्रामीण सत्ता संरचना की प्रकृति का वर्णन करने के लिए इन शब्दावलियों का प्रत्यक्ष या परोक्ष रूप से वर्णन किया जाता है। ये शब्दावलियाँ दो ऐसी अवधारणाओं के बारे

में बताती हैं जो काफ़ी हद तक एक–दूसरे से अलग हैं। अमूमन ग्रामीण भारत में प्रभुत्वशाली जाति की शक्ति का विवरण बहुलतावादी रहा है। इसमें इस सम्भावना को स्वीकार किया जाता है कि बहुत–सी जातियों की शक्ति–संसाधनों तक पहुँच होती है, इसलिए वे गाँव की शक्ति में भागीदारी करते हैं, अर्थात् इसमें जाति के पहलू पर बल दिया जाता है। इसके अलावा, प्रभुत्वशाली जाति के विवरणों में आमतौर पर यह बताया जाता है कि विभिन्न क्षेत्रों में प्रभुत्व रखने वाली जातियाँ राज्य या राष्ट्रीय राजनीति में गठजोड़ का निर्माण करती हैं; लेकिन इस तरह ये ग़ैर–प्रभुत्वशाली जातियों को इस बात के लिए प्रेरित करती हैं कि वे भी गाँव के ऊपर अन्य ग़ैर–प्रभुत्वशाली जातियों से गठजोड़ बनायें। 'अमीर किसान' राजनीतिक और आर्थिक नियन्त्रण तथा उसके परिणामों का सिद्धान्त है। विशेष तौर पर, यह मानता है कि स्वतन्त्रता प्राप्ति के समय से ही गाँव के आर्थिक अधिशेष (सरप्लस) तथा गाँव के औपचारिक और अनौपचारिक संस्थाओं पर अमीर किसानों का नियन्त्रण तेज़ी से बढ़ा है। लेखक यह रेखांकित करते हैं कि अमीर किसान सिद्धान्त प्रभुत्वशाली जाति सिद्धान्त (या अन्य सिद्धान्तों) द्वारा प्रस्तुत अन्तर्दृष्टियों और प्रकल्पनाओं का सहारा ले सकता है। कुछ पहलुओं के सन्दर्भ में इसे प्रभुत्वशाली जाति सिद्धान्त से मिलाया भी जा सकता है। अभी बहुत से अमीर किसान अपनी शक्ति को वैधता प्रदान करने के लिए अपनी जाति की हैसियत का उपयोग करते हैं या कर सकते हैं। यह मुमकिन है कि अमीर किसान की शक्ति जिला या राज्य स्तर पर पूरी तरह वैध हो, लेकिन यह गाँव के स्तर पर काफ़ी कम हो सकता है और इस कारण से अमीर किसान को गाँव के स्तर पर अपनी शक्ति को क़ायम रखने के लिए ज़्यादा से ज़्यादा बल प्रयोग करना पड़ सकता है; या फिर गाँव में लोगों से उलझने से बचने के लिए वह जिला स्तरीय व्यापार और राजनीति पर ध्यान केन्द्रित कर सकता है।

तीसरे अध्याय में, सतीश के. अरोड़ा ने भारत के ग्रामीण राजनेताओं के स्वरूप के बारे में अध्ययन प्रस्तुत किया है। अपने अध्ययन के माध्यम से उन्होंने यह स्पष्ट करने का प्रयास किया है कि चुनाव की प्रणाली का हमारे राजनेताओं के बीच सामाजिक–आर्थिक संसाधनों के वितरण पर क्या प्रभाव पड़ा है। अध्याय में ग्रामीण स्तरीय राजनेताओं को दो भागों में बाँटा गया है : पहला, वे जिन्हें अपना राजनीतिक पद हासिल करने के लिए चुनाव लड़ना पड़ा, और दूसरा वे जिन्हें चुनावों के बगैर अर्थात् सह–योजन (को–ऑप्शन) या आम–सहमति से हुए चुनाव द्वारा अपना पद मिल गया। दूसरे तरह की स्थिति के लाभों पर सार्वजनिक रूप से

बल दिया जाता है, और कुछ राज्यों ने यह रास्ता अपनाने वाले गाँवों को आर्थिक इनाम भी दिया है। लेखक इस बात पर बल देते हैं कि जो लोग सार्वजनिक पदों के लिए सार्वजनिक चुनाव के अतिरिक्त किसी अन्य पद्धति से आते हैं, वे सीधा चुनाव लड़ने वाले लोगों की तुलना में आय और खेती की ज़मीन जैसे मापकों के आधार से अत्यधिक ग़रीब होते हैं। लेखक द्वारा चुने गये दोनों ही सैम्पलों में माध्यमिक स्तर तक शिक्षा पाने वाले नेताओं का तक़रीबन एक जैसा अनुपात था। लेकिन चुनाव लड़ने वाले लोगों में से 15 प्रतिशत ने मैट्रिक स्तर या उससे ज़्यादा शिक्षा हासिल की थी। दूसरी ओर, सह–योजन या आम–सहमति से चुने गये नेताओं में से किसी ने भी इस प्रकार की शिक्षा हासिल नहीं की थी। लेखक यह भी रेखांकित करते हैं कि ग्रामीण क्षेत्रों में औपचारिक राजनीतिक शक्ति अभी भी भू–स्वामियों के पास पीढ़ी–दर–पीढ़ी से चली आ रही है। लेकिन वे यह सम्भावना जताते हैं कि आने वाले समय में इसमें बदलाव भी हो सकता है। हालाँकि वे इस बदलाव को हाशिये के समूहों/वर्गों या जातियों के उभार के रूप में नहीं देखते हैं, बल्कि उन्हें लगता है कि कोई राजनीतिक शक्ति ऐसे समूह के पास जा सकती है, जो गाँव से ज़्यादा जुड़ा न हो।

चौथे अध्याय में, रजनी परलीवाला राजस्थान के सीकर जिले के पंचवास गाँव में एक गाँव के गहन अध्ययन के आधार पर वहाँ महिलाओं की स्थिति का अध्ययन किया है। इसमें उन्होंने महिलाओं के घर सम्बन्धी विविध आयामों तथा महिलाओं और उनके काम के मूल्यांकन में इसके प्रभाव का परीक्षण किया है। साथ ही, उन्होंने यह मूल्यांकन भी किया है कि महिलाओं के मायका और ससुराल के घरों में उनके अधिकारों की स्थापना और प्रयोग पर इसका क्या प्रभाव पड़ता है। परलीवाला यह तर्क देती हैं कि विवाह के बाद महिलाओं का अपने मायके के घर पर किसी तरह का अधिकार नहीं रह जाता है, और उनका मायके का घर उनके लिए अनजाना हो जाता है। किन्तु आवश्यकता पड़ने पर उन्हें मायके में अतिरिक्त श्रम की आवश्यकता होने पर बुलाया जाता है। उनके श्रम का कोई वेतन उन्हें नहीं मिलता। हाँ, यह अवश्य होता है कि उन्हें मायके से वापस जाने पर कुछ तोहफ़ा दे दिया जाता है। इस तरह, मायका उसका अस्थायी घर हो जाता है, और उसका काम अदृश्य काम माना जाता है।

सुरिन्दर एस. जोधका ने पाँचवें अध्याय में हरियाणा राज्य के एक हरित क्रान्ति वाले ज़िले (करनाल) के तीन चुनिन्दा गाँवों के फील्ड अध्ययन के माध्यम से अनौपचारिक ऋण बाज़ार की बदलती संरचना और क़र्ज़ निर्भरता के उभरते स्वरूप के समाजशास्त्र को सामने लाने का प्रयास

किया है। उन्होंने इस सन्दर्भ में दो पहलुओं पर ध्यान दिया है : (क) हरित क्रान्ति की सफलता के कारण हुआ खेतिहर बदलाव; और (ख) ऋण के संस्थात्मक स्रोतों की उपलब्धता में वृद्धि और इनकी बढ़ती लोकप्रियता। जोधका का तर्क है पिछले चार या पाँच दशक के दौरान काफ़ी महत्त्वपूर्ण बदलाव हुए हैं। बनिया–केन्द्रित पारम्परिक ऋण बाज़ार व्यवस्था में पूरी तरह परिवर्तन हो चुका है। पुराने बनिया साहूकारों की समाप्ति का अर्थ सिर्फ़ यह नहीं है कि किसानों के लिए उपलब्ध ऋण के स्रोत में बदलाव हुआ। असल में, इसके कारण ग्रामीण सत्ता संरचना में एक महत्त्वपूर्ण बदलाव भी हुआ। अन्य कारकों के साथ मिलकर इसने मध्यम स्तर के खेतिहर जाति समूहों के प्रभुत्व को बढ़ाने का काम किया है। यह तबका पहले से ही ग्रामीण समाज का एक महत्त्वपूर्ण घटक था। बनिये के हटने के कारण स्थानीय सत्ता संरचना में इस श्रेणी का तक़रीबन एकाधिकार हो गया। अढ़तिया–किसान ऋण सम्बन्ध काफ़ी हद तक पारम्परिक साही–सामी व्यवस्था जैसा लग सकता है, लेकिन इन दोनों में अत्यधिक अन्तर है। यह एक तथ्य है कि अढ़तिया भी मुख्य रूप से व्यावसायिक कारणों से क़र्ज़ देते थे, अर्थात् वे यह चाहते थे कि किसान अपनी अतिरिक्त पैदावार बाज़ार में लाकर उन्हें ही दें। इस सन्दर्भ में यह स्पष्ट है कि औपचारिक या बैंक से मिलने वाले ऋणों का दायरा पहले से विस्तृत होने के बावजूद भी यह इतना ज़्यादा नहीं फैला कि लोग पूरी तरह से इन पर ही निर्भर रहें। अभी भी अनौपचारिक ऋण ग्रामीण लोगों के जीवन का अभिन्न हिस्सा बने हुए हैं।

राधिका चोपड़ा ने छठे अध्याय में ग्रामीण प्रवासन के अनुभवों की जाँच–पड़ताल की है और इन अनुभवों को ग्रामीण जीवन की विशिष्टताओं के सन्दर्भ में अवस्थित किया है। उन्होंने अपने विश्लेषण को एक गाँव और तीन वृत्तान्तों तक सीमित रखा है। इस विश्लेषण में प्रवासन के अर्थ की व्याख्यात्मक समझ उपलब्ध कराने के लिए मानवशास्त्रीय क्षेत्र–अध्ययन (एथ्नोग्राफ़िक फील्डवर्क) का सहारा लिया गया है। लेखिका यह तर्क देती हैं कि प्रवासन बुनियादी रूप से एक बहुल अनुभव है और वे प्रवासियों के वृत्तान्तों से इन बहुलताओं को सामने लाने का प्रयास करती हैं। वे 'प्रवासी' की श्रेणी को खोलते हुए एकात्मक श्रेणी के भीतर अनुभव को बेआवाज़ (या ख़ामोश करने) की समस्या को रेखांकित करती हैं। राधिका चोपड़ा ने अपने अध्ययन के लिए चुने गये गाँव के सन्दर्भ में बहुत ही रोचक शैली में यह दिखाया है कि किस तरह बिहार के प्रवासी मज़दूर पंजाब में आते हैं, और एक के आने के बाद ऐसे मज़दूरों के आने का सिलसिला बन गया। वे यह भी बताती हैं कि आरम्भिक रूप से सांस्कृतिक पृथक्‌ता

का शिकार होने के बाद कई मज़दूर और उनके परिवार पंजाबी गाँव में घुल–मिल गये। चूँकि ये स्थानीय मज़दूरों की तुलना में सस्ते होते हैं, इसलिए पंजाब के किसान इन्हें ज़्यादा महत्त्व देते हैं। लेखिका यह तर्क देती हैं कि पंजाबी रोज़गारदाता के पास संकेतों की एक पूरी श्रेणी होती है। इसके आधार पर वह यह पहचानता है कि कोई व्यक्ति अन्य अनजान लोगों की तरह नहीं है, बल्कि एक प्रवासी है। साथ ही, वह कुछ निश्चित तरीक़ों मसलन, मज़दूरी अदा करने के तरीक़े या स्थानिक अवस्थिति के आधार पर इन प्रवासियों को यह बताता है कि वह उन्हें किस रूप में देख रहा है। वहीं, प्रवासियों के पास कुछ भिन्न तरीक़े के रास्ते होते हैं। मसलन, वे अपने काम के तरीक़े तथा कार्य–स्थल और घर के बीच विभाजन के आधार पर अपनी समझ अभिव्यक्त करते हैं। चोपड़ा इस बात पर बल देती हैं कि अनुसन्धानकर्त्ता को हमेशा ही सचेत रहना चाहिए कि वह रोज़गारदाता या प्रवासी किसके नज़रिये से प्रवासन से जुड़े मुद्दों को समझने का प्रयास कर रहा है।

सातवें अध्याय में, यू. कलपागम ने विवाह के सम्बन्ध में ग्रामीण महिलाओं की आकांक्षाओं और विकल्प तथा स्थापित मानकों से इनके अन्तर्विरोधों का अध्ययन प्रस्तुत किया है। यह अध्याय इलाहाबाद ज़िले के लाहूरपुर गाँव की विभिन्न जातियों की महिलाओं के मानवशास्त्रीय अध्ययन पर आधारित है। इसमें इस बात की जाँच की गयी है कि महिलाएँ किसी तरह सामाजिक अनुशासनों से बँधी होती हैं या अपने लिए ज़्यादा आज़ादी और विकल्प हासिल करने के लिए किस प्रकार संघर्ष करती हैं; या किस तरह इस संघर्ष को विभिन्न पीढ़ियों के बीच ज़्यादा आज़ादी और गतिशीलता पाने की रणनीति के रूप में प्रयुक्त करती हैं। इसमें विवाह के व्यवहारों और महिलाओं की इच्छाओं के बारे में विभिन्न महिलाओं का वृत्तान्त प्रस्तुत किया गया है। कलपागम के अनुसार, मानवशास्त्रीय निष्कर्षों से यह बात स्पष्ट होती है कि ग्रामीण महिलाएँ आधुनिकता को अपने निजी जीवन में चुनाव करने की आज़ादी के सन्दर्भ में देखती हैं। वर्तमान समय में वे इस आज़ादी को अपनी गतिशीलता पर लगे प्रतिबन्धों से उबरने तथा अपनी पसन्द से विवाह करने के रूप में देखती हैं। हालाँकि अधिकांश मामलों में वे अपनी पसन्द से अपनी जाति में ही विवाह पर बल देती हैं। उम्रदराज औरतें और माताएँ अपनी बेटियों को इस प्रकार की स्वतन्त्रता देना चाहती हैं। वे गाँव में अपनी जीवनशैली में ज़्यादा बदलाव की चाह नहीं रखती हैं, लेकिन वे चाहती हैं कि उनकी बेटियाँ शहरी माहौल में रहें, जहाँ लोगों को ज़्यादा स्वतन्त्रता प्राप्त होती है। यह भी ग़ौरतलब

है कि सामान्य अपेक्षा के विपरीत ग्रामीण महिलाएँ अधिकार धारण करने वाली नागरिक बनने के सन्दर्भ में आधुनिकता को नहीं देखती हैं। वे इस रूप में पंचायतों या स्व–सहायता समूहों में भागीदारी नहीं करती हैं, और न ही गाँव के विकास की योजनाओं में उनकी आवाज़ को महत्त्व दिया जाता है। लेकिन वे आधुनिकता को उस सामन्ती पितृसत्तात्मक सोच से निकलने के रूप में अवश्य देखती हैं जो निजी जीवन और परिवार के भीतर फ़ैसला करने के सन्दर्भ में उनकी आज़ादी पर पाबन्दी लगाती है।

प्रेम चौधरी ने आठवें अध्याय में हरियाणा के गाँव में पितृसत्ता की स्थिति, उसके व्यवहार और बदलावों के संकेतों का विश्लेषण किया है। वे यह तर्क देती हैं कि घर की बैठक, गाँव की चौपाल, पारम्परिक पंचायत, संविधान द्वारा स्थापित पंचायत, गाँव के मनोरंजन के स्थल–इन सब पर पुरुषों को वर्चस्व है। पारम्परिक पुरुषवादी संरचना और व्यवहारों द्वारा महिलाओं को निजी दायरे तक सीमित करने पर बल दिया है। घर की बैठक पौरुषता के प्रतीक के रूप में होती है और यह विशिष्ट रूप से एक पुरुष क्षेत्र के रूप में सामने आता है। अमूमन पुरुषों की कुछ आवश्यकताओं को पूरा करने के लिए या उनके द्वारा कुछ माँगे जाने पर ही महिलाएँ बैठक में आती हैं। इस तरह, महिलाओं का बहिष्करण यह रेखांकित करता है कि वे 'सिर्फ़ घरेलू दायरे' में रहकर घरेलू काम ही कर सकती हैं। *चौपाल*, *बैठक* का सार्वजनिक विस्तार होता है। यदि *बैठक* परिवार की सत्ता का केन्द्र है, तो *चौपाल* को गाँव की सत्ता का केन्द्र कहा जा सकता है। पारम्परिक रूप से, *बैठक* की तरह *चौपाल* भी पुरुषों के लिए आरक्षित स्थान रहा है। यद्यपि इसे गाँव की साझा सम्पत्ति माना जाता है, किन्तु महिलाएँ इसका उपयोग करने के बारे में कोई दावा नहीं कर सकती हैं। महिलाओं को *चौपाल* में बहुत कम बुलाया जाता है या उन्हें कभी–कभार ही यहाँ आने की अनुमति दी जाती है। पारम्परिक पंचायत की संस्था पुरुष सत्ता का एक महत्त्वपूर्ण केन्द्र है। यहाँ बड़ी संख्या में पुरुष सम्पत्ति अधिकारों या उत्तराधिकार या जातिगत या अन्तर्जातीय मसलों, विवाह, तथा गाँव और आस–पास के क्षेत्रों की शान्ति के लिए ख़तरा पैदा करने वाले विवादों को सुलझाने के लिए आते हैं। क़ानूनी पंचायतों में भी हरियाणा पंचायती राज ऐक्ट, 1994 के अन्तर्गत महिलाओं को 33 प्रतिशत प्रतिनिधित्व देने की गारण्टी दी गयी। गाँवों में सामाजिक और आर्थिक परिवर्तन हुए हैं और बड़े पैमाने पर शहरीकरण हुआ है। हालाँकि प्रेम चौधरी यह रेखांकित करती हैं कि शहर और गाँव के बीच जुड़ाव भी बढ़ा है और इसके साथ बहुत से ऐसे साझा स्थान विकसित हुए हैं, जो

जेंडर के मामले में तटस्थ हैं। इससे विशेष रूप से पुरुष जनसंख्या के बीच बेचैनी में बढ़ोतरी हुई है। ग्रामीण क्षेत्रों में पुरुष यह दावा करते हैं कि अँधेरा होने पर सिर्फ़ वे ही सड़कों पर रह सकते हैं, लेकिन शहरों के साथ ही शहर और गाँव के बीच के परस्परव्यापी क्षेत्र में उनके इस दावे को चुनौती मिली है। अब बड़ी संख्या में महिलाएँ रात में भी बाहर निकलकर घूम रही हैं। चौधरी इस बात पर बल देती हैं कि इन स्थानों की विशिष्ट प्रकृति में बदलाव में यह सम्भावना है कि वांछित दिशा में परिवर्तन को प्रोत्साहित किया जा सकता है, और इसमें जेंडर सम्बन्धों में बदलाव की सम्भावना भी सन्निहित हो सकती है।

शीरीन जे. जेजीभोय ने नौंवे अध्याय में ग्रामीण भारत में महिलाओं के आँकड़ों के आधार पर घरेलू हिंसा के एक विशेष आयाम अर्थात् पत्नी को पीटने और उसे धमकाने की परिघटना का विश्लेषण किया है। साथ ही, इसमें महिलाओं द्वारा इस हिंसा की व्याख्या का विश्लेषण भी किया गया है। ज़्यादा सामान्य रूप से, यह एक ऐसी पृष्ठभूमि तैयार करने का प्रयास करता है, जिसके माध्यम से महिलाओं से सम्बन्धित अभिसमयों (कंवेंशन्स) के अन्तर्गत सुनिश्चित दायित्वों को पूरा करने में नाकाम रहने के लिए सरकार को ज़िम्मेदार ठहराया जा सकता है। साथ ही, इसके आधार पर पत्नी–पिटाई को रोकने और उसकी जाँच करने, दोषियों को सजा दिलाने तथा पीड़ितों को प्रभावकारी राहत उपलब्ध कराने के लिए समुचित क़दम उठाये जा सकते हैं। इस अध्याय में सांस्कृतिक रूप से भिन्न दो स्थानों पर महिलाओं की स्वायत्तता के अध्ययन के सन्दर्भ में आँकड़ों का संग्रहण किया गया है : पहला, उत्तर में उत्तर प्रदेश, जहाँ महिलाओं की स्थिति विशेष रूप से ख़राब है, और दूसरा, दक्षिण में तमिलनाडु, जहाँ महिलाओं की स्थिति तुलनात्मक रूप से अच्छी है। भारत में महिलाओं के ख़िलाफ़ होने वाली घरेलू हिंसा एक बहुत ही बड़ी समस्या है, जो न सिर्फ़ स्वास्थ्य के लिहाज़ से ख़तरनाक है, बल्कि यह सभ्यता के लिहाज़ से भी बहुत बुरी है। मात्रात्मक और गुणात्मक आँकड़ों के बहुस्तरीय विश्लेषण से यह निष्कर्ष सामने आता है कि भारत में बड़े पैमाने पर पत्नियों की पिटाई करने का व्यवहार मौजूद है। इससे भी बड़ी बात यह है कि ख़ुद महिलाएँ इसे सही मानती हैं, और बहुत कम महिलाएँ ऐसे विवाह से बाहर निकलती हैं, जिसमें उन्हें घरेलू हिंसा का सामना करना पड़ता है। उत्तर प्रदेश की तुलना में तमिलनाडु के जेंडर सम्बन्ध ज़्यादा समतावादी हैं। यहाँ (तमिलनाडु में) महिलाओं की स्थिति और स्वायत्तता उन्हें घरेलू हिंसा से सुरक्षा दिलाने में महत्त्वपूर्ण भूमिका निभाती है। तमिलनाडु में शिक्षा,

देर से होने वाले विवाह तथा आर्थिक संसधानों पर नियन्त्रण जैसे कारक काफ़ी हद तक महिलाओं को उनके पति की हिंसा और धमकी से बचाने का काम करते हैं। इसके विपरीत, उत्तर प्रदेश में इन कारकों का प्रभाव काफ़ी कम होता है। अमूमन पत्नियों की पिटाई के सम्बन्ध में लोगों के रुख़ के बारे में इसी तरह के निष्कर्ष निकाले जा सकते हैं। इस अध्ययन का सर्वप्रमुख नीतिगत निष्कर्ष यह है कि हिंसा का मुक़ाबला करने वाली रणनीतियों को तत्काल अपनाये जाने की आवश्यकता है। इन नीतियों में इस प्रकार की हिंसा का शिकार हुई महिलाओं की विभिन्न चिन्ताओं का समधान किया जाना चाहिए। साथ ही, इनके द्वारा इस बुराई के बुनियादी कारण अर्थात् महिलाओं की कमज़ोर स्थिति को भी दूर करने का प्रयास करना चाहिए।

दसवें अध्याय में दयाबाती रॉय ने ग्रामीण राजनीतिक क्षेत्र में होने वाले बदलावों के पीछे काम करने वाली गत्यात्मकता को समझने के लिए दो गाँवों का तुलनात्मक अध्ययन प्रस्तुत किया है। इसके माध्यम से उन्होंने यह जाँच–पड़ताल करने की कोशिश की है कि इसका ग्रामीण समाज की अर्थव्यवस्था और राजनीति से क्या जुड़ाव है। वे मानते हैं कि ग्रामीण जीवन के ये तीन दायरे अर्थात् सामाजिक, आर्थिक और राजनीतिक अलग–अलग हैं और एक–दूसरे से जुड़े हुए भी हैं, तथा ये संयुक्त रूप से परिवर्तनों की दिशा तय करते हैं। इस अध्याय में लेखक ने हुगली जिले के कालीपुर गाँव और सिंगूर क्षेत्र में बसे क़दमपुर गाँव का अध्ययन किया है। क़दमपुर गाँव उन गाँवों में से एक था जो सिंगूर में होने वाले प्रस्तावित भू–अधिग्रहण से प्रभावित हो रहा था अपने इस अध्ययन में लेखक ने स्थानीय स्तर की राजनीति में विभिन्न राजनीतिक दलों के कार्यकर्त्ताओं की राजनीतिक गतिविधियों और राजनीतिक लाभों के वितरण की बहुत ही रोचक तस्वीर प्रस्तुत की है। इससे यह पता चलता है कि ग्रामीण स्तर पर किस तरह वामपन्थी दलों या तृणमूल कांग्रेस के बीच वर्चस्व की लड़ाई रही है। यह शोध–आलेख जब लिखा गया था उस समय पश्चिम बंगाल में वाम मोर्चे की सरकार थी, इसलिए इसमें गाँव स्तर की जो तस्वीर सामने आयी है, उसमें वामपन्थी दलों, विशेष रुप से मार्क्सवादी कम्युनिस्ट पार्टी का दबदबा दिखता है। क़दमपुर में एक ऐसा किसान आन्दोलन चल रहा था शायद जिसकी कल्पना वाम मोर्चे के शासन में नहीं की जा सकती थी। सिंगुर में हो रही इस उथल–पुथल का कारण यह था कि सरकार ने भूमि अधिग्रहण का फ़ैसला करके हज़ारों ग्रामीण परिवारों की जीविका को ख़तरे में डाल दिया। गाँव के लोग

इस क्षेत्र को औद्योगिक शहरी क्षेत्र बनाने के प्रस्ताव का आर्थिक और सांस्कृतिक–दोनों ही दृष्टिकोणों से विरोध कर रहे थे। लेखक के अनुसार, ऐसा नहीं है कि गाँव की अर्थव्यवस्था और संस्कृति की हालत वैसी ही थी, जैसे यह आज से 30–40 साल पहले थी; गाँवों के लोग बदलाव के ख़िलाफ़ नहीं थे, और वे शहरी जीवन की बुराइयों और लाभों के बारे में भी जानते थे। इसलिए, उनके द्वारा सरकार के भूमि अधिग्रहण के फ़ैसले के विरोध करने को उनकी अज्ञानता या पिछड़ेपन के रूप में नहीं देखा जाना चाहिए। दूसरी ओर, लेखक कालीपुर को तुलनात्मक रूप से शान्ति गाँव के रूप में पेश करते हैं। उनके अनुसार, यहाँ माकपा को ग्रामीण अर्थव्यवस्था में यथा–स्थिति क़ायम रखने की नीति को कामयाबी मिली है। साथ ही, इसने सबॉल्टर्न लोगों को ख़ैरात के रूप में प्रशासकीयता या गवर्नमेंटैलिटी का कुछ लाभ देकर भी यथा–स्थिति को क़ायम रखा है। राजनीति के संगठित क्षेत्र के रूप में राज्य और वैश्विक पूँजी विकास की अपनी योजनाओं तथा विकेन्द्रीकरण के माध्यम से ग्रामीण समुदाय के साथ अन्तःक्रिया करते हुए उसको एक आकार प्रदान करना चाहते हैं। इस प्रकार की अन्तःक्रिया से समरसता या अशान्ति कुछ भी आ सकती है; यह पूरी तरह से इस पर निर्भर करता है कि समुदाय किस सीमा तक इन बदलावों को स्वीकार करता है। शायद 'भारत गाँवों के क्षरण होने' के बारे में व्यापक अध्ययन करने के लिए राजनीति को ऐसी मुख्य धुरी के रूप में देखना आवश्यक है, जिस पर गाँव का रूप जाना जाने वाला समाजशास्त्रीय यथार्थ महत्त्वपूर्ण रूप से टिका हुआ है।

प्रदीप पाण्डा ने ग्यारहवें अध्याय में वृद्धों या बुजुर्गों की देखभाल और सहायता की पारिवारिक व्यवस्था की जाँच की है। इसमें विशेष रूप से ग्रामीण उड़ीसा में वृद्धों के जीवन–यापन की व्यवस्था पर ध्यान केन्द्रित किया गया है। जब यह आलेख प्रकाशित हुआ था तो वर्तमान ओडिशा का नाम उड़ीसा था, और इस अध्याय में इस 'उड़ीसा' नाम का ही प्रयोग किया गया है। लेखक ने उड़ीसा की आर्थिक पृष्ठभूमि और यहाँ की व्यापक ग़रीबी के सन्दर्भ में अपने फील्ड–वर्क के माध्यम से कुछ ठोस तर्क देने का प्रयास किया है। उन्होंने वृद्ध को कई श्रेणियों में विभाजित किया है, और इसके माध्यम से ज़्यादा प्रभावी विश्लेषण प्रस्तुत किया है। इस अध्ययन में उड़ीसा के बोलांगिर ज़िले के पाँच गाँवों में सर्वेक्षण से प्राप्त आँकड़ों का उपयोग किया गया है। बोलांगिर मुख्य रूप से राज्य का खेतिहर इलाका है, और यहाँ के ग्रामीण क्षेत्रों में काफ़ी ग़रीबी है। इस अध्ययन में पाँच गाँवों के 1,107 परिवारों का अध्ययन किया गया। ग्रामीण

उड़ीसा में वृद्ध जनसंख्या, सामान्य जनसंख्या की तुलना में कम साक्षर और आर्थिक रूप से कम सक्रिय है। इसी तरह, खेती योग्य ज़मीन के स्वामित्व और आय के सन्दर्भ में मापने पर यह बात सामने आती है कि जिन कुल परिवारों की तुलना में उन परिवारों की आर्थिक स्थिति कमज़ोर होती है जिनमें कोई वृद्ध सदस्य होता है। आमतौर पर वृद्ध सदस्यों वाले परिवारों को अतिरिक्त सामाजिक–आर्थिक सहायता की आवश्यकता होती है। सरकार को इन्हें इस प्रकार की सहायता देनी चाहिए ताकि ये ज़्यादा प्रभावी तरीक़े से अपने परिवार के वृद्ध सदस्यों की देखभाल कर पायें। यह काफ़ी आवश्यक और प्रासंगिक है क्योंकि आज भी भारत में वृद्ध लोगों के लिए सामाजिक सुरक्षा काफ़ी कम है। इस बात की पूरी सम्भावना है कि ग्रामीण उड़ीसा में ग़रीबी और आर्थिक संकट के बढ़ने से आमतौर पर वृद्धों, और विशेष रूप से वृद्ध महिलाओं को पारम्परिक रूप से परिवार के भीतर मिलने वाली देखभाल और समर्थन में कमी आयेगी। उड़ीसा के मौजूदा पितृसत्तात्मक पारिवारिक व्यवस्था के कारण वृद्ध महिलाओं के पास सम्पत्ति का अधिकार नहीं है। इसके कारण अपना गुज़ारा करने के लिए पर्याप्त संसाधन जुटाने में उन्हें अत्यधिक कठिनाई का सामना करना पड़ता है। इसलिए यह ज़रूरी है कि सरकार वृद्ध महिलाओं की सहायता और देखभाल पर विशेष रूप से ध्यान दे।

बारहवें अध्याय में सुरिन्दर एस. जोधका ने दो ऐसे गाँवों का अध्ययन प्रस्तुत किया है, जहाँ वे अध्ययन के लिए पहली बार अस्सी के दशक के आख़िरी वर्षों में गये थे, और फिर वे उसके दो दशक बाद गये। अध्ययन के लिए चुने गये दो गाँव एक ख़ास तरह की ग्रामीण व्यवस्था का प्रतिनिधित्व करते हैं। अब तीसरी दुनिया के विभिन्न भागों में इस प्रकार की ग्रामीण व्यवस्था ज़्यादा सामान्य रूप से पायी जाने लगी है। ये वे गाँव हैं जो काफ़ी सक्रिय तरीक़े से शहरी केन्द्रों से जुड़े हुए हैं। औद्योगीकरण की प्रक्रिया और तकनीक के कारण इनमें काफ़ी तेज़ी से बदलाव हुआ है। अध्ययन के लिए चुने गये दो गाँवों में, गाँव–1 पानीपत शहर से 9 किलोमीटर की दूरी पर बसा हुआ है, और दूसरा (अर्थात् गाँव–2) 17 किलोमीटर की दूरी पर स्थित है। दोनों गाँवों में बहुत–सी जातियों के लोग रहते हैं, और दोनों ही गाँवों ने 1970 के दशक में हुई हरित क्रान्ति का अनुभव किया है। जोधका यह रेखांकित करते हैं कि पहले की तुलना में जातिगत पदसोपान के प्रभाव में कमी आयी है, लड़कियाँ अब पढ़ने जा रही हैं, लेकिन सामाजिक स्तर पर पितृसत्ता के जकड़न में कोई आमूलचल परिवर्तन नहीं हुआ है। जिन परिवारों के पास आर्थिक

क्षमता है, वे गाँव में रहते हुए भी शहरीकृत हो चुके हैं। इनके पास कार, टेलीविजन, रेफ्रिजरेटर और मोबाइल जैसी वस्तुएँ हैं। चुनावी राजनीति के कारण पिछड़ी जातियों ने पारम्परिक जातियों के वर्चस्व को चुनौती दी है। जोधका यह रेखांकित करते हैं कि पहले की तुलना में गाँव में साझा ज़मीन में कमी आयी है। इसके कारण, लोगों में दुधारु पशुओं को पालने की प्रवृत्ति काफ़ी कम हुई है। इसके साथ ही लोगों के भीतर वैयक्तिकता बढ़ी है और इसके कारण समुदाय की भावना में गिरावट आयी है। ग्रामीण समाज से सामाजिक और भावनात्मक साझा स्थान भी तेज़ी से विलुप्त हो रहे हैं। भारतीय गाँव कभी भी पश्चिम समाज विज्ञान में समुदाय शब्द के अर्थ के अनुरूप एक समुदाय नहीं था। लेकिन गाँव के लोगों में एक सहभागी पहचान की भावना थी। जाति और पदसोपानीय सामाजिक व्यवस्था के विखण्डन ने सामूहिक पहचान की भावना को भी काफ़ी कमज़ोर किया। जनसंख्या के विभिन्न समूहों पर इसका अलग–अलग प्रभाव पड़ा, और इन परिवर्तनों को अलग–अलग तरीक़े से देखा जा सकता है। हाशिये पर रहने वाले लोगों विशेषकर दलितों के लिए ये परिवर्तन सकारात्मक रहे हैं। इसने उन्हें जाति की दमनकारी मानकीय व्यवस्था तथा पदसोपान के मानकीय मूल्यों से मुक्त किया है। प्रभुत्वशाली और उच्च जातियों के लिए ये परिवर्तन नकारात्मक रहे हैं क्योंकि इसके कारण उनकी सत्ता और विशेषाधिकार का अन्त हुआ है। एक अन्य स्तर पर, इन परिवर्तनों ने ग्रामीण समाज में वैयक्तिकता की एक नयी भावना पैदा की है; और व्यवहार्य आर्थिक अवसरों और सामाजिक समर्थन संरचनाओं के अभाव में इसने एक नये तरह की बेचैनी को जन्म दिया है, जो एक प्रकार की 'सतामीमांसी असुरक्षा' (ऑन्टोलॉजिकल इनसेक्योरिटी) है (गिडेन्स 1991)। इसकी एक स्पष्ट अभिव्यक्ति इस रूप में हुई है कि इस क्षेत्र में बहुत से धार्मिक व्यक्तित्वों की लोकप्रियता में वृद्धि हुई है। एक अन्य स्तर पर, समुदाय के 'विखण्डन' और वैयक्तीकरण की प्रक्रिया ने एक नव–उदारवादी संवदेनशीलता को भी जन्म दिया। गतिशीलता की इच्छा, इलेक्ट्रॉनिक मीडिया की बढ़ती पहुँच, मोबाइल फ़ोन तथा उपभोग की संस्कृति ने गाँवों में भी शहरी मध्य वर्ग की जीवन शैली को बढ़ावा दिया है।

स्पष्टतः ये सभी अध्याय गाँवों में हो रहे बदलावों का विशद और अनुभवसिद्ध अध्ययन प्रस्तुत करते हैं। ये न सिर्फ़ विषय की विभिन्न परतों को सामने रखते हैं, बल्कि इनके अध्ययन से गाँवों के बारे में शोध करने की पद्धति और विभिन्न प्रासंगिक मुद्दों के बारे में भी गहरी अन्तर्दृष्टि मिलती है।

# ग्रामीणता, आधुनिकता और शिक्षा*

**कृष्ण कुमार**

'आधुनिकता' और 'आधुनिकीकरण' शब्द पहले विद्वानों की दुनिया में काफ़ी लोकप्रिय थे, किन्तु अब ये इतने लोकप्रिय नहीं रहे हैं। फिर भी, ग्रामीण विकास और शिक्षा के क्षेत्र में इनके उपयोग और प्रासंगिकता में कमी नहीं आयी है। असल में, शिक्षा और आधुनिकता की जड़ें हमारे दिमाग में काफ़ी गहरी हैं। हम एक सन्दर्भ दिये बग़ैर दूसरे पर विचार नहीं कर सकते हैं। हाँ, यह ज़रूर है कि यह सन्दर्भ हमेशा इनका नाम लेकर नहीं दिया जाता है। आधुनिकता की अवधारणा व्यक्तिगत, पेशा चुनने की आज़ादी और सामूहिक जीवन में तार्किकता की भूमिका से जुड़ी हुई है (रुडॉल्फ ऐंड रुडॉल्फ 1967)।

आधुनिकता को परिभाषित करने के किसी भी प्रयास में शिक्षा और सार्वभौमिक साक्षरता के महत्त्व को स्वीकार किया जायेगा। यह माना जाता है कि शिक्षा जागरूकता के क्षितिज का विस्तार करती है, व्यक्ति को प्राथमिकता देती है, और व्यक्ति को ऐसी दक्षता और योग्यता प्रदान करती है जिससे वह बाज़ार में अपना चुनाव करने में समर्थ हो पाता है। इन सभी तरीक़ों से यह आधुनिकता से अभिन्न रूप से जुड़ी हुई है। ऐसा नहीं है कि शिक्षा आधुनिकता का निर्माण करती है; असल में, इसमें उस सीमा तक आधुनिकता शामिल होती है, जिस सीमा तक आधुनिकता से इसका सामना होने पर ख़ुद इसमें महत्त्वपूर्ण बदलाव होते हैं।

शिक्षा की पूर्व–आधुनिक अवधारणा में निरन्तरता पर बल दिया जाता था। यह माना जाता था कि शिक्षा की यह ज़िम्मेदारी है कि वह सामाजिक मानकों को स्थिरता प्रदान करे। एक शिक्षित व्यक्ति होने का अर्थ यह होता था कि कोई व्यक्ति अपने व्यक्तित्व में सामाजिक मानकों को पूरी

---

* *इकोनॉमिक ऐंड पॉलिटिकल वीकली* 49(22) : 38–43 (31 मई, 2014)।

तरह अपना ले। शिक्षा का नया या आधुनिक विचार व्यक्तिगत आज़ादी पर उस सीमा तक बल देता है, जिस सीमा तक उसके बारे में शिक्षा के लम्बे इतिहास में कभी भी नहीं सोचा गया। आधुनिक अर्थ में शिक्षित होने का अर्थ यह है कि व्यक्ति को स्वीकृत मानकों का परीक्षण करने और उन पर सवाल उठाने की आज़ादी है।

भारत में शिक्षा उतनी ही पुरानी है जितनी इसकी सभ्यता। उन्नीसवीं सदी के मध्य तक शिक्षा निरन्तरता से जुड़ी हुई थी। यह एक पीढ़ी से दूसरी पीढ़ी तक ज्ञान, मानकों और मूल्यों को हस्तान्तरित करने वाली सबसे प्रमुख सामाजिक एजेंसी थी। उन्नीसवीं सदी के मध्य में औपनिवेशिक शासकों के लम्बे हस्तक्षेप के कारण शिक्षा में भी बदलाव हुआ। इसने शिक्षा के अर्थ और इसके द्वारा आगे बढ़ायी जाने वाली संस्थात्मक व्यवस्था के चरित्र को भी बदल दिया। शिक्षा परम्परा के संरक्षक की भूमिका से अलग हटकर एक ऐसे साधन में बदल गयी जो व्यक्ति के दृष्टिकोण, मूल्यों और मानकों में बदलाव को बढ़ावा देता है।

औपनिवेशिक शासकों द्वारा स्थापित नयी व्यवस्था के कारण शिक्षा के विचार और इसकी भूमिका में परिवर्तन हुआ (कुमार 2014)। नयी व्यवस्था में राज्य की नौकरियों या पेशेवर काम के लिए लोगों द्वारा स्कूलों या कॉलेजों में प्राप्त किये गये प्रमाण–पत्र आधारित योग्यताओं का उपयोग किया जाने लगा। नियमों, मानकों और प्रेरणाओं की एक नयी संरचना स्थापित हुई। इसने भारत के बहुत से भागों में मौजूद पुराने ग्रामीण स्कूलों को पूरी तरह ख़त्म कर दिया। गाँवों के इन स्कूलों को संचालित करने वाले शिक्षक समुदाय पर निर्भर थे। इन स्कूलों में पढ़ाया जाने वाला पाठ्यक्रम गाँव के जीवन की आवश्यकताओं और अपेक्षाओं के अनुरूप था। औपनिवेशिक प्रशासन ने नये नियम बनाये, नवीन तरीक़े से पाठ्यक्रम तैयार किया और शिक्षा में प्रोत्साहन की एक नयी व्यवस्था शुरू की। इसके कारण देशज स्कूलों में पढ़ाने वाले शिक्षक अनुपयोगी हो गये।

असल में, शिक्षक और समुदाय–दोनों के लिए पुरानी व्यवस्था के ख़त्म होने के बाद नयी व्यवस्था को स्वीकार करना एक चुनौती था। उन्हें शिक्षा और शिक्षक की भूमिका के बारे में अपने नज़रिये में गहरा बदलाव लाना पड़ा। निश्चित रूप से, यह बदलाव एक अलग–थलग बदलाव नहीं था। असल में, भू–स्वामित्व में हुए रैडिकल परिवर्तनों, व्यापार और

वाणिज्य के विकास तथा नये वर्गों और शक्ति केन्द्रों के उदय की पृष्ठभूमि में ये बदलाव हुए।

यह भी याद रखने की आवश्यकता है कि नयी शिक्षा व्यवस्था पूरी तरह से नयी नहीं थी। यद्यपि व्यापक अर्थव्यवस्था की भूमिका और राज्य के नियन्त्रण के सन्दर्भ में यह पुरानी व्यवस्था से अलग थी, किन्तु इसमें पुरानी व्यवस्था के कई आयाम मौजूद थे। नया पाठ्यक्रम ज़्यादा व्यापक था। शिक्षकों को कक्षा में इसे पढ़ाने के लिए तथा बच्चों की इसमें रुचि जगाने के लिए काफ़ी प्रयास करना पड़ता था।

जैसा कि शाहिदुल्लाह (1987) ने विशेष रूप से रेखांकित किया है कि उन्नीसवीं सदी के आख़िर में बंगाल में जो पाठ्यक्रम लागू किया गया, वह यूरोप में लागू किये गये शिक्षाशास्त्र के नये सिद्धान्तों पर आधारित था। लेकिन सरकार ने नये पाठ्यक्रम को प्रभावकारी तरीक़े से लागू करने के लिए आवश्यक स्थितियाँ तैयार करने के लिए पर्याप्त वित्तीय आवंटन नहीं किया। प्रश्नों के उत्तर को रटने और उसे मौखिक रूप से प्रस्तुत करने का पुराना तरीक़ा प्रचलन में बना रहा तथा परीक्षा की नयी प्रणाली ने इसे बढ़ावा ही दिया। इसके साथ ही, आमतौर पर यह धारणा प्रचलित हो गयी कि अंग्रेज़ शासक भारत में विदेशी ज्ञान का प्रसार कर रहे हैं। इससे शिक्षकों के काम पर समुदाय का विश्वास कमज़ोर हुआ। ख़ुद शिक्षक अपने छात्रों को दिये जाने वाले ज्ञान को लेकर आश्वस्त नहीं थे।

जब शिक्षा का अर्थ डिग्री या प्रमाण–पत्र हासिल करना हो गया, तो शिक्षा के प्रमुख कार्य में सीखना एक छोटा या कमतर काम बन गया। नयी व्यवस्था द्वारा दिये जाने वाले ज्ञान और दक्षताओं का सिर्फ़ यान्त्रिक मूल्य था। ऐसी शिक्षा प्राप्त करने वाला व्यक्ति अपने बारे में अलग तरीक़े से सोचने लगता था। वह यह मानने लगता कि इस शिक्षा के रूप में उसके पास ऐसा साधन है जिसके माध्यम से वह नये अवसर हासिल कर सकता है (वाल्श 1983)। छोटे और बड़े शहरों में नये अवसर सामने आ रहे थे। ऐसे में, जो लोग इन अवसरों का लाभ उठाने में समर्थ थे, उनके सामने अपने गाँव को छोड़ने के अलावा कोई विकल्प नहीं था। अर्थव्यवस्था में हो रहे व्यापक परिवर्तन के सन्दर्भ में इस मान्यता को बल मिला कि शिक्षा एक व्यक्ति को विस्थापित करती है; यह सिर्फ़ उसके मूल्यों और व्यवहार को ही नहीं, बल्कि मौजूदा व्यवस्था में उसके स्थान को भी बदलती है।

असल में, हम इसी पृष्ठभूमि में शहरी–ग्रामीण सम्बन्धों के नये व्याकरण को समझ सकते हैं। उन्नीसवीं सदी में हुए सांस्कृतिक बदलाव ने इस धारणा को आकार दिया कि शहरी जीवन आधुनिकता के अग्रणी आयाम, और ग्रामीण जीवन पिछड़े और प्रतिरोधी आयाम का प्रतिनिधित्व करता था।

## ग्रामीण–शहरी सम्बन्धों का व्याकरण

औपनिवेशिक भारत की सामाजिक और आर्थिक गतिशीलता में एक ग्रामीण निवास स्थान या गाँव ने एक ऐसे स्थान के रूप में प्रतीकात्मक मूल्य हासिल कर लिया, 'जहाँ से' शहर में रहने वाला शिक्षित व्यक्ति आया था। हिन्दी बोलने वाले आम लोगों द्वारा अमूमन पहला प्रश्न यह पूछा जाता है कि 'आप कहाँ के रहने वाले हैं?' यह प्रश्न शहर में आये शिक्षित आप्रवासी व्यक्ति के सामाजिक इतिहास से सम्बन्धित है। शहर को एक ऐसा क्षेत्र माना गया, 'जहाँ पर' कोई व्यक्ति कुछ शिक्षा हासिल करने के बाद आता है; वहीं गाँव को एक ऐसे स्थान के रूप में देखा गया 'जहाँ से' व्यक्ति आया था। इस तरह, बड़ा या छोटा शहर लक्ष्य या इच्छित दिशा के बारे में बताता था, वहीं एक ऐसे जुड़ाव का संकेत करता था जिसकी कुर्बानी दे दी गयी थी।

ये अर्थ ऐसी सांकेतिक भाषा का निर्माण करते थे जिसमें शहरी व्यक्ति के रूप में किसी के संघर्ष का लक्ष्य होता था। वहीं, यह माना जाता था कि शहर आने वाले हर व्यक्ति को शहर से अलगाव के रूप में एक क़ीमत अदा करनी पड़ती है। शिक्षा का वर्णन एक ऐसे साधन या शक्ति के रूप में किया जाता था, जो लोगों की भौतिक और सामाजिक गतिशीलता को बढ़ावा देती थी। इसने लोगों के सामने नये आर्थिक अवसर उत्पन्न किये, और उन्हें नयी हैसियत की ओर आगे बढ़ाया। इसके कारण, लोगों को एक ऐसी सुपरिचित दुनिया से बाहर निकलने का कष्ट झेलना पड़ा, जहाँ उनके कुछ स्थायी सम्बन्ध थे।

यह विचार भी सामने आया कि शिक्षा लोगों के भीतर यह रुझान पैदा करती है कि वे अपनी सुपरिचित दुनिया को पीछे छोड़कर नये अवसरों की तलाश में आगे जाये। असल में, इस विचार से सामूहिकताओं के रूप में शहर और गाँव के लिए नये अर्थ सामने आये। इसकी जाँच–पड़ताल एक ऐसे ग्रिड

के माध्यम से की जा सकती है, जिसमें अस्तित्वमूलक अर्थ के दो स्तरों के बीच अन्तर किया जाता रहा है। ये दो स्तर समय और स्थान के आयामों से जुड़े रहे हैं। स्थान के सन्दर्भ में, शहर एक ऐसी जगह के बारे में बताता है, जहाँ एक व्यक्ति अपने जीवन के 'अब' (या वर्तमान) में अवस्थित होता है। इस नये वर्तमान में प्रवेश करने के लिए उसने अपने लोगों को पीछे छोड़ दिया है, और ऐसा करने वाला वह अकेला व्यक्ति नहीं है। इसलिए, शहर एक बड़े और अस्तित्वमूलक अर्थ में 'अब' (या वर्तमान) का प्रतीक है। 'यह' इस अर्थ में विमर्श का स्थान है कि यह उस स्थान का प्रतिनिधित्व करता है जहाँ दुनिया के बारे में चर्चा करने वाले लोग अवस्थित हैं।

'करेंट अफ़ेयर्स' (सामयिकी) शब्द उन लोगों के जीवन में समय और स्थान के संगम के रूप में शहर की स्थिति के बारे में बताता है, जो संघर्ष और एक जैसी कुर्बानी के कारण एक–दूसरे से जुड़े हुए हैं। उनकी कुर्बानी इस तथ्य में निहित है कि उन्होंने उस स्थान को छोड़ दिया जहाँ उनका बचपन गुजरा, और जहाँ अभी भी उनकी माँ रहती है। इस तरह के स्थान की प्रासंगिकता यादों में होती है; यह एक ऐसे अतीत से जुड़ा होता है, जिसे व्यक्ति अपने दिमाग में लेकर चलता है। साथ ही, यह एक ऐसा स्थान है जिसे लोग शहर के अपने वर्तमान स्थान से अलग मानते हैं। दूसरी ओर, गाँव व्यक्तिगत और सामूहिक–दोनों ही अर्थों में उनके जीवन के 'तब' और 'वहाँ' (अर्थात् अतीत) का प्रतिनिधित्व करता है।

ग्रामीण–शहरी सम्बन्धों के सामान्य व्याकरण का एक ज़्यादा विशिष्ट ज्ञानात्मक (एपिस्टमिक) आयाम होता है। वर्तमान में अकादमिक संस्थाओं और उनके पुस्तकालयों में गाँव के बारे में जिस ज्ञान का अस्तित्व है, वह एक अनुसन्धानकर्त्ता के ज्ञानात्मक श्रम का नतीजा है। यह अनुसन्धानकर्त्ता गाँवों के बारे में विश्वसनीय सूचना का संग्रहण करने के लिए गाँव में गया, और वहाँ उसने एक अवधि तक निवास किया। इस तरह का विद्वान या तो मानवशास्त्री (एंथ्रोपोलॉजिस्ट) था, या फिर वह मानवशास्त्र के आधुनिक अनुशासन का एक पूर्वज था। औपनिवेशिक शासन के दौरान एक अधिकारी के रूप में काम करते हुए उसने ग्रामीण दुनिया के बारे में प्रत्यक्ष सूचना के संग्रह का मुश्किल काम किया। यह वह समय था जब औपनिवेशिक शासकों ने यह महसूस किया कि ग्रामीण क्षेत्रों पर अपनी पकड़ मज़बूत करने के लिए उन्हें गाँवों के बारे में ठोस जानकारी होनी चाहिए।

जैसा कि कोहन (1987 : 224) ने लिखा है, 'मानवशास्त्र उपनिवेशित लोगों के अध्ययन से सम्बन्धित रहा है'। वे भारतीय गाँव के बारे में, आधुनिक विचार के क्रमिक चरणों को बताते हैं, जिनके द्वारा अध्ययन के विचार, प्रेरणा और पद्धति अठारहवीं सदी से बीसवीं सदी के आरम्भ तक आयी। औपनिवेशिक सरकार ने यह महसूस किया कि नियमित रूप से राजस्व संग्रहण के लिए यह आवश्यक है कि भू–स्वामित्व और राज्य से सम्बन्धों के पुराने व्यवहारों के बारे में अच्छी जानकारी हो। 1881 में आरम्भ हुई आधुनिक दस वर्षीय जनगणना के पूर्व–इतिहास में ग्रामीण जीवन, इसकी संस्कृति और अर्थव्यवस्था के सिद्धान्त के विकास पर ध्यान केन्द्रित किया गया। गाँवों को एक अलग–थलग, आत्मनिर्भर गणराज्यों से लेकर सख़्त मूल्यों और मानकों से जुड़े राजनीतिक समुदाय के रूप में देखा गया। असल में, गाँव के बारे में विविध धारणाओं को सबसे पहले औपनिवेशिक अधिकारियों द्वारा किये गये दस्तावेज़ीकरण और अध्ययनों से एक आकार मिला। इन धारणाओं ने भारतीय, और प्रतीकात्मक रूप से एशियाई गाँवों के बारे में आधुनिक दृष्टिकोण को प्रभावित किया। कोहन (वही : 162) के अनुसार, 'भारतीय गाँव के विक्टोरियाई विद्यार्थी गाँव को एक ऐसे प्रकार (टाइप) के रूप में देखने में रुचि रखते थे, जिसके साथ वे विकासात्मक चरणों को जोड़ सकें; और जिसका उपयोग दुनिया के अन्य भागों में ऐसे ही विकास या चरणों से तुलना करने के लिए किया जा सकें'। कोहन बताते हैं कि जाति अध्ययनों का मामला भी इसी तरह का है, क्योंकि उन्होंने 'विशिष्ट ज्ञान की आवश्यकता में कटौती कर दी' (वही), तथा ग्रामीण जीवन के एक सामान्य सिद्धान्त के उदय का रास्ता साफ़ किया।

इस तरह, प्रवासियों के जीवन्त अनुभवों के अस्तित्वमूलक व्याकरण के अलावा शहर और गाँव एक–दूसरे से आधुनिकता के समानान्तर व्याकरण की ज्ञानात्मक इकाइयों के रूप में भी जुड़े हुए हैं। शहर वह स्थान है जहाँ गाँव के बारे में ज्ञान को सृजित और संचित किया जाता है। इस तरह, शहर में गाँव एक ऐसी वस्तु के रूप में होता है जिसके बारे में जागरूक रूप से और परिश्रम से ज्ञान का जन्म होता है।

पहला, असल में, पर्याप्त रूप से पृथक् होने के लिए यह आवश्यक रूप से एक दूरी पर, और असल में अच्छी–ख़ासी दूरी पर होता है। दूसरा, यह एक ऐसी स्थिति का प्रतिनिधित्व करता है, जो अब प्रासंगिक नहीं है,

और जिसे सिर्फ़ एक संक्रमण या ट्रांजिशन की अवस्था के रूप में स्वीकार किया जाता है। तीसरा, यह माना जाता है कि इसकी निर्मिति शहर के विपरीत होनी चाहिए। स्पष्टतः गाँव को शहर से असंगत माना जाता है। ऐसे में गाँव को एक ऐसे स्थान के रूप में देखा जाना चाहिए जो शहर नहीं है; या फिर शहर को ऐसे स्थान के रूप में देखा जाना चाहिए जो गाँव नहीं है। गाँव ख़ुद को इस बाध्यकारी सम्बन्ध से केवल एक ही तरीक़े से मुक्त कर सकता है, और वह तरीक़ा यह है कि वह विकासवादी आधुनिकता के एजेंडे के अनुसार ख़ुद को शहर में विकसित करे।

## आधुनिकता के बारे में ग्रामीण प्रतिक्रिया

औपनिवेशिक काल में भारत में आधुनिक शिक्षा का उदय हुआ। इसके साथ ही गाँव और शहर के सम्बन्धों में अध्यापक–सम्बन्धी भूमिका का उदय हुआ। अब शहर शिक्षक और गाँव छात्र बन गया। दरअसल, शहर और गाँव की भूमिकाओं का यह वितरण बुनियादी रूप से औपनिवेशिक मालिकों और देशज लोगों के बीच वयस्क और बच्चे के सम्बन्धों का नया रूप था। ग़ौरतलब है कि औपनिवेशिक मालिकों और देशज लोगों के बीच के सम्बन्धों में औपनिवेशिक लोगों को वयस्क और देशज लोगों को बच्चे की भूमिका दी गयी थी (कुमार 2014)। वयस्क की ज़िम्मेदारियों में बच्चे को शिक्षित करने का काम सम्मिलित था।

उपनिवेशकों के मामले में यह माना गया कि वे यूरोप के प्रबोधन (एनलाइटेनमेंट) के आदर्शों का प्रतिनिधित्व करने वाले तार्किक व्यक्ति हैं। उन्हें देशज लोगों को इन्हीं आदर्शों के अनुरूप मार्गदर्शन देना था। दरअसल, यह औपनिवेशिक शासन के आधुनिकीकरण की भूमिका को लब्बोलुआब है। विलियम ली वॉर्नर के *द सिटीज़न ऑफ़ इंडिया* में इसका बहुत ही स्पष्टता से वर्णन किया गया है। यह 1902 में नागरिकशास्त्र की एक पाठ्यपुस्तक बन गया, और लम्बे समय तक एक पाठ्यपुस्तक के रूप में इसकी अनुशंसा की जाती रही (जैन 2008)। इसमें अंग्रेज़ों के शासन को भारत की शिक्षा के एक साधन के रूप में प्रस्तुत किया गया। औपनिवेशिक शासन के अन्तर्गत विकसित हुए ग्रामीण–शहरी सम्बन्धों में भी इसी तरह का शैक्षणिक कार्य सम्मिलित था। इसमें ग्रामीण लोगों के मन में आधुनिक विचार हस्तान्तरित करने पर बल दिया गया। बीसवीं सदी के आरम्भ में ही ग्रामीण स्तर का मज़दूर ग्रामीण विकास कार्यक्रमों

का एक सुपरिचित अंग बन चुका था (मूमॉव 1939)। उसे अन्य कार्यों के अलावा यह काम भी दिया गया कि वह किसानों को नये खेतिहर व्यवहारों के बारे में जानकारी दे तथा उन्हें स्वास्थ्य सम्बन्धी समस्याओं के बारे में जागरूक बनाये।

बीसवीं सदी में आगे चलकर भारत को स्वतन्त्रता मिली। इसके बाद ग्रामीण स्तर का श्रमिक ग्रामीण आधुनिकता का एक प्रमुख वाहक बन गया। 1950 के दशक के आरम्भ में भारत के बहुत से भागों में सामुदायिक विकास कार्यक्रम आरम्भ किया गया। इसे राज्य के साथ–साथ बाहरी संस्थाओं ने भी आर्थिक सहायता प्रदान की। इसका मुख्य लक्ष्य भारत के ग्रामीण क्षेत्रों में सकारात्मक परिवर्तन लाना था। इसमें भूमि की उत्पादकता बढ़ाने, स्वास्थ्य मानकों में सुधार करने तथा साक्षरता का विस्तार करने जैसे लक्ष्य सम्मिलित थे।

इस कार्यक्रम के बारे में बहुत से विवरण उपलब्ध हैं। मैंने अपने विश्लेषण के लिए मुख्य रूप से एस. सी. दुबे के *इंडियाज़ चेंजिंग विलेज* (1958) और कुसुम नायर के *ब्लॉसम्स इन द डस्ट* (1961) का सहारा लिया है। इन दोनों ही अध्ययनों के माध्यम से 1950 के दशक में भारत के गाँवों की स्थिति के बारे में महत्त्वपूर्ण अन्तर्दृष्टि मिलती है। इनसे यह भी पता चलता है कि इन गाँवों ने सामुदायिक विकास कार्यक्रमों को किस तरह अपनाया। दुबे और नायर–दोनों ही रोचक तरीक़े से यह बताते हैं कि किस तरह ग्रामीणों ने कूड़े, मल और अन्य प्रकार की गन्दगी से खाद बनाने की प्रक्रिया के बारे में अपनी प्रतिक्रिया दी।

दुबे यह बताते हैं कि जब अनुसन्धानकर्त्ताओं का दल गाँव में गया तो खाद के लिए बने गड्ढे खाली थे। जब लोगों से यह पूछा गया कि ऐसी स्थिति क्यों है, तो गाँवों के लोगों ने यह बताया कि खाद बनाने का विचार अच्छा था, किन्तु यह अव्यावहारिक था। उनके अनुसार, इसका कारण यह था कि उच्च जाति की महिलाओं से यह उम्मीद नहीं की जा सकती थी कि वे अपने घर की गन्दगी या गाय का गोबर लेकर गाँव के बाहर इस स्थान पर आयेंगी। पुरुषों से भी यह काम करने की उम्मीद नहीं की जा सकती थी, क्योंकि अमूमन इसे महिलाओं का काम माना जाता था और किसी भी व्यक्ति की आर्थिक हैसियत ऐसी नहीं थी कि वह इस काम के लिए नौकर रख पाता। दुबे इसे ऐसे सांस्कृतिक कारकों

में सम्मिलित करते हैं, जिसे सामाजिक परिवर्तन लाने के किसी भी प्रयास में ध्यान में रखा जाना चाहिए।

यह वर्णन नये विचारों के बारे में ग्रामीण क्षेत्र की प्रतिक्रिया के सम्बन्ध में प्रकाश डालने वाला एक दुर्लभ उदाहरण है। उम्मीद यह की गयी थी कि ये विचार अपने–आप में अच्छे और उपयोगी हैं, इसलिए ग्रामीण लोग इनकी तारीफ़ करेंगे और इन्हें तेज़ी से अपनायेंगे। लेकिन वास्तव में ऐसा नहीं हुआ। ऐसा लगता है कि इससे उन लोगों को काफ़ी निराशा हुई होगी जो यह मानते थे कि नयी तकनीकों को फैलाने और उन्हें अपनाने पर ही ग्रामीण क्षेत्रों की प्रगति निर्भर करती है। सांस्कृतिक क्षेत्र एक जटिल और प्रतिरोधी क्षेत्र के रूप में सामने आया। नायर और दुबे–दोनों ही यह बताते हैं कि नये क़ानूनी और संस्थात्मक प्रावधानों के कारण भारत में पहले से ही काफ़ी कुछ बदल चुका था, लेकिन वे यह भी स्वीकार करते हैं कि इस प्रकार के बदलावों का प्रतिरोध भी हो रहा था। दुबे का मानना है कि इस प्रकार के प्रतिरोध का एक कारण यह भी था कि ग्रामीण आधुनिकीकरण की रणनीतियों की योजना बनाने में सांस्कृतिक कारकों पर विशेष रूप से ध्यान नहीं दिया गया था (दुबे 1958)।

हम औपचारिक शिक्षा के सन्दर्भ में इसी प्रकार की चर्चा कर सकते हैं। ग्रामीण युवाओं के मस्तिष्क पर आधुनिक शिक्षा के नकारात्मक प्रभाव का आमतौर पर प्रचलित उदाहरण यह है कि किसान का शिक्षित पुत्र अब खेती का काम नहीं करना चाहता है। यदि हमें आधुनिकता के बारे में ग्रामीण प्रतिक्रिया को सही तरीक़े से समझना है तो हमें इसका आमतौर पर प्रचलित समझ का आलोचनात्मक परीक्षण करना चाहिए। असल में, इसकी व्याख्या बहुत ही अज्ञात या नयी नहीं है, किन्तु यह शैक्षणिक योजनाकारों को नयी लग सकती है। नायर कहती हैं कि यह सच है कि खेती के काम में शारीरिक श्रम लगता है। लेकिन इससे आगे जाकर शिक्षा और खेतिहर जीवन के बीच की स्पष्ट असंगतता का परीक्षण करते हुए वे यह कहती हैं कि–

"इस तथ्य पर भी विचार करने की आवश्यकता है कि गाँव के भीतर व्यक्ति कभी भी पूरी तरह अलग–थलग नहीं होता है तथा उसे *अमूर्त और अवैयक्तिक सम्बन्धों के एक भिन्न परिवेश में नहीं फेंका जाता है।* जब व्यक्ति एक बड़े शहर के औद्योगिक क्षेत्र में जाता है तो *यह उम्मीद की*

*जाती है कि इससे वह मुक्त होगा और उसमें परिवर्तन आयेगा, भले ही यह परिवर्तन विकृत या किसी अन्य प्रकार का हो''* (नायर 1961 : 196, शब्दों पर ज़ोर जोड़ा गया है)

नायर जिस बिन्दु पर बल दे रही हैं, उसे ग्रामीण समाज और इसकी साहित्यिक प्रस्तुति से सम्बन्धित अध्ययनों में भी रेखांकित किया गया है। लम्बी और सफल शिक्षा हासिल करने के बाद लोगों के पास वैकल्पिक पेशा अपनाने और ज़्यादा आय हासिल करने की योग्यता आ जाती है। साथ ही, यह लोगों में स्व–जागरूकता भी पैदा करता है। इन दोनों ही कारणों से यह सामाजिक सम्बन्धों की जाति आधारित संरचना के रोज़मर्रा के जीवन की संस्कृति से जुड़ी साम्यवस्था को प्रभावित करता है।

शिक्षा के कारण एक समूह के भीतर पेशागत विविधता आती है। इससे व्यक्तिगत परिवारों की हैसियत और जीवनशैली में भी परिवर्तन आता है। एक छोटे किसान या भूमिहीन मज़दूर का शिक्षित पुत्र अमूमन शहर जाना चाहता है। इसे अक्सर ग्रामीण जीवन के लिए अप्रासंगिक शिक्षा के विस्थापनकारी प्रभाव के रूप में प्रस्तुत किया जाता है। किन्तु गाँव छोड़कर शहर जाने की इच्छा की उत्पत्ति में कई जटिल कारकों का योगदान हो सकता है। जैसा कि मिलर (1975) ने बताया है कि ऐसे मामले यह दिखाते हैं कि जब एक भूमिहीन मज़दूर के बेटे को यह लगता है कि वह हालात को नहीं बदल सकता है, तो वह गाँव छोड़कर चला जाता है।

ग्रामीण अर्थव्यवस्था के आधुनिकीकरण ने गाँवों में भी कुछ नये अवसर पैदा किये हैं, लेकिन इन अवसरों का लाभ उठाने के लिए शिक्षा के अतिरिक्त कई अन्य कारकों की भी आवश्यकता होती है। रोज़गार या ठेके की नौकरी मिलने से लोगों की आय और हैसियत–दोनों में वृद्धि होती है, किन्तु इससे प्रभुत्व की स्थापित रूपरेखा से नये सिरे से जुड़ाव स्थापित करने की चुनौती भी सामने आती है। इस चुनौती का सामना करने में शिक्षा कोई मदद नहीं करती है। जैसा कि बेते (1969) ने बताया है कि–भूमि, पूँजी और श्रम पर नियन्त्रण यह तय करता है कि गाँव के भीतर पैदा होने वाले नये अवसरों का लाभ किसे मिलेगा। जिन लोगों के पास शिक्षा के अलावा कुछ भी नहीं है, उन्हें बेहतर जीवन की तलाश में किसी अन्य स्थान पर अर्थात् शहर की ओर जाना पड़ता है। दूसरे शब्दों में, बेहतर जीवन की तलाश के लिए उन्हें गाँव से बाहर चले जाना चाहिए।

## नयी हक़ीक़तें

पिछले चार दशकों में ग्रामीण भारत में ऐसी कई महत्त्वपूर्ण प्रक्रियाएँ हुई हैं जिनके कारण इसकी कुल जनसंख्या के आकार और अनुपात, इसकी आर्थिक स्थिति और इसकी शिक्षा में बदलाव आया है। अब हम यह परीक्षण करेंगे कि ग्रामीण आधुनिकता के सन्दर्भ में इन परिवर्तनों का क्या अर्थ है। जहाँ ग्रामीण जनसंख्या के कुल अनुपात में वृद्धि हो रही है, वहीं ग्रामीण क्षेत्रों में रहने वाली जनसंख्या में लगातार गिरावट हो रही है।

यह गिरावट शहरी जनसंख्या में हो रही लगातार वृद्धि से भी स्पष्ट है। विशेष रूप से, पाँच महानगरों की जनसंख्या में वृद्धि हुई है और यहाँ कुल शहरी जनसंख्या के दो तिहाई का निवास है। अमूमन 1970 के दशक से ग्रामीण अर्थव्यवस्था में हुए बदलावों तथा कुल राष्ट्रीय अर्थव्यवस्था में ग्रामीण अर्थव्यवस्था के स्थान के आधार पर इस जनसांख्यिक तथ्य की व्याख्या की जाती है। ये बदलाव यह संकेत करते हैं कि शहरी औद्योगिक क्षेत्र के प्रभुत्व में वृद्धि हुई है, तथा खेती और इससे जुड़े पेशों के महत्त्व में कमी आयी है। आर्थिक बदलावों में ग्रामीण साझा भूमि, मसलन चराई के स्थान, स्थानीय वन और तालाब आदि का ख़त्म या कम होना भी सम्मिलित है।

शायद इनमें से सबसे महत्त्वपूर्ण बात यह है कि शहरी जीवन और इसके लाभों ने ग्रामीण जनसंख्या को सामान्य रूप से आकर्षित किया। जन संचार माध्यमों ने भी शहरी आर्थिक और सामाजिक मानकों को बढ़ावा दिया और उन्हें लोकप्रिय बनाया। निश्चित रूप से इसमें कुछ हद तक पूर्वग्रह था, और कई बार इसने हक़ीक़त को बढ़ा–चढ़ाकर प्रस्तुत किया। गुहा (2007) ने इस आख़िरी कारक को उन आर्थिक और सामाजिक कारकों में सम्मिलित किया है, जिन्होंने किसानों की आत्महत्या की परिघटना को बढ़ावा देने का काम किया। किसानों के लम्बे इतिहास में पिछले दो दशकों में किसानों की आत्महत्या की दर में अभूतपूर्व गति से वृद्धि हुई है। यह एक बड़े ग्रामीण संकट की ओर संकेत करता है। इस ग्रामीण संकट के बहुत से अन्य लक्षण भी सामने आये हैं। इसमें सबसे बड़ा नाटकीय और चिन्ताजनक लक्षण यह है कि भारत के तक़रीबन एक–तिहाई ज़िलों में चरमपन्थ का उदय हुआ है। ये ज़िले पूर्व–मध्य भारत में स्थित हैं जिनमें बंगाल, झारखण्ड ओडिशा, मध्य प्रदेश, आन्ध्रप्रदेश और महाराष्ट्र के

आदिवासी क्षेत्र सम्मिलित हैं। इन राज्यों के कुछ क्षेत्रों में लगातार संघर्ष चल रहा है। इससे यहाँ के ग्रामीण इलाकों के निवासियों की ज़िन्दगी बुरी तरह प्रभावित हुई है। बच्चों की शिक्षा पर भी नकारात्मक प्रभाव पड़ा है।

सिर्फ़ शिक्षा के सन्दर्भ में ग्रामीण भारत में 1960 का दशक काफ़ी महत्त्वपूर्ण रहा है। इस दौर की सबसे प्रमुख विशेषता यह रही है कि राज्य ने 1980 के दशक के आख़िर से ही हर बच्चे/बच्ची को प्राथमिक शिक्षा दिलाने का लक्ष्य रखा। इसके लिए पहले ज़िला प्राथमिक शिक्षा कार्यक्रम और फिर सर्व शिक्षा अभियान आरम्भ किया गया। इन दोनों कार्यक्रमों और समाज में साक्षरता के प्रति रुझान बढ़ने के कारण अब ग्रामीण भारत में पुरुषों और महिलाओं के पास इतनी दक्षता आ चुकी है कि उन्हें साक्षर की श्रेणी में शामिल किया जा सकता है। आधुनिक इतिहास के पहले के किसी भी दौर में यह स्थिति नहीं आयी थी। साक्षरता आधुनिकता की ऐसी विशेषता है जो लोकतान्त्रिक प्रक्रियाओं और नागरिक गतिविधियों में भागीदारी करने की लोगों की क्षमता के बारे में बताती है।

संविधान के 73वें संशोधन के सन्दर्भ में भी साक्षरता की वृद्धि को देखा जा सकता है। इस संशोधन के बाद निर्वाचित पंचायत स्थानीय स्व–शासन के साधन का प्रतिनिधित्व करती है। शासन की संरचना में इस नये स्तर के जुड़ जाने से ग्रामीण शिक्षा पर विशेष प्रभाव पड़ा है क्योंकि प्राथमिक स्कूल को संचालित करने की ज़िम्मेदारी ग्राम पंचायत को दे दी गयी है।

अन्त में, यहाँ शिक्षा के अधिकार अधिनियम का उल्लेख करना भी आवश्यक है, जिसमें 6 से 14 वर्ष के सभी बच्चों को मुफ़्त शिक्षा का अधिकार दिया गया है। इस प्रावधान और दोपहर के भोजन योजना (मिड डे मील) कार्यक्रम ने ग्रामीण भारत में प्राथमिक शिक्षा की स्थिति में बदलाव लाने में महत्त्वपूर्ण भूमिका अदा की है। अब हम इस प्रश्न पर विचार कर सकते हैं कि इन नये कारकों ने ग्रामीण आधुनिकता के बारे में हमारी धारणा को किस प्रकार एक आकार दिया है।

इस प्रश्न का उत्तर देने की हमारी क्षमता इस बात पर निर्भर करती है कि हम ग्रामीण भारत के बारे में उपलब्ध आर्थिक और सामाजिक–सांस्कृतिक सूचना को ध्यान में रखते हुए इन नीतिगत क़दमों की कितनी सही तरीक़े से व्याख्या कर सकते हैं। हमें यह भी ध्यान रखने की आवश्यकता है कि इस अध्याय के आरम्भ में जिस ग्रामीण–शहरी व्याकरण की व्याख्या की गयी है, उसे शिक्षा के माध्यम से ही ग्रामीण क्षेत्र की विभिन्न पीढ़ियों ने

पूरी तरह आत्मसात किया। इस तरह, शिक्षा सिर्फ़ आधुनिकता का मापक नहीं है, बल्कि यह इसकी आन्तरिक प्रकृति और अर्थ भी तय करता है।

चूँकि हम दो बिल्कुल ही अलग–अलग दुनिया के बारे में विचार कर रहे हैं, इसलिए इसकी वैध भूमिका के बारे में कोई भी सामान्य उत्तर नहीं दिया जा सकता है। दक्षिण राज्यों में गाँव की अर्थव्यवस्था का राष्ट्रीय और वैश्विक बाज़ारों से तेज़ी से एकीकरण हुआ है। वहीं उत्तरी और मध्य भारत के राज्यों में ग्रामीण अर्थव्यवस्था अभी भी ख़राब बुनियादी संरचना से घिरी हुई है। इसलिए इस सन्दर्भ में कोई वैध सामान्यीकरण नहीं किया जा सकता है।

लेकिन यदि हम साक्षरता, रोज़गार और बच्चों की शिक्षा में जेंडर और जाति आधारित विषमताओं को देखें तो सम्पूर्ण भारत के स्तर पर कुछ महत्त्वपूर्ण सामान्य पहलू सामने आते हैं। हैरिस–व्हाइट और जनकराजन (2004) ने इस बारे में एक विस्तृत विश्लेषण प्रस्तुत किया है कि किस तरह से ये विषमताएँ बच्चों कह शिक्षा हासिल करने की सम्भावना को प्रभावित करती हैं। ये विषमताएँ विभिन्न क्षेत्रों के अलग–अलग सामाजिक तबकों में सामने आ सकती हैं, लेकिन इससे इनकार नहीं किया जा सकता कि इनका अस्तित्व है।

सरकारी रिपोर्टों में नामांकन के आँकड़ों को आधार बनाकर जल्दबाजी में यह दावा किया जाता है कि जेंडर आधारित भेदभाव ख़त्म हो गये हैं। लेकिन इसमें इस पर ध्यान नहीं दिया जाता कि लड़कियाँ कितनी अवधि तक स्कूल में रहती हैं और स्कूल का उनका अनुभव कैसा है। ग्रामीण लड़कियों के लिए विशेष कार्यक्रमों में न्यूनतम लक्ष्य हासिल करने पर ध्यान दिया जाता है। ऐसे कुछ लक्ष्य नवीन और प्रभावकारी भी साबित हुए हैं। कुमार और गुप्ता (2008) ने कस्तूरबा गाँधी बालिका विद्यालय योजना के अपने अध्ययन में इन पहलुओं को रेखांकित किया है।

जाति सम्बन्धी विषमताओं को दूर करने के सन्दर्भ में इसी तरह की आलोचना की जा सकती है। पाठ्यपुस्तकों में निम्न जाति समूहों का प्रतिनिधित्व एक बात है, किन्तु एक ऐसे क्लास को हमदर्दी और पेशेवर अन्दाज़ में संचालित करना एक बहुत बड़ी चुनौती है। जिन कार्यक्रमों के कारण छात्र–छात्राओं के नामांकन में वृद्धि हुई, उसने गाँव के शिक्षक की आर्थिक हैसियत और पेशेवर पहचान को हल्का बनाया।

## निष्कर्ष

पिछली दो सदियों में ग्रामीण शिक्षा को ग्रामीण समाज को ऊपर उठाने, उसकी पुनर्रचना करने के साधन के रूप में देखा जाता रहा है। इसमें शिक्षा को ग्रामीण दुनिया से बाहर एक उपकार करने वाली एजेंसी के रूप में देखा गया है। इसलिए यह आश्चर्य की बात नहीं है कि इस दृष्टिकोण के क्रियान्वयन और इसके नतीजे ने गाँवों को आर्थिक और सांस्कृतिक रूप से शहरों पर ज़्यादा निर्भर बनाया है। शहर मानक तय करता है, और गाँव उसका अनुसरण करने का प्रयास करता है। पाठ्यक्रम और शिक्षाशास्त्र में यह परिकल्पना सामने आती है, और इसे ही लोगों के मस्तिष्क और समाजीकरण में लागू किया गया है।

इस परिकल्पना के अनुसार, आधुनिकता का अर्थ यह है कि ग्रामीण बच्चों को शहरी वातावरण में समायोजित होने के लिए तैयार किया जाये। इसमें ग्रामीण परिवेश किसी शिक्षित व्यक्ति के प्रामाणिक अस्तित्व के दावे को नकारा जाता है। यहाँ 'प्रामाणिक' शब्द का अर्थ वही है, जिस अर्थ में टेलर (1991) इसका उपयोग तार्किकता और नैतिक निर्णय के व्यक्तिगत मानकों के बारे में बताने के लिए करते हैं। राज्य की नीतियों में ग्रामीण शिक्षा की जो परिकल्पना निहित है, उससे इस बात की पूरी सम्भावना है कि गाँव में रहने का फ़ैसला करने वाले एक शिक्षित ग्रामीण व्यक्ति को अतार्किक माना जाये।

हमें बहुत ज़्यादा सख़्त फ़ैसला लेने से पहले ग्रामीण शिक्षा के अन्य पक्षों पर भी विचार करना चाहिए। गाँव एक ऐसा स्थान है जो जाति–आधारित सम्बन्धों और भूमि पर केन्द्रित प्रभुत्व संरचना का गढ़ है। यह एक निश्चित स्तर तक शिक्षित हो चुके व्यक्ति को अनुकूल माहौल नहीं दे सकता है। गाँव में व्यक्ति के दृष्टिकोण, व्यवहार और जागरूकता के स्तर तथा इसके साथ उसकी जीवनशैली में बदलाव से उसका जीवन ज़्यादा कठिन बन जाता है। इसका कारण यह है कि जाति और जेंडर पदसोपानों तथा समूह के प्रभुत्व वाले परिवेश में उसके नये स्वरूप को स्वीकार नहीं किया जाता है। अपनी शिक्षा के कारण व्यक्ति गाँव की पारम्परिक मूल्य व्यवस्था में पूरी तरह अनफिट हो जाता है। यह स्थिति तब तक कायम रहेगी जब तक पाठ्यक्रम और शिक्षाशास्त्र के माध्यम से इस मूल्य व्यवस्था को बदलने का प्रयास न किया जाये।

औपनिवेशिक शासन के दौरान और स्वतन्त्र भारत में आधुनिक शिक्षा के इतिहास में बाध्यकारी पाठ्यपुस्तकों के माध्यम से ज्ञान के प्रसार पर ध्यान केन्द्रित किया गया है। इसमें परीक्षा की एक सुनिश्चित प्रणाली रही है। इसमें शिक्षक की स्थिति और बौद्धिक प्रशिक्षण को ज़्यादा महत्त्व नहीं दिया गया है। आधुनिकता के एक वाहक के रूप में शिक्षा में आधुनिक शिक्षाशास्त्र के मूल्यों को स्थान नहीं दिया गया है। औपनिवेशिक दौर में शिक्षाशास्त्र और पाठ्यक्रम के आधुनिकीकरण का प्रयास किया गया, किन्तु इसे पर्याप्त वित्तीय सहायता नहीं दी गयी। स्वतन्त्रता प्राप्ति के बाद के दौर में भी यही स्थिति कायम रही।

वर्तमान में पाठ्यक्रम को इस तरह व्यवस्थित किया गया है कि सीखने के एक लक्ष्य के रूप में आलोचनात्मक शिक्षाशास्त्र को सम्मिलित किया जा सके (एन.सी.ई.आर.टी 2005); तब भी राज्य ग्रामीण शिक्षक की एजेंसी को काफ़ी गम्भीरता से लेने के लिए तैयार नहीं है। इक्कीसवीं सदी के दूसरे दशक में राज्य, शिक्षकों को बेहता सुविधाएँ देने के बजाय ग्रामीण युवकों को मुफ़्त लैपटॉप देने में निवेश करने में ज़्यादा रुचि दिखा रहा है। ग़ौरतलब है कि हमने इस अध्याय के आरम्भ में यह बताया था कि शिक्षाशास्त्रीय आधुनिकतावाद के सन्दर्भ में ग्रामीण स्कूलों में काफ़ी सम्भावनाएँ हैं, लेकिन उपरोक्त स्थिति के कारण इसे हासिल नहीं किया जा सका है।

ग्रामीण आधुनिकता और शिक्षा के एक नये दृष्टिकोण के उभार के लिए यह ज़्यादा महत्त्वपूर्ण है कि हम पीछे मुड़कर औपनिवेशिक स्थितियों पर ज़्यादा गहराई से विचार करें, जिसमें ग्रामीण भारत ने आधुनिकता का सामना किया था। मिसाल के तौर पर, हम यह जानते हैं कि औपनिवेशिक शासन ने हस्तशिल्पियों, विशेष रूप से बुनकरों पर बहुत ही भयंकर प्रभाव डाला, किन्तु हमारे पास औपनिवेशिक दौर में आरम्भ किये गये भूमि नियन्त्रण क़ानूनों के नतीजों के बारे में मौजूद ज्ञान इतना व्यापक या विविध नहीं है कि यह पूरे भारत की विविधता को समेट सके; साथ ही, यह सामाजिक रूप से भी इतना गहन नहीं है कि इससे यह पता चले कि विभिन्न वर्ग और समुदाय किस प्रकार प्रभावित हुए। वनों पर निर्भर ग्रामीण समुदायों को काफ़ी संघर्ष का सामना करना पड़ा, और अभी भी वे इसी प्रकार की स्थिति का सामना कर रहे हैं। बहरहाल, ऐसी कोई सामान्य तस्वीर नहीं है जो हमारे अत्यधिक विविधतापूर्ण देश को सम्पूर्ण रूप में सामने ला सके, लेकिन इस वर्णन में थोड़ी बहुत सच्चाई है कि ग्रामीण जीवन एक

व्यापक परिवर्तन से गुजरा। जैसा कि सौरभ दुबे (2010) लिखते हैं, ज्ञान और जिज्ञासा की एक वस्तु के रूप में गाँव को हाल ही के इतिहास में ही बार–बार खोया और पाया गया। गाँव के एक स्कूल की यात्रा करते हुए हम यह आसानी से देख सकते हैं कि शिक्षक की हैसियत काफ़ी निम्न है और उनका प्रशिक्षण का स्तर भी काफ़ी ख़राब होता है।

काफ़ी समय पहले ही एक अपरिवर्तित भारतीय गाँव का विचार एक मिथक साबित हो चुका है। लेकिन हम अपनी आधुनिक शहरी परिकल्पना से जिस गाँव का निर्माण कर रहे हैं, वह भी कम–से–कम खुद हमारे द्वारा बनाया गया आंशिक मिथक ही है। रेमण्ड विलियम्स ने जो बात इंग्लैण्ड के सन्दर्भ में कही है वह भारत के बारे में भी पूरी तरह सही है। विलियम्स के अनुसार, यद्यपि शहर और गाँव दो अलग–अलग तरह के यथार्थ को अभिव्यक्त करते हैं, लेकिन उनके बारे में हमारा वास्तविक अनुभव दो एकल रूपों से सम्बन्धित नहीं होता है, बल्कि इसमें बहुत तरह के मध्यवर्ती और नये प्रकार के सामाजिक और भौतिक संगठन सम्मिलित हैं (विलियम्स 1973 : 289)। शहरी शिक्षक के रूप में हम ग्रामीणता की अवधारणा तैयार करने में अपनी पूर्ववर्तियों तथा ख़ुद अपनी भूमिका की उपेक्षा नहीं कर सकते हैं। हमें हमेशा यह याद रखना चाहिए कि हमने और हमारी पूर्ववर्तियों ने ग्रामीण जीवन के विविध आयामों, विशेष रूप से वहाँ के बच्चों की शिक्षा पर महत्त्वपूर्ण प्रभाव डाला है।

आधुनिक शिक्षा और इसके पाठ्यक्रम का एक योगदान यह रहा है कि इसने ग्रामीण और शहरी जीवन के बीच ध्रुवीयता को बढ़ावा दिया है। इस ध्रुवीयता ने ही एक ख़ास तरह की रूढ़िबद्ध धारणा को बढ़ावा दिया है, जिसमें यह माना जाता है कि गाँव वह है जिसे शहर ने तथाकथित रूप से पीछे छोड़ दिया है। लेकिन यदि हम ग्रामीण और शहरी निवासियों के वास्तविक जीवन पर ध्यान दें तो ध्रुवीयता के बजाय परस्पर व्यापन का प्रमाण ज़्यादा सामने आता है। जब इस बात पर बल दिया जाता है कि आधुनिकता का शेष बचा एजेण्डा मुख्य रूप से गाँवों से सम्बन्धित है तो इससे बहुत ही विकृत प्राथमिकताएँ सामने आती हैं। बहुत से अच्छे पदों पर बैठे आधुनिकीकरण समर्थक ग्रामीण समस्याओं के सन्दर्भ में बहुत ही जल्दबाजी दिखाते हैं। वे ऐसे तकनीकी समाधान प्रस्तुत करते हैं जिनका तुरन्त रैडिकल प्रभाव पड़े। ऐसे लोगों के पास समझने की ऐतिहासिक भावना नहीं होती है कि असल में भारतीय गाँव अपने लम्बे इतिहास में काफ़ी लचीले रहे हैं।

## सन्दर्भ


बेते, आंद्रे, 1969, *'आइडियाज़ ऐंड इंटरेस्ट्स : सम कॉनसेप्चुअल प्रॉब्लम्स इन द स्टडी ऑफ़ सोशल स्ट्रैटीफिकेशन इन रूरल इंडिया'*, इंटरनैशनल सोशल सांइस जर्नल 21(2) : 219–34।

कोहन, बरनार्ड एस. 1987, *ऐन एंथ्रोपॉलोजिस्ट अमॉन्ग द हिस्टोरियन्स ऐंड अदर एसेज.* नयी दिल्ली, ऑक्सफोर्ड यूनिवर्सिटी प्रेस।

दुबे, सौरभ : 2010, *'लॉस्ट ऐंड फाउंड : विलेजेज़ बिटविन एंथ्रोपोलॉजी ऐंड हिस्ट्री'*, संकलित, *विलेज मैटर्स : रिलोकेटिंग विलेज इन द कॉनटेम्परी एंथ्रोपोलॉजी ऑफ़ इंडिया*, सम्पा., डायने पी. मिन्स ऐंड निकोलस याजगी, नयी दिल्ली : ऑक्सफोर्ड यूनिवर्सिटी प्रेस, 31–50।

दुबे, एस. सी. 1958, *इंडियाज़ चेंजिंग विलेजेज़*, लन्दन : रूटलेज ऐंड केगन पॉल।

गुहा, रामचन्द्र, 2007, *इंडिया आफ्टर गाँधी : द हिस्ट्री ऑफ़ द वर्ल्ड्स लारजेस्ट डेमॉक्रेसी*, लन्दन : मैकमिलन।

हैरिस–व्हाइट, बारबरा और एस. जनकराजन (सम्पा.), 2004, *रूरल इंडिया फेसिंग द ट्वेंटी फर्स्ट सेंचुरी : एसेज ऑन लॉन्ग टर्म विलेज़ चेंज ऐंड रिसेंट डेवलमपेंट पॉलिसी*, लन्दन : एंथम।

जैन, मनीष, 2008, 'सिविक्स करीकुलम ऐंड द आइडिया ऑफ़ सिटीजन सिंस लेट *नाइनटींथ सेंचुरी', अनपब्लिश्ड पीएच.डी डेज़र्टेशन, डिपार्टमेंट ऑफ़ एजुकेशन, यूनिवर्सिटी ऑफ़* दिल्ली।

कुमार, कृष्णा, 2014, *'पॉलिटिक्स ऑफ़ एजुकेशन इन कोलोनियल इंडिया'*, नयी दिल्ली : रूटलेज़।

मिलर, डी. बी., 1975, *फ्रॉम हायरार्की टू स्ट्रैटीफिकेशन : चेंजिंग पैटर्न ऑफ़ सोशल इनइक्वालिटी इन अ नॉर्थ इंडियन विलेज*, नयी दिल्ली : ऑक्सफोर्ड यूनिवर्सिटी प्रेस।

मूमॉव, आई. डब्ल्यू., 1939, *एजुकेशन ऐंड विलेज इम्प्रूवमेंट*, लन्दन : हम्फ्री मिलफोर्ड।

नायर, कुसुम, 1961, *ब्लॉज़म्स इन द डस्ट*, लन्दन : जेराल्ड डकवर्थ।

नैशनल काउंसिल ऑफ़ एजुकेशनल रिसर्च ऐंड ट्रेनिंग (एन.सी.ई.आर.टी.), 2005, *नैशनल करीकुलम फ्रेमवर्क 2005*, नयी दिल्ली, एन.सी.ई.आर.टी.।

———————, 2006, *इंडियन सोसायटी*, नयी दिल्ली, एन.सी.ई.आर.टी.।

रुडॉल्फ, लॉयड आई. और सूजेन एच. रुडॉल्फ, 1967, *द मॉडर्निटी ऑफ़ ट्रेडिशन : पॉलिटिकल डेवलपमेंट इन इंडिया*, शिकागो, शिकागो यूनिवर्सिटी प्रेस।

सैयदुल्लाह, के., 1987, *पाठशालाज इनटू स्कूल्स : द डेवलपमेंट ऑफ़ इंडिजेनस एलीमेंटरी एजुकेशन इन बंगाल, 1854–1905*, कलकत्ता : फिरमा के.एल.एम.

टेलर, चार्ल्स, 1991, द मैलिज ऑफ़ मॉडर्निटी, टोरंटो, टोरंटो : हाउस ऑफ़ अनान्सी प्रेस।

वाल्श, ज्यूडिथ, 1983, *ग्रोइंग अप इन ब्रिटिश इंडिया : इंडियन एंथ्रोगाफर्स ऑन चाइल्डहुड ऐंड ऐजुकेशन अण्डर द राज*, न्यूयॉर्क : होम्स ऐंड मीयर।

विलियम्स, रेमण्ड, 1973, *द कंट्री ऐंड द सिटी*, लन्दन, चेटो ऐंड विंडस।

# प्रभुत्वशाली जातियाँ या अमीर किसान*

जॉन मैकडॉगल

## प्रस्तावना

समकालीन ग्रामीण भारत के साहित्य में हमें अमूमन 'प्रभुत्वशाली जाति' और 'अमीर किसानों' का सन्दर्भ मिलता है। ग्रामीण सत्ता संरचना की प्रकृति का वर्णन करने के लिए इन शब्दावलियों का प्रत्यक्ष या परोक्ष रूप से वर्णन किया जाता है। ये शब्दावलियाँ दो ऐसी अवधारणाओं के बारे में बताती हैं जो काफ़ी हद तक एक–दूसरे से अलग हैं। फिर भी, इन दोनों अवधारणाओं के बीच शायद ही तुलना की गयी है, या शायद ही ये एक–दूसरे से जुड़ी रही हैं।[1] क्या ये दो अवधारणाएँ एक–दूसरे की अनुपूरक हैं या एक–दूसरे से पूरी तरह अलग हैं? यदि ये दोनों पूरी तरह से पृथक् हैं तो इनमें से किसे वरीयता दी जानी चाहिए? इस अध्याय में आरम्भिक तरीक़े से इन मुद्दों पर विचार किया गया है।

## अवधारणाएँ

### शक्ति, प्रभाव और अभिजन

चूँकि यह अध्याय शक्ति संरचनाओं से सम्बन्धित है, इसलिए इस बिन्दु पर मैं संक्षेप में शक्ति और उससे जुड़ी अवधारणाओं की विवेचना करूँगा। मैं व्यक्तियों के बजाय सामाजिक समूहों की शक्ति और उनकी कुल सामाजिक भूमिका पर ध्यान केन्द्रित करूँगा। इस सन्दर्भ में शक्ति को एक सामाजिक समूह की ऐसी सामर्थ्य के रूप में परिभाषित किया जा सकता है, जो अन्य लोगों के जीवन को महत्त्वपूर्ण तरीक़े से प्रभावित

---

* *इकोनॉमिक ऐंड पॉलिटिकल वीकली,* 12–13 : 625–34 (24 मार्च–6 अप्रैल, 1979)।

करता है, भले ही ये लोग सामान्य संस्थात्मक संरचना के भीतर इसका प्रतिरोध करते हों। मुख्य रूप से सामान्य व्यवस्थाओं पर ध्यान केन्द्रित करने से मेरा तात्पर्य यह है कि शक्ति एक सम्भाव्यता है, और एक समूह की शक्ति एक संकट या अन्य परिवर्तनों के समय बदल सकती है। सिर्फ़ इसी के कारण तीसरी दुनिया के समाजों में शक्ति को अवस्थित करने में कई तरह की समस्याएँ उत्पन्न होती हैं, क्योंकि इनमें से बहुत से समाजों में साझा बदलाव होते हैं और उनका दूरगामी प्रभाव पड़ता है (देखें डॉल 1957; टीली प्रकाशन वर्ष अनुपस्थित)।[2]

शक्ति को समाज के एक समूह के दूसरे समूह पर प्रभाव से अलग किया जा सकता है। जब प्रभाव का प्रयोग करने के प्रयासों का प्रतिरोध किया जाता है, तो प्रभाव ख़त्म हो सकता है। यह विचार हमें एक ओर शक्ति तथा दूसरी ओर अभिजन या नेताओं के बीच अन्तर करने की अनुमति देता है। अभिजन महत्त्वपूर्ण भूमिकाओं को निभाने वाले व्यक्ति होते हैं या उनका अन्य लोगों पर काफ़ी प्रभाव होता है; वहीं ऐसे लोग नेता होते हैं जिनकी बात लोग स्वैच्छिक सहमति से मानते हैं। यह तार्किक रूप से मुमकिन है कि दोनों प्रकार के सामाजिककर्त्ता प्रतिरोध किये जाने पर अपना प्रभाव खो दें (बार्बर 1957; बीयर्सटेड 1954)।[3]

भारत और तीसरी दुनिया के अन्य देशों में अभी बहुत से बदलाव हो रहे हैं। इस बात की पूरी सम्भावना है कि कुछ समूह इन बदलावों को पसन्द करेंगे और कुछ अन्य समूह इन्हें पसन्द नहीं करेंगे। इसलिए हम बहुत से परिवर्तनों की वांछनीयता और क्रियान्वयन के बीच टकराव देख सकते हैं। इसलिए तीसरी दुनिया के समाजों के अभिजनों या नेताओं पर ध्यान केन्द्रित करने से बेहतर यह है कि वहाँ की शक्ति संरचना पर ध्यान केन्द्रित किया जाये। यदि हम विकास के प्रयासों को प्रेरित करने या उन्हें बाधित करने में प्रभाव या शक्ति रखने वाले सामाजिक समूहों की भूमिका पर नज़र डालें तो यह बात विशेष रूप से सच लगती है। असल में, तीसरी दुनिया की शक्ति संरचना का विश्लेषण करने का यह एक प्रमुख कारण है। अब हम आगे विकास की अवधारणा पर विचार करेंगे।

## प्रभुत्वशाली जाति सिद्धान्त

इस सिद्धान्त के अनुसार बहुत से भारतीय गाँवों में एक विशिष्ट जाति के पास प्रमुख शक्ति संसाधनों का अधिकांश भाग होता है अर्थात् इस

जाति के सदस्यों की संख्या सबसे ज़्यादा होती है; कर्मकाण्ड के स्तर पर इसकी स्थिति उच्च होती है; इस जाति के लोगों के पास अधिकांश भूमि और अन्य आर्थिक सम्पदाएँ होती हैं; ये कार्यात्मक रूप से प्रभावशाली और मूल्यवान पेशों से जुड़े होते हैं; इस जाति के सदस्यों के बीच पश्चिमी शिक्षा का स्तर तुलनात्मक रूप से उच्च होता है; साथ ही ये पारम्परिक/अनौपचारिक और आधुनिक/औपचारिक स्थानीय सरकारी संस्थाओं में आधिकारिक पदों पर होते हैं (लक्ष्मीनारायण 1970)।[4]

प्रभुत्वशाली जाति सिद्धान्त के पीछे व्यापक सैद्धान्तिक और विचारधारात्मक मान्यताएँ क्या हैं? इस प्रश्न का उत्तर स्पष्ट नहीं है, किन्तु अमूमन ग्रामीण भारत में प्रभुत्वशाली जाति की शक्ति का विवरण बहुलतावादी रहा है। शक्ति का बहुलतावादी दृष्टिकोण विशेष रूप से उन अध्ययनों में सामने आया है जो प्रभुत्व की सीमा को एक चर के रूप में मानते हैं और इस सम्भावना को स्वीकार करते हैं कि बहुत–सी जातियों की शक्ति संसाधनों तक पहुँच होती है, तथा वे गाँव की शक्ति में भागीदारी करते हैं। इसके अलावा, प्रभुत्वशाली जाति के विवरणों में आमतौर पर यह बताया जाता है कि विभिन्न क्षेत्रों में प्रभुत्व रखने वाली जातियाँ राज्य या राष्ट्रीय राजनीति में गठजोड़ का निर्माण करती हैं; लेकिन इस तरह ये ग़ैर–प्रभुत्वशाली जातियों को इस बात के लिए प्रेरित करती हैं कि वे भी गाँव के ऊपर अन्य ग़ैर–प्रभुत्वशाली जातियों से गठजोड़ बनायें। ऐसा करने से निम्न जातियों की शक्ति में वृद्धि हो सकती है। गठजोड़ का निर्माण भी विभिन्न धड़ों या गुटों के व्यवहार का नतीजा होता है। इसके बारे में मैं आगे चर्चा करूँगा (ब्रास 1965; ऑमेन 1970; श्रीनिवास 1959)।[5]

औद्योगीकृत देशों में शक्ति के बहुलतावादी विश्लेषणों की तरह ही तीसरी दुनिया के इन बहुलतावादी विवरणों में समाज के एक कार्यवादी (फंक्शनलिस्ट) दृष्टिकोण से उत्पन्न हुए हैं। मसलन, श्रीरकाण्डा में यह माना गया कि एक प्रभुत्वशाली जाति के अस्तित्व ने लोगों के सामने उनकी भूमिकाओं और पहचानों को काफ़ी स्पष्ट कर दिया है, और इस तरह इसने श्रम के विभाजन को स्थिरता देने और उसके सही तरीक़े से काम करने में योगदान दिया है (बेरेमन 1972 : 242)। राज्य और राष्ट्रीय स्तरों पर जातियों और क्षेत्रों के बीच सहयोग को प्रोत्साहन मिला है, और इस तरह राजनीतिक व्यवस्था स्थिर हुई।

## अमीर–किसान सिद्धान्त

यह राजनीतिक और आर्थिक नियन्त्रण तथा उसके परिणामों का सिद्धान्त है। विशेष तौर पर, यह मानता है कि स्वतन्त्रता प्राप्ति के समय से ही गाँव के आर्थिक अधिशेष (सरप्लस) तथा गाँव की औपचारिक और अनौपचारिक संस्थाओं पर अमीर किसानों का नियन्त्रण तेज़ी से बढ़ा है। इस नियन्त्रण की मदद से अमीर किसान सरकार के विकास संसाधनों के बड़े हिस्से पर अपना कब्ज़ा जमाने में सफल रहे हैं। इससे निम्न हैसियत वाले समूहों को कम संसाधन मिला है। साथ ही, अमीर किसानों ने राज्य और स्थानीय सरकारों में ज़्यादा शक्ति का प्रयोग किया है। इसके परिणामस्वरूप, अमीर किसान गाँव के भीतर की आर्थिक और राजनीतिक प्रक्रियाओं पर अपना नियन्त्रण रखने में सफल रहे हैं।

किसान कौन हैं? वोल्फ (1965) के विचारों को स्वीकार करते हुए हम कह सकते हैं कि वे खेती करने वाले ऐसे आत्मनिर्भर लोग होते हैं जो अपने उत्पाद (जो गाँव के आर्थिक अधिशेष का हिस्सा निर्मित करता है) का कुछ हिस्सा ग़ैर–खेतिहर समूहों को हस्तान्तरित करते हैं। इस तरह, अमीर किसान वे हैं जिनके पास काफ़ी ज़्यादा ज़मीन होती है। समकालीन भारतीय सन्दर्भ में ऐसे किसान अपने परिवार की ज़रूरतों से ज़्यादा आर्थिक अधिशेष का उत्पादन करते हैं। वे या तो अपनी कुछ ज़मीन बँटाई पर कुछ अन्य लोगों को खेती के लिए दे देते हैं, या फिर अपने खेत में खेती करने के लिए मज़दूरों की मदद लेते हैं, और ख़ुद अपने हाथों से खेती नहीं करते हैं। अमीर किसान सिद्धान्त में यह बात भी शामिल है कि जहाँ गाँव में अभी भी ग़ैर–किसान हो सकते हैं, किन्तु उनके पास कम–से–कम आर्थिक अधिशेष होता है, और जहाँ उनका कार्य आकर्षक होता है (मसलन शिक्षक या व्यापारी) वहाँ अब ऐसे काम को ज़्यादातर अमीर किसान या अमीर किसान के वंश का कोई सदस्य करने लगा है।

प्रभुत्वशाली जाति सिद्धान्त की तुलना में अमीर किसान सिद्धान्त का साहित्य स्पष्ट नहीं है। लेकिन स्पष्ट रूप से अमीर किसान सिद्धान्त की बौद्धिक और विचारधारात्मक उत्पत्ति मार्क्सवादी है। विशेष रूप से, इसमें यह माना जाता है कि गाँव की राजनीतिक संस्थाओं और उत्पादन के साधनों पर नियन्त्रण प्रमुख शक्ति संसाधन हैं। साथ ही, अमीर किसानों के सन्दर्भ में जातिगत शुद्धता या पेशे की प्रतिष्ठा से जुड़ी कमियाँ तुलनात्मक रूप

से कम महत्त्वपूर्ण होती हैं। यह भी माना जाता है कि किसान समाज के (कम–से–कम) जड़ या स्थिर होने की सम्भावना होती है; लेकिन वर्तमान ऐतिहासिक दौर में गत्यात्मक अन्तर्राष्ट्र पूँजीवादी समाज की घुसपैठ के कारण बदलने के लिए मजबूर होना पड़ा है। ख़ासतौर पर, अमीर किसान आंशिक रूप से ऐसे काम करते हैं, जो किसान हमेशा से करते रहे हैं, लेकिन आंशिक रूप से वे आरम्भिक पूँजीवादी उद्यमी के रूप में भी काम करते हैं। ये स्वतन्त्र वेतन मज़दूरों को काम पर रखते हैं, प्रतियोगी बाज़ार में अपनी उत्पादित वस्तुओं को बेचते हैं तथा बिक्री से मिले मुनाफ़े का उपयोग उत्पादक निवेश में करते हैं (अविनेरी 1968)।

## भारत में स्वतन्त्रता प्राप्ति के बाद बदलाव

### राजनीति और विकास : कुछ प्रवृत्तियाँ

इस भाग का लक्ष्य 1947 के बाद से घटनाओं का ऐतिहासिक विवरण प्रस्तुत करना नहीं है। इसके बजाय, इसमें कुछ व्यापक प्रवृत्तियों को रेखांकित किया गया है। इसके माध्यम से पाठकों को उस पृष्ठभूमि के बारे में बताया गया है, जिसके अन्तर्गत ग्रामीण स्तर की प्रक्रियाएँ संचालित हो रही हैं।

मेरा यह मानना है कि सबसे महत्त्वपूर्ण प्रवृत्ति यह है कि (मोटे तौर पर) 1950 के दशक के विकास सम्बन्धी प्रयास ज़्यादा विवादास्पद नहीं थे। इसलिए यह राजनीतिक मुद्दा नहीं था। लेकिन 1960 और 1970 के दशक में ऐसी स्थिति नहीं रही। 1960 के दशक के आरम्भ में ही ग्रामीण विकास की रणनीतियाँ स्पष्ट रूप से नाकाम होने लगीं। ख़ासतौर पर, खाद्य उत्पादन के मोर्चे पर यह असफलता स्पष्ट रूप से सामने आयी। इसके परिणास्वरूप, राष्ट्र–स्तर पर संस्था निर्माण की गतिविधियों में कटौती की गयी। इसके स्थान पर हरित क्रान्ति के तकनीकी पैकेज को बढ़ावा दिया गया। असल में, हरित क्रान्ति को चुनिन्दा तरीक़े से अमीर क्षेत्रों और किसानों के बीच बढ़ावा दिया गया। इस प्रकार के नीतिगत बदलाव से राजनीतिक संघर्ष पैदा होना तक़रीबन तय था। यह संघर्ष 1972–75 के बीच उस समय ज़्यादा गहन हो गया, जब उच्च उत्पादकता वाले बीजों से इन वर्षों में (1972–75 के बीच) उतना ज़्यादा उत्पादन नहीं हुआ। इसका आंशिक कारण यह भी था कि 1973 के बाद तेल और खाद की क़ीमतों में वृद्धि हुई (दासगुप्ता 1977; मेलॉर और अन्य 1968)।

पिछले डेढ़ दशकों के दौरान राष्ट्र की राजनीतिक दिक़्क़तों के अत्यधिक बढ़ने के कारण विकास और अन्य नीतियों के बारे में विवाद काफ़ी बढ़ गया है। 1962 और 1971 के बीच भारत को अपने पड़ोसियों से तीन युद्ध करने पड़े। इसके कारण, विकास के संसाधनों को रक्षा में लगाना पड़ा। 1960 के दशक में विदेशी सहायता की मात्रा और स्रोत दोनों ही काफ़ी हद तक अनिश्चित हो गये। अमेरिका ने बोकारो स्टील प्लाण्ट को सहायता देना बन्द कर दिया। साथ ही, 1965–67 और 1975 के खाद्यान्न के अभाव वाले वर्षों में अमेरिकी खाद्य सहायता में अस्थायी रूप से काफ़ी बढ़ोतरी हुई। 1967 के बाद से आन्तरिक राजनीतिक व्यवस्था ज़्यादा अस्थायी हो गयी। इस अस्थायित्व का एक कारण यह रहा है कि अब यह पूरी तरह सुनिश्चित नहीं रहा कि कौन–सा दल शासन करेगा। लेकिन इससे भी बड़ी बात यह है कि विपक्षी दलों में संविधानेत्तर उपायों को अपनाने की प्रवृत्ति बढ़ी (इसका प्रमुख उदाहरण 1974–75 में जयप्रकाश नारायण के नेतृत्व में चला आन्दोलन था, जिसने भ्रष्ट राजनीतिज्ञों को हटाने पर बल दिया; इसके अलावा ज़मीन पर कब्ज़ा करने और बड़े भूस्वामियों को मारने का आन्दोलन भी चला)। असल में, सरकार ने भी सामान्य संवैधानिक प्रावधानों के बजाय आपातकालीन प्रावधानों पर भरोसा जताया (इसमें सिर्फ़ 1975–77 का आपातकाल ही सम्मिलित नहीं है, बल्कि इसके पहले लागू हुआ मेंटिनेंस ऑफ़ इंटरनल सेक्योरिटी ऐक्ट भी शामिल है; इसके अलावा, इन्दिरा गाँधी की एफ.बी.आई. जैसी रिसर्च ऐंड एनलाइजिंग विंग जैसी संस्थानों पर निर्भरता बढ़ी।

## विकास के कुछ संकेतक

तक़रीबन 1960 से राजनीतिक–आर्थिक तनाव बढ़ने के बावजूद, या शायद इसके कारण विकास जारी रहा। हालाँकि अमूमन विकास की दर धीमी रही। आर्थिक दायरे में, खाद्यान्न उपलब्धता में थोड़ी बहुत वृद्धि हुई : 1950 में यह प्रति व्यक्ति प्रतिदिन 371.1 ग्राम था, 1960 में यह बढ़कर 447.2 और 1973 में 495 ग्राम हो गया 1966–76 की अवधि में खाद्यान्न उत्पादन बढ़ाने के कार्यक्रम को ज़ोर–शोर से लागू किया जा रहा था। लेकिन इस दौरान खाद्यान्न उत्पादन में केवल 2.5 प्रतिशत प्रति वर्ष की वृद्धि हुई (इस दौर में हुए बुरे और अच्छे दोनों फ़सलों को मिलाकर)। यह 1947 और 1965 के बीच अनुभव किये गये संवृद्धि दर से निम्नतर था;

लेकिन फिर भी यह काफ़ी हद तक सन्तोषजनक था। असल में, आरम्भिक विकास का कारण यह था कि खेती के क्षेत्र का विस्तार हुआ, लेकिन 1965 के बाद उत्पादन में विस्तार का कारण यह था कि हरित क्रान्ति के कारण फ़सलों के उत्पादन में वृद्धि हुई। इसके अलावा, 1961–65 में ट्रैक्टरों की संख्या 39,603 थी, किन्तु 1974 में यह बढ़कर 2,00,000 हो गयी (दासगुप्ता 1977 : 242; जी.ओ.आई 1970 : 50, 1976 : 181)।[6]

यदि हम आर्थिक और सामाजिक विकास के कुछ अन्य संकेतकों पर विचार करते हैं तो यह बात सामने आती है कि उद्योगों में अत्यधिक सार्वजनिक क्षेत्र निवेश के बावजूद (हालाँकि इसमें आनुपातिक रूप से गिरावट हुई) ग्रामीण क्षेत्र में रहने वाली जनसंख्या के अनुपात में बहुत कम परिवर्तन हुआ। 1951 में ग्रामीण क्षेत्र में 82.7 प्रतिशत, 1961 में 82.0 प्रतिशत और 1971 में 80.1 प्रतिशत लोग रहते थे। किन्तु सड़कों की मात्रा में काफ़ी वृद्धि हुई। 1951 में 2,43,000 किलोमीटर सड़कें थीं, 1961 में 4,48,000 किलोमीटर, और 1972 में 4,74,000 किलोमीटर हो गयीं। साक्षरता दर में भी काफ़ी वृद्धि हुई। 1951 में जनसंख्या का 21.6 प्रतिशत हिस्सा साक्षर था, 1961 में यह बढ़कर 24 प्रतिशत और 1971 में 29.45 प्रतिशत हो गया (1971 में ग्रामीण क्षेत्रों में यह अनुपात 23.7 प्रतिशत था) (जीओआई 1970 : 89; 1976 : 12, 13, 52)।

अन्त में, राजनीतिक भागीदारी का एक संकेतक यह है कि चुनावों में कितने मतदाता भाग लेते हैं। हम राज्य विधानसभा चुनावों पर विचार करते हैं, क्योंकि इसमें ग्रामीण लोगों की ज़्यादा रुचि होने की सम्भावना होती है। साथ ही, अमूमन इन चुनावों के नतीजों को ग्रामीणों पर सबसे ज़्यादा प्रभाव पड़ता है। असल में, राज्य विधानसभा चुनावों में ग्रामीण क्षेत्रों के मतदान प्रतिशत में धीरे–धीरे किन्तु लगातार वृद्धि हो रही है। यह 1952 में 50 प्रतिशत, 1962 में 52 प्रतिशत, 1972 में 58 प्रतिशत थी।[7]

## दो सिद्धान्तों की तुलना

इस भाग में मैं तीन मुद्दों पर विचार करूँगा। ये दो सिद्धान्तों की तार्किकता से नज़दीकी रूप से जुड़े हुए हैं, और ये अनुभवसिद्ध रूप से रोचक हैं। लेकिन इन तीन मुद्दों पर विचार करने से पहले मैं कुछ अन्य बिन्दुओं की चर्चा करना चाहता हूँ।

पहला, यह कहा जा सकता है कि प्रभुत्वशाली जाति सिद्धान्त वरीयता देने लायक है, क्योंकि इसमें एक ऐसी अवधारणा का प्रयोग किया गया है जो 'किसान' की अवधारणा की तुलना में भारतीय संस्कृति के ज़्यादा नज़दीक है। निश्चित रूप से, समाज वैज्ञानिकों को उन अवधारणाओं और शब्दों को ज़्यादा गम्भीरता से लेना चाहिए, जिन्हें वे लोग इस्तेमाल करते हैं जिनका वे अध्ययन कर रहे हैं। साथ ही, अध्ययन किये जा रहे लोगों की सूचनाओं के आधार पर ही इन शब्दों का वर्णन किया जाना चाहिए। लेकिन आख़िरकार समाज वैज्ञानिकों को अपनी शब्दावली पर ही दृढ़ रहना चाहिए, ख़ासतौर पर उस शब्दावली से जो सार्थक तुलनात्मक विश्लेषण में सहायता करती है। इसके अलावा, यदि समाज वैज्ञानिकों को सिर्फ़ स्थनीय लोगों की अवधारणाओं का ही प्रयोग करना हो, तो इनमें से वे किन अवधारणाओं का चुनाव करेंगे? यह भारत जैसे पदसोपान (हायरार्की) से ग्रस्त, बड़े और विविधता से भरे देश में ज़्यादा गम्भीर प्रश्न बन जाता है।

यह मुझे दूसरे बिन्दु की ओर ले जाता है जो भारतीय समाज के बड़े आकार और परिवर्तनीयता से जुड़ा हुआ है। मैं ऐसी प्रक्रियाओं को वरीयता दूँगा जिनके बारे में यह माना जाता है कि वे बहुत से भारतीय गाँवों में साझा रूप में मौजूद हैं–ख़ासतौर पर, वे प्रक्रियाएँ जो गहन जनसंख्या वाले क्षेत्रों में मौजूद हैं। बहरहाल, ग्रामीण भारत में असमानता का पूरे राष्ट्र के स्तर पर विश्लेषण करने का काम बहुत बड़ा है। इसका एक प्रमुख भाग यह तय करना है कि पारिस्थितिकी, फ़सल लगाने के तरीक़ों, गाँव के आकार और उनकी विविधता और ऐतिहासिक अनुभव जैसे कारक असमानता पर किस सीमा तक प्रभाव डालते हैं। अब स्वतन्त्र भारत में गाँवों के बारे में बहुत से अध्ययन उपलब्ध हैं। इसलिए अब मौजूदा आँकड़ों का सावधानीपूर्वक विश्लेषण करके यह काम किया जा सकता है।

मैं प्रभुत्वशाली जाति या अमीर किसान सिद्धान्तों को सरलीकृत तरीक़े से लागू करने की विवेचना नहीं करूँगा। निश्चित रूप से बहुत से प्रसिद्ध गाँव अध्ययनों में यह बताया गया है कि एक जाति के पास स्थानीय भूमि का अधिकांश हिस्सा होता है, गाँव की पंचायत पर उसका नियन्त्रण होता है, इस जाति के लोग तुलनात्मक रूप से सुशिक्षित होते हैं, इत्यादि। इसके अलावा यह भी ग़ौरतलब है कि 1954 में भारत में ग्रामीण परिवारों के 13 प्रतिशत के पास 65 प्रतिशत भूमि का स्वामित्व था; 1961–62 में

ग्रामीण भारत में दिये जाने वाले कुल ऋण का 69 प्रतिशत स्थानीय बड़े भूस्वामियों, व्यापारियों या साहूकारों द्वारा उपलब्ध कराया जाता था। इसी वर्ष 40 प्रतिशत ग्रामीण परिवार बहुत ही हल्के तरीक़े से परिभाषित ग़रीबी रेखा के नीचे थे (चट्टोपाध्याय 1973 : 107; डांडेकर और रथ 1971; मेडिसन 1971 : 106)। इस प्रकार के आँकड़े यह बताते हैं कि दोनों ही सिद्धान्त सही हैं।

यहाँ एक चौथा बिन्दु भी प्रासंगिक है। यह बहुत ही महत्त्वपूर्ण है, कि मैं इस पर विस्तार से विचार नहीं करूँगा। इन दो सिद्धान्तों की व्यापक विचारधारात्मक मान्यताओं में अत्यधिक अन्तर होने के बावजूद इनके बीच बहुत–सी समानताएँ भी हैं (देखें, 'स्वतन्त्रता प्राप्ति के बाद भारत में बदलाव' शीर्षक वाला भाग)। मसलन, इन दोनों ही सिद्धान्तों के अनुसार, एक शक्ति संसाधन पर्याप्त नहीं है, तथा गाँव में उच्चतर शक्ति हासिल करने के लिए यह आवश्यक है कि गाँव से बाहर भी कुछ शक्ति स्रोतों पर नियन्त्रण हो। इसके अलावा, इन दोनों ही सिद्धान्तों का पक्ष लेने वाले विद्वानों में इस बात पर सहमति है कि आदिम निष्ठाएँ (ग्रीट्ज के शब्दों में) आज भी गाँवों में काफ़ी मज़बूत हो सकती हैं। अमीर किसान के समर्थन में जाति के प्रति निष्ठा को महत्त्वपूर्ण मानते हैं। फिर भी, कई बार इस प्रकार की निष्ठाओं को बहुत ही नाप–तौल कर और अवसरवादी तरीक़े से प्रयोग किया जाता है (देखें ग्रीट्ज़ 1963)।

बहुत से प्रमाणों द्वारा अमीर किसान और प्रभुत्वशाली जाति सिद्धान्त का सतही तरीक़े से समर्थन किया गया है। इन दोनों के बीच बहुत से साझा बिन्दु हैं। लेकिन फिर भी ऐसे बहुत से पहलू हैं जिनके बारे में सिद्धान्त अलग–अलग निर्णायक नियमों के प्रभावी होने पर बल देते हैं। मसलन, समकालीन भारत के गाँवों में जब दो गुटों के बीच विवाद उत्पन्न होता है, तो क्या विवाद जाति पर आधारित होता है या वर्ग पर? (शायद हमें विभिन्न वर्गों के सदस्यों के बजाय विभिन्न स्तरों के अमीर और ग़रीब किसानों की बात करनी चाहिए)। असल में, बहुत से सुनिश्चित प्रमाण यह बताते हैं कि हम बहुत से गाँवों के निवासियों को भूस्वामियों, बँटाईदारों और भूमिहीन श्रमिकों में विभाजित नहीं कर सकते हैं। इसके बावजूद, हमारे सामने कई ऐसे मामले हैं जहाँ अमीर किसान और भूमिहीन मज़दूर–और कई बार छोटे भूस्वामियों के बीच–सम्पत्ति और प्राधिकार के मामले में अत्यधिक अन्तर होता है। इसी अर्थ में यहाँ 'स्तर' की तुलना

में 'वर्ग' शब्द का प्रयोग किया गया है, जो परिष्कृत श्रेणीबद्धता और कम असमानता के बारे में बताता है (देखें, बेते 1971)। अब हम ग्रामीण भारत में तीन प्रकार की सामाजिक प्रक्रियाओं का परीक्षण करेंगे।

## गाँव से ऊपर शक्ति प्रक्रियाएँ

जैसा कि मैंने पहले उल्लेख किया है कि प्रभुत्वशाली (और अन्य) जातियाँ अमूमन कई गाँवों के बीच काम करती हैं। इसका कारण यह है कि गाँव से बाहर विवाह करने का नियम है। इसके अलावा, किसी ख़ास काम में महारत रखने वाली जातियाँ एक गाँव में अपना गुजर–बसर करने में समर्थ नहीं होती हैं। असल में, सार्वभौमिक मताधिकार के वर्तमान दौर में, ज़मीनी स्तर पर बहुत से चुनावी अभियान प्रतियोगी प्रभुत्वशाली जातियों के बीच संघर्ष की अभिव्यक्ति लगते हैं। इस प्रक्रिया में प्रभुत्वशाली जातियों के सदस्य ज़्यादा बड़ा वोट बैंक बनाने के लिए अधीनस्थ या निम्न जातियों को ख़ुद से जोड़ते हैं। यह विभिन्न गुटों के बीच विवाद उत्पन्न कर सकता है, या उसके स्वरूप को प्रभावित कर सकता है। मैं नीचे इस गुटबन्दी की ज़्यादा विस्तार से विवेचना करूँगा। लेकिन यहाँ मैं मुख्य रूप से यह रेखांकित करना चाहता हूँ कि अमूमन विभिन्न गुट के बीच का संघर्ष वर्ग की सीमा से आगे जाता है, और यह (कम–से–कम) इस बात को सम्भव बनाता है कि संघर्ष जातिगत आधार पर संगठित हों।

दूसरी ओर, प्रभुत्वशाली जाति की तार्किकता का सहारा लेकर व्यापक अर्थव्यवस्था में अमीर किसानों की भागीदारी की बहुत सन्तोषजनक व्याख्या नहीं की जा सकती है। इस सन्दर्भ में अमीर किसान सिद्धान्त ज़्यादा वरीयता देने लायक हैं। ज़्यादा विशिष्ट रूप से, गाँव के बाहर के बाज़ार में भागीदारी की इस आधार पर काफ़ी अच्छी तरह व्याख्या की गयी है कि यह अमीर किसान वर्ग के आरम्भिक पूँजीवादी व्यवस्था के सम्पर्क में आने के कारण उत्पन्न होने वाले आर्थिक और राजनीतिक तनावों का परिणाम होता है। मसलन, ब्रेमन (1974) ने दक्षिणी गुजरात में अनाविल ब्राह्मण अमीर किसानों द्वारा चावल के बजाय आम उगाने को वरीयता देने के कारणों का विश्लेषण किया है। ये कारण निम्नलिखित हैं : पहला, बेहतर परिवहन सुविधाओं की उपलब्धता, जिसके कारण कम समय में ख़राब होने वाले आम जैसे फल को बाज़ार तक पहुँचाना मुमकिन हो

पाता है। दूसरा, अनाविल की यह इच्छा कि वे कम–से–कम खेती का काम करने के बावजूद अमीर बने रहें। अनाविल खेती के आधार पर अपनी यह अच्छी जीवन–शैली कायम नहीं रख सकते थे। इसका कारण यह था कि उनके नौकर (दुबला) गाँव छोड़कर अस्थायी रूप से शहरी ईंट के भट्ठे में काम करने चले जाते थे। इस उदाहरण में एक जाति द्वारा दूसरी जाति पर शक्ति का प्रयोग किया जाता है। लेकिन अनाविल की शक्ति के आधार और सीमा में परिवर्तन जातिगत शुद्धता और एकजुटता को कायम रखने की इच्छा से ज़्यादा उनके आर्थिक नियन्त्रण कायम रखने और सेकुलर (भौतिक जगत से जुड़ी) जीवनशैली की आवश्यकता से जुड़ा हुआ है।

इसके अलावा, जब हम ज़िला और राज्य स्तरीय राजनीतिक प्रक्रिया में अमीर किसानों की भागीदारी पर विचार करते हैं, तो अमीर किसान आसानी से उन तरीक़ों के बारे में बताता है जिनके माध्यम से ऐसे ग्रामीण लोग राजनीति में ख़ुद को सम्मिलित करने के लिए उत्सुक होते हैं, और उनमें ऐसा करने की सामर्थ्य भी पैदा होती है। वे ऐसा करने में इसलिए समर्थ हो पाते हैं क्योंकि उनका व्यापार, साहूकारी का काम और अन्य सम्बन्धित गतिविधियाँ उन्हें इस बात के लिए मजबूर करती हैं कि वे आधिकारिक अनुमति, संगठनात्मक रूपरेखा आदि की दुनिया की समझ हासिल करें। इसके अलावा, उन्हें अपने आर्थिक हितों की सुरक्षा के लिए प्रासंगिक नेताओं और नौकरशाहों के मदद की आवश्यकता होती है। 1950 के दशक के आख़िर में सामुदायिक विकास कार्यक्रम की स्थापना के साथ शहरी राजनीति से इनका सम्पर्क मज़बूत हुआ है और पहले की तुलना में काफ़ी बढ़ गया है। जैसा कि मैंने पहले के भाग में बताया है कि जैसे–जैसे विकास सम्बन्धी फ़ैसले विवादास्पद होते गये हैं वैसे–वैसे अल्प सरकारी संसाधनों के लिए संघर्ष में वृद्धि हुई है (मसलन, देखें, बेली 1957, 1963)।

## चक्रीय प्रक्रियाएँ

यह तर्क दिया जाता है कि प्रभुत्वशाली जाति सिद्धान्त वरीयता देने लायक हैं, क्योंकि पिछले 30 वर्षों के सभी प्रयासों के बावजूद भारतीय गाँव कमोबेश जड़ या स्थिर हैं। काफ़ी हद तक यह दृष्टिकोण ग्रामीण भारत में चक्रीय प्रक्रियाओं के विश्लेषण पर आधारित है। असल में, यह विश्लेषण

यह बताता है कि भारतीय गाँव परिवर्तनकारी बाहरी शक्तियों को सदियों से चले आ रहे चक्रीय बदलावों में समाहित कर ख़ुद को इनसे बिल्कुल ही अलग—थलग कर सकते हैं।

इस तरह का एक बदलाव संस्कृतिकरण के कारण जातीय गतिशीलता में होने वाला परिवर्तन है। मोटे तौर पर, संस्कृतिकरण एक ऐसी प्रक्रिया है, जिसमें गाँव में ज़्यादा आर्थिक संसाधन और प्राधिकार हासिल करने वाली जाति (मसलन) नयी मिथकीय वंशावली निर्मित करके अपनी कर्मकाण्डीय हैसियत को सफलतापूर्वक ऊपर उठाती है। उच्चतर हैसियत के इन दावों को कुछ वर्षों में सफलता मिल जाती है क्योंकि कर्मकाण्डीय रूप से उच्चतर जातियाँ भी इन नव—धनाढ्य तबकों की राजनीतिक और आर्थिक शक्ति को स्वीकार कर लेती हैं। संस्कृतिकरण अवधारणा प्रस्तुत करने वाले श्रीनिवास ने यह सुझाव दिया है कि अमूमन हरिजन (अछूत) संस्कृतिकरण के अपने प्रयासों में सफल नहीं होते हैं। इसका एक कारण तो यह है कि ये आर्थिक और राजनीतिक रूप से शक्तिहीन होते हैं। लेकिन इसका ज़्यादा बड़ा कारण यह है कि कर्मकाण्डीय स्तर पर इन्हें स्वच्छ हिन्दू जातियों से पृथक् माना जाता है। निश्चित रूप से यह बात सच है; लेकिन हम ऐसे बहुत से मामले जानते हैं जिनमें हरिजनों की तरफ़ से स्तरीकरण का प्रयास किया गया है (यह हमेशा संस्कृतिकरण नहीं होता है, किन्तु नव—बौद्ध आन्दोलन को संस्कृतिकरण के एक प्रयास के रूप में देखा जा सकता है)। बहरहाल, प्रभुत्वशाली जाति विश्लेषण को लागू करके कर्मकाण्डीय शुद्धता का दावा करने वाले जातिगत गतिशीलता के प्रयासों की बहुत आसानी से व्याख्या की जा सकती है।[8]

यह तर्क भी दिया जा सकता है कि संस्कृतिकरण के प्रयासों के कारण ग्रामीण स्तरीकरण व्यवस्था पर गहरा प्रभाव पड़ा है—लेकिन मैं इस बिन्दु पर अगले भाग में विचार करूँगा।

गुटबन्दी एक ऐसी दूसरी चक्रीय प्रक्रिया है जिसका विस्तार से अध्ययन किया गया है। यह बताया जाता है कि विशेष रूप से ज़्यादा बड़े और विविधता से भरे बहुत से गाँवों में विभिन्न गुट सामाजिक सम्बन्धों और राजनीतिक संघर्ष की मूल संरचना होते हैं।

एक गुट के सदस्यों के बीच सम्बन्धों को मज़बूती देने वाले दायित्वों में जजमानी व्यवस्था प्रमुख है। यह मानकों की एक ऐसी संरचना होती

है जो पारम्परिक रूप से विशिष्ट पेशा अपनाने वाली एक जाति के दूसरी जाति के काम या दायित्व और उन्हें दी जाने वाली राशि या मानदेय को भी प्रशासित करती है। बहरहाल, विभिन्न गुटों के बीच ज़्यादा से ज़्यादा संख्या में लोगों को अपने गुट में शामिल करने की होड़ मची रहती है। इसका कारण यह है कि बल–प्रयोग की शक्ति मोटे तौर पर स्वस्थ्य पुरुष सदस्यों की संख्या पर निर्भर करती है। असल में, गाँव में एक गुट के सदस्य उस स्थिति में दूसरे गुट में भी सम्मिलित हो जाते हैं, जब उन्हें यह लगता है कि ऐसा करने के जोख़िम कम किन्तु लाभ ज़्यादा हैं। इसलिए अमूमन व्यवहार में गुटों की सदस्यता अवसरवादी होती है। बहुत–सी शक्तियों के संयोजन के कारण गाँव की शक्ति संरचना में काफ़ी लचीलापन आ जाता है (या फिर जिन गाँवों में गुटों के बीच का टकराव गाँव से बाहर फैला होता है, वहाँ गाँवों के ऐसे समूह की शक्ति संरचना में लचीलापन आ जाता है) (मसलन देखें बेरेमन 1972; नील 1962; निकोलस 1968)।

अब जिस सीमा तक गुट ग्रामीण लोगों को क्षैतिज (समस्तरीय या हॉरिजॉन्टल) के बजाय ऊर्ध्व (वर्टिकल) समूहों में विभाजित करते हैं, उस सीमा तक यह कहा जा सकता है कि गुटबन्दी के बारे में प्रमाण प्रभुत्वशाली जाति और अमीर किसान सिद्धान्तों के ख़िलाफ़ काम करती है। यह बिन्दु प्रमाणों के आधार पर जिस सीमा तक सही साबित होती है, वहाँ तक इसके माध्यम से यह तर्क सामने आता है कि भारतीय गाँवों में शक्ति का वितरण प्रभुत्वशाली जाति सिद्धान्त द्वारा बताये गये वितरण से अलग है; असल में यह ज़्यादा बहुलतावादी है। हालाँकि जैसा कि मैंने पहले संकेत किया है, प्रभुत्वशाली जाति सिद्धान्त के अधिकांश प्रतिपादक प्रभुत्व के स्तर को एक चर (वैरिएबल) के रूप में मानते हैं। इसके अलावा, अत्यधिक गुटों में बँटे गाँव में भी जातियों के बीच सम्बन्ध यह तय करने में महत्त्वपूर्ण भूमिका निभाते हैं कि कोई व्यक्ति किस गुट से जुड़ेगा।

## सेकुलर या सांसारिक परिवर्तन

यह माना जाता है कि भारत के गाँवों में अभी भी तेज़ी से गहरा बदलाव हो रहा है। गाँवों का स्वरूप अपनी पुरानी स्थिति से बिल्कुल ही अलग होता रहा है। अब हम ऐसे ही कुछ परिवर्तनों पर विचार करते हैं।

पहला, मैंने अभी जिन चक्रीय प्रक्रियाओं के बारे में विवेचना की है, उनके बारे में यह दावा किया जाता है कि वे नये स्वरूप धारण कर रहे हैं, और उन्हें सांसारिक बदलावों द्वारा अपने में मिला लिया जा रहा है। इस कारण अब वे चक्रीय परिवर्तन नहीं हैं। हेरॉल्ड गॉल्ड (1961) का यह मानना है कि गाँवों में कुछ ब्राह्मणों ने संस्कृतिकरण के ख़िलाफ़ प्रतिक्रिया देते हुए यह दावा किया है कि पश्चिमी शिक्षा जैसे प्रतिष्ठा के नये स्रोतों पर उनका ही एकाधिकार है। इसके अलावा, वर्तमान गाँवों में संस्कृतिकरण में भागीदारी करने वाले लोगों का प्रयास उन्हें व्यापक राजनीतिक क्षेत्र से जोड़ सकता है, क्योंकि ऐसे लोग यह चाहेंगे कि जाति संगठनों, दलों के भीतर के गुटों या नये दलों में उन्हें अपनी जाति या अन्य जातियों के सहयोगी मिलें। जिस सीमा तक ये परिवर्तन हो रहे हैं, उस सीमा तक ये लोगों को एक साथ जोड़ने वाले बन्धन के रूप में स्थानीय जाति को कमज़ोर कर रहे हैं, और अमीर किसानों के प्रति निष्ठा बढ़ाने में मददगार हो रहे हैं। प्रतिष्ठा के स्रोत के रूप में पश्चिमी शिक्षा पर दावेदारी मूल रूप से व्यक्तिवादी है, और यह लोगों की इस जागरूकता में वृद्धि कर सकती है कि वे एक वर्ग न सही, किन्तु कम–से–कम एक हैसियत समूह से जुड़े हुए हैं। ऐसा उस समय भी हो सकता है जब एक या एक ही स्तर की जातियाँ शहरी राजनीति में शामिल होती हैं, और उन्हें पश्चिमी राजनीति की शब्दावली का उपयोग करने की आवश्यकता होती है (रुडॉल्फ ऐंड रुडॉल्फ 1960; वेबर 1958)।

यदि हम सेकुलर या सांसारिक बदलावों की बात करें, तो यह बात स्पष्ट हो जाती है कि प्रभुत्वशाली जाति सिद्धान्त सांसारिक बदलावों का सिद्धान्त नहीं है, किन्तु अमीर किसान सिद्धान्त सांसारिक बदलावों का सिद्धान्त है। गाँव स्तर पर हुए बहुत से अध्ययनों से यह बात सामने आती है कि जजमानी व्यवस्था ख़त्म हो रही है (कई बार निम्न जातियों द्वारा इसे मानने से सीधे तौर पर इनकार करने के कारण) तथा पारम्परिक दायित्वों (मसलन ज़मींदार के ज़मीन पर काम करना) का स्थान अनौपचारिक मज़दूरों के रोज़गार ने ले लिया है (इसमें ज़्यादा से ज़्यादा आप्रवासी लोग काम करते हैं)। नये प्रकार के काम को कर्मकाण्डीय शुद्धता के आधार पर वर्गीकृत करना कठिन है, किन्तु सांसारिक स्तर पर उनसे जुड़ी प्रतिष्ठा के स्तर को वर्गीकृत किया जा सकता है। अब गाँवों के लोग सामाजिकता के नये स्थानों, मसलन बसों और चाय की दुकानों आदि का ज़्यादा प्रयोग

कर रहे हैं। इस मामले में जाति से जुड़े मानकों का सख़्ती से अनुपालन नहीं किया जाता है। इन परिवर्तनों के कारण गाँव के जीवन में वर्ग एक प्रमुख सक्रिय सिद्धान्त के रूप में काम करने लगा है। इसके अलावा, यह प्रमाण भी है कि वर्ग के और तेज़ी से महत्त्वपूर्ण होने की सम्भावना है क्योंकि ऋण और व्यापार जैसे ग़ैर–खेतिहर आर्थिक संसाधनों पर अमीर भूस्वामियों का एकाधिपत्य बढ़ता जा रहा है (अलेक्ज़ेण्डर 1973; बेते 1971; ब्रेमन 1974; वुड 1973)।

कई ऐसे कारक भी हैं जो गाँव के स्तर से ऊपर काम करते हैं। यह लगता है कि ये इस प्रकल्पना को सही साबित करते हैं कि शक्ति के आधार के रूप में वर्ग ज़्यादा से ज़्यादा शक्तिशाली हो गया है। मैंने इस बात की ओर संकेत किया है कि कैसे अमीर किसान ज़िला और राज्य स्तरीय राजनीति में भागीदारी करने में समर्थ हो गये हैं और वे ऐसा कर भी रहे हैं। इसमें उन्हें पिछले तीन दशकों के विकास कार्यक्रमों से भी कमोबेश सहायता मिलती रही है। मसलन, ज़मींदारी व्यवस्था के उन्मूलन और भूमि सीमा लागू होने से अमीर किसानों को लाभ हुआ है। इस तरह, जिन ज़िलों में हरित क्रान्ति हुई, वहाँ के किसानों को भी लाभ हुआ है। हमारे पास इस बारे में भी पर्याप्त सूचना है कि कैसे अमीर किसानों ने ज़िला और राज्य स्तर पर होने वाले अधिकांश राजनीतिक निर्णयों को अपने लाभ के लिए इस्तेमाल किया है (विशेष रूप से जब हम क़ानूनों के निर्माण से आगे बढ़कर उनके क्रियान्वयन की प्रक्रिया पर विचार करते हैं)। इसलिए यह आश्चर्य की बात नहीं है कि इन लोगों का आधिकारिक सरकारी संस्थाओं, सहकारी समितियों और बहुत से राजनीतिक दलों के संगठन पर (कम–से–कम ज़िला स्तर पर) नियन्त्रण है। अमूमन इन्हें सिंचाई के पानी, खेतिहर और औद्योगिक ऋण और सरकार द्वारा ग्रामीण क्षेत्रों के लिए आवंटित किये गये विकास संसाधनों का एक बड़ा हिस्सा मिलता है। निश्चित रूप से, स्थानीय स्तर पर प्रभुत्वशाली जातियों को इन प्रक्रियाओं से लाभ मिलता है, लेकिन मुझे ऐसा लगता है कि अब तेज़ी से इन जातियों के अमीर सदस्यों को इससे सबसे ज़्यादा लाभ मिल रहा है (दासगुप्ता 1977; मेंचर 1975; रोसेनथल 1973)।

इस बात पर आपत्ति की जा सकती है कि चूँकि ग्रामीण भारत में वर्ग–आधारित राजनीतिक दलों को बहुत कम समर्थन मिलता है और गुटों पर आधारित दलों की बहुलता है (यहाँ तक कि उन क्षेत्रों में भी

जो भाषायी और धार्मिक रूप से समरूपी हैं), इसलिए यहाँ अमीर किसान सिद्धान्त के पक्ष को बढ़ा–चढ़ाकर प्रस्तुत किया गया है। बहरहाल, एक वर्ग समाज का अस्तित्व, वर्ग जागरूकता या एक वर्ग समाज के सदस्यों के वर्ग–आधारित दलों में भागीदारी से भिन्न चीज़ है। इसके अलावा, जिन ग्रामीण क्षेत्रों में जाति संगठन सबसे कमज़ोर हैं, वहाँ वर्ग–आधारित दल सबसे मज़बूत हैं। मसलन, पश्चिम बंगाल में मार्क्सवादी कम्युनिस्ट पार्टी सबसे मज़बूत स्थिति में है।

## निष्कर्ष

मैंने पीछे जिन दो सिद्धान्तों का उल्लेख किया है, उनकी समानताओं को ध्यान में रखते हुए मैं यह रेखांकित करना चाहता हूँ कि अमीर किसान सिद्धान्त प्रभुत्वशाली जाति सिद्धान्त (या अन्य सिद्धान्तों) द्वारा प्रस्तुत अन्तर्दृष्टियों और प्रकल्पनाओं का सहारा ले सकता है। कुछ पहलुओं, विशेष रूप से निम्नलिखित क्षेत्रों के सन्दर्भ में इसे प्रभुत्वशाली जाति सिद्धान्त से मिलाया भी जा सकता है।

पहला, गाँव की शक्ति संरचना की वैधता की प्रक्रिया। इस बात की पूरी सम्भावना है कि बहुत से अमीर किसान अपनी शक्ति को वैधता प्रदान करने के लिए अभी भी अपनी जाति की हैसियत का उपयोग करते हैं। हमें इस बारे में और ज़्यादा जानने की आवश्यकता है कि अमीर किसान कब और कैसे अपना संस्कृतिकरण करते हैं, और कैसे अज्ञात ग्रन्थों का उपयोग करके लोगों की सोच को प्रभावित करते हैं, तथा अमूमन छोटे भूस्वामियों, भूमिहीन मज़दूरों आदि की बौद्धिक और सामाजिक ऊर्जा पर अपना नियन्त्रण स्थापित करते हैं।

दूसरा, गाँव से ऊपर के स्तर पर चलने वाली प्रक्रियाओं पर और ज़्यादा गहराई से ध्यान देने की आवश्यकता है। मसलन, कुछ नेटवर्क अध्ययनों में यह दिखाया गया है कि जातियों के बीच और गाँव से छोटे शहरों की ओर राजनीतिक निष्ठाओं का प्रवाह होता है (मेयर 1963)। लेकिन गुटों के बारे में हमारे पास काफ़ी जानकारी होने के बावजूद हम यह नहीं जानते हैं कि निष्ठाओं के कौन से नेटवर्क या प्रकार वास्तव में महत्त्वपूर्ण हैं। केवल कुछ समाज वैज्ञानिकों ने ही ग्रामीण अभिजनों की व्याख्या करने के लिए नेटवर्क सिद्धान्त की अन्तर्दृष्टियों का प्रयोग किया

है। बेली जैसे जाति के कुछ विद्यार्थी बहुत मज़बूती से यह रेखांकित करते हैं कि हमें गाँव, जिला, राज्य और राष्ट्रीय सामाजिक–आर्थिक/राजनीतिक व्यवस्थाओं को विश्लेषणात्मक रूप से भिन्न मानना चाहिए, लेकिन साथ ही ये अनुभवसिद्ध रूप से एक–दूसरे से जुड़े होते हैं। मार्क्सवादियों (विशेष रूप से लैटिन अमेरिकी समाजों का अध्ययन करने वाले विद्वानों) ने भिन्न व्यवस्थाओं या दोहरी अर्थव्यवस्थाओं की अवधारणा को ख़ारिज किया है। लेकिन अमीर किसान सिद्धान्त को स्वीकार करने वाले लोगों को इस पर गम्भीरतापूर्वक ध्यान देना चाहिए। मसलन, यह मुमकिन है कि अमीर किसान की शक्ति ज़िला या राज्य स्तर पर पूरी तरह वैध हो, लेकिन यह गाँव के स्तर पर काफ़ी कम हो सकता है और इस कारण से अमीर किसान को गाँव के स्तर पर अपनी शक्ति को क़ायम रखने के लिए ज़्यादा से ज़्यादा बल प्रयोग करना पड़ सकता है; या फिर गाँव में लोगों से उलझने से बचने के लिए वह ज़िला स्तरीय व्यापार और राजनीति पर ध्यान केन्द्रित कर सकता है। मेरे द्वारा उल्लेखित अन्य प्रकल्पनाओं की तरह यह प्रकल्पना भी प्रभुत्वशाली जाति विश्लेषण से उत्पन्न होती है, लेकिन यह अमीर किसान सिद्धान्त के अनुपूरक का काम भी कर सकती है (बेली 1963; फ्रैंक 1969)।

## टिप्पणियाँ

1. इसका एक अपवाद बेते 1975 में प्रकाशित निबन्ध हैं।
2. हालाँकि अमूमन शक्ति के प्रयोग या स्वैच्छिकता में एक कॉन्टीन्युअम या सात्यता रही है। इसके एक अतिवादी छोर पर समाज में अत्यन्त निम्न हैसियत वाले ऐसे समूह होते हैं, जो बहुत ही असमान स्थिति में रहते हैं। इन्हें बल–प्रयोग की इतनी आदत हो जाती है कि ये स्वैच्छिक अनुपालन की कल्पना नहीं कर पाते हैं। मसलन, देखें कोहेन और उपहॉफ 1976 : 92एन।
3. मैंने यहाँ लुईस ड्युमो द्वारा उनकी पुस्तक होमो हायरार्कीकस (1970) में प्रस्तुत सिद्धान्त की आलोचना की है। इसका कारण यह यह नहीं है कि उनका सिद्धान्त महत्त्वपूर्ण नहीं है, बल्कि असल में यह बुनियादी रूप से सांस्कृतिक व्यवस्थाओं का सिद्धान्त है, और यह इस अध्याय की संरचना के विश्लेषण के लिए ज़्यादा प्रासंगिक नहीं है।
4. इस सिद्धान्त को सबसे पहले एम. एन. श्रीनिवास (1959) ने प्रस्तुत किया था।
5. स्वतन्त्रता प्राप्ति के बाद के भारत के राजनीति विज्ञान के सिद्धान्त के बारे में बड़े पैमाने पर ऐसे साहित्य मौजूद हैं, जिनका दृष्टिकोण बहुलतावादी है। ब्रास की पुस्तक (ब्रास 1965) इसका एक प्रमुख उदाहरण है।

6. 1971 की जनसंख्या का अनुमान लगाया गया है। देखें यूनाइटेड नेशन्स 1975 : 115।
7. मैं ये आँकड़े उपलब्ध कराने के लिए जॉन फील्ड का आभारी हूँ।
8. इस सन्दर्भ में ऐसोसिएशन फॉर एशियन स्टडीज़ की मार्च 1977 के वार्षिक बैठक में 'दलित' पर पैनल को देखा जा सकता है।

## सन्दर्भ

अलेकज़ेण्डर, के. 1973, 'इमर्जिंग फार्मर–लेबर रिलेशंस इन कुटांड', *इकोनॉमिक ऐंड पॉलिटिकल वीकली* 8(34)।

अविनेरी, श्लोमो (सम्पा.), 1968, *कार्ल मार्क्स ऑन कोलोनियलिज़्म ऐंड मॉडर्नाइज़ेशन*, गार्डेन सिटी : डबलडे।

बेली, एफ.जी. 1957, कास्ट ऐंड द इकोनॉमिक फ्रंटियर, मैनचेस्टर : मैनचेस्टर यूनिवर्सिटी प्रेस।

---------, 1963, *पॉलिटिक्स ऐंड सोशल चेंज*, बर्कले : यूनिवर्सिटी ऑफ़ कैलीफोर्निया प्रेस।

बार्बर, बरनार्ड, 1957, *सोशल स्ट्रैटिफिकेशन*, न्यूयॉर्क : हरकोर्ट, ब्रूस ऐंड वर्ल्ड।

बेरेमन, जरॉल्ड डी. 1972, *हिन्दूज ऑफ़ द हिमालयाज़*, बर्कले : यूनिवर्सिटी ऑफ़ कैलीफोर्निया प्रेस।

बेते, आंद्रे, 1971, *कास्ट, क्लास पावर*, बर्कले : यूनिवर्सिटी ऑफ़ कैलीफोर्निया प्रेस।

------, *1975, स्टडीज़ इन एग्रेरियन सोशल स्ट्रक्चर*, न्यूयॉर्क : ऑक्सफोर्ड यूनिवर्सिटी प्रेस।

बीयर्सडेट, रॉबर्ट, 1954, 'द प्रॉब्लेम ऑफ़ अथॉरिटी', संकलित फ्रीमड ऐंड कंट्रोल इन *मॉडर्न सोसायटी*, सम्पा., मोरे बर्जर, न्यूयॉर्क : वॉन नॉस्टैण्ड।

ब्रास, पॉल आर. 1965, *फैक्शनल पॉलिटिक्स इन ऐन इंडियन स्टेट*, बर्कले : यूनिवर्सिटी ऑफ़ कैलीफोर्निया प्रेस।

ब्रेमन, जन, 1974, *पैट्रोनेज ऐंड एक्सप्लॉयटेशन*, बर्कले : यूनिवर्सिटी ऑफ़ कैलीफोर्निया प्रेस।

चट्टोपाध्याय, परेश, 1973, 'ट्रेंड्स इन इंडियाज़ इकोनॉमिक डेवलपमेंट', संकलित, *इम्पीरियलिज़्म ऐंड रिवोल्यूशन इन साउथ एशिया*, सम्पा., कैथलीन गफ और हरि पी. शर्मा, न्यूयॉर्क : मंथली रिव्यू प्रेस।

कोहेन, जॉन एम. और नॉर्मन टी. उपहॉफ, 1976, *रूरल डेवलपमेंट पार्टिशिपेशन*, इथाका : कॉरनेल यूनिवर्सिटी प्रेस।

डॉल, रॉबर्ट, 1957, 'द कॉन्सेप्ट ऑफ़ पॉवर', *बिहैविरल साइंस* 2 (जुलाई)।

दांडेकर, वी. एम. और ए. रथ, 1971, 'पॉवर्टी इन इंडिया', *इकोनॉमिक ऐंड पॉलिटिकल वीकली* 6(1)।

दासगुप्ता, विप्लव, 1977, 'इंडियाज़ ग्रीन रिवोल्यूशन', *इकोनॉमिक ऐंड पॉलिटिकल वीकली* 12 (6–8), ऐनुअल नम्बर।

ड्युमो, लुईस, 1970, *होमो हायरार्कीकस,* शिकागो : यूनिवर्सिटी ऑफ़ शिकागो प्रेस।

फ्रैंक, आंद्रे गुडेर, 1969, लैटिन अमेरिका : अंडरडेवलपमेंट ऑर रिवोल्यूशन, न्यूयॉर्क : मंथली रिव्यू प्रेस।

ग्रीट्ज, क्लिफोर्ड (सम्पा.), 1963, ओल्ड सोसायटीज़ ऐंड न्यू स्टेट्स, न्यूयॉर्क : द फ्री प्रेस।

गॉल्ड, हेरॉल्ड, 1961, 'संस्कृताइजेशन ऐंड वेस्टर्नाइजेशन', *इकोनॉमिक वीकली* 24 जून,

गवर्नमेंट ऑफ़ इंडिया (जीओआई), 1970, इंडिया पॉकेट बुक ऑफ़ इकोनॉमिक इनफॉरमेशन, 1970, नयी दिल्ली : मिनिस्ट्री ऑफ़ फाइनेंस, डिपार्टमेंट ऑफ़ इकोनॉमिक अफेयर्स।

————, 1976, इंडिया : अ रेफरेंस एनुअल, नम्बर 6, 7, नयी दिल्ली : मिनिस्ट्री ऑफ़ इनफॉरमेशन ऐंड ब्रॉडकास्टिंग, पब्लिकेशन डिविजन।

लक्ष्मीनारायण, एच.डी. 1970, 'डॉमिनेंट कास्ट ऐंड पॉवर स्ट्रक्चर', *बिहैविरल साइंस ऐंड कम्युनिटी डेवलपमेंट* 4(2)।

मेडिसन, एंगस, 1971, *क्लास स्ट्रक्चर ऐंड इकोनॉमिक ग्रोथ,* न्यूयॉर्क : डब्ल्यूडब्ल्यू नॉर्टन,

मेयर, एड्रियान, 1963, 'म्युन्सिपल इलेक्शन्स : अ सेंट्रल इंडियन केस स्टडी', संकलित, *पॉलिटिक्स ऐंड सोसायटी इन इंडिया,* सम्पा. सी. एच. फिलिप्स, लन्दन : जॉर्ज एलेन ऐंड अनविन।

मेलर, जॉन डब्ल्यू. और अन्य, 1968, *डेवलपिंग रूरल इंडिया,* इथाका : कॉरनेल यूनिवर्सिटी प्रेस।

मेंचर, जोऑन, 1975, 'लैण्ड सीलिंग्स इन तमिलनाडु', *इकोनॉमिक ऐंड पॉलिटिकल वीकली,* 10 (5–7)।

नील, वॉल्टर सी, 1962, *इकोनॉमिक चेंज इन रूरल इंडिया,* न्यू हैवेन : येल यूनिवर्सिटी प्रेस।

निकोलस, रॉल्फ, 1968, *'द स्ट्रक्चर ऑफ़ पॉलिटिक्स इन विलेजेज़ ऑफ साउथ एशिया',* संकलित, *स्ट्रक्चर ऐंड चेंज इन ट्रेडिशनल इंडिया,* सम्पा., मिल्टन सिंगर और बरनार्ड एस. कोहन, शिकागो : एलडाइन।

ऑमेन, टी. के. 1970, 'रूरल कम्युनिटी पॉवर स्ट्रक्चर इन इंडिया', *सोशल फोर्सेज* 49 (2)।

रोसेनथॉल, डोनॉल्ड, 1973, 'फ्रॉम रिफॉर्मिस्ट प्रिंसेज टू को–ऑपरेटिव काइंड्स', *इकोनॉमिक ऐंड पॉलिटिकल वीकली,* 8 (20–22)।

रुडॉल्फ, लॉयड और सूजेन रुडॉल्फ, 1960, 'द पॉलिटिकल रोल ऑफ़ इंडियाज़ कास्ट एसोसिएशन्स', *पैसिफिक अफ़ेयर्स* 3।

श्रीनिवास, एम.एन. 1959, 'द डॉमिनेंट कास्ट इन रामपुरा', *अमेरिकन एंथ्रोपोलॉजिस्ट* 61 : 1–16।

—————, 1962, कास्ट इन मॉडर्न इंडिया ऐंड अदर ऐसेज, बॉम्बे और न्यूयॉर्क : एशिया पब्लिशिंग हाउस।

टिली, चार्ल्स, एन.डी. *फ्रॉम मोबिलाइजेशन टू पॉलिटिकल कॉनफ्लिक्ट*, अप्रकाशित पाण्डुलिपि।

वुल्फ, एरिक आर. 1965, *पीजेंट्स, एंगलवुड क्लिफ्स* : प्रेंटिस–हॉल।

यूनाइटेड नेशन्स, 1975, *स्टैटिस्टिकल ईयरबुक*, डिपार्टमेंट ऑफ़ इकोनॉमिक ऐंड सोशल अफ़ेयर्स, स्टैटिस्टिकल ऑफिस।

वेबर, मैक्स, 1958, 'क्लास, स्टेट्स ऐंड पार्टी', संकलित *फ्रॉम मैक्स वेबर*, सम्पा., हैंस ग्रेथ और सी. राइट मिल्स, न्यूयॉर्क : ऑक्सफोर्ड यूनिवर्सिटी प्रेस।

वुड, जीऑफ, 1973, 'फ्रॉम रैयत टू रीच पीजेंट', *साउथ एशियन रिव्यू* 7 (1)।

# भारत के ग्रामीण राजनेता

## *सत्ता के दो चेहरे**

**सतीश के. अरोड़ा**

राजनीतिक सत्ता या शक्ति की पिरामिड के आधार से लेकर शिखर तक, पंचायत से लेकर संसद तक, विभिन्न स्तरों पर ऐसे व्यक्ति राजनीतिक पेशेवर हैं, जिन्हें प्राधिकार और दायित्व के पदों पर लोकतान्त्रिक तरीक़े से चुना गया है। स्वीकृति क़ानूनों के मुताबिक़ ये लोगों के प्रतिनिधि हैं। लेकिन यदि उनकी सामाजिक–आर्थिक विशेषताओं के सन्दर्भ में विचार किया जाये, तो वे अपने मतदाताओं के प्रतिनिधि नज़र नहीं आते हैं। असल में, एक पेशेवर राजनीतिज्ञ जितना उच्च सार्वजनिक पद ग्रहण करता है, उसके पास उतनी ही ज़्यादा व्यक्तिगत सम्पत्ति और संसाधन होते हैं।

हम यहाँ गाँव स्तर के राजनीतिक नेतृत्व की पृष्ठभूमि की विशेषताओं की आंशिक प्रोफ़ाइल प्रस्तुत कर रहे हैं। यहाँ प्रस्तुत आँकड़े 1965 में नैशनल इंस्टीट्यूट ऑफ़ कम्युनिटी डेवलपमेंट के तत्वावधान में कराये गये राष्ट्रीय स्तर के सर्वेक्षण से सामने आये हैं। इस सर्वेक्षण में भारतीय संघ के 16 राज्यों के 365 गाँवों को सम्मिलित किया गया। इन गाँवों के 353 नेताओं का साक्षात्कार लिया गया। असल में यह अध्याय इसी सैम्पल पर आधारित है।

हमने तीन तरीक़े से अपना विश्लेषण किया है। सबसे पहले हमने इन नेताओं की सामाजिक पृष्ठभूमि प्रस्तुत की है। इसके माध्यम से हमने राजनीतिक शक्ति या सत्ता तक पहुँच और सामाजिक–आर्थिक स्तरीकरण

---

* *इकोनॉमिक ऐंड पॉलिटिकल वीकली* 7 (5–6–7) : 245–54 (5 फ़रवरी, 1972)।

की मौजूदा व्यवस्था के बीच सम्बन्ध को अच्छी तरह से समझने का प्रयास किया है। दूसरा, हमने यह जाँच करने का प्रयास किया है कि राजनीतिक सत्ता आत्म–छवि को कैसे प्रभावित करती है। सत्ता के व्यक्तिपरक आयामों को समझने से सम्बन्धित प्रश्नों की प्रतिक्रियाओं को प्रस्तुत किया गया है। इसके पीछे मुख्य लक्ष्य यह है कि सत्ता के निजी अर्थ को वस्तुनिष्ठ सामाजिक पृष्ठभूमि के आँकड़ों से जोड़ा जाये। दूसरे शब्दों में, हम यह रेखांकित करना चाहते हैं कि सार्वजनिक तथा निजी प्रवृत्तियाँ शक्ति के दो चेहरों को निर्मित करती हैं। अन्त में, हमने गाँव के राजनीतिक नेताओं की पृष्ठभूमि की विशेषताओं की रूपरेखा के लिए नीति द्वारा निर्मित संरचनात्मक चरों (वैरियबल्स) की प्रासंगिकता की समस्या पर विचार किया है। इस उद्देश्य के लिए हमने सामुदायिक विकास कार्यक्रम की विवेचना की है। इसके अलावा, हमने चुनाव की चुनिन्दा प्रणालियों और स्थानीय शक्ति या सत्ता के वितरण में उनके सम्भावित प्रभावों पर विचार किया है।

## ग्रामीण राजनीतिक नेताओं की सामाजिक–आर्थिक पृष्ठभूमि

हमारे गहरे विश्वासों में से एक विश्वास यह है कि सरकार की अन्य इकाइयों की तरह गाँव पुराने लोगों द्वारा संचालित होते हैं। लेकिन ऐसा लगता है कि राजनीतिक पिरामिड के आधार के बारे में यह सच नहीं है : हमारे ग्रामीण राजनीतिज्ञों में आधे से ज़्यादा की उम्र 45 वर्ष से कम है, तथा उम्र का माध्य 35 से 44 वर्ष के बीच है।

क्या पंचायतीराज की शुरुआत ने युवकों की राजनीति में प्रवेश में सहायता उपलब्ध कराई है? यदि एक वस्तुनिष्ठ दृष्टिकोण से देखें तो ग्रामीण राजनेताओं के हमारे सैम्पल का केवल 4 प्रतिशत से कुछ ज़्यादा राजनेता ही यह मानते हैं कि उम्र गाँव के नये नेताओं को पुराने नेताओं से अलग करने वाला एक कारक है और इससे भी कम लोग (1 प्रतिशत से थोड़े ज़्यादा) यह मानते हैं कि उम्र के आधार पर समकालीन और स्वतन्त्रता प्राप्ति के पहले के नेताओं के बीच अन्तर किया जा सकता है।[1]

गाँव से मज़बूती से जुड़ा होना ग्रामीण राजनीतिक नेताओं की एक अन्य महत्त्वपूर्ण विशेषता है। ये नेता जिस क्षेत्र में सत्ता का प्रयोग कर रहे

हैं, उनका परिवार उसी क्षेत्र का निवासी है। तीन चौथाई (77 प्रतिशत) का जन्म उसी गाँव में हुआ, जहाँ आज वे पद धारण किये हुए हैं। 90 प्रतिशत का जन्म या तो उसी गाँव में हुआ, या फिर उसके गाँव के 25 मील के दायरे के भीतर हुआ, तथा 94 प्रतिशत नेताओं का जन्म ऐसे गाँव में हुआ जहाँ की जनसंख्या 2,000 से कम थी।

**सारणी 1 : ग्रामीण राजनेताओं की सामाजिक–आर्थिक विशेषताएँ (प्रतिशत में)**

| | |
|---|---|
| उम्र | |
| 21–34 | 19.3 |
| 35–44 | 37.1 |
| 45.–54 | 28.6 |
| 55 और उससे ज़्यादा | 13.9 |
| नहीं जानते/कोई उत्तर नहीं | 1.1 |
| पेशा | |
| किसान | 87.8 |
| व्यापारी | 6.8 |
| वकील, डॉक्टर और शिक्षक जैसा पेशा | 1.4 |
| अन्य | 2.3 |
| कोई उत्तर नहीं | 1.4 |
| वार्षिक खेतिहर आय | |
| 1,200 रुपये तक | 34.8 |
| 1,200 से 2,400 तक | 18.1 |
| 2,400–3,600 तक | 11.8 |
| 3,600–4,800 तक | 5.5 |
| 4,800–7,200 | 10.6 |
| 7,200 और उससे ज़्यादा | 19.2 |

| भू–स्वामित्व (एकड़ में) | |
|---|---|
| कोई भूमि नहीं | 3.4 |
| 0.1–4.9 | 16.4 |
| 5–9.9 | 15.6 |
| 10–24.9 | 25.8 |
| 25 और उससे ज़्यादा | 38.2 |
| कोई उत्तर नहीं | 0.6 |
| खेती की कुल भूमि | |
| कोई भूमि नहीं | 2.3 |
| 0.1–4.9 | 19.8 |
| 5–9.9 | 17.3 |
| 10–24.9 | 23.5 |
| 25 और उससे ज़्यादा | 36.8 |
| कोई उत्तर नहीं | 0.3 |
| शिक्षा | |
| निरक्षर | 17.8 |
| औपचारिक शिक्षा के बग़ैर साक्षर | 13.3 |
| प्राथमिक | 25.8 |
| माध्यमिक | 28.3 |
| मैट्रिक और उससे ज़्यादा | 13.6 |
| कोई उत्तर नहीं | 1.1 |
| कुल | 100.0 |

नोट : ये सभी प्रतिशत कुल 353 आकार वाले सैम्पल पर आधारित हैं। लेकिन खेतिहर आय में सैम्पल का आकार 348 ही है।

***स्रोत : लेखक।***

यहाँ मेरा तर्क यह नहीं है कि ग्रामीण अभिजन शहरी जीवन से पूरी तरह अलग–थलग है। इसके विपरीत, हमारे सैम्पल के 94 प्रतिशत लोगों

ने सर्वेक्षण के पहले वाले वर्ष में कम–से–कम एक बार शहर की यात्रा की थी। तक़रीबन एक–तिहाई लोग नियमित रूप से शहर जाते हैं, वे सप्ताह में एक बार या उससे भी ज़्यादा बार शहर जाते हैं। लेकिन केवल 14 प्रतिशत लोग ही वास्तव में छह महीने से ज़्यादा समय तक शहर में रहे हैं। असल में, सर्वेक्षण से यह बात सामने आयी कि ग्रामीण नेताओं के हित और उनकी पहचान उन गाँवों से गहराई से जुड़ी हुई है जिनका वे प्रतिनिधित्व करते हैं; हालाँकि अलग–अलग नेताओं के गाँवों से जुड़ाव में भी भिन्नता होती है। तक़रीबन 20 प्रतिशत नेताओं ने यह कहा कि यदि उनकी भौतिक स्थिति सुधारने की सम्भावना हो तो वे अपना गाँव छोड़ सकते हैं।

लेकिन निश्चित रूप से हमारे ग्रामीण नेता अपने गाँवों की ज़मीन से जुड़े हुए हैं। हमारे सैम्पल में से तक़रीबन 90 प्रतिशत नेताओं (310 लोगों ने) ने अपनी पहचान किसान के रूप में बताई।[2] 7 प्रतिशत (24 लोगों) ने यह कहा कि वे बिज़नेस या व्यापार का काम करते हैं। लेकिन जैसा कि हम देखेंगे कि उनकी आय का एक बड़ा हिस्सा भी उनके स्वामित्व वाली ज़मीन से आता है। सिर्फ़ पाँच लोगों ने ख़ुद को स्कूल शिक्षक, वक़ील या डॉक्टर के पेशे से जुड़ा हुआ बताया।

हमारे इतिहास के इस चरण में इन तथ्यों को दर्ज़ करना आवश्यक है। हमारे ग्रामीण क्षेत्रों में औपचारिक राजनीतिक शक्ति अभी भी भू–स्वामियों के पास पीढ़ी–दर–पीढ़ी चली आ रही है। लेकिन यह मुमकिन है कि बाद के किसी चरण में स्थानीय निकाय उन लोगों के हाथ में चले जायें, जिनका भूमि और गाँव से बहुत ज़्यादा जुड़ाव न हो, और जो गाँव के बाहर स्थित शहरी केन्द्रों के प्रति ज़्यादा आकर्षण रखते हों। अभी हमारे समाज में शक्ति या सत्ता के हस्तान्तरण की प्रक्रिया बहुत धीमे स्तर पर आरम्भ हुई है। लेकिन हमें यह भी स्पष्ट कर देना चाहिए कि हमने सिर्फ़ ग्रामीण लोगों के औपचारिक नेताओं पर ही ध्यान केन्द्रित किया है। यदि हम उन ग्रामीण लोगों पर ध्यान दें जो स्थानीय निर्णय–निर्माण को प्रभावित करते हैं तो एक पूरी तरह से अलग तस्वीर उभरकर सामने आ सकती है।[3]

सिर्फ़ अत्यधिक औद्योगीकृत देशों में ही नहीं बल्कि भारत में भी आमतौर पर यह माना जाता है कि सम्पत्ति एक व्यक्ति की शक्ति या

सत्ता को दर्शाती है, और मुख्य रूप से इसी के आधार पर व्यक्ति सत्ता हासिल करता है। जब हमने देश के दो भिन्न क्षेत्रों से आने वाले सैम्पल के नागरिकों से यह पूछा कि सत्ता या शक्ति हासिल करने के लिए किस चीज़ की आवश्यकता है, तो तक़रीबन 40 प्रतिशत लोगों ने (43 प्रतिशत महाराष्ट्र, 37 प्रतिशत मद्रास) ऊपर वर्णित अन्य गुणों के अलावा धन–सम्पत्ति का उल्लेख किया (यूनेस्को 967 : 90, 176)।

हमारे आँकड़े स्पष्ट रूप से यह दिखाते हैं कि सम्पत्ति और सत्ता एक–दूसरे से जुड़े हुए हैं। तीन मापकों से यह संकेत मिलता है : भूमि स्वामित्व, खेती की ज़मीन और खेतिहर आय। एक चौथा मापक साक्षात्कार करने वाले के मूल्यांकन के हिसाब से उत्तरदाता की हैसियत से सम्बन्धित है। लेकिन ऐसे मूल्यांकन में बहुत ही सावधानी बरतने की आवश्यकता है; लेकिन यह भी अन्य तीन मापकों के निष्कर्षों का समर्थन करता है।

ज़मीन से जुड़े होने के पहलू की विवेचना में हमने यह उल्लेख किया है कि हमारे सैम्पल में किसानों का प्रभुत्व है। यद्यपि हमारे सैम्पल में व्यापारी कम हैं, किन्तु यह याद रखने की आवश्यकता है कि ग्रामीण जनसंख्या में ही नहीं बल्कि हमारे ग्रामीण नेताओं में वे सबसे ज़्यादा अमीर हैं : 28 प्रतिशत लोगों के पास 25 एकड़ या उससे ज़्यादा ज़मीन है; और 40 प्रतिशत लोग सिर्फ़ ज़मीन से प्रति वर्ष 3,000 या उससे ज़्यादा कमाते हैं, यह अनुपात ख़ुद को किसान कहने वाले लोगों जितना ही है। साक्षात्कार लेने वालों ने यह पाया कि 'अमीर' किसानों की तुलना में 'अमीर' व्यापारियों का अनुपात दोगुना है। इन निष्कर्षों से यह संकेत मिलता है कि जिन लोगों के पास खेती के अलावा कोई अन्य आर्थिक स्रोत है, और निःसन्देह ज़्यादा राजनीतिक प्रभाव का इस्तेमाल करने की स्थिति में हैं।

जब भूमि से होने वाली आय के आधार पर मापन किया जाता है, तो यह बात सामने आती है कि हमारे ग्रामीण नेताओं का बहुमत एक ऐसे वर्ग में से सम्बन्धित है जो ग्रामीण परिवारों का एक छोटा अंश है : इनमें से 19 प्रतिशत प्रति वर्ष 7,200 से ज़्यादा कमाते हैं, वहीं हमारे ग्रामीण परिवारों का सिर्फ़ 1 प्रतिशत ही प्रति वर्ष 7,200 से ज़्यादा कमाता है। गाँव में राजनीतिक नेताओं का 30 प्रतिशत 4,800 प्रति वर्ष से ज़्यादा कमाता है, वहीं ग्रामीण परिवारों का सिर्फ़ 2 प्रतिशत ही इतना कमाता है।[4] जहाँ

ग्रामीण जनसंख्या का 60 प्रतिशत से ज़्यादा कुल मिलाकर 1,200 प्रति वर्ष से कम कमाता है, वहीं हमारे ग्रामीण नेताओं का सिर्फ़ एक–तिहाई ही इस श्रेणी में आता है, इसमें वे नेता भी शामिल हैं जिनकी ज़मीन से कोई आय नहीं होती है।

भू–स्वामित्व के वितरण से भी यही स्वरूप सामने आता है। हमारे गाँवों के तक़रीबन तीन–चौथाई परिवारों के पास या तो कोई ज़मीन नहीं है, या 5 एकड़ से कम ज़मीन है। वहीं, नेताओं का सिर्फ़ पाँचवाँ हिस्सा ही इस वर्ग में आता है।[5] इसी तरह, हमारे ग्रामीण परिवारों में सिर्फ़ 14 प्रतिशत के पास ही 10 एकड़ या उससे ज़्यादा ज़मीन है, वहीं हमारे ग्रामीण नेताओं के तक़रीबन दो–तिहाई के पास 10 एकड़ या उससे ज़्यादा ज़मीन है। असल में, इनमें से 38 प्रतिशत के पास 25 एकड़ या उससे भी ज़्यादा ज़मीन है।

यह बात पूरी तरह से स्पष्ट है कि हमारे ग्रामीण नेताओं और उनके मतदाताओं को प्राप्त आर्थिक संसाधनों में अत्यधिक अन्तर है। इसलिए इस सन्दर्भ में ये नेता अपने मतदाताओं का प्रतिनिधित्व नहीं करते हैं।

यदि हम इनकी शिक्षा पर विचार करें तो इसी तरह की तस्वीर सामने आती है। हमारा आँकड़ा यह नहीं दिखा सकता है कि क्या शिक्षा सत्ता से कारणात्मक रूप से जुड़ी हुई है, वहीं यह स्पष्ट है कि (क) शिक्षा विपरीत रूप से उम्र से जुड़ी हुई है (अर्थात् कम उम्र वाले ज़्यादा शिक्षित हैं) और (ख) हमारे ग्रामीण नेता ग्रामीण नागरिकों की बहुमत की तुलना में काफ़ी ज़्यादा शिक्षित हैं।

आमतौर पर यह माना जाता है कि खेतिहर समाजों में संसाधनों का वितरण संचयी तरीक़े से होता है–जो लोग एक तरह की कसौटियों के सन्दर्भ में उच्च स्तर पर होते हैं, उनमें अन्य कसौटियों के सन्दर्भ में भी उच्च स्तर पर होने की प्रवृत्ति होती है। सारणी 3 में हमारे ग्रामीण राजनीतिक नेताओं की पृष्ठभूमि की चुनिन्दा विशेषताओं के बीच आपसी सह–सम्बन्ध को प्रस्तुत किया गया है।

यह स्पष्ट है कि भले ही सह–सम्बन्ध सांख्यिक रूप से महत्त्वपूर्ण हों, लेकिन इनके बीच का सम्बन्ध हमारी अपेक्षा के अनुरूप मज़बूत नहीं है। आय और स्वामित्व और खेती वाली भूमि–तात्विक रूप से एक–दूसरे से जुड़े हुए हैं। ऐसा होना अपेक्षा के अनुरूप ही है, क्योंकि हमने आय का काफ़ी कम अनुमान लगाया है। हमारा अनुमान काफ़ी कम इसलिए है

क्योंकि हमने सिर्फ़ भूमि से उत्पन्न होने वाली आय पर ही ध्यान केन्द्रित किया है। शिक्षा और सम्पत्ति के बीच के सह–सम्बन्ध ज़्यादा रोचक हैं, क्योंकि संगठनों की सादगी काफ़ी स्पष्ट तरीक़े से सामने आती है। असल में, संगठनों की मात्रा का जितना संकेत किया गया है, वे उससे कुछ ज़्यादा ही थे। चूँकि भूमि और आय–दोनों से ही बुनियादी रूप से किसान की आय का अन्दाज़ा लगता है, इसलिए हमारे सामने ग़ैर–खेतिहर लोगों की एक परिघटना भी सामने आती है। शिक्षा के मामले में इनकी स्थिति उच्च है, किन्तु इनकी कोई खेतिहर आय नहीं है। मसलन, खेती के बाहर से आय प्राप्त करने वाले 50 प्रतिशत से ज़्यादा लोगों ने माध्यमिक स्तर या उससे ज़्यादा शिक्षा प्राप्त की है, लेकिन किसानों के मामले में यह मात्रा 40 प्रतिशत ही है।

**सारणी 2 : 20 वर्ष की उम्र के ग्रामीण राजनेताओं और ग्रामीण पुरुषों की शिक्षा (प्रतिशत में)**

| शिक्षा का स्तर | ग्रामीण राजनेता | 20 वर्ष पूर्व ग्रामीण पुरुषों की अखिल भारतीय जनगणना में वितरण |
|---|---|---|
| निरक्षर | 18 | 67 |
| माध्यमिक स्तर तक | 67 | 31 |
| मैट्रिक या उससे ज़्यादा | 14 | 2 |

नोट : यह मुमकिन है कि इस सारणी में और बाद की सारणियों में ग्रामीण राजनेताओं का प्रतिशत सौ तक न जा पाये, क्योंकि 'नहीं जानते/कोई जवाब नहीं' की श्रेणी को इससे बाहर रखा गया है। इस सारणी का प्रतिशत 353 लोगों के सैम्पल के आकार पर आधारित है।

***स्रोत : ग्रामीण पुरुषों के आँकड़ों के लिए : 'सेशंस ऑफ़ इंडिया', वोल्यूम I, पार्ट III, सी (i), सोशल ऐंड कल्चरल टेबल सी III, पृ. 162***

हमारे द्वारा खेती की जाने वाली कुल भूमि और शिक्षा के बीच सम्बन्ध के परीक्षण से भी अन्तर–सहसम्बन्ध के निम्न स्तर की एक अन्य व्याख्या सामने आती है। यह स्पष्ट है कि जिन लोगों के पास 10 एकड़ या उससे ज़्यादा ज़मीन है, उनमें ज़्यादा शिक्षित होने की प्रवृत्ति है, लेकिन इन दो

चरों के बीच एक ज़्यादा विस्तृत सम्बन्ध एकरेखीय नहीं है, बल्कि इसमें विविधता पायी जाती है। हमने यह पाया है कि 5 एकड़ से कम ज़मीन की खेती करने वाले ग्रामीण राजनेताओं में से भी एक–तिहाई ने माध्यमिक स्तर या उससे ज़्यादा शिक्षा हासिल की है। यदि हम इनकी तुलना इतनी ज़मीन पर खेती करने वाले लोगों के बजाय सम्पूर्ण ग्रामीण जनसंख्या से करें, तो इन राजनेताओं की शैक्षिक उपलब्धि उल्लेखनीय लगती है। ऐसा लगता है कि इन निष्कर्षों से यह संकेत मिलता है कि हैसियत के एक संकेतक पर जिनकी स्थिति निम्न है, वे अन्य संकेतक में अपनी स्थिति पर्याप्त रूप से ज़्यादा उच्च होने पर इसके संसाधनों का उपयोग सत्ता के पदों पर पहुँचने के लिए कर सकते हैं।

जब संचयी संसाधन सिद्धान्त को खुद ग्रामीण नेतृत्व पर लागू किया जाता है, तो यह कुछ हद तक कमज़ोर हो जाता है। इसका कारण यह है कि सम्पत्ति और सत्ता या शक्ति हासिल करने में सामाजिक हैसियत की भी काफ़ी प्रासंगिकता होती है। मसलन, ग्रामीण ब्राह्मण नेताओं में से आधे से ज़्यादा किसी ज़मीन पर खेती नहीं करते हैं; 10 एकड़ से ज़्यादा ज़मीन पर खेती करने वालों में ग़ैर–ब्राह्मण उच्च जातियों का स्थान है। हमें जाति और शिक्षा के बीच एकरेखीय सम्बन्ध मिलता है; लेकिन यह अपने–आप में रोचक है कि हमारे सैम्पल में शिक्षा हासिल करने वालों में मुस्लिमों का स्थान पहला है।

हमारे ग्रामीण नेताओं की प्रोफ़ाइल यह संकेत करती है कि वे सामाजिक, आर्थिक और शैक्षणिक हैसियत के सन्दर्भ में ग्रामीण जनसंख्या से काफ़ी आगे हैं। लेकिन ऐसा लगता है कि राजनीतिक अभिजन सामान्य रूप से स्वीकृत इस मिथक की पुष्टि करते हैं कि ग्रामीण जनसंख्या के एक छोटे वर्ग का इन संसाधनों पर 'एकाधिकार' है, और यह वर्ग इन संसाधनों का उपयोग खुद को सत्ता तक पहुँचाने और उसको कायम रखने के लिए करता है। बहरहाल, हमारा सीमित आँकड़ा यह भी बताता है कि सामाजिक–आर्थिक हैसियत के महत्त्वपूर्ण मापकों पर ग्रामीण राजनीतिक नेतृत्व का स्थान अत्यधिक उच्च है, लेकिन समूह के भीतर इन संसाधनों का संकेन्द्रण काफ़ी कम है।

## सारणी 3 : ग्रामीण राजनेताओं की पृष्ठभूमि की विशेषताओं के बीच अन्तर–सहसम्बन्ध

| चर | उम्र | शिक्षा | हैसियत | आय | भू–स्वामित्व | खेती वाली भूमि की मात्रा |
|---|---|---|---|---|---|---|
| उम्र | – | (–)0.245 | 0.075 | 0.023 | 0.009 | 0.014 |
| शिक्षा | – | –′ | 0.333′ | 0.302′ | 0.198′ | 0.0119′ |
| हैसियत | – | – | – | 0.417′ | 0.441′ | 0.428′ |
| आय | – | – | – | – | 0.561′ | 0.620′ |
| भू–स्वामित्व | – | – | – | – | – | 0.924′ |
| खेती वाली भूमि की मात्रा | – | – | – | | | |

नोट : 1 प्रतिशत स्तर पर महत्त्व को दर्शाता है।

*स्रोत : लेखक।*

## सारणी 4 : ग्रामीण राजनेताओं की शिक्षा, धर्म और जाति (प्रतिशत में)

| धर्म / जाति | निरक्षर | प्राथमिक तक की शिक्षा | माध्यमिक और उससे ज़्यादा | (कुल सैम्पल) |
|---|---|---|---|---|
| मुस्लिम | 20 | 20 | 60 | (20) |
| हिन्दू | 13 | 41 | 45 | (271) |
| ब्राह्मण | 10 | 35 | 55 | (40) |
| उच्च जाति | 11 | 39 | 50 | (153) |
| निम्न जाति | 13 | 52 | 33 | (69) |
| | 67 | 22 | 11 | (9) |

*स्रोत : लेखक।*

## सत्ता का व्यक्तिनिष्ठ चेहरा

अभी तक हमने यह देखा है कि ग्रामीण नेता उस गाँव से गहरे रूप से जुड़े हुए हैं, जिसका वे भाग हैं, लेकिन वस्तुनिष्ठ मानकों के आधार पर हमारे ग्रामीण राजनेता ग्रामीण जनसंख्या से काफ़ी अलग हैं। इसलिए यदि उनकी सत्ता या शक्ति उनके आर्थिक, सामाजिक और शैक्षणिक लाभों को प्रतिबिम्बित करती है, तो हम यह अपेक्षा कर सकते हैं कि इन नेताओं के भीतर गाँव के बाहर की दुनिया की तुलना में शक्तिशाली होने की भावना ज़्यादा गहरी होगी। हमने थोड़े विस्तार से राजनीतिक स्तरीकरण और राजनीतिक सत्ता के बीच के सम्बन्ध की जाँच की है। राजनीतिक जीवन के समाजशास्त्र की कुछ प्रकल्पनाओं में से एक प्रकल्पना यह है कि सामाजिक–आर्थिक शक्ति को राजनीतिक शक्ति या सत्ता में बदला जा सकता है। यह एक ऐसी प्रकल्पना है जिसे सार्वभौमिक रूप से लागू किया जाता है। हमें वस्तुनिष्ठ संकेतकों से आगे जाकर यह जाँच करने की आवश्यकता है कि सत्ता या शक्ति का व्यक्तिनिष्ठ आयाम क्या है। एक ग्रामीण राजनीतिक नेता की छवि के साथ जुड़ी विशेषताओं को समझने के लिए अब हम यह पूछते हैं कि : ग्रामीण नेताओं की अपनी नज़र में जो छवि है, उसे राजनीतिक सत्ता किस प्रकार बदलती है?

इसमें कोई सन्देह नहीं है कि ग्रामीण नेताओं का एक बड़ा बहुमत मतदान की व्यवस्था का समर्थन करता है। जब उनसे यह पूछा गया कि क्या वे इस कथन से सहमत या असहमत हैं कि 'लोगों द्वारा किया जाना वाला मतदान ही वह प्रमुख चीज़ है जिससे यह फ़ैसला होता है किं देश में क्या होना चाहिए', तो 83 प्रतिशत ग्रामीण नेताओं ने इससे सहमति जतायी।[6] इस प्रश्न की संरचना में प्रश्न का उत्तर देने वाले व्यक्ति के व्यक्तिगत प्रभावकारिता का कोई उल्लेख नहीं किया गया है। इसके बजाय, यह माना गया है कि कथन के प्रति किसी व्यक्ति का दृष्टिकोण लोकतान्त्रिक संस्थाओं, मसलन मतदान के प्रभाव और वैधता के प्रति उसकी विचारधारात्मक समझ को अभिव्यक्त करेगा। इस अर्थ में हम यह कह सकते हैं कि ग्रामीण अभिजनों का एक बड़ा अनुपात ख़ुद को अनुक्रियाशील राजनीतिक व्यवस्था का भाग मानता है।

**सारणी 5 : राजनेताओं के बारे में दृष्टिकोण (प्रतिशत में)**

| | ग्रामीण राजनेता | साधारण ग्रामीण (आन्ध्र प्रदेश) |
|---|---|---|
| सभी उम्मीदवारों के भाषण अच्छे लगते हैं, लेकिन हम यह नहीं कह सकते कि वे चुने जाने के बाद क्या करेंगे | | |
| सहमत | 71 | 82 |
| असहमत | 23 | 13 |
| नहीं जानते / कोई उत्तर नहीं | 6 | 5 |
| आपके अनुसार लोग चुनावों में क्यों खड़े होते हैं? | | |
| स्वार्थी लक्ष्य | 25 | 57 |
| परार्थ लक्ष्य | 37 | 16 |
| मिश्रित लक्ष्य | 30 | 17 |
| नहीं जानते / कोई उत्तर नहीं | 8 | 10 |
| | कुल : 353 | कुल : 432 |

*स्रोत : लेखक।*

यह भी अचरज की बात नहीं है कि साधारण ग्रामीणों की तुलना में हमारे ग्रामीण राजनेताओं की नज़र में 'राजनीतिज्ञों' की छवि ज़्यादा अच्छी है। दो प्रश्नों पर इनकी प्रतिक्रियाओं से यह बात सामने आती है। ग्रामीण राजनेताओं में से 70 प्रतिशत यह मानते हैं कि सभी उम्मीदवारों के भाषण अच्छे लगते हैं, लेकिन आप यह नहीं कह सकते हैं कि वे जीतने के बाद क्या करेंगे। ग़ौरतलब है कि जहाँ साधारण ग्रामीणों में से 13 प्रतिशत इस बात से असहमत थे, वहीं ग्रामीण राजनेताओं में से तक़रीबन एक–चौथाई ने इससे असहमति जतायी। यह भी काफ़ी हद तक स्वाभाविक ही है कि साधारण ग्रामीणों की तुलना में ग्रामीण राजनेता राजनेताओं के लक्ष्य के प्रति ज़्यादा अनुकूल रवैया रखते हैं। लोगों से एक खुला प्रश्न यह पूछा गया कि आख़िर लोग चुनावों में क्यों खड़े होते हैं, इसके जवाब में सिर्फ़ एक–चौथाई ग्रामीण राजनेताओं ने स्वार्थी लक्ष्यों का उल्लेख किया। वहीं आन्ध्र प्रदेश के ग्रामीणों में आधे से ज़्यादा लोग ऐसा मानते थे।[7]

अपने ग्रामीण नेताओं की आत्म–छवि, विशेष रूप से उनके प्रभावशाली होने की भावना का ज़्यादा बेहतर तरीक़े से मूल्यांकन करके हमने उनसे यह प्रश्न किया कि क्या उनके जैसे लोगों का सरकार के काम पर कोई प्रभाव पड़ता है। यहाँ हमने यह पाया कि जहाँ गाँव के लोग (सैम्पल में सम्मिलित ग्रामीण) उन्हें इस मामले में ज़्यादा प्रभावशाली नहीं मानते हैं, वहीं ये नेता इस मामले में ख़ुद को ज़्यादा प्रभावशाली मानते हैं।[8]

संक्षेप में, हम अपने ग्रामीण राजनीतिक नेताओं की सत्ता या शक्ति की व्यक्तिनिष्ठ भावना के बारे में निम्नलिखित पहलुओं को रेखांकित कर सकते हैं। तक़रीबन 40 प्रतिशत ख़ुद को राजनीतिक रूप से शक्तिहीन मानते हैं। वहीं, 50 प्रतिशत ग्रामीण राजनेता ख़ुद को राजनीतिक रूप से शक्तिशाली मानते हैं। निश्चित रूप से, साधारण ग्रामीणों के सैम्पल की तुलना में यह अनुपात काफ़ी ज़्यादा है। निश्चित रूप से, साधारण ग्रामीणों के ख़ुद राजनीतिक रूप से शक्तिहीन या शक्तिशाली मानने में शिक्षा और भू–स्वामित्व महत्त्वपूर्ण भूमिका निभाते हैं, लेकिन एक ग्रामीण राजनेता ख़ुद को इस आधार पर शक्तिशाली मानता है कि उसके पास राजनीतिक पद है। यह काफ़ी हद तक सम्भव है कि वह गाँव के भीतर ख़ुद को इसलिए शक्तिशाली मान सकता है क्योंकि उसकी सामाजिक और आर्थिक हैसियत उच्च है; और इसी आधार पर वह अपने गाँव के लोगों के साथ व्यवहार कर सकता है। लेकिन जब सत्ता के उच्चतर स्तरों के साथ इसके सम्बन्ध की बात आती है, तो सामाजिक–आर्थिक पदसोपानों (हायरार्की) में उसकी स्थिति के बजाय राजनीतिक पदसोपान में उसकी स्थिति का ज़्यादा महत्त्व होता है। यदि ऐसा है तो हम यह कह सकते हैं कि पंचायतीराज की व्यवस्था के आरम्भ होने के चार या पाँच वर्षों के बाद ही इसे वैधता मिल गयी है। कम–से–कम इस व्यवस्था के भीतर मौजूद बहुत–से स्थानीय लोगों की निगाह में ऐसा अवश्य हुआ है।

**सारणी 6 : ग्रामीण राजनेताओं और साधारण ग्रामीणों का राजनीतिक प्रभाव (प्रतिशत में)**

| | ग्रामीण राजनेता | साधारण ग्रामीण (आन्ध्र प्रदेश) |
|---|---|---|
| आपके जैसे लोगों का सरकार के काम में कोई प्रभाव नहीं है | | |
| सहमत | 41 | 73 |
| असहमत | 53 | 10 |
| | (कुल : 353) | (कुल : 432) |

*स्रोत : लेखक।*

हमारे भीतर यह जानने की भी जिज्ञासा थी कि चुनाव की प्रणाली का हमारे राजनेताओं के बीच सामाजिक–आर्थिक संसाधनों के वितरण पर क्या प्रभाव पड़ा है। हमने अपने राजनेताओं को दो भागों में बाँटा : पहला, वे जिन्हें अपना राजनीतिक पद हासिल करने के लिए चुनाव लड़ना पड़ा, और दूसरा वे जिन्हें चुनावों के बग़ैर अर्थात् सह–योजन (को–ऑप्शन) या आम–सहमति से हुए चुनाव द्वारा अपना पद मिल गया। दूसरी तरह की स्थिति के लाभों पर सार्वजनिक रूप से बल दिया जाता है, और कुछ राज्यों ने यह रास्ता अपनाने वाले गाँव को आर्थिक इनाम भी दिया है। इस सन्दर्भ में अमूमन एक नैतिकतावादी और राजनीतिक तर्क दिया जाता है अर्थात् संघर्ष और गुटबन्दी को कम–से–कम किया जाना चाहिए; और विशेष रूप से विपक्ष के राजनीतिक दलों को गाँव से बाहर रखा जाना चाहिए। हालाँकि हम इस समस्या के एक अन्य आयाम की जाँच कर सकते हैं : चुनाव न होना किस सीमा तक शक्ति या सत्ता के वितरण या फैलाव के अनुकूल है, अर्थात् क्या चुनाव न करने पर ग्रामीण समाज के विविध स्तरों तक इसका समना वितरण हो सकता है?

हम यह देख सकते हैं कि जो लोग सार्वजनिक पदों के लिए सार्वजनिक चुनाव के अतिरिक्त किसी अन्य पद्धति से आते हैं, वे सीधा चुनाव लड़ने वाले लोगों की तुलना में आय और खेती की ज़मीन जैसे मापकों के आधार पर अत्यधिक ग़रीब होते हैं। दोनों ही सैम्पलों में माध्यमिक स्तर तक शिक्षा पाने वाले नेताओं का तक़रीबन एक जैसा अनुपात था। लेकिन चुनाव लड़ने वाले लोगों में से 15 प्रतिशत ने मैट्रिक

स्तर या उससे ज़्यादा शिक्षा हासिल की थी। दूसरी ओर, सह–योजन या आम–सहमति से चुने गये नेताओं में से किसी ने भी इस प्रकार की शिक्षा हासिल नहीं की थी।

इस आलेख की शुरुआत की तरह ही इस आलेख की समाप्ति भी हम एक अनसुलझे विरोधाभास से कर सकते हैं। एक ओर, हमारे सामने एक खुला हुआ राजनीतिक क्षेत्र है जिसमें यह माना जाता है कि प्रतियोगिता के माध्यम से लोग अपनी इच्छाएँ अभिव्यक्त करते हैं। फिर भी, जब हमारी व्यवस्था में हरिजनों और महिलाओं जैसे वंचित तबकों के प्रतिनिधित्व के लिए विशेष प्रावधान किये गये, तो निश्चित रूप से इसके पीछे राजनीतिक हक़ीक़त को समझने की एक भावना काम कर रही होगी। निश्चित रूप से, इस संवेदनशीलता के भीतर ही यह समझ सम्मिलित है कि सिर्फ़ राजनीतिक प्रतियोगिता से ये तबके सत्ता हासिल करने में सफल नहीं हो पायेंगे। इसलिए, क्या यह राजनीतिक खेल का एक अन्तर्निहित नियम है कि इसमें निश्चित तौर पर वही लोग विजेता होंगे, जिनके पास पहले से ही राजनीतिक सत्ता से सम्बन्धित तक़रीबन वह सब कुछ है।

## टिप्पणियाँ

1. असल में, यदि हम अपने आँकड़ों की तुलना 1957 में हुए गाँव के पंचों और सरपंचों के सर्वेक्षण के आँकड़ों से करें, तो हम यह पाते हैं कि उम्र में कोई अन्तर नहीं है (देखें गवर्नमेंट ऑफ़ इंडिया 1958 : 10)।
   आन्ध्र प्रदेश के सरपंचों और पंचायत तथा ज़िला समिति के प्रमुखों के बीच उम्र तथा सामाजिक–आर्थिक चर के वितरण की तुलना के लिए देखें रेड्डी (1967)। 1947 और 1958 के बीच दो ब्लॉक (प्रखण्डों) के गाँव के नेतृत्व का अध्ययन किया गया। इससे उम्र के स्तर में वृद्धि होने की बात सामने आयी : देखें श्रीवास्तव (1965)। दूसरी ओर, राजस्थान पंचायत के अध्ययन से एक विपरीत प्रवृत्ति सामने आती है। यहाँ पंचायतीराज से पहले और पंचायतीराज के बाद पंचायतों में तक़रीबन एक–तिहाई सरपंच 45 साल या उससे ज़्यादा के थे, वहीं 35 वर्ष से कम उम्र के सरपंचों में थोड़ी वृद्धि हुई; ज़्यादा महत्त्वपूर्ण बात यह है कि 45 वर्ष और उससे ऊपर के सरपंचों का अनुपात 50 से 34 प्रतिशत तक गिर गया, और 35 से कम उम्र वाले सरपंचों का अनुपात दोगुना हो गया (देखें गवर्नमेंट ऑफ़ राजस्थान 1962 : v-vi)।
2. उम्र वितरण के मामले की तरह ही इसमें भी 1957 के प्रोग्राम इवैल्यूएशन ऑर्गनाइजेशन अध्ययन में सामने आये पैटर्न से काफ़ी साम्यता दिखती है : यह बात सामने आयी कि 88 प्रतिशत पंच और 96 प्रतिशत सरपंच भू–स्वामी हैं।

3. प्रतिष्ठा–आधारित पद्धति के माध्यम से प्रभावशालियों के सैम्पल के विश्लेषण और उसके माध्यम से विभेदीय निष्कर्ष हासिल करने में सामने आने वाली कठिनाइयों के लिए देखें अरोड़ा (1969क)।

4. सम्पूर्ण ग्रामीण जनसंख्या की आय का स्रोत नैशनल कौंसिल ऑफ़ अप्लाइड इकोनॉमिक रिसर्च (एन.सी.ए.ई.आर) (1962 : 18, सारणी 4) है। इसका अनुमान हमारे अनुमानों से बुनियादी रूप से दो आधारों पर अलग है : उनके विश्लेषण की इकाई परिवार है, लेकिन हमारे विश्लेषण की इकाई के बारे में द्वैधता है। उनके आय के मूल्यांकन में खेती के अलावा अन्य स्रोत भी सम्मिलित हैं, वहीं हमारे विश्लेषण में सिर्फ़ खेती के मुख्य फ़सल से होने वाली आय को सम्मिलित किया गया है। इन विभेदों के कारण ग्रामीण राजनीतिक नेतृत्व और आम ग्रामीण जनता के बीच अन्तर को कम मापा जाता है।

5. ग्रामीण परिवारों के भू–स्वामित्व के आँकड़ों को सिंह (1969 : 274) से लिया गया है।

6. यह आन्ध्र प्रदेश के साधारण ग्रामीणों के सर्वेक्षण से सामने आयी सहमति से थोड़ा ज़्यादा था, 75 प्रतिशत लोगों ने इस बारे में सहमति जतायी; और निश्चित रूप से राज्य के ग्रामीण पुरुष जनसंख्या से ज़्यादा थे, इनमें से 66 प्रतिशत लोगों ने सहमति जतायी। इन आँकड़ों के आधार पर आन्ध्र के किसानों के राजनीतिक रुझान की विवेचना के लिए देखें अरोड़ा (1969ख)। योगेश अटल द्वारा उत्तर प्रदेश के 215 उत्तरदाताओं के सर्वेक्षण से भी इसी प्रकार के निष्कर्ष सामने आये (1971 : 289–90)। इस सैम्पल के तक़रीबन 80 प्रतिशत लोग इस कथन से सहमत थे : 'कुछ लोगों का यह मानना है कि मत डालने या न डालने से कोई ख़ास फ़र्क़ नहीं पड़ता है। आपका क्या विचार है?'

7. इस प्रश्न को कैसे संहिताबद्ध किया गया, इस बारे में एक विस्तृत नोट के लिए देखें अरोड़ा (1969ख : 129)।

8. आन्ध्र के गाँवों से सम्बन्धित आँकड़ों के लिए देखें, अरोड़ा (1969ख)। बिहार, पंजाब, उत्तर प्रदेश और पश्चिम बंगाल में प्रभाव और इसके सामाजिक–आर्थिक सहसम्बन्धों के बारे में एक अन्य विवेचना के लिए देखें, रॉय (1971)।

# अस्थायी घर और अदृश्य काम : राजस्थान के एक गाँव का अध्ययन

**रजनी परलीवाला**

इस अध्याय में महिलाओं के घर सम्बन्धी विविध आयामों तथा महिलाओं और उनके काम के मूल्यांकन में इसके प्रभाव का परीक्षण किया गया है। साथ ही, महिलाओं से सम्बन्धित दोनों घरों में उनके अधिकारों की स्थापना और प्रयोग के प्रभाव का मूल्यांकन किया गया है।

यहाँ जिस मुद्दे को उठाया गया है उसकी विवेचना सीकर ज़िले के पंचवास गाँव में फ़रवरी 1980–81 के बीच एकत्रित किये गये आँकड़ों के सन्दर्भ में की गयी है।[1] सीकर राजस्थान के उत्तर–पूर्व भाग थार मरुभूमि के क़रीब स्थित है। यहाँ की जलवायु काफ़ी शुष्क है। सीकर ठिकाना जयपुर राज्य के अर्द्ध–स्वायत्त रजवाड़ों में सबसे बड़ा और सबसे समृद्ध था। 1930 और 1940 के दशक के किसान आन्दोलन, जागीरदारी उन्मूलन तथा 1960 के दशक तक सामन्ती करों के ख़त्म हो जाने के कारण यहाँ के किसानों की ज़िन्दगी में कुछ बदलाव आया। ग़ौरतलब है कि उपरोक्त कारकों के कारण जहाँ पूर्व–जोतदारों के मध्य और उच्च स्तर को लाभ हुआ, वहीं छोटे ज़मींदारों को आर्थिक नुकसान का सामना करना पड़ा। यद्यपि आरम्भ में भूमिहीनता कम थी, लेकिन धीरे–धीरे कुछ लोगों के पास भूमि की मात्रा बढ़ गयी और भूमिहीनता में तेज़ी से वृद्धि हुई। 1970 के दशक में ट्यूबवेल से सिंचाई में तेज़ी से वृद्धि हुई, और इसके परिणामस्वरूप खेती में भी बदलाव हुआ। अब ज़्यादा फ़सलों को उगाया जाने लगा और, जाड़े की फ़सल में भी बटाईदारी होने लगी। किन्तु उत्पादकता का स्तर

राष्ट्रीय औसत से निम्न ही रहा। इसके अलावा, आपूर्ति में वृद्धि के साथ खेती में रोज़गार की सम्भावना नहीं बढ़ी।

पंचवासियों के अनुसार, 1980 में पाँच लोगों के एक परिवार को अपनी जीविका चलाने के लिए 46–55 असिंचित 'कच्चा बीघाओं' की आवश्यकता थी। तक़रीबन 70 प्रतिशत परिवारों के पास इससे कम ज़मीन थी। 1981 में ग्रामीण अर्थव्यवस्था और समाज में खेती का ही मुख्य स्थान था, लेकिन अब ज़्यादा संख्या में मज़दूर ग़ैर–खेतिहर काम भी करने लगे। खेती में विकास के परिणामस्वरूप इससे जुड़े उद्योगों और सेवाओं के रोज़गार में थोड़ी–बहुत वृद्धि हुई। बड़ी संख्या में लोग काम की तलाश में गाँव से बाहर जा रहे थे। दिहाड़ी मज़दूर, सरकारी प्रशासन, सेना और पुलिस रोज़गार के मुख्य साधन थे। 1970 के दशक में यहाँ के कई लोगों ने खाड़ी देशों में उपलब्ध रोज़गार अवसरों का भी लाभ उठाया। खेती का काम न करने वाली महिलाएँ पारम्परिक क्षेत्रों या अनौपचारिक श्रम तक ही सीमित थीं। उच्च बेरोज़गारी तथा जीविका और सुरक्षा की तलाश ने आश्रयदाता–असामी (पैट्रन–क्लाइंट) और कर्मकाण्डीय रिश्तेदार सम्बन्धों के विधि रूपों को बढ़ावा दिया।

पंचवसा गाँव एक अर्द्ध–संगठित और कुछ हद तक बिखरा हुआ गाँव है। यह ज़िला मुख्यालय से 12 किलोमीटर की दूरी पर स्थित है। 1980 के अन्त में इसकी जनसंख्या 1,901 थी और यहाँ का लिंग अनुपात 991 था (अर्थात् 1000 पुरुषों पर 991 महिलाएँ थीं)। इस मामले में इसका औसत ज़िले के औसत से बेहतर था। यदि छह महीने या इससे ज़्यादा समय से गाँव से बाहर रहने वाले लोगों को छोड़ दिया जाये तो यहाँ की कुल जनसंख्या 1,595 थी तथा लिंग अनुपात 1,071 था। इससे यह पता चलता है कि ज़्यादातर पुरुष ही बाहर काम करने जाते थे। 1980 के आरम्भ में इस गाँव में कुल 272 परिवार थे। गाँव में कुल 14 हिन्दू और मुस्लिम जातियाँ थीं। यह कहा जा सकता है कि इस गाँव में जातिगत पदसोपान (हायरार्की) के सम्पूर्ण दायरे से सम्बन्धित जातियाँ थीं। इस गाँव की जनसंख्या के 50 प्रतिशत से ज़्यादा लोग जाट जाति से सम्बन्धित थे। अधिकांश जोतदार किसान इसी जाति से सम्बन्धित थे, लेकिन गाँव का मुखिया भी एक जाट ही था। पूर्व ज़मींदार चारण और पठान जाति के थे। तक़रीबन 60 प्रतिशत चारण, ब्राह्मण और जाट जातियों के पास औसत या औसत से ज़्यादा ज़मीन थी। यद्यपि पठान

या बलाई जाति के लोगों के पास औसत से ज़्यादा ज़मीन थी। लेकिन अन्य जातियों के साथ–साथ ही इन जातियों के अधिकांश लोगों के पास भी औसत से कम ज़मीन थी।

## घर और परिवारों का स्वरूप

घर होना और परिवार में सम्मिलित होना परिवार की विचारधारा से जुड़े मानकीय शब्द हैं। इन दोनों को मिलाकर ही एक परिवार का निर्माण होता है, और इसके सदस्यों को परिवार का अनुभव होता है (रैप और अन्य 1979)। पंचावास में 'पितृपक्ष के सदस्य और उनकी पत्नियों के एक घर में रहने' (शाह 1973 : 15) के आदर्श को मुख्य स्थान प्राप्त था। इस आदर्श में नियमों का एक पदसोपान (हायरार्की) सम्मिलित था। मसलन, एक विवाहित पुरुष और उसके पिता के साझा घर या निवास पर बल दिया जाता था। इसके कुछ अपवादों को स्वीकार किया गया था, मसलन, सहोदर द्वारा किसी को गोद लेना, घर–जँवाई की प्रथा, निकट सम्बन्धियों का रहना तथा युवा विवाहित महिलाओं के लिए *अवनी–जावनी* का चरण। इस तरह के अपवादों के सन्दर्भ में भी मूल्यों का एक पदसोपान मौजूद था (वही)। एक युवा विवाहित महिला के निवास स्थान या घर के बारे में लचीलापन परिवार की संरचना, परिवार के विकास की प्रक्रियाओं तथा परिवार के भीतर की गत्यात्मकता और नज़दीकी रिश्तेदारों से सम्बन्ध का अभिन्न भाग था।

समाज वैज्ञानिक यह मानते हैं कि साझा घर और सहभागी उपभोग ऐसी सक्रिय कसौटियाँ हैं जिनके आधार पर व्यक्तियों का एक समूह परिवार का निर्माण करता है। लेकिन इस परिभाषा को कठोर तरीक़े से लागू करके लोगों के जीवन से सम्बन्धित सामाजिक प्रक्रियाओं को पूरी तरह से नहीं समझा जा सकता है; यह हमें ऐसी ग़लत और जड़ समझ दे सकता है, जिसके मुताबिक़ पृथक् परिवारों के बीच स्पष्ट सीमा–रेखा होती है। कई लोग पैसे कमाने हेतु काम के लिए गाँव से अस्थायी रूप से बाहर चले गये। इसी तरह, महिलाएँ भी अपने मायके और ससुराल के घरों के बीच आती–जाती रहीं। इन दोनों कारणों से जनसंख्या का कुल योग निकालने और परिवारों का वर्गीकरण करने में कठिनाई हुई। जो पुरुष तक़रीबन पूरे साल गाँव से बाहर रहते थे, उनका नाम भी गाँव

के निवासी के रूप में दर्ज कराया गया। जिन बेटियों का विवाह हो चुका था, लेकिन जो अभी तक अपने ससुराल नहीं गयी थीं, उनका नाम तब तक नहीं दिया गया, जब तक मैंने ख़ासतौर पर ऐसा करने के लिए नहीं कहा। कई अन्य लोगों ने ऐसी बेटियों का नाम दिया जो तक़रीबन पूरे साल बाहर रहती थीं। यही बात बहुओं के बारे में भी सच थी। इसलिए, जनसंख्या का दो प्रकार से कुल योग किया गया। परिवारों का वर्गीकरण भी दो तरीक़े से किया गया : पहली श्रेणी में गाँव के सभी लोगों को सम्मिलित किया गया, और दूसरी श्रेणी में उन लोगों को सम्मिलित नहीं किया गया जो छह महीने या उससे ज़्यादा समय तक गाँव में रहते थे।[2]

इस अध्याय में चार पारिवारिक श्रेणियों के न्यूनतम वर्गीकरण का प्रयोग किया गया है। इन्हें आदर्श से विपरीत होने या न होने के आधार पर सरल और जटिल माना गया है।[3] शाह (1973) का अनुसरण करते हुए आख़िरी को अभिवृद्धि (एक्सेशन) के रूप में वर्णित किया गया है। गाँव से बाहर विवाहित बेटियाँ और बहनें, उनके बच्चे तथा विवाह के बाद गाँव में आयी महिलाओं के बच्चे अभिवृद्धि का उदाहरण हैं। सरल परिवार–अपूर्ण और पूर्ण प्राथमिक परिवार गाँव के कुल परिवारों का 38 प्रतिशत थे। अभिवृद्धि के साथ सरल परिवार गाँव में निवास करने वाले परिवारों की जनसंख्या का 15 प्रतिशत थे, तथा सभी ग्रामीणों के परिवारों का 9 प्रतिशत थे।

एक जटिल परिवार के निम्नलिखित घटक थे : (1) दो विवाहित जोड़े, (2) एक बार विवाह करने वाले दो वयस्क, या (3) एक विवाहित जोड़ा, और उसके साथ अविवाहित/विधुर/तलाक़शुदा भाई या पिता के भाई। एक पुरुष या महिला को तभी विवाहित माना गया जब *मुकलावा* हो गया हो, और पत्नी का *अवनी–जावनी* हो गया हो। 47 प्रतिशत या 53 प्रतिशत परिवार जटिल थे, तथा ये घर या निवास के आदर्श के विविध स्तरों का उदाहरण थे।[4]

तक़रीबन 35 प्रतिशत परिवारों में ऐसे सदस्य सम्मिलित थे, जो निवास के आदर्श के विपरीत थे। इस उच्च आँकड़े के कारण यह परीक्षण करना आवश्यक हो जाता है कि एक ऐसे समाज में महिलाओं के लिए इसका क्या अर्थ है जहाँ लोगों के जीवन में परिवार में सम्मिलित होना और उसे पहचाना जाना सबसे मुख्य स्थान रखता है। सबसे ज़्यादा जाट और पठान परिवारों में ही अभिवृद्धि हुई थी। साथ ही, इनके परिवारों में ही

सबसे ज़्यादा अभिवृद्धि वाले जटिल परिवार थे। भू–स्वामित्व के आकार में वृद्धि के साथ ही अभिवृद्धि वाले परिवारों के प्रतिशत में भी बढ़ोतरी हुई। इससे यह संकेत मिलता है कि भू–स्वामित्व और महिलाओं के निवास और स्थानिक गतिशीलता के बीच एक सम्भावित जुड़ाव है, जिसमें खेतिहर काम जोड़ने वाले कारक की भूमिका अदा करता है।

50 प्रतिशत से ज़्यादा या 137 परिवारों में दो या दो से ज़्यादा वयस्क विवाहित महिलाएँ पूरे वर्ष रहती थीं। अन्य 14 या तक़रीबन 5 प्रतिशत परिवरों में दो या ज़्यादा वयस्क महिलाएँ छह महीने से कम रहती थीं। कुल 36 परिवारों में दो विवाहित महिलाएँ माता और बेटी या दो बहनें थीं। इन 36 परिवारों में से 14 में एक बहू साल में छह महीने से कम रहती थी। अन्य 22 घरों में गाँव की एक विवाहित महिला अपने पति तथा गाँव के बाहर ब्याही गयी पति की बहन और अपनी सास के साथ रहती थी। शेष बचे परिवारों में सिर्फ़ गाँव के भीतर ब्याही महिलाएँ तक़रीबन पूरे साल भर रहती थीं। ये अपनी सास और बहू, पति के भाई पत्नियों के साथ रहती थीं, या अपनी सास के बग़ैर रहती थीं। कुछ परिवारों में अतिरिक्त गाँव में ब्याही या गाँव से बाहर ब्याही महिलाएँ छह महीने से भी कम रहती थीं।

परिवारों की रूपरेखा का परिवार के भीतर काम के संगठन तथा महिलाओं के बीच सम्बन्धों पर महत्त्वपूर्ण प्रभाव पड़ा। महिलाओं और पुरुषों के बीच एक तरह की पृथक्ता थी तथा घर के बाहर उनकी गतिविधियों पर कई तरह की पाबन्दियाँ थीं। फिर भी महिलाएँ पूरी तरह से अलग–थलग नहीं थीं, और उन्हें अन्य महिलाओं का साथ मिलता था। असल में, जब किसी स्त्री का पति बाहर काम करने के लिए जाता था, तो वह अक्सर इस कारण से भी उसके साथ नहीं जाती थी कि उसे यह डर होता था कि एक अनजान जगह पर उसे घर में अकेला रहना पड़ेगा। सबसे महत्त्वपूर्ण बात यह है कि महिलाओं के गाँव के घर–परिवार में ऐसी कई महिलाएँ थीं जो उनके काम का बोझ बाँट लेती थीं। ख़ासतौर पर, गर्भावस्था, बच्चे के जन्म और उसके बाद के समय में अन्य महिलाओं का साथ उनके लिए सम्बल होता था।

हालाँकि एक परिवार के भीतर महिलाओं, विशेष रूप से सास और बहू के बीच का सम्बन्ध समानता पर आधारित नहीं होता था। यहाँ तक कि जिन क्षेत्रों में महिलाओं का नियन्त्रण होता था, वहाँ छोटी उम्र की

महिलाओं को अपने से बड़ी उम्र की महिलाओं के नियन्त्रण में रहना पड़ता था। महिलाओं और पुरुषों के बीच या महिलाओं के बीच काम के बोझ का बराबर बँटवारा नहीं होता था। महिलाएँ चाहती थीं कि घर में कोई अन्य वयस्क महिला रहे, लेकिन अक्सर महिलाओं के दायरे पर नियन्त्रण और काम के बँटवारे के मसले पर तनाव होता रहता था। आमतौर पर, एक माँ और बेटी के बीच इस प्रकार का तनाव उत्पन्न नहीं होता था, लेकिन वे स्थायी रूप से एक साथ नहीं रह सकती थीं। इसके अलावा, पति के वयस्क पुरुष रिश्तेदार के साथ रहने से गाँव के भीतर ब्याही गयी महिलाओं की घर के भीतर की गतिविधियों में रुकावट आती थी, लेकिन बाहर ब्याही गयी बेटियों/बहनों के कारण यह समस्या थोड़ी हल्की हो जाती थी।

## काम की श्रेणियाँ, श्रम विभाजन और पर्दा

जागीरदारी के उन्मूलन और सिंचाई के विस्तार के बावजूद अभी भी यह आवश्यक माना जाता था कि परिवार की आय के कई स्रोत होने चाहिए, और परिवार के सदस्यों को खेती की अलावा कुछ अन्य काम करने में भी सक्षम होना चाहिए। गाँव में आर्थिक संसाधन और अवसरों की संरचना इस प्रकार थी कि कमाने वाले व्यक्ति को आर्थिक और सामाजिक रूप से परिवार के लिए ज़्यादा से ज़्यादा महत्त्वपूर्ण माना जाने लगा था। यह माना जाता था कि पुरुष परिवार चलाने के लिए ज़िम्मेदार हैं, और ज़रूरत पड़ने पर उन्हें काम के लिए गाँव से बाहर भी जाना चाहिए। इसी कारण, बहुत से लोग कमाने के लिए गाँव से बाहर जाते थे। जिन लोगों के पास बहुत कम ज़मीन थी या जो भूमिहीन थे, उन्हें अपनी जीविका के लिए मज़दूरी या किसी अन्य तरीक़े से कमाई करनी पड़ती थी। असल में, ग़ैर–खेतिहर वेतन वाले काम, ख़ासतौर पर सरकारी नौकरी को सबसे ज़्यादा प्रतिष्ठा प्राप्त थी, और लोग चाहते थे कि वे या उनके परिवार का कोई सदस्य ऐसा काम करे। भू–स्वामित्व के बाद सरकारी नौकरी को सबसे सुरक्षित और आकर्षक माना जाता था। *ठिकानो मना आनो जानो* की तरह ही यह भी परिवार की आर्थिक और सामाजिक हैसियत को अभिव्यक्त करता था; यह एक व्यक्ति के व्यक्तिगत गुणों को अभिव्यक्त करता था, जो अपने काम में पूरी तरह लगा रहता था, या जिस पर ऐसे

काम की ज़िम्मेदारी होती थी : वह एक 'दिमाग वाला' और 'दुनिया का ज्ञान रखने वाला' व्यक्ति था।[5]

मैंने गाँव के लोगों के काम के वर्गीकरण और अपने द्वारा संगृहित आँकड़ों के आधार पर यह पाया कि सिर्फ़ 17 प्रतिशत महिलाएँ परिवार में मुख्य कमाने वाली थीं, वहीं कुल 50 प्रतिशत महिलाएँ परिवार की मुख्य या अनुपूरक आय में योगदान करती थीं। महिलाएँ कमोबेश सभी प्रतिष्ठित और नगद कमाई वाले, नये या पुराने पेशों से अलग थीं अर्थात् वे ऐसे हर काम से अलग थीं, 'जिसमें दिमाग की ज़रूरत थी'। वे मुख्य रूप से घर का काम, पशुपालन या खेती करती थीं। इन कामों में कुल मिलाकर उन्हें कमाने वाले व्यक्ति के रूप में मान्यता नहीं मिलती थी। इन कामों से होने वाली आय परिवार के बहुत से सदस्यों के श्रम का नतीजा मानी जाती थी, और इसे पूरे परिवार की सम्पदा के रूप में देखा जाता था। खेती में जुताई का काम सबसे प्रमुख था और यह काम पुरुष करते थे। महिलाएँ अनौपचारिक तरीक़े से शारीरिक श्रम वाले काम करती थीं। वे हस्तशिल्प के माध्यम से कुछ वस्तुएँ बनाती थीं तथा वे दाई या नाईन का पारम्परिक काम करती थीं। इनके ऐसे कामों को नीची निगाह से देखा जाता था। ये कठिन काम थे किन्तु इससे बहुत कम आय होती थी और इससे बड़ी बात यह थी कि महिलाओं को ऐसे काम खोजने में काफ़ी दिक़्क़त होती थी। नये प्रकार के पेशे के उदय और वितरण तथा नगदी आय पर बल देने के कारण महिलाओं के काम के योगदान को कमतर माना जाने लगा, और धीरे–धीरे उनका काम अदृश्य हो गया। विभिन्न प्रकार के काम और पेशे को पहले से ही अलग–अलग दर्जा दे दिया गया था। इसी तरह, विभिन्न गतिविधियों और ज़िम्मेदारियों को भी अलग–अलग श्रेणी में बाँट दिया गया था। इन सबने महिलाओं के काम के योगदान को अदृश्य बनाने में भूमिका निभायी।

गाँव के लोग मोटे तौर पर अपनी गतिविधियों को तीन भागों में बाँटते थे : (1) घर के काम, इनमें घर के भीतर के काम के अलावा, पशुपालन, सेवा और कुछ कारीगरी का काम शामिल था; (2) खेत के काम, जिनमें खेती से सम्बन्धित गतिविधियाँ सम्मिलित थीं; और (3) *ठिकानो मना आनो जानो* यानी सामाजिक स्तर पर लोगों से मिलना–जुलना तथा सगे–सम्बन्धियों से सम्बन्ध बनाये रखना। पहली तरह के काम में कुछ हस्तशिल्प और सेवा के काम के अलावा सारा काम महिलाओं द्वारा किया

जाता था। वहीं, तीसरी श्रेणी का काम पूरी तरह से पुरुषों द्वारा किया जाता था। काम की ये दोनों श्रेणियाँ एक–दूसरे की अनुपूरक थीं। जहाँ पुरुष रिश्तेदारों के यहाँ आने–जाने का काम करते थे, वहीं महिलाएँ विशेष रूप से बूढ़ी या वरिष्ठ महिलाएँ इस बात का ख़्याल रखती थीं कि उनके यहाँ जो मेहमान आये हैं, उनकी सही तरीक़े से आवभगत हो तथा उन्हें उनकी हैसियत के हिसाब से तोहफ़ा दिया जाये। ये तीन तरह के काम, ख़ासतौर पर पहले दो कामों के बारे में लोगों ने यह माना कि ये काम उनका अस्तित्व क़ायम रखने के लिए बुनियादी काम हैं। लेकिन इन तीनों तरह के कामों में तीसरे काम को सबसे ज़्यादा प्रतिष्ठित और पहली श्रेणी के काम को सबसे कम प्रतिष्ठित माना जाता था। मोटे तौर पर, यह माना जाता था कि पहली तरह का काम कोई आय न देने वाला श्रम होता है, दूसरी तरह काम आय देने वाला श्रम होता है, और तीसरे तरह का काम में श्रम नहीं लगता है। यह माना गया कि मानसिक काम में नहीं, बल्कि शारीरिक काम में श्रम लगता है।[6]

इन तीन श्रेणियों का विभाजन पूरी तरह स्पष्ट नहीं है। इसी तरह, सभी जातियों और वर्गों के लिए विभिन्न गतिविधियों और पेशों का वर्गीकरण एक जैसा नहीं है। ख़ासतौर पर, *घर को काम* और *खेत को काम* के बारे में ऐसा कहा जा सकता है। जाट, खाती और बलाई जाति के लोगों के लिए काम में आने वाला काम कई बार पहले स्तर का काम बन जाता है, और कुछ अन्य मौक़ों पर यह दूसरे स्तर का काम बन जाता है। वहीं किसी भी ऐसे काम को *ठिकानो मना आनो जानो* की श्रेणी में रखा जाता है जिसके लिए गाँव से बाहर जाना आवश्यक हो; इसमें खेती से जुड़े सामान या पशुओं को ख़रीदने–बेचने के लिए बाज़ार जाने से सम्बन्धित काम भी सम्मिलित हैं। अधिकांश समूहों के लिए पशुपालन *घर को काम* और *खेत को काम* –दोनों श्रेणियों में आता है। चारण, मिसरा और पठान काम के स्थान के आधार पर यह तय करते हैं कि कोई काम *घर को काम* है या *खेत को काम*। सभी समूहों के लिए विभिन्न कामों में अन्तर करने का एक मुख्य आधार यह है कि वे खेतों या मज़दूरी के आधार पर या बेचने के लिए सामान बनाने के सन्दर्भ में अपने परिवार के लिए काम कर रहे हैं या दूसरों के लिए। इसी तरह, जमानी सम्बन्धों के आधार पर किये गये हस्तशिल्प या सेवा के काम को *घर को काम* की श्रेणी में रखा जाता है। यदि यह काम बाज़ार या व्यावसायिक आधार पर किया जाता

है तो इसे *धयांगी* (या कमाई के लिए काम) की संज्ञा दी जाती है। विशेष रूप से बलाई लोग और सभी जातियों के ग़रीब किसान कोई भी काम इस आधार पर करते हैं कि इससे उन्हें कोई नगद आय होती है या नहीं। वेतन वाले नये कामों का उल्लेख *धयांगी, नौकरी* या *ठिकानो मना आनो जानो* के रूप में किया जाता है।

महिलाओं के लिए काम के वर्गीकरण की एक महत्त्वपूर्ण कसौटी यह थी कि अमूमन उन्हें ऐसी गतिविधियों से जोड़ा गया जो वे अलग–थलग रहकर कर सकती थीं और जिनमें उनके अपने परिवार के सदस्यों के अलावा किसी अन्य से बातचीत की सम्भावना कम हो। मुख्य रूप से, महिला घर का काम करती थीं। इस तरह, पृथक्ता के मानक ने भी महिलाओं की गतिविधियों की प्रकृति तय की।

सिर्फ़ बावरिया जैसी अत्यन्त पिछड़ी और हाशिये पर पड़ी जाति की महिलाओं के अतिरिक्त गाँव की तक़रीबन सभी जातियों और वर्गों की महिलाएँ घूँघट करती थीं। गाँव में ब्याह कर आयी घूँघट में रहने वाली महिलाएँ अपने परिवार के सभी बड़े सदस्यों और पति के रिश्तेदारों के सामने पर्दा रखती थीं और ख़ामोश रहती थीं (अपने मायके पक्ष के रिश्तेदारों से वह पर्दा नहीं रखती थीं)। इसका अर्थ यह नहीं है कि महिलाओं को घर में पूरी तरह अलग–थलग कर दिया जाता था और उनके खेतों में काम करने पर पाबन्दी लगा दी जाती थी। लेकिन इसका अर्थ यह अवश्य है कि दिहाड़ी मज़दूर या ऐसे ही मज़दूरी के अन्य काम करने में महिलाओं को कठिनाई का सामना करना पड़ता था। ग़ौरतलब है कि चारण, पंचवास, मिसरा और पठान पारम्परिक रूप से अपनी महिलाओं को घूँघट में रखने के साथ–साथ उन्हें पर्दे में भी रखते थे। इन जातियों की विवाहित और अविवाहित युवतियों को अलग–थलग रखा जाता था। और महिलाओं को घर के अहाते से बाहर जाने की अनुमति नहीं थी। यदि वे पानी लाने या खेती के काम से बाहर जाती भी थीं, तो उनके साथ घर का कोई पुरुष सदस्य भी जाता था और वे पूरी तरह पर्दा रखती थीं। लेकिन अन्य जातियों में यह स्वीकार किया जाता था कि घर की महिलाएँ नारीसुलभ और स्वीकृत कामों के लिए बाहर जा सकती हैं।

सभी जातियों में गाँव के किसी व्यक्ति की बेटी अपने गाँव में या अपने रिश्तेदारों के सामने घूँघट नहीं करती थी। ऐसा सिर्फ़ पठानों के यहाँ होता था क्योंकि कई बार एक महिला और उसके पति के रिश्तेदार

एक ही बड़े परिवार से जुड़े होते थे। सभी जातियों में एक युवा विवाहित महिला की तुलना में बेटियाँ ज़्यादा आसानी से घूम सकती थीं।

बहुत से आर्थिक और सामाजिक प्रक्रियाओं के कारण महिलाओं का काम अदृश्य हो गया और उन्हें मान्यता नहीं दी जाती थी। इनमें पेशे और आय का स्वरूप, नगदी आय पर बल देना, ज़िम्मेदारी के विचार और महिलाएँ को अलग–थलग रखने के मानक आदि सम्मिलित थे। पूर्व में इनके बारे में संक्षेप में बताया है।[7] इसके अतिरिक्त, उपरोक्त वर्णन के साथ महिलाओं के निवास और कार्य–व्यवहारों के बीच सम्बन्ध तथा महिलाओं द्वारा एक–दूसरे को ढकने जैसे कारक भी महत्त्वपूर्ण हैं।

## घर का काम और महिलाओं की यात्राएँ

एक साथ भोजन करना परिवार की पहचान का मुख्य भाग था। महिलाओं द्वारा खाना पकाना वैवाहिक और पारिवारिक सम्बन्ध का प्रतीक माना जाता था (मेडिक और साबीन 1984)। भोजन बनाना एक पत्नी और एक माँ के रूप में महिला के अस्तित्व का मुख्य भाग था। यह स्वीकार नहीं किया जाता था कि किसी दूसरे घर की महिला नियमित रूप से एक ख़ास परिवार या व्यक्ति के लिए खाना बनाये। गाँव में पैसा देकर किसी को नियमित रूप से खाना बनाने के लिए तैयार करना तक़रीबन नामुमकिन था। सिर्फ़ विवाह या अन्य उत्सवों में ही पुरुष या महिला दोस्त एक–दूसरे की खाना बनाने में सहायता करते थे, और इस काम के लिए रसोइया की भी मदद ली जाती थी। नियमित रूप से अपने या अपने परिवार के लिए भोजन बनाने वाले व्यक्ति को बदकिस्मत या मज़ाक का पात्र माना जाता था और ऐसा व्यक्ति इस तथ्य को छिपाने का प्रयास करता था।

अलग–अलग जातियों में महिलाओं के मासिक से सम्बन्धित अपवित्र के व्यवहार अलग–अलग थे। मासिक आने के पहले दो दिन तक ब्राह्मण और चारण महिलाएँ रसोई में प्रवेश नहीं कर सकती थीं, हालाँकि वे घर के अन्य काम कर सकती थीं। अन्य सभी जातियों में मासिक के समय महिलाओं के रसोई में प्रवेश करने या खाना पकाने पर कोई पाबन्दी नहीं थी। लेकिन इस अवधि में उनके द्वारा पकाये गये भोजन का इस्तेमाल कर्मकाण्ड में नहीं किया जा सकता था, और न ही उसे पारिवारिक

मन्दिर या पीर को चढ़ाया जा सकता था। महिलाओं ने ख़ुद यह माना कि यदि एक महिला कुछ दिनों तक खाना बनाने से छुट्टी नहीं लेती है, तो उसके खाना बनाने में कोई न कोई ग़लती सामने आने लगती है। इसके अलावा, यदि किसी व्यक्ति को ख़ुद खाना बनाने और बर्तन साफ़ करने के काम से मुक्त रखना था, तो एक परिवार में कम–से–कम दो सक्रिय और स्वस्थ्य महिलाओं का होना आवश्यक था। अमूमन, एक बेटी के *मुकलावा* या उसके *सरसा* (ससुराल भेजने) में देरी की जाती थी, या पहले बहू को बुला लिया जाता था।

एक विवाहित बेटी अपने मायके में किसी के जन्म, विवाह, मृत्यु और अन्य कर्मकाण्डों के समय आती थी। ये ऐसे अवसर होते थे जब घर में काम के लिए अन्य महिलाओं की भी आवश्यकता होती थी। जब एक स्त्री बीमार होती थी या प्रसव अवस्था से उबरती थी, तो उसके स्थान पर काम करने वाली किसी अन्य महिला की ज़रूरत होती थी। यह माना जाता था कि एक नयी माँ को बच्चे के जन्म के बाद 40 दिन के आराम की आवश्यकता होती है और कम–से–कम बच्चे के जन्म के 12 दिनों तक उसे अपवित्र माना जाता था। इस अवधि में न तो वह खाना बना सकती थी और न ही जानवरों की देखभाल कर सकती थी। नयी माँ और बच्चे की देखभाल करने के सम्बन्ध में कई अलग तरह के काम होते थे। कई कर्मकाण्डों का आयोजन करना होता था। ऐसे समय में, एक विवाहित बेटी या बहन मायके आकर लम्बे समय तक रहती थी और सहायता करती थी। अपने मायके आने वाली यह महिला कई बार जलावन की लकड़ी लाने या पानी भरने का काम नहीं करती थी, किन्तु वह खाना बनाने, घर की साफ़–सफ़ाई करने और जानवरों की देखभाल करने के काम करती थी। एक विवाहित बेटी घर के किसी सदस्य के बीमार होने पर तभी लम्बे समय के लिए आती थी, जब काम करने के लिए किसी व्यक्ति की ज़रूरत होती थी। जब उसके मायके में उसकी भाभी आदि के बीमार होने पर कोई व्यक्ति की सेवा के लिए उपलब्ध नहीं होता था। लेकिन यह भी ज़रूरी था कि उसके ससुराल में किसी काम में रुकावट न आये। अपने मायके आने पर एक बेटी/बहन केवल उसी स्थिति में अपने मायके के काम से मुक्त रहती थी, जब उसके काम करने पर किसी कारण से रोक हो, वह बीमार हो या फिर उसके भाई की पत्नी घर का सारा काम करने के लिए मौजूद हो।

कई बार जब परिवार में काम के लिए या जानवरों को चराने के लिए अतिरिक्त महिलाओं की आवश्यकता होती थी, तो परिवार की स्त्री की किसी महिला रिश्तेदार या पुरुष के भाई या बहन को परिवार में अस्थायी निवास के लिए बुलाया जाता था। ऐसा उस घर में होने की सम्भावना ज़्यादा होती थी, जिस घर में कोई बहू नहीं होती थी या जहाँ बेटियाँ बहुत छोटी होती थीं। कई बार इस प्रकार की 'यात्रा' एक मौसम या एक साल तक की होती थी। अमूमन ऐसे मामले में जिस व्यक्ति के यहाँ ऐसी लड़की आती थी, वही उसके विवाह की ज़िम्मेदारी लेता था। जब कोई महिला रिश्तेदार नहीं होती थी, तो एक छोटे लड़के को बुलाया जाता था, जो जानवरों की देख–रेख तथा पानी और ईंधन की लकड़ी लाने में मदद करता था।

## अवनी–जावनी और महिलाओं का खेतिहर काम

विशेष रूप से जाटों में युवा विवाहित महिलाओं के अपने मायके और ससुराल में आने–जाने का महत्त्वपूर्ण कारण यह था कि खेती के लिए श्रम की आवश्यकता होती थी। यद्यपि एक नयी दुल्हन अपने *ससरा* (या ससुराल) में कम समय बिताती थी, लेकिन यदि महिला श्रमिक की आवश्यकता होती थी, तो वह अपने *मुकलावा* के तुरन्त बाद वहाँ लम्बे समय तक रहती थी। भले ही वह ख़ुद खेत में काम नहीं करती थी, लेकिन वह *घर को काम* सँभालती थी, जिससे बाकी लोग घर के काम से मुक्त होकर खेती के काम में अपना ध्यान लगा पाते थे।

अधिकांश मामलों में खेती के काम में या पशुओं के रखरखाव में बहू की तुलना में एक विवाहित या अविवाहित बेटी ज़्यादा मददगार होती थी। बेटी को खेत में अधिकांश पुरुष सदस्यों से कोई घूँघट करने की आवश्यकता नहीं होती थी, और वह उन्हें सीधे तौर पर पुकारकर बुला सकती थी; जब तक वह अकेले नहीं होती थी तब तक जानवरों को चराने के लिए ले जाने या उन्हें वापस लाने में सहायता कर सकती थी; वह गाँव और घर के रास्तों को जानती थी। वह कई मरतबा ऐसे काम भी कर सकती थी जो पुरुषों के लिए तय होते थे और यह कोई बड़ा मसला नहीं बनता था। लेकिन यदि एक नयी–नवेली दुल्हन को ऐसा करने के लिए कहा जाता तो यह अवश्य एक मुद्दा बन जाता।

असल में, एक युवा अविवाहित बेटी की तुलना में विवाहित बेटी की उपस्थिति को ज़्यादा अच्छा माना जाता था। इसका एक कारण यह था कि वह ज़्यादा अनुभवी और ताक़तवर होती थी, लेकिन इसका एक कारण परिवार की इज़्ज़त से भी जुड़ा हुआ था। यह माना जाता था कि इनमें से किसी के साथ भी स्वेच्छा से या बलपूर्वक किसी जाने–अनजाने व्यक्ति द्वारा सेक्स करने का ख़तरा रहता है। घर से बाहर और गाँव से थोड़ी दूरी पर स्थित खेतों में या रास्तों में इस प्रकार की घटना होने का डर ज़्यादा होता था। सबसे बुरी स्थिति तब होती थी जब कोई विवाहित महिला इस दौरान बीच–बीच में अपने पति के साथ भी रहती थी, और वह गर्भधारण कर लेती थी, तो यह कहा जाता था कि उसके गर्भ में उसके पति का बच्चा है। इस लिहाज़ से उसे कहीं भी आने–जाने की ज़्यादा स्वतन्त्रता होती थी, और वह खेतों में ज़्यादा मदद कर पाती थी।

निश्चित रूप से, इसका यह अर्थ नहीं था कि माता–पिता अपनी विवाहित बेटी को अपने साथ रख सकते थे। उन्हें उसका मुकलावा (विदाई) करना होता था और यह सुनिश्चित करना होता था कि वह समय–समय पर अपने ससरा (ससुराल) जाती रहे। हालाँकि वे अक्सर ऐसी चालाकी दिखाते थे जिससे वह खेती के समय अपने ससरा में कम रहे। वे अपनी बेटी को ससुराल से वापस लाने के लिए उसकी कम उम्र ये उसे ससुराल के काम के लिए तैयार करने, अपने परिवार में बीमारी या घर में कर्मकाण्ड या बच्चे के जन्म के कारण घर के काम सँभालने में उनकी सहायता की ज़रूरत जैसे बहाने बनाते थे। खेतिहर और मज़दूर जातियों में एक लड़की का मायके या ससुराल में रहना दोनों पक्षों के बीच तनाव का विषय बन जाता था, क्योंकि लड़की जहाँ भी रहती थी उससे उस घर को एक अतिरिक्त श्रम करने वाला मिल जाता था।

मायका और ससुराल के घरों के बीच दूरी के कारण एक महिला की गतिशीलता सीमित हो जाती थी। लेकिन अमूमन इस दूरी में कमी आने की प्रवृत्ति सामने आयी। हमने 79 परिवारों के 151 विवाहों का रैण्डम सैंपल लिया। इसमें 30 वर्ष से ज़्यादा की 43 प्रतिशत महिलाओं के पीर (मायका) और ससरा (ससुराल) के बीच 30 किमी से ज़्यादा की दूरी थी, लेकिन 30 वर्ष या उससे कम उम्र की सिर्फ़ 22 प्रतिशत महिलाओं के साथ ही ऐसा था।[8] परिवहन के साधनों में सुधार होने के कारण महिलाओं की अपने मायके और ससुराल के बीच की यात्रा में बढ़ोतरी हुई है।

विशेष रूप से, मध्यम स्तरीय किसान परिवारों में खेती में श्रम की बढ़ती हुई आवश्यकता को पूरा करने के लिए सबसे पहले परिवार के श्रम का सहारा लिया गया। उसके बाद जोतदार (या जोतदार के परिवार) और श्रम विनिमय का तरीक़ा अपनाया गया और आख़िरकार मज़दूरों को किराये पर रखा जाने लगा। हमने परिवारों को उनके भू–स्वामित्व के आधार पर अलग–अलग समूहों में बाँटा। हमने यह पाया कि वार्षिक रूप से और मानसून में परिवार की खेती में महिलाओं के श्रम का सापेक्षिक योगदान प्रति 'बीघा' परिवार के श्रम निवेश से मज़बूती से जुड़ा हुआ था। असल में, महिलाएँ कमोबेश परिवार के हर प्रकार के श्रम में भी योगदान देती थीं।[9] मानसून के समय, हल जोतने के अलावा महिलाएँ हर प्रकार के काम में भाग लेती थीं। जाड़े की फ़सल में, कटाई और कटाई के बाद के काम के अलावा महिलाएँ बहुत कम श्रम करती थीं, क्योंकि मोटे तौर पर अन्य सभी काम पुरुषों से सम्बन्धित माने जाते थे। पुरुषों को घर के अन्य कामों से मुक्त करने के लिए यह आवश्यक था कि महिलाएँ घर का सारा काम करें। यदि परिवार में काम करने वाले लोगों की कमी होती थी, तो महिलाएँ मेंडबन्दी और सिंचाई जैसे काम करती थीं।

हमने 65 परिवारों के सैंपल में परिवार के संघटन के अनुसार महिलाओं द्वारा खेती में दिनों के हिसाब से उनके श्रम के सापेक्षिक योगदान का वर्गीकरण किया है (सारणी 1) और यह पाया कि जिन परिवारों में मानसून के दौरान खेतों में 60 प्रतिशत से ज़्यादा महिलाओं ने काम किया, वे जटिल परिवार थे और उनमें एक से ज़्यादा वयस्क महिलाएँ थीं। अभिवृद्धि–युक्त जटिल परिवारों में महिलाएँ वार्षिक रूप से और मानसून के दौरान सबसे ज़्यादा योगदान करती थीं। लेकिन अभिवृद्धि–युक्त सरल परिवारों में उनका योगदान सबसे कम था। इसलिए खेती में महिला श्रम का योगदान *अवनी–जावनी* के अलावा, कुल महिला सदस्यों के सन्दर्भ में परिवार के आकार, वयस्क की तुलना में बच्चों, महिलाओं की तुलना में पुरुषों की उपस्थिति जैसे कई कारकों से प्रभावित होती थी।

जिन परिवारों में कोई गाँव छोड़कर नहीं गया था या सिर्फ़ एक व्यक्ति गाँव छोड़कर गया था वहाँ महिलाओं का योगदान औसत से कम था। यदि काम के लिए गाँव से बाहर जाने वाला पुरुष खेती के मौसम में कुछ समय के लिए या खेती की पूरी अवधि के दौरान वापस आ जाता

था तो खेती के काम में महिलाओं के श्रम का योगदान और कम हो जाता था। जहाँ विवाहित पुरुष काम के लिए गाँव से बाहर रहता था और महिलाएँ भी *अवनी–जावनी* करती थीं, वहाँ महिलाओं का योगदान सबसे ज़्यादा था। आमतौर पर, पुरुषों के बाहर चले जाने से खेती के लिए उपलब्ध पारिवारिक श्रम में कटौती होती थी, लेकिन महिलाओं की गतिशीलता के कारण उपलब्ध श्रम में बढ़ोतरी हुई। जब तक बड़े भू–स्वामित्व वाले परिवार में किसी महिला के परिवार के पास खेती का काम करने वाले पर्याप्त लोग नहीं होते थे, तब तक वह अपने प्रवासी पति के साथ नहीं जाती थी।

**सारणी 1 : परिवार के प्रकार द्वारा पुरुष और महिला श्रम के प्रतिशत के रूप में महिलाओं का श्रम**

| श्रम का प्रकार/ परिवार का प्रकार | मानसून | | शीतकाल | | वार्षिक | | वार्षिक | | |
|---|---|---|---|---|---|---|---|---|---|
| | परिवार | सभी | परिवार | सभी | परिवार | सभी | कुल ग़ैर–परिवार श्रम | किराये पर लिये गये | बाहर जाने वाले |
| सरल | 51 | 42 | 25 | 22 | 49 | 39 | 14 | 3 | 7 |
| सरल और अभिवृद्धि | 41 | 34 | – | – | 37 | 31 | 25 | 13 | 26 |
| जटिल | 57 | 45 | 31 | 25 | 55 | 45 | 10 | 9 | 24 |
| जटिल और अभिवृद्धि | 62 | 54 | 30 | 29 | 59 | 51 | 12 | 8 | 47 |
| कुल | 55 | 45 | 30 | 25 | 52 | 42 | 14 | 8 | 29 |

*स्रोत : लेखक।*

खेती से जुड़े ऐसे काम सबसे ज़्यादा लचीले होते थे, जिनमें मुख्य रूप से महिलाएँ काम करती थीं, या महिलाएँ नियमित रूप से भागीदारी करती थीं। कुछ सीमा तक यह घरेलू काम के बारे में भी सच था। जब

खेती का काम बढ़ जाता था तो घर के काम को या तो कम कर दिया जाता था, या फिर छोटी लड़कियाँ या बूढ़ी महिलाएँ वे काम करने लगती थीं। छोटी लड़कियों को घर के काम में मदद करने, बच्चों और पशुओं की देखभाल करने के लिए किसी रिश्तेदार के यहाँ से बुलाया जाता था। इससे वयस्क महिला घर के काम से मुक्त होकर खेती का काम कर पाती थी। खेतों से अनचाहे छोटे पौधों और खरपतवार हटाने का काम लम्बे समय तक चलता था और महिलाएँ जब भी खेत पर आती थीं वे यह काम आरम्भ कर देती थीं। चूँकि फ़सलों की कटाई के समय में अन्तर होता था, इसलिए इस काम को इस तरह तय किया जाता था कि एक विवाहित महिला अपने मायके और ससुराल–दोनों स्थानों पर होने वाली कटाई के काम में भाग ले पाती थीं। काम की आवश्यकता के अनुसार, यह तय किया जाता था कि परिवार में कितनी महिलाओं या लड़कियों की आवश्यकता है, और फिर इसी हिसाब से रिश्तेदारों के यहाँ से उन्हें बुलाया जाता था।

सबसे महत्त्वपूर्ण बात यह है कि खेतों में काम करने वाले श्रमिकों की संख्या या काम की भागीदारी की दर से सम्बन्धित आँकड़े खेतों में युवा महिलाओं द्वारा किये जा रहे काम की मात्रा को अभिव्यक्त नहीं कर सकते हैं। चूँकि महिलाएँ अलग–अलग घरों और खेतों में काम करती थीं इसलिए उनका समय और स्थान बँटा हुआ था। इसलिए किसी एक स्थान के दृष्टिकोण से विचार करने पर उनका काम दूसरे दर्जे का लगता है या कई बार ऐसा लगता है कि वे तक़रीबन कोई काम नहीं करती हैं। इसके कारण उनके काम को मान्यता नहीं दी जाती है, या फिर उसे कम करके आँका जाता है।

## अवनी–जावनी और पर्दा प्रथा में बदलाव

चारण जाति की जनसंख्या कम है और ये गाँव में अलग–अलग स्थानों पर फैले हुई हैं। अन्य जातियों की तुलना में इस जाति के लोगों के सम्बन्धियों के बीच ज़्यादा दूरी पर रहने की प्रवृत्ति है (गॉल्ड 1960, 1961; गुप्ता 1974; कार्वे 1958)। चारण महिलाएँ अपने मायके में कम समय के लिए आती थीं। ख़ासतौर पर, उनके बच्चों का जन्म हो जाने के बाद ऐसा होता था। लेकिन यदि उनके पति काम के लिए अपने गाँव से बाहर रहते

थे तो वे ज़्यादा समय के लिए भी आ जाती थीं। ब्राह्मणों–मिसरा और गौर में जाटों की तुलना में महिलाएँ विवाह के बाद जल्दी अपने ससुराल चली जाती थी। पुत्र के जन्म के बाद उनका मायके से ससुराल की ओर स्थानान्तरण पूर्ण हो जाता था। चारण और ब्राह्मण जाति के माता–पिता यह चाहते थे कि उनकी बेटी जल्द से जल्द अपने ससुराल के घर में अपना दावा स्थापित करे। उन्होंने इस पर बल दिया कि वे अपनी 'बेटियों का बनाया नहीं खाते हैं', इसलिए विवाहित बेटियों को अपने मायके के घर में रहकर काम नहीं करना चाहिए। यह इन जातियों में विवाह की प्रकृति से सम्बन्धित था। इन जातियों के विवाह में दहेज और अनुलोम विवाह (हाइपरगेमी) की विचारधारा पर ज़ोर दिया जाता था। लेकिन इन जातियों में भी लड़कियों को अलग–थलग रखने के व्यवहारों में बदलाव आया है, और गाँव के बाहर ब्याही गयी बेटियाँ अपने मायके आती हैं, और उनका मायके आना खेती के चक्र से जुड़ा हुआ है।

अतीत में अधिकांश चारण, मिसरा और पठान ख़ुद अपनी ज़मीन पर खेती नहीं करते थे, बल्कि वे जोतदारों को अपनी ज़मीन बँटाईदारी पर देते थे। मुझे यह बताया गया है कि इन जातियों में दूसरे गाँव से ब्याह कर आयी महिलाओं में से बहुतों ने कभी अपना खेत तक नहीं देखा है। यदि वे खेत पर जाती भी थीं, तो अक्सर वे ऊँट या ताँगे पर जाती थीं ताकि कोई उन्हें देख न पाये। कभी–कभार ऐसी स्थिति भी आती थी जब एक परिवार अपनी ज़मीन पर ख़ुद काम करता था, तो इस परिवार की छोटी बेटियाँ खेत पर खाना लेकर जाती थीं, लेकिन अपनी उम्र और लिंग के कारण वे वहाँ काम नहीं करती थीं।

1970 के दशक के आख़िर में और 1980 के दशक के आरम्भ में इन तीन जातियों की विवाहित और अविवाहित युवा बेटियाँ 'चौमासा' में हर रोज़ खेतों की यात्रा करती थीं। वे अपने पिता और भाईयों के लिए भोजन ले जाती थीं, जानवरों को चराती थीं, चारा काटती थीं, फ़सलों की रखवाली करती थीं तथा कुछ परिवारों में ये खरपतवार हटाने और फ़सलों की कटाई का काम भी करती थीं।

पठानों में पुरुषों का एक बड़ा हिस्सा गाँव के बाहर काम करता था, या फिर वेतन/मज़दूरी मिलने पर गाँव में भी काम करता था। अमूमन ये अपने खेत पर खेती करने के लिए उपलब्ध नहीं रहते थे। यद्यपि इनके द्वारा बड़े पैमाने पर भाड़े के मज़दूरों का इस्तेमाल किया जाता था, लेकिन

युवा विवाहित बेटियाँ भी खेती से जुड़ा ढेर सारा काम करती थीं। बहुत से पठानों के खेत एक–दूसरे से सटे हुए थे। जब खेती का कोई ख़ास काम नहीं होता था, तो इनकी बेटियाँ किसी एक व्यक्ति के खेत में बनी झोपड़ी में एकत्रित हो जाती थीं तथा कढ़ाई और रंगाई का काम करती थीं और फ़सलों पर नज़र भी रखती थीं। महिलाएँ खेतों में काम करने के लिए आसानी से तैयार हो जाती थीं, किन्तु अधिकांश पुरुष इसे महिलाओं के लिए अनुचित गतिविधि मानते हुए इसकी अनुमति देने इनकार कर देते थे। 'जब बेटियाँ खेत में आती हैं, तो वे एक जगह बैठी रहती हैं। ज़्यादा से ज़्यादा कभी–कभार उनसे कोई काम करने के लिए कह दिया जाता है।' दूसरी ओर, महिलाओं ने यह कहा कि अपने परिवार की आर्थिक स्थिति देखते हुए उन्हें यह लगता है कि किराये के मज़दूरों पर ख़र्च होने वाले पैसे को बचाया जाना चाहिए तथा पिता या भाई के काम के बोझ को कम किया जाना चाहिए, ताकि वे कहीं जाकर मज़दूरी कर सकें। उन्होंने यह भी कहा कि इस ज़िले के जिन दो गाँवों में पठानों का बहुमत है, वहाँ महिलाएँ अब खुले रूप में खेतों में काम करती हैं।

जिन पठान महिलाओं का विवाह अपने गाँव से बाहर रहने वाले पुरुष से हुआ था, वे अमूमन लम्बे समय तक अपने मायके में ही रहती थीं। वे तब तक ऐसा करती थीं जब तक उनका पति अपना एक अलग घर नहीं बना लेता था, जिसका मुखिया वह ख़ुद हो। ऐसा इसलिए मुमकिन हो पाता था क्योंकि ये पठान महिलाएँ कढ़ाई और रंगाई के काम से कुछ कमा लेती थीं, इनके पिता की सम्पत्ति में इनका अधिकार होता था तथा खेती के काम में इनकी भागीदारी में वृद्धि हुई थी। गाँव के बाहर ब्याही गयी महिलाओं ने अमूमन यह इच्छा जतायी कि जब तक उनकी सास का ससुराल में पूरा नियन्त्रण है, तब तक वे अपना माता–पिता के यहाँ ही रहना चाहती हैं और यदि इन महिलाओं के शौहर अपने गाँव के बाहर मज़दूर के रूप में काम करते थे, तो ये अपने ससुराल खेती के काम में मदद करने भी नहीं जाती थीं। अपने सास–ससुर द्वारा काम करने के लिए कहे जाने पर इस बात का हवाला देती थीं कि उनके यहाँ पारम्परिक रूप से महिलाओं के खेतों में काम करने की मनाही है। वे यह सुनिश्चित करना चाहती थीं कि उनकी सास उनका और ज़्यादा शोषण न करे। वे केवल उसी समय अपने ससुराल में खेती के काम में भाग लेती थीं, जब उनके पति परिवार के मुखिया बन जाते थे–'जब हमारा ससुराल हमारा

अपना घर बन जाता है'। ऐसा होने पर वे ख़ुद घर के काम, खेतों में पैदा होने वाले अनाजों को अपने पति की कमाई मानते हुए उसका नियन्त्रण करती थीं। लेकिन वे अपने पीर या मायके में खेती के काम में अपने पिता और भाईयों की सहायता करने के लिए तैयार रहती थीं।

जागीरदारी ख़त्म होने, ज़मीन कम होने, जोतदारों की मुफ़्त मज़दूरी की सुविधा समाप्त होने, आर्थिक दबाव बढ़ने, घर से किसी आदमी के काम के लिए गाँव से बाहर जाने या घर के आदमियों को बाहर काम करने के लिए खेती के काम के बोझ से मुक्त करने की ज़रूरत जैसे कारकों ने पठानों, चारणों और मिसराओं के बीच महिलाओं को खेती के काम से दूर रखने की प्रथा में काफ़ी बदलाव किया। पंचवास की सभी जातियों में पठानों के यहाँ चौमासा में परिवार के श्रम में महिलाओं का योगदान सबसे ज़्यादा था (सारणी 2)। इनके यहाँ जेंडर के आधार पर श्रम के विभाजन और खेती में महिलाओं की भागीदारी में काफ़ी वृद्धि हुई और इसमें दूसरे गाँव से ब्याहकर आयी बहुएँ भी भाग लेने लगीं। इसका कारण यह था कि भू–स्वामित्व के सन्दर्भ में ये सबसे ग़रीब थे और बाहर काम करने वाले पुरुषों द्वारा भेजी गयी रक़म पर निर्भर थे। चारण जाति के परिवारों में सैंपल औसत की तुलना में महिलाओं का योगदान कम था। लेकिन बहुत से चारण परिवारों में मज़दूरों को काम पर रखने की आर्थिक क्षमता नहीं थी। ऐसे परिवारों में बेटियों का काम परिवार की खेती में महत्त्वपूर्ण योगदान देना था, हालाँकि उन्हें आसानी से काम नहीं करने दिया जाता था। मिसरा परिवारों में बेटियाँ खेती के समय आकर घर के पुरुषों को घर के भीतर के हर प्रकार के काम से मुक्त कर देती थीं। अविवाहित बेटियाँ पशुओं की देखभाल और खेती में भी मदद करती थीं। इन जातियों में जवान बेटियाँ तभी खेतों में काम करने के लिए जाती थीं जब वे समूह में जा सकती थीं या फिर परिवार का एक पुरुष उनके संरक्षक के रूप में मौजूद रहता था। सबसे पहले बेटियाँ घर के बाहर के काम में शामिल होती थीं, उसके बाद माताएँ और फिर बहुएँ। लेकिन ऐसे बहुत कम उदाहरण थे जहाँ घर की बहू खेतों में काम करती थी। यहाँ तक कि ऐसे काम में पठान महिलाओं को भी शामिल नहीं किया जाता था।

महिलाओं को अलग–थलग रखने की प्रथा में हुए सुधारों के कारण पर्दा की जगह घूँघट पर ज़ोर दिया जाने लगा। अर्थात् अब महिलाएँ ख़ुद

को ऐसे ढंक कर रखने लगीं जिससे खेती में उनके श्रम का नुकसान न हो (शर्मा 1978, 1980)। बहरहाल, महिलाओं द्वारा पानी लाने या ईंधन की लकड़ी लाने जैसे ऐसे कामों पर रोक थी, क्योंकि इसमें उन्हें गाँव के बीच में जाना पड़ता था और उन्हें ज़्यादा लोग देखते थे। शर्मा (1980) ने इस बात की भी विवेचना की है कि अलग–थलग रखने और पर्दा रखने के मानकों के साथ महिलाओं को किन स्थानों पर जाने की अनुमति नहीं थी। खेतों को इसलिए ख़तरनाक माना गया क्योंकि वे सुनसान होते थे, किन्तु बाज़ार या गाँव का मध्य भाग ज़्यादा सार्वजनिक होता था। खेतों के सुनसान होने के ख़तरे से उबरने के लिए यह प्रावधान किया गया कि महिलाएँ समूह में खेतों में जायेंगी। लेकिन गाँव के मध्य में सबके द्वारा देखे जाने का कोई उपाय नहीं निकला, इसलिए महिलाओं के लिए इस क्षेत्र में जाने पर रोक थी। एक परिवार की अपनी ज़मीन को घर का विस्तार माना जाता था, इसलिए यहाँ के काम को *घर के काम* की संज्ञा दी जा सकती थी। पंचवास में विशेष रूप से उन जातियों के बारे में यह बात सही थी जहाँ महिलाओं को अलग–थलग नहीं रखा जाता था; अन्य जातियों में भी यह गाँव जिन महिलाओं का मायका था, उनके बारे में यह बात सच थी। महिलाएँ अपने परिवार की ज़मीन पर इस विश्वास के साथ जा सकती थीं कि उन्हें वहाँ जाने का अधिकार है। वे फ़सलों का निरीक्षण करती थीं और दोपहर में भुनी हुई दाल खाती थीं। लेकिन विवाह के काफ़ी समय बाद ही किसी बहू को उसके ससुराल के खेत इस तरह आने–जाने की अनुमति मिल पाती थी। इसलिए, गाँव में ब्याही गयी महिलाओं की तुलना में गाँव से बाहर ब्याही गयी महिलाओं के लिए खेतों में काम करना आसान था। महिलाओं का अपने मायके के घर में जाना इसलिए महत्त्वपूर्ण था क्योंकि वे यह सुनिश्चित करती थीं कि उनके परिवार के खेतों के लिए पर्याप्त श्रम उपलब्ध हो; बेटियों का श्रम, श्रम के लैंगिक विभाजन की अवहेलना करता था और पर्दा नियमों का भी उल्लंघन करता था। हालाँकि ऐसा लगता था कि किसी मानक या व्यवहार का उल्लंघन नहीं हो रहा है। इस पूरी प्रक्रिया में महिलाओं के काम को मान्यता नहीं मिलती थी, और वह काम अदृश्य बना रहता था।

### सारणी 2 : जाति के आधार पर
### (पुरुष और महिला श्रम के प्रतिशत में) खेती में महिलाओं का श्रम

| श्रम / जाति का प्रकार | मानसून | | शीतकाल | | वार्षिक | | वार्षिक | |
|---|---|---|---|---|---|---|---|---|
| | परिवार | सभी | परिवार | सभी | परिवार | सभी | किराये पर | सम्पूर्ण ग़ैर–पारिवारिक श्रम |
| ब्राह्मण | 52 | 34 | 15 | 11 | 50 | 35 | 0 | 0 |
| चारण | 24 | 25 | 15 | 13 | 24 | 25 | 36 | 26 |
| खाती, नाई, दारोगा, मीना | 65 | 61 | 26 | 24 | 65 | 61 | 2 | 18 |
| जाट | 56 | 48 | 33 | 28 | 50 | 42 | 11 | 18 |
| बलाई और नायक | 46 | 37 | 24 | 23 | 42 | 34 | 3 | 3 |
| पठान | 70 | 34 | – | – | 70 | 34 | 1 | 1 |
| काजी और मनिहार | 40 | 31 | 54 | 36 | 47 | 32 | 7 | 9 |
| कुल | 55 | 45 | 30 | 25 | 52 | 42 | 8 | 14 |

*स्रोत : लेखक।*

## वेतन वाले काम तथा अवनी–जावनी

कई बार गाँव से बाहर ब्याही गयी बेटी अपने मायके में वेतन या मज़दूरी के लिए काम करने हेतु वापस आती है। वह खेतिहर या ग़ैर–खेतिहर कोई भी काम करती है। यह पूरी तरह से वेतन वाले काम की उपलब्धता, इसकी निम्न हैसियत, वेतन के लिए काम करने वाली महिलाओं, विशेष रूप से बहुओं के ख़िलाफ़ करने वाली विचारधारात्मक प्रतिबन्धों की सक्रियता,

तथा बेटियों और बहुओं की कमाई को नियन्त्रित करने से सम्बन्धित मूल्यों से जुड़ा हुआ है।

1970 के दशक के आख़िरी वर्षों में खेतिहर विकास, खाड़ी के कारण निर्माण में वृद्धि तथा काम के बदले अनाज कार्यक्रम के चलते घर के भीतर तथा किराये के श्रम की माँग में वृद्धि हुई। लेकिन किराये पर श्रम की माँग में अभी भी इतनी ज़्यादा वृद्धि नहीं हुई थी कि यह लोगों की रोज़गार की आवश्यकताओं को पूरा कर पाता। खेती का काम अभी भी विशेष मौसमों से जुड़ा हुआ था। लोगों मज़दूर लगाकर काम करने से ज़्यादा इस बात को वरीयता दे रहे थे कि वे अपनी ज़मीन को छोटे टुकड़ों में बाँटकर उसे लीज़ पर दे दें। इससे भी किराये के मज़दूरों की माँग सीमित हुई। पंचवास में सिर्फ़ सात पुरुष और एक महिला खेतिहर के लिए वेतन मज़दूरी मुख्य पेशा था, लेकिन 100 पुरुषों और 30 महिलाओं के लिए यह एक सहायक पेशे के रूप में था। गाँव में या उससे सटे दूसरे गाँव और सीकर के 49 पुरुष और 16 महिलाएँ अनौपचारिक ग़ैर–खेतिहर मज़दूर के रूप में काम कर रहे थे। इसी तरह, 20 पुरुष और एक महिला आवश्यकता पड़ने पर अनौपचारिक शारीरिक श्रम का काम करते थे। यहाँ पर चमड़े का काम करने वाले, दाई या टोकरी बनाने जैसे काम करने वाले लोगों की तुलना में दक्षताहीन, अनौपचारिक शारीरिक श्रम करने वाले लोगों की संख्या ज़्यादा थी।

विशेष रूप से महिलाओं को खेतिहर और ग़ैर–खेतिहर वेतन–मज़दूरी वाला रोज़गार न मिलने के पीछे बहुत से कारक ज़िम्मेदार थे। आमतौर पर, पुरुष मज़दूरों को वरीयता दी जाती थी और श्रम के लैंगिक विभाजन के कारण महिलाओं को विभिन्न प्रकार के कामों से बाहर रखा जाता था। फिर, कम भू–स्वामित्व वाले लोगों में सरल परिवारों का प्रतिशत ज़्यादा था। इसलिए, ऐसे प्रत्येक प्रत्येक परिवार में अमूमन एक महिला ही घर का कामकाज करती थी और घर से जुड़ी सारी ज़िम्मेदारी सँभालती थी। इसलिए, ऐसे परिवार में रोज़गार की आवश्यकता होने पर भी यह महिला वेतन के लिए काम नहीं कर पाती थी। ख़ासतौर पर, यदि इसके बच्चे छोटे होते थे, तो इसके लिए बाहर कोई काम करना नामुमकिन था। यदि इस महिला का पति गाँव से बाहर काम करता था, तो घर में उसकी कोई विवाहित या अविवाहित बेटी नहीं होती थी तो घर से जुड़ी हर तरह की ज़िम्मेदारी पूरी तरह से इसके कन्धों पर ही आ जाती थी।

गाँव में बहुत कम काम उपलब्ध था। इसके चलते काम के लिए आसपास के गाँवों में जाना आवश्यक था। कुछ लोग यह चाहते थे कि गाँव में ब्याह कर आयी उनकी पत्नी या घर की अन्य औरतें गाँव से बाहर ही काम करें ताकि लोगों को इसके बारे में जानकारी न हो। गाँव के बाहर मज़दूरी का काम करने वाली महिलाएँ काम का स्थान दूर होने पर अपने परिवार के लोगों या रिश्तेदारों के साथ समूह बनाकर वहाँ जाती थीं। ऐसा होने पर या तो सारा परिवार उस स्थान पर काम के लिए जाता था, या फिर इस परिवार की कोई अन्य महिला या छोटी लड़की घर पर रुककर घर का कामकाज सँभालती थी। घूँघट की प्रथा के कारण महिलाएँ उपलब्ध काम के बारे में जानकारी के लिए अन्य लोगों पर निर्भर रहती थीं। विधवा या परित्यक्ता महिलाओं को काम खोजने में बड़ी कठिनाई का सामना करना पड़ता था। इसलिए महिलाओं के लिए स्थिति विशेष रूप से कठिन थी। उनके पास बहुत कम विकल्प थे। सिलाई या चूड़ी आदि बनाने के काम में उन्हें काफ़ी प्रतियोगिता का सामना करना पड़ता था। इसके साथ ही, उन्हें उचित व्यवहार के मानकों का भी अनुपालन करना पड़ता था।

ज़्यादा महत्त्वपूर्ण बात यह है कि जिन जातियों में यह माना जाता था कि महिलाएँ खेती के काम में भाग ले सकती हैं, वहाँ भी यह मान्यता थी कि वेतन–मज़दूर के रूप में महिलाओं का काम करना परिवार की हैसियत के ख़िलाफ़ है। महिलाओं के लिए उचित और अनुचित कार्यों के विभाजन का एक आधार यह था कि कोई कार्य परिवार से जुड़ा हुआ था या नहीं। अमूमन वेतन के लिए की जाने वाले मज़दूरी के काम में अपने रिश्तेदारों या अपने पति के परिवार के अलावा अन्य लोगों के साथ काम करना पड़ता था। विशेष रूप से ग़ैर–खेतिहर क्षेत्र में ऐसा होता था। जो घूँघट और महिलाओं की पवित्रता के नियमों के लिए ख़तरा उत्पन्न करता था। असल में, ग़रीबी और कमाने वाले पुरुष सदस्य के न होने के कारण ही महिलाएँ हैसियत की सीमा को पार करके वेतन मज़दूर के रूप में काम करती थीं।

पचहत्तर प्रतिशत महिला खेतिहर मज़दूरों का अपने रोज़गारदाता से पहले से ही कोई सम्बन्ध होता था अर्थात् इनका रोज़गारदाता इनका रिश्तेदार, पड़ोसी, दोस्त या संरक्षक/भू–स्वामी/साहूकार आदि होता था। लेकिन 50 प्रतिशत से भी कम पुरुषों का उनके रोज़गारदाता से कोई पूर्व

सम्बन्ध होता था। यदि किसी किसान परिवार का दूसरे परिवार के साथ सम्बन्ध होता था, जिसमें कोई काम करने वाली महिला होती थी, तो वह आवश्यकता पड़ने पर अपने इस रिश्तेदार परिवार की महिला को काम पर रखता था। अमूमन किसी अन्य प्रकार का सम्बन्ध होने पर वेतन–मज़दूर का काम देकर सहायता की जाती थी। परिवार के सन्दर्भ में इसे 'सहायता' के रूप में प्रस्तुत किया जाता था। ऐसा लगता है कि बहुत से मामलों में इस लक्ष्य को हासिल करने के लिए काल्पनिक सम्बन्धों को जानबूझकर बढ़ावा दिया जाता था।[10] चूँकि बेटियों और लम्बे समय से ब्याही गयी बहुओं को कही आने–जाने में ज़्यादा आसानी होती थी, और उनका लम्बे समय से ऐसा रोज़गार देने वाले परिवारों से सम्बन्ध होता था, इसलिए अन्य महिलाओं की तुलना में इन्हें ये काम ज़्यादा मिलते थे। एक महिला के लिए अपने ससुराल की तुलना में अपने मायके में वेतन या मज़दूरी वाला काम करना ज़्यादा आसान होता था।

वेतन या मज़दूरी के लिए एक बेटी की तुलना में बहू का काम करना ज़्यादा अपमानजनक माना जाता था। स्थानीय स्तर पर और विभिन्न जातियों में बहुओं के लिए शर्म और पर्दा जैसे मानक बने हुए थे। एक बहू की यह ज़िम्मेदारी थी कि वह इन मानकों का पालने करते हुए अपने ससुराल की प्रतिष्ठा में वृद्धि करे। यदि कोई बहू मज़दूरी वाला काम करती थी, तो यह माना जाता था कि उस परिवार की हालात काफ़ी ख़राब है जिसके कारण बहू को शर्म छोड़कर काम करना पड़ा। दूसरी ओर, जब एक बेटी वेतन के लिए काम करती थी, तो गाँव के लोग परिवार को सन्देह का लाभ दे देते थे। चूँकि वह अपने गाँव में ज़्यादा आसानी से घूम–फिर सकती थी, इसलिए यह बात छिप जाती थी कि पैसे के लिए मज़दूरी का काम कर रही है। साथ ही, कई बार उसके काम को दोस्ती या किसी परिवार की सहायता के रूप में प्रस्तुत कर दिया जाता था। ज़्यादा से ज़्यादा यह सोचा जाता था कि वह अपने लिए कोई ख़ास सामान ख़रीदने हेतु पैसा जुटाने के लिए काम कर रही है, या फिर वह चाहती है कि जब वह अपने ससुराल जाये तो उसके पास कुछ नगद पैसा हो।

बेटियों द्वारा वेतन या मज़दूरी के लिए किया जाने वाला काम आय को ख़र्च करने से सम्बन्धित मूल्यों से भी जुड़ा हुआ था। मानकीय रूप से, परिवार के किसी भी सदस्य की आय पूरे परिवार से जुड़ी हुई थी। यहाँ तक कि परिवार की बहू की कमाई भी इसी श्रेणी में आती थी। इसे

परिवार के मुखिया के फ़ैसले के अनुसार ख़र्च किया जाता था। इसके अलावा, मज़दूरी करने वाली अधिकांश महिलाएँ ऐसे परिवारों से जुड़ी हुई थीं जो बहुत मुश्किल से अपनी जीविका की आवश्यकताओं को पूरा करती थी। किन्तु तीन प्रकार की आय को महिलाओं की व्यक्तिगत आय के रूप में देखा जाता था : पहला, घी बेचने से हुई आमदनी, दूसरा, बंधेज की रंगाई की आमदनी और तीसरा, वेतन–मज़दूर के काम द्वारा बेटियों की कमाई। सिर्फ़ दुधारू पशु पालने वाले परिवार की उम्रदराज महिलाएँ ही पहली श्रेणी में आती थीं। यहाँ मुख्य रूप से बेटियों की कमाई पर ही ध्यान दिया गया है। उनकी कमाई का मुख्य स्रोत बंधेज की रंगाई और वेतन–मज़दूरी थी। यह माना जाता था कि बेटियों की कमाई सिर्फ़ उन्हीं पर ख़र्च होनी चाहिए और उन्हें अपने माता–पिता की सहमति से अपनी कमाई ख़र्च करनी चाहिए।

लेकिन जब परिवार के भीतर के काम की बात आती थी तो सभी जातियों में इस नियम को स्वीकार नहीं किया जाता था कि बेटियों से लिया नहीं जाना चाहिए, बल्कि उन्हें सिर्फ़ दिया जाना चाहिए। बहरहाल ख़ुद को या अपने परिवार को पालने की ज़िम्मेदारी बेटी पर नहीं होती थी, इसलिए आर्थिक कठिनाई का सामना करने वाले परिवारों में भी उसे मज़दूरी करने के लिए मजबूर नहीं किया जाता था। लेकिन इसके साथ ही पठान और कुछ हद तक बलाई जाति में यह माना जाता था कि बेटियों को इतना कमाना चाहिए कि वे ख़ुद अपना ख़र्च चला सकें, तथा अपने दहेज के लिए पैसा भी जुटा सकें। गाँव के नज़दीक बन रही सड़क पर काम करने वाली कुछ बलाई लड़कियों ने यह कहा कि वे अपनी मर्ज़ी से यह काम कर रही हैं; यदि वे सिर्फ़ जानवर चराती, तो भी उनके माता–पिता को कोई दिक़्क़त नहीं थी। वे यह चाहती थीं कि वे इतने पैसे कमा लें जिससे वे दिवाली या अन्य अवसरों के लिए अच्छे कपड़े ख़रीद पायें। सड़क बनाने के क़ाम में लगे बहुत से लड़के भी इसी कारण से काम कर रहे थे। दो जाट लड़कियाँ मज़दूरी के लिए काम कर रही थीं क्योंकि उनके पिता अपनी चार अविवाहित बेटियों के विवाह के लिए पैसे बचा रहे थे। यद्यपि इसे एक निम्न हैसियत के संकेत के रूप में देखा जा रहा था, लेकिन फिर भी पिता का यह निर्णय काफ़ी हद तक समझने लायक था। बेटियाँ अपने लिए काम कर रही थीं। एक पिता यह कहते हुए घर चलाने में बेटियों की कमाई का उपयोग करने को सही ठहरा सकता था

कि परिवार के पास खाने के लिए पैसा नहीं है। 'नये कपड़ों की तुलना में भोजन ज़्यादा महत्त्वपूर्ण है, और बेटियाँ इसी पर अपना पैसा ख़र्च कर रही हैं।' लेकिन ऐसा करने वाले माता–पिता के बारे में उनके मुँह पर टीका–टिप्पणी की जाती थी और उनकी निन्दा की जाती थी।

यदि किसी विवाहित लड़की के बच्चे होते थे और वह अपने मायके में मज़दूरी का काम करती थी तो उसका अपनी कमाई पर पूरा नियन्त्रण होता था। उसके सास–ससुर को यह पता नहीं होता था कि अपने मायके जाकर उसने मज़दूरी के काम द्वारा कुछ कमाई की है। इसलिए वे कम–से–कम कुछ राशि छिपाकर रख पाती थीं। इस तरह, मायके में काम द्वारा महिलाएँ अपने व्यक्तिगत ख़र्च या आपातकालीन स्थिति के लिए कुछ नगद पैसा बचाकर रखती थीं। यदि वे ऐसा नहीं करतीं तो उनके पास अपना कोई पैसा नहीं बचता।

## बेटियों का काम और विवाह सम्बन्धी उपहार

सभी जातियों में एक महिला के मायके के परिवार का त्यौहारों के समय बहुत सारा कर्मकाण्डीय दायित्व होता था। साथ ही, उसके जीवन में मायके और ससुराल के परिवार में कई उत्सव होते रहते थे। अमूमन इसमें उसके मायके के परिवार से ससुराल के परिवार की ओर कुछ सम्पत्ति का स्थानान्तरण होता था। शादी के बाद के आर्थिक लाभ दो प्रकार के होते थे। पहला जीवन से जुड़े विभिन्न उत्सवों और प्रमुख कर्मकाण्डों से होने वाला आर्थिक लाभ। इस तरह के तोहफ़े खानदान के लोगों और समुदाय के अन्य लोगों के सामने दिये जाते थे। पुरुषों और महिलाओं–दोनों द्वारा इस पर ध्यान दिया जाता था और इसे किसी की हैसियत को मापने का तरीक़ा माना जाता था। दूसरे तरह का उपहार त्यौहारों के दौरान कर्मकाण्ड के दौरान या लड़की के अपने पति के साथ मायके आने के समय दिया जाता था। जब भी वह मायके से ससुराल जाती थी तो उसे और उसके बच्चों को कपड़े दिये जाते थे। यदि उसके साथ उसका पति भी होता था, तो उसे कुछ पैसा दिया जाता था और कभी–कभार कपड़े भी दिये जाते थे। जब कोई बहू अपने मायके से वापस ससुराल आती थी, तो उसे अपनी सास को कपड़े देने होते थे तथा कुछ रिश्तेदार महिलाओं को कंचलीन (ब्लाउज़) देना पड़ता था। इस तरह, से विवाहित लड़कियों

के मायके के परिवार को हमेशा ख़र्च करना पड़ता था। महिलाओं के बीच इस तरह के उपहारों की चर्चा होती थी और उनका मूल्यांकन किया जाता था। बहुत से पुरुष इस दूसरे तरह के ख़र्च (सास और अन्य महिलाओं के लिए तोहफ़े) पर खीझ जताते हुए कहते थे 'ये औरतों के ख़र्च'। जाट, बलाई तथा अन्य मध्य और निम्न जातियों में इस तरह के उपहार देने की प्रथा मौजूद थी।

महिलाओं के मायके के परिवार द्वारा कर्मकाण्डीय और उपहार देने सम्बन्धी दायित्व और उपहारों का मूल्य आर्थिक और जनसांख्यिक कारकों के साथ लोगों के आपसी सम्बन्धों पर निर्भर करता था। ग़रीब और भूमिहीन किसानों के बीच परिवार अमूमन सरल होते थे। यहाँ एक विवाहित महिला की ज़िम्मेदारी ज़्यादा होती थी, इसलिए वह लम्बे समय तक अपना ससुराल छोड़कर नहीं जा पाती थी। असल में, ज़्यादा मायका न जाना वहाँ से उपहार न मिलने के सम्बन्ध में एक बहाने का काम करता था। दूसरी ओर, अमीर किसानों में बेटियों और बहनों को उनके पिता या भाईयों द्वारा पीर या मायके लाया जाता था। कई बार वे सिर्फ़ एक दिन के लिए आती थीं ताकि उन्हें कुछ कपड़े और तोहफ़े दिये जा सकें। कई बार ऐसे परिवारों के भाई अपनी बहन की ससुराल तोहफ़ा लेकर जाते थे।

किसी विवाहित महिला के मायके के लोगों द्वारा इन ज़िम्मेदारियों के पूरा करने या इनकी उपेक्षा करने के कारण उस महिला की अपनी ससुराल और वहाँ के रिश्तेदारों के बीच प्रतिष्ठा बढ़ती थी या कम होती थी। इसी आधार पर उसके ससुराल में उसके मायके की प्रतिष्ठा और सम्मान तय होता था। इसलिए एक बेटी यह चाहती थी कि उसे अपने मायके से ज़्यादा से ज़्यादा उपहार मिलें। इसके अलावा, युवा विवाहित महिलाओं के लिए ये तोहफ़े ही कई वर्षों तक कपड़ों के मुख्य स्रोत होते थे। उनके सास–ससुर इस उम्मीद में उन्हें कपड़े नहीं देते थे कि उनके मायके के लोग ऐसा करेंगे। अमूमन उस समय तक महिलाओं के पास नगद आय का कोई स्रोत नहीं होता था, जब तक वे अपने ससुराल के घर में वरिष्ठ सदस्य नहीं बन जातीं और परिवार में जानवर होने पर उन्हें घी बेचने से कोई आय नहीं होने लगती, या फिर उसका पति खेती के अलावा कुछ कमाई नहीं करने लगते थे। इसके अलावा, मुख्य रूप से पठान और कुछ हद तक काजी और बलाई जाति की युवा लड़कियाँ रंगाई का काम करती थीं, या कई महिलाएँ अपने मायके आकर मज़दूरी

करती थीं जिससे उनके पास कपड़े ख़रीदने के लिए पैसे हो जाते थे। ग़रीब परिवारों में ससुराल से मायके आयी बेटी को कपड़े और अन्य तोहफ़े मायके में उनकी कमाई से ही दिये जाते थे। अन्य परिवारों में भी बेटियों द्वारा घर के भीतर या खेती का काम किया जाता था, और अमूमन उन्हें इसी आधार पर उपहार दिया जाता था।

बेटियों को उपहार देने के नाम पर उन्हें पीर या मायके बुलाया जाता था, लेकिन उन्हें यह नहीं बताया जाता था कि घर के काम के लिए किसी व्यक्ति की ज़रूरत है। अधिकांश जातियों और वर्गों में यह माना जाता था कि किसी भी स्वस्थ व्यक्ति को खाली नहीं बैठना चाहिए। इस कारण मायके आयी बेटियों को भी घर में या परिवार के खेतों में काम करना पड़ता था। यह माना जाता था कि वे अपने मायके में किसी भौतिक फ़ायदे के लिए काम नहीं करती हैं, बल्कि वे भावनात्मक जुड़ाव के कारण यहाँ काम करती हैं। असल में, बेटियाँ यह महसूस करती थीं कि उनकी शादी में होने वाली धूमधाम और बाद में मायके आने पर मिलने वाला उपहार आदि इस पर निर्भर करता था कि वे जब मायके में रहती थीं तो उन्होंने घर के लिए कितना काम किया था। ख़ासतौर पर माता–पिता की मृत्यु के बाद मायके में किये गये उनके काम के आधार पर ही उन्हें उपहार मिलता था। बहुत–सी महिलाओं ने खुलकर यह कहा कि जब वे अपने मायके आती हैं तो घर और खेतों में मन लगाकर काम करती हैं, ताकि जब वे वापस जायें तो उनके पिता या भाई, भाभियाँ उन्हें अच्छे कपड़े और उपहार दें। दूसरी ओर, यद्यपि लड़की के मायके के लोग उसके द्वारा किये गये काम को महत्त्वपूर्ण मानते थे, किन्तु वे यह नहीं मानते थे कि उनके द्वारा दिया गया उपहार एक तरह से लड़की के काम का इनाम है। असल में, वे हमेशा ऐसे 'उपहारों' को बोझ के रूप में देखते थे। बाहर ब्याही गयी बेटियों से कुछ नहीं लिया जाता था, और इस प्रकार के सम्बन्ध में पारस्परिकता को नकारा जाता था।

अमूमन यह कहा जाता था कि 'एक बेटी घर में वैसे ही खाती है, जैसे चिड़िया खेतों में फ़सल खाती है। यह भुला दिया जाता था कि बेटियाँ अलग–अलग समय पर मिलने वाले उपहारों के बदले में बहुत सारा काम करती थीं। महिलाओं के श्रम को महत्त्व नहीं दिया जाता था और बेटियों को बोझ माना जाता था। इसके अलावा, बेटियाँ अपने मायके में काम के आधार अपने अधिकार की बात नहीं कर सकती थीं। इसके लिए यह

ज़्यादा आवश्यक था कि उन्हें उपहार दिये जायें और उन्हें यह अहसास दिलाया जाये कि उनका अधिकार उनके ससुराल में ही है। बार–बार इस सिद्धान्त को दोहराया गया कि विवाह के बाद बेटियाँ अपने ससुराल में ही रहती हैं और वहीं के खेतों में काम करती हैं।

## अवनी–जावनी और समावेशन

महिलाओं और उनके मायके के परिवारों की यह इच्छा होती थी कि भावनात्मक कारणों से महिलाओं का अपने मायके के परिवारों से रिश्ता बना रहे, और इससे मायके के परिवार की आवश्यकताएँ भी पूरी होती रहें। वैवाहिक सम्बन्धों से जुड़े दो परिवार सामाजिक, राजनीतिक और भौतिक कारणों से भी इन सम्बन्धों को क़ायम रखना चाहते थे। इसके अलावा, लोग यह भी चाहते थे कि उनकी बेटियाँ अपनी ससुराल के घर में पूरी तरह समाविष्ट हो जायें। इससे वहाँ उसका अधिकार स्थापित हो जाता था तथा मायके के घर में उसका अधिकार समाप्त हो जाता था। साथ ही, इससे परिवार में आने वाली बहू की निष्ठा भी सुनिश्चित होती थी। लेकिन एक बहू को अपने ससुराल में धीरे–धीरे समाविष्ट किया जाता था, परन्तु कभी भी उसे अपने ससुराल में अपने पति की तरह स्वीकार नहीं किया जाता था, या फिर मायके के घर में कभी भी उसका स्थान अपने भाईयों की तरह नहीं होता था। अवनी–जावनी की प्रथा द्वारा इसे और बढ़ावा दिया जाता था।[11]

इस तरह, अपने जीवन के एक बड़े हिस्से में महिलाएँ अपने मायके और ससुराल–दोनों ही घरों में सन्देह और असन्तोष का विषय बनी रहती थीं। इनमें से कोई भी इन्हें पूरी तरह स्वीकार नहीं करता था। एक ओर, ससुराल का परिवार यह सन्देह करता था कि नवविवाहिता ससुराल की सम्पत्ति का हस्तानान्तरण अपने मायके के परिवार को कर सकती है; दूसरी ओर, उसके मायके के परिवार में अपने कर्मकाण्डीय दायित्वों या बेटियों के उपहार पाने के अधिकार के ख़िलाफ़ नाराज़गी रहती थी। कई बार वह अपने बेटे या पति के हितों को ध्यान में रखते हुए अपने मायके के परिवार से उपहार की उम्मीद रखती थी। उन्हें इससे फ़र्क़ नहीं पड़ता था कि उनके मायके वाले तोहफ़ा देने की स्थिति में हैं या नहीं। उनके ससुराल में स्पष्ट या अस्पष्ट रूप से यह कहा जाता था कि उसे सिर्फ़

अपने पीर या मायके से ही कपड़े और निजी ज़रूरत की अन्य वस्तुएँ लेने का अधिकार है। महिलाएँ इसका विरोध करती थीं। उनके मायके और ससुराल–दोनों ही स्थानों पर यह कहा जाता था कि 'तुम खाती यहाँ हो, लेकिन काम कहीं और करती हो', जिसका मतलब यह होता था कि 'तुम हमारे लिए कोई काम नहीं करती हो'।

*अवनी–जावनी* की अवधि और महिलाओं के अपने मायके की नियमित यात्रा में कमी आने के सम्बन्ध में एक स्पष्ट पैटर्न था। आमतौर पर, निम्नलिखित स्थिति होने पर ही महिलाएँ अपने ससुराल में रहती थीं : (1) जिनके ससुराल और मायके के घरों के बीच काफ़ी दूरी थी; (2) जिन्होंने ससुराल में अपने अधिकारों की दावेदारी की थी, जिसके कारण उनका ससुराल में लगातार बने रहना आवश्यक था; (3) ससुराल में खेतों में काम करने के लिए मज़दूरों की आवश्यकता थी; (4) सीमित महिला मज़दूरों के कारण उनका ससुराल में रहना आवश्यक था; (5) मायके का परिवार ग़रीब था और उसके पास बहुत कम ज़मीन थी तथा उसके लिए मायके आयी बेटी को उपहार देना एक कठिन काम था; (6) अपने पति के घर के नाममात्र का या वास्तविक मुखिया होने के कारण वे अपने ससुराल में सबसे वरिष्ठ महिला थीं; (7) पति गाँवों में काम करते थे; या (8) उनके बहुत से बच्चे थे, जिसका अर्थ था (9) बच्चों की उम्र बढ़ रही थी और कई बच्चों के विवाह की उम्र हो गयी थी। जब उनकी बहुएँ घर का काम सँभालने लगती थीं, या कुछ महिलाएँ विधवा हो जाती थीं तभी उन्हें अपने मायके में लम्बे समय तक रहने का मौका मिलता था। उनका अपने मायके में आना अपने भाई और उसकी पत्नी से उनके सम्बन्धों पर भी निर्भर करता था, क्योंकि इस समय तक अमूमन महिलाओं के माता–पिता का देहान्त हो चुका होता था। कारक (1) और (3) उच्च जातियों (चारण और ब्राह्मण) और बड़े भू–स्वामित्व वाले घरों में ज़्यादा मज़बूती से या जल्दी काम करने वाले कारक थे।

*अवनी–जावनी* की अवधि को ख़त्म करने वाले उपयुक्त कारकों को महिलाओं के जीवन चक्र में परस्परव्यापी परिवर्तनों के तीन समूहों में बाँटा जा सकता है।

1. जैसे–जैसे उनकी सास की उम्र बढ़ती थी, उनके पति के भाई–बहनों का विवाह होता था और पति की बहनें अपनी ससुराल में ज़्यादा समय व्यतीत करने लगती थीं, वैसे–वैसे

घर की बहू के रूप में एक महिला का काम बढ़ जाता था। घर के रोज़–ब–रोज़ का काम उनके ज़िम्मे आ जाता था। ऐसे कामों में विशेष रूप से खाना बनाने, जानवरों को चारा देने, दूध निकालने, घी बनाने, घर में अनाज और घी की स्थिति की जानकारी रखने जैसे काम सम्मिलित थे। ऐसे में, उनके लिए कहीं आना–जाना मुमकिन नहीं हो पाता था और वे अपने ससुराल तक ही सीमित हो जाती थीं। महिलायें अपने ससुराल के परिवार के श्रमिक से बढ़कर उसकी प्रबन्धक बन जाती थीं, और उसकी भलाई और सुचारु रूप से परिवार चलाने की ज़िम्मेदारी उनके कन्धों पर ही आ जाती थी।

2. जब एक दुल्हन बच्चों की माँ बन जाती थी, तो वह अपने ससुराल में ही रहना शुरू कर देती थी। जैसा कि पहले उल्लेख किया गया है यह माना जाता था कि एक आदमी का जन्म उसके पिता के घर में ही होना चाहिए। यह भी माना जाता था कि उसका पालन–पोषण अपने पिता के घर में ही होना चाहिए, जिससे वह उनके तौर–तरीक़े जान पाये और उनसे वह पूरी तरह घुल–मिल जाये। बच्चे के दादा–दादी अक्सर यह इच्छा व्यक्त करते थे कि उनके पोते–पोतियाँ उनके साथ रहें। लड़की के माता–पिता और भाई उसके बच्चों अपने यहाँ रखने में झिझकते थे।

3. धीरे–धीरे लड़की को उसके ससुराल में पूरी तरह स्वीकार कर लिया जाता था और वह ख़ुद स्वयं को ससुराल से जुड़ा हुआ मानने लगती थी। *अवनी–जावनी* के ख़त्म होने के साथ ही उपरोक्त दो आयाम ससुराल में लड़की के स्वीकार करने में महत्त्वपूर्ण भूमिका निभाते थे। एक महिला अपने बेटों की माँ के रूप में भी अपने ससुराल तथा उसकी उत्पादक सम्पदा में अपने अधिकार को स्थापित करती थी। अपने बेटों की माँ के रूप में वह ससुराल के संयुक्त परिवार की तक़रीबन पूर्ण सदस्य बन जाती थी (श्रीनिवास 1952), और यह स्वीकार कर लिया जाता था कि ससुराल में भी उसका हित जुड़ा हुआ है। लेकिन शायद ही कभी कोई महिला अपनी ससुराल से सम्बन्ध को पूरी तरह ख़त्म कर पाती थी।

पहले दो जीवनचक्र महिलाओं के काम की मान्यता और मूल्यांकन के दो अन्य आयामों की ओर संकेत करते हैं। आवासीय आदर्श पर ज़्यादा नज़दीकी रूप से विचार करने पर महिलाओं की पुनर्उत्पादक भूमिका सामने आती है। इसके साथ ही *घर को काम* की ज़िम्मेदारी लेने और उसका नियन्त्रण करने में उनकी भागीदारी सामने आती है। पहले उनके काम को मान्यता नहीं दी जाती थी क्योंकि यह काम हमेशा ही कहीं और होता था। अब 'प्रजनन' उनके काम को परिभाषित करने लगा,[12] और यह उनके द्वारा किये गये बाकी सभी कामों पर भारी पड़ने लगा अर्थात् अधिकांश जातियों में उनके द्वारा जानवरों की देखभाल और खेती के काम में सक्रिय भागीदारी की तुलना में उनकी 'प्रजननकारी' भूमिका ज़्यादा महत्त्वपूर्ण हो जाती थी। सिर्फ़ उनके द्वारा किये जाने वाले विभिन्न काम ही धुँधले नहीं पड़ते थे, बल्कि उनके द्वारा किये जाने वाले विशिष्ट कामों का भी अवमूल्यन हो जाता था।

## निष्कर्ष

समाजशास्त्रीय विश्लेषणों में महिलाओं के अपने पति के यहाँ निवास की व्याख्या करने के दौरान उनके द्वारा मायके में किये जाने वाले कामों को विश्लेषण से ग़ायब कर दिया जाता है। यह माना जाता है कि महिलाएँ सिर्फ़ आराम या मनोरंजन करने (त्यौहारों और उत्सवों के समय), या फिर लम्बे समय के बाद कुछ समय के लिए अपने मायके आती हैं। ऐसे अध्ययनों में महिलाओं के काम पर कोई ध्यान नहीं दिया गया और उनका अध्ययन नहीं किया गया। इसलिए मायके और ससुराल में महिलाओं के रहने और उनके समावेशन से सम्बन्धित जटिलताओं को मान्यता नहीं दी गयी। मायका और ससुराल को महिलाओं के जीवन में तक़रीबन एक–दूसरे से पृथक् आयाम माना जाता था, लेकिन व्यवहार में ये एक–दूसरे से गूँथे हुए थे। महिलाओं द्वारा दोनों स्थानों पर निवास करने के कारण ये एक–दूसरे से जुड़े हुई थी।

समाजशास्त्रीय अध्ययनों ने अपनी ख़ामोशी और अपने विवरण में बुनियादी रूप से आदर्श मॉडल और अभिजन व्यवहार का अनुसरण किया है। इस बात की पूरी सम्भावना थी कि पारम्परिक अभिजनों अर्थात् चारण और ब्राह्मणों में महिलाएँ काम और निवास सम्बन्धी पैटर्न के सन्दर्भ में

दो आदर्शों का अनुकरण कर रही थीं; ये दो आदर्श थे–महिलाओं को अलग–थलग रखना (अर्थात् काम में सम्मिलित नहीं करना), और उनका सिर्फ़ आराम करने या कर्मकाण्डों का पूरा करने के लिए अपने मायके आना। व्यवहार में, दोनों आदर्शों का एक साथ अनुसरण करने या इनमें अन्तर्विरोध होने की प्रवृत्ति थी। असल में, एक समय अभिजन रहे समुदाय में अन्तर्विरोध की प्रवृत्ति ज़्यादा मज़बूती से सामने आ रही थी। असल में, जहाँ एक ओर इन्होंने पर्दा और हैसियत के मानकों को क़ायम रखा, वहीं दूसरी ओर महिलाएँ घर के बाहर के काम में भी सम्मिलित होती रहीं।

गाँव के अधिकांश परिवारों में जहाँ महिलाओं ने निवास के आदर्श का अनुसरण किया, वहीं उन्होंने खेतों में भी काम किया। लेकिन अधिकांश महिलाएँ अपने जीवन के अलग–अलग चरणों में मायके और ससुराल–दोनों ही घरों में रहीं तथा उन्होंने दोनों ही जगह काम किया और इस तरह व्यवहार में ये इन दोनों आदर्शों से अलग रहीं। *अवनी–जावनी* के कारण महिलाएँ ऐसे बहुत से काम कर पायी, जिन्हें महिलाओं के लिए अनुचित माना जाता था, या उनकी हैसियत के अनुरूप नहीं माना जाता था। महिलाओं के इन कामों से स्थापित मानकों का उल्लंघन होता था, इसलिए इन कामों को सामने लाने के बजाय इन्हें छिपाया गया। इसीलिए ऐसे काम करने के लिए महिलाएँ अपने मायके आती थीं। इस प्रकार के निवास सम्बन्धी व्यवहार के कारण जिन क्षेत्रों में महिलाओं को काम करने की इजाज़त थी और जिन क्षेत्रों में उनके काम को स्वीकार किया जाता था, उनमें उनके काम की गहनता को छिपाने में मदद मिली। खेती के समय युवा विवाहित स्त्रियाँ अपनी मायके चली जाती थीं, जो इस बात का प्रमाण है कि वे अपने ससुराल की खेती के काम में योगदान नहीं देती थीं। मायके के घर में भी इसी तरह का तर्क दिया जाता था, अर्थात् इनके काम को महत्त्व नहीं दिया जाता था। इस तरह, महिलाओं के निवास स्थान से जुड़े जटिल व्यवहार महिलाओं के काम का अवमूल्यन करते थे और इस कथन को सही साबित करते थे कि 'औरतें काम नहीं करती हैं'।

यह कथन कि 'महिलाएँ काम नहीं करती हैं', यह नहीं बताता था कि महिलाएँ क्या करती हैं, बल्कि यह महिलाओं के मूल्य और महिलाओं के काम से सम्बन्धित कथन था। पंचवास के लोगों के अनुसार, 'जहाँ महिलाओं को काम नहीं होता है, वे वहाँ रहती हैं, और खाना खाती हैं'।

'बेटियाँ शादी के बाद अपने पति के साथ रहने चली जाती हैं'—ऐसा इस तरह से कहा जाता था मानो वे अपने मायके में कोई काम नहीं करती थीं। यह स्वीकार किया जाता था कि बेटियों का श्रम महत्त्वपूर्ण होता है, तथा बेटियाँ अपने भाईयों की तुलना में माता–पिता की ज़्यादा चिन्ता करती हैं। लेकिन इनके काम और माता–पिता के बारे में इनकी चिन्ता को कोई महत्त्व नहीं दिया जाता था, क्योंकि वे विवाह के बाद अपने पति के घर रहती थीं। साथ ही, यह माना जाता था कि विवाह से पूर्व वे जितना काम करती हैं, अपने विवाह में वे उससे ज़्यादा अपने ससुराल लेकर चली जाती हैं।

इस सन्दर्भ में, विवाह के बाद लड़की के निवास के स्थानान्तरण को यह दर्शन के लिए इस्तेमाल किया जाता था कि उसका अपने मायके में कोई स्थायी अधिकार नहीं है; और अपने ससुराल में अपने अधिकार का दावा करने के लिए वह अपने मायके से एक निश्चित सीमा तक ही वस्तुएँ ले जा सकती है। इसलिए विवाह के बाद किसी लड़की के उसके पति के घर जाने से सम्बन्धित कथन सिर्फ़ यह नहीं बताता था कि वह कहाँ रहती है; असल में, इससे यह भी पता चलता था कि विवाहित लड़की के अधिकार और हर प्रकार की सहायता की अपेक्षाएँ भी उसके मायके से ससुराल की ओर स्थानान्तरित हो गयी हैं। भले ही ऐसी लड़की ने अपने मायके में कितना भी काम किया हो, किन्तु इससे उसके मायके से ससुराल की ओर स्थानान्तरण पर कोई प्रभाव नहीं पड़ता है। मायके के परिवार द्वारा यह कहा जाता था कि लड़कियाँ काम नहीं करतीं। असल में, ऐसा कहकर विवाहित लड़की के योगदान को नकारा जाता था। लेकिन इसके साथ ही आवास सम्बन्धी व्यवहारों को धुँधला किया जाता था, अर्थात् ऐसे कथन के माध्यम से परिवार में ब्याहकर आयी बहुओं के काम को महत्त्वहीन बना दिया जाता था। स्पष्टतः हर लड़की के ससुराल वालों द्वारा भी उनके महत्त्व को नकारा जाता था। इस तरह, उनके ससुराल में उनके महत्त्व को कमतर किया जाता था। ससुराल के परिवार में उनके समावेशन की प्रक्रिया तनावपूर्ण होती थी, तथा मदद और सुरक्षा हासिल करने के उनके अधिकार धुँधले पड़ जाते थे।

कुल मिलाकर, निवास के बारे में आदर्श कथन में अन्तर्विरोध पैदा करने वाले व्यवहार काम के बारे में आदर्श कथन का समर्थन करते हैं, और इसी तरह काम से सम्बन्धित आदर्श कथन में अन्तर्विरोध करने वाले

व्यवहार निवास के सन्दर्भ में आदर्श कथन का समर्थन करते थे। विवाह के बाद पति के यहाँ रहने के नियम के लचीलेपन से एक महिला के मायके और ससुराल–दोनों जगहों के परिवारों को लाभ होता था। एक महिला के लिए भी यह लचीलापन महत्त्वपूर्ण और आवश्यक था क्योंकि उसे पितृपक्ष से संचालित होने वाले पितृसत्तात्मक समाज से सामंजस्य बनाने में सहायता मिलती थी। बहरहाल, इस लचीलेपन के कारण ही आदर्श लम्बे समय तक क़ायम रहा, लेकिन इसके साथ ही इसने महिलाओं के काम और विवाह के लिए दहेज के सन्दर्भ में उनके काम का अवमूल्यन किया। साथ ही, इसने ससुराल में दहेज के सन्दर्भ में उनके काम का अवमूल्यन किया और साथ ही, इसने ससुराल में इनके अधिकारों को बुनियादी रूप से अनिश्चित कमज़ोर किया।

## टिप्पणियाँ

1. यह अध्याय मुख्य रूप से मेरी पीएच.डी से सम्बन्धित व्यापक अध्ययन से लिया गया है।
2. कुल जनसंख्या के सन्दर्भ में जिन लोगों को शामिल किया गया है, और जिन लोगों को बाहर रखा गया है वे एक–दूसरे को निरस्त नहीं करते हैं। इसके कारण परिवार के संघटन और प्रकार को तय करना भी काफ़ी कठिन हो जाता है। इसलिए जनसंख्या के दो कुल योगों का उपयोग किया गया है : (1) उन लोगों को निवासी ग्रामीण व्यक्ति माना गया जो पूरे साल में छह महीने या उससे ज़्यादा समय तक गाँव में रहते थे, और (2) दूसरे में सभी गाँव वालों को सम्मिलित किया गया, अर्थात् उन लोगों को भी जो अस्थायी रूप से गाँव से बाहर रहते थे (सारणी 1)। इसके समानान्तर परिवारों के दो वर्गीकरणों का उपयोग किया गया (ऐसे लोगों के समूह को एक परिवार माना गया जो (1) पूरे साल एक छत के नीचे रहते थे और उनका भोजन एक साथ बनता था; और (2) जो छह महीने या उससे कम समय तक एक छत के नीचे रहते थे और इस अवधि में उनका भोजन एक साथ बनता था। साथ ही, यह भी आवश्यक माना गया कि लोग पूरे साल के लिए अपनी आय को एक साथ रखकर साझा बजट बनायें।
3. ज़्यादा सुनियोजित श्रेणीबद्ध वर्गीकरण, परिभाषा और व्यवहारिक जटिलताओं के साथ ही साथ परिवार के निर्माण, संघटन और विकास के लिए देखें परलीवाला 1990।
4. कोलेंडा (1989) ने जनगणना आँकड़ों का उपयोग करते हुए पाया कि सीकर राज्य का एक ऐसा ज़िला था जो 1961 में संयुक्त जीवन में सबसे ज़्यादा स्तरीय या क्विंटाइल था।
5. सन्दर्भ के बग़ैर कथन फील्डवर्क के दौरान लोगों के बयान हैं।
6. मज़दूरी काम का एक उपसमूह है, और काम गतिविधि का एक उपसमूह है।

7. इन आयामों की ज़्यादा विस्तृत विवेचना के लिए देखें परलीवाला 1990।
8. 30 वर्ष से ज़्यादा उम्र की कुल महिलाओं में से 68 प्रतिशत महिलाओं के दो घरों के बीच 15 किमी से ज़्यादा की दूरी थी, और 30 वर्ष से कम सिर्फ़ 55 प्रतिशत महिलाओं के दोनों घरों के बीच 55 प्रतिशत से ज़्यादा दूरी थी।
9. आँकड़ों, अध्ययन–पद्धति तथा इस क्षेत्र और पंचवास में खेती और श्रम उपयोग की प्रवृत्तियों के बारे में विस्तृत जानकारी के लिए देखें परलीवाला 1990।
10. श्रम का लैंगिक विभाजन, विभिन्न कामों के लिए वेतन की अलग–अलग दर, महिलाओं द्वारा वेतन वाले काम करने के अवसरों के सन्दर्भ में प्रभावी आर्थिक कारणों के अलावा अन्य कारण, तथा छिपकर वेतन वाला काम करने की सामाजिक आवश्यकता ने खेती में महिलाओं की औसत वेतन दर और कुल वेतन को नीचे करने का काम किया है।
11. श्रीनिवास (1952) ने यह बताया है कि महिलाओं के अलग–अलग स्थानों पर रहने के कारण वे किसी एक स्थान (मायका या ससुराल) से बहुत ज़्यादा जुड़ाव नहीं रख पाती हैं।
12. प्रजनन या बच्चों को जन्म देने से सम्बन्धित विविध आयामों की विवेचना के लिए देखें इधोल्म और अन्य (1927)। यहाँ श्रम शक्ति के पुनरुत्पादन के आयाम पर विशेष रूप से विचार किया गया, साथ ही कुछ हद तक मानव प्रजनन पर भी विचार किया है। किन्तु पंचवास के लोगों ने सामाजिक पुनरुत्पादन के आयामों को ज़्यादा महत्त्व प्रदान किया।

## सन्दर्भ


इधोल्म, ई., ओ. हैरिस और के. यंग, 1977, *'कॉनसेप्चुअलाइजिंग वुमेन'*, *क्रिटिक ऑफ़ एंथ्रोपोलॉजी* 3 (9/10) : 101–30।

गॉल्ड, एच. 1960, 'द माइक्रो–डेमोग्राफी ऑफ़ मैरिजेज़ इन अ नॉर्थ इंडियन एरिया', *साउथ वेस्टर्न जर्नल ऑफ़ एंथ्रोपोलॉजी* 16(4) : 476–91।

———, 1961, 'अ फरदर नोट ऑन विलेज एक्सोगेमी इन नॉर्थ इंडिया', *साउथवेस्टर्न जर्नल ऑफ़ एंथ्रोपोलॉजी* 17(3): 297–301।

गुप्ता, जी. आर. 1974, *मैरिज, रिलीजन ऐंड सोसायटी : पैटर्न ऑफ़ चेंज इन ऐन इंडियन विलेज*, दिल्ली : विकास।

कार्वे, आई, 1958, *किनशिप ऑर्गनाइजेशन इन इंडिया,* बॉम्बे एशिया पब्लिशिंग हाउस,

कोलेंडा, पी. 1989, *'द ज्वॉइंट फैमिली हाउसहोल्ड इन रूरल राजस्थान : इकोलॉजिकल, कलचरल ऐंड डेमोग्राफिक कंडीशन्स फॉर इट्स अकरेन्स'*, संकलित सोसायटी *फ्रॉम द इनसाइड आउट : एंथ्रोपोलॉजिकल पर्सपेक्टिव्ज ऑन द साउथ एशियन हाउसहोल्ड*, सम्पा. : जे. एन. ग्रे और डी. जे. मीयर्न्स, नयी दिल्ली : सेज पब्लिकेशन्स,

मेडिक एच. और डी. डब्ल्यू., सेबियन (सम्पा.), 1984, *इंटरेस्ट ऐंड इमोशन : ऐसे ऑन द स्टडी ऑफ़ फैमिली ऐंड किनशिप*, कैम्ब्रिज : कैम्ब्रिज यूनिवर्सिटी प्रेस।

परलीवाला, आर., 1990, *'प्रोडक्शन, रिप्रोडक्शन ऐंड द पोजिशन ऑफ़ विमेन इन अ राजस्थान विलेज'*, अनपब्लिश्ड पीएच.डी. डेजर्टेशन, यूनिवर्सिटी ऑफ़ दिल्ली।

रैप, आर. आर., ई. रॉस और आर. ब्रिडेंथल, 1979, *'इक्जामिनिंग फैमिली हिस्ट्री', फेमिनिस्ट स्टडीज़* 5(1) : 174–200।

शाह, ए. एम. 1973, *द हाउसहोल्ड डायमेंशन ऑफ़ द फैमिली इन इंडिया*, दिल्ली : ऑरियन्ट लॉन्गमन।

शर्मा, यू., 1978, 'विमेन ऐंड देयर एफिनीज़ : द वेल ऐज़ अ सिम्बल ऑफ़ सेपरेशन', *मैन* एन. एस., 13(2) : 218–33।

———, 1980, *विमेन, वर्क ऐंड प्रॉपर्टी इन नॉर्थ इंडिया*, लन्दन : टावीस्टॉक।

श्रीनिवास, एम. एन. 1952, *रिलीजन ऐंड सोसायटी अमॉन्ग द कुर्ग्स*, ऑक्सफोर्ड : ऑक्सफोर्ड यूनिवर्सिटी प्रेस/क्लेरेण्डन प्रेस।

# कौन उधार लेता है? कौन उधार देता है?

## *ग्रामीण हरियाणा में अनौपचारिक ऋण की बदलती संरचना**

**सुरिन्दर एस. जोधका**

इस तथ्य को व्यापक स्तर पर स्वीकार किया जाता है कि 'पूर्व–पूँजीवादी' खेतिहर संरचना में निर्भरता वाले सम्बन्धों के पुनरुत्पादन में उधार और ऋण महत्त्वपूर्ण मध्यस्थ की भूमिका निभाते हैं। भारतीय इतिहास के औपनिवेशिक दौर में होने वाले आर्थिक बदलावों से सम्बन्धित ऐतिहासिक साहित्य में इस पहलू पर बल दिया गया है। इसके साथ ही, आज़ादी के बाद के दौर में खेतिहर परिवर्तनों का अध्ययन करने वाली सरकारी एजेंसियों और अर्थशास्त्रियों ने भी ग्रामीण समाज के इस आयाम का प्रमुखता से उल्लेख किया है। खेती के व्यवसायीकरण, भूमि अलगाव, किसानों के असन्तोष और गोलबन्दी जैसे विषयों से सम्बन्धित ऐतिहासिक साहित्य में ऋण सम्बन्धों में बदलाव और छोटे किसानों, जोतदारों, भूमिहीन मज़दूरों के ऋण पर बढ़ती निर्भरता की विस्तार से चर्चा की गयी है।[1] 'आश्रयदाता–असामी' (पैट्रन–क्लाइंट) के पारस्परिक सम्बन्धों (ब्रेमन 1984; भादुड़ी 1984; श्रीनिवास 1955), खेतिहर बाज़ारों का 'आपसी–जुड़ाव' (इंटरलॉकिंग) (बर्द्धन 1984; भारद्वाज 1974; सरप 1991; श्रीवास्तव 1989) या उत्पादन की अर्द्धसामन्ती प्रणाली (भादुड़ी 1984; प्रसाद 1974) जैसी खेतिहर सामाजिक संरचनाओं से सम्बन्धित सैद्धान्तिक सूत्रीकरणों में भी यह माना गया कि ऐसे सम्बन्धों की बुनियादी विशेषता क़र्ज़ से सम्बन्धित निर्भरताओं की प्रकृति से जुड़ी हुई है। यह माना जाता है कि इन पारम्परिक संरचनाओं को क़ायम रखने तथा इनका पुनरुत्पादन करने में उधार की महत्त्वपूर्ण भूमिका होती है।

---

* *इकोनॉमिक ऐंड पॉलिटिकल वीकली* 30 (39) : ए–123–ए–132 (30 सितम्बर, 1995)।

हालाँकि, 'पूर्व–पूँजीवादी' संरचनाओं से सम्बन्धित ऐतिहासिक साहित्य या अवधारणात्मक रूपरेखाओं के विपरीत स्वतन्त्रता–प्राप्ति के बाद के 'ग्रामीण ऋण' से सम्बन्धित अधिकांश साहित्य में मुख्य रूप से विकास के प्रश्नों पर ही ध्यान दिया गया है। साथ ही, मुख्य रूप से इनकी प्रकृति मात्रात्मक (क्वांटिटेटिव) रही है (बसु 1979; हग 1966; हुचाप्पी 1968; जोधा 1971; कारकाल 1962; आर.बी.आई. रिपोर्ट्स 1969; रोथ 1983; सरप 1991; थॉर्नर 1964; वाधवा 1980)। अधिकांश अध्ययनों और सर्वेक्षणों में कुछ निश्चित आयामों पर ध्यान दिया गया। इनमें विभिन्न प्रकार के ऋण की माँग और आपूर्ति, ऋण के अनौपचारिक से संस्थात्मक स्रोतों की ओर बदलाव, ग्रामीण समाज की विभिन्न श्रेणियों में ऋणग्रस्तता की सीमा और इसकी प्रकृति, ऋण के संस्थात्मक स्रोतों का प्रदर्शन तथा न्यूनतम ऋण बाज़ार में ब्याज दरों के निर्धारकों जैसे आयामों पर ध्यान केन्द्रित किया गया। इस तरह के मात्रात्मक आँकड़ों से हमें समकालीन भारत में खेतिहर बदलाव के आर्थिक आयामों को समझने में सहायता मिलती है। किन्तु यह अनौपचारिक ऋण बाज़ार या संस्थात्मक ऋण को सामाजिक सम्बन्धों के एक नेटवर्क के रूप में नहीं देखता है। इसके अलावा, ग्रामीण ऋण के ऐतिहासिक साहित्य में निर्भरता और असमानता के संस्थाबद्ध सम्बन्धों के बारे में काफ़ी उल्लेख मिलता है; लेकिन स्वतन्त्रता–प्राप्ति के बाद हुए अध्ययनों से यह पता नहीं चलता है कि ऋण बाज़ारों में हुए परिवर्तनों का निर्भरता और असमानता के संस्थाबद्ध सम्बन्धों पर क्या प्रभाव पड़ा।

## प्रस्तावना

यह अध्याय हरियाणा राज्य के एक हरित क्रान्ति वाले ज़िले (करनाल) के तीन चुनिन्दा गाँवों के फील्ड अध्ययन पर आधारित है।[2] इस अध्याय में अनौपचारिक ऋण बाज़ार की बदलती संरचना और क़र्ज़ निर्भरता के उभरते स्वरूप के समाजशास्त्र का अध्ययन करने का प्रयास किया गया है। इस सन्दर्भ में दो पहलुओं पर ध्यान दिया गया है : (क) हरित क्रान्ति की सफलता के कारण हुआ खेतिहर बदलाव; और (ख) ऋण के संस्थात्मक स्रोतों की उपलब्धता में वृद्धि और इनकी बढ़ती लोकप्रियता।

इस अध्याय में मुख्य रूप से निम्नलिखित प्रश्नों पर ध्यान केन्द्रित किया गया है :

1. स्वतन्त्रता प्राप्ति के बाद के दौर में, विशेष रूप से हरित क्रान्ति के बाद अनौपचारिक ऋण बाज़ार की संरचना में किस प्रकार का परिवर्तन हुआ है?
2. पारम्परिक साहूकारों का क्या हुआ, तथा ग्रामीण हरियाणा में अन्य जाति समूहों के साथ इनके सम्बन्धों में किस प्रकार का बदलाव हुआ?
3. अनौपचारिक ऋण बाज़ार में किसने किससे ऋण लिया और यह ऋण किन आवश्यकताओं को पूरा करने के लिए लिया गया?
4. खेतिहर समाज की विविध श्रेणियों में ऋण के संस्थात्मक और अनौपचारिक स्रोतों से ऋणग्रस्तता की प्रकृति और सीमा क्या है; और अन्त में,
5. विशेष रूप से उत्पादन और स्थानीय शक्ति संरचना के दायरे में ऋण ग्रामीण समाज की विविध श्रेणियों के बीच सम्बन्धों में किस प्रकार की मध्यस्थता करता है, और उन्हें कैसे संस्थाकृत करता है।

## अध्ययन के लिए चुने गये गाँवों की खेतिहर संरचना और ऋण सम्बन्ध

शेष हरियाणा की तरह ही अध्ययन के लिए चुने गये गाँवों की अर्थव्यवस्था भी औपनिवेशिक शासन के दौरान पिछड़ी और जीविका–केन्द्रित थी। भूमि की उत्पादकता कम थी और अमूमन साल में एक ही फ़सल उगायी जाती थी। अधिकांश भूमि जाट, रोर और गूजर जैसी मध्य स्तरीय जातियों के पास थी। बड़े भू–स्वामी अपनी ज़मीन 'निम्न जाति' के भूमिहीन जोतदारों को दे देते थे। एक जोतदार को कुल उत्पादन का दो–तिहाई से लेकर आधा हिस्सा तक मिलता था। बड़े भू–स्वामी आमतौर पर मज़दूरों को काम पर रखते थे, जिन्हें 'साझी' कहा जाता था। ये खेतों में काम करते थे और इन्हें कुल उत्पादन का एक–चौथाई या पाँचवाँ हिस्सा दिया जाता था। 'जजमानी' जैसे सम्बन्धों का भी अस्तित्व था, जिसमें 'कमीन' अपने जजमानों के लिए काम करते थे। उन्हें जाति व्यवस्था के नियमों के मुताबिक़ अनाज या राशि दी जाती थी।

ऋण सम्बन्धों का एक नेटवर्क इस व्यवस्था की जीवन–रेखा थी। स्थानीय स्तर पर इसे 'साही–सामी' व्यवस्था के रूप में जाना जाता था। साह या साहूकार पेशेवर तरीक़े से पैसा उधार देता था और यह बनिया जाति का होता था। सामी (अर्थात् असामी या ग्राहक) किसान होता था। प्रत्येक किसान के पास, जिसमें बड़े भू–स्वामी भी सम्मिलित थे, एक साहूकार होता था, जो पूरे साल में कभी भी आवश्यकता पड़ने पर उन्हें पैसा उधार देता था। किसानों को लगान या भू–राजस्व अदा करने के लिए, विवाह या ऐसे ही पारिवारिक उत्सवों के समय या फिर आसपास के गाँव या शहर में जाने के लिए क़र्ज़ की आवश्यकता पड़ती थी। कई मर्तबा तो किसान सिर्फ़ अपने किसी शौक़ को पूरा करने के लिए क़र्ज़ लेते थे।

मज़दूर या जोतदार के रूप में काम करने वाले भूमिहीन लोगों का बनिया या साह के साथ अप्रत्यक्ष सम्बन्ध होता था। बनिया उन्हें तब तक उधार नहीं देता था, जब तक वे उसके पास कोई चीज़ गिरवी नहीं रखते थे। लेकिन अमूमन उनके पास गिरवी रखने के लिए कोई वस्तु नहीं होती थी। इसलिए ऐसे अधिकांश लोगों का खाता उन किसानों के खातों के साथ जुड़ा होता था, जिनके यहाँ ये मज़दूर या जोतदार के रूप में काम करते थे, या फिर उनके यहाँ कटाई के समय काम करने का वायदा करते थे। किन्तु उच्च जाति से सम्बद्ध और ठीक–ठाक ज़मीन रखने वाले जोतदारों की बनिये तक सीधी पहुँच होती थी। जो ग़रीब और निम्न जाति के लोग कमीन के रूप में काम करते थे, अर्थात् जो अपने जातिगत पेशे से जुड़े होते थे, वे अपनी ऋण आवश्यकताओं को पूरा करने के लिए अपने जजमान पर निर्भर होते थे, और इनका जजमान खुद बनिये से उधार लेता था।

बनिया अपने सामी के लिए आवश्यक सभी पण्य उपलब्ध कराते थे। यहाँ तक कि विवाह और अन्य सामाजिक उत्सवों के समय साह ही सभी आवश्यक वस्तुएँ या दहेज के लिए नगद रक़म देता था। वह किसान की ज़मीन पर होने वाली उपज से अपने उधार की राशि वापस ले लेता था। असल में, बनिये का यह प्रथागत कर्त्तव्य होता था कि वह किसानों की सम्पूर्ण पैदावार का अनुमान लगाये। गाँव में सिर्फ़ वे ही प्राथमिक गणित जानते थे और अनुमान लगाने का काम कर सकते थे। किसान की पैदावार का एक निश्चित हिस्सा जोतदारों, साझियों और कमीनों को दिया जाता था। उनका हिस्सा देने के बाद साह उधार दी हुई राशि को वापस लेने के लिए पैदावार का एक बड़ा हिस्सा ले लेते थे। इसके बाद किसान के

परिवार द्वारा अपने उपयोग के लिए अनाज रखने के बाद कुछ अतिरिक्त अनाज बचता था तो उसे अमूमन साह ख़रीद लेते थे। कई बार बनिये किसानों की उपभोग की आवश्यकताओं को पूरा करने के लिए पर्याप्त अनाज नहीं छोड़ते थे। ख़ासतौर पर ऐसा छोटे किसानों के साथ होता था, जिनका क़र्ज़ उनके खेत में उपजने वाली फ़सल से ज़्यादा होता था।

किसान बनिये को घी भी बेचते थे। अधिकांश किसानों के पास भैंस होती थी और वे अमूमन अतिरिक्त दूध नहीं बेचते थे। इसलिए किसान इस अतिरिक्त दूध से घी बनाते थे और उसे बनिये को बेच देते थे, बनिया इसे शहरों में बेच देता था। कई बार बनिया अपने क़र्ज़ के बदले में किसानों के जानवर लेकर चला जाता था। इसके अलावा, कई मौक़ों पर किसान बनिये के यहाँ अपनी ज़मीन गिरवी रख देते थे। औपनिवेशिक दौर में खेतिहर समाज में होने वाले बदलावों से सम्बन्धित साहित्य में इस परिघटना का विस्तार से वर्णन मिलता है। गाँव–1 में एक बनिये ने 12 एकड़ ज़मीन ख़रीद ली थी।

बनिया बहुत ज़्यादा ब्याज नहीं लेता था। विभिन्न सामाजिक समूहों से जुड़े उत्तरदाताओं ने यह बताया कि वे एक रुपये पर प्रतिमाह 1 पैसा सूद लेते थे (64 पैसे का 1 रुपया होता था)। मार्क्स द्वारा सूदखोर और व्यापारी साहूकार में किये गये अन्तर (मार्क्स 1971) का अनुसरण करते हुए यह कहा जा सकता है कि बनिया व्यापारी–साहूकार का मुख्य लक्ष्य सूद या ब्याज कमाना नहीं था। असल में, वे 'ख़रीद और बिक्री की क़ीमतों को नियन्त्रित करना चाहते थे। साथ ही, वे यह सुनिश्चित करना चाहते थे कि वस्तुओं की नियमित रूप से आपूर्ति होती रहे। चूँकि ग्रामीण व्यापारी हमेशा ही यह तय नहीं कर सकते थे कि वे ''मण्डी'' में थोक व्यापारी को किस क़ीमत पर बेचें, इसलिए वे यह प्रयास करते थे कि गाँव में आपूर्ति पर उनका नियन्त्रण रहे' (भट्टाचार्य 1985 : 307)।

बनिये के अलावा, कुछ बड़े भू–स्वामी भी पैसा उधार देते थे। इसके लिए उनके पास कोई वस्तु या ज़मीन गिरवी रखनी पड़ती थी। ये ऐसे किसान थे जिनके पास काफ़ी मात्रा में ज़मीन होती थी और ये अपनी ज़मीन खेती के लिए जोतदारों को देते थे। ये जोतदारों और मज़दूरों को अपने से जोड़े रखने के लिए भी उन्हें उधार देते थे। अमूमन ये बनिये की तुलना में ज़्यादा सूद लेते थे। इसके अलावा, उनके द्वारा दिये जाने वाले ऋण की अन्य शर्तें भी काफ़ी सख़्त होती थीं।

बड़े भू–स्वामियों के साथ ही साथ ग्रामीण समाज में बनिये की स्थिति भी काफ़ी शक्तिशाली थी। लेकिन पिछले चार या पाँच दशकों में इसकी स्थिति में क्षरण हुआ था। अधिकांश किसान स्थायी रूप से क़र्ज़ में डूबे रहते थे, इसलिए बनिये की मज़बूत स्थिति पर कोई भी आसानी से प्रश्न नहीं उठाता था। उन्हें किसानों से अपना ऋण वसूलने के लिए किसी प्रकार का बल–प्रयोग करने की आवश्यकता नहीं पड़ती थी। किन्तु बनिये और किसानों के बीच सम्बन्ध अमूमन तनाव और अविश्वास से भरा होता था। किसान उन्हें शोषक और दग़ाबाज़ मानते थे। कई बनियों ने यह बताया कि स्थानीय गूजरों ने कई बार उनके घरों को लूटा।

साही–सामी व्यवस्था के अलावा, एक अन्य प्रथागत व्यवहार काफ़ी प्रासंगिक था। इसे 'नेवता' (न्यौता) व्यवस्था के रूप में जाना जाता था। किसी भी परिवार में विवाह एक ऐसा अवसर होता था जब बड़ी मात्रा में नगद की आवश्यकता होती थी। नेवता विवाह के ख़र्च को पूरा करने की एक सामुदायिक व्यवस्था थी। यह स्थानीय स्तर पर मौजूद विस्तृत सगोत्रीय व्यवस्था के अन्तर्गत काम करती थी, जिसे 'बिरादरी' के रूप में जाना जाता था। अमूमन एक व्यक्ति अपनी जाति के लोगों को ही नेवता देता था और अमूमन गाँव की सीमा से बाहर के लोगों को भी नेवता दिया जाता था। विवाह के अवसर पर बिरादरी के सभी लोगों को आमन्त्रित किया जाता था। बिरादरी के सभी सदस्यों का यह दायित्व माना जाता था कि जिसके यहाँ विवाह हो रहा है, वे उस परिवार को कुछ न कुछ नगद राशि अवश्य दें। इस राशि को नेवता के रूप में जाना जाता था। नेवता देने वाले और नेवता लेने वाले दोनों ही पक्ष इसका रिकॉर्ड रखते थे। मान लीजिए कि एक परिवार 'क' ने परिवार 'ख' के यहाँ होने वाली शादी में नेवता के रूप में एक निश्चित राशि दी। फिर जब परिवार 'क' के यहाँ शादी होती तो परिवार 'ख' अमूमन नेवता के रूप में मिली नगद राशि से थोड़ी ज़्यादा राशि परिवार 'क' को नेवता के रूप में देता था। यदि किसी परिवार का कोई भी व्यक्ति ऐसा आमन्त्रण मिलने के बाद भी विवाह में सम्मिलित नहीं हो पाता था, तो भी उस परिवार का यह दायित्व था कि वह गाँव के किसी अन्य व्यक्ति द्वारा नेवता भेज दे। विशेष रूप से, सेवक जातियों के अधिकांश विवाहों में इतना ज़्यादा नेवता मिलता था कि इससे विवाह के तक़रीबन सारे ख़र्च पूरे हो जाते थे।

नेवता व्यवस्था के साथ ही ऋण की एक सम्बन्धित व्यवस्था का भी अस्तित्व था जिसे 'बीसी–इक्किसी' व्यवस्था के रूप में जाना जाता था। जहाँ नेवता को विवाह के समय हासिल किया जाता था, वहीं दहेज और विवाह के अन्य ख़र्चों की पहले से ही व्यवस्था करनी होती थी। इसी बीसी–इक्किसी व्यवस्था के अन्तर्गत एक बनिया साहूकार या एक ज़मींदार विवाह का पूरा ख़र्च उठाता था और विवाह के बाद उसके द्वारा दिये गये प्रत्येक 20 रुपये (बीसी) के लिए उसे नेवता में प्राप्त हुई राशि से 21 रुपया (इक्किसी) दिया जाता था। यदि नेवता में प्राप्त राशि से इस तरह का पूरा ऋण ख़त्म नहीं होता था तो शेष बची राशि को एक नियमित ऋण में तब्दील कर दिया जाता था, और उस पर उस समय प्रचलित ब्याज लिया जाता था।

## खेतिहर बदलाव और अनौपचारिक ऋण का उभरता स्वरूप

1950 के दशक के आख़िर में तथा 1960 के दशक के आरम्भ में नेवता व्यवस्था में गिरावट आयी। स्वतन्त्रता–प्राप्ति के बाद के दौर में खेतिहर परिवर्तन की व्यापक प्रक्रिया के कारण ऐसा हुआ। खेती में पूँजीवादी सम्बन्धों के विकास के कारण 'बिरादरियों' के भीतर मौजूद 'समुदाय' की भावना कमज़ोर हुई। कुछ लोगों को गाँव के बाहर रोज़गार मिल गया और बहुत से लोगों को अब विवाह के ख़र्च के लिए नेवता की आवश्यकता नहीं थी। हरित क्रान्ति के बाद अब बहुत से छोटे किसान भी पर्याप्त मात्रा में बचत करने लगे, और अब वे शादी के ख़र्च के लिए नेवता पर निर्भर नहीं थे। ख़र्च के लिए पैसा एकत्रित करने हेतु वैकल्पिक साधन भी सामने आ गये। जैसे ही कुछ लोगों ने इस पूरी व्यवस्था की अवहेलना की, वैसी ही पूरी व्यवस्था धराशायी हो गयी।

आश्चर्य की बात यह है कि यद्यपि भूमिहीन मज़दूरों को विवाह के ख़र्च के लिए आर्थिक सहायता की आवश्यकता होती थी, किन्तु उनके बीच भी नेवता व्यवस्था कमज़ोर हुई। जब उनसे यह पूछा गया कि 'आपने इस व्यवस्था जारी को क्यों नहीं रखा?' तो अमूमन यह जवाब मिला कि 'इस व्यवस्था को क़ायम रखना काफ़ी मुश्किल है। अब कोई सिर्फ़ नेवता पुराने के लिए किसी दूर के गाँव में होने वाले विवाह में शामिल नहीं होना चाहता, क्योंकि ऐसा करने से उसकी एक दिन की मज़दूरी मारी जाती

है'। कुछ लोगों ने यह कहा कि 'बहुत लोगों के यहाँ शादी में नेवता देने के बाद उन लोगों ने वापस नेवता नहीं दिया, तो आख़िर हमें इस व्यवस्था की परवाह क्यों करनी चाहिए'। बहरहाल, नेवता की व्यवस्था पूरी तरह ख़त्म नहीं हुई है, हालाँकि इसका महत्त्व ख़त्म हो चुका है। नेवता व्यवस्था के साथ ही साथ बीसी–इक्किसी व्यवस्था तथा साही–सामी सम्बन्धों का भी क्षरण हुआ है।

बीसवीं सदी के आरम्भ में छोटू राम के यूनियनिस्ट पार्टी के नेतृत्व में 'ज़मींदार वर्ग' का उदय हुआ। 1901 में लैंड एलिएनेशन ऐक्ट (भूमि अलगाव अधिनियम) पारित हुआ। इसने स्थानीय समाज में बड़े भू–स्वामियों की तुलना में बनियों की स्थिति को कमज़ोर करना आरम्भ कर दिया। हालाँकि ऋण के वैकल्पिक स्रोत के अभाव में कुछ समय तक बिना किसी बदलाव के साही–सामी व्यवस्था जारी रही और अधिकांश किसान ऋण की हर प्रकार की आवश्यकताओं को पूरा करने के लिए बनियों पर निर्भर बने रहे। लेकिन 1950 के दशक में विकासात्मक प्रक्रियाओं के आरम्भ होने के बाद इस व्यवस्था को गहरा झटका लगा। 1960 के दशक में हरित क्रान्ति को सफलता मिली और इसके साथ ही बाज़ार के नेटवर्क का विकास हुआ। इस बाज़ार में अतिरिक्त अनाज को प्रतियोगी क़ीमतों के आधार पर बेचा जा सकता था। इससे 'ऋण–उत्पादन–व्यापार' की बन्द व्यवस्था तक़रीबन पूरी तरह से बदल गयी। 1960 के दशक के आख़िर तक या 1970 के दशक के आरम्भ तक साही–सामी व्यवस्था तक़रीबन पूरी तरह से ख़त्म हो गयी।

आरम्भ में बड़े भू–स्वामी और बाद में हर तरह के किसान अपनी अतिरिक्त उपज को बेचने के लिए स्थानीय बाज़ारों में ले जाने लगे जिसे 'मण्डी' कहा जाता था। अतिरिक्त पैदावार को या तो व्यापारियों को बेच दिया जाता था, या फिर 'आढ़तियों' (कमीशन एजेंट) के माध्यम से सरकारी एजेंसियों को बेच दिया जाता था। केन्द्र सरकार ने ख़रीद की न्यूनतम क़ीमत तय करना आरम्भ कर दिया, इसके कारण अब बाज़ार में ज़्यादा उतार–चढ़ाव नहीं होता था। यदि व्यापारी ख़रीददारी नहीं करते थे तो सरकारी एजेंसियाँ न्यूनतम ख़रीद की क़ीमत पर किसानों के अतिरिक्त अनाज को ख़रीद लेती थीं। इससे किसान संकट में अपने अनाज को कम दाम पर बेचने की स्थिति से बच जाता था। आढ़तियों ने अपने व्यापार को बढ़ावा देने के लिए किसानों को इस शर्त पर खेती के लिए पहले से

पैसा देना शुरू कर दिया कि वे अपनी अतिरिक्त पैदावार उसे ही बेचेंगे। इस तरह, बाज़ार के नये नेटवर्क ने ऋण का वैकल्पिक स्रोत भी उपलब्ध कराया। इसके साथ ही प्राइमरी एग्रीकल्चर क्रेडिट सोसायटीज़ (पी.ए.सी.एस.) का उदय हुआ और वे सस्ती ब्याज दरों पर ऋण देने लगे।

एक बार जब गाँव के लोग अपनी खेती की पैदावार को बेचने के लिए गाँव से बाहर जाने लगें, तो वे मण्डी से कुछ ऐसे सामान भी ख़रीदने लगे, जिन्हें अभी तक बनिये ही गाँव में लेकर आते थे। धीरे–धीरे किसानों की बनिये पर निर्भरता में काफ़ी कमी आ गयी। बनियों का व्यापार कम होने लगा और वे अप्रासंगिक हो गये।

वयस्क मताधिकार की व्यवस्था और लोकतान्त्रिक संस्थाओं की स्थापना ने स्थानीय और क्षेत्रीय स्तर पर सत्ता संरचना में परिवर्तन किया। इसने ग्रामीण समाज में बनियों के हाशियेकरण को और ज़्यादा बढ़ाया। दूसरी ओर, भूमि की उत्पादकता में वृद्धि ने विशेष रूप से बड़े और बहुत बड़े भू–स्वामियों की आर्थिक स्थिति को मज़बूत किया। पंचायती राज की शुरुआत होने से उन्हें आवश्यक संस्थात्मक शक्ति भी मिल गयी।

अब न सिर्फ़ ऋण के वैकल्पिक स्रोत मौजूद थे, बल्कि कई किसानों को किसी प्रकार के ऋण की आवश्यकता भी नहीं थी। बड़े/बहुत बड़े किसान मज़दूरों को अपनी बचत से पैसा दे सकते थे। इसका नतीजा यह हुआ कि किसानों पर से बनियों का प्रभाव तक़रीबन पूरी तरह से ख़त्म हो गया। यहाँ तक कि कुछ किसानों ने बनियों को चुनौती देना भी आरम्भ कर दिया। बनियों द्वारा दिये गये ऋण को सही समय पर वापस न करने या बिल्कुल ही वापस न करने की घटनाओं में वृद्धि हुई। किसान अभी भी बनियों से वस्तुएँ ख़रीदते थे, लेकिन उन्हें खेती से होने वाली अतिरिक्त पैदावार नहीं देते थे, और कई बार तो वे अपना पूरा ऋण भी नहीं चुकाते थे। स्थानीय और राज्य स्तर पर उभरती शक्ति संरचना में उन जातियों का प्रभुत्व कायम हुआ जिनके पास बड़ी मात्रा में ज़मीन थी। यदि किसान बनियों को उनके ऋण का पैसा वापस नहीं करते थे, तो उन्हें शायद ही कभी पुलिस या राज्य एजेंसियों से मदद मिलती थी।

ऐसी स्थिति सामने आने पर बनियों ने आशा के अनुरूप ही प्रतिक्रिया दी। पिछले कई वर्षों से उन्होंने इतनी सम्पत्ति एकत्रित कर ली थी कि अब वे आसानी से बाज़ार के उभरते केन्द्रों अर्थात् शहरों या महानगरों

की ओर चले गये। इनमें से कुछ आढ़तियों ने दुकान खोल ली। बहुत से अन्य लोगों ने नया व्यापार शुरू कर दिया, या कुछ अन्य लोग सरकारी नौकरी करने लगे। 1970 के दशक के मध्य तक अधिकांश बनिया परिवार शहरी केन्द्रों की ओर चले गये। केवल वही लोग शहरों की ओर नहीं गये, जो बनियों में तुलनात्मक रूप से ग़रीब थे।

गाँव–1 में 1950 के दशक के आरम्भ में कुल 20 बनिया परिवार थे, लेकिन अब सिर्फ़ 5 बनिया परिवार बचे थे। इसी तरह, गाँव–2 में कुल 22 बनिया परिवार थे, जिसमें से सिर्फ़ 4 बनिया परिवार अब गाँव में रह रहे थे। इनमें से एक परिवार का मुखिया एक छोटा दुकानदार था, और सभी परिवारों के मुखिया गाँव के पास के स्कूल में शिक्षक के रूप में पढ़ाते थे। गाँव–3 में पहले बनियों के 15 परिवार थे, किन्तु अब सिर्फ़ 6 परिवार बचे थे। इनमें से तीन परिवारों के मुखिया छोटे दुकानदार थे। अन्य तीन परिवारों में परिवार का कमाने वाला व्यक्ति नज़दीक के शहर में नौकरी करने जाता था। गाँव–2 के एक छोटे दुकानदार बनिये ने यह बताया कि 'गाँव में व्यापार करना काफ़ी मुश्किल होता जा रहा है। गाँव के लोग, ख़ासतौर पर भू–स्वामी किसान काफ़ी बुरे उपभोक्ता हैं। वे हम से उधार पर सामान लेते हैं, किन्तु अपना उधार नहीं चुकाते हैं।' इस दुकानदार के दो बेटे पहले से ही दिल्ली में बस चुके थे और यह भी जल्द ही उनके पास जाने की योजना बना रहा था।

## ऋणग्रस्तता की प्रकृति

खेतिहर ऋणग्रस्तता से सम्बन्धित साहित्य में ऋण के संस्थात्मक और अनौपचारिक स्रोतों के बीच महत्त्वपूर्ण अन्तर किया जाता है। आमतौर पर, यह माना जाता है कि विकास की प्रक्रिया के साथ ऋण के अनौपचारिक स्रोतों का स्थान ऋण के संस्थात्मक स्रोत ले लेते हैं। यह माना जाता है कि यह खेतिहर संरचना में एक काफ़ी बड़े परिवर्तन की ओर संकेत करता है। जहाँ संस्थात्मक स्रोतों से ऋण लेने को विकास की प्रक्रिया में भागीदारी का संकेतक माना जाता है, वहीं अनौपचारिक स्रोतों से ऋण लेने को 'पिछड़ेपन' की निशानी माना जाता है और यदि ज़्यादातर लोग अनौपचारिक स्रोतों से ही ऋण लेते हैं तो यह माना जाता है कि यदि अर्थव्यवस्था पूर्व–पूँजीवादी है तो सूदखोरी के माध्यम से शोषण होता है (भादुड़ी 1984; प्रसाद 1974)।

यद्यपि अनौपचारिक ऋण एक समरूपी श्रेणी नहीं है और हर प्रकार के अनौपचारिक क़र्ज़ का अर्थ पिछड़ापन नहीं होता है। लेकिन यह अन्तर ऋण और उधार के बदलते सम्बन्धों को समझने का एक उपयोगी आरम्भिक बिन्दु हो सकता है।

ग्रामीण ऋण से सम्बन्धित साहित्य से अमूमन यह बात सामने आती है कि ग्रामीण भारत में संस्थात्मक ऋण की पहुँच प्रत्यक्ष रूप से भू–स्वामित्व के स्वरूप से जुड़ी हुई है। बड़े भू–स्वामियों ने संस्थात्मक स्रोतों पर कमोबेश अपना प्रभुत्व क़ायम कर लिया है। वहीं, छोटे किसान या भूमिहीन मज़दूर ऋण के अनौपचारिक स्रोतों पर ही निर्भर बने हुए हैं। यह विकास की प्रक्रिया में उनकी ग़ैर–भागीदारी को दर्शाता है (फ्रेंकेल 1971; हेरिंग 1977; थॉर्नर 1964)। अध्ययन के लिए चुने गये तीन गाँवों के आँकड़े काफ़ी हद तक इस थीसिस का समर्थन करते हैं, लेकिन मौजूदा स्थिति पहली नज़र में जैसी लगती है, उससे कहीं ज़्यादा जटिल है।

विभिन्न श्रेणियों के 185 उत्तरदाताओं में से 52 लोग ऐसे थे जिन्होंने कभी भी किसी संस्थात्मक स्रोत से ऋण नहीं लिया। इनमें से 41 लोग या तो खेतिहर मज़दूर थे या फिर उनके पास 5 एकड़ से भी कम ज़मीन थी। इन श्रेणियों के 31 उत्तरदाताओं ने सिर्फ़ आई.आर.डी.पी. योजनाओं से ही उधार लिया था। 75 उत्तरदाताओं के पास 5 एकड़ से ज़्यादा ज़मीन थी। इनमें से 64 (85.33 प्रतिशत) नियमित रूप से किसी व्यावसायिक बैंक या पी.ए.सी.एस. से उधार ले रहे थे।

सारणी 1 में अध्ययन के लिए चुने गये तीन गाँवों में विभिन्न श्रेणियों के उत्तरदाताओं की औसत ऋणग्रस्तता के बारे में सूचना दी गयी है। जहाँ तक सम्पूर्ण संख्या में ऋणग्रस्तता का प्रश्न है, तो बड़े किसानों (लेकिन बहुत ज़्यादा बड़े किसान नहीं) का बकाया ऋण सबसे ज़्यादा था, वहीं अनौपचारिक मज़दूरों की श्रेणी पर ऋण सबसे कम था। लेकिन इस तथ्य को पूरी तरह से सच मानते हुए स्वीकार कर लेना ठीक नहीं होगा। असल में, ऋण का स्रोत भी महत्त्वपूर्ण है, जिससे यह संकेत मिलता है कि उधार ली गयी राशि का उपयोग कहाँ किया जा रहा है। इस सन्दर्भ में यह ग़ौरतलब है कि सबसे बड़े किसान ही अधिकतम संस्थात्मक ऋण लेते हैं। वहीं, किसी किसान के साथ जुड़कर काम करने वाले संलग्न मज़दूर संस्थात्मक ऋण के स्रोत से बहुत कम उधार लेते हैं। इसके विपरीत,

यदि सम्पूर्ण संख्या के सन्दर्भ में भी विचार किया जाये तो उनके पास सबसे ज़्यादा अधिकतम औसत अनौपचारिक क़र्ज़ होता है। वहीं, सबसे बड़े किसानों का अनौपचारिक क़र्ज़ सबसे कम होता है।

आनुपातिक रूप से, किसी के यहाँ रहकर काम करने वाले संलग्न मज़दूर (87.9 प्रतिशत) और हाशिये पर पड़े छोटे किसान (72.1 प्रतिशत) ऋण के अनौपचारिक स्रोत पर सबसे ज़्यादा निर्भर करते हैं। अनौपचारिक मज़दूरों में यह निर्भरता कुछ कम थी (58.9 प्रतिशत)। दूसरी ओर, बहुत बड़े किसानों ने अनौपचारिक स्रोतों से सिर्फ़ 11.9 प्रतिशत ही उधार लिया था। किसानों की अन्य श्रेणियों (मध्यम और बड़े) ने अपने ऋण की आवश्यकताओं की एक–चौथाई से भी कम अनौपचारिक स्रोतों से लिया था।

विभिन्न प्रकार के उधार से मुक्त उत्तरदाताओं की संख्या से भी कमोबेश इसी तरह का स्वरूप सामने आता है (सारणी 2)। सामान्य तौर पर, बहुत से उत्तरदाताओं के पास कोई अनौपचारिक क़र्ज़ नहीं था (25.9 प्रतिशत)। बहरहाल, श्रेणी के आधार पर कुल 30 संलग्न मज़दूरों में से 21 पर कोई संस्थात्मक ऋण नहीं था, वहीं सिर्फ़ एक मज़दूर ऐसा था, जिसने अनौपचारिक स्रोत से कोई क़र्ज़ नहीं लिया था। जहाँ कुल 51 बड़े और बहुत बड़े किसानों में सिर्फ़ 17 ही ऐसे थे जिन्होंने किसी संस्थात्मक स्रोत से कोई क़र्ज़ नहीं लिया था, वहीं इस श्रेणी में अनौपचारिक स्रोत से क़र्ज़ न लेने वालों की संख्या भी काफ़ी ज़्यादा थी (51 में से 25)।

### सारणी 1 : उत्तरदाताओं की विभिन्न श्रेणियों का संस्थात्मक और अनौपचारिक स्रोतों से औसत मौजूदा ऋण

| श्रेणी | गाँव–1 | | गाँव–2 | | गाँव–3 | | संयुक्त | | |
|---|---|---|---|---|---|---|---|---|---|
| | संस्थात्मक | अनौपचारिक | संस्थात्मक | अनौपचारिक | संस्थात्मक | अनौपचारिक | संस्थात्मक | अनौपचारिक | कुल |
| संलग्न मज़दूर | 778 (17.5) | 3,678 (82.5) | 1,242 (18.1) | 5,633 (81.9) | 222 (2.7) | 8,100 (97.3) | 797 (12.1) | 5,787 (87.9) | 6,584 (100) |
| अनौपचारिक मज़दूर | 2,584 (51.5) | 2,444 (48.5) | 2,333 (37.0) | 3,967 (63.0) | 1,321 (33.0) | 2,679 (67.0) | 2,111 (41.11) | 3,024 (58.9) | 5,135 (100) |
| छोटे और हाशिये के किसान (5 एकड़ से कम) | 1,867 (23.9) | 5,933 (76.1) | 2,786(31.5) | 6,071 (68.5) | 1,625(27.1) | 4,375 (72.9) | 2,162 (27.7) | 5,649 (72.3) | 7,811 (100) |
| मध्यम किसान (5–10 एकड़) | 9,000 (65.2) | 4,800 (34.8) | 18,625 (84.5) | 3,375 (15.5) | 9,669 (70.2) | 4,111 (29.8) | 12,773 (76.2) | 4,000 (23.80) | 16,773 (100) |
| बड़े किसान (10–25 एकड़) | 6,833 (62.6) | 4,084 (37.4) | 18,583 (82.3) | 4,000 (17.7) | 21,857 (73.9) | 7,714 (26.1) | 14,774 (75.2) | 4,871 (24.8) | 19,645 (100) |
| बहुत बड़े किसान (25 एकड़ से ज़्यादा) | 9,000 (93.1) | 667 (6.9) | 26,000 (87.2) | 3,383 (12.8) | 12,500 (87.0) | 1,875(13.0) | 15,500 (88.1) | 2,100 (11.9) | 17,600 (100) |
| सभी श्रेणियों को मिलाकर एक साथ | 4,087 (51.95) | 3,781 (48.05) | 9,207 (66.55) | 4,628 (33.45) | 6,790 (59.77) | 4,570 (40.23) | 6,745 (60.9) | 4,323 (39.1) | 11,068 (100) |

***स्रोत : लेखक।***

**सारणी 2 : विभिन्न श्रेणियों में विभिन्न प्रकार के**

उधार से मुक्त उत्तरदाताओं की संख्या

| श्रेणी | कोई संस्थात्मक ऋण नहीं | कोई अनौपचारिक ऋण नहीं | संस्थात्मक या अनौपचारिक किसी प्रकार का ऋण नहीं | कुल उत्तरदाता |
|---|---|---|---|---|
| संलग्न मज़दूर | 21 (70.0) | 1 (3.3) | 1(3.3) | कुल – 30 |
| अनौपचारिक मज़दूर | 17 (37.8) | 10 (22.2) | 5 (11.4) | कुल – 45 |
| छोटे और हाशिये के किसान | 13(37.1) | 4 (11.4) | 4 (11.4) | कुल – 35 |
| मध्यम किसान | 6 (25.0) | 8 (33.3) | 2 (8.3) | कुल – 24 |
| बड़े किसान | 10 (34.5) | 11 (37.9) | 3 (10.3) | कुल – 29 |
| बहुत बड़े किसान | 7 (31.8) | 14 (63.9) | 3 (22.7) | कुल – 22 |
| कुल | 74 (40.0) | 48 (25.9) | 20 (10.8) | कुल – 185 |

*स्रोत : लेखक.*

यद्यपि विभिन्न स्रोतों से ऋण लेने की सीमा और प्रकृति से सम्बन्धित आँकड़े एक उपयोगी शुरुआती बिन्दु हो सकते हैं, लेकिन शायद ज़्यादा महत्त्वपूर्ण यह होगा कि ग्रामीण ऋण बाज़ार के उभरते स्वरूप को समझा जाये और निम्नलिखित प्रश्न किया जाये :

कौन किससे उधार लेता है? अपनी किन आवश्यकताओं को पूरा करने के लिए उधार लेता है? और किन–किन शर्तों पर उधार लेता है? ऋण बाज़ार में उभरते सम्बन्धों की प्रकृति क्या है? और ये सम्बन्ध किस तरीक़े से उत्पादन, बाज़ार और राजनीति के दायरे में सम्बन्धों में मध्यस्थता करते हैं या उन्हें प्रभावित करते हैं?

## ऋण की आवश्यकता

ऋण का स्रोत इस बात की ओर संकेत करता है कि किन आवश्यकताओं को पूरा करने के लिए ऋण की आवश्यकता है। लेकिन विभिन्न श्रेणियों के उत्तरदाताओं की अनौपचारिक स्रोत पर निर्भरता अलग–अलग प्रकृति की थी। जैसा कि सारणी 3 में दिखाया गया है कि खेतिहर मज़दूरों ने सबसे ज़्यादा विवाह के लिए अनौपचारिक स्रोतों से उधार लिया। इसके बाद, उन्होंने घर बनाने या उसमें मरम्मत करने, दैनिक उपभोग की आवश्यकताओं को पूरा करने तथा परिवार में बीमारी आदि होने पर ख़र्च को पूरा करने के लिए क़र्ज़ लिया। सिर्फ़ तीन खेतिहर मज़दूरों ने यह कहा कि उन्होंने कोई उत्पादक निवेश करने के लिए क़र्ज़ लिया था। इसके विपरीत, खेती करने वाले अधिकांश किसानों ने अनौपचारिक स्रोतों से भी भूमि में उत्पादक निवेश करने के लिए क़र्ज़ लिया। जहाँ बड़े/बहुत बड़े किसानों ने शायद ही कभी अन्य आवश्यकताओं के लिए क़र्ज़ लिया, वहीं छोटे/हाशिये के किसानों और मध्यम किसानों ने अमूमन विवाह, घर बनाने और कभी–कभार उपभोग से सम्बन्धित ख़र्चों को पूरा करने के लिए उधार लिया।

**सारणी 3 : विभिन्न श्रेणियों के उत्तरदाताओं द्वारा पिछले पाँच वर्षों में अनौपचारिक स्रोत से आवश्यकताओं को पूरा करने के लिए उधार ली गयी अधिकतम राशि**

| श्रेणी | उपभोग | भूमि या किसी अन्य सम्पदा में निवेश | घर का निर्माण | विवाह | परिवार में बीमारी | कोई क़र्ज़ नहीं लिया | कुल |
|---|---|---|---|---|---|---|---|
| खेतिहर मज़दूर | 13 (17.3) | 3 (4.0) | 16 (21.3) | 34 (45.3) | 9 (12.0) | 0 (0) | 75 (100) |
| छोटे और हाशिये के किसान | 4 (11.4) | 15 (42.9) | 5 (14.3) | 8 (22.9) | 1 (2.9) | 2 (5.7) | 35 (100) |
| मध्यम किसान | 2 (8.3) | 9 (37.5) | 3 (12.5) | 4 (16.7) | 0 (0) | 6 (25.0) | 24 (100) |
| बड़े किसान | 0 (0) | 14 (48.3) | 2 (6.9) | 2 (6.9) | 0 (0) | 11 (37.9) | 29 (100) |
| बहुत बड़े किसान | 0 (0) | 7 (31.8) | 0 (0) | 1 (4.5) | 0 (0) | 14 (63.6) | 22 (100) |
| कुल | 19 (10.3) | 48 (25.9) | 26 (14.1) | 49 (26.5) | 10 (5.4) | 33 (17.8) | 185 (100) |

*स्रोत : लेखक।*

अचरज की बात यह है कि बहुत से उत्तरदाताओं को उपभोग की आवश्यकताओं को पूरा करने के लिए क़र्ज़ की आवश्यकता नहीं थी। सिर्फ़ कुछ खेतिहर मज़दूरों तथा कुछ छोटे/हाशिये के किसानों ने यह बताया कि वे उपभोग की अपनी दैनिक आवश्यकताओं को पूरा करने के लिए नियमित रूप से क़र्ज़ लेते हैं। ऐसा लगता है कि इसके लिए दो कारक ज़िम्मेदार हैं। पहला, हरित क्रान्ति की सफलता के कारण समाज के विभिन्न तबकों की आय में वृद्धि हुई, इसलिए अधिकांश समूह अपनी उपभोग सम्बन्धी आवश्यकताओं को पूरा करने में समर्थ बन पाये।[3] दूसरा, स्थानीय छोटे दुकानदार छह महीने के ऋण के आधार पर आसानी से उपभोक्ता वस्तुएँ उपलब्ध करा देते थे, और इसके लिए वे कोई ब्याज नहीं लेते थे। इसलिए, अमूमन उत्तरदाताओं ने इसे ऋण के रूप में प्रस्तुत नहीं किया।

सभी उत्तरदाता, किन्तु विशेष रूप से मज़दूर और छोटे किसान विवाह के ख़र्च के लिए अनौपचारिक स्रोतों से मिलने वाले क़र्ज़ पर निर्भर थे। विवाह में दहेज देना और एक सामाजिक भोज का आयोजन करना अनिवार्य था। इसमें काफ़ी ख़र्च होता था। यद्यपि जिन गाँवों में अध्ययन किया गया, वहाँ के सामाजिक समूहों के बीच दहेज अभी भी कोई बहुत गम्भीर समस्या नहीं थी, लेकिन फिर भी इसे आवश्यक माना जाता था।

हरित क्रान्ति की सफलता ने कम–से–कम उन लोगों के बीच उपभोग संस्कृति को बढ़ावा दिया, जिनके पास अधिशेष (सरप्लस) था। अमीर किसानों में दहेज में उपभोग की वस्तुओं को देने की प्रवृत्ति बढ़ी थी। लेकिन शहर के अमीर लोगों की तुलना में यह प्रवृत्ति अभी काफ़ी कम थी। मज़दूरों या हाशिये के किसानों के यहाँ होने वाली शादियों में 5,000–50,000 तक ख़र्च होता था। वहीं अन्य श्रेणियों में यह ख़र्च 50,000 तक होता था, और कभी–कभी यह 75,000 तक चला जाता था।

जहाँ मज़दूर और छोटे किसान अनुत्पादक ख़र्च के लिए उधार लेते थे, वहीं मध्यम और बड़े किसान अमूमन भूमि में निवेश करने के लिए उधार लेते थे। 77 किसानों (इसमें छोटे/हाशिये के किसान सम्मिलित थे) ने यह बताया कि वे अनौपचारिक स्रोतों से नियमित रूप से या कभी–कभार उधार लेते थे। इनमें से 45 ने यह कहा कि उन्होंने भूमि में निवेश करने या किसी उत्पादक सम्पदा को ख़रीदने के लिए उधार लिया था। इनमें

से अधिकांश मामलों में फ़सलों में अल्पकालिक रूप से निवेश करने के लिए उधार लिया गया था।

## अनौपचारिक ऋण के स्रोत

मोटे तौर पर, अनौपचारिक ऋण बाज़ार में साहूकारों की पाँच श्रेणियाँ थीं। उनकी सामाजिक पृष्ठभूमि, उनके द्वारा दिये जाने वाले क़र्ज़ के प्रकार और उनकी असामियों के आधार पर उनमें भिन्नता थी। साहूकारों के पाँच निम्नलिखित प्रकार थे : पहला, छोटे साहूकार, जो अमूमन छोटे और हाशिये के किसान थे; दूसरा, छोटे दुकानदार; तीसरा, बड़े/बहुत बड़े किसान; चौथा, आढ़तिया; और पाँचवाँ, रिश्तेदार और दोस्त (उन्हें साहूकारों की श्रेणी के रूप में वर्णित किये जाने की स्थिति में)।

**सारणी 4 : उत्तरदाताओं की विविध श्रेणियों के लिए उपलब्ध ऋण के मुख्य अनौपचारिक स्रोत**

| श्रेणी | आढ़तिया | स्थानीय किसान | छोटे दुकानदार/स्थानीय साहूकार | रिश्तेदार/दोस्त | अनौपचारिक ऋण की आवश्यकता नहीं | कुल |
|---|---|---|---|---|---|---|
| संलग्न श्रमिक | 0 | 29 | 0 | 1 | 0 | 30 |
| अनौपचारिक मज़दूर | 0 | 28 | 15 | 2 | 0 | 45 |
| छोटे और हाशिये के किसान | 15 | 12 | 5 | 2 | 1 | 35 |
| मध्यम किसान | 19 | 1 | 0 | 1 | 3 | 24 |
| बड़े किसान | 25 | 0 | 0 | 0 | 4 | 29 |
| बहुत बड़े किसान | 12 | 0 | 0 | 0 | 10 | 22 |
| कुल | 71 | 70 | 20 | 6 | 18 | 185 |

***स्रोत : लेखक।***

सारणी 4 में उत्तरदाताओं की विभिन्न श्रेणियों के लिए उपलब्ध ऋण के स्रोतों को दिखाया गया है। जहाँ खेतिहर मज़दूरों के लिए स्थानीय बड़े/बहुत बड़े किसान ऋण का मुख्य स्रोत थे, वहीं सामान्य रूप से किसानों के लिए, विशेष रूप से मध्यम और बहुत बड़े किसानों के लिए मण्डियों में

मौजूद आढ़तिया ऋण का मुख्य स्रोत थे। अनौचारिक स्रोतों से कभी–कभार या नियमित रूप से उधार लेने वाले 92 उत्तरदाता किसानों में से 71 (77.2 प्रतिशत) के लिए आढ़तिया ऋण का मुख्य स्रोत थे। बहरहाल, छोटे और हाशिये के किसानों का बड़ा हिस्सा स्थानीय अनौपचारिक स्रोतों पर निर्भर था, क्योंकि आढ़तिया उनकी ऋण की सभी आवश्यकताओं को पूरा नहीं करते थे।

अनौपचारिक ऋण की विभिन्न श्रेणियों, उनकी असामियों, उनके द्वारा दी जाने वाली ऋण की प्रकृति, और उससे जुड़े दायित्वों की विवेचना से अनौपचारिक ऋण बाज़ार की संरचना के बारे में ज़्यादा स्पष्ट समझ बनायी जा सकती है।

## छोटे साहूकार

यद्यपि छोटे साहूकारों का कोई ख़ास महत्त्व नहीं था, लेकिन इन साहूकारों के गुणात्मक रूप से भिन्न श्रेणी के रूप मौजूद थे। इनमें से अधिकांश छोटे या हाशिये के भू–स्वामी थे, जो अपनी ज़मीन पर ख़ुद खेती करते थे या उसे अन्य किसानों को बटाईदारी पर दे देते थे। इनमें से कुछ उम्रदराज लोग थे, जिनका कोई परिवार नहीं था या बहुत छोटा परिवार था। इनमें से एक विधवा भी थी। ये अमूमन 50 या 100 रुपये जैसी छोटी राशि उधार के रूप में देते थे। उधार के काम में इनकी काफ़ी छोटी पूँजी लगी होती थी। अमूमन यह राशि 5,000 से लेकर 30,000 हज़ार रुपये तक होती थी या कभी–कभार उससे ज़्यादा होती थी।

इनकी असामी या ग्राहक गाँव के निचले तबके से जुड़े होते थे और इनमें से अधिकांश लोग इन साहूकारों को व्यक्तिगत रूप से जानते थे। यदि कोई असामी नया होता था या साहूकार उस पर भरोसा नहीं करता था, तो वह बिना कोई चीज़ गिरवी रखे उसे उधार नहीं देता था। अमूमन एक असामी को जितनी राशि उधार के रूप में लेनी होती थी, उसे उतनी क़ीमत का गहना गिरवी रखना पड़ता था। एक ऐसा मामला भी सामने आया जब एक साहूकार ने एक एकड़ ज़मीन गिरवी रखने पर हाशिये वाले किसान को 10,000 रुपये उधार दिये।

यदि कोई वस्तु गिरवी नहीं रखी जाती थी तो छोटे साहूकार सिर्फ़ छोटी अवधि अर्थात् दो महीने से छह महीने के लिए ही उधार देते थे।

अमूमन फ़सल की कटाई के बाद यह राशि लौटा दी जाती थी। यदि उधार लेने वाला सारी राशि लौटाने में सक्षम नहीं होता था, तो वह ब्याज देता था तथा अगली फ़सल की कटाई तक मूल राशि ज्यों का त्यों रहती थी।

अन्य स्रोतों की तुलना में छोटे साहूकारों द्वारा दिया जाने वाला क़र्ज़ ज़्यादा महँगा होता था। वे प्रतिमाह दो प्रतिशत का न्यूनतम सूद लेते थे। कई मौक़ों पर सूद की 3 से 5 प्रतिशत प्रतिमाह के बीच राशि थी। छोटे साहूकार उधार देने से पहले अपने बहीखाते में उधार देने वाले का अँगूठा अवश्य ले लेते थे। कुछ मामलों में वे गवाह की भी माँग करते थे। यद्यपि इसका कोई क़ानूनी महत्त्व नहीं होता था, लेकिन इससे साहूकार को अपना पैसा वापस पाने में मदद मिलती थी। यदि कोई उधार लेने वाला व्यक्ति उधार नहीं चुकाता था तो उस पर दबाव डालने के लिए 'समझौते' का इस्तेमाल किया जाता था और कई दफ़ा इसमें पंचायत की भी सहायता ली जाती थी। यदि किसी उधार लेने वाले पर उधार वापस न करने का आरोप लगता था, तो उससे उसकी प्रतिष्ठा पर चोट पहुँचती थी और स्थानीय बाज़ार में उसे कोई उधार देने के लिए तैयार नहीं होता था।

## छोटे दुकानदार

जहाँ एक ओर साही–सामी व्यवस्था का क्षरण हुआ, वहीं दूसरी ओर ग्रामीण समाज में ख़रीददारी करने की क्षमता बढ़ी। इसके कारण एक नयी तरह की आर्थिक गतिविधि का उदय हुआ, जो छोटे स्तर पर दुकान चलाने से सम्बन्धित था। यद्यपि कुछ किसान मण्डी या नज़दीकी शहर से उपभोग की वस्तुएँ ख़रीदते थे, किन्तु बहुत से ऐसे लोग भी थे जिनके पास इतना अधिशेष या पैसा नहीं था कि वे हर सामान शहर के बाज़ार से ख़रीद पाते। छोटे दुकानदार इस अन्तराल को भरने का काम करते थे। उनकी दुकानें छोटे विक्रय भण्डार की तरह होती थीं, जिसमें हरी शाक–सब्ज़ियों से लेकर चीनी और जूते बिकते थे। यहाँ तक कि कुछ दुकानों पर कपड़ों की बिक्री भी होती थी।

पारम्परिक साहूकारों की तरह ये भी ऋण देते थे। किन्तु ये उधार लेने वाले किसानों के खेत पर नियन्त्रण स्थापित नहीं करना चाहते थे। असल में, इनकी मुख्य रुचि बिक्री से होने वाले मुनाफ़े में थी। इस तरह,

ये पारम्परिक साहूकारों से काफ़ी अलग थे। गाँव–1 में इस तरह की 25 दुकानें थीं, तथा गाँव 2 और 3 में क्रमशः 15 और 10 दुकानें थीं। छोटे दुकानदार विभिन्न सामाजिक श्रेणियों से आते थे। पहला, बहुत से बनिये इस काम से जुड़े हुए थे। ये लोग पहले ख़ुद साहूकार रह चुके थे। दूसरा, पंजाबी अरोड़ा भी यह काम करते थे। ये लोग विभाजन के समय पश्चिमी पंजाब से यहाँ आकर बस गये थे। तीसरा, हाशियाकृत भू–स्वामियों के रूप में तुलनात्मक रूप से एक नयी श्रेणी इस काम में लगी हुई थी। इन्हें यह लगा कि इनकी ज़मीन से इनका गुज़ारा नहीं हो सकता, इसलिए इन्होंने अतिरिक्त आय के लिए ऐसी दुकान खोल ली।

स्थानीय बाज़ार में छोटे दुकानदार एक महत्त्वपूर्ण श्रेणी में थे। ये दो प्रकार के ऋण देते थे : पहला, ये वस्तु के रूप में उधार देते थे, अर्थात् उपभोक्ता वस्तुओं को उधार में बेचते थे।[4] और दूसरा ये नगद राशि के रूप में उधार देते थे। अधिकांश परिवारों का गाँव के किसी एक छोटे दुकानदार के यहाँ खाता अवश्य चलता था। यहाँ से यह परिवार अपने दैनिक उपभोग की वस्तुओं को उधार में लेता था। एक छोटा दुकानदार एक परिवार के साथ अपने अतीत के अनुभवों और उनकी आर्थिक हैसियत के अनुसार 100 रुपये से लेकर 2,000 रुपये तक उधार देता था। अमूमन हर परिवार अपनी फ़सल की कटाई के समय बकाया राशि अदा कर देता था। सिर्फ़ कुछ ही मामलों में इस तरह का उधार छह महीने से ज़्यादा चलता था।

अधिकांश उपभोक्ता मण्डी में अपनी अतिरिक्त फ़सल को बेचने से होने वाली आय से नगद रूप में अपना उधार चुकता कर देते थे। कुछ छोटे/हाशिये के किसान और मज़दूर भी आंशिक रूप से 'वस्तुओं के माध्यम से' अपना उधार चुका देते थे। वे छोटे दुकानदारों को अपना उधार चुकाने के लिए धान या गेहूँ (खेती का अतिरिक्त उत्पादन/वस्तु के रूप में मिली मज़दूरी) देते थे। बहरहाल, यह व्यवस्था पारम्परिक साही–सामी व्यवस्था से काफ़ी भिन्न थी। दुकानदारों को इसलिए वस्तुएँ दी जाती थीं, क्योंकि ऐसा करना सुविधाजनक था। दुकानदार खाद्य उत्पादों के लिए मण्डी के बराबर ही क़ीमत देते थे। इसके कारण किसान अपनी फ़सल को मण्डी में ले जाने में होने वाली परेशानी से बच जाते थे। चूँकि स्थानीय सत्ता संरचना में ये दुकानदार हाशिये पर थे, इसलिए अमूमन ये क़ीमतों को प्रभावित नहीं कर सकते थे।

छोटे दुकानदार के लिए यह ज़्यादा महत्त्वपूर्ण था कि उसका खाता साफ़ रहे। उसे वस्तु के रूप में अपना उधार वापस लेने में कोई दिक़्क़त नहीं थी। इनमें से कुछ दुकानदारों की आर्थिक स्थिति ऐसी थी कि वे धान या गेहूँ को जमा करके रख सकते थे, और उनकी क़ीमतें बढ़ने पर उन्हें बेच सकते थे।

ठकने द्वारा दिया जाने वाले ऋण की दूसरी श्रेणी अर्थात् नगद के रूप में उधार, 'छोटे साहूकारों' द्वारा दिये जाने वाले उधार से भिन्न नहीं था। ये भी आमतौर पर मज़दूरों और छोटे/हाशिये के किसानों को कम नगद राशि उधार के रूप में देते थे। इनके द्वारा दिये जाने वाले उधार की सीमा और शर्तें काफ़ी हद तक छोटे साहूकारों की तरह ही थीं। लेकिन इसके साथ ही ये 'व्यवस्थित ऋण' (अरेंज्ड क्रेडिट) भी दिलाते थे, जिसे भल्ला ने 'प्रबन्धन उधार लेने' (मैनेज्ड बॉरोईंग) की संज्ञा दी है (भल्ला 1976)। यह तीन पक्षों के बीच की व्यवस्था होती थी : उधार लेने वाला, जो अमूमन खेतिहर मज़दूर होता था; उधार देने वाला अर्थात् दुकानदार; और एक तीसरा पक्ष जो गारंटी देता था, जो अमूमन एक बड़ा भू–स्वामी होता था। असल में, यह बड़ा भू–स्वामी ख़ुद मज़दूर को उधार नहीं देना चाहता था क्योंकि इसे यह भरोसा नहीं होता था कि मज़दूर उधार चुका पायेगा। लेकिन इसके बावजूद वह मज़दूर को यह जताना चाहता था कि वह उसकी मदद कर रहा है।

## बड़े किसानों द्वारा साहूकारी

किसानों/बहुत बड़े किसानों द्वारा ऋण देना साहूकारी से कुछ ज़्यादा होता था। अधिकांश मामलों में ये सिर्फ़ ब्याज कमाने के लिए उधार नहीं देते थे। इनके द्वारा दिये जाने वाले उधार से अन्य दायित्व भी जुड़े होते थे जो उत्पादन के सामाजिक सम्बन्धों और गाँव की राजनीति को प्रभावित करते थे। भू–स्वामी किसानों और मज़दूरों के बीच निर्भरता के सम्बन्धों के पुनरुत्पादन में ये उधार मध्यस्थ की भूमिका अदा करते थे (ब्रास 1990; ब्रेमन 1974; जोधका 1994)।

हरित क्रान्ति से आने वाली समृद्धि में हर किसी को बराबर हिस्सा नहीं मिला। इसके विपरीत, पूँजीवादी विकास ने लोगों की हैसियत में अन्तर को और ज़्यादा बढ़ा दिया। ख़ासतौर पर, भूमिहीन मज़दूरों और

बड़े भू–स्वामियों के बीच अन्तर काफ़ी बढ़ गया। यद्यपि श्रम की माँग में वृद्धि हुई, लेकिन मज़दूर किसी तरह अपना गुजर–बसर करने लायक ही कमाई कर पाते थे। इसलिए जब कभी उनके पास विवाह या घर की मरम्मत जैसा अतिरिक्त ख़र्च आ जाता था, या परिवार में कोई गम्भीर रूप से बीमार पड़ जाता था, तो इन्हें उधार लेना पड़ता था। चूँकि खेती के काम में पूरे साल रोज़गार नहीं मिलता था, इसलिए कई बार खेतिहर मज़दूरों को अपने दैनिक उपभोग की आवश्यकताओं को पूरा करने के लिए उधार लेना पड़ता था।

जैसा कि ऊपर वर्णन किया जा चुका है, अधिकांश मामलों में मज़दूरों के पास बड़े/बहुत बड़े किसानों से उधार लेने का ही विकल्प होता था। जैसा कि सारणी 4 में दिखाया गया है, जिन 75 मज़दूरों से साक्षात्कार लिया गया, उनमें से 50 के लिए बड़े/बहुत बड़े किसान ही ऋण का मुख्य स्रोत थे। यहाँ तक कि छोटे/हाशिये के किसानों के लिए भी ये ही ऋण का मुख्य स्रोत थे।

खेती में विकास के कारण बड़े किसानों के पास इतना अधिशेष उत्पन्न होने लगा कि वे अन्य लोगों को उधार दे सकें। अब वे साल में कई बार ज़्यादा पैदावार देने वाली फ़सल उपजाने लगें। इसलिए अब उनके लिए सही समय पर सुनिश्चित रूप से श्रम की आपूर्ति आवश्यक हो गयी। मज़दूरों को उधार देने से उन्हें इन मज़दूरों को अपने से जोड़े रखने में सहायता मिली। इससे उन्हें गाँव की राजनीति में भी मदद मिली। कुल 58 किसान ऐसे थे जो नियमित रूप से पैसा उधार देते थे। इनमें से 41 किसानों ने यह बताया कि वे मज़दूरों को ख़ुद से जोड़े रखने के लिए उन्हें उधार देते हैं या फिर वे सूद कमाने और मज़दूरों को ख़ुद से जोड़े रखने के दोहरे हित को पूरा करने के लिए उन्हें उधार देते थे।

किसान मज़दूरों को ख़ुद से जोड़े रखने के लिए मोटे तौर पर दो तरह के उधार देते थे। पहला, जब खेती का काम ज़ोर–शोर से चल रहा होता था तो वे अनौपचारिक मज़दूरों को ख़ुद से जोड़े रखने के लिए उन्हें उधार देते थे; और दूसरा, वे संलग्न या स्थायी मज़दूरों को उधार देते थे, जो पूरे साल या उससे भी ज़्यादा समय तक उनके लिए काम करने के लिए वचनबद्ध हो जाते थे। संलग्न मज़दूर अग्रिम वेतन के रूप में मिलने वाले सूद रहित उधार की राशि के बदले पूरे साल के लिए अपना श्रम 'गिरवी' रख देते थे (जोधका 1994)। वहीं अनौपचारिक मज़दूर यह

वायदा करते थे कि कटाई या धान की रोपाई के समय अपने पूरे परिवार के साथ ऋण देने वाले किसान के खेत में काम करेंगे।

जिन महीनों में खेती का काम ज़ोर–शोर से होता था, उन महीनों में किसान अपनी आवश्यकता के अनुसार अनौपचारिक मज़दूरों को उधार देकर ख़ुद से जोड़े रखता था। किसी अनौपचारिक मज़दूर को उधार देते समय उसके परिवार के आकार पर भी ध्यान दिया जाता था। यदि एक मज़दूर के परिवार का आकार बड़ा होता था और उसके परिवार के ज़्यादा सदस्य खेतों में काम कर सकते थे तो उसे ज़्यादा उधार मिलता था। इसी तरह, छोटे किसान छोटी राशि उधार के रूप में देते थे, क्योंकि उनके श्रम की आवश्यकताएँ सीमित होती थीं। वे 50 रुपये से 200 रुपया तक उधार देते थे। वहीं, बड़े किसान एक परिवार को 500 रुपये से लेकर 2,000 रुपये तक उधार देते थे। अमूमन खेती का काम ज़ोर–शोर से शुरू होने के दो सप्ताह पहले से लेकर तीन महीने पहले तक यह उधार दे दिया जाता था। बहरहाल, यदि उधार की राशि 50 रुपये से ज़्यादा होती थी तो अमूमन प्रतिमाह 2 प्रतिशत की दर से सूद लिया जाता था। ऐसे मामलों में एक किसान अधिकतम 10,000 रुपये तक उधार देता था।

यद्यपि कुछ छोटे/हाशिये के किसान भी मज़दूरों को ख़ुद से जोड़े रखने के लिए पैसा उधार देते हैं, लेकिन इनमें से अधिकांश लोग प्रभावकारी तरीक़े से ऐसा नहीं कर पाते थे बड़े किसानों में से अधिकांश मज़दूरों को ख़ुद से जोड़े रखने के लिए उधार देते थे। इसके कारण मज़दूरों के पास कुछ हद तक रोज़गार चुनने की स्वतन्त्रता होती थी। बहुत से छोटे किसानों ने यह बताया कि जब खेती का काम ज़ोर–शोर से चल रहा होता है तो उन्हें मज़दूरों के लिए इन्तजार करना पड़ता है, क्योंकि मज़दूर पहले बड़े किसानों के यहाँ काम करते थे।

हालाँकि अमूमन उधार से मज़दूरों की मज़दूरी पर कोई ख़ास प्रभाव नहीं पड़ता। सिर्फ़ दो किसानों ने यह कहा कि उधार देने के कारण उन्हें सस्ती दर पर मज़दूर मिल गये। किसी भी मज़दूर ने यह नहीं कहा कि जब वे किसी किसान से उधार लेते हैं, तो वे उसके लिए बाज़ार की मज़दूरी दर से सस्ती मज़दूरी दर पर काम करते हैं। किसी मज़दूर ने यह भी नहीं कहा कि वे किसी ख़ास किसान के यहाँ इसलिए काम करते हैं कि उन्हें उससे शारीरिक हिंसा का डर होता है। कुछ मज़दूरों और किसानों ने इस बात पर बल दिया कि जब एक मज़दूर एक ख़ास किसान के यहाँ

काम करने का फ़ैसला करता था, तो वह 'दबाव' के बजाय 'लिहाज़' या पारस्परिक फ़ायदे के कारण ऐसा करता था। यहाँ यह उल्लेख करना महत्त्वपूर्ण है कि इन सम्बन्धों को ऐसे सम्बन्धों की श्रेणी में नहीं डाला जा सकता है जिसे थॉर्मर ने 'इशारे पर नाचने वाली' व्यवस्था की संज्ञा दी है।

स्थायी या संलग्न मज़दूर की श्रेणी में आने वाले मज़दूर हमेशा क़र्ज़ में डूबे रहते थे। जैसा कि मैंने किसी अन्य स्थान पर वर्णन किया है कि कई मज़दूर इसलिए संलग्न मज़दूरी को चुनते थे क्योंकि उन्हें हमेशा क़र्ज़ की आवश्यकता होती थी। चूँकि उनके पास क़र्ज़ हासिल करने का कोई वैकल्पिक स्रोत नहीं होता था, इसलिए अपने श्रम को 'गिरवी' रख देते थे। इससे उन्हें अपनी वार्षिक मज़दूरी के रूप में अग्रिम सूद रहित क़र्ज़ मिल जाता था (जोधका 1994)। बड़े किसान न सिर्फ़ उन्हें अग्रिम मज़दूरी दे देते थे, बल्कि उन्हें वार्षिक मज़दूरी से कुछ ज़्यादा उधार देने में भी कोई परेशानी नहीं होती थी। यद्यपि वे अक्सर इस उधार पर प्रतिमाह 2 प्रतिशत का सूद लेते थे, लेकिन किसान का मुख्य हित यह सुनिश्चित करने में था कि क़र्ज़ लेने वाला मज़दूर अगले साल भी उसके लिए ही काम करेगा।

हालाँकि क़र्ज़ हमेशा मज़दूर को अनुशासित नहीं बनाता था। मज़दूर और किसान के बीच के सम्बन्धों में तनाव और संघर्ष भी पैदा होता रहता था। कई ऐसे मामले थे जिसमें मज़दूर ने अपने बकाया ऋण को वापस करने के साथ ही किसान के लिए काम करने से भी इनकार कर दिया। इस तरह के बढ़ते तनाव का एक नतीजा यह भी हुआ कि संलग्न मज़दूरी की व्यवस्था में गिरावट की प्रवृत्ति सामने आने लगी।

## आढ़तिया ऋण

जिस तरह मध्यम और बड़े किसान खेतिहर मज़दूरों के ऋण का मुख्य स्रोत थे, उसी तरह आढ़तिया इन किसानों के लिए ऋण का मुख्य स्रोत थे। 92 उत्तरदाता किसानों ने यह कहा कि वे अनौपचारिक स्रोतों से ऋण लेते हैं। इन किसानों के लिए आढ़तिया ऋण का मुख्य स्रोत थे (77.2 प्रतिशत)।

हरित क्रान्ति ने न सिर्फ़ उत्पादकता में वृद्धि की, बल्कि इसके कारण ज़मीन से जुड़े ख़र्चों में भी वृद्धि हुई। किसानों को बाज़ार से उच्च पैदावार वाले बीजों, उर्वरक तथा कीटनाशक ख़रीदना पड़ता था। चूँकि अब गाँव

में कोई बनिया नहीं बचा था, इसलिए किसानों को ऋण के वैकल्पिक स्रोतों की आवश्यकता थी। सिर्फ़ कुछ किसान ही संस्थात्मक ऋण ले पाते थे, और इससे उनकी भी सभी आवश्यकताएँ पूरी नहीं होती थीं। इसलिए आढ़तिया एक व्यवहारिक विकल्प के रूप में सामने आये।

विकासात्मक प्रयासों का एक मुख्य घटक बाज़ार से सम्बन्धित नेटवर्क का विकास था। साही–सामी व्यवस्था जैसे व्यापार की पारम्परिक व्यवस्था के विकल्प के रूप में मण्डियों की स्थापना की गयी। इस क्षेत्र में 1945 में पहली मण्डी की स्थापना हुई। लेकिन 1950 और 1960 के दशक में ही किसानों के बीच मण्डियों की लोकप्रियता बढ़ी। आढ़तिया ऐसे मध्यस्थ या बिचौलिया होते थे, जिनके माध्यम से किसान अपनी फ़सल को निजी व्यापारियों या राज्य एजेंसियों को बेचते थे। किसानों की फ़सल बेचने में मदद के बदले में आढ़तिया को एक निश्चित राशि कमीशन के रूप में मिलती थी। उनका व्यापार इस पर निर्भर था कि किसान कितनी फ़सल बेचने के लिए उनके पास ला रहे हैं। इसलिए अपने व्यापार को मज़बूती देने के लिए उन्होंने अपने असामी या ग्राहक किसानों को अग्रिम राशि देना आरम्भ कर दिया। उनके द्वारा दिये जाने वाले ऋण का स्वरूप संस्थात्मक और अनौपचारिक ऋण के बीच था।

आढ़तिया को इस बात का अन्दाज़ा होता था कि कोई ख़ास किसान उनके पास कितना धान या गेहूँ ला सकता है। वे अमूमन अपेक्षित पैदावार का 50 से 60 प्रतिशत अग्रिम राशि के रूप में दे देते थे। वे उधार देने से पहले एक अनौपचारिक बहीखाते में उधार लेने वाले किसान का दस्तख़त या अँगूठे का निशान ले लेते थे। आढ़तिया अमूमन किसी जमानत की माँग नहीं करते थे। जब एक किसान पहली बार आढ़तिया के पास जाता था, तो वह उससे कहता था कि वह अपने गाँव से एक ऐसे व्यक्ति को 'प्रस्तावक' के रूप लाये, जो उस आढ़तिया के साथ पहले से व्यापार कर रहा था। आढ़तिया अपनी नये असामी के 'चरित्र', भूमि और फ़सल आदि के बारे में उसी के गाँव के कुछ अन्य किसानों से जाँच–पड़ताल करता था। यदि वह सन्तुष्ट हो जाता था तो अपने नये ग्राहक को कुछ पैसा अग्रिम राशि के रूप में दे देता था। यहाँ तक कि नियमित असामी या ग्राहक के मामले में भी आढ़तिया उनके खेतों की फ़सल के बारे में जानकारी रखता था, और इस आधार पर वह यह तय करता था कि किसी ख़ास किसान को कितनी अग्रिम राशि दी जा सकती है। खुद किसान आढ़तियों की

सूचना का स्रोत होते थे। वे इन किसानों से ही एक–दूसरे की खेत की फ़सल या कुल अपेक्षित पैदावार के बारे में जानकारी लेते थे।

आढ़तिया ऋण संस्थात्मक ऋण की तुलना में काफ़ी लचीला था। यद्यपि अधिकांश मौक़ों पर किसान अपनी भूमि पर अल्पकालिक निवेश के लिए उधार लेते थे, लेकिन वे परिवार में विवाह, उपभोग की ज़रूरतों या भूमि और खेती की मशीन आदि ख़रीदने के लिए भी उधार ले सकते थे। जब तक आढ़तिया को यह विश्वास रहता था कि किसान उसके क़र्ज़ को चुका देगा, तब तक उसे इस बात से कोई फ़र्क़ नहीं पड़ता था कि किसान उससे क़र्ज़ लेकर उसका किस प्रकार उपयोग कर रहा है। अधिकांश मामलों में आढ़तिया 2 प्रतिशत प्रतिमाह के हिसाब से सूद लेते थे, लेकिन उनके उधार देने का मुख्य कारण व्यावसायिक था। उनकी रुचि खेतों की पैदावार में थी। अग्रिम पैसा देकर वे अपना व्यापार मज़बूत बनाते थे। अग्रिम पैसा दिये बग़ैर वे ज़्यादा व्यापार की उम्मीद नहीं कर सकते थे। दूसरी ओर, क़र्ज़ लेने वाला किसान अपनी पैदावार को उसी आढ़तिया के माध्यम से बेचता था, जिससे उसने क़र्ज़ लिया था। ऋण के कारण किसान को मजबूरन अपनी पैदावार को खेत में लाना पड़ता था, भले ही उसके पास कोई 'अतिरिक्त' या 'अधिशेष' फ़सल न हो।

मुख्य रूप से छोटे किसानों के सामने इस प्रकार की मजबूरी थी। बड़े किसानों के पास इस तरह की मजबूरी नहीं थी। उनके पास अमूमन एक से ज़्यादा आढ़तिया होते थे और वे अपनी पैदावार को एक से ज़्यादा मण्डियों में बेचते थे। एक बड़े किसान ने यह बताया कि पिछले साल वह अपने उच्च गुणवत्ता वाले धान (बासमती) को अपने गाँव से 40 किलोमीटर दूर स्थित मण्डी में ले गया था, क्योंकि वहाँ ज़्यादा क़ीमत मिल रही थी (उसकी सबसे नज़दीक वाली मण्डी सिर्फ़ 4 किलोमीटर दूर थी)।

किसानों के सन्दर्भ में आढ़तिया के बीच काफ़ी हद तक एकता थी। वे किसानों को इस बात के लिए प्रोत्साहित नहीं करते थे कि वे एक मण्डी के भीतर एक आढ़तिया को छोड़कर दूसरे आढ़तिया के पास जाये। किसान अपने आढ़तिया से सम्बन्ध के बारे में मोटे तौर पर सकारात्मक दृष्टिकोण रखते थे। सिर्फ़ छोटे और हाशिये के किसान ही आढ़तियों द्वारा मिलने वाले क़र्ज़ पर निर्भर थे और उन्हें उनसे शिकायत भी रहती थी। किसान यह महसूस करते थे कि आढ़तिया उनकी पैदावार के मापन में मनमानी करते थे। उन्हें यह भी लगता था कि उन्हें ज़्यादा महँगे

उर्वरक, कीटनाशक दवाईयाँ या बीज बेचते थे। हालाँकि आढ़तिया इतने शक्तिशाली नहीं होते थे कि वे किसानों को अपनी बात मनाने के लिए मजबूर कर देते या अपने हिसाब से क़ीमतों को बढ़ा देते।

इनके द्वारा दिये जाने वाले ऋण का प्रमुख आकर्षण यह था कि यह आसानी से मिल ज़्यादा था। अमूमन किसानों का अपने आढ़तिया के साथ बहुत ही अनौपचारिक सम्बन्ध होता था। उन्हें जब भी ऋण की आवश्यकता होती थी, तो उन्हें बस आढ़तिया के बहीखाते पर दस्तख़त करना होता था और उन्हें पैसा मिल जाता था। कई बार तो एक किसान सिर्फ़ आढ़तिया को अन्य किसी व्यक्ति से कोई छोटा लिखित संदेश भिजवाकर ही पैसे ले लेता था। इसके विपरीत, अधिकांश किसान यह मानते थे कि संस्थात्मक ऋण लेना अत्यन्त बोझिल काम है। बहुत से छोटे किसानों का बैंकों में 'फ़सल लोन' खाता था, लेकिन इसके बाजवूद वे आढ़तिया से उधार लेते थे। इसका कारण यह था कि बैंक से उनकी फ़सल के लिए जितना क़र्ज़ मिल सकता था, उनकी आवश्यकता उससे कहीं ज़्यादा थी। कई लोग स्थानीय पीएसीएस के भ्रष्टाचार के कारण उससे ऋण नहीं लेना चाहते थे, या फिर उन्हें संस्थात्मक ऋण से डर लगता था (विस्तार के लिए देखें जोधका 1995क)।

## रिश्तेदारों और दोस्तों के बीच ऋण सम्बन्ध

'पारम्परिक समाजों' में ऋण की आवश्यकताओं के एक भाग को एक ऐसी व्यवस्था द्वारा पूरा किया जाता है, जिसे वेबर ने 'पड़ोस की सहायता' की संज्ञा दी है (वेबर 1978 : 361)। बहुत से मानवशास्त्रीय अध्ययनों में यह बताया गया है कि आस–पड़ोस में रहने वाले लोगों के बीच इस तरह का सम्बन्ध होता है, जिसमें लोग दैनिक जीवन या किसी संकट के समय पर एक–दूसरे की सहायता पर निर्भर करते हैं। अमूमन यह 'जीविका ऋण' ब्याज रहित होता है (अब्राहम 1985; डेवी 1964)।

यद्यपि सामाजिक सम्बन्धों में काफ़ी बदलाव आया और ऐसा लगने लगा कि अनौपचारिक ऋण सम्बन्धों के अधिकांश मामले भी पूँजीवादी बाज़ार के तर्कशास्त्र से संचालित हो रहे हैं। लेकिन इसके बावजूद हमने जिन गाँवों का अध्ययन किया, वहाँ कुछ हद तक 'पड़ोस से ऋण सम्बन्धों' का अस्तित्व था। अमूमन रिश्तेदारों के बीच इस तरह का सम्बन्ध था।

हालाँकि एक सम्पूर्ण ऋण के लेन–देन में यह एक अत्यन्त छोटी या हाशियाकृत परिघटना थी। यदि उधार के रूप में 1,000 रुपये तक की राशि एक महीने तक के लिए ली जाती थी, तो उसके लिए किसी प्रकार का सूद नहीं लिया जाता था। इसके अलावा, कुछ सम्बन्धों के अपवादों को छोड़ दें तो अन्य मामलों में प्रतिमाह 2 प्रतिशत का ब्याज लिया जाता था। दामाद जैसे नाजुक सम्बन्धों के मामले में आमतौर पर कोई ब्याज नहीं लिया जाता था।

निम्न जातियों/खेतिहर मज़दूरों की श्रेणी के कुछ उत्तरदाताओं ने यह बताया कि यदि वे ऋण के लिए अपने सम्बन्धियों के पास जाते हैं, तो इससे उनकी 'इज़्ज़त' को चोट पहुँचती है। इनके मुताबिक़, 'रिश्तेदार यह सोच सकते हैं कि गाँव में हमारी छवि इतनी ख़राब है कि हमारे गाँव का कोई व्यक्ति उधार देने के लिए तैयार नहीं है'। निश्चित रूप से, इस प्रकार के उधार के साथ सामाजिक दायित्व जुड़े होते थे। लेकिन वर्तमान समय के हरियाणा की खेती में खेतिहर सम्बन्धों के कुल तर्कशास्त्र में इनका बहुत कम सम्बन्ध है।

## अनौपचारिक क़र्ज़ में ब्याज और जमानत

ऐसा लगता है कि अनौपचारिक ऋण बाज़ार में ब्याज दरों के निर्धारण में अर्थशास्त्र की माँग और पूर्ति के सिद्धान्तों का अत्यन्त कम महत्त्व था। असल में, यह आर्थिक कारकों के अतिरिक्त बहुत से समाजशास्त्रीय कारकों पर भी निर्भर था, जिसमें गाँव में उस व्यक्ति की हैसियत, उसका वर्ग और जातिगत पृष्ठभूमि इत्यादि सम्मिलित थे। उत्पादन सम्बन्धों का तर्कशास्त्र और गुटों के बीच की राजनीति भी ब्याज दरों को तय करने में महत्त्वपूर्ण भूमिका निभाती थी। उधार लेने वाले किसी व्यक्ति के पास ऋण के उपलब्ध स्रोत की भी महत्त्वपूर्ण भूमिका होती थी।

जैसा कि सारणी 5 में दिखाया गया है कि तक़रीबन 115 उत्तरदाता अमूमन 2 प्रतिशत प्रतिमाह की दर से ब्याज या सूद दे रहे थे। अन्य 19 लोग 3 प्रतिशत प्रतिमाह की दर से सूद दे रहे थे। ऐसे 30 उत्तरदाता थे, जिन्हें कोई सूद दिये बिना ही ऋण मिल जाता था। दो उत्तरदाताओं ने यह बताया कि उनके लिए अनौपचारिक स्रोतों से ऋण लेना अत्यन्त कठिन था क्योंकि उन्हें किसी अनौपचारिक स्रोत से ऋण लेने के लिए 5 प्रतिशत प्रतिमाह की दर से सूद देना पड़ता था।

**सारणी 5 : विभिन्न श्रेणियों के उत्तरदाताओं द्वारा अनौपचारिक उधार पर अमूमन अदा की जाने वाली मासिक ब्याज दर (प्रतिशत में)**

| श्रेणी | 1 | 2 | 3 | 5 | कोई ब्याज नहीं | कोई क़र्ज़ नहीं | कुल |
|---|---|---|---|---|---|---|---|
| संलग्न मज़दूर | 0 | 22 | 3 | 0 | 5 | 0 | 30 |
| अनौपचारिक मज़दूर | 0 | 32 | 9 | 2 | 2 | 0 | 45 |
| छोटे और हाशिये के किसान | 0 | 22 | 5 | 0 | 7 | 1 | 35 |
| मध्यम किसान | 1 | 16 | 2 | 0 | 2 | 3 | 24 |
| बड़े किसान | 0 | 15 | 0 | 0 | 10 | 4 | 29 |
| बहुत बड़े किसान | 0 | 8 | 0 | 0 | 4 | 10 | 22 |
| कुल | 1 | 115 | 19 | 2 | 30 | 18 | 185 |

*स्रोत : लेखक।*

छोटे साहूकार अमूमन 3 प्रतिशत प्रतिमाह की दर से ब्याज लेते थे। हालाँकि कभी–कभी वे प्रतिमाह 5 प्रतिशत की दर से भी ब्याज लेते थे। जिन मामलों में क़र्ज़ के रुपयों के बदले में तक़रीबन उतनी ही राशि वाली कोई वस्तु ज़मानत के रूप में जमा की जाती थी या फिर उधार लेने वाला व्यक्ति कोई 'भरोसेमन्द' व्यक्ति होता था, तभी ब्याज दर 2 प्रतिशत प्रतिमाह होती थी। यदि कोई किसान कभी–कभार उधार लेता था या उधार ली गयी राशि अत्यन्त छोटी होती थी, तो कोई ब्याज नहीं लिया जाता था। कुछ ऐसे मामले भी होते थे जिसमें आढ़तिया किसान को दिये गये उधार पर कोई ब्याज नहीं लेता था; किन्तु यदि किसान उसके माध्यम से अपनी फ़सल बेचता था और आढ़तिया कुछ समय तक किसान को पैसा नहीं दे पाता था, तो वह भी किसान को कोई ब्याज नहीं देता था। कुछ मामलों में, जब छोटे किसानों को दिया गया क़र्ज़ उसकी अपेक्षित पैदावार से ज़्यादा हो जाता था तो आढ़तिया उससे 3 प्रतिशत ब्याज लेता था।

बड़े/बहुत बड़े किसान का ऋण सबसे ज़्यादा जटिल था। अधिकांश मामलों में वे 2 प्रतिशत ब्याज लेते थे। लेकिन अमूमन ब्याज दर उधार लेने वाले व्यक्ति और उधार देने वाले किसान के बीच सम्बन्ध पर निर्भर

करती थी। मसलन, मज़दूर को अपने साथ जोड़े रखने के लिए दिया जाने वाला पैसा अमूमन ब्याज से मुक्त होता था। इसी तरह, कई बार एक बड़ा किसान किसी छोटे किसान या मज़दूर को इस मंशा से ब्याज रहित उधार देता था कि वह उसका अहसान मानेगा तथा गाँव की राजनीति में उसका समर्थन करेगा। वहीं बहुत से अन्य मामलों में वे 3 प्रतिशत वार्षिक ब्याज दर भी लेते थे।

कई बार, क़र्ज़ देने के लिए ब्याज के साथ–साथ मूल धन जितनी किसी वस्तु को जमानत के रूप में रखा जाता था। बहरहाल, अनौपचारिक ऋण का एक बड़ा हिस्सा जमानत के रूप में वस्तु जमा करने के बग़ैर ही काम करता था। केवल कुछ मामलों में ही ऋणदाता जमानत के रूप में वस्तु की माँग करते थे। ये ऐसे मामले होते थे जिनमें उधार देने वाले व्यक्ति को उधार लेने वाले व्यक्ति पर भरोसा नहीं होता था, या उधार की राशि कुछ सौ रुपये से ज़्यादा की होती थी। इस तरह उधार लेने वाले लोग अमूमन भूमिहीन मज़दूर या छोटे और हाशिये के किसान होते थे।

ज़मानत के रूप में मुख्य रूप से दो वस्तुएँ रखी जाती थीं–गहना और ज़मीन। जब एक निश्चित मात्रा में ऋण लेने के बदले में ज़मीन को गिरवी रखा जाता था तो ऋणदाता को कोई ब्याज नहीं दिया जाता था। ऋण देने वाला व्यक्ति उधार लेने वाले व्यक्ति की ज़मीन पर खेती करता था, या उसे बटाईदारी पर दे देता था। वह उधार लेने वाले व्यक्ति को ही या किसी अन्य किसान को यह भूमि बटाईदारी पर दे सकता था। अधिकांश मामलों में ख़ुद खेती करने वाले भू–स्वामी साहूकार उधार देने के बदले में ज़मीन को गिरवी रखवाते थे। गाँव–1 में एक छोटे दुकानदार ने 10,000 रुपये क़र्ज़ देने के बदले में एक एकड़ ज़मीन को गिरवी रखवाया था। यह ज़मीन उसके पास तीन वर्षों तक रही। अमूमन छोटे साहूकार/छोटे दुकानदार गहने लेना पसन्द करते थे। आमतौर पर, भूमिहीन मज़दूर ज़मानत के रूप में गहने देते थे। जब ज़मानत के रूप में गहने जमा किये जाते थे तो ब्याज दर थोड़ा कम अर्थात् 2 प्रतिशत प्रतिमाह होती थी।

शायद ज़मानत से भी ज़्यादा महत्त्वपूर्ण बात यह थी कि अनौपचारिक ऋण के साथ अन्य सामाजिक दायित्व जुड़े हुए थे। जैसा कि पीछे वर्णन किया गया है कि एक खेतिहर मज़दूर को ऋण लेने के लिए अपनी श्रम शक्ति को 'गिरवी' रखना पड़ता था, अर्थात् वह ऋण देने वाले किसान के खेतों के लिए ही काम करता था। छोटे और हाशिये के किसानों

तथा खेतिहर मज़दूरों को ऋण देने वाले बड़े किसानों या रिश्तेदारों को सामाजिक और राजनीतिक जीवन में समर्थन देना पड़ता था।

## अनौपचारिक ऋण और ग्रामीण सत्ता संरचना

ऋण और ग्रामीण समाज में सत्ता और प्रभुत्व की संरचनाओं के बीच सम्बन्ध का मुद्दा काफ़ी जटिल है। इस विषय पर किसी गणना करने लायक सूचना को एकत्रित करना मुमकिन नहीं था। फिर भी, इन दोनों के बीच सम्बन्धों को स्पष्ट रूप से पहचाना जा सकता था। हालाँकि सभी प्रकार के अनौपचारिक ऋण सम्बन्धों के बारे में यह बात सही नहीं है। मसलन, छोटे दुकानदारों या छोटे साहूकारों द्वारा दिये जाने वाले क़र्ज़ और स्थानीय राजनीति के बीच कोई सम्बन्ध नहीं था। मुख्य रूप से इन दो श्रेणियों के लोग अपनी असामी से सूद कमाने के लिए पैसा उधार देते थे। इसी तरह, आढ़तिया किसानों के लिए ऋण का एक महत्त्वपूर्ण अनौपचारिक स्रोत थे और उन्हें भी गाँव की राजनीति से कोई लेना-देना नहीं था।

असल में, बड़े और बहुत बड़े किसानों की ही गाँव की राजनीति में रुचि थी। वे सत्ता की स्थानीय संरचनाओं पर अपना क़ब्ज़ा जमाना चाहते थे। गाँव के विभिन्न गुटों का नेतृत्व इनके हाथ में होता था। अमूमन गाँव का सरपंच इसी श्रेणी से आता था। चूँकि यह संख्यात्मक रूप से सबसे बड़ा समूह था, इसलिए इसे 'प्रभुत्वशाली जाति' की संज्ञा दी जा सकती है। जैसा कि पहले वर्णन किया जा चुका है कि स्थानीय ऋण बाज़ार में ये ऋण का एक प्रमुख स्रोत थे। विशेष रूप से, निम्न जातियों जैसे हाशिये के तबकों के लिए ये ऋण का प्रमुख स्रोत थे, जो इनके खेतों में अनौपचारिक या संलग्न मज़दूरों के रूप में काम करते थे। चूँकि ये सबसे ग़रीब तबके से जुड़े थे, इसलिए इन्हें तक़रीबन नियमित रूप से ऋण की आवश्यकता पड़ती थी। हाशिये के कुछ किसान भी अपने ऋण की आवश्यकताओं के लिए बड़े/बहुत बड़े किसानों पर निर्भर थे।

इस बात के पर्याप्त प्रमाण हैं कि बड़े किसान विशेष रूप से मज़दूरों पर अपने प्रभाव का इस्तेमाल करते थे, क्योंकि मज़दूर ऋण के लिए इन बड़े किसानों पर निर्भर थे। वे इस प्रभाव का इस्तेमाल करके गाँव की राजनीति में अपने गुट की स्थिति को मज़बूत करते थे। बहुत से संलग्न मज़दूरों और पूर्व संलग्न मज़दूरों ने यह बताया चूँकि वे ऋण के

लिए किसान पर निर्भर होते थे, इसलिए वे उन्हें नाराज़ नहीं कर सकते थे। पंचायत चुनावों के दौरान बड़े/बहुत बड़े किसान अपने संलग्न और अनौपचारिक मज़दूरों को अपने गुट के पक्ष में गोलबन्द करने का प्रयास करते थे। कई ऐसे मामले भी थे जिनमें ख़ुद किसान पंच या सरपंच पद का उम्मीदवार था, तथा उसके संलग्न मज़दूरों ने उसके लिए सक्रिय रूप से प्रचार किया। एक राजनीतिक आकांक्षा रखने वाले व्यक्ति या एक गुट के नेता से ज़्यादा आसानी से ऋण मिल जाता था। जिन लोगों को ऋण की आवश्यकता होती थी, वे अमूमन अपने ऋणदाता को मत देकर उसे खुश रखते थे। मसलन, गाँव–2 में एक अनौपचारिक या दिहाड़ी मज़दूर ने ऋण और गाँव की राजनीति के बीच के सम्बन्धों के बारे में एक परोक्ष टिप्पणी की :

> *एक मज़दूर को ज़मींदारों को खुश रखना होता है। हमें अक्सर उनसे क़र्ज़ लेने की ज़रूरत पड़ती है। वे हमें रोज़गार भी देते हैं। पिछले पंचायत चुनावों के दौरान, दो मुख्य गुटों से सम्बन्धित दो उम्मीदवार मैदान में थे। वे दोनों ही बड़े किसान थे। मैं उनमें से किसी को नाराज़ नहीं करना चाहता था। मेरे पास दो मत थे–एक मेरा और एक मेरी पत्नी का। इसलिए हमने दोनों उम्मीदवारों को एक–एक वोट दे दिया।*

(यहाँ ग़ौर करने वाली एक महत्त्वपूर्ण बात है कि दो बड़े किसान उम्मीदवारों के अलावा एक अन्य उम्मीदवार भी चुनावी मैदान में था और वह उम्मीदवार उत्तरदाता व्यक्ति की जाति का ही था। लेकिन उत्तरदाता ने अपना वोट देने के लिए उसके नाम पर विचार भी नहीं किया)

ऋण या ऋणग्रस्तता हमेशा ही स्थानीय राजनीति को बड़े किसान की इच्छा के अनुरूप प्रभावित नहीं करते थे। गाँव में औपचारिकीकरण में वृद्धि हुई। साथ ही, इस सन्दर्भ में विशेष रूप से मज़दूरों और बड़े किसानों के बीच तनाव और संघर्ष में वृद्धि हुई। कई मामलों में मज़दूरों ने अपने अधिकारों की दावेदारी प्रस्तुत की। मसलन, समूह चर्चा के दौरान चमार (अनुसूचित जाति/के एक मज़दूर ने यह कहा कि–

'पिछले विधानसभा चुनावों के दौरान एक जाट किसान यह चाहता था कि हम उसकी पसन्द की पार्टी को मत दें। लेकिन हमने यह फ़ैसला किया कि हम उसकी बात नहीं मानेंगे और हमने अपनी पसन्द के उम्मीदवार

को मत दिया। इससे वह किसान नाराज़ हो गया। उसने यह कहा कि मैं उसे वह तीन हज़ार रुपये तुरन्त वापस कर दूँ जो मैंने उससे उधार लिये थे। मैंने एक सप्ताह के भीतर एक बनिये से उन पैसों का प्रबन्ध कर लिया, और उसे उसके पैसे वापस कर दिये। हालाँकि मुझे बनिये को कुछ ज़्यादा ब्याज दर देनी पड़ी।'

स्थानीय राजनीति में जाति–बिरादरीयों का भी महत्त्व था। अमूमन स्थानीय चुनावों के दौरान बिरादरियाँ सामूहिक रूप से काम करती थीं। भले ही एक जाति का सदस्य एक संलग्न मज़दूर था, या एक किसान के क़र्ज़ से डूबा हुआ था, उसे मत देते समय अपनी जाति–बिरादरी की इच्छाओं पर भी ध्यान देना पड़ता था। भले ही किसान एक मज़दूर को अपने पक्ष में मत देने के लिए मना लेता था, किन्तु ऐसे मामलों में बिरादरी यह सुनिश्चित करती थी कि वह मज़दूर बिरादरी के अन्य लोगों को उस किसान या उसके उम्मीदवार के पक्ष में मतदान करने के लिए प्रेरित न करे।

## निष्कर्ष

इस अध्ययन की प्रकृति मुख्य रूप से जाँच–पड़ताल से सम्बन्धित थी। इस अध्ययन का प्राथमिक प्रश्न अनौपचारिक ऋण बाज़ार में सम्बन्धों के उभरते स्वरूप की पहचान करना था। स्वतन्त्रता प्राप्ति के बाद के दौर में हुए खेतिहर बदलाव और ऋण के संस्थात्मक स्रोतों की बढ़ती लोकप्रियता ने इस प्रकार के अध्ययन के लिए एक सन्दर्भ उपलब्ध कराया।

यद्यपि निरन्तरता के तत्त्वों की पहचान करना बहुत मुश्किल नहीं है, लेकिन पिछले चार या पाँच दशक के दौरान हुए बदलाव भी काफ़ी महत्त्वपूर्ण हैं। बनिया–केन्द्रित पारम्परिक ऋण बाज़ार अर्थात् साही–सामी व्यवस्था में पूरी तरह परिवर्तन हो चुका है। इस परिवर्तन के लिए किसी एक कारक को पूरी तरह ज़िम्मेदार नहीं माना जा सकता। हमें एक ऐतिहासिक दृष्टिकोण से बहुत से कारकों पर विचार करना होगा, जिन्होंने एक साथ आकर इस प्रकार का परिवर्तन किया।

पुराने बलिया साहूकारों की समाप्ति का अर्थ सिर्फ़ यह नहीं है कि किसानों को उपलब्ध ऋण के स्रोत में बदलाव हुआ। असल में, इसके कारण ग्रामीण सत्ता संरचना में एक महत्त्वपूर्ण बदलाव भी हुआ। अन्य कारकों के साथ मिलकर इसने मध्यम स्तर के खेतिहर जाति समूहों के प्रभुत्व को बढ़ाने का काम किया है। यह तबका पहले से ही ग्रामीण समाज

का एक महत्त्वपूर्ण घटक था। बनिये के हटने के कारण स्थानीय सत्ता संरचना में इस श्रेणी का तक़रीबन एकाधिकार हो गया। कुछ हद तक राज्य–स्तरीय राजनीति में भी यह बदलाव दिखता है।

आढ़तिया–किसान ऋण सम्बन्ध काफ़ी हद तक पारम्परिक साही–सामी व्यवस्था जैसा लग सकता है, लेकिन इन दोनों में अत्यधिक अन्तर है। यह एक तथ्य है कि आढ़तिया भी मुख्य रूप से व्यावसायिक कारणों से क़र्ज़ देते थे, अर्थात् वे यह चाहते थे कि किसान अपनी अतिरिक्त पैदावार बाज़ार में लाकर उन्हें ही दें। लेकिन यह अर्द्ध–सामन्ती प्रकृति का बलात् व्यवसायीकरण नहीं था, बल्कि अगर हैरिस के शब्दों में कहें तो यह 'बाध्यकारी बाज़ार भागीदारी' के रूप में बाज़ार अर्थव्यवस्था के व्यापक तर्कशास्त्र के भीतर काम कर रहा था।

## टिप्पणियाँ

1. औपनिवेशिक दौर में होने वाले खेतिहर बदलावों और किसानों के क़र्ज़ से दबे होने के बारे में काफ़ी बड़े पैमाने पर ऐतिहासिक साहित्य मौजूद है। (मसलन, देखें, डार्लिंग 1947; देसाई 1979; धनाग्रे 1983; हार्डीमन 1987; मूर 1966; राज और अन्य 1985)।
2. यह अध्ययन हरियाणा की खेती में खेतिहर बदलाव और ऋण पर निर्भरता के बारे में एक व्यापक अध्ययन का भाग है। इस अध्ययन के बारे में 1988–89 के दौरान तक़रीबन छह महीने तक फील्डवर्क किया गया। विभिन्न प्रकार के लोगों के अवलोकन और साक्षात्कार के अलावा 185 किसानों और मज़दूरों की केस स्टडी की गयी।
3. हरित क्रान्ति के बाद के पंजाब में ग़रीबी के बारे में हुए हालिया अध्ययन में कुछ हद तक इसकी पुष्टि होती है (शेरगिल और सिंह 1995)।
4. सभी उत्तरदाता दुकानदारों ने यह बताया कि यदि वे उधार पर सामान नहीं देते, तो उनके लिए गाँव में व्यापार करना तक़रीबन नामुमकिन था। उनके कुल व्यापार का 60 से 70 प्रतिशत उधार पर आधारित था।

## सन्दर्भ


अब्राहम, ए., 1985, *'सबसिस्टेंस क्रेडिट : सर्वाइव्ज स्ट्रैटेजीज़ अमॉन्ग ट्रेडिशनल फिशरमैन'*, *इकोनॉमिक ऐंड पॉलिटिकल वीकली* XX(6)।

बर्द्धन, पी., 1984, *लैंड, लेबर ऐंड रूरल पॉवर्टी*, दिल्ली : ऑक्सफोर्ड यूनिवर्सिटी प्रेस,

बसु, एस. के., 1979, *कमर्शियल बैंक्स ऐंड एग्रीकल्चरल क्रेडिट–अ स्टडी ऑफ़ रिज़नल डिस्पैरीटीज़ इन इंडिया*, बॉम्बे : अलायल पब्लिशर्स।

भादुड़ी, ए., 1984, द *इकोनॉमिक स्ट्रक्चर ऑफ़ बैकवर्ड एग्रीकल्चर,* दिल्ली : मैकमिलन।

भल्ला, एस. 1976, *'न्यू रिलेशंस ऑफ़ प्रोडक्शन इन हरियाणा एग्रीकल्चर',* इकोनॉमिक ऐंड पॉलिटिकल वीकली XI (93)।

भारद्वाज, के., 1974, *प्रोडक्शन कंडीशन्स इन इंडियन एग्रीकल्चर,* कैम्ब्रिज : कैम्ब्रिज यूनिवर्सिटी प्रेस।

भट्टाचार्य, एन., 1985, *'लेडर्स ऐंड डेबटर्स पंजाब कंट्री पंजाब कंट्रीसाइड 1880–1940',* *स्टडीज़ इन हिस्ट्री* 1(2) : 305–42।

ब्रास टी., 1990, *'क्लास स्ट्रगल ऐंड डिप्रॉलिटेरियनाइजेशन ऑफ़ एग्रीकल्चरल लेबर इन हरियाणा, इंडिया'* द जर्नल ऑफ़ पीजेंट स्टडीज़ 18(1) : 36–37।

ब्रेमन, जे., 1974, *'पैट्रोनेज ऐंड एक्सप्लॉटेशन–चेंजिंग एग्रेरियन रिलेशंस इन साउथ गुजरात,* इंडिया, बर्केल : यूनिवर्सिटी ऑफ़ कैलिफोर्निया प्रेस।

डार्लिंग, एम. आई., 1947, *पंजाब पीजेंट इन प्रॉस्पैरिटी ऐंड डेट* बॉम्बे : ऑक्सफोर्ड यूनिवर्सिटी प्रेस।

देसाई, ए. आर., 1979, *पीजेंट स्ट्रगल इन इंडिया,* दिल्ली : ऑक्सफोर्ड यूनिवर्सिटी प्रेस।

डिवी, *ए., 'कैपिटल, क्रेडिट ऐंड सेविंग इन जवानीज मार्केटिंग',* संकलित, *कैपिटल, सेविंग ऐंड क्रेडिट इन पीजेंट सोसायटीज़,* सम्पा., ए. आर. फर्थ और बी. एस. यमय, लन्दन : जॉर्ज एलेन और अनविन।

धनाग्रे, डी. एन., 1983, *पीजेंट मूवमेंट्स इन इंडिया 1920–1950,* दिल्ली : ऑक्सफोर्ड यूनिवर्सिटी प्रेस।

फ्रैंकेल, एफ., 1971, *इंडियाज़ ग्रीन रिवोल्यूशन : इकोनॉमिक गेन्स ऐंड पॉलिटिकल कॉस्ट्स,* प्रिंस्टन : प्रिंस्टन यूनिवर्सिटी प्रेस।

हार्डीमन, डी. 1987. *कमिंग ऑफ़ देवी : आदिवासी असर्शन इन वेस्टर्न इंडिया.* दिल्ली : ऑक्सफोर्ड यूनिवर्सिटी प्रेस।

हैरिस, जे., 1987, 'कैपिटलिज़्म ऐंड पीजेंट प्रोडक्शन : द ग्रीन रिवोल्यूशन इन इंडिया', संकलित, *पीजेंट्स ऐंड पीजेंट सोसायटीज़,* सम्पा. : टी. शानीन., ऑक्सफोर्ड : बेसिल–ब्लैकवेल, सेकेंड एडीशन।

हेरिंग, जे., 1987, *'लैंड टेन्योर ऐंड क्रेडिट–कैपिटल टैन्योर इन कंटेम्परी इंडिया',* संकलित, *लैंड टेन्योर ऐंड पीजेंट्स इन साउथ एशिया,* सम्पा. : आर. ई. फ्राइकेनबर्ग, नयी दिल्ली : मनोहर।

हग, ई. एम., 1966, *द को–ऑपरेटिव मूवमेंट इन इंडिया,* कलकत्ता : ऑक्सफोर्ड यूनिवर्सिटी प्रेस।

हुचाप्पी, जी. टी., *'कमर्शियल बुक्स ऐंड एग्रीकल्चरल फाइनेंस', द एशियन इकोनॉमिक रिव्यू* X(3)।

जोधा, एस. एस., 1994, 'लैंड बेस्ड क्रेडिट पॉलिसीज़ ऐंड इनवेस्टमेंट प्रॉस्पेक्ट्स *फॉर स्मॉल फार्मर्स', इकोनॉमिक ऐंड पॉलिटिकल वीकली,* सितम्बर (रिव्यू ऑफ़ एग्रीकल्चर)।

जोधका, एस. एस., 1994, *'एग्रेरियन चेंजेज़ ऐंड अटैच्ड लेबर : इमर्जिंग पैटर्न्स इन हरियाणा एग्रीकल्चर'*, *इकोनॉमिक ऐंड पॉलिटिकल वीकली* XXIX (39)।

——————, 1995क, 'ब्यूरोक्रेटाइजेशन, करप्शन ऐंड डिपॉलिटाइजेशन : चेंजिंग *प्रोफाइल ऑफ़ क्रेडिट को–ऑपरेटिव्स इन रूरल हरियाणा'*, *इकोनॉमिक ऐंड पॉलिटिकल वीकली* 7 जनवरी।

कारकल, जी., 1962, *अनऑर्गनाइज्ड मनी मार्केट इन इंडिया*, बॉम्बे : लालवानी।

मार्क्स, के., 1954, *कैपिटल*, वॉल्यूम I, मॉस्को : प्रोग्रेस पब्लिशर्स।

——————, 1971, *कैपिटल*, वोल्यूम III, मॉस्को : प्रोग्रेस पब्लिशर्स।

मूर, बी, 1966, *सोशल ऑरिजिन्स ऑफ़ डिक्टेटरशिप ऐंड डेमोक्रेसी*, मिडिलसेक्स : पेगुइन।

प्रसाद, पी., 1974, *'रियक्शनरी रोल ऑफ़ यूजर्स कैपिटल इन रूरल इंडिया'*, *इकोनॉमिक ऐंड पॉलिटिकल वीकली*, अगस्त (स्पेशल इश्यू)।

राज, के. एन. और अन्य (सम्पा.), 1985, *एसेज़ ऑन कमर्शियलाइजेशन ऑफ़ इंडियन एग्रीकल्चर*, दिल्ली : ऑक्सफोर्ड यूनिवर्सिटी प्रेस।

रिजर्व बैंक ऑफ़ इंडिया, 1969, 'रिपोर्ट ऑफ़ द ऑल इंडिया रूरल क्रेडिट रिव्यू कमिटी', बॉम्बे।

रुथ, एच. डी., 1983, *इंडियन मनीलैंडर्स एट वर्क*, नयी दिल्ली : मनोहर।

सरप, के., 1991, *इंटरलिंक्ड एग्रेरियन मार्केट्स इन रूरल इंडिया*, नयी दिल्ली : सेज पब्लिकेशन्स।

शेरगिल, एच. एस. और जी. सिंह, 1995, *'पॉवर्टी इन रूरल पंजाब : ट्रेंड ओवर ग्रीन रिवोल्यूशन डिकेड'*, *इकोनॉमिक ऐंड पॉलिटिकल वीकली*, 24 जून।

श्रीनिवास, एम. एन. 1995. 'द सोशल सिस्टम ऑफ़ मैसूर विलेज', संकलित *विलेज इंडिया*, सम्पा. : मैक्किम मेरियर, शिकागो : यूनिवर्सिटी ऑफ़ शिकागो प्रेस।

श्रीवास्तव, आर., 1989, *'इंटरलिंक्ड मोड्स ऑफ़ एक्सप्लॉयटेशन इन एग्रीकल्चर ड्युरिंग ट्रांजिशन : अ केस स्टडी'*, *द जर्नल ऑफ़ पीजेंट स्टडीज़* 6(4)।

थॉर्नर, डी., 1964, *एग्रीकल्चर को–ऑपरेटिव्स इन इंडिया*, बॉम्बे : एशिया पब्लिशिंग हाउस।

वाधवा, सी. डी., 1980, *रूरल बैंक्स फॉर रूरल डेवलपमेंट*, नयी दिल्ली : मैकमिलन।

वेबर, एम, 1978, *इकोनॉमी ऐंड सोसायटी*, सम्पा. : जी. रुथ और सी. विट्च, लन्दन : यूसीपी।

# अनुभव का मानचित्र

## *एक भारतीय गाँव में प्रवासन के वृत्तान्त**

**राधिका चोपड़ा**

इस अध्याय में मैं ग्रामीण प्रवासन के अनुभवों की जाँच–पड़ताल करूँगी। साथ ही, मैं ग्रामीण जीवन की विशिष्टताओं के सन्दर्भ में इन अनुभवों को अवस्थित करूँगी। इस विश्लेषण में प्रवासन के अर्थ की व्याख्यात्मक समझ उपलब्ध कराने के लिए मानवशास्त्रीय क्षेत्र–अध्ययन (एथ्नोग्राफ़िक फील्डवर्क) का सहारा लिया गया है। मैं यह भी दिखाऊँगी कि प्रवासन बुनियादी रूप से एक बहुल अनुभव है। मैं ख़ुद प्रवासियों के वृत्तान्तों से इन बहुलताओं को सामने लाने का प्रयास करूँगी। इसके बाद मैं 'प्रवासी' की श्रेणी को खोलते हुए एकात्मक श्रेणी के भीतर अनुभव को बेआवाज़ (या ख़ामोश करने) की समस्या को रेखांकित करूँगी।

## सन्दर्भ

भारत के उत्तरी भाग में स्थित राज्य पंजाब के एक ग्रामीण क्षेत्र से दूसरे ग्रामीण क्षेत्र में प्रवासन के विश्लेषणों में (गुप्ता 1988) यह तर्क दिया गया है कि किसी क्षेत्र की समृद्धि चुम्बक का काम करती है, और यह ज़्यादा ग़रीब ग्रामीण क्षेत्र के लोगों को अपनी ओर आकर्षित करती है। पंजाब में हरित क्रान्ति के बाद मुख्य रूप से बिहार और उत्तर प्रदेश के पूर्वी ज़िलों के मज़दूर आये। इसके बाद, यहाँ पर राजस्थान और मध्य प्रदेश के साथ ही साथ नेपाल से भी मज़दूर आये। यद्यपि पंजाब में हमेशा ही एक औसत स्तर तक प्रवासन होता रहा था, किन्तु 1970 के दशक के

* इकोनॉमिक ऐंड पॉलिटिकल वीकली 49 : 3156–62 (9 दिसम्बर 1995)।'

आरम्भ से प्रवासी मज़दूरों की संख्या में अत्यधिक वृद्धि हुई। यही वह दौर था जब हरित क्रान्ति के कारण पंजाब की खेतिहर उत्पादकता में काफ़ी बढ़ोतरी हुई थी। 1980 के दशक में खेती के काम में यन्त्रों के उपयोग में बढ़ोतरी हुई। लेकिन इसके बावजूद नये प्रकार की फ़सलों को उपजाने और ज़्यादा गहन तरीक़े से फ़सल लगाने के कारण खेतिहर मज़दूरों की माँग में वृद्धि हुई (गुप्ता 1988; सिद्धू और ग्रेवाल 1984)।

पंजाब के खेतिहर मज़दूर, मज़दूरों की बढ़ती माँग को पूरा करने में असमर्थ थे। चूँकि पूरे साल खेती का काम होने लगा था, इसलिए खेती के काम को पूरा करने के लिए पंजाबी भू–स्वामी मशीनों और प्रवासी मज़दूरों पर निर्भर होने लगे। गेहूँ की बोआई, कटाई या भूसे से मक्के को अलग करने जैसे काम में खेतिहर मशीनरी की मदद से श्रम की माँग और आपूर्ति के मध्य के अन्तराल को पूरा किया गया। लेकिन चावल की खेती से सम्बन्धित खेतिहर काम के लिए आसानी से प्रभावशाली मशीनरी उपलब्ध नहीं थी (चावल एक ऐसी फ़सल थी, जो एक दशक के भीतर ग्रामीण अर्थव्यवस्था में एक प्रमुख नगदी फ़सल बन गयी थी)।

मेरे फील्ड–वर्क के दौरान मुझे यह बताया गया कि आरम्भिक चरणों में स्थानीय पंजाबी मज़दूरों को चावल की खेती के बारे में कोई ख़ास जानकारी नहीं थी। विशेष रूप से उन्हें यह पता नहीं था कि चावल या धान की रोपाई कैसे की जाती है। इसके विपरीत, पूर्वी क्षेत्रों के प्रवासी मज़दूरों ने अपने जीवन के अधिकांश भाग में चावल की ही खेती की थी। आरम्भिक दौर में चावल की खेती की ज़िम्मेदारी इन्हीं मज़दूरों को सौंपी गयी। एक दशक के भीतर पंजाबी मज़दूर भी चावल की खेती करने में पारंगत हो गये। लेकिन इसके साथ ही अब ज़्यादा ज़मीन पर चावल की खेती की जाने लगी। इसके कारण अभी भी प्रवासी मज़दूर ग्रामीण श्रम शक्ति का एक महत्त्वपूर्ण भाग बने रहे। गेहूँ (अप्रैल से जून) और चावल (सितम्बर से नवम्बर) की कटाई के मौसम में ये बड़ी संख्या में यहाँ आते रहें।

## अनुभव की पृष्ठभूमि

बिहार के डाबरा गाँव के गोविन्द प्रसाद विस्वास की शादी मई 1981 में हुई थी। यह शादी काफ़ी शानदार तरीक़े से हुई थी। तीन दिनों तक

चले विवाह के उत्सव में बड़ी संख्या में लोगों को आमन्त्रित किया गया था। गोविन्द के पिता ने अपने एकमात्र ज़मीन के टुकड़े को 1,500 रुपये में गिरवी रख दिया तथा इसके अलावा, अपनी जाति के लोगों से 450 रुपये उधार भी लिये।

एक भू–स्वामी ने विवाह के भोज के लिए 5 क्विंटल चावल उधार दिया। इसके अलावा, एक अन्य भू–स्वामी ने 500 रुपये उधार दिये, जिसे 10 महीने के भीतर 250 रुपये के अतिरिक्त सूद के साथ वापस किया जाना था।

पिता पक्ष से जुड़े होने के कारण गोविन्द के पिता के बड़े भाई और उनके पुत्र ने विवाह के ख़र्च का कुछ भाग अपने कन्धे पर ले लिया। उनके नाम पर 500 रुपये उधार लिये गये, जिसे वापस करने की ज़िम्मेदारी उनकी ही थी। परिवार के मुखिया के रूप में लक्ष्मी प्रसाद के पिता ने अपने भतीजे और उसकी नयी–नवेली दुल्हन को 600 रुपये दिये। यह राशि उन्होंने एक साहूकार से उधार के रूप में ली थी। उधार की शर्त यह थी कि दस महीने के बाद 900 रुपये वापस करेंगे। विवाह के दौरान सही तरीक़े से उपहारों का लेन–देन करने के लिए उनकी ज़मीन के एकमात्र प्लॉट (भूखण्ड) को गिरवी रखना पड़ा। शादी काफ़ी धूमधाम से हुई किन्तु इसके कारण इन भाइयों पर इतना ज़्यादा क़र्ज़ हो गया कि वे इसे अपनी मज़दूरी की आय से या अपने छोटे भूखण्ड से अदा नहीं कर सकते थे। यद्यपि इनके पुत्रों ने भी उधार को चुकाने की ज़िम्मेदारी स्वीकार की किन्तु वे गाँव में रहकर और यहीं काम करके क़र्ज़ की सम्पूर्ण राशि चुकाने में असमर्थ थे।

जुलाई, 1981 में इन्हीं के गाँव और जाति का व्यक्ति सुभाष चन्द्र विस्वास पंजाब से डाबरा गाँव वापस लौटा। गाँव के लोगों द्वारा हमेशा से सुभाष चन्द्र के परिवार को कुछ हद तक हीन माना जाता था, क्योंकि उसके पिता अपनी पत्नी के घर आकर रहने लगे थे। उनके इस क़दम को पितृ–स्थान पर रहने के नियम के उल्लंघन के रूप में देखा जाता था।

सुभाष को इस अपमान का सामना करना पड़ता था कि वह अपने मामाओं पर निर्भर है। उसने पंजाब से वापस आने के बाद अपना एक अलग घर बनाना शुरू कर दिया। उसने बाँस और ईंट की मदद से एक घर तैयार किया जिसे बनाने में काफ़ी ख़र्च लगा। नये घर में गृह प्रवेश के अवसर पर उसने गाँव के लोगों को शानदार भोज दिया। लोगों को सुभाष की आमद को लेकर काफ़ी कौतूहल हुआ। सुभाष ने गाँव के लोगों

को यह बताया कि वह पंजाब के लुधियाना ज़िले के खन्ना नामक गाँव में काम करता था और गेहूँ की कटाई के बाद वहाँ से वापस लौटा है। उसने यह भी कहा कि उसका नया घर वहीं पर हुई कमाई का नतीजा है।

सुभाष की इस नयी समृद्धि की गाँव में काफ़ी चर्चा होने लगी। अन्य 12 पुरुषों ने यह तय किया कि वे भी सुभाष की तरह काम करने के लिए पंजाब जायेंगे। यह फ़ैसला करने वालों में गोविन्द और लक्ष्मी प्रसाद सम्मिलित थे।

अपनी आँखों में समृद्धि के सपने लेकर डाबरा के गाँव के कई पुरुषों ने अप्रैल, 1982 के आरम्भ में पंजाब की ओर प्रस्थान किया। यद्यपि उनकी यात्रा का ख़र्च काफ़ी कम था, लेकिन इसे जुटाने के लिए भी उन्हें या तो उधार लेना पड़ा या अपनी किसी चल–अचल सम्पत्ति को बेचना पड़ा। गोविन्द प्रसाद ने अपनी एक बकरी बेच दी। लक्ष्मी प्रसाद और एक अन्य व्यक्ति ने नज़दीकी शहर के एक दुकानदार से क़र्ज़ लिया। एक अन्य व्यक्ति को उसके पिता के भाइयों ने मदद की। उन्होंने अपने सारे संसाधन जुटाकर अपने 'आदमी' को समृद्ध पंजाब भेज दिया।

यह तर्क दिया जाता रहा है कि श्रम को गतिशील रूप में प्रस्तुत करने का लक्ष्य यह नहीं होता है कि गंतव्य क्षेत्र में श्रम की कमी को ख़त्म किया जाये; असल में, इसका लक्ष्य यह होता है कि अतिरिक्त श्रम को उत्पन्न करके तथा श्रम बाज़ार में एक विखण्डन पैदा करके स्थानीय श्रम पर ज़्यादा नियन्त्रण स्थापित किया जाये (ब्रेमन 1985; सीएसएस 1990)। निश्चित रूप से, यह एक महत्त्वपूर्ण तर्क है, लेकिन इसमें 'उत्पत्ति' (ओरिजिन) के सन्दर्भ के भीतर उत्पन्न होने वाले कारकों के बजाय 'गंतव्य' (डेस्टिनेशन) में निहित कारकों पर बल दिया गया है। चूँकि प्रवासन के वृत्तान्तों में 'उत्पत्ति' के सन्दर्भ बुनियादी रूप से सन्निहित हैं, इसलिए मैंने इस बात पर ध्यान केन्द्रित किया है कि ख़ुद प्रवासी प्रवासन के बारे में किस प्रकार के तर्क प्रस्तुत कर रहे हैं।

दो चचेरे भाइयों (गोविन्द प्रसाद और लक्ष्मी प्रसाद) द्वारा बतायी गयी कहानी से यह स्पष्ट है कि बहुत से प्रवासियों ने अपने समुदाय के भीतर के किसी कारक के चलते प्रवासन का फ़ैसला किया। बाहर से काम करके आने वाले व्यक्ति के जीवन–स्तर में स्पष्ट रूप से परिवर्तन दिखता था। इसने उसके गाँव के अन्य लोगों या रिश्तेदारों को उसका अनुसरण करने के लिए प्रेरित किया।

इसके अतिरिक्त, क़र्ज़ भी एक महत्त्वपूर्ण कारक था। पंजाब के गाँवों (मेरे भौगोलिक स्थानीय क्षेत्र) में मैंने जितने भी प्रवासी मज़दूरों से बातचीत की, उनमें से प्रत्येक ने कुछ न कुछ उधार ज़रूर लिया था; और अधिकांश मज़दूरों ने अपने मूल गाँव में उधार लिया था। सबसे ज़्यादा क़र्ज़ विवाह, घर बनाने या उसकी मरम्मत कराने के लिए लिया गया था। अधिकांश क़र्ज़ लम्बी अवधि के लिए नहीं था, और उनके मूल गाँव में सिर्फ़ दो वर्ष के लिए यह क़र्ज़ लिया गया था। सिर्फ़ एकाध लोगों ने ही गंतव्य गाँव मुंध में क़र्ज़ लिया था।

इस बात पर ग़ौर करने की आवश्यकता है कि लोग सिर्फ़ एक 'वर्ग' के रूप में ही फ़ैसला नहीं करते हैं या उत्पादन के बदलते सम्बन्धों के प्रति अपनी प्रतिक्रिया नहीं देते हैं, बल्कि वे घर और परिवार के सदस्यों के रूप में भी निर्णय लेते हैं। प्रवासन से सम्बन्धित वृत्तान्तों में यह बात बार–बार सामने आयी कि एक व्यक्ति 'परिवार की खातिर' प्रवासी में तब्दील हो गया।

## यात्रा की खोज

डाबरा के दस अन्य लोगों की तरह ही लक्ष्मी और गोविन्द प्रसाद भी अपने परिवारों को वहीं छोड़कर आगे निकल गये। यद्यपि सुभाष ने पंजाब की उत्साहवर्धक तस्वीर पेश की थी, लेकिन फिर भी सभी के मन में अनिश्चितता थी। किसी को भी यह अन्दाज़ा नहीं था कि उन्हें कैसे, कब और कहाँ बढ़िया रोज़गार मिल सकता है। इन सभी लोगों को यह लगा था कि अपने परिवार के साथ यात्रा करना ठीक नहीं होगा क्योंकि इससे समस्याओं और अनिश्चितता में और ज़्यादा वृद्धि ही होती।

इन्हें इस बात का भी पक्का यक़ीन था कि ये पंजाब में अपना घर बसाने नहीं जा रहे हैं। यह माना गया कि ये एक मौसम या कुछ महीनों के लिए वहाँ जा रहे हैं ताकि वे कुछ कमाकर अपने जीवन को बेहतर बना पायें। उन्हें यह भरोसा था कि अकेले व्यक्ति के रूप में वे सामने आने वाले उतार–चढ़ाव का सामना कर लेंगे। साथ ही, उन्हें यह भी पता था कि घर में उनकी पत्नियों और बच्चों की अच्छी तरह से देखभाल होगी।

उनके यात्रा और रोज़गार पाने के तरीक़े ने उनके मन में बैठी अनिश्चितता की भावना को और ज़्यादा बढ़ा दिया। इस पूरे समूह ने

ऐसी रेल में यात्रा की जो इनके जैसे लोगों से ही खचाखच भरी हुई थी। अन्दर इतनी कम जगह थी कि छत पर भी पंजाब जाने वाले लोग भारी संख्या में बैठे हुए थे।

एक प्रमुख जंक्शन पर पहुँचने के बाद पूरा समूह जालंधर शहर की ओर चल दिया। उन्हें यह पता नहीं था कि आख़िर उन्हें जाना कहाँ है। वे एक बस स्टेशन पर पहुँचे जहाँ उन्होंने अपनी पहली रात गुज़ारी। उन्होंने यह तय किया चूँकि वे इस नये स्थान पर किसी अन्य व्यक्ति को नहीं जानते हैं, इसलिए जहाँ तक मुमकिन हो पायेगा, वे सभी एक साथ रहेंगे।

अगली सुबह वे अनिश्चितता की स्थिति में सड़क के किनारे बैठे हुए थे। उसी समय एक सिक्ख किसान जोगिन्दर सिंह उनके पास आया और उसने उनसे पूछा कि क्या वे काम की तलाश कर रहे हैं। जब उन्होंने यह कहा कि वे काम खोज रहे हैं, तो जोगिन्दर सिंह ने उन्हें अपने गाँव में खेतिहर मज़दूर के रूप में काम करने का प्रस्ताव दिया। चूँकि इन लोगों के पास कोई अन्य विकल्प नहीं था, इसलिए ये सभी 12 लोग जोगिन्दर सिंह के ट्रैक्टर पर बैठकर मुंध आ गये।

गाँव में जोगिन्दर सिंह ने इन सभी 12 लोगों को खेतों के बगल में बने झोपड़ों में रखा। ये झोपड़े सिंचाई के कुओं के आसपास बने हुए थे। यहाँ खेती से जुड़ी कुछ मशीनें रखी हुई थीं तथा जानवरों को भी रखा जाता था।[1] जोगिन्दर सिंह के पास इन सभी 12 लोगों के लिए काम नहीं था। उसने इनमें से पाँच लोगों पर यह दबाव डाला कि वे पड़ोस के गाँव में उसके किसी सम्बन्धी के यहाँ काम करने चले जायें। इसके अलावा, उसने एक व्यक्ति से यह कहा कि वह उसके पड़ोसी के यहाँ काम कर ले। हालाँकि इस व्यक्ति को यह अनुमति दी गयी कि वह अपने गाँव के लोगों के साथ रह सकता है।

चूँकि ये लोग गेहूँ की कटाई से कुछ पहले इस गाँव में आये थे, इसलिए उनके पास करने के लिए कोई ख़ास काम नहीं था। लेकिन जल्द ही मज़दूरों की माँग बढ़ने वाली थी, इसलिए जोगिन्दर सिंह को यह लगा कि कटाई शुरू होने से कुछ समय पहले से ही 'अपने' मज़दूरों को खोज कर रखना एक अच्छा निर्णय है। उसने इन्हें बीच के खाली समय में किसी दूसरी जगह पर काम मिलने पर उसे करने की अनुमति दी।

लेकिन इसके साथ यह परोक्ष सहमति जुड़ी हुई थी कि वे सबसे पहले जोगिन्दर के खेत की कटाई करेंगे क्योंकि वे उसके यहाँ रह रहे थे और उसने उन्हें खाना पकाने के लिए कुछ बर्तन भी दिये थे।

गेहूँ की कटाई शुरू होने से पहले इन सभी को कुछ समय के लिए खेतों से आलू निकालने और उन्हें बोरी में डालकर ट्रकों पर लादने का काम मिल गया। लेकिन यह रोज़गार काफ़ी सीमित था क्योंकि अधिकांश व्यापारी–बिचौलिए अपना माल लादने के लिए मज़दूर लेकर आते थे। छह प्रवासी मज़दूरों ने पाँच दिन के लिए ट्रक पर आलू लादने का काम किया और दो दिन सिंचाई के रास्तों की मरम्मत की। इस तरह गेहूँ की कटाई आरम्भ होने के पहले के 15 दिनों में इन्होंने सात दिन काम किया।

इस चरण में उनका काम काफ़ी स्पष्ट और सुपरिभाषित था। आलू को खेतों से निकालने के काम में पंजाबी महिलाएँ आलू को अलग–अलग श्रेणियों में बाँटकर रख देती थीं। प्रवासी मज़दूर इन्हें तौलने और बोरियों में भरने का काम करते थे। सिंचाई के रास्तों से खरपतवार निकालने और उनकी मरम्मत करने के काम के सन्दर्भ में यह बात पूरी तरह से सुनिश्चित रहती थी कि उन्हें कितना काम करना है और कितने समय तक करना है। असल में, इसका कारण यह था कि स्थानीय मज़दूर भी प्रवासी मज़दूरों के साथ काम करते थे। स्थानीय मज़दूर एक तरीक़े से रोज़गारदाताओं के किसी भी मनमानेपन के ख़िलाफ़ स्वाभाविक सन्तुलक का काम करते थे।

लक्ष्मी प्रसाद और गोविन्द प्रसाद को अपने गाँव में तीन प्रतिशत की मज़दूरी मिलती थी। यहाँ उन्हें प्रतिदिन 8 रुपये की मज़दूरी मिल रही थी, जो उनके लिए अच्छी–ख़ासी मज़दूरी थी। नये प्रवासी मज़दूरों की आमदनी का बढ़ा हिस्सा रोज़मर्रा की ज़रूरतों पर ख़र्च होता था। उनके लिए चावल मुख्य आहार था, लेकिन पंजाब में गेहूँ से बनने वाले खाद्य पदार्थों का बोलबाला था। गाँव का दुकानदार प्रवासी मज़दूरों के लिए कुछ चावल रखता था, लेकिन वह इसे 6 रुपया प्रति किलो की दर से बेचता था। स्थानीय ग्वाला 2 रुपये में 250 ग्राम दूध देता था। इस तरह, शुरुआती दौर में इनकी आय का अधिकांश हिस्सा बुनियादी ज़रूरतों को पूरा करने में ख़र्च होता था, और ये कुछ ख़ास बचत नहीं कर पाते थे।[2]

## काम की ठेकेदारी और वेतन (मज़दूरी) समझौता

उन प्रवासियों को दिहाड़ी मज़दूरी मिली जो गेहूँ या चावल की कटाई से पहले यहाँ आ गये थे। फ़सलों की कटाई के दौरान मज़दूरों की अबाध आपूर्ति को सुनिश्चित करने के लिए दिहाड़ी वेतन (मज़दूरी) समझौता किया जाता था। कटाई से पहले के दौर में प्रवासियों द्वारा किया जाने वाला काम कमाने और बचत करने से ज़्यादा उनकी रोज़मर्रा की आवश्यकताओं को पूरा करने से सम्बन्धित होता था।

बहरहाल, यह एक ऐसी अवधि थी जिसमें स्थानीय मज़दूर खेती के कामों में प्रवासियों के साथ मिलकर काम करते थे। इससे वेतन, काम की प्रकृति और काम की अवधि में कुछ हद तक बराबरी होती थी। स्थानीय मज़दूरों की मौजूदगी के कारण भू–स्वामी रोज़गारदाता–रोज़गारकर्ता के बीच के सम्बन्धों में खुलकर मनमानी नहीं कर पाते थे।

दिहाड़ी मज़दूरी के समझौते में फ़सलों की कटाई के समय परिवर्तन हो जाता था (गाँव के सभी मज़दूरों के लिए)। अनाज की कटाई के समय प्रवासियों को इस आधार पर नगद वेतन मिलता था कि उन्होंने कितनी एकड़ ज़मीन में फ़सलों की कटाई की है।

भू–स्वामी यह मानते थे कि नगद वेतन देना उनके लिए लाभदायक है क्योंकि फ़सल की क़ीमत हमेशा ही प्रवासियों को दिये गये वेतन से ज़्यादा होती थी। मसलन, 1982 में गेहूँ की प्रति एकड़ पैदावार तक़रीबन 16 क्विंटल थी, और राज्य ने प्रति क्विंटल 142 रुपये आधार–क़ीमत तय किया था। इस समय भू–स्वामी पाँच या छह के समूह में काम करने वाले प्रवासियों के समूह को एक एकड़ फ़सल की कटाई के लिए 120 रुपये देते थे। इसके विपरीत, स्थानीय मज़दूरों को एक क्विंटल गेहूँ तथा गेहूँ के भूसे का दो हिस्सा मिलता था। इस प्रकार की असमानता इसलिए मुमकिन थी क्योंकि अब स्थानीय और प्रवासी मज़दूर अलग–अलग काम कर रहे थे, तथा हर मज़दूर के साथ अलग–अलग और स्वायत्त काम का समझौता किया जा जाता था।

प्रवासी मज़दूर यह चाहते थे कि उन्हें मज़दूरी के रूप में पैसा मिले क्योंकि वे इस राशि को अपने घर भेज सकते थे। यदि उन्हें अनाज या किसी अन्य वस्तु के रूप में मज़दूरी मिलती, तो उन्हें इसे अनजान बाज़ार में अनजान लोगों को बेचना पड़ता।

अप्रैल–मई, 1982 में लक्ष्मी प्रसाद और उनके गाँव के लोगों को प्रति एकड़ गेहूँ की कटाई के लिए 120 रुपये मिले। इसके अलावा, उन्हें प्रतिदिन छाछ और दिन में दो बार मीठी रोटी भी मिलती थी। उन्होंने जोगिन्दर सिंह के 11 एकड़ तथा उनके भाई के तीन एकड़ खेत में गेहूँ की कटाई की। वे मोटे तौर पर तीन दिन में दो एकड़ की कटाई कर पाते थे। इसका अर्थ यह था कि एक दिन में छह लोग मिलकर 80 रुपये कमाते थे, अर्थात् प्रतिदिन हर व्यक्ति तक़रीबन 13.50 रुपये कमाता था।

दुर्भाग्यवश प्रवासी मज़दूरों को कुछ कम खेतों में कटाई करने का मौक़ा मिला। इसका कारण यह था कि गाँव के अन्य परिवारों की तरह जोगिन्दर सिंह का भी स्थानीय मज़दूरों के साथ लेन–देन का सम्बन्ध था। इसलिए उसने भी अपनी गेहूँ की फ़सल के एक हिस्से की कटाई का काम उन्हें दे दिया ताकि ये भी पूरे साल के लिए अपना गुज़ारा करने लायक कमाई कर पायें। मौसम ख़राब होने के कारण भी कई बार फ़सलों की कटाई में बाधा उत्पन्न हुई। इसके कारण डाबरा के मज़दूरों का समूह कुल 21 दिनों काम कर पाया। इस अवधि में उन्होंने 14 एकड़ की कटाई करके 1,680 रुपये की कमाई की। इस तरह मई के महीने में प्रत्येक व्यक्ति ने तक़रीबन 280 रुपये की कमाई की।

जून के महीने में तीन प्रकार की खेतिहर गतिविधियाँ पूरे ज़ोर–शोर से चलती थीं। इस दौरान गेहूँ की कटाई का काम पूरा होता था, उसकी सफ़ाई या गाहने का काम होता था तथा चावल की बोआई शुरू होती थी। जून के आख़िर में लक्ष्मी प्रसाद ने अपने घर 400 रुपये तथा गोविन्द प्रसाद ने 350 रुपये का मनीऑर्डर भेजा। इन सभी ने जुलाई के मध्य तक चावल की रोपाई होने तक रुकने का फ़ैसला किया। इस काम की मज़दूरी की गणना एकड़ के हिसाब से की गयी और प्रवासी मज़दूरों को यह मज़दूरी नगद अदा की गयी। 1982 के जून और जुलाई में जोगिन्दर सिंह ने प्रवासी मज़दूरों को प्रति एकड़ रोपाई के लिए 115 रुपये दिये। उन्होंने उसके लिए 18 दिन काम किया और 12 एकड़ धान की रोपाई की। इसके अलावा, उन्होंने एक अन्य भू–स्वामी के खेत में रोपाई की जिसने उन्हें 120 रुपया प्रति एकड़ की राशि दी। प्रत्येक प्रवासी मज़दूर को धान की रोपाई से 450 रुपये की आमदनी हुई।

लक्ष्मी प्रसाद ने अप्रैल के मध्य में डाबरा गाँव छोड़ा था। 10 जुलाई को वह और उसका समूह अपने गाँव वापस लौट आया। इस अवधि में

उसने कुल 750 रुपये बचाये। उसने कुल 350 रुपये भोजन पर तथा 100 रुपया अन्य ज़रूरतों पर ख़र्च किये। इसके अलावा, डाबरा से यहाँ आने और वापस डाबरा जाने में इनके 160 रुपये ख़र्च हुए। इस तरह, उसने तक़रीबन कुल 610 रुपये ख़र्च किये। उसने तीन महीने में 1,360 रुपये या हर माह 450 रुपये से कुछ ज़्यादा की कमाई की। गोविन्द ने 60 रुपये में एक सेकेण्ड हैंड घड़ी तथा नज़दीकी शहर से एक स्वेटर ख़रीदा। उसने अपनी कमाई में से कुल 650 रुपये की बचत की। अपनी आय से वे काफ़ी उत्साहित हुए तथा उन्होंने यह वायदा किया कि वे अक्तूबर में आकर धान की कटाई और सफ़ाई का काम करेंगे।

मध्य जुलाई में चावल की रोपाई हो जाने तथा सितम्बर के आख़िर में धान की कटाई होने के बीच प्रवासी मज़दूरों के लिए गाँव में कोई ख़ास रोज़गार नहीं होता है। इस दौरान ये मज़दूर 4 रुपये प्रतिदिन की निम्न दर तथा दो वक़्त का खाना मिलने पर भी काम करने के लिए तैयार होते थे। मज़दूरी की यह दर उस समय बिहार में मिलने वाली मज़दूरी से कुछ ख़ास ज़्यादा नहीं थी (जीओआई 1978)। आज भी इस मौसम में अधिकांश मज़दूर अपने गाँव लौट जाते हैं या ग्रामीण अर्थव्यवस्था से बाहर रोज़गार की तलाश करते हैं। पंजाब के शहरों में गतिशील, कम–दक्षता वाले शहरी श्रम–शक्ति का एक बड़ा हिस्सा ऐसे मज़दूरों का है, जो अदल–बदलकर खेतिहर और शहरी रोज़गार करते हैं। ऐसे प्रवासियों के बारे में कोई आँकड़ा उपलब्ध नहीं है, लेकिन जालंधर शहर में ज़्यादातर साइकिल–रिक्शा किसी प्रवासी द्वारा चलाये जाते हैं (यह गाँव के नज़दीक सबसे बड़ा शहर है)। इसी तरह, अब शहरी पंजाबी मध्य वर्ग के परिवारों में ज़्यादातर काम 'प्रवासियों' द्वारा किया जाता है।

चावल की कटाई के समय प्रवासियों का अगला जत्था आता था : अक्तूबर में पंजाब की ओर आने वाली ट्रेनों में लोग खचाखच भरे होते थे। यह श्रम की आपूर्ति और माँग के नियम को स्पष्ट रूप से दर्शाता है। 1982 में जिस तरह गेहूँ की कटाई के लिए समझौते होते थे, वैसे ही समझौते धान की कटाई के लिए भी होते थे। प्रति एकड़ 190 रुपये और तीन वक़्त का भोजन दिया जाता था, या फिर बिना भोजन के 210 रुपये दिये जाते थे।[3]

## कमाने और बचत करने के लिए

लक्ष्मी और गोविन्द प्रसाद डाबरा की अपनी यात्रा के बाद 12 अक्तूबर 1982 को मुंध पहुँचे। इस बार वे दस लोगों के समूह में आये थे। इनमें से सभी लोग जोगिन्दर सिंह के *खुह* में ठहरे। उस समय जोगिन्दर को यह लगा कि अभी उसकी फ़सल काटने लायक नहीं हुई है। इनके आने के एक सप्ताह बाद उसने कटाई शुरू की। इन 10 लोगों ने दिन–रात फ़सल की कटाई और उसकी सफ़ाई (उससे फूस निकालना) का काम किया। उन्होंने लगातार 36 घण्टे तक काम किया। पाँच दिन और दो रातों के बाद वे 7 एकड़ खेत का काम पूरा करने में सफल हुए। 24 अक्तूबर की सुबह चावल को बाज़ार में भेज दिया गया। लेकिन इस समय तक जोगिन्दर सिंह के साथ मज़दूरी अदा करने के बारे में कोई समझौता नहीं हुआ था; असल में, मज़दूरी की दर इसके अगले दिन अर्थात् प्रवासियों के काम आरम्भ करने के 7 दिन बात तय हुई। यह फ़ैसला हुआ कि इन्हें प्रति एकड़ 210 रुपये अदा किये जायेंगे। 7 एकड़ में कटाई और सफ़ाई का काम करने का अर्थ यह था कि इन्हें कुल 1,470 रुपये मिले। दूसरे शब्दों में, एक सप्ताह के काम के लिए प्रत्येक व्यक्ति को तक़रीबन 147 रुपये मिले। तक़रीबन एक माह के बाद नवम्बर के पहले सप्ताह तक लक्ष्मी प्रसाद ने कुल 600 रुपये कमा लिये, और उसने 400 रुपये अपने घर भी भेज दिये। साढ़े छह महीनों में (अप्रैल मध्य से अक्तूबर के आख़िर तक) लक्ष्मी प्रसाद कुल 1,150 रुपये बचाने में सफल रहा। साथ ही, इसने गोविन्द के विवाह के समय अपने पिता द्वारा लिये गये 1,500 रुपये के तक़रीबन पूरे क़र्ज़ को अदा कर दिया (इसमें गिरवी रखने की राशि भी सम्मिलित थी)।

गोविन्द के पिता ने कुल 2,450 रुपये उधार लिए थे। वे यह नहीं चाहते थे कि उनका बेटा अपने विवाह का सारा ख़र्च वहन करे। लक्ष्मी प्रसाद के अनुसार उसके चचेरे भाई की ज़िम्मेदारी उससे कम थी। इसलिए गोविन्द द्वारा पहले दिये गये 650 रुपये और धान की कटाई के बाद दिये गये 300 रुपये को आभार के साथ स्वीकार किया गया।

पंजाब में प्रवासियों की आय के कुछ आयामों को स्पष्ट करने की आवश्यकता है। यद्यपि उनके गृह राज्य की तुलना में यह आय ज़्यादा थी, लेकिन सिर्फ़ तीन मुख्य खेतिहर कामों के लिए ही उनके श्रम की

आवश्यकता थी–गेहूँ की कटाई, चावल (या धान) की रोपाई और चावल की कटाई और सफ़ाई। इन कामों में पूरी तरह संलग्न मज़दूर यह पाते थे कि इन कामों के बीच की अवधि में रोज़गार के अवसरों में काफ़ी तेज़ी से गिरावट आ जाती थी। इसके कारण उनके रोज़गार के अवसर और आय की क्षमता काफ़ी सीमित हो जाती थी, अर्थात् वे कुछ ख़ास समय में ही अच्छी आमदनी कर पाते थे।

एक अन्य बिन्दु मज़दूरी की अदायगी करने के तरीक़े को सुनिश्चित करने से सम्बन्धित है। जब एक प्रवासी किसी भू–स्वामी के यहाँ काम करता था, तो उसे यह पता नहीं होता था कि उसे वास्तव में कितनी मज़दूरी मिलेगी। उसे सिर्फ़ यह अन्दाज़ा होता था कि गाँव में प्रचलित मज़दूरी जितनी मज़दूरी उन्हें भी मिलेगी। जोगिन्दर सिंह के यहाँ आये डाबरा के समूह के बारे में भी यही बात सच थी। इसके विपरीत, स्थानीय मज़दूर उस समय तक काम की शुरुआत नहीं करते थे, जब तक उनकी मज़दूरी पूरी तरह से तय नहीं हो जाती थी और इनके मामले में कोई भी रोज़गारदाता अपने वचन से मुकर नहीं सकता था। दूसरी ओर, प्रवासियों के मामले में एक रोज़गारदाता सिर्फ़ मोटे तौर पर एक राशि देने की बात कहता था, लेकिन वह यह राशि देने के लिए किसी भी तरह से वचनबद्ध नहीं था।

बहरहाल, समझौते की पूरी प्रक्रिया एकपक्षीय नहीं थी और इसमें प्रवासियों को भी सीमित मात्रा में शक्ति प्राप्त थी। यदि जोगिन्दर सिंह मज़दूरी को एक सीमा से ज़्यादा कम करने का प्रयास करता, तो लक्ष्मी प्रसाद और उसके समूह के लोग किसी अन्य किसान के पास जा सकते थे। दरअसल, इस सम्भावना के कारण ही प्रवासी उस पर कुछ हद तक 'दबाव' बना सके। हालाँकि उसने इन लोगों से यह वायदा किया कि वह उन्हें स्थानीय मज़दूरों जितना ही वेतन देगा, किन्तु आख़िर में उसने ऐसा नहीं किया।

## रुकने की आवश्यकता

अभी तक मैंने उन प्रवासियों पर ध्यान केन्द्रित किया है, जो पंजाब में सिर्फ़ कुछ समय तक रुककर काम करते थे। किन्तु गाँव में रहने वाले 45 प्रतिशत पुरुष प्रवासियों का इस गाँव से लम्बे समय से जुड़ाव था।

प्रवासियों का बहुमत मासिक समझौते के साथ रहता था और एक छोटा प्रतिशत वार्षिक समझौते के माध्यम से रहता था। प्रवासी अनुभवों की बहुलता का प्रश्न इस पर निर्भर करता है कि उनके समझौते की शर्त क्या है, और वे पंजाब के गाँवों में कितने समय तक ठहरते हैं। इस आयाम के आधार पर इस प्रश्न पर विचार किया जा सकता है कि कौन लोग प्रवासी बने रह जाते हैं, और किन शर्तों के आधार पर सम्पूर्ण 'प्रवासी' श्रेणी के अन्तर्गत विभिन्न अनुभवों को दर्शाया जा सकता है। यह एक ऐसा क्षेत्र भी है जो प्रवासियों और स्थानीय ग्रामीण समुदायों के बीच सम्बन्धों की जाँच–पड़ताल के एक स्तर के बारे में बताता है। मैं इन प्रश्नों की जाँच–पड़ताल उन लोगों के दो तरह के अनुभवों के आधार पर करूँगी जिन्होंने रुकने का फ़ैसला किया, या जिन्हें रुकने की आवश्यकता पड़ी।

जीता बिहार के राँची ज़िले के बसुआ गाँव का एक उराँव आदिवासी था। वह 1980 में अपनी ही जनजाति की एक लड़की बीरी के साथ भाग गया। भागने से पहले जीता का बीरी के साथ सम्बन्ध को लेकर अपने परिवार के साथ काफ़ी झगड़ा हुआ था। जीता का परिवार बड़ा भूमिपति परिवार था। परिवार के लोगों की यह इच्छा थी कि जीता अपनी ही जनजाति की एक लड़की से विवाह करे। बीरी का परिवार ग़रीब और भूमिहीन था। जब वह छोटी थी तभी उसके पिता का देहान्त हो गया था और वे अपने पीछे अपनी विधवा पत्नी और तीन बच्चों को छोड़ गये थे।

पड़ोस के गाँव के एक उराँव ने पंजाब से वापस लौटने के बाद लोगों को वहाँ के अपने अनुभवों और आमदनी के बारे में बताया था। अन्य लोगों के माध्यम से जीता तक भी यह बात पहुँची। जीता ने यह फ़ैसला किया कि वह बीरी को लेकर पंजाब भाग जायेगा। शुरूआत में उन्होंने जालंधर ज़िले के फगवाड़ा तहसील में काम किया। इसके बाद वे उन्हें रोज़गार देने वाले व्यक्ति के साले के गाँव मुंध चले आये। जीता को 140 रुपया प्रति माह के वेतन वाला काम मिल गया। इसके अलावा, उसे दिन में दो बार चाय और भोजन भी मिलता था और उसे रहने का स्थान भी मुहैया कराया गया।

जीता का प्रमुख काम खेतों में सिंचाई को सुनिश्चित करना था। यद्यपि भूमि की सिंचाई बिजली से चलने वाले ट्यूबवेल से होती थी। लेकिन विशेष रूप से जुलाई के महीने में चावल की रोपाई के समय बिजली आपूर्ति में कई तरह की बाधाएँ आती थीं। कई बार रात में या दोपहर में

बिजली आती थी, और जीता का काम यह था कि वह पम्प चलाये तथा यह सुनिश्चित करे कि हर खेत में पानी चला गया है। जब एक खेत में पानी भर जाता था, तो वह दूसरे खेत में पानी का पम्प लगा देता था। अक्तूबर और नवम्बर के महीने में आलू उगाये जाते थे तथा ठण्ड के मौसम में गेहूँ की खेती होती थी। इस समय उसे रात में खेतों को इस तरह सिंचित करना होता था, जिससे सुबह उनमें आसानी से बोआई का काम हो सके। अक्सर वह काफ़ी ठण्डे पानी में खड़ा होकर पानी की धार मोड़ने या पानी की नली में रिसाव आदि को रोकने का काम करता था।

उसका दूसरा प्रमुख काम अपने रोज़गारदाता के जानवरों को चारा और पानी देना था। उसे दिन में दो बार उनका चारा तैयार करना पड़ता था, उन्हें नहलाना और चराना पड़ता था। इसके अलावा, वह इन पशुओं का दूध दुहता था और आवश्यकता पड़ने पर उसे अन्य लोगों के यहाँ पहुँचाता था।

वह ये दो प्रमुख काम करता था। लेकिन उससे कई अन्य काम करने के लिए भी कहा जाता था। उसके रोज़गारदाता की कुछ ज़मीन पथरीली थी और वहाँ ट्रैक्टर से खेती नहीं की जा सकती थी। इसलिए जीता हर बार फ़सल की कटाई हो जाने के बाद और अगली फ़सल की बोआई से पहले बैलों की मदद से वहाँ हल चलाता था। अपने रोज़गारदाता की देख–रेख में वह फ़सलों में खाद डालता था या आवश्यकता पड़ने पर उनमें कीटनाशक डालता था।

जब फ़सलों की कटाई होती थी तो उससे और बीरी से यह उम्मीद की जाती थी वे इसमें सहायता करें, लेकिन उन्हें इसके लिए कोई अतिरिक्त पैसा नहीं दिया जाता था।

कुछ दिनों या विशेष काम के लिए रोज़गार करने वाले प्रवासियों के विपरीत, लम्बे समय के लिए रोज़गार करने वाले प्रवासियों के काम की प्रकृति ज़्यादा सामान्य और अनिश्चित होती है। उन्हें खेती के काम की आवश्यकताओं के अनुसार दिन या रात में कभी भी काम करने के लिए कह दिया जाता है। इसलिए इनके काम के घण्टों की कोई गणना नहीं होती है। उनके काम के इस स्वरूप का कारण यह है कि प्रवासी मज़दूर अकेले ऐसा काम करते हैं यहाँ उनके साथ स्थानीय मज़दूर नहीं होते हैं। ग़ौरतलब है कि स्थानीय मज़दूरों की मौजूदगी रोज़गारदाता को नियन्त्रित करने का काम करती है।

## 'महिलाओं के काम'

गाँव में सिर्फ़ पाँच प्रवासी महिलाएँ थीं। उनके द्वारा किया जाने वाला काम रूढ़िबद्ध रूप से 'महिलाओं के काम' के रूप में जाना जाता था, और यह ऊपर वर्णित काम से अलग था। यहाँ महिला प्रवासियों की मज़दूरी काफ़ी कम थी। महिला प्रवासी पंजाबी मज़दूरों के साथ सिर्फ़ इस मामले में बराबर थीं कि उनकी तरह वे भी लम्बे समय से गाँव में रह रही थीं। ये सभी एक पारिवारिक इकाई का हिस्सा थीं, और अपने पुरुष सम्बन्धियों से अलग होकर काम नहीं करती थीं। सभी मामलों में उनसे पहले उनके परिवार के पुरुष सदस्यों के काम के समझौते तय होते थे।

बीरी अपने पति को रोज़गार देने वाले परमीत सिंह के घर में ढेर सारा काम करती थी। वह इस परिवार के लोगों के कपड़े और गन्दे बर्तनों के साथ–साथ पूरे घर की सफ़ाई करती थी। इसके अलावा, वह खेतों में काम करने वाले लोगों के लिए खेतों में खाना लेकर जाती थी।

1981 के आरम्भ में बीरी और जीता को एक बेटी हुई। परमजीत की बीवी जोगिन्दर कौर ने उसका नाम मुन्नी रखा। जोगिन्दर ने बीरी की गर्भावस्था के दौरान उसकी देखभाल भी की।

जहाँ अन्य प्रवासी महिलाएँ साड़ी पहनती थीं, वहीं बीरी पंजाबी परिधान 'सलवार–कमीज़' पहनती थी। अपने पति के विपरीत वह बड़ी आसानी से पंजाबी में बातचीत कर लेती थी। जीता से ज़्यादा बीरी परिवार और समुदाय का महत्त्वपूर्ण सदस्य बन गयी थी। इसका मुख्य कारण यह था कि बीरी का परमजीत की पत्नी और उसकी बेटी के साथ काफ़ी घनिष्ठ सम्बन्ध हो गया था। वे अक्सर मुन्नी को खिलातीं या बीरी के साथ गपशप करती थीं और बीरी भी अपना सुख–दुख उनके साथ बाँटती थी।

एक बार जोगिन्दर कौर ने बीरी को सिर पर चुन्नी रखे बिना घर से बाहर जाने के लिए डाँट लगायी। पंजाबी महिलाओं द्वारा सिर पर चुन्नी न रखने को बेशर्मी के रूप में देखा जाता था और यह माना जाता था कि वे पुरुषों का सम्मान नहीं कर रही हैं। महत्त्वपूर्ण बात यह थी कि जोगिन्दर कौर ने बीरी के काम को अपने परिवार की इज़्ज़त से जोड़कर देखा, क्योंकि वे उसे एक 'बाहरी' मानने की जगह अपने परिवार का हिस्सा मान रही थीं। यद्यपि बीरी और जीता के लिए खेतों में कमरा बना हुआ था किन्तु बीरी की 'गणना' परमजीत के परिवार के सदस्य के रूप में होती थी।

पहले वर्ष ख़त्म होने तक जीता और बीरी ने कुल मिलाकर 2,040 कमाये और उन्होंने कुल 1,000 रुपये की बचत की। अलगे साल तक उन्होंने राँची में 2,300 रुपये में एक भूखण्ड ख़रीद लिया। जनवरी 1983 में वे गर्व के साथ वापस लौटे क्योंकि अब उनके पास अपनी ज़मीन और आज़ादी–दोनों ही थी।

जब जीता और बीरी औपचारिक रूप से विवाह करने के लिए बिहार जाने लगे तो परमजीत के परिवार ने बीरी को ऐसे कपड़े और बिस्तर आदि उपहार दिये जो पंजाबी लड़कियों के विवाह के समय उन्हें दिये जाते थे। जब बीरी चली गयी तो जोगिन्दर कौर और उसकी बेटी अक्सर बीरी को याद करती थीं। वे बीरी को सिर्फ़ इसलिए याद नहीं करती थीं कि वह अपना काम बहुत अच्छे से करती थी, बल्कि वह उनके 'परिवार का हिस्सा' बन चुकी थी।

लम्बे समय तक काम करने वाले प्रवासी ज़्यादा बड़ी राशि बचा सकते हैं, किन्तु उनकी बचत के संग्रह में समय भी लगता है। बहुत से प्रवासियों का अपने राज्य की तुलना में पंजाब में रहने का ख़र्च ज़्यादा है (कृष्णा 1981), लेकिन वे ज़्यादा बचत कर पाते हैं क्योंकि वे इसी इरादे से यहाँ आते हैं और वे यह भी जानते हैं कि उन्हें आख़िरकार पंजाब में नहीं रहना है, बल्कि अपने गाँव वापस जाना है। बीरी पंजाबी भाषा और रीति–रिवाजों आदि से सुपरिचित हो गयी थी, लेकिन उसके मन में इस बात को लेकर कोई सन्देह नहीं था कि आख़िरकार उसे अपने घर वापस जाना है। यह मुमकिन है कि उसके फ़ैसले का कारण यह हो कि जीता वापस जाना चाहता था क्योंकि गाँव में उसकी स्थिति 'बाहरी' की बनी हुई थी। पंजाब उनके लिए एक अस्थायी घर था। यह एक ऐसा आसरा था, जहाँ वे मुश्किल वक़्त में आये थे और उनके व्यक्तिगत जीवन के इतिहास में इसका अमिट स्थान बन गया था।

## घर और वापसी

प्रवासन के आरम्भिक चरणों में अमूमन पंजाबी भू–स्वामी बिहार जाते थे, या फिर उनके रिश्तेदार उत्तर प्रदेश में रहते थे। ये लोगों को खेतिहर मज़दूर के रूप में काम करने के लिए पंजाब आने के लिए कहते थे। 1960 के दशक के आख़िर में दो भू–स्वामियों ने उत्तर प्रदेश की यात्रा

की और वे अपने साथ तीन मज़दूरों को अपने गाँव में लाने में सफल हुए। इसके बाद जब ये मज़दूर अपने गाँव वापस गये तो इनके साथ अन्य कई मज़दूर आये। इस सन्दर्भ में यह भी याद रखने की आवश्यकता है कि प्रवासन के कारण स्थानीय श्रम बाज़ार में विखण्डन हुआ जिससे भू–स्वामियों को स्थानीय मज़दूरों पर नियन्त्रण रखने में ज़्यादा कामयाबी मिली (ब्रेमन 1985; सी.एस.एस. 1990; अय्यर और सिंह 1980)। मैंने यहाँ इस आयाम की चर्चा इसलिए की है ताकि मैं रेखांकित कर पाऊँ कि अब मैं एक अन्य महत्त्वपूर्ण पहलू पर ध्यान देना चाहती हूँ। अब मैं भू–स्वामी / रोज़गारदाता से अलग प्रवासियों और उनके 'दृष्टिकोण' या 'विकल्प' पर विचार करना चाहती हूँ। साथ ही, मैं उन प्रक्रियाओं पर भी ध्यान देना चाहती हूँ जिनमें वे अवस्थित होते हैं।

पहले की अवधि में बहुत से प्रवासी अपने रोज़गारदाताओं के साथ या फिर ख़ुद पंजाब आये। बाद में, 1980 का दशक आते–आते ये ख़ुद प्रवासन की प्रक्रिया का अभिन्न भाग बन गये। ये अपने पंजाबी रोज़गारदाताओं के लिए मज़दूर लाने का काम करने लगे। ये अपने मूल गाँव और पंजाब के गाँव के बीच कड़ी का काम करने लगे।

राम जुलेम बिहार में छपरा ज़िले के अपने गाँव सहजातपुर का निवासी था। 1960 के दशक के मध्य में यह अपने गाँव के एक अन्य व्यक्ति के साथ गाँव छोड़कर बाहर निकल गया। वे काम की तलाश में पंजाब आ गये। सबसे पहले वे फगवाड़ा शहर में पहुँचे। यहाँ राम जुलेम के दोस्त ने पहले ईंट बिछाने का काम किया था। उस समय उसके पुराने रोज़गारदाता को मज़दूर की ज़रूरत नहीं थी। लेकिन उसका एक भाई शंकर सिंह मुंध का बड़ा भू–स्वामी था। शंकर सिंह ने उसी समय चावल की खेती का काम शुरू किया था और उसे मज़दूरों की सख़्त आवश्यकता थी।

राम जुलेम और उसका दोस्त मुंध गाँव के पहले प्रवासी मज़दूर थे। शंकर सिंह ने उन्हें अपने खेतों में रहने का स्थान दिया, क्योंकि उसे यह पता नहीं था कि इन पर किस सीमा तक भरोसा किया जा सकता है। शंकर सिंह ने इन्हें चावल की रोपाई के काम में लगाया और यह कहा कि वह 70 रुपये प्रति एकड़ के हिसाब से मज़दूरी देगा। चूँकि उन्होंने शंकर सिंह के खेत का काम निर्धारित समय से आधे समय में ही पूरा कर दिया, इसलिए शंकर सिंह ने उन्हें अपने एक चचेरे भाई को 'उधार' दे दिया और उसके बाद वे इसके अन्य रिश्तेदार के पास चले गये। राम

जुलेम ने धाराप्रवाह पंजाबी में उन दिनों को याद करते हुए बताया कि उस साल उन्होंने तक़रीबन पूरे गाँव के खेतों में धान की रोपाई की, क्योंकि स्थानीय मज़दूरों को इस काम का कोई तजुर्बा नहीं था।

अन्य भू–स्वामियों ने इन दोनों बिहारियों को अपने खेतों में काम करने के लिए कई तरह के प्रस्ताव दिये। राम जुलेम ने उनसे यह कहा कि अगर वे उसे सहजातपुर जाने और वहाँ से वापस आने का भाड़ा दें तो वह खेती के अगले मौसम में अन्य मज़दूरों को खेती के काम के लिए ला सकता है। लेकिन उसने यह शर्त भी रखी कि वह जितने लोगों को लेकर आयेगा, सभी को यहाँ काम मिलना चाहिए। मुंध गाँव के किसानों ने उसकी यह शर्त मान ली। राम जुलेम जनवरी 1966 में अपने गाँव आया और अप्रैल के मध्य में मुंध वापस लौट गया। उसके साथ उसके गाँव के चार अन्य लोग भी गये। राम जुलेम ने ख़ुद बताया कि उसने इन चार लोगों से गेहूँ की कटाई का काम दिलाने के बदले 'कमीशन' लिया।

इसके बाद से ही, राम जुलेम इस गाँव का एक महत्त्वपूर्ण सदस्य बन गया। वह हर साल मुंध के भू–स्वामियों की बढ़ती आवश्यकता के अनुसार मज़दूरों को लाने के लिए अपने गाँव जाता था। उसके अपने गाँव में इसे मज़दूरों का दलाल कहा जाने लगा, जो एक क़ीमत लेकर रोज़गार की चाह रखने वाले लोगों को काम दिलाता था। 1975 तक राम जुलेम की इतनी कमाई हो गयी कि उसने सहजातपुर में अपने लिए एक खेत ख़रीद लिया। उसके अगले साल उसने एक अन्य भूखण्ड ख़रीदा। उनके भतीजे इन भूखण्डों की देख–रेख करते थे। उसने 1975 में विवाह किया और शंकर सिंह ने उसके विवाह का काफ़ी ख़र्च वहन किया। असल में, यह मुंध में राम जुलेम के महत्त्व को ही दर्शाता था।

1982 आते–आते राम जुलेम उतना ही पंजाबी हो गया जितना कि वे बिहारी था। वह धाराप्रवाह पंजाबी बोलता था और उसकी जहाँ इच्छा होती थी, वहाँ जाता था। वह स्थानीय मज़दूरों के बराबर मज़दूरी तय कराता था और ख़ुद को उनके बराबर मानता था। उसके पास हर किसी के बारे में कोई न कोई किस्सा था, जो कुछ लोगों के लिए शर्मिंदगी और कुछ के लिए हँसी–ठिठोली का कारण बन जाता था। वह गाँव के समुदाय में इतनी अच्छी तरह सम्मिलित हो चुका था कि कई बार स्थानीय लोग उससे उधार लेते थे, क्योंकि उसके पास हमेशा ही उधार देने के लिए पैसा होता था।

किसी से यह बात छिपी हुई नहीं थी कि उसके पास काफ़ी मोटी रक़म है। यहाँ तक कि गाँव के लोग भी यह जानते थे कि 'राम जुलेम समूह' के प्रवासी राम जुलेम को पंजाब में लाने के बदले 100 रुपये का कमीशन देते थे। अमूमन कई रोज़गारदाता प्रवासी मज़दूरों की मज़दूरी वितरण की ज़िम्मेदारी राम जुलेम को सौंप देते थे, जिसका एक हिस्सा ख़ुद राम जुलेम अपने पास रख लेता था; या फिर वो इसे ऐसे प्रवासियों को उधार दे देता था जिन्हें इसकी आवश्यकता होती थी और इसके बदले वह कमीशन लेता था। वह प्रवासियों के काम का पर्यवेक्षण करता था और ख़ुद सबसे कम मेहनत वाला काम करता था।

1982 आते–आते उसे महीने के हिसाब से नहीं, बल्कि वर्ष के हिसाब से रोज़गार मिलने लगा। उसे भोजन, एक जोड़ी कपड़ा और साबुन के साथ 1,600 रुपये दिया जाता था। अब वह खेतों में नहीं रहता था, बल्कि उसे गाँव की आबादी के भीतर रहने का अधिकार मिल गया, वो शंकर सिंह के घर में रहता था।

गाँव के भीतर पूरी तरह सुस्थापित होने के बावजूद राम जुलेम अपनी पत्नी या बच्चे को लेकर यहाँ रहने नहीं आया। वे सहजातपुर में ही रहते थे और राम जुलेम के भाई का परिवार उनकी देखभाल करता था। यद्यपि राम जुलेम तक़रीबन पूरे साल मुंध में ही रहता था, लेकिन उसके लिए घर का मतलब सहजातपुर ही था, और वही उसकी पत्नी और सम्पत्ति के लिए सही स्थान था।

प्रवासियों को भर्ती करने वाला व्यक्ति रोज़गार और उधार का एक महत्त्वपूर्ण स्रोत होता है। साथ ही, वह उनके साथ रोज़गारदाता को जोड़ने वाले पुल का काम करता है। अमूमन प्रवासी मज़दूर अपनी कमज़ोर स्थिति से उबरने के लिए पूरी तरह से भर्ती करने वाले व्यक्ति पर निर्भर हो जाते हैं, लेकिन ख़ुद भर्ती करने वाले व्यक्ति की स्थिति द्वैध और अन्तर्विरोध से भरी होती है। अन्य प्रवासियों की तुलना में भर्ती करने वाला व्यक्ति निश्चित रूप से एक 'अन्दरुनी' व्यक्ति होता है। भाषा, निवास और काम जैसे बहुत से संकेतों से उसका पंजाब के ग्रामीण समाज से जुड़ाव सामने आता है। प्रवासी मज़दूरों की भर्ती करने वाले कुछ लोग स्पष्ट रूप से प्रवासियों का शोषण करते हैं। ये संरचनात्मक रूप से ख़ुद को रोज़गारदाताओं से जोड़ लेते हैं। असल में, रोज़मर्रा के जीवन के सन्दर्भ में वे रोज़गारदाता के 'चेहरे' (प्रतिनिधि) के रूप में सामने आते हैं।

ये काम का आवंटन और उसका पर्यवेक्षण करते हैं, वेतन या उधार देने का काम करते हैं और 'ब्याज' के रूप में कमीशन लेते हैं।

भर्ती करने वाले इन लोगों का पंजाब के गाँव के लोगों से काफ़ी हद तक द्वैध सम्बन्ध ही होता था। एक ओर वे स्पष्ट रूप से गाँव और इसके नेटवर्क का हिस्सा होते हैं। मसलन, राम जुलेम गाँव के भीतर रहता था, यहाँ की भाषा बोलता था, स्थानीय मज़दूरों को उधार देता था और उसे शंकर सिंह के परिवार का ही भाग माना जाता था। लेकिन सम्पत्ति और रिश्तेदारों के सम्बन्ध में वह गाँव में अभी भी एक बाहरी व्यक्ति था, क्योंकि उसकी सम्पत्ति (ज़मीन) और रिश्तेदार मुंध गाँव में निवास नहीं करते थे।[4]

प्रवासी मज़दूरों की भर्ती करने वाले सभी व्यक्ति एक जैसे नहीं थे। मसलन, सुभाष अपने गाँव से मज़दूरों का एक समूह लेकर आया था, लेकिन उसकी स्थिति अपने समूह जितनी ही दुर्बल थी। उसके पास अपने गाँव के लोगों को रोज़गार दिलाने का एकमात्र आधार यह था कि उसकी अपने रोज़गारदाता से हल्की–फुल्की जान–पहचान थी, और इस गाँव में सस्ते प्रवासी मज़दूरों की माँग में लगातार वृद्धि हो रही थी। मज़दूरों के भर्ती करने वाले ऐसे बिचौलियों को आसानी से बदला जा सकता था। मसलन, अपनी पहली यात्रा के बाद लक्ष्मी प्रसाद डाबरा गाँव से लोगों को मज़दूरी के लिए मुंध गाँव ले जाने का काम करने लगा था।

## गाँव और प्रवासी

पंजाब संस्कृति के भीतर काम के सम्बन्ध सामाजिक विनिमय को अभिव्यक्त करते हैं और ये समुदाय के सम्बन्ध का निर्माण करते हैं। बहुत से सन्दर्भों में विनिमय के माध्यम से इन सम्बन्धों में वृद्धि होती है। इसलिए, मिसाल के तौर पर, एक स्थानीय मज़दूर कर्मकाण्ड का विशेषज्ञ हो सकता है, तथा इसके अपने भू–स्वामी के साथ असामी–उधारदाता का सम्बन्ध भी हो सकता है। गाँव के लोगों के बीच सम्बन्धों में अतीत और भविष्य की महत्त्वपूर्ण भूमिका होती है। असल में, लोग किसी ऐसे व्यक्ति के साथ समझौता नहीं करते हैं, जिसके साथ उनका अतीत में किसी तरह का कोई जुड़ाव न रहा हो। एक गाँव (पिण्ड) का भाग होने की भावना से यह सम्बन्ध मज़बूत होता है क्योंकि सभी लोग गाँव का हिस्सा होते हैं।

पंजाब में विशेष रूप से ग्रामीण पंजाब की पंजाबी संस्कृति में सिक्ख विचारधारा का बोलबाला है। इसमें नैतिक रूप से इस बात को काफ़ी

महत्त्व दिया जाता है कि हर व्यक्ति अपने हाथों से अपना व्यक्तिगत काम करे। सिक्खों के पूजा स्थल श्रद्धालुओं की कार सेवा अर्थात् उनके अपने श्रम से बनते हैं और उनकी देखभाल की जाती है। इस तरह, इस विचारधारा में श्रम, हाथ के काम को अपने आत्म को काम से मिलाने के रूप में देखा जाता है।

रोज़मर्रा के जीवन की घटना–क्रियात्मक (फेनोमेनोलॉजिकल) दुनिया के भीतर प्रवासियों को व्यक्तियों की एक द्वैध श्रेणी माना जाता है। एक ओर, वे ऐसे अनजान व्यक्ति होते हैं जो पंजाब के आम ग्रामीण व्यक्ति से अलग दिखते हैं, उनसे अलग तरह के कपड़े पहनते हैं और अलग भाषा बोलते हैं। 'अनजान' या 'बाहरी' व्यक्ति का तमगा गाँव के भीतर उनकी स्थिति को दर्शाता है। वे ग्रामीण समुदाय के अन्दरुनी स्थान से परे और बाहर खेतों की ओर रहते हैं। यह उनके 'बाहरीपन'[5] के प्रतीक का प्रतिनिधित्व करता है। एक अनजान या बाहरी व्यक्ति के रूप में वे ख़ुद को पूरी तरह से गाँव का हिस्सा नहीं मान सकते हैं।

दूसरी ओर वे अपने श्रम के कारण गाँव के जीवन से बँधे होते हैं, जो उन्हें 'काम के आदमी' के रूप में परिभाषित करता है। ये अपने शरीर के श्रम द्वारा अपनी मानवीयता, आत्म की अपनी भावना को अपने द्वारा किये जाने वाले काम के साथ जोड़ते हैं। उनके शरीर का श्रम उन्हें ग्रामीण समुदाय या 'पिण्ड' से जोड़ता है।

'अनजान' या बाहरी और 'अन्दरूनी' होने के बीच का अन्तर्विरोध पूरी तरह नहीं सुलझता है। प्रवासियों की स्थिति ऐसे अनजान लोगों जैसी ही होती है जिन्हें गाँव के लोगों से मिलाने या उनसे परिचित कराने वाला कोई व्यक्ति नहीं होता है। असल में, भर्ती करने वाला व्यक्ति इन्हें गाँव के लोगों से परिचित करवाता है। कई मामलों में ऐसे लोग (मसलन राम जुलेम) सम्बन्धियों में भी तब्दील हो जाते हैं, तथा वे पूरी तरह अनजान व्यक्ति से 'आमन्त्रित अनजान व्यक्ति' बन जाते हैं।

पंजाबी में हर प्रकार के प्रवासी का उल्लेख करने के लिए भइया शब्द का प्रयोग किया जाता है। दरअसल, सिक्ख धर्मस्थलों पर काम करने वाले धार्मिक कार्यकर्ताओं, विभिन्न स्थानों पर जाने वाले विक्रेताओं और दुकानदारों के लिए भी इसी तरह के शब्द का प्रयोग किया जाता है। संक्षेप में, ऐसे हर व्यक्ति के लिए यह शब्द इस्तेमाल किया जाता है जो पूर्ण रूप से गाँव का हिस्सा बने बग़ैर इसकी विशेष तरीक़े से सेवा करता है।

लेकिन जहाँ धार्मिक संस्थाओं से जुड़े लोगों, खुदरा दुकानदारों तथा पंजाबी ग्रामीणों की संस्कृति एक जैसी होती है, वहीं प्रवासी भइया इनसे सांस्कृतिक रूप से भिन्न होते हैं। वे एक अलग भाषा बोलते हैं, और पंजाब उनका घर नहीं है। वे हमेशा अपने मूल गाँव से जुड़ाव कायम रखते हैं और यह मानते हैं कि वे वहाँ वापस लौट जायेंगे।

प्रवासियों के दृष्टिकोण से समझौते में भी कई तरह की समस्याएँ होती हैं। अधिकांश प्रवासी जिन स्थानों पर प्रवास करते हैं, वहाँ से उनका कोई ख़ास जुड़ाव नहीं होता है। उन्हें खुद को एक ख़ास तरीक़े से प्रस्तुत करने की आवश्यकता नहीं होती है; न ही उन्हें किसी ऐसे मानक का अनुपालन करने की ज़रूरत होती है, जिसे गाँव में समावेशन के लिए अनिवार्य माना जाता है। साथ ही, उन्हें संस्कृति द्वारा थोपे गये नियमों और 'सीमाओं' को मानने की ज़रूरत नहीं होती है। मसलन, वे चलने और खाने की उचित गति या सही 'तरीक़े' से सम्बन्धित मानकों की अवहेलना कर सकते हैं।

अमूमन स्थानीय मज़दूर प्रवासी *भइया* के भोजन की मात्रा का मज़ाक उड़ाते हैं। इस बारे में कई कहानियाँ प्रचलित हैं कि प्रत्येक *भइया* बहुत बड़े आकार वाली कई सारी रोटियाँ खाते हैं, ये कई बाल्टी छाछ पी जाते हैं। इन कहानियों में यह भी बताया जाता है कि इनकी तुलना में स्थानीय मज़दूर बहुत कम भोजन करते हैं। इन कहानियों में उनके काम की क्षमता का भी वर्णन होता है और यह कहा जाता है कि वे रात भर काम करते हैं (जैसा कि डाबरा से आने वाले मज़दूरों के समूह ने किया था)। ग़ौरतलब है कि पंजाबी लोकगीतों में यह माना जाता है कि रात का समय जादू–टोने का वक़्त होता है, और सभी 'सही' आदमी (*ठहरे हुए बंदे*) इस समय सोते हैं।

निश्चित रूप से, इन कहानियों के माध्यम से रूढ़बद्ध विचारों को बढ़ा–चढ़ाकर प्रस्तुत किया गया है। लेकिन ये पंजाब के गाँवों के बारे में प्रवासियों के विचारों को पूरी तरह अभिव्यक्त नहीं करते हैं। प्रवासियों का अपने कार्यस्थल पर कोई सुनिश्चित भविष्य नहीं होता है। जिस तरह स्थानीय मज़दूर और भू–स्वामी अगले साल के उपभोग के लिए खाद्य पदार्थों का संग्रह करने की योजना बनाते हैं, वैसी योजना प्रवासी नहीं बना सकते। प्रवासियों का वर्णन करते हुए यह कहा जाता है कि वे *बेहद* और *बेरोक* खाते हैं। असल में, यह प्रवासियों के गाँव से सम्बन्ध को दर्शाता है। वे यह मानते हैं। कि पंजाब एक ऐसा स्थान है जहाँ से उन्हें

ज़्यादा से ज़्यादा कमाई करनी है, और यह कमाई पैसे या भोजन किसी भी रूप में हो सकती है। इसलिए यहाँ संग्रहण करने पर ज़ोर नहीं देते हैं, क्योंकि वे मानते हैं कि यहाँ उनका कुछ भी दाँव पर नहीं लगा हुआ है। उनका रुझान अपने मूल गाँव की ओर रहता है।

उनका 'अनजानापन' उनकी स्थिति को कमज़ोर बना देता है। चूँकि वे अनजान या अपरिचित होते हैं इसलिए उनके रोज़गारदाताओं की उनके प्रति कोई ज़िम्मेदारी नहीं होती है और वे इनका शोषण कर सकते हैं या फिर इनके साथ चालबाजी कर सकते हैं। दरअसल, उनकी इस कमज़ोरी के कारण ही उन्हें कम वेतन मिलता है (अय्यर और सिंह 1980; सिद्धू और ग्रेवाल 1984)। यह बाहरी व्यक्ति के रूप में उनकी हैसियत को रेखांकित करता है। कुछ अध्ययनों तथा प्रेस में प्रकाशित ख़बरों में इनके साथ होने वाली हिंसा का उल्लेख किया जाता रहा है (सिंह 1983)। ऐसी हिंसा की बुनियाद भी इनके बाहरी होने के तथ्य में ही निहित है। प्रवासी लोगों में से जब कुछ लोग अपनी अनजान या अपरिचित होने की स्थिति को बदल पाते हैं तभी एक जुड़ाव पर आधारित निकट सम्बन्ध विकसित हो पाता है (जिसे सुरक्षा के लिए आवश्यक शर्त भी माना जा सकता है)। पंजाबियों द्वारा इस तरह के बदलाव को स्थानिक रूप से अभिव्यक्त करने का तरीक़ा यह है कि वे प्रवासियों को खेत/बाहर से गाँव की बसाहट/केन्द्र में बसने की अनुमति देते हैं। साथ ही, भाषाई स्तर पर प्रवासी रोज़मर्रा की भाषा को अपना लेते हैं। राम जुलेम के अनुभवों में यही बातें सामने आती हैं।

प्रवासियों के साथ सम्बन्धों के रूप को अभिव्यक्त करने वाला एक अन्य महत्त्वपूर्ण मुहावरा मज़दूरी अदा करने की प्रणाली से सम्बन्धित है। स्थानीय मज़दूरों को अनाज या अन्न के रूप में मज़दूरी मिलती है। यह प्रतीकात्मक रूप से यह दिखाता है कि रोज़गारदाता मज़दूर के साथ सहभोज (खान–पान) का सम्बन्ध रखता है।[6] प्रवासियों को काम के बदले नगद वेतन मिलता है जो बाहरी व्यक्ति के रूप में उनके संक्रमणकारी (परिवर्तनशील) सम्बन्धों को दर्शाता है। नगद राशि मज़दूर से कोई परिचय या प्रगाढ़ सम्बन्ध न होने तथा अवैयक्तिक लेन–देन का प्रतिनिधित्व करती है। इसमें वस्तु (श्रम) के मूल्य को स्पष्ट रूप से क़ीमत के रूप में अभिव्यक्त किया जाता है। इस तरह की गणना सम्बन्धों की समाप्ति का संकेत करती है, जहाँ काम ख़त्म होने के बाद सारी मज़दूरी दे दी जाती है,

और दोनों ही पक्षों की ओर से भविष्य की कोई अपेक्षा नहीं रह जाती है।

कई ऐसे नये रास्ते सामने आये जिनके द्वारा प्रवासी मज़दूर एक अनजान स्थान पर बाहरी होने के नकारात्मक प्रभावों से बच सकते थे। इस सन्दर्भ में एक उत्साहजनक संकेत यह था कि बहुत से प्रवासी भर्ती करने वालों की 'सहायता' (मसलन राम जुलेम, या देखें सी.एस.एस. 1990 : 64) बग़ैर पंजाब आने लगे थे। भर्ती करने वालों की सहायता लेने पर इन प्रवासियों को उन्हें कमीशन देना पड़ता था या फिर ऐसे लोग रोज़गारदाताओं के सामने प्रवासियों का प्रतिनिधि बनकर बात करते थे। मुंध में 16 प्रवासी एक भर्ती करने वाले व्यक्ति के साथ आये। किन्तु ये सभी या तो भर्ती कराने वाले व्यक्ति के रिश्तेदार थे या उसके ही गाँव के थे। इसलिए यहाँ भर्ती करने वाला व्यक्ति मज़दूरों का दलाल होने के बजाय इनके मार्गदर्शक के रूप में काम कर रहा था। दो प्रवासी अपने साथ एक छोटा समूह लेकर आये, किन्तु ये ख़ुद पंजाब में हाल ही के समय में आये थे। इनमें से एक मुंध में पिछले तक़रीबन 9 महीने से रह रहा था, वहीं दूसरा किसी अन्य गाँव में काम कर रहा था और उसका मुंध या यहाँ के भू–स्वामियों से कोई सम्पर्क नहीं था। यह एक उत्साहजनक संकेत है क्योंकि प्रवासी अब ख़ुद यह मानने लगे हैं कि वे किसी सहायता या परिचय के बग़ैर भी पंजाब में काम के लिए आ सकते हैं। असल में, पंजाब से वापस गये प्रवासियों की कहानियों के माध्यम से इनके मन में इस स्थान के बारे में थोड़ी–बहुत जानकारी हो गयी है। अब ये इसे पूरी तरह अनजाना स्थान नहीं मानते हैं।

असल में, अब प्रवासी किसी भर्ती करने वाले की सहायता के बग़ैर ही पंजाब आने लगे हैं। बहुत से मामलों में जब वे घर से निकलते हैं तो यह सुनिश्चित नहीं होता कि आख़िर वे पंजाब में किस स्थान पर जा रहे हैं। दो कारकों ने इस बदलाव में महत्त्वपूर्ण भूमिका अदा की है। आरम्भिक दौर में आने वाले प्रवासियों को कई बाधाओं का सामना करना पड़ता था। लेकिन पिछले कई वर्षों से प्रवासियों के लगातार आने के कारण इस प्रकार की बाधाएँ कम हुई हैं। अब रोज़गारदाताओं को भी उन ट्रेनों के बारे में जानकारी होती है जिससे सम्भावित प्रवासी मज़दूर आते हैं। इसलिए वे इन स्थानों पर आकर अपने काम के लिए प्रवासी मज़दूरों को ले जाते हैं। कुछ अध्ययनों में यह बताया गया है कि प्रवासियों को कभी–कभी हिंसा का सामना करना पड़ता है (सी.एस.एस. 1990; सिंह

1983)। लेकिन एक अन्य सम्भावना भी सामने आयी है। मुंध में काम करने वाले प्रवासियों ने यह बताया कि उन्हें किसी भी प्रकार की हिंसा का सामना नहीं करना पड़ा। उनके मुताबिक़ उन्हें कभी अपनी इच्छा के ख़िलाफ़ कहीं काम नहीं करना पड़ा और न ही उनके रोज़गारदाता उन्हें ज़बरदस्ती कहीं लेकर गये।[7]

समूह में आने वाले प्रवासियों में यह प्रवृत्ति बढ़ी है कि वे एक साथ यात्रा करते हैं, और या तो एक ही गाँव में या फिर नज़दीकी गाँवों में काम करते हैं, ताकि वे एक–दूसरे से सम्पर्क रख पायें। साथ ही, वे एक–दूसरे से सूचनाओं और अनुभवों का भी आदान–प्रदान करते हैं। इस तरह ये एक–दूसरे का सहारा बनते हैं। एक समूह के सदस्यों के आपस में जुड़े होने के कारण ज़्यादा बेहतर सामाजिक व्यवस्था सामने आती है। लेकिन ज़्यादा महत्त्वपूर्ण बात यह है कि वे एक समूह के रूप में अपनी मज़दूरी के बारे में प्रभावी ढंग से समझौता कर पाते हैं। इस तरह की रणनीति काफ़ी हद तक सफल भी रही है। मैंने जिन चार गाँवों में अध्ययन किया, वहाँ की मज़दूरी की दर में कोई ख़ास अन्तर नहीं था। इस तरह की स्थिति कुछ हद तक प्रवासी की स्थिति के बारे में सकारात्मक तस्वीर प्रस्तुत करती है।

## निष्कर्ष

मैंने अपने विश्लेषण को एक गाँव और तीन वृतान्तों तक सीमित रखा है। इससे मुझे यह प्रश्न प्रस्तुत करने में आसानी हुई है कि 'प्रवासी कौन है'। इसका कारण यह है कि वर्गीकरण की सभी कसौटियों अर्थात् रहने की अवधि, यात्रा में दोहराव, गाँव की संरचना में स्थान, परिवार के सदस्यों की मौजूदगी, मूल गाँव से सम्बन्ध आदि के बारे में हर मामले में अलग–अलग तथ्य सामने आते हैं। इसका अर्थ यह नहीं है कि हम सिर्फ़ प्रवासियों की भिन्नता पर ही विचार कर सकते हैं, लेकिन इसका अर्थ यह ज़रूर है कि हम यह देख सकते हैं कि किस तरह प्रवासन की प्रक्रियाएँ एक ही तरह के कारकों से भिन्न तरीक़े से जुड़ती हैं, जिसके कारण प्रवासन की विशिष्ट शैली मुमकिन हो पाती है।

यह समझना महत्त्वपूर्ण है कि संरचना और शैली का एक साथ अस्तित्व होता है, तथा प्रवासन की प्रक्रिया के विश्लेषण को इन दोनों

के बीच गतिशील रहना चाहिए।[8] दरअसल, काम की प्रक्रियाएँ शैलीगत भिन्नताएँ पैदा करती हैं, और हमें प्रवासन को संरचना और व्यवहार के रूप में एक साथ देखने में समर्थ बनाती हैं।

इन वृत्तान्तों से एक अन्य आयाम सामने आता है जो प्रवासन के विश्लेषण के लिए काफ़ी महत्त्वपूर्ण है। यह आयाम इस बात से सम्बन्धित है कि प्रवासियों की निर्मिति में सिर्फ़ ये ही एकमात्र प्रमुख आयाम नहीं होते हैं। इसलिए, 'प्रवासी कौन है', यह प्रश्न सिर्फ़ प्रवासियों से ही नहीं पूछा जा सकता है; यह एक ऐसी श्रेणी है जिसका अस्तित्व इस पर भी निर्भर करता है कि अन्य लोग इसके बारे में क्या कहते हैं, या अन्य लोग इसे किस प्रकार की विशिष्टता प्रदान करते हैं। इसलिए इस अध्याय के आरम्भ में प्रस्तुत प्रश्न के सन्दर्भ में पंजाब के ग्रामीणों का *भईया* श्रेणी की निर्मिति के बारे में विचार भी महत्त्वपूर्ण है।

मेरा यह मानना है कि पंजाबी रोज़गारदाता के पास संकेतों की एक पूरी श्रेणी होती है। इसके आधार पर वह यह पहचानता है कि कोई व्यक्ति अन्य अनजान लोगों की तरह नहीं है, बल्कि एक प्रवासी है। साथ ही, वह कुछ निश्चित तरीक़ों मसलन, मज़दूरी अदा करने के तरीक़े या स्थानिक अवस्थिति के आधार पर इन प्रवासियों को यह बताता है कि वह उन्हें किस रूप में देख रहा है। वहीं, प्रवासियों के पास कुछ भिन्न तरीक़े होते हैं। मसलन, वे अपने काम के तरीक़े तथा कार्य–स्थल और घर के बीच विभाजन के आधार पर अपनी समझ अभिव्यक्त करते हैं। इस तरह, यह प्रश्न सामने रखते हुए हमें यह कहने में भी समर्थ होना चाहिए कि हम किसके दृष्टिकोण से और किस प्रकार की प्रतीकात्मक भाषा में अपनी प्रतिक्रिया तैयार कर रहे हैं।

हमें यह समझने की आवश्यकता है कि किसी एक 'केन्द्र' के आधार पर प्रवासी की श्रेणी को पूरी तरह से अभिव्यक्त नहीं किया जा सकता, बल्कि इसके लिए हमें कई केन्द्रों पर ध्यान देने की आवश्यकता होगी। यह इस बात पर निर्भर करता है कि हम किस प्रकार के कारकों पर ध्यान दे रहे हैं : अल्पकालिक/दीर्घकालिक प्रवासी, पुरुष/महिला प्रवासी, पूरी तरह से पुरुषों का समूह, परिवार समूह इत्यादि या फिर हम इनमें से किन्हीं दो के संयोजन पर भी विचार कर सकते हैं। इसलिए हमें यह याद

रखने की आवश्यकता है कि किसी एक तरीक़े से 'प्रवासी' के विचार या अर्थ को अभिव्यक्त नहीं किया जा सकता। एक व्यक्ति को अलग–अलग तरीक़े से प्रवासी के रूप में चिह्नित किया जाता है।[9]

कुल मिलाकर, इस अध्याय में जिन व्यक्तियों की चर्चा की गयी है, उन्हें प्रवासी के रूप में वर्णित किया जा सकता है, लेकिन उन्हें अलग–अलग तरीक़े से प्रवासी की संज्ञा दी जा सकती है। यदि हम समाजशास्त्रियों के रूप में प्रवासन के अनुभव को समझना चाहते हैं और इसे सामने लाना चाहते हैं तो हमें इन विभिन्न तरीक़ों या धाराओं को सामने लाना होगा।

## टिप्पणियाँ

1. अमूमन सिंचाई के कुँओं और उसके आसपास बने घरों या झोपड़ों को *खुह* कहा जाता है। *खुह* फ़ारसी भाषा का एक शब्द है, जिसका शाब्दिक अर्थ होता है सिंचाई की चक्की। खेतों की ओर जाने के लिए सामान्य तौर पर *खुह नोह जाना* शब्दावली का प्रयोग किया जाता है। जहाँ गाँव की बसाहट का वर्णन करने के लिए *आबादी* शब्द का प्रयोग किया जाता है, वहीं इसके विपरीत *खुह* का प्रयोग 'बाहरी स्थान' का वर्णन करने के लिए होता है। *आबादी* स्थानिक और रूपकीय अर्थ में गाँव के 'आन्तरिक' केन्द्र का निर्माण करती है। पंजाबी संस्कृति में बाहर–भीतर का विभाजन अत्यन्त भावनात्मक है। इसलिए *आबादी* में रहने वाला व्यक्ति भीतरी होता है, वहीं *खुह* में रहने वाला व्यक्ति बाहरी या अनजान होता है।
2 पंजाब में रहने का ख़र्च उन राज्यों से ज़्यादा होता है, जहाँ से प्रवासी आते हैं (कृष्णा 1981)। इससे पैसे की बचत करने के उनके मुख्य लक्ष्य में रुकावट आती है।
3. अधिकांश ग्रामीण रोज़गारदाता भोजन की 'गणना' ख़र्च के रूप में नहीं करते थे, लेकिन वे अपने नगद ख़र्च में काफ़ी कटौती करते थे। यह अन्तर भोजन और नगद के प्रति रुझान से उत्पन्न होता था। नगद को भविष्य के सम्भावित संचय का प्रतीक माना जाता था और इसे उत्साहपूर्वक जमा किया जाता था। किसी भी नयी ख़रीदी गयी वस्तु की तारीफ़ करने वाले लोग सबसे पहले उसकी क़ीमत निर्धारित करते थे। जो लोग लगातार नयी वस्तुएँ ख़रीदते थे, उनसे बाकी लोग ईर्ष्या करते थे या उन्हें फ़िजूलख़र्च मानते हुए उनकी आलोचना करते थे। यहाँ तक कि सबसे धनी व्यक्ति (विशेष रूप से महिलाएँ) भी अपने पैसे को सबसे अन्दरुनी पॉकेट में छिपा कर रखती थीं और यदि कोई उनसे पैसा माँगता तो वे चिढ़ जाती थीं। राज्य परिवहन की बसों में अमूमन लोग टिकट के दाम में मोलभाव करने की कोशिश करते थे।

दूसरी ओर, लोग बहुत आसानी से रोज़ाना खाना पकाने के लिए खाद्य पदार्थ उधार के रूप में दे देते थे। लोग बहुत आसानी से अपने पड़ोसी को एक कप आटा या बनी हुई सब्ज़ी दे देते थे। साथ ही, घर के पास से गुजरने वाले व्यक्ति को हमेशा ही खाने के लिए आमन्त्रित किया जाता था। भोजन सह–भोज की इकाइयों में समावेशन का प्रतीक था, तथा यह सहयोग समुदायों के निर्माण का हिस्सा था (चोपड़ा 1994)।

4. अन्तर्राष्ट्रीय प्रवासन के अपने विश्लेषण में बॉटमले यह बताती हैं कि प्रवासन अन्तर्राष्ट्रीय लोगों का निर्माण करता है, जो तक़रीबन वैश्विक रूप से अपने सगे–सम्बन्धियों, दोस्तों और अन्य प्रवासियों से जुड़े होते हैं। अल्पसंख्यकों के समाजशास्त्रीय अध्ययनों में गृह–देश और प्रवासन वाले देश के बीच चलने वाली निरन्तर अन्तःक्रिया की उपेक्षा की जाती है (बॉटमले 1992 : 4)। छोटे स्तर पर भर्ती करने वालों में भी ऐसा ही गुण होता है, जिससे वे 'प्रवासियों' और ग़ैर–प्रवासियों दोनों से ही जुड़े होते हैं।

5. 'खेतों में जाना' बाहर जाने के विचार को अभिव्यक्त करने का एक तरीक़ा है, जो एक धमकी और शक्तिशाली रूप से एक शक्तिशाली कथन–दोनों ही है।

6. भोजन पंजाबी संस्कृति का एक अत्यन्त महत्त्वपूर्ण प्रतीक है। एक साथ भोजन करने से अपने आप तक सीमित व्यक्ति सहभोजी समूहों में तब्दील हो सकते हैं तथा अनाज सहभागी समुदाय की भावना पैदा करने में एक विशिष्ट भूमिका अदा करते हैं। इसी तरह, सहभोजी सम्बन्धों को तोड़कर या उसे देने से इनकार करके किसी व्यक्ति के बहिष्करण का संकेत किया जाता है (चोपड़ा 1994)।

7. असल में, फील्ड में अध्ययन करने वाले अनुसन्धानकर्त्ता के सामने हमेशा ही यह चुनौती आती है कि लोग पूरी सूचना नहीं दे रहे हैं या कई बातों को छिपा रहे हैं। इसलिए इस बात की भी सम्भावना है कि मुझे हिंसक घटनाओं के बारे में नहीं बताया गया हो। बहरहाल, सभी प्रवासी यह जानते थे कि मैं मुंध की नहीं हूँ। जहाँ गाँव के अन्य लोग पंजाबी में बात करते थे, वहीं मैं उनसे हिन्दी में बातचीत करती थी, और भाषा के माध्यम से उनसे एक जुड़ाव क़ायम करती थी। उनकी तरह मैं भी गाँव में अस्थायी रूप से ही आयी थी। असल में, ये पहलू हमें काफ़ी हद तक एक जैसी स्थिति में ला देते थे। लक्ष्मी प्रसाद विस्वास ने मेरा ध्यान इस आयाम की ओर दिलाया था।

8. बॉर्दयू (1977) द्वारा 'हैबिट्स' (सामान्य निर्मिति, विशेष रूप से शारीरिक निर्मिति) की चर्चा संरचना और व्यवहार के बीच इस गतिशीलता को समझने में काफ़ी उपयोगी हो सकती है।

9. पंजाब के राजमार्गों पर गाड़ी चलाने वाले लोग रुककर बिहारियों के समूह द्वारा बनाये गये *गुड़* को ख़रीदते थे। मिट्टी की छोटी चिमनियों से निकलने वाले धुएँ से उन्हें गुड़ की सुगन्ध मिल जाती थी गन्ने की गठरियाँ रस निकालने के लिए

तैयार होती थी और गन्ने के रस के खौलने से निकलने वाली सुगन्ध वातावरण में फैली होती थी। यह पंजाबी भू–स्वामियों और मज़दूरों के बीच एक फ़सल की काश्तकारी को दर्शाता था। गाँव की भूमि के किनारे सड़क पर सब्जियाँ बेची जाती थीं। यह भी पंजाबी भू–स्वामियों और प्रवासी मज़दूर के बीच एक फ़सल काश्तकारी को दिखाता था। 1980 के दशक के आख़िर तक पंजाबी भू–स्वामियों और प्रवासी मज़दूरों के बीच अल्पकालिक काश्तकारी समझौते होते थे। इस प्रकार के समझौते *पिण्ड* के सदस्यों के बीच दायित्व और 'मदद करने' के नेटवर्क के रूप में मौजूद थे। इसमें एक प्रकार की पारस्परिकता होती थी और इसने समुदाय का निर्माण किया। आज इस तरह की काश्तकारी प्रवासी खेतिहर मज़दूरों और एन.आर.आई. बँगले की देखभाल करने वाले बिहारी लोगों के पास ही स्थानान्तरित हो गयी है। एक फ़सल काश्तकारी फ़सल की खेती और बिक्री के बारे में फ़ैसला करने का अधिकार प्रवासी–जोतदार को मिल जाता है। ये विश्वास के स्थानान्तरण की ओर भी संकेत करते हैं। 50 साल पहले जब राम जुलेम इस गाँव में आये थे तो स्थानीय किसानों द्वारा प्रवासी मज़दूरों पर इतना विश्वास करने की कल्पना नहीं की जा सकती थी। गुड़ की कहानी हमें यह बताती है कि इक्कीसवीं सदी के पंजाब में प्रवासी काफ़ी गहरी जड़ें जमा चुके हैं।

## सन्दर्भ


बॉटमले, जी., 1992, *'फ्रॉम एनदर प्लेस : माइग्रेशन ऐंड द पॉलिटिक्स ऑफ़ कल्चर'*, कैम्ब्रिज : कैम्ब्रिज यूनिवर्सिटी प्रेस।

बॉर्दयू, पी., 1977, *आउटलाइन ऑफ़ अ थ्योरी ऑफ़ प्रैक्टिस*, कैम्ब्रिज : कैम्ब्रिज यूनिवर्सिटी प्रेस।

ब्रेमन, जे., 1985, *ऑफ़ पीजेन्ट्स, माइग्रेंट्स ऐंड पॉपर्स*, दिल्ली : ऑक्सफोर्ड यूनिवर्सिटी प्रेस।

चोपड़ा, आर., 1994, 'वायसेज़ फ्रॉम द अर्थ : वर्क ऐंड फूड प्रोडक्शन इन अ पंजाबी विलेज', *सोशियोलॉजिकल बुलेटिन* 43 (1)।

सेंटर फॉर सोशल स्टडीज़ (सी.एस.एस.), 1990, 'माइग्रेंट लेबर इन इंडिया', मेमोग्राफ, सूरत।

गवर्नमेंट ऑफ़ इंडिया (जीओआई), 1978, *रूरल लेबर इंक्वायरी*, दिल्ली : लेबर ब्यूरो, मिनिस्ट्री ऑफ़ लेबर।

गुप्ता, ए. के., 1988, *सोशियोलॉजिकल इम्पलिकेशन्स ऑफ़ रूरल टू रूरल माइग्रेशन : अ केस स्टडी ऑफ़ रूरल इमीग्रेंट्स टू पंजाब*, इलाहाबाद : वोरा पब्लिशर्स।

अय्यर, जी. और एम. सिंह, 1980, 'इम्पैक्ट ऑफ़ माइग्रेटरी लेबर ऑन द रूरल इकोनॉमी ऑफ़ पंजाब स्टेट', *मैन ऐंड डेवलपमेंट*, सितम्बर।

कृष्णा, आर., 1981, 'द सेंटर ऐंड द पेरीफरी इंटरस्टेट डिस्पैरीटीज़ इन इकोनॉमिक डेवलपमेंट', *सोशल एक्शन* 13(1)।

सिद्धू, डी. एस. और एस. एस. ग्रेवाल, 1984, 'अ स्टडी ऑफ़ माइग्रेंट्स इन पंजाब', मेमोग्राफ, लुधियाना : पंजाब एग्रीकल्चरल यूनिवर्सिटी।

सिंह, एम., 1983, 'माइग्रेंट लेबरर्स इन पंजाब', *एम.फिल डेजर्टेशन*, चंडीगढ़ : डिपार्टमेंट ऑफ़ सोशियोलॉजी, पंजाब यूनिवर्सिटी।

# विवाह के मानक, ग्रामीण महिलाओं के विकल्प और आकांक्षाएँ*

**यू. कलपागम**

ग्रामीण महिलाओं के लिए आधुनिकता सार्वजनिक जीवन से ज़्यादा निजी जीवन में परिवर्तन की आकांक्षाओं की सम्भावना सामने लाती है। आधुनिकता का राज्य समर्थित परिवर्तनकारी एजेण्डा सार्वजनिक दायरे पर ज़्यादा ध्यान देता है। इसमें इस बात पर ग़ौर किया जाता है कि नागरिकों और श्रमिकों के रूप में तथा अधिकार धारण करने की प्रक्रियाओं के माध्यम से ग्रामीण महिला के सार्वजनिक जीवन की वैयक्तिकताओं में किस प्रकार का परिवर्तन होता है। विवाह से सम्बन्धित आधुनिक क़ानूनों में विवाह के बारे में स्वतन्त्र चयन के अधिकार को स्वीकार किया जाता है। लेकिन जाति व्यवस्था के पुनरुत्पादन से सम्बन्धित प्रथाएँ और परम्पराएँ बहुत सख़्ती से इसकी खिलाफ़त करती हैं। फिर भी, आधुनिकता के कारण क़ानून और अधिकार, राजनीतिक अर्थशास्त्र में परिवर्तन और ग्रामीण संस्कृति से अलग शहरी संस्कृति के उदय जैसी आधुनिकता की परिस्थितियों के कारण एक ऐसी स्थिति सामने आयी है जिसमें महिलाएँ निजी जीवन में बदलाव की आकांक्षा पाल सकती हैं। विशेष रूप से, ग्रामीण महिलाएँ यह चाहती हैं कि वे अपने निजी जीवन में, अन्तरंगता और भावनाओं के दायरे में अपना चुनाव कर पायें। लेकिन अभी भी ऐसी आकांक्षाएँ दमित और गुप्त इच्छाओं के रूप में ही हैं। लोक गीतों के विश्लेषण से यह बात स्पष्ट रूप से सामने आती है। ऐसी इच्छाओं को सामाजिक प्रथाओं, व्यवहारों और सामाजिक जीवन के अनुशासनों के ख़िलाफ़ माना जाता है (चौधरी 2007)।

---

* *इकोनॉमिक ऐंड पॉलिटिकल वीकली* 43 (21) : 53–63 (24 मई 2008)।

औपनिवेशिक–विरोधी राष्ट्रवादी आधुनिकता ने दो दायरों को चिह्नित किया : घरेलू और सार्वजनिक। पार्थ चटर्जी (1994) ने यह तर्क दिया है कि औपनिवेशिक–विरोधी आधुनिकता की इच्छा यह थी कि वह तर्क–बुद्धि और विज्ञान के माध्यम से भौतिक जीवन के सार्वजनिक दायरे को प्रभावित करे। यह वह दायरा था जो पुरुषों और महिलाओं–दोनों के लिए खुला हुआ था, और ये दोनों ही वांछित परिवर्तन लाने में भागीदारी करके अपनी सक्रिय भूमिका निभा सकते थे। घरेलू दायरा अन्तरंगता, भावना और धार्मिक आस्था का क्षेत्र था, जिसकी आधुनिकता से सुरक्षा की जानी थी और महिलाओं को यह ज़िम्मेदारी दी गयी कि वे इस दायरे की सुरक्षा करें। ग़ौरतलब है कि नारीवादी विद्वान निजी और सार्वजनिक के इस स्पष्ट विभाजन से सहमत नहीं हैं, और उन्होंने इसकी तीखी आलोचना प्रस्तुत की है। उन्होंने यह दिखाया है कि औपनिवेशिक शासन के दौरान विवाह के दायरे में बहुत से क़ानूनी हस्तक्षेप हुए। फिर भी, यह बात पूरी तरह स्पष्ट है कि आधुनिकता की परियोजना ने ग्रामीण/शहरी, जाति या जेंडर विभाजन के सन्दर्भ प्रगति के असमान पथ का अनुसरण किया। इसके साथ ही निजी और सार्वजनिक दायरे में भी इसका अलग–अलग प्रभाव पड़ा।

समकालीन उत्तर–औपनिवेशिक स्थिति में उत्तर भारत में अभी भी जाति के भीतर और गाँव के बाहर विवाह करने की प्रथा का अस्तित्व है, और इस बात की पूरी सम्भावना है कि ग्रामीण क्षेत्रों के वैवाहिक सबन्धों में भविष्य में अनिश्चितकाल तक ये प्रथाएँ कायम रहेंगी। लेकिन फिर भी बहुत–सी ग्रामीण महिलाएँ वैकल्पिक आधुनिकता अपनाने की आकांक्षा रखती हैं। इन्होंने अपनी वैयक्तिकता में चुनाव के विकल्प को अपनाया है तथा अपने भावनात्मक जीवन में आज़ादी को वरीयता दी है। विभिन्न क्षेत्रों और जातियों के विवाह और सगोत्रता सम्बन्धी नियम यह स्पष्ट करते हैं कि एक जाति समूह के भीतर ही विवाह होना चाहिए। इसके अलावा कई अन्य प्रतिबन्ध भी लागू होते हैं। मसलन, एक ही जाति समूह को बिरादरी कहा जाता है। एक ही बिरादरी और समान गोत्र के लड़के और लड़की के बीच विवाह पर पाबन्दी है। अन्य प्रतिबन्धित गोत्रालगोत (वंश) में भी विवाह नहीं हो सकता है। इसके अलावा, गाँव के भीतर लड़के–लड़कियों के बीच विवाह पर प्रतिबन्ध है ( चौधरी 2004; 2007; ओबेरॉय 1994)। इन मानकों की किसी भी प्रकार की अवहेलना को प्रथागत रूप से तैयार किये गये सामाजिक अनुशासनों के उल्लंघन के रूप में

देखा जाता है, जो जातिगत सामाजीकरण की निर्माणकारी विशेषताएँ होती हैं (चौधरी 2007; दुबे 1996)। दुबे ने विविध संस्कृतियों में जैविक प्रजनन के लिए बीज और भूमि के रूपक के अर्थों का परीक्षण किया है। उनके मुताबिक़ विभिन्न जातियों की सीमाओं को कायम रखने के लिए यह महत्त्वपूर्ण है। साथ ही, यह महिलाओं के सेक्शुअलिटी (यौनिकता), सम्पत्ति और अधिकारों को नियन्त्रित करके पिता के पक्ष से वंश को आगे बढ़ाने में अहम भूमिका अदा करता है।

विशेष रूप से, राजस्थान, हरियाणा और पश्चिमी उत्तर प्रदेश के कुछ भागों में कई बार विवाह सम्बन्धी प्रतिबन्धात्मक नियम काल्पनिक सगोत्रीयता की अवधारणाओं पर आधारित कौटुम्बिक व्याभिचार निषेधों की व्यापक धारणा से गूँथे होते है (रहेजा 1988; लैम्बर्ट 1997)। इसके साथ ही, ये भाईचारा के रूप में प्रचलित ग्रामीण बन्धुता पर आधारित होते हैं। इनकी अवहेलना करने पर गाँव से सामाजिक बहिष्कार, परिवार से निष्कासन जैसे दण्ड दिये जाते हैं। कई बार इनका नतीजा 'ऑनर किलिंग' (सम्मान के लिए हत्या) के रूप में सामने आता है, जो किसी अन्य स्थान पर नहीं पाया जाता है (चौधरी 2004)। गोत्र और विवाह सम्बन्धी नियम, जाति और वर्ग की सीमाएँ, तथा विभिन्न प्रकार की आपस में जुड़ी हुई पितृसत्ताएँ इच्छाओं पर नियन्त्रण करने का काम करती हैं। इन्हें सामाजिक अनुशासन क़ायम रखने के लिए रणनीतिक रूप से संगठित किया गया है। ये रोज़मर्रा की सामाजिक अन्तःक्रियाओं का नियमन करती हैं। इस तरह, ये व्यक्तियों की सोच को प्रभावित करती हैं और उनका जाति और वर्ग सामाजीकरण करती हैं।

अभी भी उत्तर भारत में अधिकांश महिलाएँ इन सामाजिक मानकों से बँधी हुई हैं। वे ग्रामीण जीवन के सामाजिक अनुशासनों को ख़ामोशी से स्वीकार करती हैं। कुछ महिलाओं ने इन मानकों की उपेक्षा करते हुए ख़ुद अपना जीवन–साथी चुना है (जिसे 'प्रेम–विवाह' की संज्ञा दी जाती है)। इनके द्वारा किया गया यह फ़ैसला इन महिलाओं की आकांक्षाओं में परिवर्तन को दर्शाता है। इन महिलाओं ने आज़ादी और चुनाव, सामाजिक अनुशासन, पितृसत्तात्मक सुरक्षाओं और प्रभुत्व, सम्मान और शर्म, परम्परा और विभिन्न पीढ़ियों के बीच गतिशीलता जैसे अलग–अलग तरह के मूल्यों से जूझते हुए अपना निर्णय लिया है। यह अध्याय इलाहाबाद ज़िले के लाहूरपुर गाँव की विभिन्न जातियों की महिलाओं के मानवशास्त्रीय

अध्ययन पर आधारित है। इसमें इस बात की जाँच की गयी है कि महिलाएँ किस तरह सामाजिक अनुशासनों से बँधी होती हैं या अपने लिए ज़्यादा आज़ादी और विकल्प हासिल करने के लिए किस प्रकार संघर्ष करती हैं; या किस तरह इस संघर्ष को विभिन्न पीढ़ियों के बीच ज़्यादा आज़ादी और गतिशीलता पाने की रणनीति के रूप में प्रयुक्त करती हैं। इसमें विवाह के व्यवहारों और महिलाओं की इच्छाओं के बारे में विभिन्न महिलाओं का वृत्तान्त प्रस्तुत किया गया है। इसके माध्यम से इस आध्याय में ग्रामीण महिलाओं की वैकल्पिक आधुनिक के प्रक्षेप–पथ (टैजेक्ट्री) का मानचित्र प्रस्तुत किया गया है, जिसमें महिलाओं का निजी दायरा भी सम्मिलित है।

## विवाह से जुड़ी सामाजिक बुराइयाँ

अख़बारों में ऐसी बहुत–सी ख़बरें छपती हैं जिनमें यह बताया जाता है कि एक–दूसरे से प्यार करने वाले जोड़े घर छोड़कर भाग गये या फिर उन्होंने अपने परिवार या ग्रामीण समाज की मर्ज़ी के ख़िलाफ़ विवाह कर लिया। इन ख़बरों में यह भी बताया जाता है कि ऐसा करने वाले जोड़ों की या तो हत्या हो जाती है या फिर वे आत्म–हत्या कर लेते हैं क्योंकि ऐसे विवाह को अवैध अन्तर्जातीय विवाह माना जाता है। मोडी (2003) के अनुसार, 'अमूमन अपनी पसन्द या जाति की दीवार को तोड़कर विवाह करने वाले युवकों और युवतियों की हत्या पर ध्यान नहीं दिया जाता है। इनके नाम का कोई उल्लेख नहीं होता है, न ही ऐसे मामलों के बारे में कोई ठोस आँकड़ा होता है। ऐसे बहुत से मामलों की इसलिए जाँच नहीं होती है क्योंकि वह समुदाय ऐसी किसी जाँच के ख़िलाफ़ होता है। इसके कारण यह पता लगाना तक़रीबन नामुमकिन हो जाता है कि आख़िर क्या हुआ था।' यद्यपि पूर्वी उत्तर प्रदेश में ऐसी हत्याएँ बहुत ज़्यादा संख्या में नहीं होती हैं, किन्तु यहाँ नाबालिग लड़कियों के अपहरण और बलात्कार की कई घटनाएँ सामने आती हैं। अपहरण के मामलों को देखने वाले जानकार वकीलों से अनौपचारिक बातचीत करने पर यह बात सामने आती है कि पूर्वी उत्तर प्रदेश में इस तरह की घटनाएँ बहुत ही सामान्य हैं। नाबालिग लड़कियों के अपहरण और उनके साथ बलात्कार या युवतियों के अपने प्रेमियों के साथ भागने की घटनाओं के बारे में ठोस आँकड़ा हासिल करना कठिन होता है। लेकिन अपने प्रेमियों के साथ भागने वाली

युवतियों का लगातार पीछा किया जाता है या इन्हें बहिष्कृत कर दिया जाता है। अमूमन युवतियों द्वारा अपने जीवन–साथी के बारे में खुलकर बोलने या उसके साथ जाने को भी अपहरण की संज्ञा दे दी जाती है। मोडी (वही) यह मानते हैं कि महिला समूहों ने यह बताया है कि पुलिस और अदालत जैसे राज्य के एजेंट इस प्रकार के पितृसत्तात्मक–सामन्ती दमन में मदद पहुँचाते हैं।

## जाति सगोत्र–विवाह

अन्य स्थानों की तरह ही यहाँ भी अन्तर्जातीय विवाह को प्रोत्साहित नहीं किया जाता है (चौधरी 2007)। गाँव की युवा लड़कियों की ज़िन्दगी गाँव के सख़्त सामाजिक अनुशासन से शासित होती है। इस सामाजिक अनुशासन में गाँव की विभिन्न जातियों के युवाओं की अन्तर्जातीय मेल–जोल पर नज़र रखी जाती है। एक व्यक्ति के लिए ये सामाजिक अनुशासन जातिगत सामाजीकरण के स्तर पर काम करते हैं। इसके कारण ये गाँव से बाहर और जाति सगोत्र के भीतर विवाह के सिद्धान्तों का अनुसरण करते हुए माता–पिता द्वारा तय विवाह की सामाजिक व्यवस्था को पूरी तरह स्वीकार कर लेते हैं। चौधरी (वही) ने हरियाणा में अपने फील्ड–वर्क के आधार पर यह टिप्पणी की है कि यह अपने आप में विडम्बना है कि जहाँ युवा जाति सगोत्र विवाह के मानक का उल्लंघन करते हैं, वहीं वे ही पूरी गम्भीरता से अन्तर्जातीय विवाह को भी नकारते हैं; ऐसा प्रतीत होता है कि वे सामाजिक मानकों के ख़िलाफ़ विद्रोही होने के बजाय उनसे ज़्यादा गहराई से जुड़े हुए हैं। गाँव के भीतर होने वाले जातिगत तनाव और हिंसा की बुनियाद में प्रेम सम्बन्धों की मुख्य भूमिका होती है। असामान्य या प्रतिबन्धित माना जाने वाला प्रेम सम्बन्ध आक्रोश और प्रतिशोध को जन्म देता है, क्योंकि यह जाति की पृथक्ता और पदसोपान को क़ायम रखने वाली बाधाओं को हटाने का प्रयास करता है। किसी भी अन्य चीज़ की तुलना में अन्तर्जातीय विवाह जाति की सीमाओं को ज़्यादा धुँधला बना देता है। इसका कारण यह है कि जाति व्यवस्था के पुनरुत्पादन के लिए इन सीमाओं को कायम रखना आवश्यक है।

पितृसत्तात्मक मानकों और प्रभुत्व की एक से ज़्यादा समान्य जाँच–पड़ताल से पीढ़ियों के बीच का तनाव और युवा महिलाओं की अधीनता

ज़्यादा स्पष्ट रूप से सामने आती है। किन्तु एक क्षेत्रीय परिघटना के रूप में इस प्रक्रिया की विशिष्टताओं को सामने लाने के लिए यह आवश्यक है कि पितृसत्तात्मक सम्बन्धों के सामन्ती मूल्यों की समझ बनायी जाये। चौधरी (2007) ने अपने अनुसन्धान में ऐसा ही करने का प्रयास किया है। 'इज़्ज़त' या 'ऑनर' की अजीबोग़रीब अवधारणा के बारे में मोडी (2003) ने यह लिखा है :

> *असल में, यह काफ़ी हद तक महिलाओं के लिए आचार संहिता पर निर्भर करता है। लज्जा, आज्ञा–पालन, और कर्त्तव्य अच्छे आचरण को परिभाषित करते हैं। यदि कोई महिला एक निर्धारित संहिता के भीतर रहने में नाकाम रहती है, तो इसके चलते उसके परिवार की इज़्ज़त चली जाती है। विकल्प का प्रयोग करना और जाति की बाधाओं को तोड़ना इस संहिता का चरम उल्लंघन होता है। इसे हत्या या कम–से–कम विवाह को ज़बरदस्ती तोड़ने का पर्याप्त आधार माना जाता है।*

ग्रामीण उत्तर भारत में इज़्ज़त की अवधारणा में काफ़ी मानवशास्त्रीय साहित्य मौजूद हैं। यह सामाजिक और सेक्शुअल सम्बन्धों को शासित करता है। साथ ही, यह आपस में गूँथी हुई बिरादरी की इज़्ज़त और गाँव की इज़्ज़त के बीच अन्तर करता है। कई बार गाँव की इज़्ज़त को 'गाँव की नाक' और 'एका' (एकता) की भी संज्ञा दी जाती है, और यह माना जाता है कि यह पूरी तरह से औरत के व्यवहार पर निर्भर होती है (चौधरी 2004; 2007; लैम्बर्ट 1997)।

## ख़रीदी गयी दुल्हनें

इज़्ज़त की हिफ़ाज़त के सांस्कृतिक मानकों को सख़्ती से लागू करने के बावजूद सामन्ती दमन और पितृसत्तात्मक मूल्य पुरुषों को यह इजाज़त देते हैं कि वे महिलाओं और लड़कियों को ऐसी सेक्शुअल वस्तुओं के रूप में देखें जिनकी अपनी कोई इच्छा नहीं है। कई बार माता–पिता ख़ुद को क़र्ज़ से मुक्त करने के लिए अपनी छोटी उम्र की बेटियों का जबरदस्ती बेमेल विवाह कर देते हैं। लेकिन सिर्फ़ छोटी बेटियों को ही नहीं बेचा जाता है और प्रथागत रूप से 'दुल्हन की क़ीमत' की व्यवस्था इससे अलग है। यह कहा जा सकता है कि समय के साथ यह परिवर्तित होकर दहेज में

तब्दील हो गया। यह परिघटना ऐसे मामलों के बारे में बताती है जिसमें कोई परिवार किसी कारण से अपने बेटे के लिए दुल्हन हासिल नहीं कर पाता है; ऐसी स्थिति में यह परिवार अपने बेटे के लिए किसी ग़रीब घर की लड़की ख़रीद लेता है। ऐसी दुल्हनों को 'ख़रीदी हुई दुल्हनों' की संज्ञा दी जाती है (जेफ्री ऐंड जेफ्री 1996 : 76)। ब्लैनचेट (2005) ने यह दिखाया है कि उत्तर प्रदेश के आदमियों के लिए बांग्लादेशी लड़कियाँ पत्नियों के रूप में ख़रीदी जाती हैं। यहाँ तक कि पूर्वी उत्तर प्रदेश और बिहार में भी इस तरह के ख़रीद–फ़रोख़्त का अस्तित्व है। मेरे फील्डवर्क के दौरान इलाहाबाद के निकट लहूरपुर गाँव की कुछ पासी जाति (एक अनुसूचित जाति) की महिलाओं ने मुझे इसके बारे में जानकारी दी। यद्यपि लोगों को इस प्रकार के बेमेल जोड़ों की जानकारी होती है, लेकिन वे पारम्परिक विवाह के मानकों से पूरी तरह जुड़े होते हैं, और वे इसमें लचीलापन लाने या लड़कियों की आज़ादी के बारे में विचार करने के लिए तैयार नहीं होते हैं। वे विवाह के उन मानकों का सख़्ती से पालन करते हैं, जो रोज़मर्रा के आचरण में सामाजिक अनुशासनों द्वारा जाति और वर्ग की सीमाओं का सामान्यीकरण करते हैं।

## अध्ययन के लिए चुना गया गाँव और सैंपल

लहूरपुर गाँव में विभिन्न तबकों की महिलाओं और लड़कियों से साक्षात्कार करने के बाद हमने अपनी पसन्द और पारम्परिक सामाजिक मानकों के अनुसार विवाह करने के बारे में महिलाओं का दृष्टिकोण निर्मित किया है। यह विश्लेषण उनके जीवन्त प्रतिबन्धों के अनुभवों और उनकी आकांक्षाओं की तस्वीर पेश करता है। हालाँकि सभी महिलाओं में सामान्य तौर पर ये आकांक्षाएँ मौजूद हैं, किन्तु इनमें जाति और वर्ग के आधार पर भिन्नता भी है।

लहूरपुर गाँव इलाहाबाद से वाराणसी को जोड़ने वाली जी.टी. रोड पर हनुमान गंज बाज़ार से एक किलोमीटर अन्दर स्थित है। यहाँ पर मुख्य रूप में कुर्मी सिंगराउर जाति के लोग निवास करते हैं। यह जाति अन्य पिछड़े वर्ग से सम्बन्धित है और इस गाँव में यह एक भू–स्वामी जाति है। हालाँकि इस जाति के लोगों के पास अमूमन 2 हेक्टेयर के आसपास ही ज़मीन है। यह ग़ौरतलब है कि उत्तर प्रदेश में यादव, लोध और गूजर जैसी तीन अन्य पिछड़ी जातियों के साथ कुर्मियों को भी 1950 के दशक में हुए

भूमि सुधारों की पहली धारा का लाभ हुआ। इसमें ज़मींदारी उन्मूलन क़ानूनों के माध्यम से पुराने जोतदारों को भूमि का स्वामित्व प्रदान किया गया। इन चार पिछड़ी जातियों के पास ज़मींदारी अधिकारों का सिर्फ़ 6 प्रतिशत था, लेकिन आगे चलकर ये भूमि का 20 प्रतिशत हिस्सा नियन्त्रित करने लगें (जैन 1996)। हालाँकि लहूरपुर में अन्य कई जातियाँ भी हैं, किन्तु ये न तो संख्यात्मक रूप से और न ही आर्थिक रूप से कुर्मी सिंगराउर जाति जितनी मज़बूत हैं। यहाँ एक अनुसूचित जाति (पासी) के कुछ परिवार भी हैं, जो अपनी जीविका के लिए भू–स्वामियों के खेतों में काम करते हैं। साथ ही, इनका घर अन्य जातियों के लोगों के घरों से अलग है, हालाँकि इनका घर गाँव की मुख्य बस्ती से बहुत दूर भी नहीं है।

इस तरह, लहूरपुर की महिलाओं को निम्नलिखित समूहों में बाँटा जा सकता है। सम्पन्न भूस्वामी कुर्मी जाति की महिलाएँ खेतों में काम नहीं करती हैं। वे घर का काम करती हैं और घर में पशुओं को चारा आदि देती हैं। अत्यन्त ग़रीब पासी लोगों के अतिरिक्त सभी परिवारों के पास कम–से–कम एक दुधारू भैंस अवश्य है। इसलिए पशुओं को चारा आदि देना महिलाओं का एक महत्त्वपूर्ण काम है। कुछ कुर्मी परिवारों की आर्थिक स्थिति उतनी अच्छी नहीं है। इन परिवारों की महिलाएँ खेतों में अपने पति की सहायता करती हैं। मुख्य रूप से, ये खेतों में घास काटने और उसे एकत्रित करके घर लाने का काम करती हैं। फिर वे इसे घर में बँधे जानवरों को चारे के रूप में दे देती हैं। विश्वकर्मा या गुप्ता जैसे अन्य सेवक जातियों की महिलाएँ अपने घर से काम करती हैं (मसलन, बढ़ईगिरी)। वहीं कई अन्य महिलाएँ सिर्फ़ घर सँभालने का काम करती हैं। पासी और खटीक महिलाएँ दलित जातियों से सम्बन्धित हैं। ये अपने गाँव या पास के गाँवों में कुर्मी भू–स्वामियों की ज़मीन पर खेतिहर मज़दूर के रूप में काम करती हैं और इन्हें अनाज आदि के रूप में मज़दूरी मिलती है। कुछ मुस्लिम महिलाएँ बीड़ी बनाने या सिलाई करने जैसे घरेलू काम करती हैं। जहाँ कुछ पुरुष काम करने के लिए बाज़ार क्षेत्र में या इलाहाबाद शहर में जाते हैं, वहीं कोई भी महिला ऐसा नहीं करती है। लेकिन यह गाँव शहर के नज़दीक है इसलिए एक अच्छी और मुक्त दुनिया की काल्पनिक गतिशीलता इनके जीवन का अभिन्न भाग बन गयी है।

इस गाँव में किये गये मानवशास्त्रीय अध्ययन में मुख्य रूप से विभिन्न परिवारों में व्यक्तिगत साक्षात्कार किया गया। इसका अर्थ यह है कि परिवार

की अन्य महिलाओं ने भी इस साक्षात्कार में हिस्सा लिया। अपवाद के तौर पर, सिर्फ़ दो साक्षात्कार खेतों के पास सड़क के किनारे लिये गये। इसके अतिरिक्त आस–पड़ोस के लोगों से अनियोजित, स्वतःस्फूर्त और अनौपचारिक समूहिक परिचर्चा भी की गयी। ऐसी परिचर्चा में कुर्मी या पासी जैसे किसी एक जाति के व्यक्ति बड़ी संख्या में एकत्रित हो गये। इस तरह की परिचर्चा में हमने अपने सूचनादाताओं को उद्देश्यपूर्ण या रैण्डम तरीक़े से एकत्रित नहीं किया, बल्कि मुख्य रूप से महिलाओं या लड़कियाँ स्वैच्छिक पहल से एकत्रित हुईं। असल में, महिलाओं में मुझसे और मेरी सहयोगी से बातचीत करने को लेकर काफ़ी उत्सुकता और उत्साह था, हालाँकि दलित समूहों के बारे में यही बात नहीं कही जा सकती है। दलित समूह में इस बात को लेकर निराशा थी कि हम उन्हें साक्षात्कार के बदले में कुछ नहीं दे रहे हैं (कुछ महिलाएँ बीच में ही बातचीत छोड़कर चली गयीं)। आगे के भागों में हम विभिन्न जाति–समूहों की महिलाओं का वृत्तान्त प्रस्तुत करेंगे। इससे महिलाओं और लड़कियों के रुझान, अवसरों और पाबन्दियों में जाति के आधार पर भिन्नता सामने आयेगी।

## कुर्मी महिलाओं के वृत्तान्त

चार भिन्न सन्दर्भों से कुर्मी महिलाओं और लड़कियों के वृत्तान्त एकत्रित किये गये। जैसे कि प्रथा है कि यदि कोई व्यक्ति बाहर से गाँव में किसी का साक्षात्कार करने के लिए आता है, तो उसे गाँव के बुजुर्गों से मिलने के लिए कहा जाता है। इनकी सहमति मिल जाने के बाद गाँव के अन्य लोगों से बड़े पैमाने पर सहयोग मिलता है। इस गाँव की प्रधान एक मुस्लिम महिला थी जो आरक्षित सीट पर चुनी गयी थी। सबसे पहले मैं इनके पास गयी और मैंने इनका साक्षात्कार लिया। गाँव की प्रधान गाँव से बाहर बाज़ार क्षेत्र में रहती थीं। गाँव से चुना जाने वाला ज़िला परिषद का सदस्य एक प्रभुत्वशाली परिवार से सम्बन्धित था। गाँव के मध्य में इसका बड़ा पक्का मकान बना हुआ था। इसके चारों ओर तीन या चार पक्के मकान बने हुए थे। ये मकान समृद्ध कुर्मी परिवारों के थे। इन परिवारों की महिलाएँ खेतों में काम नहीं करती थीं। बहरहाल, हमने जिन चार समृद्ध कुर्मी परिवारों की महिलाओं का साक्षात्कार लिया, उनमें से एक महिला एक बड़े घर के संयुक्त परिवार के भीतर एकल परिवार

के रूप में रहती थी। इस मकान के तीन हिस्सों में तीनों भाईयों के एकल परिवार रहते थे। इस परिवार की कुछ महिलाएँ खेती के मौसम में खेतों में काम भी करती थीं। इस परिवार ने एक समय काफ़ी अच्छा वक़्त भी देखा था, लेकिन अब इसकी आर्थिक स्थिति उतनी अच्छी नहीं है। इन घरों के नज़दीक ही कुर्मियों की एक और बस्ती थी, जिसमें बसे परिवारों की आर्थिक स्थिति बहुत अच्छी नहीं थी (इनके मकान छोटे और कच्चे थे)। यहाँ महिलाएँ जानवरों की देखभाल करने के साथ ही साथ खेतों में भी काम करती थीं। इन सभी महिलाओं ने समूहिक परिचर्चा में भाग लिया जिसमें महिलाओं से व्यक्तिगत रूप से साक्षात्कार भी लिये गये। इन महिलाओं ने या तो ख़ुद से ही अपने विचार व्यक्त किये या फिर पूरे समूह या साक्षात्कारकर्त्ता ने उन्हें ऐसा करने के लिए प्रेरित किया। यह 20 महिलाओं का एक बड़ा समूह था, जिसमें जवान और बुजुर्ग औरतों के साथ–साथ लड़कियाँ भी सम्मिलित थीं। तीसरी तरह का साक्षात्कार गाँव के एक अन्य भाग में लिया गया, जहाँ अपने घर के बाहर सरसों के बीज की सफ़ाई करने वाली एक युवा कुर्मी महिला ने ख़ुद ही बातचीत करने में रुचि दिखाई। जब उससे और उसकी बेटी से बातचीत की जा रही थी, तो उसके पड़ोस में रहने वाली दो कुर्मी महिलाएँ भी बातचीत में शामिल हो गयीं। एक समृद्ध कुर्मी महिला का साक्षात्कार खेतों में किया गया। उसके पास काफ़ी ज़मीन थी और उसकी उम्र भी ज़्यादा थी किन्तु उसे एक निश्चित समय तक खेतों में काम करने की आदत थी। विशेष रूप से, वह चारा एकत्रित करना और उसे बाँधने का काम करती थी। इस तरह, समृद्ध और तुलनात्मक रूप से ग़रीब–दोनों ही तरह की कुर्मी महिलाओं का साक्षात्कार लिया गया। इसके अलावा, गाँव की बुजुर्ग, अधेड़ और युवा विवाहित महिलाओं के साथ–साथ युवा अविवाहित महिलाओं, विवाहित बेटियों और बहुओं से भी विस्तार से बातचीत की गयी। इस प्रक्रिया को देख रहे कुछ युवा लड़कों से भी इन मुद्दों पर चर्चा की गयी।

## समृद्ध परिवारों की महिलाएँ

तारा और शिवकली एक समृद्ध कुर्मी परिवार से सम्बन्धित हैं। इस परिवार का इस गाँव में काफ़ी सम्मान है। ये गाँव के मध्य में स्थित बड़े मकान में रहती हैं। तारा की उम्र 40 वर्ष है और वह इस गाँव से चुने गये ज़िला

परिषद सदस्य की पत्नी है। जब हमने इसके पति से बातचीत की तो उसने यह बताया कि पिछले कुछ वर्षों में गाँव में किस प्रकार का परिवर्तन हुआ है। लेकिन गाँव की उसकी अवधारणा में सिर्फ़ पासी बस्ती शामिल है। ग़ौरतलब है कि पासी लोग सिर्फ़ तभी साक्षात्कार देने के लिए तैयार हुए जब हमने उन्हें यह बताया कि हमारे पास ज़िला परिषद सदस्य की अनुमति है। उसके अनुसार, सबसे महत्त्वपूर्ण बदलाव यह हुआ है कि गाँव की महिलाओं की साक्षरता दर में अत्यधिक वृद्धि हुई है; और वर्तमान में हर कुर्मी परिवार अपनी लड़कियों को कम–से–कम स्कूल स्तर तक पढ़ाई पूरी करने के लिए स्कूल भेजता है। ख़ुद इसके परिवार में ही पिछली पीढ़ी की तुलना में नयी पीढ़ी के शिक्षा के स्तर में महत्त्वपूर्ण बदलाव आया है। तारा के सभी बच्चे इलाहाबाद शहर में रहकर पढ़ाई करते हैं, जहाँ उसकी एक भाभी रहती है। वह खेत में काम नहीं करती है किन्तु घर में काम करती है। जब वह 19 वर्ष की थी तो उसका विवाह हो गया और उसकी शादी उसकी माता–पिता की इच्छा के अनुसार हुई थी। उसके अनुसार, उसके परिवार में कभी किसी ने अपने माता–पिता की इच्छा के ख़िलाफ़ विवाह नहीं किया है। चूँकि उसके बच्चे अभी काफ़ी छोटे हैं इसलिए वह अभी इनके विवाह के बारे में नहीं सोचती है; लेकिन यदि वे अपनी इच्छा से विवाह करना चाहेंगे तो वह इसके बारे में सोचेगी, हालाँकि आख़िरी फ़ैसला उसके पति ही करेंगे। वह यह मानती है कि उसकी जाति में शादी काफ़ी महँगी हो गयी है क्योंकि दूल्हे के माता–पिता काफ़ी दहेज माँगते हैं। उसने यह बताया कि उसके गाँव में दहेज के कारण कभी कोई मौत नहीं हुई। वह यह महसूस करती है चूँकि अब हर कोई शिक्षा हासिल कर रहा है इसलिए समय बीतने के साथ लड़कियाँ स्वतन्त्र हो रही हैं और लड़कियों के प्रति गाँव के लोगों का नजरिया भी बदल रहा है। लोग अब पहले की तरह लड़कियों को दबाते नहीं हैं; अब लड़कियाँ ख़ुद अपने बारे में फ़ैसला कर सकती हैं।

शिवकली तारा की सास हैं। जब वे पाँच वर्ष की थीं तभी उनका विवाह हो गया था। उन्होंने यह बताया कि जब वह बहुत छोटी थीं तभी से घूँघट कर रही हैं। अब उनकी उम्र 70 वर्ष से ज़्यादा हो चुकी है किन्तु वे अभी भी शर्म महसूस करती हैं, और जब कोई अनजान व्यक्ति उनके घर आ जाता है तो वे लम्बा घूँघट करती हैं। यद्यपि वे यह चाहती हैं कि पुरुषों या अनजान लोगों के सामने आने पर उनकी बहू अपने सिर पर

साड़ी डाले किन्तु इनकी बहू का घूँघट इनके जितना लम्बा नहीं होता है। चौधरी (1993) यह बताती है कि हरियाणा की देहाती संस्कृति में घूँघट का मुख्य स्थान है; और यह निजी और सार्वजनिक दायरे में महिलाओं के अन्य लोगों से बातचीत पर एक महत्त्वपूर्ण नियन्त्रक के रूप में होता है। इस तरह, यह *देहाती* संस्कृति का भाग होने के साथ–साथ पितृसत्तात्मक नियन्त्रण का संकेतक भी होता है। यदि इस पहलू को लहूरपुर गाँव के बारे में भी सच माना जाये तो यह कहा जा सकता है कि तारा अपनी सास की तुलना में पितृसत्तात्मक नियन्त्रण का कम अनुभव कर रही है। शिवकली भी यह महसूस करती है कि लोग जैसे–जैसे शिक्षित हो रहे हैं, वे अपनी पसन्द से विवाह कर रहे हैं। उनकी अपेक्षाएँ बढ़ गयी हैं और वे अपने लिए एक ऐसा सुशिक्षित जीवन–साथी चाह रहे हैं, जो अन्य लोगों से आसानी से घुल–मिल सके।

शिवकली और तारा से हमारी बातचीत के दौरान उनकी युवा पड़ोसी मंजू बिना किसी रोक–टोक के इनके यहाँ आती है। कई बार वह मजाक करती है और कई बार बातचीत में शामिल भी होती है। मंजू एक अन्य समृद्ध कुर्मी परिवार की एकलौती बेटी है और वह पास के ही एकतल्ला पक्के मकान में रहती है। मंजू की उम्र 24 साल है और उसने इलाहाबाद विश्वविद्यालय से विज्ञान में स्नातक किया है। वह कहती है कि वह एक नौकरी की तलाश में है और जब तक वह आर्थिक रूप से स्वतन्त्र नहीं हो जाती, तब तक वह विवाह नहीं करेगी। जब गाँव के लोग एक–दूसरे के मामलों में दखल देते हैं तो उसे बहुत चिढ़ होती है। वह कहती है कि वह अपने पति का चुनाव करने के लिए स्वतन्त्र है, किन्तु वह अपने माता–पिता की पसन्द से विवाह करना चाहती है क्योंकि उसे अपनी पसन्द पर भरोसा नहीं है। लेकिन वह विवाह से पहले लड़के से मिलना चाहती है। लेकिन पीढ़ियों के बीच विवाह के बारे में विचारों में अन्तर से उसका विकल्प सीमित हो सकता है और इससे उसका भविष्य प्रभावित हो सकता है। मंजू की दादी यह चाहती है कि वह एक ऐसे व्यक्ति से विवाह करे जिसके पास बहुत सारी ज़मीन हो, और वह एक गाँव में ही रहे। वहीं, मंजू यह चाहती है कि वह शहर में रहने वाले किसी लड़के से विवाह करे। उसकी दादी और माँ प्रेम–विवाह के ख़िलाफ़ हैं और उनका यह मानना है कि बच्चों को अपने माता–पिता की पसन्द से अपनी ही जाति में शादी करनी चाहिए। मंजू यह बताती है कि उसके समुदाय में

लोग अपनी पसन्द से विवाह कर रहे हैं, तथा अन्य लोग खुशी–खुशी ऐसी शादियों को स्वीकार कर रहे हैं।

तारा, मंजू, शिवकली और इनकी जैसी अन्य महिलाओं के लिए अपनी पसन्द से विवाह करने का अर्थ यह है कि विवाह करने वाले व्यक्ति के माता–पिता के बजाय खुद वह व्यक्ति अपने जीवन–साथी को पसन्द करे, लेकिन उसका जीवन–साथी अपनी ही जाति या किसी स्वीकार्य जाति का होना चाहिए। निश्चित तौर पर, ये महिलाएँ अन्तर्जातीय प्रेम–विवाह का समर्थन नहीं कर रही हैं।

कुर्मी परिवारों के सन्दर्भ में यह बात सामने आयी कि यद्यपि माताएँ अपनी बेटियों की भलाई के बारे में चिन्तित थीं किन्तु वे उनके बारे में बहुत उदार रवैया नहीं अपनाती हैं या उन्हें विवाह के मासलों पर खुद फ़ैसला करने के लिए प्रोत्साहित नहीं करती हैं। असल में, यह माना जाता है कि परिवार के पुरुष या बुजुर्ग सदस्य ही इसके बारे में फ़ैसला करते हैं। फुलाबो सिंह का घर भी गाँव के मध्य में स्थित है। ऐसा लगता है कि अभी की तुलना में पहले उनकी आर्थिक स्थिति ज़्यादा अच्छी थी। अभी भी इनके पास अपना ट्रैक्टर और भैंस है। फुलाबो सिंह ने यह कहा कि यदि उनकी बेटी अपनी पसन्द से विवाह करना चाहती, तो अपनी जाति का लड़का होने पर वह उसे ऐसा करने की अनुमति दे देतीं। लेकिन उसकी लड़की किसी दूसरी जाति के लड़के से शादी करने का फ़ैसला करती तो वह अपनी बेटी को समझाकर उसका फ़ैसला बदलवाने की कोशिश करती। लेकिन यदि फिर वह अपनी ज़िद पर अड़ी रहती तो वह अपने रिश्तेदारों से बात करती, और उनकी सलाह के अनुसार काम करती। असल में, फुलाबो को यह पता है कि विवाह के सम्बन्ध में जातियों के समूहन में काफ़ी लचीलापन आया है। वे यह बताती हैं कि कुर्मी सिंगरॉउर अपने बच्चों की शादी सचान, पटेल, चन्देल जैसी जातियों में करने लगे हैं (अनुलोम विवाह) लेकिन अभी भी वे अपने बच्चों की शादी यादव या भारतीय (अनुसूचित जातियों) या वर्मा और शुक्ला (ब्राह्मण) जैसी उच्च जातियों में नहीं कर रहे हैं। फूलाबो सिंह के पति ने इलाहाबाद विश्वविद्यालय से स्नातक किया है। उन्हें अभी इस बात का अफ़सोस नहीं है कि उन्होंने कोई सरकारी नौकरी नहीं की। वे अपनी बेटियों की शादी गाँवों में रहने वाले लड़कों से ही करना चाहते हैं क्योंकि उन्हें लगता है कि उनकी बेटियाँ खुद को शहर के जीवन के अनुरूप नहीं ढ़ाल पायेंगी।

स्पष्ट रूप से, ऐसा लगता है कि फुलाबो सिंह के परिवार में उनकी आवाज का कोई ख़ास महत्त्व नहीं है। जब हम उनके घर से जा रहे थे तो उन्होंने हमें बुलाया और बहुत ही धीमी आवाज में यह कहा कि वे अपने लिए कुछ भी नहीं चाहती हैं; लेकिन हर रोज़ यह प्रार्थना करती है कि उनकी बेटियाँ शिक्षित और आर्थिक रूप से स्वतन्त्र हो जायें। उनके अनुसार, उनकी यही इच्छा है कि उनकी तुलना में उनकी बेटियों की ज़िन्दगी  ज़्यादा आसान और आरामदेह हो।

सविता के विचारों से हमें सामजिक परिवर्तनों के बारे में काफ़ी गहरी जानकारी मिली। वे लहूरपुर गाँव की एक अन्य कुर्मी महिला हैं। इनकी उम्र 70 वर्ष है। इनका परिवार काफ़ी समृद्ध है, जिसके पास 100 बीघा ज़मीन और कई अन्य सम्पदाएँ हैं। वे अपने पति के साथ अपने खेतों में काम कर रही थीं। जब हमने उनका साक्षात्कार लिया तो वे चारे का गट्ठर तैयार कर रही थीं। सविता यह बताती है कि उनके समय लड़कियाँ ऐसे आदमियों से विवाह करती थीं जिनके पास बहुत ज़्यादा ज़मीन और सम्पत्ति होती थी। उस समय नौकरी करने वाले लोगों को महत्त्व नहीं दिया जाता था। उस समय यह माना जाता था कि जो आदमी ग़रीब है और जिनके पास ज़मीन नहीं है, सिर्फ़ वे ही नौकरी करते हैं। इसलिए उस समय समृद्ध परिवारों के किसी भी व्यक्ति को पढ़ने या नौकरी करने की इजाज़त नहीं थी। सविता यह मानती है कि अब समय बदल चुका है और अब बड़े पैमाने पर लोग शिक्षा ग्रहण कर रहे हैं और नौकरी की तलाश कर रहे हैं। वे कहती हैं कि नयी पीढ़ी के लोग गाँवों में नहीं रहना चाहते हैं। जो लड़के पढ़ाई नहीं कर रहे हैं, वे ही गाँवों में रहकर फ़सलों और खेतों की देखभाल करना चाहते हैं। वहीं पढ़ाई करने वाले लड़के बाहर जाकर नौकरी करने की चाह रखते हैं। वे यह भी स्वीकार करती हैं कि शहर की तुलना में गाँव में जीवन ज़्यादा कठिन है। इनके छोटे बेटे के विवाह में दुल्हन के पिता ने अपनी बेटी के विवाह के बदले इनके बेटे की नौकरी लगवा दी। उन्होंने यह भी माना कि ठाकुरों के बीच दहेज प्रचलित है और विवाह काफ़ी खर्चीला है। बहुत से कुर्मी, विशेष रूप से समृद्ध कुर्मी, बातचीत के दौरान खुद को ठाकुर के रूप में प्रस्तुत करते हैं। यह उनकी उच्च जातियों की ओर गतिशीलता की आकांक्षा को दर्शाता है।

जब सविता 12 या 13 साल की थीं, तभी उनका विवाह हो गया था, लेकिन जब वे 18 या 19 वर्ष की हो गयीं तभी उनका गौना हुआ।

चूँकि वे एक रूढ़िवादी परिवार से थीं, इसलिए उन्हें बड़े–बुजुर्गों द्वारा तय किये गये सख़्त नियमों का पालन करना पड़ता था। महिलाएँ अपने पति के साथ भोजन नहीं कर सकती थी, और न ही घर के बड़े लोगों की मौजूदगी में वे अपने पति से बातचीत कर सकती थीं। उन्हें अपने पति की उपस्थिति में अपने बाल धोने की इजाज़त भी नहीं थी (चूँकि उस समय घर में बाथरुम या स्नानागार नहीं होता था, इसलिए वे खुले में अपने बाल धोती थीं)। सविता आज तक इन सभी नियमों का पालन करती है। वह यह मानती है कि माता–पिता को यह अधिकार है कि वे अपनी मर्ज़ी से बच्चों का विवाह करें, और बच्चों को अपने माता–पिता की इच्छा की अवहेलना नहीं करनी चाहिए। उन्होंने यह भी स्वीकार किया कि उनके समुदाय में लड़कियों को सीमित स्वतन्त्रता प्राप्त है, और वे कभी भी अपनी पसन्द से विवाह नहीं कर सकती हैं। लड़कियों को कभी भी नौकरी करने की अनुमति नहीं मिलती है क्योंकि उनके माता–पिता को गाँव वालों का यह ताना सुनना पड़ता है कि वे अपनी बेटी की कमाई खा रहे हैं।

किसी भी समृद्ध कुर्मी परिवार का जीवन–स्तर शहरी जीवन–स्तर के अनुरूप नहीं है। सिर्फ़ ज़िला परिषद सदस्य के घर पर सोफा और डाइनिंग टेबल जैसी वस्तुएँ हैं। लेकिन यह फर्नीचर भी घर के उस हिस्से में नहीं था, जहाँ महिलाएँ रहती थीं। इससे यह पता चलता है कि सिर्फ़ पुरुष सदस्य और उनके मेहमान ही इसका प्रयोग करते थे (हमें भी यहीं बिठाया गया था)। परिवार भी बहुत ही ठेठ तरीक़े से संचालित होता है और इनके घर के सामने कुछ भैंसे बँधी रहती हैं। इसलिए यह अचरज की बात नहीं है कि ये शहर की ओर बढ़ना चाहते थे तथा अपनी बेटियों के लिए शहरी जीवनशैली की कल्पना करते थे। उन्हें यह भी पता है कि सिर्फ़ बेटियों को पढ़ाकर ही इस तरह की कल्पना को पूरा किया जा सकता है। इसके परिणामस्वरूप पहले की पीढ़ियों की तुलना में बाद की पीढ़ियों में पितृसत्तात्मक नियन्त्रण कमज़ोर हुआ है।

## कम समृद्ध कुर्मी

जो कुर्मी परिवार कम समृद्ध हैं, उनके भीतर शहरी गतिशीलता के लिए यह भी आवश्यक है कि ख़ुद युवा लड़कियाँ सक्रियता दिखायें। केन्द्रित समूहिक चर्चा में सीमा के वृत्तान्त से यह बात स्पष्ट रूप से सामने आती

है। सीमा अपने समुदाय की सबसे प्रतिभाशाली और खुलकर बोलने वाली लड़की है, और शायद यह अपने समुदाय की बहुत–सी लड़कियों के लिए रोल मॉडल भी है। चूँकि वह गाँव की बेटी है, इसलिए उससे यह उम्मीद नहीं की जाती है कि वह विवाहित महिलाओं की तरह अपना सिर ढँककर रखे। हाल ही में, अपने पिता के मृत्यु के बाद वह गाँव आयी थी (बिजली गिरने के कारण उसके पिता की मौत हो गयी थी)। उसकी उम्र 23 साल है और उसने इलाहाबाद के एक कॉलेज से स्नातक तक की पढ़ाई की है। वह हर रोज़ अपने गाँव से कॉलेज जाती थी और अब एक निजी उम्मीदवार के रूप में वह कानपुर के एक कॉलेज से परास्नातक (पोस्ट–ग्रेजुएशन) कर रही है। उसने अपनी स्नातक की पढ़ाई के दौरान मध्यकालीन इतिहास, राजनीति और हिन्दी का अध्ययन किया था।[1] उसकी शादी हो चुकी है और वह दिल्ली में अपने पति के साथ रहती है। सीमा के अनुसार, उसका परिवार, ख़ासतौर पर उसकी दादी एवं उसके द्वारा अपनी पसन्द के किसी व्यक्ति से विवाह करने के फ़ैसले का ज़बरदस्त विरोध करते हैं। इसीलिए उसने अपने माता–पिता द्वारा पसन्द किये गये लड़के से विवाह कर लिया। वह हमेशा ही यह चाहती थी कि शादी करने से पहले वह कोई नौकरी हासिल कर ले, लेकिन उसके माता–पिता इससे सहमत नहीं थे।

इन दिनों जो युवक शहर में नौकरी करते हैं, किन्तु फिर भी गाँव की लड़कियों से विवाह करते हैं, वे यह चाहते हैं कि लड़की कम–से–कम स्नातक (ग्रेजुएट) तक पढ़ी हुई हो और गाँव की हर लड़की शहर में नौकरी करने वाले लड़के से विवाह करने के सपने ही देखती है। सीमा यह बताती है कि यदि कोई लड़की अपनी पसन्द के लड़के से शादी कर लेती है तो उसके सारे सम्बन्धी उसे त्याग देते हैं, और वह लड़की पूरी तरह से अकेली हो जाती है। लड़का और लड़की– दोनों के परिवार ऐसे जोड़े से सम्बन्ध तोड़ लेते हैं। लोग प्रेम–विवाह और अन्तर्जातीय विवाह की पूरी तरह मुख़ालफ़त करते हैं। यदि किसी परिवार में लड़की या लड़का इस तरह का विवाह करने की हिमाकत करता है, तो पूरा समुदाय ऐसे परिवार का बहिष्कार कर देता है। सामाजिक दबावों के कारण कोई व्यक्ति अपनी भावनाओं को सामने नहीं रख पाता है, और वह अपने माता–पिता की पसन्द के अनुसार विवाह करने के लिए तैयार हो जाता है। इसके अलावा, सीमा यह भी मानती है कि आदमी उतने भरोसेमन्द नहीं होते हैं

और वे झूठे वायदे करते हैं, इसीलिए लड़कियाँ ऐसे सम्बन्धों से दूर रहती हैं। वह ऐसे कई मामलों के बारे में बताती हैं किसी लड़की ने इसलिए जहर खाकर आत्महत्या कर ली क्योंकि उसका प्रेमी उससे विवाह करने के लिए तैयार नहीं था। उसके अनुसार, उसके गाँव के कुर्मी जाति के माता–पिता अमूमन सम्भावित दूल्हे की सम्पत्ति और ज़मीन को देखकर विवाह तय करते हैं।

अनुराधा और उसकी माँ मनोरती कम समृद्ध कुर्मी परिवार से सम्बन्धित हैं। हमने अनुराधा की दोस्त प्रियंका के साथ उनसे बातचीत की। अनुराधा आर्ट (कला) का एक कोर्स कर रही है, और वह यह मानती है कि लड़कियाँ स्वतन्त्र हो गयी हैं और अब वे ख़ुद अपने फ़ैसले कर रही हैं। उसने यह कहा कि यदि वह अपनी पसन्द के किसी लड़के से विवाह करने का फ़ैसला करती है, और वह लड़का उसी की जाति का है तो उसके माता–पिता को इस विवाह से कोई दिक़्क़त नहीं होगी। लेकिन उसने यह भी स्वीकार किया कि यदि उसके माता–पिता उसके लिए विवाह का कोई प्रस्ताव लाते हैं, तो उसके पास 'मना करने' का साहस नहीं है। वह चाहती है कि वह गाँव के ही किसी आदमी से विवाह करे, किन्तु उस आदमी की शहर में नौकरी होनी चाहिए। उसकी पड़ोसी और दोस्त प्रियंका की उम्र 14 साल है। वह भी यह चाहती है कि वह एक ऐसे आदमी से शादी करे जिसके पास सरकारी नौकरी हो और गाँव में उसकी ढ़ेर सारी ज़मीन भी हो। वह यह महसूस करती है कि लड़की को आर्थिक रूप से अपने पैरों पर खड़े होने के बाद ही विवाह करना चाहिए, और उसे हर चीज़ के लिए अपने पति पर निर्भर नहीं होना चाहिए। वह एक ऐसे परिवार में विवाह करना चाहती है जिसमें पर्दा रखने की प्रथा न हो। उसे यह भरोसा है कि उसके माता–पिता उसके विवाह के लिए अच्छा लड़का खोजेंगे। वह यह मानती है कि हर किसी को अपने माता–पिता की मर्ज़ी के अनुसार विवाह करना चाहिए क्योंकि कोई भी माता–पिता 'अपनी बेटियों को तालाब में नहीं फेकेंगे'। प्रियंका अभी हाईस्कूल में है, और वह इलाहाबाद विश्वविद्यालय से स्नातक करना चाहती है।

अनुराधा की माँ मनोरती की उम्र 30 से 35 वर्ष के बीच है। वे गाँव की ज़िन्दगी से पूरी तरह परेशान हो गयी है। ख़ासतौर पर, वह घर और जानवरों की देखभाल के काम में अपनी सास के साथ होने वाले रोज़–ब–रोज़ के झगड़े से त्रस्त हो चुकी है। वह अपनी बेटियों की शादी

शहर में करना चाहती है क्योंकि उसे यह लगता है कि गाँव में एक औरत की ज़िन्दगी काफ़ी मुश्किल होती है। वह बताती है कि यदि किसी लड़की का किसी लड़के से प्रेम सम्बन्ध हो, तो उसे आवारा कहा जाता है। वह स्वीकार करती है कि अब लड़कियाँ अपनी पसन्द से विवाह कर रही हैं, और माता–पिता भी खुला दिमाग होकर इन चीज़ों को देख रहे हैं। इसीलिए वे अपनी बेटियों को विवाह करने से पहले उनकी राय भी पूछते हैं। लेकिन उसके विवाह के समय लड़कियों से उनकी राय नहीं पूछी जाती थी। मनोरती मानती है कि टेलीविज़न ने नयी पीढ़ी पर गहरा प्रभाव डाला है। उनके पहनावे और चाल–ढ़ाल में यह बदलाव स्पष्ट रूप से दिखता है।

कम समृद्ध कुर्मी परिवारों की माताओं पर भी उनकी जाति में बदलाव लाने वाले परिवर्तनों का प्रभाव पड़ा है। ये समृद्ध कुर्मी परिवारों की माताओं की तुलना में अपनी बेटियों की शिक्षा और अपने बेटे के विवाह को ज़्यादा यान्त्रिक तरीक़े से देखती हैं। ऐसी ही एक माँ कुसुम ने यह बताया कि वह अपनी बेटियों को इसलिए पढ़ा रही है, ताकि वे नौकरी करें और उसे आर्थिक मदद दें। वह यह बताती है कि आजकल के लोग दहेज में बहुत बड़ी रकम माँगते हैं, इसीलिए लोग अब कम बच्चे पैदा करते हैं। लेकिन वह यह मानती है कि विवाह आवश्यक है और हर किसी को विवाह करना चाहिए। उसके अनुसार, प्रेम–विवाह के बारे में लोगों की सोच बदलने में एक लम्बा समय लगेगा, और ऐसा होने पर भी लोग अपने बच्चों का विवाह हरिजनों से नहीं करेंगे।

कुर्मी जाति की एक अन्य महिला सुशीला देवी के तीन बेटे हैं। ये तीनों अभी स्कूल की पढ़ाई कर रहे हैं। सुशीला के पति की एक दवा की दुकान है और उसके पास बीस बीघा ज़मीन है। सुशीला कभी ख़ुद स्कूल नहीं गयी क्योंकि उसका पढ़ने में मन नहीं लगता था। लेकिन वह यह चाहती है कि भविष्य में आने वाली उसकी बहुएँ पढ़ी–लिखी हों। वह यह कहती है कि वह अपने बेटों को उनकी मर्ज़ी से शादी नहीं करने देगी। उमा भी कुर्मी जाति की एक महिला है और उसके परिवार की आर्थिक स्थिति तुलनात्मक रूप से अच्छी है। उसने यह कहा कि वह अपने बेटे की शादी में दहेज नहीं माँगेगी। लेकिन उसने यह भी स्वीकार किया कि उसके मन में यह चाह है कि लड़की के माता–पिता अपने मन से अच्छा–ख़ासा दहेज दें।

कुर्मी महिलाओं के विचारों से यह पता चलता है कि यह जाति

परिवर्तन से गुजर रही है। इस बात की सम्भावना है कि समय बीतने के साथ इस जाति की महिलाएँ युवा लड़कियों को ज़्यादा स्वतन्त्रता देंगी। अभी भी माताएँ यही चाहती हैं कि उनकी बेटियों का भविष्य अच्छा हो, वे गाँव से बाहर निकलें और शिक्षा हासिल करें। लेकिन वर्तमान समय में महिलाओं की नयी पीढ़ी यह चाहती है कि वह व्यक्तिगत जीवन के लिए जोखिम न उठाये, और पारम्परिक सामाजिक मानकों से बँधकर अपनी स्थिति सुरक्षित रखे। बहुत–सी युवतियों को यह आशा है कि वे विवाह के बाद गाँव से शहर चली जायेंगी। युवा और प्रौढ़–दोनों तरह की महिलाओं से बात करने पर यह बात सामने आती है कि वे 'अपनी पसन्द से अपनी ही जाति में विवाह' की एक श्रेणी के अस्तित्व को मानती हैं, जो 'माता–पिता द्वारा तय किये गये विवाह' और 'जाति की सीमा से परे प्रेम–विवाह' के बीच में आता है।

## अन्य जातियों की महिलाओं के वृत्तान्त

गाँव के कुर्मियों और दलितों की बस्तियाँ स्पष्ट रूप से चिह्नित की जा सकती हैं। इन समूहों के अतिरिक्त अन्य जातियों के घर गाँव में बिखरे हुए हैं। गाँव से गुजरते हुए हमने घर से बाहर बैठी महिलाओं से यह पूछा कि क्या वे ग़ैर–कुर्मी जाति से सम्बन्धित हैं और क्या वे हमसे बातचीत करना चाहेंगी। हम ऐसे दो परिवारों की पहचान कर पायें। एक परिवार गुप्ता (वैश्य) जाति, और दूसरा परिवार विश्वकर्मा जाति का था। इन दोनों परिवारों के पास खेती की ज़मीन नहीं है, और न ही ये किसी अन्य व्यक्ति की ज़मीन पर खेती का काम करते हैं। लेकिन इनके पास अपने मकान हैं। गुप्ता जाति के परिवार के पास अपना पक्का मकान है, लेकिन विश्वकर्मा लोगों के पास पक्का मकान नहीं है। इन दोनों परिवारों को यह मकान पैतृक सम्पत्ति के रूप में मिला है। अब हम इनके वृत्तान्तों का परीक्षण करते हुए कुर्मियों और ग़ैर–कुर्मियों के बीच अन्तर समझने का प्रयास करते हैं।

## गुप्ता जाति

श्याम दुलारी गुप्ता की उम्र 40 वर्ष है और ये अपने पति के साथ उनके पैतृक घर में रहती हैं। इनके ससुर तेल के व्यापारी थे और वे सरसों के बीज के बदले में गाँव में तेल बेचने का काम करते थे। उनकी मृत्यु

के बाद यह पारिवारिक काम बन्द हो गया, और इनके पति पिछले कुछ वर्षों से पलम्बर या नलसाज का काम कर रहे हैं। इनके पास ऐसी कोई ज़मीन नहीं है जिससे इनको कोई आमदनी हो सके। परिवार का एकमात्र कमाने वाला सदस्य एक महीने में कुछ सौ रुपये कमा पाता है। राम दुलारी के छह बच्चे हैं, और वे चाहती हैं कि उनकी छोटी बेटी नौकरी करे और अपने पैरों पर खड़ी हो। लेकिन इन्होंने अफ़सोस जताते हुए यह कहा कि गाँव का माहौल ऐसा नहीं है कि लड़कियाँ आज़ादी से कहीं भी आ जा सकें। इसी कारण उनकी बेटी उच्च विद्यालय के बाद आगे की पढ़ाई नहीं कर पायी। लेकिन उन्होंने अपनी बेटी को इस बात के लिए प्रोत्साहित किया कि वह पेंटिंग या सिलाई–बुनाई जैसा कोई प्रोफेशनल कोर्स कर ले। जब इनके परिवार के सामने बहुत सारी आर्थिक कठिनाइयाँ थीं, तभी इन्होंने अपनी बड़ी बेटी की शादी कर दी। चूँकि इनके पास दहेज देने के लिए कोई पैसा नहीं था, इसलिए इन्होंने अपनी बेटी की शादी एक अनौपचारिक दिहाड़ी मज़दूर से कर दी, जिसके पास अक्सर कोई काम नहीं होता है। राम दुलारी को अभी भी इस बात का अफ़सोस है। उन्होंने अपनी बड़ी बेटी का विवाह उसी वक़्त कर दिया था जब वह 18 साल की थी, लेकिन उन्होंने यह फ़ैसला किया कि वह अपनी दूसरी बेटी का विवाह उसके 20 साल के हो जाने के बाद ही करेगी। उन्होंने यह भी कहा कि समय बदल चुका है और अब लोग बहुत ज़्यादा दहेज माँगने लगे हैं। उनके अनुसार, 'आजकल जो लोग नौकरी कर रहे हैं, वे उन लोगों की तुलना में बहुत कम दहेज माँग रहे हैं, जो नौकरी नहीं कर रहे हैं।' वे इस बात पर सहमति जताती हैं कि समाज में पुरुषों का प्रभुत्व है, और यद्यपि उन्हें अपने परिवार में अपनी राय रखने का हक़ है, लेकिन उसकी राय को कोई ख़ास तव्वजो नहीं दी जाती है। उन्होंने यह भी कहा कि वह अपनी बेटी को अपनी पसन्द के लड़के से केवल उसी स्थिति में विवाह करने की अनुमति देगी, जब वह लड़का ख़ुद उसकी जाति का होगा, और उसके पास स्थायी सरकारी नौकरी होगी।

राम दुलारी की छोटी बेटी रीता ने यह कहा कि यदि वह अपनी जाति से बाहर विवाह करती है, तो लोग यह कहेंगे कि वह अपने माता–पिता के नियन्त्रण में नहीं है और बेशर्म है क्योंकि उसे अपने माँ–बाप की इज़्ज़त की कोई परवाह नहीं है। वह यह मानती है कि गाँव के सामाजिक नियम लड़कियों को अपने बारे में फ़ैसला करने की अनुमति नहीं देते हैं। लेकिन

उसके परिवार ने उसे इतनी आज़ादी दी है कि यदि वह कभी किसी लड़के को अपने विवाह के लिए पसन्द करती है, तो वह अपने परिवार के लोगों को इस बारे में बता दे। यदि उसके माता–पिता उस लड़के के लिए तैयार नहीं होंगे, तो वह उस लड़के को छोड़ देगी तथा अपने माता–पिता द्वारा चुने गये व्यक्ति से विवाह कर लेगी।

## विश्वकर्मा जाति

पचास वर्षीय गुलाबकली विश्वकर्मा ने अपनी तीन बेटियों की शादी सफलतापूर्वक की है। वह अपने दामादों को सम्पूर्ण दूल्हा करार देते हुए उन्हें 'गूलर का फूल' कहती है। उनका एक दामाद मुम्बई की प्राइवेट कम्पनी में काम करता है, और नियमित रूप से पैसे भेजता है। उनके बेटे भी परिवार के काम अर्थात् फर्नीचर और विवाह के लिए आवश्यक वस्तुओं को बनाने के काम को आगे बढ़ा रहे हैं। गुलाबकली के पति रायबरेली के ग्रामीण बैंक में काम करते हैं, और सिर्फ़ सप्ताहांत पर ही राय बरेली आते हैं। गुलाबकली यह स्वीकार करती है कि उनकी माँ को उनके द्वारा एक ऐसे व्यक्ति से विवाह करने का फ़ैसला रास नहीं आया था जो काला था, लेकिन उनके पिता ने उन्हें इस आदमी से विवाह करने के लिए मजबूर किया। उन्हें इस बात की बहुत खुशी है कि उनकी बेटियों से विवाह करने के लिए दूल्हें के परिवार की ओर से प्रस्ताव आये थे। उन्हें अपनी बेटियों का विवाह करने में कोई परेशानी नहीं हुई क्योंकि उस समय दहेज की ज़्यादा माँग नहीं की जाती थी। वे ख़ुद दहेज के ख़िलाफ़ हैं और उन्होंने यह कहा कि उन्होंने अपने बेटों की शादी में दहेज नहीं लिया था; इसके विपरीत, उन्होंने ख़ुद इन शादियों में काफ़ी ख़र्च किया था। अब गुलाबकली को अपनी छोटी बेटी की शादी तय करने में परेशानी हो रही है क्योंकि लोग काफ़ी दहेज माँग रहे हैं। उन्होंने कहा कि उन्हें अपनी बेटी की शादी करने की जल्दी नहीं है, इसलिए वे तब तक इन्तजार करेंगी जब तक उन्हें एक सुन्दर और समझदार लड़का नहीं मिल जाता है। उन्होंने अपनी बेटियों को हाईस्कूल तक अच्छी शिक्षा दी है, और वे यह महसूस करती हैं कि एक लड़की को तभी विवाह करना चाहिए जब वह आर्थिक रूप से अपने पैरों पर खड़ी हो जाये।

गुलाबकली से जब हमने यह पूछा कि क्या उनकी बेटी को अपना जीवनसाथी चुनने की आज़ादी है, तो उन्होंने यह कहा कि उन्हें इससे कोई दिक़्क़त नहीं है, लेकिन वह लड़का उनकी अपनी जाति का होना चाहिए और उसके पास स्थायी नौकरी होनी चाहिए। वे यह महसूस करती हैं कि लड़कियों को कभी भी कुछ ऐसा नहीं करना चाहिए जिससे उनके माता–पिता की इज़्ज़त पर आँच आये। उनका मानना है कि यदि उनकी बेटी किसी के साथ भाग जाती है और उससे शादी कर लेती है और वापस नहीं लौटती है, तो उन्हें कोई समस्या नहीं होगी। लेकिन यदि वह वापस लौटेगी तो वे उसकी हत्या कर देगी। उन्होंने यह बताया कि मिट्टी के चूल्हे पर खाना बनाने के कारण उनकी आँखें दो बार ख़राब हो चुकी हैं, लेकिन वह अपने लिए एक गैस चूल्हा ख़रीदने में समर्थ नहीं है क्योंकि सिलेण्डर काफ़ी महँगा है, और अभी भी उन पर अपनी छोटी बेटी का विवाह करने की ज़िम्मेदारी है।

गुलाबकली की छोटी बेटी ने गाँव में हाईस्कूल तक की शिक्षा हासिल की है। वह कभी भी नज़दीक के शहर इलाहाबाद तक नहीं गयी है। अन्य लड़कियों की तरह ही वह भी एक ऐसे आदमी से विवाह करना चाहती है, जिसका परिवार गाँव में हो और वह खुद शहर में रहता हो। वह यह भी चाहती है कि उसकी माँ उसके विवाह के समय खाना पकाने के लिए गैस चूल्हा दे क्योंकि उसे मिट्टी के चूल्हे पर खाना पकाना पसन्द नहीं है। उसने यह स्वीकार किया कि उसके माता–पिता ने उसे काफ़ी आज़ादी दी है, और यदि वह कभी किसी को पसन्द करेगी तो बहुत आसानी से उन्हें बता देगी।

इन वृत्तान्तों से यह बात सामने आती है कि ग़ैर–कुर्मी माताएँ न सिर्फ़ अपनी बेटियों को ज़्यादा आज़ादी देने के लिए तैयार हैं, बल्कि वे यह भी चाहती हैं कि उनकी बेटियाँ आर्थिक रूप से स्वतन्त्र हों। बहरहाल, वे सिर्फ़ ख़राब आर्थिक स्थिति को ही बाधा नहीं मानती हैं, बल्कि सामाजिक प्रतिबन्ध भी उनके लिए गम्भीर बाधाएँ हैं। उच्च जातियों के दबाव के कारण वे अपनी बेटियों को ज़्यादा आज़ादी नहीं दे पाती हैं, और इस तरह वे इनके अवसरों को सीमित करती हैं। गुप्ता और विश्वकर्मा–दोनों ही परिवारों की माताओं ने यह कहा है कि गाँव का माहौल बहुत अच्छा नहीं है। यह इस बात की ओर संकेत करता है कि गाँव के स्तर पर काम करने वाले सामाजिक दबाव विभिन्न जातियों की महिलाओं और लड़कियों को अलग–अलग तरीक़े से प्रभावित करते हैं।

## मुस्लिम महिलाओं के वृत्तान्त

लहूरपुर गाँव में बहुत कम मुस्लिम परिवार हैं, क्योंकि इससे सटे हुए गाँव में मुख्य रूप से मुस्लिम और दलित ही रहते हैं। गाँव के बाहर हनुमानगंज के बाज़ार क्षेत्र के एक मुहल्ले में भी कुछ मुस्लिम परिवार रहते हैं। पंचायत के समीक्षा–क्षेत्र के आधार पर इसे लहूरपुर गाँव का ही भाग माना जाता है। गाँव की मौजूदा प्रधान एक मुस्लिम महिला है, जो आरक्षित सीट पर निर्वाचित हुई है। इस गाँव में फील्ड–वर्क करने की अनुमति माँगने के लिए हम सबसे पहले इनसे ही मिले थे। इससे हमें यह भी मौका मिला कि हम उनके घर में उनके साथ विस्तार से साक्षात्कार ले पायें। संयोग से हमने एक अन्य बुजुर्ग मुस्लिम महिला का साक्षात्कार भी लिया। यह महिला रास्ते में आराम कर रही थीं और हमसे बातचीत करने के लिए काफ़ी उत्सुक थीं। इनसे हमें काफ़ी रोचक कहानियाँ जानने को मिलीं।

## अंसारी–मुस्लिम

गाँव की प्रधान शाहीन एक अंसारी मुस्लिम जाति की है। 18 वर्ष पहले उनका विवाह हुआ था। इनके पति की बाज़ार के इलाके में जूते–चप्पलों की एक दुकान है। अपने पति के कहने पर ही वह पंचायत के चुनावों में खड़ी हुई और उन्होंने पंचायत सीट पर जीत हासिल की। वह एक छद्म प्रधान का स्पष्ट उदाहरण है, जिनके पति उनकी ओर से काम करते हैं। इनकी उम्र 35 वर्ष है और ये चार बच्चों की माँ हैं। इनके एक सम्बन्धी ने इनका विवाह तय किया था। शाहीन बताती है कि अपने निकाह से पहले उन्होंने अपने शौहर को देखा तक नहीं था। उनके मुताबिक़ अंसारी मुस्लिम अपनी जाति से बाहर निकाह नहीं करते हैं, और यदि कोई ऐसा करता है तो इस जाति के ग्रामीण लोग उस व्यक्ति का सामाजिक रूप से बहिष्कार कर देते हैं। शाहीन के अनुसार, लोगों ने अपनी मर्ज़ी से अपनी जाति से बाहर विवाह किया है, लेकिन विवाह करने से पहले उन्होंने इस्लाम धर्म अपना लिया। वह यह स्वीकार करती है कि उनके समुदाय में लड़कियों को कहीं आने–जाने की पूरी आज़ादी नहीं है। वे घर पर रहती हैं, घर का काम निपटाती हैं और पर्दा प्रथा का सख़्ती से पालन करती हैं। उनके अनुसार, टेलीविज़न बच्चों को अपने माता–पिता को न मानते हुए अपनी पसन्द से विवाह करने के लिए प्रेरित कर रहा है। शाहीन

अपने बच्चों को टीवी नहीं देखने देती है। इनके दो भतीजे राशिद और रिजवान हाईस्कूल में पढ़ते हैं। जब इनसे यह पूछा गया कि क्या इन्हें अपनी पसन्द की लड़की से विवाह करने की आज़ादी है, तो इन्होंने यह बताया कि इन्हें सिर्फ़ एक निश्चित सीमा तक ही ऐसा करने की आज़ादी है। उन्होंने यह बताया कि यदि वे कभी अपनी जाति से बाहर विवाह करने का फ़ैसला करते हैं, तो उन्हें अपने माता–पिता को इसके बारे में समझाना पड़ेगा। उन्हें यह भरोसा है कि उनके माता–पिता इसके लिए तैयार हो जायेंगे। हालाँकि इस समुदाय में दहेज प्रथा का अस्तित्व नहीं है किन्तु लड़की के माता–पिता ही विवाह के समय फर्नीचर, बिजली का सामान और बर्तन आदि देते हैं। शाहीन बीड़ी बनाने का काम करके प्रति माह 500 रुपये कमाती है। इनके घर के पास ही सिलाई–बुनाई सिखाने वाला एक केन्द्र है, जो मुहल्ले की लड़कियों को सिलाई–बुनाई करना सिखाता है। ये लड़कियाँ इतनी शर्मिली थीं कि इन्होंने हमारे प्रश्नों का जवाब नहीं दिया, लेकिन वे सभी ख़ुद अपनी मेहनत से अपनी जीविका कमाना चाहती थीं।

## मुस्लिम शेख

जोहरा एक 70 वर्षीय मुस्लिम शेख महिला है। अब भी अपने जीवन की शुरुआती दिनों को याद करते हुए उनकी आँखों में चमक आ जाती है। उनकी दो लड़कियाँ और एक बेटा यानी तीन बच्चे हैं। इनके शौहर साड़ी प्रिंट करने का काम करते थे, जिससे अच्छी कमाई हो जाती थी, और जोहरा की ज़िन्दगी अच्छे से गुजर रही थी। यद्यपि उन्होंने 12 बच्चों को जन्म दिया, लेकिन बदकिस्मती से 9 बच्चे मर गये और सिर्फ़ तीन बच्चे ही बचें। अपनी बचत से जोहरा और उनके शौहर ने अपना घर भी बनाया। इनके सभी बच्चे हाईस्कूल तक पढ़े हुए हैं। जोहरा बताती है कि उनके शौहर अपने बेटे से ज़्यादा अपनी बेटियों से मोहब्बत करते थे। वे उनकी हर माँग पूरी करते थे। लेकिन जल्द ही उनके जीवन का खुशहाल दौर ख़त्म हो गया, क्योंकि इनकी बड़ी 18 साल की बेटी अपने सगे चाचा के साथ भाग गयी, और उसने अपने चाचा से ही निकाह कर लिया। उसका चाचा पहले से ही शादीशुदा था। वे चार वर्षों तक अपनी बेटी को खोजते रहें, लेकिन उन्हें उसकी कोई ख़बर नहीं मिली। जोहरा

के पति का मानसिक सन्तुलन बिगड़ गया और उनकी मौत हो गयी। जोहरा मानती है कि उनकी बेटी बहुत मासूम और सरल थी, लेकिन गाँव के लोगों ने उसे बहकाया और भागने में मदद की। वह मानती है कि यदि उन्हें अपनी बेटी के इरादों की भनक होती, तो वे उसका निकाह उसके चाचा के साथ कर देतीं और उसे भागने नहीं देतीं। जोहरा ने अपनी छोटी बेटी का विवाह 13 वर्ष की उम्र में ही अपने दूर के एक रिश्तेदार से कर दिया, क्योंकि उन्हें यह डर था कि वह भी अपनी बड़ी बहन की तरह किसी के साथ भाग सकती है।

जोहरा बताती है कि उनके समुदाय में कोई लड़की विवाहित और परिवार वाले व्यक्ति के साथ निकाह कर सकती है, लेकिन निकाह सिर्फ़ माता–पिता की सहमति से होता है। वह यह स्वीकार करती है कि समय बदल चुका है और बच्चे अपनी मर्ज़ी से विवाह करना चाहते हैं क्योंकि उन्हें अपने माता–पिता द्वारा लाये गये प्रस्ताव पसन्द नहीं आते हैं। उनके समुदाय में निकाह के समय *मेहर* अनिवार्य होता है, फिर भी लोगों ने दहेज लेना शुरू कर दिया है। इन्होंने ख़ुद अपनी छोटी बेटी के निकाह के समय देहज दिया था। अब वे कमज़ोर और वृद्ध विधवा है तथा भिक्षा माँगकर अपना गुज़ारा करती है।

मुस्लिम महिलाओं के ये वृत्तान्त बताते हैं कि उनके जीवन में ज़्यादा पारिवारिक अनुशासन होता है, और इनकी आज़ादी सीमित होती है। इस गाँव की माताओं ने यह विचार व्यक्त किया कि गाँव का नैतिक वातावरण सही नहीं है, और इनकी बेटियों पर इसका बुरा प्रभाव पड़ रहा है। असल में, इस सोच के पीछे यह विश्वास काम कर रहा था कि ख़ुद गाँव के लोग सामाजिक अनुशासन की अवहेलना करते हुए लड़कियों को अनैतिक रास्ते की ओर खींच सकते हैं। सामाजिक अनुशासन और पारिवारिक अनुशासन द्वारा मुस्लिम युवा लड़कियों के अन्य लोगों से बातचीत पर प्रतिबन्ध लगाया जाता है। हालाँकि राजनीतिक पदों को हासिल करने के लिए महिलाओं का इस्तेमाल किया गया है (मसलन, मुस्लिम महिला प्रधान के पति का उदाहरण)। लेकिन जहाँ गाँव की हिन्दू महिलाओं और लड़कियों ने शिक्षा को शहरी जीवनशैली की ओर बढ़ने के तरीक़े के रूप में प्रयोग किया है, वहीं मुस्लिम महिलाएँ ऐसा करने में नाकाम रही हैं। शाहीन अपने पति के मौजूद होने के बावजूद साक्षात्कार देने में बहुत झिझक रही थीं, और कई प्रश्नों का उत्तर पाने के लिए हमें बहुत ज़ोर देना पड़ा।

## दलित महिलाओं का वृत्तान्त

रोड से गाँव की दलित बस्ती में पहुँचने का रास्ते मुख्य रास्ते से अलग है। कई दलितों के घर कुर्मी घरों के आसपास हैं, लेकिन ऐसा लगता है कि सभी दलित इसी रास्ते का प्रयोग करते हैं। कुर्मी जाति की एक महिला आँगनबाड़ी कार्यकर्त्ता है, और उन्होंने परास्नातक तक शिक्षा हासिल की है। ये दलित बस्ती के निकट रहती हैं और दलितों से काफ़ी घुली–मिली है। इनके घर के सामने ही हमने दलित महिलाओं के साथ समूह में चर्चा की। चूँकि दलितों को राज्य की राजनीति में अपने बढ़ते प्रभाव का अहसास है, इसलिए वे यह चाहते थे कि हम उन्हें किसी न किसी प्रकार का लाभ पहुँचाये। राज्य में बहुजन समाज पार्टी की पिछली सरकार के समय एक पासी परिवार को परिवार नियोजन की लाभकारी योजना के तहत भूमि आवंटित की गयी थी। चूँकि इनकी ज़मीन बाज़ार के निकट थी, इसलिए गाँव के कुर्मियों ने इन्हें ज़मीन छोड़ने या अंजाम भुगतने की धमकी दी। उन्होंने हमसे यह अनुरोध किया कि हम ज़िलाधीश तक पहुँचने में उनकी सहायता करें। लेकिन कुछ समय बाद जब उन्हें यह अहसास हुआ कि हम उन्हें कोई तात्कालिक लाभ नहीं दिला सकते हैं, तो हमसे चर्चा करने में उनकी रुचि ख़त्म हो गयी। इससे हमें गहरी निराशा हुई। लेकिन महिलाओं के वृत्तान्तों में ग़रीबी से पैदा होने वाली समस्याओं के अतिरिक्त कई अन्य समस्याओं का भी उल्लेख किया गया।

शन्नो एक तीस वर्षीय पासी महिला है वह और उसका पति–दोनों ही अन्य लोगों के खेतों में काम करते हैं, और वे प्रति माह 500–600 रुपये तक कमा लेते हैं। उसके पति को प्रतिदिन दस घण्टे काम करने के बदले 10 किलो गेहूँ या कोई अन्य अनाज मिलता है। शन्नो परिवार की ज़रूरतों को पूरा करने के लिए दिन–रात काम करती है। लेकिन फिर भी वे अपने बच्चों को दो समय का खाना, शिक्षा और कपड़े उपलब्ध नहीं करा पाती हैं। उसके तीन बेटे हैं, उसकी एक बेटी भी थी, जो अपने जन्म के एक महीने बाद ही मर गयी। शन्नो जब 20 वर्ष की थी तो उसका विवाह हो गया। उसके पिता ने उसका विवाह तय किया था। वह अपनी शादी से खुश है और उसे लगता है कि उसका पति उसे समझता है और उसकी परवाह करता है। इसकी नाखुशी का एकमात्र कारण यह है कि वह अपना घर नहीं बना पायी है। वह मिट्टी और फूस के बने एक मकान में किराये

पर रहती है। वह प्रेम–विवाह के ख़िलाफ़ है और इसका मानना है कि हर किसी को अपने माता–पिता की पसन्द से ही शादी करनी चाहिए, और जो बच्चे अपने माता–पिता की मर्ज़ी के ख़िलाफ़ विवाह करते हैं, वे उनसे बेईमानी करते हैं। शन्नो ने हमें बताया कि जब एक ग़रीब दलित अपने लिए दुल्हन नहीं ढूँढ़ पाता है, तो वह बिहार या किसी अन्य स्थान के ज़्यादा ग़रीब दलित परिवार से अपने लिए दुल्हन ख़रीदता है। इससे यह बात साफ़ होती है कि ग़रीब दलितों पुरुषों और महिलाओं–दोनों के लिए अकेला रहना एक व्यवहारिक विकल्प नहीं है।

गीता एक अन्य तीस वर्षीय पासी महिला है। यह अपने पति के साथ ईंट बनाने का काम करती है, और इसे प्रतिदिन 10 घण्टे काम करने के बदले में 3 किलो गेहूँ मिलता है। उसके पति को प्रतिदिन 50 रुपया मिलता है। इसके तीन बेटे और एक बेटी है। ग़रीब होने के कारण वह अपने बच्चों को सरकारी स्कूल में भेजती है, लेकिन उसने यह बताया कि इन स्कूलों में बिल्कुल पढ़ाई नहीं होती है। गीता ने अपने माता–पिता की मर्ज़ी के अनुसार विवाह किया था। लेकिन उसने यह कहा कि यदि उसके बच्चे शिक्षित हो जाते हैं, और इसके बाद अपनी मर्ज़ी से विवाह करने का फ़ैसला करते हैं, तो उससे कोई दिक़्क़त नहीं होगी।

शान्ति एक अन्य दलित जाति, खटीक से सम्बन्धित है। हालाँकि उन्हें अपनी उम्र याद नहीं है, लेकिन ऐसा लगता है कि उनकी उम्र 80 साल से ज़्यादा है। उनकी झोपड़ी अमरुद के बगीचे में स्थित है। इसे उनके बेटे ने लीज़ पर लिया है, और वह प्रति वर्ष इसके मालिक को 14,000 रुपये देता है। उनके पास अपना कोई स्थायी निवास–स्थान नहीं है और वे एक स्थान से दूसरे स्थान तक भटकते रहते हैं। शान्ति के चार बेटे और तीन बेटियाँ हैं। बीस साल पहले इनके पति का देहान्त हो गया। चूँकि इनके पास दहेज देने के लिए पैसा नहीं था, इसलिए इन्होंने दो वर्ष पहले अपनी बेटी का विवाह एक मूर्ख आदमी से कर दिया। इन्हें अपनी बेटी गुड़िया की ज़िन्दगी बर्बाद करने का बहुत अफ़सोस रहता है। गुड़िया को इस बात का काफ़ी पछतावा होता है कि वह कभी भी स्कूल नहीं गयी। उसका पति मज़दूर है और वह हर रोज़ 40 रुपये कमाता है। गुड़िया की एक तीन महीने की बेटी है। गुड़िया ने कहा कि वह अपनी बेटी को खूब पढ़ायेगी ताकि वह आर्थिक रूप से अपने पैरों पर खड़ी हो सके। गुड़िया का पति उसे पीटता है और उसे खाना नहीं देता है, चूँकि उसके पास कोई

अन्य विकल्प नहीं है, इसलिए वह अपने पति को छोड़कर नहीं जा सकती है। उसने यह कहा कि यदि उसकी माँ के पास पैसा होता, तो उसकी ज़िन्दगी का स्वरूप कुछ और होता। वह यह मानती है कि एक लड़की का जन्म सिर्फ़ दुख सहने और पुरुषों की सेवा करने के लिए होता है।

स्पष्ट तौर पर, दलित महिलाएँ यह महसूस करती हैं कि सिर्फ़ ग़रीबी से बाहर निकलकर और शिक्षा हासिल करके ही वे अपने व्यक्तिगत जीवन में ज़्यादा आज़ादी हासिल कर सकती हैं।

## परम्परा और पसन्द से विवाह

इस गाँव के मानवशास्त्रीय अनुसन्धान से यह बात उजागर होती है कि अभी भी सभी जातियों में लड़कियाँ और महिलाएँ माता–पिता द्वारा तय किये गये विवाह को ही वरीयता देती हैं। लड़कियों और उनके माता–पिता ने इस बात पर बल दिया है कि माता–पिता का यह नैतिक दायित्व है कि वे अपनी बेटियों का विवाह करें। महिलाएँ यह महसूस करती हैं कि सभी तबकों में दहेज की माँग बढ़ी है, और समय के साथ लड़कियों के लिए योग्य वर खोजना मुश्किल होता जा रहा है। समय के साथ लड़कियाँ ज़्यादा शिक्षित होती जा रही हैं। अमूमन लड़कियाँ अपनी पिछली पीढ़ी की महिलाओं की तुलना में ज़्यादा शिक्षा हासिल कर रही हैं। लेकिन इससे विवाह सम्बन्धी व्यवहारों में बदलाव नहीं आया है, और न ही लड़कियाँ आर्थिक रूप से ज़्यादा स्वतन्त्र बनी हैं। अधिकांश महिलाओं में इससे ज़्यादा से ज़्यादा यही बदलाव आया है कि वे अपने बेटे और बेटियों को 'एक निश्चित सीमा तक' स्वतन्त्रता देने लगी हैं। वे यह भी महसूस करती हैं कि बेटियों के जीवनसाथी के चुनाव के समय इन्हें उनकी राय भी पूछ लेनी चाहिए। कुछ मामलों में उन्होंने अपनी बहुओं के साथ सम्बन्ध पर नये सिरे से विचार भी किया है। लेकिन अधिकांश महिलाएँ यह मानती हैं कि उनके बच्चों के जीवनसाथी के चुनाव के बारे में उनके पतियों का फ़ैसला ही आख़िरी होगा। तक़रीबन सारी माताएँ यह उम्मीद करती हैं कि उनकी बेटियों की ज़िन्दगी उनसे बेहतर होगी, और उन्हें गाँव की मुश्किल ज़िन्दगी का सामना नहीं करना पड़ेगा। जिन माताओं ने अपने ग़रीबी के कारण अपनी बेटियों का ख़राब रिश्ता किया, उनमें से अधिकांश ऐसा करने के लिए ख़ुद को दोषी मानती हैं।

जेफ्री और जेफ्री (1996 : 98) ने ग्रामीण बिजनौर के बारे में यह विचार व्यक्त किया है (यह विचार शायद अधिकांश ग्रामीण उत्तर भारत के सन्दर्भ में सही है)

बच्चों का विवाह करना माता–पिता का एक महत्त्वपूर्ण दायित्व था। इसे खुद बच्चों पर नहीं छोड़ा जा सकता है, और न ही ऐसा किया जाना चाहिए। असल में, ग्रामीण बिजनौर में विवाह के लिए होने वाली बातचीत के दौरान दूल्हा और दुल्हन द्वारा अपनी राय देने या उनकी राय माँगे जाने को पूरी तरह अनुचित माना जाता था। यदि कोई माता–पिता किशोरावस्था वाले अपने बच्चे/बच्चियों के सन्दर्भ में अपने इस कर्त्तव्य को सही समय पर और सावधानीपूर्वक पूरा करने में नाकाम रहते थे, तो समाज में उनकी काफ़ी आलोचना होती थी। लेकिन अमूमन यह काम बहुत बड़ी ज़िम्मेदारी थी। यह एक जल्द से जल्द करना ज़रूरी होता था, लेकिन यह डर भी रहता था कि अत्यधिक जल्दबाजी करने से ग़लती हो सकती है। ख़ासतौर पर, उस स्थिति में जब पूरी तरह से अनजान परिवार के साथ विवाह तय करने की बात चल रही हो तो ग़लती होने की सम्भावना रहती थी।

हिन्दुओं और मुस्लिमों–दोनों के बीच दहेज और अन्य अपेक्षाओं में वृद्धि के कारण विवाह लायक लड़कों की खोज एक समस्या बन चुकी है। असल में, माता–पिता के लिए यह काम एक बहुत बड़े बोझ की तरह है कि वे अपनी बेटियों का इस तरह पालन–पोषण करें कि वे ग़लत रास्ते पर न जायें, और फिर उनके विवाह के लिए योग्य लड़का खोजें। असल में, रोचक बात यह है कि महिलाओं को इन समस्याओं की जानकारी है, लेकिन ऐसा लगता है कि इन समस्याओं से बाहर निकलने के रास्तों पर विचार नहीं कर रही हैं। सशक्तीकरण का अर्थ स्वायत्तता, विकल्पों की दावेदारी और उनका प्रयोग करने की सामर्थ्य, सामाजिक–संरचनात्मक बाधाओं को समझने लेकिन उनसे न बँधने की क्षमता है। साथ ही, यह जीवन की आज़ादी और मुक्त रूप से जीने के अधिकार के प्रयोग के तरीक़ों पर विचार करने से सम्बन्धित है। इस गाँव की महिलाएँ न मुद्दों को समझती हैं, लेकिन सामाजिक और मनोवैज्ञानिक रूप से इनकी आज़ादी के क्षेत्र का विस्तार करने की आवश्यकता है। इसके लिए यह आवश्यक है कि उनके जीवन को आकार देने में सामाजिक अनुशासनों की भूमिका के बारे में उनकी धारणाओं पर ध्यान दिया जाये।

## सामाजिक अनुशासनों के बारे में धारणाएँ

लहूरपुर की महिलाओं के लिए जाति–जेंडर सम्बन्धों के पुनरुत्पादन का अर्थ है कि ग्रामीण जीवन में सामाजिक अनुशासनों को पूरी तरह आत्मसात करना। इसमें घूँघट करना एक प्रमुख आयाम है (चौधरी 1993)। विवाहित महिलाओं से यह अपेक्षा की जाती है कि वे अपनी साड़ी के आख़िरी हिस्से से अपने सिर और चहरे को ढ़ँककर रखें। चेहरे को कितना ढँककर रखना है, यह इस पर निर्भर था कि वे किस व्यक्ति के समाने जा रही हैं। आमतौर पर, यह उम्मीद की जाती है कि व्यक्ति जितना ज़्यादा अनजाना है, उनका घूँघट उतना ही लम्बा होना चाहिए। अविवाहित लड़कियाँ विवाह के बाद जब अपनी ससुराल जाती हैं तो वे भी घूँघट रखना शुरू कर देती हैं। हम कुछ ऐसी औरतों से मिलें जिन्होंने घूँघट नहीं किया था। जब हमने उनसे इसका कारण पूछा तो उन्होंने यह बताया कि वे अपने मायके आयी हुई हैं, और इसी कारण वे घूँघट नहीं कर रही हैं। अब हम इस बात पर विचार करते हैं कि लहूरपुर की महिलाएँ और युवा लड़कियाँ उन सामाजिक अनुशासनों को कैसे देखती हैं जो उन्हें जाति–जेंडर व्यवस्था के पुनरुत्पादन से बाँध देती हैं।

शाहीन गाँव की प्रधान और मुस्लिम महिला है, लेकिन वे ग्राम पंचायत की बहुत कम बैठकों में आती हैं। उनके अनुसार, वे सिर्फ़ उन्हीं बैठकों में जाती हैं जिनमें उनकी मौजूदगी अनिवार्य होती है। उन्होंने इस बात पर ज़ोर दिया कि सार्वजनिक चुने होने के बावजूद उनके समुदाय में लड़कियों को कहीं भी आने–जाने की आज़ादी नहीं है। शाहीन का उदाहरण इस बात का प्रमाण है कि उनके समुदाय में वयस्क महिलाओं को सार्वजनिक पदों के लिए चुने जाने के बावजूद बहुत कम आज़ादी मिली हुई है।

समृद्ध कुर्मी परिवारों की युवा महिलाएँ सामाजिक अनुशासनों को ऐसी थोपी हुई व्यवस्था के रूप में देखती हैं। इनका मानना है कि जाति और वर्ग को प्रभावित करने वाले सामाजिक परिवर्तनों के बावजूद इन सामाजिक अनुशासनों को हिला पाना कठिन है। ज़िला परिषद सदस्य की पत्नी तारा ने यह बताया कि जब वह बाहर जाते वक़्त घूँघट नहीं करती है, तो उसके पति नाराज़ हो जाते हैं। वह यह चाहती है कि उसकी बेटी का ब्याह शहर में हो क्योंकि वहाँ इस तरह की पर्दा प्रथा नहीं है। तारा ने अपने साथ हो रहे भेदभाव की ओर इशारा करते हुए यह कहा कि

इलाहाबाद में रहने वाली उसकी ननद सूट–सलवार पहनती है, लेकिन वे ऐसा नहीं कर सकती हैं। उसने यह भी कहा कि मौका मिलने पर वे भी इलाहाबाद में रहना चाहेंगी। तारा की सास शिवकली यह मानती है कि महिलाओं को अपने से बड़ों का सम्मान करने तथा ख़ुद को बुरे आदमियों से बचाने के लिए अपना सिर अवश्य ढँकना चाहिए। वे यह कहती हैं कि खाना बनाते वक़्त भी सिर ढँककर रखना चाहिए क्योंकि इससे बाल खाने में नहीं गिरता है। जब उनकी बहू घर का काम करते वक़्त अपना सिर नहीं ढँकती है, तो वे नाराज़ हो जाती हैं। तारा ने यह बताया कि शुरुआत में उसे अपना सिर ढ़ँककर रखने में बड़ी दिक़्क़त होती थी, लेकिन अब उसे इसकी आदत हो गयी है।

मंजू ने यह बताया कि उसके माता–पिता ने कभी भी उस पर कोई पाबन्दी नहीं लगायी है, और वह कहीं भी जाने और कुछ भी पहनने के लिए स्वतन्त्र है। लेकिन वह यह भी स्वीकार करती है कि गाँव की अन्य लड़कियों के पास उसके जैसी स्वतन्त्रता नहीं है और इन लड़कियों को कई प्रकार की पाबन्दियों का सामना करना पड़ता है। उसकी एक दोस्त रेणु सिंह को कॉलेज के अलावा कहीं और जाने की इजाज़त नहीं है। उसे यह भी नहीं पता है कि उसके खेत कहाँ हैं। मंजू के परिवार का इलाहाबाद में भी एक मकान है, लेकिन वह अपने माता–पिता के साथ गाँव में रहती है क्योंकि वे यह नहीं चाहते हैं कि वह शहर में रहे।

मंजू के विपरीत सीमा के माता–पिता की आर्थिक स्थिति ज़्यादा अच्छी नहीं है, और उनके पास काफ़ी कम ज़मीन है। सीमा के अनुसार, उसके पति काफ़ी अच्छे हैं। उसने यह भी स्वीकार किया कि वह अपने माता–पिता के घर की तुलना में अपने पति के घर में ज़्यादा स्वतन्त्र रहती है। वह दिल्ली में रहती है और वहाँ सूट–सलवार तथा जींस पहनती है। उसके पति को उसके पहनावे से कोई आपत्ति नहीं है। अपनी शिक्षा, शहरी जीवन और आज़ादी के कारण उसके भीतर आत्म–विश्वास आया है। इसी आत्म–विश्वास के कारण सामूहिक चर्चा में उसने सबसे मुखर रूप में अपने विचारों को अभिव्यक्त किया।

वाडले (2000) ने यह तर्क दिया है कि शरीर सामाजिक नियन्त्रण का केन्द्र है, तथा 'महिलाओं का शरीर आत्मत्व (सेल्फहुड), इच्छा और नारीत्व के मौजूदा ऐतिहासिक रूपों का प्रतिनिधित्व करता है'। पर्दा या घूँघट का विरोध करते हुए युवा लड़कियाँ सामाजिक अनुशासनों द्वारा उनके शरीर

पर थोपे गये आत्मत्व का प्रतिरोध कर रही हैं। जैसा कि वाडले (2007) ने संकेत किया है कि वे कपड़े को अपनी पहचान के संकेतक के रूप में इस्तेमाल करना चाहती हैं, जिसमें वे अपनी पसन्द के कपड़े के माध्यम से अपने शरीर को नियन्त्रित करेंगी।

अनुराधा एक युवा कुर्मी लड़की है। इसके परिवार की आर्थिक स्थिति बहुत अच्छी नहीं है। वह यह शिकायत करती है कि गाँव में एक लड़की अपने बचपन का लुत्फ़ नहीं उठा सकती है; उसे इस बात के लिए मजबूर किया जाता है कि वह घर के सारे काम करे तथा अपने छोटे भाई–बहनों की देखभाल करे। वह इस बात पर अफ़सोस जताती है कि लड़कियाँ लड़कों की तरह अपने जीवन का आनन्द नहीं उठा पाती हैं। जहाँ लड़कियों पर बहुत सारी पाबन्दियाँ लगी होती हैं, वहीं लड़के आराम से कहीं भी आ–जा सकते हैं और अपनी मर्ज़ी के मुताबिक़ काम कर सकते हैं। इसने हमें बताया कि वह ख़ुद और उसकी बहुत सारी दोस्त सात साल की उम्र से ही घर में खाना बनाने का काम करती आ रही हैं।

माताएँ यह महसूस करती हैं कि यदि बेटियों को शिक्षा दी जाये और उन्हें आर्थिक रूप से स्वतन्त्र बनाया जाये, तो इसके परिणामस्वरूप वे अपने जीवन में आज़ादी का उपभोग कर पायेंगी। इससे उनकी बेटियों की ज़िन्दगी उनकी तुलना में काफ़ी अच्छी होगी। अधिकांश महिलाएँ अपनी बेटियों के लिए ऐसी ही ज़िन्दगी चाहती हैं। जहाँ प्रभुत्वशाली कुर्मी जाति की महिलाओं के लिए यह उनका अपना दृष्टिकोण बदलने से जुड़ा मसला है, वहीं अन्य जातियों की महिलाओं के लिए अपनी बेटियों को शिक्षा या नौकरी के लिए बाहर भेजना एक सामाजिक चुनौती है। इसका कारण यह है कि गाँव का वातावरण इतना अच्छा नहीं है कि लड़कियाँ आराम से कहीं भी आ–जा सकें। वंदना विश्वकर्मा जैसी युवा लड़की यह महसूस करती है कि किसी को भी गाँव में नहीं रहना चाहिए क्योंकि गाँव में विकास का अवसर नहीं है।

गाँव की जातियों के बीच एक स्पष्ट सीमा–रेखा है। जहाँ वे विवाह जैसे सामाजिक आयोजनों में एक–दूसरे के घर आते–जाते हैं, वहीं सिर्फ़ विभिन्न जातियों के पुरुष ही एक–दूसरे के यहाँ भोजन करते हैं। परम्परा यह है कि विभिन्न जातियों की महिलाएँ एक–दूसरे के यहाँ भोजन नहीं करेंगी। 14 साल की कुर्मी लड़की प्रियंका ने गाँव के सामाजिक जीवन पर एक महत्त्वपूर्ण टिप्पणी की। उसने यह कहा कि गाँव जातिगत गुटबन्दी

की एक सख़्त व्यवस्था है। विभिन्न जातियाँ एक साथ रहती हैं। निम्न जातियों के लोग खुलकर उच्च जातियों के लोगों से नहीं मिलते हैं। इसलिए विभिन्न जातियों के लोग एक–दूसरे से विवाह करने की कल्पना भी नहीं कर सकते हैं। वह यह भी महसूस करती है कि एक लड़की को विवाह से पहले आर्थिक रूप से स्वतन्त्र हो जाना चाहिए।

व्यक्तिगत और सामाजिक सम्बन्धों के ठीक न होने पर भी महिलाएँ अपने परिवार और घर के बड़े सदस्यों के सामने घूँघट करती हैं। गुलाबकली विश्वकर्मा ने मुझे यह बताया कि उन्होंने और उनके पति ने सम्पत्ति विवाद के कारण कब और कैसे अपने ससुर से सारे सम्बन्ध तोड़ लिए। उसी समय उनकी बेटी ने उन्हें यह बताया कि उनके ससुर पास के घर से गुजरने वाले हैं। गुलाबकली ने तुरन्त ही अपनी साड़ी के एक छोर से अपना सिर ढँक लिया। यह एक ऐसी महिला का व्यवहार था, जिसकी उम्र तक़रीबन 60 वर्ष थी। लहूरपुर गाँव में दलित महिलाएँ भी घूँघट करती थीं। जब एक विवाहित महिला अपने मायके आती थी तो वह घूँघट करना छोड़ देती थी। यह इस तथ्य की ओर इंगित करता है कि वह घूँघट से मुक्ति चाहती थी, और इसे थोपे जाने को नापसन्द करती थी।

कुर्मी जाति की सुशीला देवी के तीन बेटे हैं जो स्कूल जाते हैं। वे इस बात पर विचार करती हैं कि वे भविष्य में अपनी बहुओं के साथ किस प्रकार का सम्बन्ध रखेंगी। वह पर्दा या घूँघट करने की प्रथा का विरोध करती हैं। इन्होंने कहा कि वे अपनी बहू से सिर्फ़ अपने ससुर के सामने ही सिर पर घूँघट रखने के लिए कहेंगी। वह यह प्रयास करेगी कि उसका अपनी बहू के साथ दोस्ताना सम्बन्ध हो, और यदि वे सूट–सलवार पहनेगी तो इन्हें कोई दिक़्क़त नहीं होगी। लेकिन ये मानती हैं कि उन्हें खेतों में खूब मेहनत करनी होगी। इनके ससुर ने कभी भी इन्हें आराम नहीं करने दिया, और यदि यह काम नहीं करती है, तो वे इन्हें मायके चले जाने को कहते हैं। वे कहती हैं कि बहुएँ बेटियों से ज़्यादा स्वतन्त्र होती हैं। चूँकि इनके पति इनका साथ देते हैं, इसलिए ये कहीं भी आ–जा सकती हैं, और किसी से भी बातचीत कर सकती हैं। इसके विपरीत, बेटियों के कहीं भी आने–जाने पर या किसी अनजान व्यक्ति से बातचीत करने पर कई तरह की पाबन्दियाँ लगी होती हैं।

जेफ्री और जेफ्री (1996 : 6–7) ने जिन गाँवों का अध्ययन किया, वहाँ समाजीकरण की आरम्भिक प्रक्रिया में सन्निहित परिवार के अनुशासन की व्याख्या करते हुए लिखा हुआ है :

> *एक लड़की के पूरे बचपन के दौरान उसके माता–पिता भविष्य में होने वाले उसके अनिवार्य विवाह के लिए उसे तैयार करते हैं...उसे अपने कपड़ों के बारे में ज़्यादा सावधानी बरतना सिखाया जाता है। वह यह भी सीखती है कि कैसे उसे अपनी शर्म तथा बड़ों के प्रति सम्मान दिखाने के लिए अपने सिर को ढँककर रखना चाहिए। आरम्भ में वह इसका हल्के तरीक़े से अनुपालन करती है, लेकिन उसके परिवार के बड़े लोग लगातार उसे इस कठोर अनुशासन में ढालने का प्रयास करते हैं...अपने गाँव में ब्याहकर आयी महिलाओं के पहनावे को देखकर तथा विवाहित युवतियों को लगातार देखने से वह 'गाँव की बेटी' और 'गाँव की बहू' के बीच अन्तर समझ जाती है।*

## ग्रामीण महिलाओं की आधुनिकता पर पुनर्विचार

मानवशास्त्रीय निष्कर्षों से यह बात स्पष्ट होती है कि ग्रामीण महिलाएँ आधुनिकता को अपने निजी जीवन में चुनाव करने की आज़ादी के सन्दर्भ में देखती हैं। वर्तमान समय में वे इस आज़ादी को अपनी गतिशीलता पर लगे प्रतिबन्धों से उबरने तथा अपनी पसन्द से विवाह करने के रूप में देखती हैं। हालाँकि अधिकांश मामलों में वे अपनी पसन्द से अपनी जाति में ही विवाह पर बल देती हैं। उम्रदराज औरतें और माताएँ अपनी बेटियों को इस प्रकार की स्वतन्त्रता देना चाहती हैं। वे गाँव में अपनी जीवनशैली में ज़्यादा बदलाव की चाह नहीं रखती हैं, लेकिन वे चाहती हैं कि उनकी बेटियाँ शहरी माहौल में रहें, जहाँ लोगों को ज़्यादा स्वतन्त्रता प्राप्त होती है।

बेटियों के लिए ज़्यादा स्वतन्त्र जीवन और गाँव में ब्याह कर आने वाली बहुओं के जीवन के बीच का विरोधाभास स्पष्ट रूप से सामने आया। एक महिला के अलावा कोई भी अन्य महिला उनके विकल्पों और आज़ादी के बारे में बोलने के लिए तैयार नहीं थी। इस महिला ने यह

कहा कि उसका अपनी सास के साथ जैसा सम्बन्ध रहा है, वह अपनी बहू के साथ उससे ज़्यादा अच्छा सम्बन्ध रखने का प्रयास करेगी। बहुत–सी युवा माताओं ने यह अपने सास और ससुर के सख़्त बरताव का उल्लेख किया। विशेष रूप से इन माताओं से यह उम्मीद की जाती है कि वे घर और खेत में काम करें। लेकिन इसके बावजूद ये सभी अपने भविष्य की बहुओं से यह अपेक्षा करती हैं कि वे खूब काम करेंगी क्योंकि ऐसा करना गाँव के जीवन के लिए आवश्यक है। हमने स्कूल जाने वाले कई लड़कों का भी साक्षात्कार लिया। ये लड़के भी यह चाहते हैं कि भविष्य में आने वाली उनकी पत्नियाँ पर्दा करें, सूट–सलवार की जगह साड़ी पहनें तथा गाँव के सामाजिक अनुशासन का अनुपालन करें। हालाँकि हमें उस समय आश्चर्य हुआ, जब हमने यह पाया कि बहुत–सी युवा और अधेड़ विवाहित महिलाओं ने दिन के समय लिपस्टिक लगा रखी है। इन महिलाओं ने घर का काम करते समय या सरसों के बीज साफ़ करते समय भी लिपस्टिक लगायी थी। अब चेहरे पर पाउडर लगाने की तरह ही लिपस्टिक भी रोज़मर्रा का सौंदर्य प्रसाधन बन चुका है। इससे यह पता चलता है कि सामाजिक अनुशासन के पहले की तरह रहने के बावजूद नारीत्व और सुन्दरता के बारे में सामाजिक मानकों और अपेक्षाओं में परिवर्तन हुआ है। हालाँकि कुल–मिलाकर महिलाएँ रोज़–ब–रोज़ के घरेलू कामों और जानवरों की देखभाल जैसे बोझिल कामों से घिरी हुई हैं।

सामान्य अपेक्षा के विपरीत ग्रामीण महिलाएँ अधिकार धारण करने वाले नागरिक बनने के सन्दर्भ में आधुनिकता को नहीं देखती हैं। वे इस रूप में पंचायतों से स्व–सहायता समूहों में भागीदारी नहीं करती हैं, और न ही गाँव के विकास की योजनाओं में उनकी आवाज़ को महत्त्व दिया जाता है। लेकिन वे आधुनिकता को उस सामन्ती पितृसत्तात्मक सोच से निकलने के रूप में अवश्य देखती हैं जो निजी जीवन और परिवार के भीतर फ़ैसला करने के सन्दर्भ में उनकी आज़ादी पर पाबन्दी लगाती है। अत्यन्त ग़रीब दलित महिलाओं के लिए निजी जीवन में इस प्रकार की आज़ादी महत्त्वपूर्ण और वांछित है, लेकिन इसके साथ ही वे चाहती हैं कि राज्य ऐसे कदम उठाये जिससे उनकी ग़रीबी ख़त्म हो, तथा उन्हें जातिगत प्रभुत्व की स्थिति से बाहर निकलने में सहायता मिले।

अमूमन यह माना जाता है कि आधुनिकता से शासन–व्यवस्था, समाज, अर्थव्यवस्था और आत्म के सन्दर्भ में निम्नलिखित परिवर्तन होते

हैं। शासन–व्यवस्था के क्षेत्र में पूर्व–आधुनिक राज्यों के विपरीत आधुनिक राज्य शासक और शासितों के बीच एक समझौता लागू करता है, जो एक राष्ट्र–राज्य की रूपरेखा के भीतर शासित नागरिकों को कुछ निश्चित अधिकार प्रदान करता है। समाज के दायरे में प्रथाओं और परम्पराओं से शासित होने वाले सामाजिक सम्बन्धों की प्रकृति धीरे–धीरे ख़त्म हो जाती है और इसका स्थान समझौतापरक सम्बन्ध ले लेते हैं और बहुत से विचारक यह मानते हैं कि ख़ुद 'समाज' एक आधुनिकता की निर्मिति है जो समुदाय की पहले की आवधारणा को ख़त्म करके उसका स्थान लेता है। पुराने आर्थिक सम्बन्ध भी धीरे–धीरे बाज़ार सम्बन्धों में बदल जाते हैं। इन सारे बदलावों के माध्यम से आधुनिकता 'व्यक्तित्व' (परसनहुड) का भी निर्माण करती है, और ऐसे व्यक्तियों के उभार को देखते हैं, जो स्वतन्त्र इच्छा और तर्क–बुद्धि का प्रयोग करते हैं। महिलाओं की आकांक्षाओं और विवाह मानकों के उपरोक्त विश्लेषण में हमने देखा है कि महिलाओं के व्यक्तित्व के पुनर्निर्माण का प्रयास हो रहा है, जहाँ महिलाएँ प्रथा और परम्परा के बन्धनों से उबरती हुई स्वतन्त्र इच्छा के निर्माण का प्रयास कर रही हैं।

## टिप्पणी

1. गाँव के युवाओं में इन विषयों की लोकप्रियता स्पष्ट रूप से यह बताती है कि उनके बीच विज्ञान और व्यावसायिक (वोकेशनल) शिक्षा को बढ़ावा देने की आवश्यकता है।

## सन्दर्भ


ब्लैंचर, थेरेसे, 2005, 'बांग्लादेशी गर्ल्स सोल्ड ऐज वाइव्स इन नॉर्थ इंडिया', *इंडियन जर्नल ऑफ़ जेंडर स्टडीज़,* स्पेशल इशू ऑन मैरिज ऐंड माइग्रेशन इन एशिया 12 (2 और 3)।

चटर्जी, पार्थ, 1994, द नेशन ऐंड इट्स फ्रैग्मेंट्स, न्यू जर्सी : प्रिंस्टन यूनिवर्सिटी प्रेस।

चौधरी, प्रेम, 1993, 'परसिस्टेंस ऑफ़ अ कस्टम : कल्चरल सेंट्रालिटी ऑफ़ घूँघट', *सोशल साइंटिस्ट* 21 (9–11): 91–112।

————, 2004, 'कास्ट पंचायत्स ऐंड द पोलिसिंग ऑफ़ मैरिज़ इन हरियाणा इनफोर्सिंग किनशिप ऐंड टेरीटोरियल एक्सोगेमी', *कंट्रीब्यूशन्स इन इंडियन सोशियोलॉजी* (एन.एन) 38 (1 और 2) : 1–42।

————, 2007, कॉन्टेंसियस मैरिजेज़, इलोपिंग कपल्स : जेंडर, कास्ट ऐंड पैट्रियार्की इन नॉर्दन इंडिया, नयी दिल्ली : ऑक्सफोर्ड यूनिवर्सिटी प्रेस।

दुबे, लीला, 1986, 'सीड ऐंड अर्थ : द सिम्बोलिज़्म ऑफ़ बायोलॉजिकल रिप्रोडक्शन ऐंड सेक्शुअल रिलेशंस ऑफ़ प्रोडक्शन', संकलित, *विजिबिलिटी ऐंड पॉवर : ऐसेज ऑन वीमेन इन सोसायटी ऐंड डेवलममेंट*, सम्पा. : लीला दुबे, एलीनोर लीलूक और श्रीले आर्डिनर, दिल्ली : ऑक्सफोर्ड यूनिवर्सिटी प्रेस, 22–53।

———, 1996, 'कास्ट ऐंड वीमेन', संकलित *कास्ट : इन टवेंटीएथ सेंचुरी अवतार*, सम्पा. : एम. एन. श्रीनिवास, नयी दिल्ली : पेंगुइन इंडिया, 1–27।

जैन, मीनाक्षी, 1996, 'बैकवर्ड कास्ट्स ऐंड सोशल चेंज इन यूपी ऐंड बिहार', संकलित संकलित, *कास्ट : इन टवेंटीएथ सेंचुरी अवतार*, सम्पा. : एम. एन. श्रीनिवास, नयी दिल्ली : पेंगुइन इंडिया, 1–27।

जेफ्री, पैट्रिशिया और रॉजर जेफ्री, 1996, डॉन्ट मैरी मी टू अ प्लोमैन : वीमेन्स एवरीडे लाइव्स इन रूरल नॉर्थ इंडिया, नयी दिल्ली : विस्तार पब्लिकेशन्स।

लैम्बर्ट, हेलेन, 1997, *कास्ट, जेंडर ऐंड लोकैलिटी इन रूरल राजस्थान*, संकलित, कास्ट टुडे, सम्पा. : सी. जे. फुलर, नयी दिल्ली : ऑक्सफोर्ड यूनिवर्सिटी पेपरबैक्स, 93–123।

मोडी, अंजली, 2003, 'व्हेयर लव डाइज फर्स्ट', *द हिन्दू*, संडे मैगजीन, 2 नवम्बर।

राहेजा, ग्लोरिया गूडविन, 1988, *द प्वाइजन इन द गिफ़्ट : रिचुअल प्रेजेंटेशन, ऐंड द डॉमिनेंट कास्ट इन अ नॉर्थ इंडियन विलेज*, शिकागो : यूनिवर्सिटी ऑफ़ शिकागो प्रेस।

ओबेरॉय, पैट्रिशिया, (सम्पा.) : फैमिली, किनशिप ऐंड मैरिज इन इंडिया, दिल्ली : ऑक्सफोर्ड यूनिवर्सिटी प्रेस।

वाडले, सूजन, 2000, 'निगोसिएटिंग न्यू रुल्स ऐंड वैल्यूज़ : फोर जेनेरेशन्स ऑफ़ रूरल नॉर्थ इंडियन वीमेन', संकलित, *इकोनॉमिक डेवलपमेंट ऐंड क्वालिटी ऑफ़ लाइफ़ इन साउथ एशिया*, पब्लिकेशन ऑफ़ साइंटिफिक रिसर्च रिजल्ट्स, नम्बर 5 इंस्टीट्यूशन्स, नेटवर्क्स ऐंड फोर्सेज़ ऑफ़ चेंज़ इन कंटेम्परी साउथ एशिया, जापान : जापानीज़ मिनिस्ट्री ऑफ़ एजुकेशन, साइंस, स्पोर्ट्स ऐंड कल्चर, 189–210।

———, 2007, 'क्लोथिंग इन फिमेल बॉडी : एजुकेशन, सोशल चेंज ऐंड फैशन इन रूरल नॉर्थ इंडिया', संकलित, *विडोज, वाइव्स, मदर्स, डॉटर्स : वीमेन इन नॉर्दर्न इंडिया*, नयी दिल्ली : क्रॉनिकल बुक्स।

# मर्दाना स्थान : उत्तर भारत में ग्रामीण पुरुष संस्कृति*

**प्रेम चौधरी**

पितृसत्ता यह सुनिश्चित करती है कि पूर्ण रूप से पुरुष संस्कृति का प्रभुत्व हो। हरियाणा की स्थिति के अवलोकन से यह बात सामने आती है कि ग्रामीण उत्तर भारत में पुरुष संस्कृति सबसे ज़्यादा एवं सबसे स्पष्ट रूप में गाँवों में एक विशिष्ट और पूर्ण रूप से पुरुष स्थान के निर्माण में सामने आती है। ये पुरुष सत्ता के प्रतीकात्मक और भौतिक–दोनों ही आयामों को प्रदर्शित करते हैं। ये महिलाओं पर पुरुषों की सत्ता को वैधता प्रदान करते हैं। आज़ादी के बाद के दौर में जाति और वर्ग के जिन पदसोपानों (हायरार्किज) पर हमला किया जाता रहा है, किन्तु इन स्थानों पर ऐसे पदसोपानों का समर्थन किया जाता रहा है। अमूमन इन पुरुष स्थानों पर महिलाओं से ज़्यादा पुरुष एकत्रित होते रहे हैं, और यहाँ शक्ति या सत्ता के प्रयोग के सन्दर्भ में पुरुष विशेष रूप से लाभप्रद स्थिति में रहते हैं। ये स्थान घर से लेकर सार्वजनिक दायरे तक फ़ैसले हुए हैं। इसमें बैठक (घर का बाहरी हिस्सा जहाँ बाहर से आने वाले लोग बैठते है; यह पुरुषों के लिए ही आरक्षित होता है), चौपाल (सामुदायिक भवन), और पारम्परिक पंचायत सम्मिलित हैं। इसमें पुरुषों की मनोरंजन की गतिविधियाँ मसलन, शराब पीना, ताश खेलना या पुरुष केन्द्रित लोकप्रिय खेलों में भागीदारी करना भी शामिल है। साथ ही, इसमें पूरी तरह से पुरुषों की सेना को भी सम्मिलित किया जाता सकता है, जिसमें अभी भी हमलावर दस्ते में महिलाओं के प्रवेश का प्रतिरोध किया जा रहा है। गाँव के उपयोग वाले स्थान मसलन गाँव की सड़कें भी इसका उदाहरण हैं क्योंकि एक निश्चित

* *इकोनॉमिक ऐंड पॉलिटिकल वीकली* 49 (47) : 41–49 (22 नवम्बर 2014)।

समय के बाद सिर्फ़ पुरुष ही इसका उपयोग कर सकते हैं। इन सभी स्थानों पर जेंडरीकृत पृथक्ता के आदर्श को बढ़ावा दिया जाता है, जिसमें पुरुषों की उपस्थिति और महिलाओं की अनुपस्थिति 'स्वाभाविक' लगती है।

बहुत से तरीक़ों से यह दिखाया जा सकता है कि स्थान जेंडर आधारित होते हैं, और इस बात को स्वीकार किया जाता है कि विभिन्न सांस्कृतिक सन्दर्भों में जेंडर पहचानों के निर्माण में इसकी महत्त्वपूर्ण भूमिका होती है (होवेन ऐंड हास्चेलमन 2005)। आमतौर पर, ये स्थान पुरुष जनसंख्या के लिए आरक्षित रहे हैं, और विशिष्ट तौर पर पुरुषों द्वारा ही इसका उपयोग किया जाता रहा है। इन स्थानों पर पुरुषत्व की शक्ति और वैधता को मज़बूती दी जाती है और इनका प्रदर्शन किया जाता है। यहाँ पूरी तरह से पुरुष ही एकत्रित होते हैं, और इनके द्वारा घर, गाँव, समुदाय और व्यापक समाज में आदमियों की सत्ता और नियन्त्रण की तरफ़दारी की जाती है, और लगातार उसे वैधता प्रदान की जाती है। स्थान के इस पौरुषीकरण (मर्दाना बनाना) का अर्थ यह है कि इसके माध्यम से भौतिक, समाजिक–सांस्कृतिक, राजनीतिक और विचारधारात्मक जैसे विविध प्रकार के संसाधनों पर पुरुषों का नियन्त्रण सुनिश्चित किया जाता है। विशिष्ट रूप से पुरुष स्थान मर्दानेपन के कुछ निश्चित आयामों को तीखा बनाने का काम करते हैं। इन आयामों में पुरुषों के बीच गहरी दोस्ती, समूह के रूप में एकजुटता, आपस में गाली–गलौच, शराब पीना, झगड़ा करना, आक्रामक और सेक्शुल रूप से खुली भाषा का प्रयोग आदि सम्मिलित हैं। इसके कारण, महिलाओं के शरीर के अंगों से सम्बन्धित गालियों का बड़ी मात्रा में प्रयोग होता है। इन स्थानों पर महिलाओं की स्थिति अत्यन्त दुर्बल होती है। जब महिलाएँ इन स्थानों पर आती हैं, तो इन पर ज़रूरत से ज़्यादा ध्यान दिया जाता है, उनका मज़ाक उड़ाया जाता है, यौन उत्पीड़न किया जाता है या फिर इनके साथ इससे भी ज़्यादा हिंसक बरताव होता है। असल में, पुरुषों का इस तरह का हर जमवाड़ा महिलाओं को नियन्त्रित करने के साधन के रूप में होता है।

## गाँव के साथ पुरुष पहचान

गाँव पर स्थानिक रूप से आदमियों का प्रभुत्व होता है। इसे वे 'हमारा गाँव' घोषित करते हैं। हरियाणा जैसे समाज काफ़ी मज़बूती से पिता के

पक्ष पर आधारित होते हैं (अर्थात् पिता की सम्पत्ति पुत्रों के पास जाती है)। गाँव में बसे लोगों की सम्पत्ति उनके पुरुष वंशजों के पास जाती है। इस प्रथा के कारण बेटियों या बहुओं के रूप में गाँव की महिलाएँ सम्पत्ति से पूरी तरह से अलग हो जाती हैं। चूँकि पुरुषों का पितृ–पक्ष पर दावा होता है, इसलिए वे ख़ुद को गाँव का मूल निवासी मानते हैं अर्थात् वे यही पले–बढ़े हैं। सभी महिलाएँ 'बाहरी' हैं; जिन बेटियों का यहाँ जन्म हुआ है, वे विवाह के बाद यहाँ से चली जायेंगी। इसलिए बेटियों को मूल रूप से गाँव का 'अस्थायी सदस्य' माना जाता है।[1] इस गाँव में विवाह करके आने वाली दुल्हनों का जन्म इस गाँव में नहीं होता है; वे गाँव के मामलों का नियन्त्रण करने वाली *बिरादरी* (समुदाय) और *भाईचारा* से अलग होती हैं। यह भी ग़ौरतलब है कि मूल रूप से बिरादरी या भाईचारा पुरुष अवधारणाएँ हैं, क्योंकि महिलाएँ इससे बाहर होती हैं।[2] इस पुरुष सामूहिकता को मज़बूती देने के लिए *इज़्ज़त* की सर्वव्यापी विचारधारा का उपयोग किया जाता है। यह बुनियादी रूप से एक पुरुष अवधारणा है, और हरियाणवी जीवन के हर पहलू में इसका अस्तित्व है, और यह इसकी संस्कृति का मूल भाग है। अमूमन पुरुष सदस्यों द्वारा हिंसा का प्रयोग करते हुए अन्य व्यक्तियों, या परिवार या एक समूह या एक समुदाय के सम्बन्ध में इसे क़ायम रखा जाता है।

## जेंडरीकृत भूगोल : परिवार और बाहरी दुनिया

पुरुष प्रभुत्व वाले स्थान निजी और सार्वजनिक– दोनों ही दायरों में काफ़ी स्पष्ट रूप से सामने आते हैं। निजी दायरे में परिवार आता है, जो कि अत्यन्त जेंडरीकृत स्थान है। बहरहाल, यह इस क्षेत्र की अनूठी विशेषता नहीं है क्योंकि बहुत–सी संस्कृतियों में घर का भौतिक स्वरूप जेंडरीकृत है; अर्थात् घर प्रतीकात्मक रूप से जनाना और मर्दाना हिस्से में बँटा होता है (डोमोश 2001)। हरियाणा में भू–स्वामी जाति समूहों का अधिकांश घर तीन अलग–अलग भागों से मिलकर बनता है : *घर* (जहाँ लोग रहते हैं), *घेर* (जानवरों का स्थान) और *बैठक*।[3] हरियाणा के पुरुषों की दो महत्त्वपूर्ण आकांक्षाएँ उनके द्वारा आमतौर पर बोले जाने वाले इस कथन से सामने आती हैं : 'पक्की रोटी और पक्की हवेली'। असल में खेतिहर यन्त्रों से परिचय के अलावा पुरुषों की प्राथमिकता यह होती है कि

उनके पास एक अपना पक्का घर हो। 1984–85 में एक किसान परिवार अपने घरेलू बजट का औसतन केवल 4–5 प्रतिशत ही घर बनाने पर ख़र्च करता था (गवर्नमेंट ऑफ़ हरियाणा 1987 : 5, 14–15)। लेकिन 2004–05 के आँकड़ों के अनुसार, एक किसान अब अपने घरेलू बजट का औसतन 13.8 प्रतिशत हिस्सा मकान पर ख़र्च कर रहा था (गवर्नमेंट ऑफ़ हरियाणा 2006 : 88)।

असल में, एक गाँव के भीतर और विभिन्न गाँवों के बीच काफ़ी भिन्नता है। इस क्षेत्र से मेरा पिछले कई वर्षों से जुड़ाव है। मैंने यह पाया है कि पिछले वर्षों में इस ग्रामीण क्षेत्र में काफ़ी बदलाव आया है। अब इस क्षेत्र में काफ़ी संख्या में पक्के और अर्द्ध–पक्के घर बनने लगे हैं, जो पहले के घरों की तुलना में ज़्यादा बड़े हैं। हरित क्रान्ति के कारण इस क्षेत्र के लोगों में समृद्धि आयी। बाद में, शहरीकरण और अर्द्ध–शहरीकरण के कारण भी लोगों के जीवन में बदलाव आया। पश्चिमी उत्तर प्रदेश जैसे हरित क्रान्ति के अन्य क्षेत्रों में भी इसी प्रकार का बदलाव हुआ है। दलितों के बीच भी ऊपर की ओर गतिशील तबके ने पक्का या अर्द्ध–पक्का घर बना लिया और अब वे जानवर भी पालने लगे हैं। इसके लिए बहुत से कारण ज़िम्मेदार हैं, जिनके बारे में मैं अन्य स्थानों पर विस्तार से विवेचना की है (चौधरी 2009)। मेरे फील्ड–वर्क से यह बात सामने आती है कि निम्न जाति और निम्न वर्ग समूहों के लोगों के बीच जिन लोगों की हैसियत बड़ा घर बनाने की है, वे भी अपने घर में एक 'पुरुष स्थान' के रूप में बैठक का निर्माण कर रहे हैं। यह इन समूहों के पहले के व्यवहारों से अलग है, जब इनके यहाँ घर में पुरुष और महिला स्थानों के बीच इस प्रकार का अन्तर नहीं था।

पक्का मकानों के अन्दरुनी हिस्से को अमूमन *घर* कहा जाता है और उससे जनाना (या स्त्री) स्थान माना जाता है। बहरहाल, इस घर के केन्द्र में इसका सबसे प्रभुत्वशाली मर्दाना स्थान होता है, जिसे *बैठक* कहा जाता है। यह मकान के अगले हिस्से में होता है, तथा इसका विस्तार गली/सड़क, अर्थात् बाहरी स्थान तक होता है। यह घर और बाहरी स्थान को जोड़ता है। बैठक से ही शक्ति का प्रयोग किया जाता है। इसे परिवार का मुख्य केन्द्र कहा जा सकता है, जहाँ से हर निर्णय लिया जाता है। *घर* और *घेर* के अतिरिक्त एक *बैठक* बनाने पर ज़ोर देने की प्रवृत्ति इस विचार को रेखांकित करती है कि पुरुष बाहरी दुनिया से लेन–देन या समझौता

करने वाले होते हैं, और महिलाएँ घर के भीतर घरेलू संस्कृति की संरक्षक होती हैं। *बैठक* और *घर* के स्थान के बीच का विभाजन एक परिवार के भीतर लैंगिक विभाजन को दर्शाता है, और यह निजी और सार्वजनिक के बीच के परम्परागत अन्तर को मज़बूती प्रदान करता है। बैठक पौरुषता के प्रतीक के रूप में होता है और यह विशिष्ट रूप से एक पुरुष क्षेत्र के रूप में सामने आता है। अमूमन पुरुषों की कुछ आवश्यकताओं को पूरा करने के लिए या उनके द्वारा कुछ माँगे जाने पर ही महिलाएँ बैठक में आती हैं। पुरुषों के दिन का अधिकांश भाग यहीं गुज़रता है। यहीं वह अपना मनोरंजन करता है, व्यापारिक लेन–देन तथा खेती और बाज़ार से सम्बन्धित अन्य काम करता है, चूँकि यह स्थान परिवार के भौतिक और प्रतीकात्मक अस्तित्व का आश्वासन देता है, इसलिए यह संसाधन और प्रतिष्ठा का स्रोत बन जाता है, और इसे घरेलू दायरे से उच्च स्थान मिल जाता है। महिलाओं को बहिष्करण पुरुषों और महिलाओं के बीच अन्तःक्रिया को न्यूनतम बनाता है। इसके कारण महिलाएँ विभिन्न मसलों पर चर्चा करने, अपनी राय देने या प्रश्न करने से वंचित रह जाती हैं। इसी कारण, वे पुरुषों द्वारा किये जाने वाले फ़ैसलों में भागीदारी नहीं कर पाती हैं, और न ही उन्हें प्रभावित कर पाती हैं। पुरुष इस स्थान का उपयोग गाँव के मसलों, राजनीति, अर्थव्यवस्था के साथ–साथ राष्ट्रीय राजनीति की चर्चा करने के लिए भी करते हैं। यह माना जाता है कि महिलाओं को राजनीतिक विचार रखने की आवश्यकता नहीं है या वे ऐसे विचार रखने में 'असमर्थ' होती हैं। इस तरह, महिलाओं का बहिष्करण यह रेखांकित करता है कि वे 'सिर्फ़ घरेलू दायरे' में रहकर घरेलू काम ही कर सकती हैं।

*चौपाल, बैठक* का सार्वजनिक विस्तार होता है। यदि *बैठक* परिवार की सत्ता का केन्द्र है, तो *चौपाल* को गाँव की सत्ता का केन्द्र कहा जा सकता है। पारम्परिक रूप से, *बैठक* की तरह *चौपाल* भी पुरुषों के लिए आरक्षित स्थान रहा है। अमूमन एक ऊँचे स्थान पर इसे भव्य रूप से बनाया जाता है। इसके सामने एक विस्तृत और खुला स्थान होता है, जिसमें पुरुष जनसंख्या बैठती है। इसी स्थान पर अमूमन गाँव के पंचायत (सरकारी और ग़ैर–सरकारी–दोनों) की बैठक होती है और महत्त्वपूर्ण निर्णय लिए जाते हैं। आमतौर पर, गाँव के पुरुष यहाँ बैठे रहते हैं। वे यहाँ बैठकर बीड़ी पीते हैं, ताश खेलते हैं तथा बहुत से स्थानीय और व्यापक स्तर के मुद्दों की चर्चा करते हैं। यहाँ सभी सरकारी या निजी कार्यक्रम

आयोजित किये जाते हैं। यद्यपि इसे गाँव की साझा सम्पत्ति माना जाता है, किन्तु महिलाएँ इसका उपयोग करने के बारे में कोई दावा नहीं कर सकती हैं। महिलाओं को चौपाल में बहुत कम बुलाया जाता है या उन्हें कभी–कभार ही यहाँ आने की अनुमति दी जाती है। वे उसी समय यहाँ आती हैं, जब उन्हें पंचायत द्वारा विशेष तौर पर यहाँ बुलाया जाता है, या वे किसी सरकारी प्रतिनिधि–मण्डल या पंचायत का हिस्सा होने पर यहाँ आती हैं। हाल ही के समय में आँगनबाड़ी कार्यकर्त्ताओं द्वारा भी इसका उपयोग किया जाने लगा है। लेकिन चूँकि पुरुष महिलाओं द्वारा चौपाल के उपयोग के सख़्त ख़िलाफ़ हैं, इसलिए अमूमन आँगनबाड़ी कार्यकर्त्ता *चौपाल* में जाने से बचती है। इस तरह, वे इस *चौपाल* की उस पहचान को मज़बूत बनाती हैं, जिसके मुताबिक़ यह 'सिर्फ़ पुरुषों का क्षेत्र' है, और वे ही इसका प्रयोग कर सकते हैं।[4]

गाँव की मुख्य *चौपाल* के अलावा अन्य जाति समूहों की भी अपनी चौपाल हो सकती हैं, और विभिन्न जाति समूहों के लोगों की अपनी *चौपाल* हो सकती है। ख़ासतौर पर, निम्न जातियों में अपनी *चौपाल* बनाने की प्रवृत्ति होती है क्योंकि उन्हें प्रभुत्वशाली जातियों की *चौपाल* में जाने की अनुमति नहीं होती है। अमूमन निम्न जाति समूहों के लोग भी प्रभुत्वशाली जातियों की *चौपाल* का उपयोग नहीं करना चाहते हैं क्योंकि ये *चौपाल* उच्च और प्रभुत्वशाली जातियों की *आबादी* (रिहाइशी इलाकों) में स्थित होती हैं। दूसरी ओर, जाट जैसे प्रभुत्वशाली जाति समूह ज़्यादा से ज़्यादा भव्य चौपाल बनाने पर ज़ोर देते हैं। मसलन, सीसाना गाँव में मेहम पंचायत ने एक बड़े *चबूतरे* का निर्माण किया है, जिस पर तक़रीबन 2,000 लोग बैठ सकते हैं।

## पारम्परिक पंचायत : सबसे शक्तिशाली पूर्ण रूप से पुरुषों का संगठन

पारम्परिक पंचायत की संस्था पुरुष सत्ता का एक महत्त्वपूर्ण केन्द्र है। यहाँ बड़ी संख्या में पुरुष सम्पत्ति अधिकारों या उत्तराधिकार या ज़ातिगत या अन्तर्जातीय मसलों, विवाह तथा गाँव और आसपास के क्षेत्रों की शान्ति के लिए ख़तरा पैदा करने वाले विवादों को सुलझाने के लिए आते हैं। यद्यपि समकालीन समय में पारम्परिक पंचायतों के काम के बारे में

बहुत कम जानकारी है, फिर भी वे अभी भी ग्रामीण उत्तर भारत में एक शक्तिशाली ताकत बने हुए हैं (चौधरी 2004)। यह दावा किया जाता है कि इन पंचायतों में समुदाय के सदस्यों की विशिष्ट समस्याओं के सन्दर्भ में एक खुला, निष्पक्ष और लोकतान्त्रिक निर्णय लिया जाता है। बहरहाल, इस तरह की बैठकों में ख़ासतौर पर पुरुष ही आते हैं। पुरुषों की इस सभा में निम्न जातियों के सदस्य अमूमन पीछे बैठे या खड़े रहते हैं। ये लोग एक समूह में सिमटे रहते हैं और वे उस जगह पर नहीं जाते हैं, जहाँ उच्च जातियों के लोग बैठे होते हैं।

ऐसी पंचायत के कार्यों पर ध्यान देने से यह पता चलता है कि इसके समर्थकों के दावों के विपरीत इसकी कार्यप्रणाली लोकतान्त्रिक नहीं है। कई मौक़ों पर कोई एक सम्बन्धित पक्ष मौजूद नहीं होता है, या फिर बहुत कम संख्या में लोग आते हैं। अधिकांश निर्णय महिलाओं पर महत्त्वपूर्ण प्रभाव डालते हैं, किन्तु महिलाओं को पंचायत के भीतर आने की इजाज़त तक नहीं मिलती है। निश्चित रूप से, कुछ ख़ास मामलों में उनकी उपस्थिति से सम्बन्धित पारम्परिक नियमों को तोड़ा भी गया है, किन्तु ऐसा कभी–कभार ही हुआ है।[5] बहरहाल, जब भी ऐसा हुआ है, इसकी तीखी आलोचना की गयी और इसे हतोत्साहित किया गया। इसलिए कभी भी यह एक मानक नहीं बन पाया।

हाल के समय में खाप पंचायतों (एक ऐसा पारम्परिक परिषद, जो एक भौगोलिक क्षेत्र में जाटों के एक–दूसरे से सम्बन्धित गोत्रों के कई व्यापक समूह का प्रतिनिधित्व करता है) की मीडिया और नागरिक समाज में तीखी आलोचना हुई है। इसलिए उन्होंने पूरी तरह से पुरुषों वाले इस पंचायत में कुछ महिलाओं को लाने का प्रयास किया है (चौधरी 2013ख)। जिन महिलाओं को इन पंचायतों में सम्मिलित किया गया है, उनकी बस नाममात्र की ही उपस्थिति होती है। असल में, इन्हें पंचायत में शामिल करने का मुख्य उद्देश्य खाप पंचायतों के आलोचकों का मुँह बन्द करना है। खाप के पुरुष सदस्यों द्वारा इन्हें अपनी मर्ज़ी से चुना गया है। इन महिला सदस्यों को यह निर्देश दिया गया है कि वे ख़ामोश रहें और सिर्फ़ पुरुष सदस्यों का समर्थन करने के लिए ही बोलें। इस बात का कोई प्रमाण नहीं है कि पंचायतों के सिर्फ़–पुरुष नियम में कोई बदलाव किया गया है, या इसे फिर से लिखा गया है।[6] साफ़ तौर पर, पौरुषता या मर्दानापन बुनियादी रूप से इस बात में निहित है कि विशिष्ट रूप से पुरुषों की सभा वाले स्थान

में महिलाओं को प्रवेश न करने दिया जाये। यहाँ क़ानूनी पंचायतों में भी हरियाणा पंचायती राज ऐक्ट, 1994 के अन्तर्गत महिलाओं को 33 प्रतिशत प्रतिनिधित्व देने की गारंटी दी गयी। लेकिन यह प्रावधान भी प्रभावकारी साबित नहीं हुआ है। इस तथ्य को बड़े पैमाने पर स्वीकार किया जाता है कि 'परिवार के पुरुष की छद्म उपस्थिति' के कारण इन पंचायतों में महिलाओं की भागीदारी नहीं हो पायी है, और 'पुरुषों के पूर्वग्रह से भरे रुख' के कारण महिलाओं की आवाज़ अप्रभावी रही है (नागपाल 2013)।

पुरुषों की पारम्परिक सभाओं या बैठकों में पुरुषों की सख़्त छवि और मज़बूत नेतृत्व पर बल दिया जाता है। ये दोनों ही पौरुषता या मर्दानापन से जुड़े हुए माने जाते हैं। इस प्रकार का नेतृत्व चर्चा पर पैनी नज़र रखता है। असहमति की या तो उपेक्षा की जाती है या उसे दबा कर रखा जाता है या प्रभावकारी तरीक़े से सामने नहीं आने दिया जाता है। कई मर्तबा युवा पुरुष ही किसी मामले से काफ़ी हद तक प्रभावित होते हैं। लेकिन ख़ासतौर पर यदि उसके परिवार के अन्य बुजुर्ग सदस्य उपस्थित होते हैं, तो उस युवा पुरुष को अपना विचार रखने का मौका नहीं दिया जाता है। यद्यपि ग्रामीण उत्तर भारत में धीरे–धीरे युवाओं के पक्ष में बदलाव हो रहा है, किन्तु अभी भी उम्र और अनुभव को ज़्यादा सम्मान दिया जाता है। मिसाल के तौर पर, निर्वाचित क़ानून आधारित पंचायत, समान नागरिकता और वयस्क मताधिकार पर आधारित चुनावी संयन्त्र जैसी विभिन्न राज्यों की संरचनाओं की शुरुआत ने शक्ति के सन्तुलन को युवाओं और नये मिश्रित सामाजिक समूहों के पक्ष में मोड़ा है। नौकरशाही और पुलिस के साथ मिलकर ये समूह ही आज़ादी के बाद के भारत की औपचारिक संरचना का निर्माण करते हैं। हरियाणा में संविधिक या क़ानूनी पंचायतों के नेतृत्व के अध्ययन से यह बात सामने आती है कि पंचायतों के 77.5 प्रतिशत सदस्यों की उम्र 50 वर्ष से कम है (सिंह 1985 : 39)। हरित क्रान्ति की शुरुआत के साथ नयी खेतिहर तकनीक तथा मशीनों का प्रचलन बढ़ा और इस क्षेत्र के लोगों का बाहरी दुनिया से सम्पर्क भी बढ़ा। अब यहाँ के लोग बैंकों से उधार लेने लगें तथा उधार चुकाने लगें। इन सब बदलावों के कारण पहले की तुलना में युवा लोगों की भूमिका ज़्यादा बढ़ी। इन कारणों के चलते ग्रामीण हरियाणा के युवाओं की शक्ति में स्पष्ट परिवर्तन दिखता है। इसके परिणामस्वरूप, पुरानी पीढ़ी अब अपनी पुरानी शक्ति की ज़्यादा खुलकर दावेदारी करने की आवश्यकता

महसूस कर रही है तथा इस पीढ़ी के लोग खुद को संयुक्त समुदाय के नेता के रूप में प्रस्तुत कर रहे हैं (चौधरी 2005)। पारम्परिक पंचायत एक संयुक्त समुदाय को बढ़ावा देने का ही प्रयास कर रहा है। इसी सन्दर्भ में यह एक प्रकार के आक्रामक मर्दानापन को बढ़ावा दे रहा है। यदि युवा इसे नहीं अपनाते हैं, तो वे समुदाय में अलग–थलग पड़ जायेंगे। ऐसे युवाओं को 'कमज़ोर' और 'स्त्रैण' (औरतों जैसा) घोषित कर दिया जाता है, और यह कहा जाता है कि ये शहरी/पश्चिमी परिघटना का सामना करने में असमर्थ हैं।

असल में, इस तरह की पंचायत की बैठकों के निर्णयों को मौन रूप से स्वीकार करने वाले पुरुषों की तुलना में ऐसे पुरुषों की संख्या कही ज़्यादा है जो पंचायत के निर्णयों का मुखर रूप से और योद्धा की तरह समर्थन करते हैं। ऐसे युवा पुरुष अमूमन ग्रामीण समाज के अविवाहित/बेरोज़गार युवकों की श्रेणी से आते हैं, जिनके मर्दानेपन को विभिन्न कारणों से सन्दिग्ध माना जाता है (चौधरी 2005)। सिर्फ़ पुरुषों के पंचायत में उन्हें अपना मर्दानापन दिखाने का मौका मिलता है, और वे अन्य पुरुषों की निगरानी में और उनकी मंजूरी के साथ काम करते हैं। इसे 'होमो–सोशल व्यवस्था' (होमो–सोशल इनएक्अमेंट) के रूप में वर्णित किया जा सकता है (किम्मेल 2001)। पुरुष दूसरे पुरुषों की नज़रों में अपने पुरुषत्व को साबित करते हैं। माइकल किम्मेल के अनुसार, वे सम्पत्ति और अपनी अन्य उपलब्धियों को दिखाकर ही ऐसा नहीं करते हैं; असल में न्यायेत्तर निकाय (एकस्ट्रा–ज्यूडिशियल बॉडी) का समर्थन करके/उसमें भागीदारी करने तथा, इसके फ़ैसलों को लागू करने का काम करते हैं; इसके अलावा, ये इस न्यायेत्तर निकाय के तानाशाही और असंवैधानिक कार्यों के लिए इसे वैधता प्रदान करते हैं। यह उनके पौरुषता या मर्दानापन का सार्वजनिक प्रदर्शन होता है, जिसे बाद में उनके नज़दीक के पुरुषों का समूह और पुरुष नेतृत्व स्वीकार करता है।

इस निकाय पर पुरानी पीढ़ी का एकाधिकार होता है, और वही इसे दिशा–निर्देश देता है। यह दिखाया जाता है कि लोकतान्त्रिक तरीक़े से इसके निर्णय लिए जाते हैं, और इन्हें लोकतान्त्रिक तरीक़े से ही लागू किया जाता है। इन निर्णयों से असहमति जताने वाले लोगों को 'महत्त्वहीन लोग' करार देते हुए, उनके विचारों को ख़ारिज कर दिया जाता है। यह 'संयुक्त ग्रामीण पुरुष शक्ति' एक संयुक्त दमनकारी ताकत के रूप में काम

करती है। यह महिलाओं और अन्य जातियों, विशेष रूप से निम्न जाति समूहों के कमज़ोर सदस्यों पर विचारधारात्मक दबाव का प्रयोग करती है। जिन मामलों में पंचायत के फ़ैसलों को लागू करने के लिए हिंसा का सहारा लिया जाता है, वहाँ हिंसा करने की शक्ति के रूप में उनके हाथों में एक अन्य प्रभावकारी हथियार दे दिया जाता है। अपने प्रभुत्व को लागू करने तथा अपनी शक्ति को साबित करने की चाह उच्च जाति समूहों के विभिन्न पुरुषों को एक–दूसरे से जोड़ती है।

## सार्वजनिक स्थान : आनन्ददायक गतिविधियाँ

सार्वजनिक और निजी रूप में दो पृथक् दायरों की विचारधारा का मूल अर्थ यह है कि पुरुष एक महत्त्वपूर्ण सार्वजनिक दायरे अर्थात् खेती में महिलाओं की पूर्ण और बराबर भागीदारी को मान्यता देने के इच्छुक नहीं हैं। इसी तरह, पुरुषों के विपरीत, महिलाओं के खेती के सार्वजनिक स्थान में भागीदारी को सिर्फ़ निजी स्थान के विस्तार के रूप में देखा जाता है (चौधरी 1993)। निजी स्थान में किये जाने वाले काम को मान्यता देने लायक नहीं माना जाता है।

साफ़ तौर पर, उत्पादक कार्यों को महिलाओं के बजाय पुरुषों के साथ जोड़ा जाता है। फिर भी, ग्रामीण क्षेत्रों में पुरुषों के पास काफ़ी खाली समय होता है और यदि खाली समय को एक प्रकार की पूँजी के रूप में देखा जाये, तो यह स्पष्ट है कि महिलाओं के पास यह पूँजी नहीं होती है, और उनके पास इन गतिविधियों से ख़ुद को जोड़ने का सामर्थ्य नहीं होता है (व्हाइटहेड 2002 : 140–43)। दूसरी ओर, पुरुषों को अपने खाली समय में कुछ निश्चित सामाजिक मानकों और व्यवहारों का अनुपालन करना होता है। सभी काम सिर्फ़ पुरुषों से सम्बन्धित होते हैं। मसलन, ये हुक्का पीते हैं, जाड़े में आग के चारों ओर गोला बनाकर बैठते हैं और आग तापते हैं, ताश खेलते हैं या सिर्फ़ पुरुषों द्वारा खेले जाने वाले खेल खेलते हैं। इसके अलावा, वे शराब भी पीते हैं। पिछले कुछ समय में इस क्षेत्र में शराब के अड्डे और ढाबों की संख्या में काफ़ी बढ़ोतरी हुई है। चूँकि इस तरह के अड्डे और ढाबा मुख्य रूप से पुरुष केन्द्रित होते हैं, इसलिए इन्होंने सार्वजनिक स्थानों पर पुरुषों की उपस्थिति में और ज़्यादा बढ़ोतरी की है। बड़ी संख्या में पुरुषों की उपस्थिति ने पुरुष और महिला

के पृथक्ता की विचारधारा को और ज़्यादा मज़बूती प्रदान की है। इसके कारण महिलाओं पर नियन्त्रण और पुरुषों के प्रभुत्व में वृद्धि हुई है।

गाँव में अमूमन यह दृश्य दिख जाता है कि पुरुषों का एक समूह हुक्का पीते हुए ताश खेल रहा है; उनके साथ कुछ और युवक भी खड़े होते हैं जो खेलने वाले लोगों के पास खड़े होकर इस खेल का आनन्द लेते हैं। सार्वजनिक रूप से पुरुषों द्वारा हुक्का पीना और इसे एक–दूसरे से बाँटना काफ़ी प्रतीकात्मक है। हमेशा ही बराबर दर्जे वाले लोग एक–दूसरे को अपना हुक्का देते हैं। यह जाति के समावेशन और बहिष्करण का सबसे शक्तिशाली प्रतीक होता है। उच्च जाति का कोई व्यक्ति निम्न जाति के किसी व्यक्ति को अपना हुक्का नहीं देगा। असल में, उसे यह हुक्का देने का अर्थ होगा कि उच्च जाति का व्यक्ति निम्न जाति के उस व्यक्ति की समानता, पुरुषत्व को स्वीकार कर रहा है। अपना हुक्का किसी अन्य को न देने को उस व्यक्ति के अपमान के रूप में देखा जाता है। इसे एक व्यक्ति या एक परिवार के समुदाय से बहिष्करण के रूप में भी देखा जाता है। जब लोगों को गाँव की *बिरादरी* से निष्कासित कर दिया जाता है, तो इसे *हुक्का पानी बन्द* होने के रूप में भी वर्णित किया जाता है।

हरियाणवी पुरुष पारम्परिक रूप से अपने मनोरंजन के लिए खेल का सहारा भी लेते रहे हैं। इतिहासकारों और समाजशास्त्रियों द्वारा किये गये अनुसन्धानों से यह बात सामने आती है कि विविध पौरुषवादी या मर्दाना छवियों और जीवनशैली को मज़बूती देने में खेल ने एक महत्त्वपूर्ण भूमिका अदा की है (हॉरोक्स 1995)। इस क्षेत्र में पारम्परिक रूप से मौजूद लोकप्रिय खेल प्रतिरोध और एक–दूसरे को छूने आदि से सम्बन्धित है। मसलन, कुश्ती, मुक्केबाजी, कबड्डी, लाठी घुमाने और एथलेटिक्स को ऐसे खेलों में शामिल किया जा सकता है। इन सभी खेलों के लिए मज़बूत शारीरिक क्षमता और ताकत की आवश्यकता होती हैं। इनमें से कुश्ती के खेल को एक जीवनशैली के रूप में देखा जाता है, और इसे पौरुषता या मर्दानापन का सर्वोत्तम प्रतीक माना जाता है। पहलवान (कुश्ती के खिलाड़ी) अपने शरीर को मज़बूत बनाकर अपनी हैसियत में वृद्धि करते हैं। आमतौर पर, त्यौहार, विवाह या मेले के समय कुश्ती के खेल का विशेष आयोजन किया जाता है।

बहरहाल, कुश्ती से जुड़े विभिन्न तबकों के लोगों से बातचीत करने पर यह बात सामने आयी है कि गाँवों में हज़ारों अखाड़े हैं किन्तु अखाड़ों में कुश्ती के प्रति पूरी तरह से समर्पित लोगों की मौजूदगी में कमी आयी है। पहले लोग एक सम्मानित गुरु के निर्देशों के अधीन रहते हुए एक सख़्त नैतिक संहिता का पालन करते थे और अपने आप को शारीरिक रूप से चुस्त बनाने का प्रयास करते थे। लेकिन अब युवक मुख्य रूप से पुलिस या अर्द्ध–सैनिक बल या सेना में नौकरी पाने के मक़सद से अखाड़ों में कुश्ती का अभ्यास करने आते हैं। चूँकि इनका पूरा ध्यान नौकरी पर होता है, इसलिए ये कुश्ती की संस्कृति से जुड़े पारम्परिक मानकों और नैतिक व्यवहारों की संहिता का अनुपालन नहीं करते हैं (अल्टर 1992 : 201)। पहलवानों ने यह स्वीकार किया है कि रियल इस्टेट के भवन निर्माताओं या व्यापारियों को जब बाहुबल की आवश्यकता होती है, तो वे इन्हें काम पर रखते हैं। इन पहलवानों के बारे में यह माना जाता है कि इन्हें एक क़ीमत देकर इनसे ज़मीन पर क़ब्जा करने, किसी घर को खाली करवाने या बदला लेने जैसा काम करवाया जा सकता है। विभिन्न राजनीतिक दलों के नेता भी बड़ी संख्या में अखाड़ों को संरक्षण प्रदान करते हैं। फिर, चुनावों के समय वे इन अखाड़ों के पहलवानों का इस्तेमाल कुछ ख़ास समुदायों के लोगों को धमकाने या उन्हें अपने मताधिकार का प्रयोग न करने देने के लिए करते हैं।

बहरहाल, यह याद रखने की आवश्यकता है कि विद्वानों ने खेल की बुनियादी वर्चस्वशाली विचारधारा को 'पुरुष' विचारधारा के रूप में परिभाषित किया है (सावेद्रा 1997 : 437–54)। यह महिलाओं का बहिष्करण करके या उनका हाशियाकरण करके पुरुष प्रभुत्व का समर्थन करती है। साथ ही, यह पौरुषता और खेल में दक्षता अर्थात् आक्रामक होने, शारीरिक शक्ति से भरे होने, प्रतियोगिता में सफलता और नारीगत गुणों के निषेध के बीच जुड़ाव स्थापित करती है (हाल 2005)।

हरियाणा के परिवेश में खेल को एक महत्त्वपूर्ण सामाजिक भूमिका प्राप्त है, और मानकीय खेल को पुरुष खेल के रूप में देखा जाता है। पारम्परिक रूप से कुछ खेलों को 'पुरुषों का पवित्र स्थान' माना जाता रहा है। इन खेलों में महिलाओं के प्रवेश ने पुरुषों के वर्चस्व के लिए गम्भीर चुनौती पेश की है। ऐसी लड़कियों या महिलाओं ने अपनी सख़्त जेंडर

सीमाओं की अवहेलना की है। इसके अलावा, बेहतरीन महिला एथलीटों की मौजूदगी यह भी दिखाती है कि खेल की शक्ति स्वाभाविक रूप से पुरुषों से जुड़ी हुई नहीं है (बोलीन 2012)। इसलिए, पुरुषों के लिए यह आवश्यक है कि कुछ अपवादों के बावजूद खेल पितृसत्तात्मक और पौरुषवादी जेंडर राजनीति के प्रचार–प्रसार का मुख्य स्थान बना रहे।

## शराब पीने की आदत : बढ़ती बुराई

इस क्षेत्र में शराब पीने की आदत बड़े पैमाने पर मौजूद है। सभी उम्र के पुरुषों में यह आदत तेज़ी से फैल रही है। ये पहले से ही मौजूद पुरुष स्थान में नये प्रकार के सामाजिक और राजनीतिक स्थानों को जोड़ती हैं। इससे मर्दानापन और पौरुषता दिखाने की प्रवृत्ति बढ़ती है। हरियाणा में बढ़ते शराब के अड्डों की बढ़ोतरी में इसे देखा जा सकता है, जो विविध महत्त्वपूर्ण तरीक़ों से पौरुषता के स्थानों को प्रभावित करते हैं।

शराब पीना हमेशा ही ग्रामीण समाज का अभिन्न भाग रहा है। जिन स्थानों पर शराब बेची जाती है या जहाँ लोग बैठकर शराब पीते हैं, वह स्थान विशिष्ट रूप से पुरुषों का क्षेत्र होता है। इन स्थानों पर पुरुषों के समुदाय और सत्ता को स्पष्ट रूप से देखा जा सकता है। साथ ही, यहाँ वैध मर्दाना व्यवहार की तरफ़दारी की जाती है और लगातार उसे दोहराया जाता हे (कैम्पबेल 2000)। यह सार्वजनिक स्थान विशिष्ट रूप से पुरुषों के लिए आरक्षित होता है, और यह अन्य की अनुपस्थिति या अदृश्यता को बढ़ावा देता है। इस अन्य में सिर्फ़ महिलाएँ ही सम्मिलित नहीं हैं, बल्कि इसमें पुरुषों की श्रेणी में भी 'अन्य पुरुष सम्मिलित हैं, जिसमें निम्न जाति समूहों को इसमें स्थान नहीं दिया जाता है। ये शराब ख़रीद सकते हैं किन्तु ये मदिरालय में बैठकर शराब नहीं पी सकते हैं।

औपनिवेशिक दौर में, ब्रिटिश इंडियन आर्मी ने शराब के उपभोग पर निर्णायक प्रभाव डाला। औपनिवेशिक दौर में सेना को शराब का 'स्वाद लेने' को प्रोत्साहित किया जाता था। इसे मर्दानापन और पुरुष के व्यवहार से जोड़ा जाता था। बहुत बार 'सस्ती' या सब्सिडी वाली शराब की उपलब्धता के कारण लोग भारी मात्रा में शराब पीते थे। यह सैनिकों के डर को कम करने, उनके प्रयासों के लिए पुरस्कार देने तथा आक्रामकता और हिंसा के बारे में उनकी सामाजिक झिझक को दूर करने तथा आक्रामक कार्रवाई

के कारण पैदा हुए दर्द को कम करने के लिए इस्तेमाल की जाती थी (गोल्डस्टीन 2001 : 257)।

सेना के जवान अपने गाँव वापस आने पर हमेशा ही रम और व्हिस्की की कई बोतलें लेकर आते थे। इसे वे गाँव में अपने दोस्तों को देते थे या इनके साथ मिलकर इन्हें पीते थे। नशा करने में इनकी गुणवत्ता घर में बनी शराब से ज़्यादा होती थी। जॉन पीअर डॉर्सचेनर के अनुसार, शराब पीने को इसलिए महत्त्वपूर्ण माना जाने लगा कि राजपूतों के साथ ही साथ अन्य लड़ाकू जातियों ने इसे अपने सैन्य विरासत से जुड़ा हुआ माना। साथ ही, वे इसे अपनी पौरुषता से जुड़ा हुआ मानने लगें (1983 : 35, 54)। वहीं, उच्च जातियों से अलग निम्न जातियों और वर्गों में शराब पीने की आदत बढ़ने के लिए दो कारणों को ज़िम्मेदार माना गया। ये दो कारण हैं : आर्थिक वंचना और निम्न आत्म–सम्मान। यह कहा गया है कि अस्थायी रूप से इन नकारात्मक स्थितियों से उबरने के लिए ये शराब का सहारा लेते हैं। अभी भी यह कहा जाता है कि गाँव में रहने वाले रिटायर सेना के जवान सबसे ज़्यादा शराब पीते हैं। उन्हें 'शुद्ध शराब' मिलती है, अर्थात् उन्हें मिलने वाली शराब की गुणवत्ता काफ़ी अच्छी होती है और उसकी क़ीमत बाज़ार की तुलना में कम होती है। यह भी माना जाता है कि सेना के लोग ऐसी शराब को बेचकर मुनाफ़ा कमाते हैं।

इसके अलावा, ऐसे सामाजिक मौक़ों में भी वृद्धि हुई है, जिनमें शराब मिलने की अपेक्षा की जाती है, उसे स्वीकार किया जाता है, अमूमन सामाजिक रूप से इसकी अनुमति दी जाती है। इसमें होली और दिवाली जैसे त्यौहारों के साथ–ही–साथ उत्सव के अन्य अवसर भी सम्मिलित हो गये हैं। इन अवसरों पर पुरुष महिलाओं से अलग होकर शराब पीने के लिए एकत्रित होते हैं। मसलन, किसी के बेटे के जन्म के अवसर पर एकत्रित होने वाले पुरुषों के लिए शराब पीना अनिवार्य बन गया है या फिर जब किसी व्यक्ति को नौकरी मिलती है, ख़ासतौर पर सरकारी नौकरी, तो भी इसे शराब पीने के मौके के रूप में देखा जाता है। सभी पुरुष दोस्त इस 'ख़ास' अवसर का जश्न मनाने के लिए शराब की माँग करते हैं। इसके साथ ही, यह ग़ौरतबल है कि 'पार्टी' करने की लोकप्रियता काफ़ी बढ़ी है, और लोग खुलकर इसकी माँग करने लगे हैं। ऐसी 'पार्टी' में सिर्फ़ पुरुष जाते हैं, और इसमें मुख्य रूप से शराब पीने पर ज़ोर दिया जाता है। बहरहाल, गाँव की पंचायत के चुनाव में शराब का सबसे ज़्यादा उपभोग

किया जाता है। सरपंच के पद के लिए खड़ा हुआ एक उम्मीदवार 3 से 5 लाख रुपये तक की देसी शराब की व्यवस्था करता है। इस शराब को सम्भावित मतदाताओं के बीच बाँटा जाता है। अगर किसी उम्मीदवार की जीत हो जाती है, तो इसके लिए होने वाले जश्न में भी खुलकर शराब बाँटी जाती है।

स्पष्टतः शराब का काफ़ी बड़ी मात्रा में उपभोग किया जाता है, और यह माना जाता है कि इस उपभोग में लगातर वृद्धि हो रही है। 1981 और 2006–07 के बीच विदेशी शराब के उपभोग में 8.13 गुणा वृद्धि हुई, तथा वाइन और बीयर के उपभोग में 10.12 गुणा वृद्धि हुई (*स्टैटिस्टिकल एब्सट्रैक्ट ऑफ़ हरियाणा* 2010 : 558–59)। ऐसी पूरी शराब का उपभोग सिर्फ़ हरियाणा में ही नहीं होता है, क्योंकि यह राज्य शराब और बीयर का अन्य राज्यों में भी निर्यात करता है। लेकिन यदि हम स्थानीय रूप से ठर्रा के नाम में प्रचलित सिर्फ़ देसी शराब के उपभोग पर विचार करें, तो हम यह पाते हैं कि इसके उपभोग में अत्यधिक वृद्धि हुई है : 1966–67 में इसका कुल उपभोग 14,20,345 लीटर था, जो 1980–81 में बढ़कर 49,93,664 लीटर हो गया, अर्थात् इसमें कुल 351.58 प्रतिशत की वृद्धि हुई। 2006–07 में (इस समय के आँकड़े उपलब्ध हैं) देसी शराब का उपभोग बढ़कर 5,75,40,753 लीटर। इस तरह, इसमें 1,152.27 प्रतिशत की वृद्धि हुई। इस राज्य में बड़े पैमाने पर होने वाला शराब का अवैध व्यापार सम्मिलित नहीं है।

शराब के ठेके (लाइसेंस वाली शराब की दुकानों) के बारे में ठीक–ठीक आँकड़ा उपलब्ध नहीं है, लेकिन बहुत से लोग मानते हैं कि इनकी संख्या में काफ़ी वृद्धि हुई है। मौजूदा व्यवहार से यह पता चलता है कि हर 10 किलोमीटर के दायरे में इस प्रकार के ठेकों को बनाया गया है, और 3 किलोमीटर के भीतर शराब की खुदरा दुकान है। अमूमन बस स्टॉप या गाँव के रिहाइशी इलाकों के नज़दीक शराब की दुकानें खुली हुई हैं। ये दुकानें शाम में 6 बजे से लेकर रात 9 बजे तक खुली रहती हैं। यह वह समय होता है, जब कोई भी महिला इन दुकानों के आसपास नहीं दिखती है। शराब सिर्फ़ क़ानूनी रूप से लाइसेंस प्राप्त दुकानों पर ही नहीं, बल्कि सब्ज़ी और चाय की दुकानों पर भी खुलकर बिकती है। यहाँ छोटे–छोटे पाउच में 2 और 5 रुपये प्रति पाउच के हिसाब से शराब बिकती है। स्कूल जाने वाले बच्चे भी ऐसे पाउच को ख़रीदते हैं और शराब पीते हैं। वे काफ़ी

कम उम्र से ही शराब पीकर 'मर्द' बनने की कोशिश शुरू कर देते हैं। हरियाणा के लोग इस बात को लेकर गहरी चिन्ता में है कि शराब पीने की शुरुआत करने वाले बच्चों की उम्र में लगातार गिरावट होती जा रही है। इस बुराई के कारण ही समय–समय पर महिलाओं ने शराब–विरोधी आन्दोलन चलाये हैं (चौधरी 1994 : 257–59)।

पुरुष अपनी शराब पीने की आदत को कैसे देखते हैं, और इसके पक्ष में वे किस प्रकार की दलील प्रस्तुत करते हैं? पुरुषों द्वारा दिया जाने वाला कुछ जवाब बुनियादी रूप से उनके मर्द होने और उनके मर्दानेपन से जुड़ा होता है : (क) पूरे दिन काम करने के लिए शरीर को आराम देना आवश्यक होता है, और शराब पीने से उनके शरीर को आराम मिलता है; (ख) इससे उन्हें आवश्यक सामाजिक पूँजी और पुरुष एकजुटता निर्मित करने में मदद मिलती है अर्थात् इसकी मदद से जाति और बिरादरी के आधार परपुरुषों के बीच नज़दीकी का सम्बन्ध बनता है; (ग) पुरुषों ने यह कहा कि उनके पुरुष होने के कारण उनसे बहुत सारी 'माँगे' और 'अपेक्षाएँ' की जाती हैं, और इस दबाव का सामना करने के लिए उन्हें अक्सर शराब का सहारा लेना पड़ता है। इस तरह का तर्क यह दर्शाता है कि परिवार के ख़र्च में अत्यधिक जेंडर असमानता है, और इसके बारे में सिर्फ़ पुरुष ही फ़ैसला कर सकते हैं। असल में, बहुत–से नारीवादी लेखनों ने यह लिखा है कि परिवार के ख़र्चों की तुलना में शराब पीने में होने वाला 'फिजूल ख़र्च' जेंडर के आधार पर अन्याय है (वेरा–सैन्सो 2002)।

## निष्कर्ष

गाँवों में सामाजिक और आर्थिक परिवर्तन हुए हैं और बड़े पैमाने पर शहरीकरण हुआ है। शहर और गाँव के बीच जुड़ाव भी बढ़ा है और इसके साथ बहुत से ऐसे साझा स्थान विकसित हुए हैं, जो जेंडर के मामले में तटस्थ हैं। इससे विशेष रूप से पुरुष जनसंख्या के बीच बेचैनी में बढ़ोतरी हुई है। गाँव में वाद–विवाद का मुख्य बिन्दु यह है : वे (स्थानीय लोग) ख़ुद को किस रूप में देखना चाहते हैं? शहरी लोगों की विद्रूप नकल के रूप में या ये अपनी विशिष्ट पहचान कायम रखना चाहते हैं? ये प्रश्न इसलिए बहुत महत्त्वपूर्ण हो जाते हैं क्योंकि मोटे तौर पर शहरी लोग

ग्रामीण लोगों को हीन मानते हैं। शहरी स्थानों की बढ़ोतरी इसलिए भी समस्यापूर्ण है क्योंकि यह वर्ग और जाति–दोनों ही सन्दर्भों में मुक्तिकारी है, और इसके कारण जेंडर मुद्दों के सन्दर्भ में काफ़ी अनिश्चितता पैदा होती है। हरियाणा में आधुनिकता द्वारा मर्दाना पहचानों के कुछ निश्चित आयामों को मज़बूती भी मिली है। इसके कारण, महिलाओं को ऐसी मुख्य समस्या के रूप में देखा जाने लगा है, जिसे नियन्त्रित करने की आवश्यकता है। शहर–ग्रामीण क्षेत्र के बीच के परस्परव्यापी क्षेत्रों में पुरुष स्थान का क्षरण हुआ है। मसलन, ग्रामीण क्षेत्रों में पुरुष यह दावा करते हैं कि अँधेरा होने पर सिर्फ़ वे ही सड़कों पर रह सकते हैं, लेकिन शहरों के साथ ही शहर और गाँव के बीच के परस्परव्यापी क्षेत्र में उनके इस दावे को चुनौती मिली है। अब बड़ी संख्या में महिलाएँ रात में भी बाहर निकलकर घूम रही हैं। ऐसे समय में पुरुष अमूमन बाहर खड़े रहते हैं, एक–दूसरे के साथ झगड़ा या गाली–गलौच करते हैं, जुआ खेलते हैं या सिर्फ़ खड़े होकर आने जाने–वाली महिलाओं को घूरते रहते हैं। महिलाओं के लिए यह पूरा दृश्य बहुत ही बुरा होता है। सड़कों पर महिलाओं के ज़्यादा दिखने के साथ ही उनके ख़िलाफ़ होने वाले अपराधों में भी वृद्धि हुई है। कई अर्थों में इसे सड़क के स्थान पर मर्दाना नियन्त्रण के ख़त्म होने की प्रतिक्रिया माना जा सकता है। असल में, इसने पुरुष जनसंख्या के बीच बेचैनी और अशान्ति पैदा की है। चूँकि वे अपने नियन्त्रण में होने वाले इस क्षरण को नहीं रोक पाये हैं, इसलिए ग्रामीण जीवन में उनके बीच असन्तोष देखा जा सकता है।

गाँव की अर्थव्यवस्था, शासन और समाज में पैदा होने वाली दरारों के कारण अतीत की अवधारणा के प्रति एक गहन मोह का भाव पैदा हुआ है। खाप पंचायतों द्वारा वर्तमान समय में समुदाय पर अपनी दावेदारी अतीत के प्रति इस मोह को अभिव्यक्त करती है। यह महसूस किया जाता है कि समय–समय पर ग्रामीण क्षेत्रों के मर्दानापन की पुष्टि करने और उसे मान्यता देने की आवश्यकता है। जब भी कोई वास्तविक या काल्पनिक चुनौती आती है, तब इस तरह मर्दानापन दिखाने का प्रयास किया जाता है। इन अवसरों का प्रयोग पौरुषता या मर्दानापन के पारम्परिक रूप की फिर से दावेदारी करने के लिए किया जाता है। इस सन्दर्भ में खाप पंचायतों में पुरुषों द्वारा तथाकथित 'सम्मान से जुड़े अपराधों' के बारे में अपनाये जाने वाले रुख का विशेष रूप से उल्लेख किया जा सकता है

(चौधरी 2004)। वर्तमान समय की इन घटनाओं ने स्थायी समुदाय की परम्परा और आदर्श के आसपास विमर्श को बढ़ावा दिया है। इन विमर्शों में एक ऐसे 'आदर्श स्थान' की सुरक्षा पर बल दिया जाता है, जो कुछ और नहीं बल्कि विशिष्ट रूप से पुरुषवादी स्थान है। इस तरह के स्थान जेंडर की सीमाओं पर नियन्त्रण को बढ़ावा देते हैं। गाँव के पुरुषों ने सिर्फ़ पुरुषों के स्थान को बदलने या इसमें महिलाओं को सम्मिलित करने के प्रति अनिच्छा ही दिखाई है। यह बदलाव के समय सत्ता की संरचना को बदलने के प्रयास को दिखाता है।

इस सन्दर्भ में इस बात पर ग़ौर करने की आवश्यकता है कि गाँव और समुदाय की सामूहिकताएँ कुछ निश्चित स्थानों को 'साफ़ करने' के लिए काम कर रही हैं। ये वे स्थान हैं जो पुरुष स्थानों के मानकों का उल्लंघन कर रहे हैं। इन निश्चित स्थानों की सफ़ाई के माध्यम से पुरुष स्थानों को सुरक्षित रखने का प्रयास किया जा रहा है। लोगों के बीच आर्थिक विकास करने की चाह बढ़ी है और इसी तरह शिक्षा पर भी काफ़ी बल दिया जाने लगा है। इन दोनों ही क्षेत्रों में सांस्कृतिक आयाम की अत्यन्त महत्त्वपूर्ण भूमिका सामने आयी है। इस सन्दर्भ में यह ग़ौरतलब है कि खाप पंचायतों ने गाँवों में सह–शिक्षा पर रोक लगाने की पहल की है। 21 मार्च 1993 को सोनीपत ज़िले के सीसाना गाँव में एक सर्व खाप पंचायत हुई। इसमें सह–शिक्षा के स्कूलों की स्थापना के ख़िलाफ़ सर्वसम्मति से प्रस्ताव पारित किया गया। इसमें यह कहा गया कि लड़के और लड़कियों को एक साथ पढ़ाना 'ख़तरनाक' और नैतिक रूप से ग़लत है। अब इस प्रकार के प्रस्ताव वार्षिक कर्मकाण्ड बन चुके हैं, और इनका लक्ष्य महिलाओं से उपलब्ध सार्वजनिक स्थानों को उनसे छीनना है। सिर्फ़ लड़कों के स्कूल की माँग का एक लक्ष्य महिलाओं की 'हिफ़ाज़त' करना या उनके बीच नज़दीकी सम्बन्ध बनने से रोकना ही नहीं है। लेकिन इसके साथ ही इस दृष्टिकोण के समर्थक यह मानते हैं कि 'वास्तविक पुरुष' तैयार करने के लिए यह ज़रूरी है कि लड़कों की अलग शिक्षा की व्यवस्था की जाये क्योंकि महिलाओं की उपस्थिति से वास्तविक पुरुष का विकास नहीं हो पायेगा (मैनगन ऐंड वालविन 1987)। निश्चित रूप से, खाप द्वारा लड़कों और लड़कियों को अलग–अलग करना स्कूलों को मर्दाना बनाने का प्रयास है।

स्कूल, बैठक, चौपाल, मनोरंजन की गतिविधियों, शराब पीने, खेल या सबसे शक्तिशाली पंचायत–हर स्थान पर पुरुषों का वर्चस्व है। इनके माध्यम से ये पुरुष, इससे बाहर छूट गये समूहों, विशेष रूप से महिलाओं को नियन्त्रित करते हैं, तथा उनके लोकतान्त्रिक और मानव अधिकारों की अवहलेना करते हैं। ये पुरुष या मर्दाना स्थान महिलाओं के लिए सामाजिक दूरी का निर्माण करते हैं तथा समाज के अन्य लोगों से उनके मेल–जोल को सीमित करते हैं। इसमें जिन लोगों का आर्थिक संसाधनों पर नियन्त्रण होता है, वे ही सत्ता का प्रयोग करते हैं और निर्णय लेते हैं। इस तरह के मसलों को सुलझाने के लिए क्या किया जा सकता है? इस प्रश्न का उत्तर देना कठिन है। मर्दाना स्थान उस समाज के बारे में बताते हैं जो उन्हें सांस्कृतिक रूप से उत्पन्न करता है, और उन्हें वैधता प्रदान करता है (दोमोश 2001)। चूँकि ये समाज के प्रतीक होते हैं, इसलिए क्या समाज में परिवर्तन किये बिना इन्हें बदला जा सकता है? क्या हम समाज के प्रतीकों में परिवर्तन करके समाज परिवर्तन की उम्मीद कर सकते हैं? दूसरी ओर, यदि महिलाओं की इन प्रतीकात्मक स्थानों तक पहुँच नहीं है, तो हम सामाजिक संरचनाओं और स्थितियों में परिवर्तन की उम्मीद कैसे कर सकते हैं? इस बात से इनकार नहीं किया जा सकता है कि शक्ति या सत्ता प्रतीकात्मक और भौतिक वस्तुओं के नियन्त्रण से जुड़ी होती है, इसलिए ये दोनों काफ़ी मज़बूती से एक–दूसरे से जुड़े हुए हैं। इन स्थानों की विशिष्ट प्रकृति में बदलाव में यह सम्भावना है कि वांछित दिशा में परिवर्तन को प्रोत्साहित किया जा सकता है, और इसमें जेंडर सम्बन्धों में बदलाव की सम्भावना भी सन्निहित हो सकती है। सिर्फ़ पुरुषों के स्थान की संस्कृति विषमताओं को स्वाभाविक और अनिवार्य साबित करके उन्हें सामान्य बनाती है। इस पर हमला करने से पूरी तरह से पुरुषों की सत्ता को कायम रखने की प्रवृत्ति और ख़ुद पितृसत्ता हमला किया जा सकता है।

## टिप्पणी

1. उत्तर भारत के अधिकांश भागों में विवाहों का नियमन करने वाले अधिकांश नियम एक ओर जातिगत अन्तर्विवाह और दूसरे गाँव या एक निश्चित भू–क्षेत्र से बाहर विवाह करने पर निर्भर हैं। विवाह के मामले में इन नियमों का सख़्ती से अनुपालन किया जाता है। बड़े पैमाने पर होने वाले तथाकथिर 'ऑनर किलिंग' (सम्मान के लिए हत्या) प्रथागत नियमों के उल्लंघन से प्रत्यक्ष रूप से जुड़े होते हैं। विस्तार के लिए देखें, चौधरी (2007 : 92–138)।

2. *बिरादरी* शब्द को इसके उपयोग के अनुसार अलग–अलग तरीक़े से परिभाषित किया जाता है। मिसाल के तौर पर, मैक्किम मैरीयट का यह मानना है कि '*बिरादरी* शब्द सिर्फ़ गाँव के स्तर पर एक ठोस संरचनात्मक इकाई के बारे में ही नहीं बताता है, बल्कि यह विभाजन के किसी भी स्तर पर पितृ पक्ष की ओर से वास्तविक या काल्पनिक जुड़ाव के बारे में भी बताता है (1962)। एक जाति समूह के सन्दर्भ में, *बिरादरी* एक ऐसा सामाजिक समूह है जो उन पुरुषों से मिलकर बनता है, जो यह मानते हैं कि वे एक ही पुरुष पूर्वज के वंशज हैं। इसके कारण ये बराबर और एक–दूसरे के भाई हो जाते हैं। लेकिन गाँव के सन्दर्भ में इस्तेमाल होने पर बिरादरी और भाईचारा पूरे गाँव के बारे में बताते हैं, और सैद्धान्तिक रूप से ये जाति, वर्ग और पंथ के भेदभाव से परे चले जाते हैं। वास्तविक व्यवहार में इससे निम्न जाति के समूहों को बाहर रखा जाता है। भू–क्षेत्र के सन्दर्भ में इसका विस्तार एक गाँव से गाँवों के एक समूह तक हो सकता है।

3 हरियाणा में ग्रामीण परिवारों के व्यापक विवरण और प्रत्येक स्थान द्वारा किये जाने वाले कार्यों के विवरण के लिए देखें, चंधोक (1990 : 223–65)।

4. अँधेरे के बाद पंजाब के गाँव की सड़कों/गलियों के एक जीवन्त चित्रण में यह बताया गया है कि अँधेरा होने के बाद ये सड़कें पूरी तरह से पुरुष स्थान में तब्दील हो जाती हैं तथा ये महिलाओं के लिए ख़तरनाक बन जाती हैं, देखें चोपड़ा (2003 : 36–49)।

5. मसलन, जुलाई, 2000 में जोंधी गाँव के आशीष और दर्शना मामले में दर्शना को दो बार पंचायत के सामने आने के लिए मजबूर किया गया और उससे यह कहा गया कि वह पंचायत के फ़ैसले का अनुपालन करे। उसे बहू से बेटी बनाने के लिए उसके घूँघट को उठा दिया गया, देखें चौधरी (2004)।

6. अप्रैल 2014 में हिसार के नारनौड गाँव में सतरोल खाप की पंचायत हुई। इसमें इस खाप के एक भाग के रूप में एक महिला विंग (महिला शाखा) भी खोली गयी तथा एक महिला नेता को इसका अध्यक्ष बनाया गया। बहरहाल, खाप के अध्यक्ष इंदर सिंह मोर ने खुलकर यह कहा कि 'खाप की महिला विरोधी छवि' को ख़त्म करने के लिए ऐसा किया गया है (*द इंडियन एक्सप्रेस* 2014 : 1, 4)। साथ ही, बहुत–सी खाप की पंचायतों ने महिलाओं का स्थान देने का तीखा विरोध भी किया है।

## सन्दर्भ


अल्टर, जोसेफ एस. 1992, *द रेस्टलर्स बॉडी : आइडेनटिटी ऐंड आइडियोलॉजी इन नॉर्थ इंडिया,* बर्कले : यूनिवर्सिटी ऑफ़ कैलिफोर्निया प्रेस।

बेकर, कैथरीन और सारा जेविट, 2007, 'इवैल्यूटिंग 35 इयर्स ऑफ़ ग्रीन रिवोल्यूएशन टेक्नोलॉजी इन विलेजेज़ ऑफ़ बुलंदशहर डिस्ट्रिक्ट, वेस्टर्न यूपी, नॉर्थ इंडिया', *जर्नल ऑफ़ डेवलपमेंट स्टडीज़* 43 (2) : 312–39।

बोलिन, एन. 2012, 'बफ बॉडीज़ ऐंड द बिस्ट : इम्फेसाइज़्ड फेमिनिनिटी, लेबर ऐंड पॉवर, संकलित, *क्रिटिकल रिडिंग्स इन बॉडी बिल्डिंग,* सम्पा. : एडम लॉक्स ऐंड निल रिचर्डसन, लन्दन और न्यूयॉर्क : रॉटलेज़, 29–57।

कैम्पबेल, हग, 2000, 'द ग्लास फेलस : पब(लिक) मैसकुलैनिटी ऐंड ड्रिंकिंग इन रूरल न्यूजीलैण्ड', रूरल सोशियोलॉजी 65 (4): 562–81।

चंधोक, एस. 1990, *नेचर ऐंड स्ट्रक्चर ऑफ़ रूरल हैबिटेशन,* न्यू दिल्ली : कॉन्सेप्ट पब्लिशिंग कम्पनी।

चोपड़ा, राधिका, 2003, 'इनकाउंटरिंग मैसकुलैनिटी : ऐन एथ्नोग्राफर्स डाइलेमा', संकलित, साउथ एशियन मैसकुलैनिटीज़ : कॉनटेक्स्ट ऑफ़ चेंज, साइट्स ऑफ़ कॉन्टीन्यूटी, सम्पा. : राधिका चोपड़ा, कैरोलीन ओसेला और फिलीप्पो ओसेला, नयी दिल्ली : वीमेन अनलिमिटेड, 36–59।

चौधरी, प्रेम, 1993, 'हाई पार्टिशिपेशन ऐंड लो इवैल्यूएशन : वीमेन ऐंड वर्क इन अ ग्रीन रिवोल्यूशन प्रोविंस इन इंडिया (हरियाणा)', *इकोनॉमिक ऐंड पॉलिटिकल वीकली,* XXVIII (52): ए135–ए148।

————, 1994, *द वेल्ड वीमेन : शिफ्टिंग जेंडर रिलेशंस इन रूरल हरियाणा,* नयी दिल्ली : ऑक्सफोर्ड यूनिवर्सिटी प्रेस।

————, 2004, 'कास्ट पंचायत्स ऐंड द पॉलिसिंग ऑफ़ मैरिज इन हरियाणा : इनफोर्सिंग किनशिप ऐंड टेरीटॉरियल एक्सोगेमी', *कंट्रीब्यूशन्स इन इंडियन सोशियोलॉजी* 38 (1) : 1–42।

————, 2005, 'क्राइसिस ऑफ़ मैसकुलैनिटी इन हरियाणा : द अनमैरीड, द अनइम्प्लॉयड ऐंड द एज़्ड', *इकोनॉमिक ऐंड पॉलिटिकल वीकली,* XI(49) : 5189–98।

————, 2007, कॉन्टीन्युअस मैरिजेज़, इलोपिंग कपल्स : जेंडर, कास्ट ऐंड पैट्रियार्की इन नॉर्दर्न इंडिया, नयी दिल्ली : ऑक्सफोर्ड यूनिवर्सिटी प्रेस।

————, 2009, '' 'फर्स्ट ऑवर जॉब्स ऐंड देन आवर गर्ल्स : द डॉमिनेंट कास्ट परशेप्सन्स ऑन द 'राइजिंग' दलित्स'', (*मॉडर्न एशियन स्टडीज़*) 43(2) : 437–79।

————, 2013, 'गार्डियन ऑर सबोतउर? द स्टेट ऐंड द राइट्स टू च्वाइस इन मैरिज', जर्नल ऑफ़ लॉ ऐंड सोशल रिसर्च (कोपेनहेगन) स्पेशल इशू ऑन लॉ ऐंड रनवे वीमेन 4: 7–28।

दोमोश, मोना, 2001, 'आर्किटेक्चर ऐंड प्लानिंग', संकलित, *अ कम्पेनियन टू जेंडर स्टडीज़,* सम्पा. : फिलोमेंसा इसेड, डेविड टियो गोल्डबर्ग और ऑडी कबायाशी, माल्डेन, यूएसए : ब्लैकवेल पब्लिशिंग, 475–83।

डॉर्सचेनर, जॉन पीटर, 1983, *अल्कोहल कंजम्पशन इन अ विलेज इन नॉर्थ इंडिया,* मिशीगन : यूएमआई रिसर्च प्रेस।

गोल्डस्टीन, जोशुआ एस. 2001, *वॉर ऐंड जेंडर : हाउ जेंडर शेप्स द वॉर सिस्टम ऐंड वाइसी वरसा,* कैम्ब्रिज : कैम्ब्रिज यूनिवर्सिटी प्रेस।

गवर्नमेंट ऑफ़ हरियाणा, 1987, *फैमिली बजट्स ऑफ़ कल्टिवेटर्स इन हरियाणा, 1984–85,* चंडीगढ़ : इकोनॉमिक ऐंड स्टैटिस्टिकल ऑर्गनाइजेशन, प्लानिंग डिपार्टमेंट।

————, 2006, *फैमिली बजट्स ऑफ़ कल्टिवेटर्स इन हरियाणा, 2004–2005*, चंडीगढ़ : इकोनॉमिक ऐंड स्टैटिस्टिकल ऑर्गनाइजेशन, प्लानिंग डिपार्टमेंट।

हॉल, माइकल, 2005, 'शिफ्टिंग स्पेसेज़ ऑफ़ मैसकुलैनिटी', संकलित, *स्पेसेज़ ऑफ़ मैसकुलैनिटीज*, सम्पा. : बेटिना वान होवेन और कैथरीन हार्सचेलमैन, लन्दन और न्यूयॉर्क : रॉटलेज : 155–64।

हॉरॉक्स, रॉजर, 1995, *मेल मिथ्स ऐंड आइकॉन्स : मैसकुलैनिटी इन पॉप्यूलर कल्चर*, ग्रेट ब्रिटेन : पेलग्रेव मैकमिलन।

होवेन, बेटिना वॉन और कैथरीन हॉर्सचेलमन (सम्पा.) 2005, *स्पेसेज ऑफ़ मैसकुलैनिटीज*, लन्दन और न्यूयॉर्क : रॉटलेज।

*द इंडियन एक्सप्रेस*, 2014, 'स्ट्रॉम इन अ खाप : फर्स्ट वुमन मेम्बर एम्स टू ब्रिज जेंडर बायस', नयी दिल्ली, 25 अप्रैल।

किम्मेल, माइकल एस. 2001, 'मैसकुलैनिटी ऐज होमोफोबिया : फियर, शेम ऐंड साइलेंस इन द कंस्ट्रक्शन ऑफ़ जेंडर आइडेनटिटी', संकलित द *मैसकुलैनिटीज रीडर*, सम्पा. : स्टीफेन एम. व्हाइटहेड और फ्रेंक जे. बैरेट, कैम्ब्रिज : पॉलिटी, 266–87।

मैनगन, जे.ए. और जे. वालवीन (सम्पा.) 1987, *मैनलीनेस ऐंड मॉरैलिटी, मिडिल क्लास मैसकुलैनिटी इन ब्रिटेन ऐंड अमेरिका 1800–1940*, न्यूयॉर्क : सेंट मार्टिन्स प्रेस।

मैरीयट, मैक्किम, 1962, 'कम्युनिकेशन्स : रिज्वाइंडर टू रोडा मेरॉक्स', *जर्नल ऑफ़ एशियन स्टडीज़* 21(20189 : 263–65।

नागपाल, रीतेश, 2013, 'वीमेन्स इम्पावरमेंट इन हरियाणा : रोल ऑफ़ फिमेल रिप्रेजेंटेटिव्स ऑफ़ पंचायती राज इंस्टीट्यूशन्स', *एशियन जर्नल ऑफ़ मल्टीडायमेंशनल रिसर्च* 2(6) : 1–16।

सावेद्रा, मार्था, 1997, 'स्पोर्ट', संकलित, *अ काम्पेनियन टू जेंडर स्टडीज़*, सम्पा. : फिलोमेना इसेड, डेविड टियो गोल्डबर्ग और ऑड्री काबायाशी, माल्डेन, यूएसए : ब्लैकवेल पब्लिशिंग।

सिंह, हरजियन, 1985, *पंचायती राज एडमिनिस्ट्रेशन इन हरियाणा*, गुड़गाँव : इन्दिरा पब्लिकेशन्स।

*स्टैटिस्टिकल एब्सट्रैक्ट ऑफ़ हरियाणा, 2008–2009*, 2010, चंडीगढ़ : डिपार्टमेंट ऑफ़ इकोनॉमिक ऐंड स्टैटिस्टिकल एनालिसिस।

वेरा–सैन्सो, पेनी, 2002, 'मैसकुलैनिटी, मेल डोमेस्टिक अथॉरिटी ऐंड फिमेल लेबर पार्टीशिपेशन इन साउथ इंडिया', संकलित, *मेन ऐट वर्क : लेबर, मैसकुलैनिटीज, डेवलपमेंट*, सम्पा. : सेसील जैकसन, लन्दन : फ्रेंक कास, 179–98।

व्हाइटहेड, स्टीफेन एम. 2002, *मेन ऐंड मैसकुलैनिटीज*. कैम्ब्रिज, यूके : पॉलिटी प्रेस।

# ग्रामीण भारत में पत्नी–प्रताड़ना

*एक पति का अधिकार? एक सर्वेक्षण के आँकड़ों के प्रमाण**

**शीरीन जे. जेजीभोय**

## प्रस्तावना और उद्देश्य

इस अध्याय का उद्देश्य यह है कि भारत ग्रामीण क्षेत्र में महिलाओं के आँकड़ों के आधार पर घरेलू हिंसा के एक विशेष आयाम अर्थात् पत्नी को पीटने और उसे धमकाने की परिघटना पर प्रकाश डाला गया है। साथ ही, इसमें महिलाओं द्वारा इस हिंसा की व्याख्या का विश्लेषण भी किया गया है। ज़्यादा सामान्य रूप से, यह एक ऐसी पृष्ठभूमि तैयार करने का प्रयास करता है, जिसके माध्यम से महिलाओं से सम्बन्धित अभिसमयों (कंवेंशन्स) के अन्तर्गत सुनिश्चित दायित्वों को पूरा करने में नाकाम रहने के लिए सरकार को ज़िम्मेदार ठहराया जा सकता है। साथ ही, इसके आधार पर पत्नी–पिटाई को रोकने और उसकी जाँच करने, दोषियों को सजा दिलाने तथा पीड़ितों को प्रभावकारी राहत उपलब्ध कराने के लिए समुचित कदम उठाये जा सकते हैं (मसलन, देखें जेजीभोय और कुक 1997)। इस अध्याय में सांस्कृतिक रूप से भिन्न दो स्थानों पर महिलाओं की स्वायत्तता के अध्ययन के सन्दर्भ में आँकड़ों का संग्रहण किया गया है : पहला, उत्तर भारत में उत्तर प्रदेश, जहाँ महिलाओं की स्थिति विशेष रूप से ख़राब है, और दूसरा, दक्षिण भारत के तमिलनाडु में जहाँ महिलाओं की स्थिति तुलनात्मक रूप से अच्छी है।

दक्षिण भारत की तुलना में उत्तर भारत में महिलाओं की स्थिति ज़्यादा कमज़ोर है। मसलन, क्षेत्रीय स्तर पर महिलाओं की स्थिति में अन्तर होने

* *इकोनॉमिक ऐंड पॉलिटिकल वीकली* 33 (15) : 855–62 (11 अप्रैल 1998)।

के काफ़ी मानवशास्त्रीय प्रमाण मौजूद हैं (अल्टेकर 1962; कार्वे 1965)। उत्तर भारत में महिलाओं को तुलनात्मक रूप से कम स्वायत्तता और कहीं भी आने–जाने की कम आज़ादी प्राप्त है। इसी तरह, व्यवहार में उत्तर भारत की महिलाओं का विरासत में सम्पत्ति पाने का अधिकार अत्यन्त सीमित है, तथा विवाह के बाद उनके मायके के परिवार द्वारा उन्हें अत्यन्त कम सहायता दी जाती है (क्योंकि कम उम्र में ही लड़कियों का विवाह दूर स्थित किसी परिवार में कर दिया जाता है। दक्षिण भारत की तुलना में उत्तर भारत की महिलाओं का आर्थिक संसाधनों पर कम नियन्त्रण होता है। इसके विपरीत, दक्षिण भारत की महिलाओं के पास सभी क्षेत्रों में तुलनात्मक रूप से ज़्यादा स्वायत्तता होती है। इनका अपने मायके के परिवार से ज़्यादा नज़दीकी सम्बन्ध होता है, और इनके पास निर्णय लेने का अधिकार ज़्यादा होता है; ये तुलनात्मक रूप से कम अलग–थलग होती हैं; और इनके काम करने तथा संसाधनों पर नियन्त्रण रखने की ज़्यादा सम्भावना होती है। कुछ उपलब्ध सामाजिक संकेतक जेंडर में विषमताओं को दर्शाते हैं और इन क्षेत्रीय भिन्नताओं को स्पष्ट करते हैं। मसलन, उत्तर प्रदेश में महिलाओं की जीवन प्रत्याशा पुरुषों की तुलना में पाँच वर्ष कम है (पुरुषों की जीवन प्रत्याशा 54 और महिलाओं की 49 वर्ष है); वहीं तमिलनाडु में महिलाओं और पुरुषों–दोनों की जीवन–प्रत्याशा 61 वर्ष है। इसके अलावा, उत्तर प्रदेश में मातृ–मृत्यु दर (मैटरनल मॉरटालिटी) 931 है, वहीं तमिलनाडु में यह 319 है। साक्षरता के सन्दर्भ में तमिलनाडु (पुरुषों के 74 प्रतिशत की तुलना में महिलाओं की साक्षरता दर 51 प्रतिशत है) की तुलना में उत्तर प्रदेश (पुरुषों की साक्षरता दर 56 प्रतिशत तथा महिलाओं की साक्षरता दर 25 प्रतिशत है) में जेंडर विषमता ज़्यादा है। स्पष्ट तौर पर, उत्तर प्रदेश में महिलाएँ ज़्यादा कमज़ोर और शक्तिहीन स्थिति में हैं। इसलिए इस बात की ज़्यादा सम्भावना है कि तमिलनाडु की महिलाओं की तुलना में इन्हें अपने पतियों की घरेलू हिंसा का ज़्यादा सामना करना पड़ता है।

हिन्दू–मुस्लिम भिन्नता के बारे में एक सामान्य तस्वीर प्रस्तुत नहीं की जा सकता है। अमूमन हिन्दू महिलाओं की तुलना में मुस्लिम महिलाओं के पास काम के कम अवसर होते हैं; उन्हें शिक्षा हासिल करने का तुलनात्मक रूप से कम मौक़ा मिलता है और आर्थिक संसाधनों पर उनका कम नियन्त्रण होता है। इसी तरह, पति द्वारा छोड़ देने या तलाक़ देने

की स्थिति में इनके पास हिन्दू महिलाओं की तुलना में कम सहारा होता है। स्पष्टतः उपरोक्त सभी स्थितियों में ये हिन्दू महिलाओं की तुलना में ज़्यादा हिंसा का सामना करती हैं। वहीं, कम–से–कम उत्तर भारत में मुस्लिम महिलाओं का विवाह के बाद अपने मायके से हिन्दू परिवारों की तुलना में ज़्यादा गहरा जुड़ाव बना रहता है। यह एक ऐसा कारक है जो उनके साथ घरेलू हिंसा की सम्भावना को कम करता है।

## आँकड़े

इस अध्ययन में जिन आँकड़ों का इस्तेमाल किया गया है, वे हिन्दू और मुस्लिम–दोनों ही तरह की ग्रामीण भारतीय महिलाओं की स्वायत्तता में क्षेत्रीय स्तर की भिन्नताओं का प्रतिनिधित्व करते हैं। इस विषय पर पहली बार इसी अध्ययन में आँकड़े एकत्रित किये गये हैं। इस अध्ययन का मुख्य उद्देश्य स्वायत्तता या सशक्तीकरण की अवधारणा का अध्ययन तथा प्रजनन सम्बन्धी व्यवहार से इसके सम्बन्धों का मूल्यांकन करना था।[1] इस तरह, इस अध्ययन में इस बात की भी जाँच की गयी कि क्या उत्तर और दक्षिण भारत की महिलाओं और हिन्दू तथा मुस्लिम महिलाओं की स्वायत्तता के स्तर में अन्तर है। यद्यपि इस सर्वेक्षण को मुख्य रूप से घरेलू हिंसा को ध्यान में रखकर तैयार नहीं किया गया था, लेकिन इस मुद्दे से सम्बन्धित कुछ प्रश्नों को सम्मिलित किया गया था, ताकि परिवार के भीतर सत्ता सम्बन्धों का मूल्यांकन किया जा सके। इस विषय की संवेदनशीलता को देखते हुए विस्तार हिंसा की घटनाओं या उनके स्वरूप की जाँच–पड़ताल नहीं की गयी। इसके कारण हमारे पास इस विषय के बारे में सीमित आँकड़े समाने आये, जो मोटे तौर पर निष्कर्षों की ओर इशारा करते हैं, और आरम्भिक हैं।

इन आँकड़ों को महिलाओं की हैसियत और उनकी प्रजनन क्षमता[2] के सर्वेक्षण से लिया गया है। इसमें 15–39 वर्ष के बीच की कुल 1,842 महिलाओं से साक्षात्कार लिया गया। इन सभी महिलाओं को उद्देश्यपूर्ण तरीक़े से दक्षिण में तमिलनाडु और उत्तर में उत्तर प्रदेश के दो ज़िलों के दो ब्लॉकों से लिया गया था। दोनों में ही हिन्दू और मुस्लिम–दोनों ही धर्मों की महिलाएँ सम्मिलित थीं। 1993–94 के दौरान यह सर्वेक्षण किया गया था, और इसे मुख्य रूप से महिलाओं की स्वायत्तता को मापने के

लिए तैयार किया गया था। इसलिए, साक्षात्कार के दौरान महिलाओं से उनकी शिक्षा और हैसियत के बारे में प्रश्न पूछे गये। इसके साथ ही, उनसे उनके विवाह से सम्बन्धित बहुत–से व्यवहारों और उनके वैवाहिक जीवन में स्वायत्तता से जुड़े विभिन्न आयामों के बारे में भी प्रश्न पूछे गये। इस तरह इनसे निर्णय करने के उनके अधिकार, कहीं आने–जाने की व्यक्तिगत स्वतन्त्रता, पति–पत्नी के बीच शक्ति सम्बन्ध, पत्नियों की पिटाई के मुद्दे और अन्य पहलुओं पर भी बातचीत की गयी।

## पत्नी–पिटाई : प्रसार और क्षेत्रीय विषमता

उत्तरदाताओं की प्रोफ़ाइल (सारणी 1) से दक्षिण और उत्तर भारत की महिलाओं की स्थिति में विशिष्ट भिन्नताएँ सामने आती हैं। उत्तर भारत की महिलाओं की तुलना में दक्षिण भारत की महिलाएँ ज़्यादा शिक्षित हैं, और उनके द्वारा वेतन हेतु काम करने की सम्भावना ज़्यादा होती हैं। परिवार के लिए ख़रीददारी करने और बच्चों का पालन–पोषण करने जैसे दोनों ही मामलों में दक्षिण भारत की महिलाओं के पास उत्तर भारत की महिलाओं की तुलना में फ़ैसला लेने की ज़्यादा शक्ति होती है; इन्हें कही आने–जाने की ज़्यादा आज़ादी होती है। साथ ही, उत्तर भारत की महिलाओं की तुलना में आर्थिक संसाधनों तक इनकी ज़्यादा पहुँच होती है, और इन संसाधनों पर इनका ज़्यादा नियन्त्रण होता है। यहाँ ग़ैर करने वाली बात यह है कि महिलाओं के जीवन के सभी आयामों में बड़े पैमाने पर क्षेत्रीय विषमता मौजूद है; वहीं प्रत्येक क्षेत्र के भीतर धर्म के आधार पर इनके बीच तुलनात्मक रूप से कम विषमता है।

**सारणी 1 : उत्तरदाताओं की प्रोफ़ाइल**

| | | उत्तर प्रदेश | | | तमिलनाडु | | |
|---|---|---|---|---|---|---|---|
| | औसत | कुल | मुस्लिम | हिन्दू | कुल | मुस्लिम | हिन्दू |
| संख्या | 1,842 | 859 | 421 | 438 | 983 | 547 | 436 |
| महिलाओं की विशेषताएँ | | | | | | | |
| क. शिक्षा (प्रतिशत) | | | | | | | |
| किसी प्रकार की शिक्षा | 47.4 | 28.8 | 18.8 | 38.8 | 62.2 | 70.4* | 53.9 |
| 1–6 तक की स्कूली शिक्षा | 32.8 | 16.2 | 15.4 | 16.9 | 46.2 | 55.9* | 36.5* |
| 7 या ज़्यादा वर्षों की स्कूली शिक्षा | 14.6 | 13.0 | 4.0 | 21.9* | 15.9 | 14.4* | 17.4* |
| ख. शिक्षा अन्तराल : पति की तुलना में शिक्षा हासिल करने का स्तर (प्रतिशत) | | | | | | | |
| काफ़ी निम्न स्तर की शिक्षा | 20.4 | 34.7 | 24.0 | 45.0* | 7.9 | 7.5* | 8.5* |
| औसत रूप से निम्न स्तर की शिक्षा | 36.4 | 28.8 | 26.6 | 30.8 | 43.1 | 46.8* | 38.5* |
| बराबर या उच्चतर स्तर की शिक्षा | 43.2 | 36.6 | 49.4 | 24.2′ | 48.9 | 45.7 | 53.0 |

| ग. आर्थिक गतिविधि : जिसमें ये शामिल रहीं (प्रतिशत) | | | | | | | |
|---|---|---|---|---|---|---|---|
| पिछले साल कोई भी काम | 63.0 | 68.5 | 63.9 | 73.1 | 57.6 | 39.9* | 75.2 |
| पिछले साल वेतन वाला कोई भी काम | 27.1 | 15.7 | 18.1 | 13.2 | 38.6 | 21.2* | 56.0* |
| पिछले साल 6 महीने से ज़्यादा समय तक कोई भी वेतन वाला काम | 11.4 | 4.2 | 2.4 | 5.9 | 18.7 | 12.1* | 25.2* |
| घ. प्रभावी विवाह की उम्र का माध्य | 17.1 | 16.5 | 16.3 | 16.6 | 17.8 | 17.4* | 18.2* |
| ड. मौजूदा उम्र | 28.3 | 27.6 | 27.5 | 27.6 | 29.0 | 29.0 | 29.0 |
| 2. रिश्तेदारी कारक | | | | | | | |
| क. सास के साथ रहने वाली महिलाओं का प्रतिशत | 38.9 | 49.5 | 40.2 | 58.8* | 28.2 | 31.9* | 24.5* |
| ख. दहेज, रुपये में | 31,2000 | 25,777 | 21,196 | 30,257* | 36,624 | 39,921* | 33,324* |
| दहेज के उपयोग में विचार के महत्त्व का इंडेक्स (0–2) | 1.08 | 0.62 | 0.64 | 0.60 | 1.53 | 1.52* | 1.54* |

| स्वायत्तता सूचकांक | | | | | | | |
|---|---|---|---|---|---|---|---|
| क. निर्णय लेने का अधिकार (0–5) | 1.76 | 0.76 | 0.74 | 0.73 | 2.79 | 2.67′ | 2.90* |
| ख. गतिशीलता : 5 स्थानों की संख्या जहाँ उत्तरदाता अकेले जा सकती है | 1.93 | 1.43 | 1.38 | 1.47 | 2.44 | 2.00′ | 2.88* |
| ग. संसाधनों तक पहुँच | 2.02 | 1.81 | 1.86 | 1.75 | 2.24 | 2.21* | 2.27* |
| घ. संसाधनों पर नियन्त्रण | 0.56 | 0.44 | 0.42 | 0.45 | 0.68 | 0.70* | 0.65* |
| 4. परिवार की विशेषताएँ | | | | | | | |
| क. उपभोक्ता वस्तुओं का स्वामित्व : वस्तुओं की संख्या | 1.7 | 1.5 | 2.3 | 2.1 | 2.0 | 2.1 | 1.9 |
| ख. पति की शिक्षा, वर्षों में | 5.6 | 6.3 | 4.4 | 8.2 | 5.0 | 5.3 | 4.6 |

नोट : उत्तर प्रदेश के मुस्लिमों की तुलना में माध्यों में भिन्नताएँ उल्लेखनीय हैं।

***स्रोत : लेखक।***

जब हम घरेलू हिंसा पर विचार करते हैं, तो काफ़ी हद तक अलग तस्वीर सामने आती है। कुल–मिलाकर, हर पाँच में से दो महिलाओं ने यह कहा कि उन्हें अपने पति के हाथों पिटाई का सामना करना पड़ता है। जैसा कि सारणी 2 से स्पष्ट होता है कि प्रत्येक क्षेत्र, धर्म और उम्र वाली महिलाओं को अपने पति से पिटाई का सामना करना पड़ता है। इस मुद्दे के सन्दर्भ में भी उत्तर–दक्षिण का विभाजन सामने आता है, किन्तु यह विभाजन तुलनात्मक रूप से कम है : तमिलनाडु में पति से पिटाई का सामना करने वाली महिलाओं का अनुपात 36–38 प्रतिशत है, वहीं उत्तर प्रदेश में यह 42–48 प्रतिशत है। इस मामले में धर्म के आधार पर प्रत्येक क्षेत्र में कम विषमता है, हालाँकि दोनों ही राज्यों में मुस्लिम महिलाओं की स्थिति तुलनात्मक रूप से थोड़ी अच्छी है। दोनों ही राज्यों में केन्द्रित–समूह चर्चा में विभिन्न जाति समूहों की महिलाओं ने भाग लिया। इन सभी महिलाओं ने यह दोहराया कि पत्नी की पिटाई करने का व्यवहार बड़े पैमाने पर प्रचलित है।

**सारणी 2 : घरेलू हिंसा : प्रसार और क्षेत्र विषमताएँ**

| | उत्तरदाताओं का प्रतिशत | | | |
|---|---|---|---|---|
| | पति द्वारा पिटाई | पति द्वारा धमकाना | पति द्वारा पिटाई और धमकाना | संख्या |
| औसत | 40.9 | 47.5 | 26.8 | 1842 |
| उत्तर प्रदेश | | | | |
| कुल | 44.7 | 58.9 | 36.9 | 859 |
| मुस्लिम | 41.6 | 58.6 | 35.6 | 421 |
| हिन्दू | 47.7 | 59.1 | 38.1 | 438 |
| तमिलनाडु | | | | |
| कुल | 37.2 | 36.2 | 16.7 | 983 |
| मुस्लिम | 35.8** | 35.6* | 14.8* | 547 |
| हिन्दू | 38.5** | 36.8* | 18.6* | 436 |

नोट : * उत्तर प्रदेश के मुस्लिमों की तुलना में माध्यों में भिन्नताएँ उल्लेखनीय हैं।

** उत्तर प्रदेश में हिन्दुओं की तुलना में माध्य में भिन्नताएँ उल्लेखनीय हैं।

***स्रोत : लेखक।***

यदि हम अपने पतियों से डरने वाली महिलाओं पर विचार करते हैं, तो यह विषमता ज़्यादा व्यापक स्तर पर सामने आती है। तमिल महिलाओं में जितनी महिलाएँ अपने पति के हाथों मार–पीट का सामना करती हैं (36–38 प्रतिशत), उतनी ही महिलाएँ अपने पति से डरती भी हैं। इसके विपरीत, उत्तर प्रदेश में जितनी महिलाएँ घरेलू हिंसा का सामना करती हैं (42–48 प्रतिशत), उससे कही ज़्यादा अनुपात में महिलाएँ अपने पति से डरती हैं (59 प्रतिशत)। सबसे दुर्बल समूह उन महिलाओं का होता है, जिनके पति न सिर्फ़ उनकी पिटाई करते हैं, बल्कि उन्हें धमकाते भी हैं। कुल 27 प्रतिशत महिलाएँ सबसे कमज़ोर समूह में आती हैं। उत्तर प्रदेश में ऐसी महिलाएँ 36–38 प्रतिशत हैं तथा तमिलनाडु में ऐसी महिलाओं का अनुपात 15–19 प्रतिशत है। एक बार फिर से, यह एक रोचक तथ्य है कि घरेलू सत्ता या शक्ति सम्बन्धों के मामले में धर्म के आधार पर नहीं, बल्कि क्षेत्र के आधार पर भिन्नता सामने आती है।

इसके अलावा, यह भी एक रोचक निष्कर्ष है कि तीन उम्र–समूहों में घरेलू हिंसा का पूरे जीवन का अनुभव एक जैसा है : 14–24, 25–30 और 21–39 (इस निष्कर्ष को यहाँ नहीं दिखाया गया है)। दुर्भाग्यवश इस अध्ययन में हालिया अनुभवों की जाँच नहीं की गयी। हालाँकि, हाल ही के अनुभवों का परीक्षण करने वाले अध्ययनों में यह पाया गया है कि उम्रदराज महिलाओं को घरेलू हिंसा का कम सामना करना पड़ता है। इसका कारण यह है कि उम्र उन्हें एक निश्चित स्तर की शक्ति प्रदान करती है, जिससे महिलाएँ अपने पति की हिंसा से अपनी सुरक्षा कर सकती हैं। मसलन, बांग्लादेश में हुए एक अध्ययन में यह बात सामने आयी है कि 30–39 और 40–49 वर्ष की महिलाओं की 20–29 वर्ष के बीच की महिलाओं की तुलना में अपने पतियों से पिटाई का सामना करने की सम्भावना क्रमशः आधी और एक–तिहाई होती है (शुलर और अन्य 1996)।

## हिंसा को उकसाने वाली सामान्य स्थितियाँ

अध्ययन से यह बात सामने आती है कि विभिन्न प्रकार की स्थितियों में पत्नियों को अपने पति से मार–पीट का सामना करना पड़ता है। सबसे सामान्य रूप से, अनुशासन न बरतने या पति की अपेक्षाओं को पूरा न करने पर पत्नियों को पिटाई का सामना करना पड़ता है। यह वह कारण

है जिसे आमतौर पर बहुत–सी महिलाओं ने सही भी माना। गर्म खाना परोसने, सास से झगड़ा करने, शराब पीने या बाहरी आदमी के साथ अनुचित तरीक़े से बर्ताव करने को अनुशासन न बरतने की श्रेणी में रखा गया। केन्द्रित–समूह चर्चा में इस बात पर आमतौर पर सहमति थी कि यह हिंसा का एक सामान्य कारण होता है। मसलन, उत्तर प्रदेश में महिलाओं द्वारा यह विचार व्यक्त किया गया कि :

*यदि औरत कोई गलती करती है तो उसका मर्द या पति उसे पीटता है; यदि वह बच्चों को मारती है, तो भी उसका आदमी (पति) उसे मारता है (ब्राह्मण, प्रतापगढ़, उत्तर प्रदेश)।*

*एक पति अपनी पत्नी को कभी–कभार ही मारता है। लेकिन यदि उसकी पत्नी शराब पीती है, उसकी माँ से झगड़ा करती है, अपने पति की बात नहीं मानती है या दुर्व्यवहार करती है, तो वह उसकी पिटाई करता है (जाट, मेरठ, उत्तर प्रदेश)*

**तमिलनाडु में भी इसी तरह के विचार व्यक्त किये गये :**

*यदि एक महिला अपने पति या पति के परिवार की बात नहीं मानती है, तो ऐसी स्थिति में उसकी पिटाई की जाती है। (मुस्लिम, कोयम्बटूर, तमिलनाडु)*

*यदि महिलाओं का व्यवहार ठीक नहीं रहता है या यदि वे अपने परिवार की परवाह नहीं करती हैं, तो उनकी पिटाई की जाती है (गाउंडेर, कोयम्बटूर, तमिलनाडु)।*

यह माना गया है कि घरेलू हिंसा का दूसरा सबसे सामान्य कारण पति की शराब पीने की आदत होती है। महिलाएँ इसके कारण होने वाली हिंसा को पूरी तरह से अनुचित मानती हैं। लेकिन कुछ महिलाओं ने ही इस प्रकार के विचार व्यक्त किये। उत्तर प्रदेश में महिलाओं ने इस ओर संकेत किया :

*जब एक आदमी शराब पीता है, तो वह पिटाई करता है। वह महिला की कोई गलती न होने पर भी उसे पीटता है। (ब्राह्मण, प्रतापगढ़, उत्तर प्रदेश)*

*वे शराब पीते हैं, जुआ खेलते हैं और मार–पीट करते हैं। ये सारी चीज़ें एक साथ चलती हैं। (जाट, मेरठ, उत्तर प्रदेश)*

*जब पति शराब पीता है, तो सबसे बुरी स्थिति होती है। (ब्राह्मण मेरठ, उत्तर प्रदेश)*

*यदि पति का किसी दूसरी औरत के साथ चक्कर होता है, तो वह घर पर शराब पीकर आता है और अपनी पत्नी की पिटाई करता है। हर कोई यह मानता है कि वह गलत है, लेकिन कोई भी उसे कुछ नहीं कह सकता है (ब्राह्मण, प्रतापगढ़, उत्तर प्रदेश)*

**तमिलनाडु में भी इसी तरह के विचार व्यक्त किये गये :**

*पत्नियों की पिटाई होती है। यह ख़ासतौर पर उस स्थिति में बुरा होता है, जब पति शराब के नशे में धुत रहता है। लेकिन यह गलत है, और मैं इसके ख़िलाफ़ हूँ। (मुस्लिम, रामनाथपुरम, तमिलनाडु)*

बांग्लादेश के अध्ययन में भी इनमें से बहुत–सी स्थितियों का वर्णन किया गया (शुलर, और अन्य 1996)। पत्नियों के ख़िलाफ़ घरेलू हिंसा को भड़काने वाले अन्य कारणों में पर्याप्त दहेज न लाना और पति से पैसा माँगना शामिल था। केन्द्रित–समूह चर्चा के दौरान महिलाओं ने इन कारणों का उल्लेख किया।

## पत्नी की पिटाई के पक्ष में तर्क : महिलाओं की नियति

इस सर्वेक्षण में महिलाओं से यह भी पूछा गया कि क्या वे इस बात को सही मानती हैं कि अलग–अलग स्थितियों में पति अपनी पत्नी की पिटाई करते हैं। दुर्भाग्यवश हर राज्य में यह सवाल कुछ अलग तरीक़े से पूछा गया। उत्तर प्रदेश में यह सवाल बिल्कुल सपाट तरीक़े से सामने रखा गया (क्या किसी पुरुष द्वारा अपनी पत्नी की पिटाई करना सही है यदि...)। वहीं, तमिलनाडु में महिलाओं ने बार–बार स्पष्टीकरण माँगा ('आपका मतलब है कि भले ही उसने अपनी पत्नी को इस स्थिति के बारे में सफ़ाई दे दी हो?')। ऐसे में, प्रश्न को इस तरह तैयार किया गया, जिसमें पत्नी की पिटाई 'आख़िरी उपाय' के रूप में सामने आती थी (क्या एक पुरुष द्वारा अपनी पत्नी को उस स्थिति में पीटना सही है, जब वह लगातार कोई ऐसा काम करती रहती है, जिसके बारे में उसे उसके पति ने समझा दिया हो या चेतावनी दे दी हो...)। प्रश्नों की शब्दावली में इस अन्तर के कारण दोनों ही राज्यों में इन प्रश्नों के उत्तरों में सामने आने वाले अनुपातों की आपस में तुलना करना उचित नहीं होगा।

फिर भी, दोनों ही राज्यों में यह बात स्पष्ट रूप से सामने आयी कि महिलाओं के ख़िलाफ़ हिंसा को एक व्यवहार के रूप में स्वीकार किया जाता है। इसे एक महिला की नियति और उसके पति का अधिकार माना जाता है। सारणी 3 यह दिखाती है कि प्रत्येक चार में से तीन महिलाओं का यह मानना है कि पति द्वारा पत्नी की पिटाई करना व्यवहार का उचित या सामान्य तरीक़ा है। पत्नी की पिटाई को न सिर्फ़ स्वीकार्य माना जाता है, बल्कि बहुत–सी स्थितियों में इसे पति का 'अधिकार' भी माना जाता है। मसलन, कई महिलाओं ने यह माना है कि यदि पत्नी घर के काम में कोताही बरतती है या पति की बात नहीं मानती है, तो वह उसकी पिटाई कर सकता है। इस सन्दर्भ में यह उल्लेखनीय है कि इस मसले पर तमिल महिलाओं के विचार उत्तर प्रदेश की महिलाओं से ज़्यादा रूढ़िवादी थे। शायद इसका कारण यह हो सकता है कि प्रश्नों की शब्दावली अलग–अलग थी, जिसके बारे में पीछे चर्चा की गयी है।

सामूहिक चर्चा से यह बात सामने आयी कि महिलाएँ किस सीमा तक घरेलू हिंसा को विवाह का एक अविवादित भाग मानती हैं। उत्तर प्रदेश और तमिलनाडु– दोनों ही स्थानों पर महिलाओं ने पत्नी की पिटाई को पति के अधिकार के रूप में स्वीकार किया। आमतौर पर, यह विचार सामने आया कि जो महिला दुर्व्यवहार करती है, उस पर कभी–कभार बल प्रयोग किया जा सकता है। तमिलनाडु की महिलाओं में इस बात पर आम–सहमति थी कि :

*यदि पत्नी कोई बड़ी गलती करती है तो पति द्वारा उसकी पिटाई करना सही है। आख़िर गाय भी बिना मार खाये अनुशासित नहीं होती है। (मुस्लिम, रामनाथपुरम, तमिलनाडु)*

*जब पत्नी पति की बात नहीं मानती है, तो पति को यह अधिकार है कि वह उसकी पिटाई करे। (गाउंडेर, कोयम्बटूर, तमिलनाडु)। पुरुषों को अपनी पत्नियों के साथ मार–पीट नहीं करनी चाहिए। चूँकि उनका जन्म औरत के रूप में हुआ है, इसलिए हमें अपने पति की बातें माननी चाहिए। (अनुसूचित जाति, रामनाथपुरम, तमिलनाडु)*

**उत्तर प्रदेश की महिलाओं ने भी इसी तरह का विचार व्यक्त किया :**

*पिटाई ख़ुद महिलाओं के लिए अच्छी होती है, इससे उसे अपने दुर्व्यवहार को समझने का मौक़ा मिलता है। (ब्राह्मण, प्रतापगढ़, उत्तर प्रदेश)*

*पिटाई ख़ुद महिलाओं के लिए अच्छी होती है। यदि वह कुछ गलत करती है, कोई चीज़ खो देती है या गुस्से में बच्चों को मार देती है, तो पति को उसे (पीटकर) ठीक करना चाहिए। (ब्राह्मण, राजपुर, उत्तर प्रदेश)*

उत्तर प्रदेश में जाट पुरुषों के साथ एक सामूहिक चर्चा की गयी। इस चर्चा में पुरुषों का दृष्टिकोण स्पष्ट रूप से सामने आया :

*आपको अपनी पत्नी की पिटाई नहीं करनी चाहिए, लेकिन यदि खाना तैयार नहीं है, यदि रोटियाँ गर्म नहीं हैं, तो आपके पास और कौन–सा रास्ता रह जाता है? (जाट पुरुष, उत्तर प्रदेश)*

यद्यपि हर स्थान पर पत्नी की पिटाई को सही माना गया। लेकिन तमिलनाडु की महिलाओं और उत्तर प्रदेश की महिलाओं के विचारों में कुछ हद तक अन्तर है। एक सामूहिक चर्चा में तमिल महिलाओं ने पत्नियों की पिटाई के साथ बहुत–सी शर्तें जोड़ी, मसलन, 'यदि कोई बहुत बड़ी गलती हो तो', 'यदि वह अपने पति की कोई भी बात न मानती हो, तो' 'यदि वह अपने पति द्वारा समझाने के बाद भी वही काम करती रहे तो'। उन्होंने ज़्यादा समझदारी और कम बल प्रयोग के पक्ष में तर्क दिया :

*पति को अपनी पत्नी के साथ मार–पीट नहीं करनी चाहिए। उसे अपनी पत्नी को सलाह देनी चाहिए। सलाह देना पिटाई करने से ज़्यादा अच्छा है (मुस्लिम, तमिलनाडु)।*

इसके विपरीत, उत्तर प्रदेश की महिलाओं ने कभी भी इस तरह की कोई शर्त नहीं जोड़ी। यहाँ की महिलाओं में पति द्वारा की जाने वाली मार–पीट को उसके प्यार की अभिव्यक्ति मानने की प्रवृत्ति भी सामने आयी :

*यह एक पुरुष द्वारा अपनी पत्नी से प्यार दिखाने का तरीक़ा है। यदि वह उसकी गलती नहीं सुधारेगा, तो फिर कौन ऐसा करेगा? (ब्राह्मण, उत्तर प्रदेश)*

## पति को छोड़ने के एक कारक के रूप में पत्नी–पिटाई के बारे में धारणाएँ

सारणी 3 से यह संकेत भी मिलता है कि पति द्वारा बार–बार और गम्भीर तरीक़े से की जाने वाली पिटाई को अमूमन उसे छोड़ने के एक कारण के रूप में नहीं देखा जाता है। दोनों राज्यों में सिर्फ़ 6 प्रतिशत महिलाओं ने यह विचार व्यक्त किया कि यदि एक महिला का पति उसके साथ बहुत ज़्यादा मार–पीट करता है, तो उसे अपने पति को छोड़ देना चाहिए। इसका एक कारण तो यह है कि पत्नी की पिटाई को उसकी नियति और पति के अधिकार के रूप में देखा जाता है अर्थात् इसे नारीत्व का अभिन्न भाग माना जाता है, और आमतौर पर इसे पति को छोड़ने का एक कारण नहीं माना जाता है। दूसरा, और ज़्यादा यथार्थवादी कारण यह है कि महिलाएँ सामाजिक–आर्थिक हक़ीक़तों के बारे में जागरुक होती हैं, और उन्हें यह पता होता है कि अपने हिंसक जीवन को छोड़ने के लिए उनके पास ज़्यादा विकल्प नहीं है।

**सारणी 3 : पत्नी की पिटाई के बारे में रुझान : ऐसे लोगों का प्रतिशत जो यह मानते हैं कि कुछ चुनी हुई स्थितियों में पत्नी की पिटाई करना जायज़ है**

| | | उत्तर प्रदेश | | | तमिलनाडु | | |
|---|---|---|---|---|---|---|---|
| | | कुल | मुस्लिम | हिन्दू | कुल | मुस्लिम | हिन्दू |
| | संख्या | 859 | 421 | 438 | 983 | 547 | 436 |
| क. | ऐसी महिलाओं का प्रतिशत जो यह मानती हैं कि पति द्वारा पत्नी की पिटाई करना सही है, यदि वे | | | | | | |
| 1. | बच्चों को पीटती हैं (कभी भी) :' | 10.5 | 10.0 | 11.0 | – | – | – |
| | भले ही उनके पति ने उन्हें ऐसा न करने की सलाह या चेतावनी दी हो | – | – | – | 28.3 | 28.7 | 28.0 |

| | | | | | | | |
|---|---|---|---|---|---|---|---|
| 2. | वह बेइज्जती करे (कभी भी) | 25.2 | 24.7 | 25.6 | – | – | – |
| | भले ही उसके पति ने उसे ऐसा न करने की सलाह या चेतावनी दी हो | – | – | – | 58.7 | 62.3 | 55.1 |
| 3. | घर के कामों की उपेक्षा करे (कभी भी) | 43.9 | 44.2 | 43.6 | – | – | – |
| | भले ही उसके पति ने उसे ऐसा न करने की सलाह या चेतावनी दी हो | – | – | – | 56.8 | 64.5 | 49.1 |
| 4. | यदि वह उसकी आज्ञा न माने (कभी भी) | 58.0 | 58.9 | 57.1 | – | – | – |
| | भले ही उसके पति ने उसे ऐसा न करने की सलाह या चेतावनी दी हो | – | – | – | 69.8 | 74.9 | 64.7 |
| 5. | शराब पीती हो, ड्रग्स का इस्तेमाल करती हो (कभी भी) | 68.2 | 70.1 | 66.2 | – | – | – |
| | भले ही उसके पति ने उसे ऐसा न करने की सलाह या चेतावनी दी हो | – | – | – | 88.2 | 88.7 | 87.6 |
| 6. | ऐसी महिलओं का प्रतिशत जो यह मानती हैं कि उपरोक्त में किसी भी स्थिति में पति द्वारा पत्नी की पिटाई करना ठीक है (कभी भी) | 73.8 | 73.9 | 73.7 | – | – | – |
| | भले ही उसके पति ने उसे ऐसा न करने की सलाह या चेतावनी दी हो | – | – | – | 92.9 | 94.0 | 91.7 |

| 7. | उन स्थितियों की माध्य संख्या जिनके अन्तर्गत हिंसा करने की स्वीकृति है | 2.1 | 2.1 | 2.0 | – | – | – |
|---|---|---|---|---|---|---|---|
| | भले ही उसके पति ने उसे ऐसा न करने की सलाह या चेतावनी दी हो | – | – | – | 3.0 | 3.2 | 2.7 |
| ख. | ऐसी महिलाओं का प्रतिशत जो इस बात से सहमत हैं कि यदि पति अपनी पत्नी के साथ लगातार मार–पीट करता है, तो उस पत्नी द्वारा अपने पति को छोड़ देना सही है | 5.7 | 5.0 | 6.4 | 5.9 | 4.8 | 6.9 |

नोट : तमिलनाडु में प्रश्न में इस प्रकार संशोधन करना आवश्यक था : 'क्या एक पति द्वारा अपनी पत्नी की पिटाई करना सही है, यदि वह...उसके बताने/सलाह देने/चेतावनी देने के बाद भी...?

***स्रोत : लेखक।***

## पत्नी की पिटाई से सम्बन्धित कारण

यद्यपि कुछ अध्ययनों में घरेलू हिंसा के कारणों का अनुभवसिद्ध आधार पर परीक्षण किया गया है, लेकिन अनुभव से यह बात स्पष्ट रूप से सामने आती है कि महिलाओं की स्वायत्तता का अभाव उनके ख़िलाफ़ होने वाली हिंसा का प्रमुख कारण है। एक अध्ययन के मुताबिक़ किसी समाज में महिलाओं के ख़िलाफ़ हिंसा के प्रचलित होने के लिए मुख्य रूप से निम्नलिखित कारकों को ज़िम्मेदार माना जा सकता है : पुरुषों और महिलाओं के बीच आर्थिक असमानता, संघर्ष के निपटारे के लिए बल–प्रयोग की प्रवृत्ति, पुरुष का प्राधिकार और घर में फ़ैसला लेने की शक्ति पुरुष के पास होना तथा महिलाओं पर तलाक़ सम्बन्धी पाबन्दियाँ प्रमुख हैं (ब्लोच और राव 1995)।

इस सन्दर्भ में यह ग़ौरतलब है कि (क) सिर्फ़ कुछ ही ऐसे कारक हैं जिनका

पत्नियों की पिटाई करने और उन्हें धमकाने में मज़बूत प्रभाव रहता है; और (ख) दोनों राज्यों में सम्बन्धों के स्वरूप में काफ़ी भिन्नता है। पत्नियों के साथ मार–पीट और उन्हें धमकाने के सन्दर्भ में निम्नलिखित प्रमुख कारणों को रेखांकित किया जा सकता है :

*शिक्षा :* दोनों ही राज्यों में शिक्षा महिलाओं को हिंसा और डराने–धमकाने से ख़ुद को सुरक्षित रखनें में महत्त्वपूर्ण भूमिका अदा करती है। द्विचर (बाइवेरिएट) सम्बन्धों में यह कारक विशेष रूप से मज़बूत होता है (इसे यहाँ नहीं दर्शाया गया है), लेकिन यह नियन्त्रणों के लागू होने के बाद भी, थोड़े कमज़ोर रूप में प्रभावकारी होता है। इस तरह, यह इस प्रकल्पना का समर्थन करता है कि शिक्षा महिलाओं को मज़बूती से अपने हक़ों की दावेदारी करने में समर्थ बनाती है। बहरहाल, दो राज्यों में इस सम्बन्ध में अलग–अलग परिदृश्य सामने आते हैं। उत्तर प्रदेश की तुलना में तमिलनाडु में शिक्षा का प्रभाव ज़्यादा गहरा है (ऐसा हर उम्र की महिलाओं के सन्दर्भ में है, भले ही उनकी शादी को कितना ही समय बीत चुका हो)। इस तरह, यह ज्ञात होता है कि सम्बन्धों का स्वरूप तय करने में सांस्कृतिक कारकों की भी भूमिका होती है। तमिलनाडु का समाज तुलनात्मक रूप से ज़्यादा समतावादी है। यहाँ शिक्षा का काफ़ी गहरा प्रभाव पड़ा है। प्राथमिक और माध्यमिक–दोनों ही तरह की शिक्षा ने महिलाओं को हिंसा तथा डराने–धमकाने से अपनी सुरक्षा करने में समर्थ बनाया है। इसके विपरीत, उत्तर प्रदेश का सामाजिक परिदृश्य अत्यन्त पितृसत्तात्मक है। इससे प्राथमिक शिक्षा महिलाओं को ज़्यादा सुरक्षा उपलब्ध नहीं करा पाती है। यहाँ महिलाओं को अपनी सुरक्षा के लिए समर्थ होने के लिए कम–से–कम माध्यमिक स्तर की शिक्षा की आवश्यकता होती है।

*शिक्षा के स्तर में पति–पत्नि के बीच असमानता :* उत्तर प्रदेश में यह बात सामने आयी कि महिलाओं की शिक्षा से ज़्यादा महत्त्वपूर्ण कारक यह है कि महिलाओं और उनके पतियों की शैक्षणिक योग्यता के बीच अन्तर है।[3] जिन महिलाओं की शिक्षा का स्तर अपने पति के बराबर या उससे ज़्यादा है (ऐसे बहुत ही कम मामले हैं), वे उन महिलाओं की तुलना में ज़्यादा प्रभावी तरीक़े से पति की मार–पीट और धमकाने की प्रवृत्ति से ख़ुद को बचा पाती हैं, जिनकी शिक्षा उनके पति से कम है। इसके विपरीत, तमिलनाडु के मामले में इस पहलू से कोई स्पष्ट या उल्लेखनीय प्रभाव सामने नहीं आया।

*विवाह की उम्र :* बहुत–से अध्ययनों में यह बात सामने आयी है कि इस बात की ज़्यादा सम्भावना होती है कि जिन महिलाओं का कम उम्र में विवाह होता है, उन्हें अपनी ससुराल में ज़्यादा अपमान या घरेलू हिंसा का सामना करना पड़ता है। इस तर्क को 15–39 वर्ष की महिलाओं से लेकर हाल ही में विवाहित महिलओं तक के द्विचर सम्बन्ध (बाइवेरिएट रिलेशनशिप) में काफ़ी समर्थन मिलता है। कम उम्र में ब्याही गयी महिलाओं की तुलना में 18 या उससे ज़्यादा उम्र में ब्याही गयी महिलाओं के साथ मार–पीट या धमकी देने की सम्भावना कम होती है। लेकिन उत्तर प्रदेश की तुलना में तमिलनाडु में यह प्रभाव ज़्यादा मज़बूत है। लेकिन जब अन्य कारकों को नियन्त्रित कर लिया जाता है तो देर से विवाह का शक्तिशाली प्रभाव औसत या बहुत कम रह जाता है।

*स्वायत्तता :* आँकड़ों से इस प्रकल्पना को कुछ समर्थन मिलता है कि परिवार के भीतर महिलाओं की बढ़ी हुई स्वायत्तता उन्हें हिंसा से बचाती है। चूँकि स्वायत्तता के चार सूचकांक वर्तमान स्थिति को परिलक्षित करते हैं, जिनमें पत्नी की पिटाई का चलन विवाह के समय से ही प्रभावी रहता है। ऐसे में, युवा महिलाओं के बीच इस सम्बन्ध का सबसे अच्छी तरह परीक्षण किया जा सकता है, जिन्होंने हाल ही के समय में ज़्यादा हिंसा का अनुभव किया है। नतीजों से यह पता चलता है कि इनमें से सभी सूचकांक घरेलू हिंसा को प्रभावित नहीं करते हैं, तथा विभिन्न संस्कृतियों में सम्बन्धों का स्वरूप अलग–अलग होता है। तमिलनाडु में संसाधनों तक पहुँच और उन पर नियन्त्रण से हिंसा की सम्भावना में काफ़ी कटौती होती है। इसके विपरीत, उत्तर प्रदेश में महिलाओं को ज़्यादा ठोस तरीक़े से संसाधनों से अलग–थलग रखा जाता है। उनके कहीं आने–जाने पर ही इसी तरह सुरक्षात्मक प्रभाव काम करता है।

*दहेज की राशि :* कुछ हद तक सर्वेक्षणों से (मसलन, देखें, ब्लोच और राव 1985) और काफ़ी बड़ी मात्रा में अपराध के आँकड़ों और मीडिया की ख़बरों से यह बात सामने आती है कि भारत में बड़े पैमाने पर दहेज के लिए उत्पीड़न होता है। जो महिलाएँ कम दहेज लेकर आती हैं, उन्हें अपने ससुराल में उन महिलाओं की तुलना में ज़्यादा उत्पीड़न का सामना करना पड़ता है, जो ज़्यादा दहेज लेकर आती हैं। उत्तर प्रदेश और तमिलनाडु में द्विच (बाईवेरिएट) सम्बन्ध में इसके कुछ उदाहरण मिलते हैं, लेकिन बहुचर (मल्टीवेरिएट) सम्बन्धों में इसका उदाहरण नहीं मिलता

है। मसलन, द्विच (बाइवेरिएट) सम्बन्धों में (इसे यहाँ दिखाया गया है) हमें यह देखने को मिलता है कि दहेज में मिलने वाली राशि या जेवर और तोहफ़े जितने ज़्यादा होते हैं, पत्नी की पिटाई और डराने–धमकाने की घटनाएँ उतनी ही कम होती हैं। आर्थिक हैसियत और अन्य कारकों को नियन्त्रित करने पर बड़ी मात्रा में दहेज का उत्तर प्रदेश की महिलाओं पर औसत सुरक्षात्मक प्रभाव ही रह जाता है। लेकिन दहेज की मात्रा से भी ज़्यादा महत्त्वपूर्ण बात यह है कि दहेज की राशि और गहनों के उपयोग में विवाहित महिला की आवाज़ को कितना महत्त्व दिया जाता है। दोनों ही राज्यों में जहाँ महिलाओं को अपने दहेज में मिली राशि या गहनों पर नियन्त्रण था, वहाँ उनकी पिटाई होने या उनके धमकाने की सम्भावना कम थी। बहरहाल, हाल ही में विवाहित महिलाओं के बीच यह प्रभाव ज़्यादा स्पष्ट रूप से सामने नहीं आया।

*सास के साथ एक ही घर में रहना :* कई बार सास की दखलन्दाज़ी को युवा विवाहित महिलाओं के ख़िलाफ़ हिंसा को बढ़ावा देने वाले कारक के रूप में देखा जाता है। लेकिन यहाँ इस बात का कोई प्रमाण नहीं है कि जो महिलाएँ अपनी सास के साथ रहती हैं, वे अन्य महिलाओं की तुलना में अपने पतियों से ज़्यादा मार खाती हैं। एक बार फिर से, सन्दर्भ के हिसाब से सम्बन्धों में अन्तर होता है। तमिलनाडु में सम्बन्धियों के समूह के बीच ही बड़ी संख्या में विवाह होते हैं, और अमूमन ससुराल और मायके के परिवार के बीच नज़दीकी सम्बन्ध होता है। ऐसे में, सास के साथ रहने से महिलाओं का हिंसा से बचाव होता है (यह विशेष रूप से द्विचर या बाईवेरिएट सम्बन्धों के बारे में सच है, जिसे यहाँ नहीं दिखाया गया है)। इसके विपरीत, उत्तर प्रदेश में ज़्यादातर गाँव और नज़दीकी रिश्तेदारों से अलग विवाह करने का प्रचलन है। यहाँ लड़की के मायका और ससुराल के बीच दूर का सम्बन्ध होता है। ऐसी स्थिति में, सास की मौजूदगी किसी विवाहित महिला के साथ हिंसा को रोकने या उसे प्रोत्साहित करने में कोई ख़ास भूमिका नहीं निभाती है।

*ज़्यादा सन्तान या पुत्र :* इस बात का बहुत ही हल्का प्रमाण है कि जो महिलाएँ लड़के को जन्म देती हैं, उन्हें अन्य महिलाओं की तुलना में कम हिंसा का सामना करना पड़ता है। किन्तु तमिलनाडु में उर्वरता स्तर तुलनात्मक रूप से कम है, ऐसे में जिन महिलाओं के ज़्यादा बच्चे होते हैं, उनकी हिंसा का सामना करने की सम्भावना ज़्यादा होती है।

*परिवार और सामुदायिक स्तर के संकेतक :* अन्त में, परिवार और समुदाय स्तर के नियन्त्रक घरेलू हिंसा पर काफ़ी प्रभाव डालते हैं। अभी तक इसका सबसे सुसंगत प्रभाव यह रहा है कि परिवार की आर्थिक स्थिति का महिलाओं के साथ होने वाली मार–पीट से जुड़ाव रहा है अर्थात् जिस परिवार की आर्थिक स्थिति अच्छी रही है, वहाँ महिलाओं के साथ घरेलू हिंसा होने की सम्भावना तुलनात्मक रूप से कम रही है। उत्तर प्रदेश में यह तथ्य ज़्यादा मज़बूती से सामने आता है, किन्तु तमिलनाडु में यह तुलनात्मक रूप से कम मज़बूती से सामने आता है। इसके अतिरिक्त उत्तर प्रदेश में (जहाँ हिन्दुओं की तुलना में मुस्लिम अपने नज़दीकी रिश्तेदारी में ज़्यादा विवाह करते हैं) मुस्लिमों की तुलना में हिन्दू महिलाओं की घरेलू हिंसा का सामना करने की सम्भावना ज़्यादा होती है। इसके विपरीत, इस सन्दर्भ में तमिलनाडु में धर्म का कोई ख़ास प्रभाव नहीं है। इसके अलावा, दोनों ही राज्यों के अधिक विकसित ज़िलों में ज़्यादा व्यापक हिंसा के सबूत सामने आते हैं।

अन्य प्रकल्पनाओं को कम समर्थन मिलता है। मसलन, दोनों ही राज्यों में इस प्रकल्पना को समर्थन नहीं मिलता है कि बाहर काम करने वाली महिलाएँ घरेलू हिंसा से सुरक्षित होती हैं। दोनों ही राज्यों में इस सन्दर्भ में कोई ठोस तार्किक सम्बन्ध सामने नहीं आता है, किन्तु गुणकों (कोफिशिएंट्स) से यह संकेत मिलता है कि जो महिलाएँ बाहर काम करती हैं, उनके साथ मार–पीट करने और उन्हें धमकाने की सम्भावना उन महिलाओं की तुलना में ज़्यादा होती है, जो बाहर कमा नहीं सकती हैं। दोनों ही राज्यों में ग़रीबी से त्रस्त महिलाएँ बाहर काम करती हैं। महिलाओं की मज़दूरी (या वेतन) उनके पति की तुलना में काफ़ी कम होती है, और अमूमन उनकी मज़दूरी को पति या परिवार के बड़े–बुजुर्गों द्वारा हड़प लिया जाता है। दूसरे शब्दों में, जो महिलाएँ काम करती हैं, उनके साथ घरेलू हिंसा होने की सम्भावना बनी रहती है। स्पष्टतः इससे पता चलता है कि बाहर वेतन या मज़दूरी के लिए काम करने से महिलाओं के ख़िलाफ़ होने वाली घरेलू हिंसा में कमी नहीं आती है।

संक्षेप में, इस सर्वेक्षण से प्राप्त नतीजे काफ़ी चौंकाने वाले हैं। पहली बात यह है कि सिर्फ़ ग़रीब महिलाएँ ही नहीं, बल्कि हर वर्ग की महिला को घरेलू हिंसा का सामना करना पड़ता है। दूसरा, दोनों ही राज्यों में महिलाओं की स्वायत्तता के आयाम से उनके साथ होने वाली घरेलू हिंसा

जुड़ी हुई है। तीसरा, नतीजों से यह भी पता चलता है कि महिलाओं की स्थिति और स्वायत्तता से सम्बन्धित कारक उत्तर प्रदेश की तुलना में तमिलनाडु में ज़्यादा महत्त्वपूर्ण भूमिका निभाते हैं।

मसलन, तमिलनाडु में जिन महिलाओं की शिक्षा और आर्थिक संसाधनों तक पहुँच होती है, वे अपनी पति द्वारा पिटाई और डराने–धमकाने से बचने में ज़्यादा समर्थ होती हैं। लेकिन इसके विपरीत, उत्तर प्रदेश में इसका प्रभाव कम है। बहुचर सम्बन्धों में गतिशीलता और दहेज पर नियन्त्रण एक मज़बूत सुरक्षात्मक कारक के रूप में सामने आता है। इसके अलावा, माध्यमिक स्कूल तक पढ़ी महिलाएँ इससे कम पढ़ी महिलाओं की तुलना में अपनी सुरक्षा कर पाने में ज़्यादा समर्थ होती हैं। हाल ही में विवाहित महिलाओं में, शैक्षणिक योग्यता एक महत्त्वपूर्ण सुरक्षात्मक कारक की भूमिका निभाती है। ऐसा विशेष रूप से उत्तर प्रदेश के बारे में सच है। अन्य महत्त्वपूर्ण कारक परिवार और सामुदायिक स्तर से जुड़े हुए हैं : आर्थिक हैसियत, धर्म (उत्तर प्रदेश में जहाँ मुस्लिम तो अपने रिश्तेदारों से विवाह करते हैं, किन्तु हिन्दू ऐसा नहीं करते) और ज़िले के विकास का स्तर ऐसे ही कारक हैं। ज़िले के विकास के स्तर के सन्दर्भ में उल्लेखनीय बात यह है कि जिस ज़िले का ज़्यादा आर्थिक विकास होता है, वहाँ कम विकसित ज़िलों की तुलना में महिलाएँ ज़्यादा घरेलू हिंसा का सामना करती हैं।

## निष्कर्ष

भारत में महिलाओं के ख़िलाफ़ होने वाली घरेलू हिंसा एक बहुत ही बड़ी समस्या है, जो न सिर्फ़ स्वास्थ्य के लिहाज़ से खतरनाक है, बल्कि यह सभ्यता के लिहाज़ से भी बहुत बुरी है। मात्रात्मक और गुणात्मक आँकड़ों के बहुस्तरीय विश्लेषण से यह निष्कर्ष सामने आता है कि भारत में बड़े पैमाने पर पत्नियों की पिटाई करने का व्यवहार मौजूद है। इससे भी बड़ी बात यह है कि ख़ुद महिलाएँ इसे सही मानती हैं, और बहुत कम महिलाएँ ऐसे विवाह से बाहर निकलती हैं, जिसमें उन्हें घरेलू हिंसा का सामना करना पड़ता है।

दोनों ही राज्यों में हिंसा का स्तर काफ़ी हद तक एक जैसा है। लेकिन नतीजों से यह बात सामने आती है कि इनके स्वरूप और इनके पीछे काम करने वाले कारक काफ़ी हद तक अलग–अलग हैं। असल में, पति–पत्नी के बीच घरेलू हिंसा पर आधारित सम्बन्ध पितृसत्ता की

शक्ति से नियन्त्रित और संचालित होता है। उत्तर प्रदेश की तुलना में तमिलनाडु के जेंडर सम्बन्ध ज़्यादा समतावादी हैं। यहाँ (तमिलनाडु में) महिलाओं की स्थिति और स्वायत्तता उन्हें घरेलू हिंसा से सुरक्षा दिलाने में महत्त्वपूर्ण भूमिका निभाती है। तमिलनाडु में शिक्षा, देर से होने वाले विवाह तथा आर्थिक संसधानों पर नियन्त्रण जैसे कारक काफ़ी हद तक महिलाओं को उनके पति की हिंसा और धमकी से बचाने का काम करते हैं। इसके विपरीत, उत्तर प्रदेश में इन कारकों का प्रभाव काफ़ी कम होता है। अमूमन पत्नियों की पिटाई के सम्बन्ध में लोगों के रुख़ के बारे में इसी तरह के निष्कर्ष निकाले जा सकते हैं।

इस अध्ययन का सर्वप्रमुख नीतिगत निष्कर्ष यह है कि हिंसा का मुक़ाबला करने वाली रणनीतियों को तत्काल अपनाये जाने की आवश्यकता है। इन नीतियों में इस प्रकार की हिंसा का शिकार हुई महिलाओं की विभिन्न चिन्ताओं का समधान किया जाना चाहिए। साथ ही, इनके द्वारा इस बुराई के बुनियादी कारण अर्थात् महिलाओं की कमज़ोर स्थिति को भी दूर करने का प्रयास करना चाहिए। हमने यह देखा है कि माध्यमिक स्कूल तक शिक्षा, स्वायत्तता और देर से होने वाले विवाह महिलाओं की सुरक्षा पर महत्त्वपूर्ण प्रभाव डालते हैं। इसलिए इन आयामों के सन्दर्भ में महिलाओं की स्थिति को सुधारने का प्रयास किया जाना चाहिए (जेजीभोय और कुक 1997)। हिंसा के चक्र को तोड़ने के लिए शिक्षा, जनसंचार और ऋण व्यवस्था जैसे बहुत–से क्षेत्रों में सुसंगठित प्रयास करने की आवश्यकता है। इसके लिए बहुत–से अप्रत्यक्ष प्रयासों की भी ज़रूरत है : मसलन, विवाह क़ानूनों में उल्लेखित विवाह के न्यूनतम वर्ष को लागू करने की आवश्यकता है; दहेज सम्बन्धी मसलों को हल किया जाना चाहिए और सम्बन्धी के विरासत के बारे में क़ानून बनाकर विरासत सम्बन्धी व्यवहार को ज़्यादा समतावादी बनाया जाना चाहिए।

इसके साथ ही, हमने यह भी देखा है कि दोनों ही स्थानों पर अत्यधिक पितृसत्तात्मक सन्दर्भ में ये कारक लोगों के व्यवहार और रुख़ को बदलने में बहुत ही तुलनात्मक रूप से बहुत ही हल्की भूमिका अदा कर रहे हैं। ये निष्कर्ष यह रेखांकित करते हैं कि घरेलू हिंसा के बारे में महिलाओं के बीच जागरूकता बढ़ाने की आवश्यकता है। इसके साथ ही, पुरुषों की हिंसा को वैधता देने वाले तथा पुरुष सर्वोच्चता के विश्वास को मज़बूती देने वाली सामाजिक सोच को बदलने के लिए सीधे तौर पर प्रयास करने

की आवश्यकता है। इस सन्दर्भ में पत्नियों, उनके पतियों, परिवार के बुजुर्गों को समाज के अन्य लोगों के बीच जागरूकता लायी जानी चाहिए।

इसके अलावा, घरेलू हिंसा का शिकार हुई महिलाओं को तत्काल आवास, आर्थिक संसाधन और क़ानूनी सहायता उपलब्ध कराने की आवश्यकता है। साथ ही, पत्नियों की पिटाई करने वाले पतियों को सजा दिलाने की व्यवस्था होनी चाहिए। स्थानीय और राष्ट्रीय स्तर तक सरकारों को महिलाओं की सुरक्षा के प्रयासों में तेज़ी लानी चाहिए। नतीजों के आधार पर यह तर्क दिया जा सकता है कि देश के प्राथमिक या जनन सम्बन्धी स्वास्थ्य कार्यक्रम में घरेलू हिंसा को पहचानने और उसके रोकने की व्यवस्था करने वाली सेवा भी जोड़ी जानी चाहिए।

## टिप्पणियाँ

1. पहले तालुका का चुनाव किया गया। इसके बाद, प्रत्येक तालुका के गाँवों की सूची तैयार की गयी। अन्य बातों के अलावा, इसमें प्रत्येक गाँव में धर्म और जाति के आधार पर परिवारों की कुल संख्या के बारे में सूचना एकत्रित की गयी। मुस्लिमों और अनुसूचित जाति के परिवारों को पर्याप्त प्रतिनिधित्व देने के लिए नज़दीक के गाँवों को मिलाकर तक़रीबन 1000–2000 परिवारों का सैम्पल तैयार किया गया। यह इस तरह से किया गया, जिससे हमारे सैम्पल में विभिन्न समूहों का पर्याप्त प्रतिनिधत्व हो जाये। इसका नतीजा यह हुआ कि उत्तर प्रदेश की तुलना में तमिलनाडु में गाँवों का समूह ज़्यादा बड़ा हो गया। इसका कारण यह था कि अमूमन तमिलनाडु के गाँवों में मुस्लिमों की जनसंख्या कम है, वहीं उत्तर प्रदेश के गाँवों में मुस्लिमों का तुलनात्मक रूप से ठीक–ठाक प्रतिनिधित्व है। सैम्पल में सम्मिलित पी.एस.यू. को रैण्डम तरीक़े से चुना गया। तमिलनाडु में चुने गये पी.एस.यू. में पोलाची (कोयम्बटूर ज़िला) के कुल 12, मुडुकुलाथूर (रामनथपुरम् जिला) के 15 गाँव थे। उत्तर प्रदेश के चुने गये पी.एस.यू. में कम गाँव सम्मिलित थे : कुंडा (प्रतापगढ़ जिला) से 7, बागपत (मेरठ जिला) से 2 बड़े गाँव (इन गाँव में बहुत–से *पेटी* या *बस्तियाँ* थीं)। प्रत्येक गाँव में चुने गये गाँवों की संख्या में भिन्नता के निम्नलिखित कारण थे : (1) तमिलनाडु की तुलना में उत्तर प्रदेश के गाँवों का आकार बड़ा है, और (2) चूँकि तमिलनाडु की जनसंख्या में मुस्लिम 10 प्रतिशत से कम हैं, इसलिए सैम्पल में मुस्लिमों को पर्याप्त प्रतिनिधित्व देने के लिए बड़ी संख्या में कामों की आवश्यकता थीं।

   आँकड़ों के संग्रह से पहले सभी चुने गये पी.एस.यू. में परिवारों को सूचीबद्ध करने का काम किया गया था। पी.एस.यू. की प्रत्येक संरचना में घरों को सूचीबद्ध करने का काम किया गया और उन्हें संकलित किया गया : संरचनाओं के लिए संख्या

तय की गयी (एस.डब्ल्यू.ए.एफ.एन.ओ.); प्रत्येक संरचना का पता दर्ज़ किया गया और प्रत्येक परिवार के मुखिया के नाम, धर्म और जाति को सूचीबद्ध किया गया। प्रत्येक धर्म और जाति की सूची से उन परिवारों को रैण्डम तरीक़े से चुना गया, जिनका साक्षात्कार किया जाना था।

2. इस सर्वेक्षण में परिवार के लिए प्रश्नावली, योग्य उत्तरदाता (इलिजिबल रिस्पॉनडेंट या ई आर) प्रश्नावली, पति के लिए प्रश्नावली (इसके नतीजों को यहाँ दिखाया गया है) तैयार की गयी थी। प्रत्येक गाँव के लिए सामुदायिक प्रश्नावली भी तैयार की गयी थी, और कुल 25 केन्द्रित–समूह चर्चाएँ आयोजित की गयी। यह समूह चर्चा विभिन्न स्थानों पर अलग–अलग धर्म और जाति समूहों की महिलाओं के बीच आयोजित की गयी थी। ऐसी एक चर्चा पुरुषों के बीच भी आयोजित की गयी। दोनों राज्यों में कुल मिलाकर छह केन्द्रित समूह संचालित किये गये : दो मुस्लिमों के बीच, दो प्रभुत्वशाली हिन्दू जाति और एक उच्च और एक निम्न जाति के समूहों के बीच। इन समूहों में 39 साल तक की महिलाओं को सम्मिलित किया गया, लेकिन इसमें सिर्फ़ प्रश्नावली के उत्तरदाता ही सम्मिलित नहीं थे (तक़रीबन 75 प्रतिशत उत्तरदाता थे)। मेरठ ज़िले में, एक केन्द्रित सामूहिक चर्चा जाट पुरुषों के बीच भी आयोजित की गयी।

3. शिक्षा प्राप्ति के स्तर इस प्रकार हैं : (क) प्राथमिक, (ख) उससे कुछ ऊपर; (ग) कुछ हद तक माध्यमिक (घ) पूर्ण माध्यमिक (हाई स्कूल तक); (ड.) जूनियर कॉलेज : कक्षा 12 तक; (च) कुछ कॉलेज : कॉलेज के तीन वर्ष में से एक वर्ष पूरा; (छ) कॉलेज स्नातक या उससे ज़्यादा। पति–पत्नी के बीच शिक्षा के स्तर में अन्तर को इन्हीं स्तरों के आधार पर मापा गया है। जिन महिलाओं की शिक्षा उनके पति के बराबर या उनसे ज़्यादा है, उनके बारे में यह कहा गया है कि उनके और उनके पति के शिक्षा स्तर में कोई कमी नहीं है; जिन महिलाओं के पति उनसे एक या दो स्तर ज़्यादा शिक्षित हैं, उनके बारे में यह कहा गया है कि उनके और उनके पति के शैक्षणिक स्तर में औसत अन्तर है; जिन महिलाओं के पतियों की शिक्षा उनसे दो स्तर से ज़्यादा आगे है, उनके बारे में यह कहा गया है शिक्षा के मामले में उनके और उनके पति के बीच काफ़ी अन्तर है।

## सन्दर्भ


अल्टेकर, ए. एस. 1962, *द पोजिशन ऑफ़ वूमेन इन हिन्दू सिविलाइजेशन*, दिल्ली : मोतीलाल बनारसीदास।

ब्लो, फ्रैंसीस और विजेन्द्र राव, 1995, *'डॉमेस्टिक वायलेंस एज अ बार्गेनिंग इस्ट्रूमेंट इन रूरल इंडिया'* (ड्राफ्ट)।

जेजीभोय, शीरीन और रेबेका कुक, 1997, 'स्टेट अकाउंटाबिलिटी फॉर वाइफ बिटींग : द इंडियन चैलेंज', *द लानसेट* 6 (वूमेन्स हेल्थ सपलीमेंट) एस 1, 110,–एस 1, 112।

कार्वे, इरावती, 1965, *किनशिप ऑर्गनाइजेशन इन इंडिया*, बॉम्बे : एशिया पब्लिशिंग हाउस।

लेविनसन, डेविड, 1989, *वायलेंस इन क्रॉस–कल्चरल पर्सपेक्टिव*, न्यूबरी पार्क : सेज पब्लिकेशन्स।

शुलर, सिडनी रुथ, सैयद एम. हाशमी, एन पी. रीले और शीरीन अख़्तार, 1996, 'क्रेडिट प्रोग्राम्स, पैट्रिआर्की ऐंड मेन्स वायलेंस अगेंस्ट वूमेन इन बांग्लादेश', सोशल साइंस मेडिसीन 43 (12) : 1729–42।

# हाशिये की राजनीति : दो गाँवों की दास्तान*

**दयाबाती रॉय**

इस अध्याय में, मैं उस प्रस्ताव का परीक्षण करना चाहता हूँ जो यह दावा करता है कि 'यद्यपि भारतीय गाँव स्थान के रूप में मौजूद है, लेकिन यह सामाजिक यथार्थ के रूप में सिकुड़ रहा है'। यह सच है कि आज एक शुद्ध ग्रामीण अर्थव्यवस्था नहीं हो सकती है। इसी तरह, एक अवधारणा के रूप में शुद्ध ग्रामीण संस्कृति का भी अस्तित्व नहीं है। बाज़ार अर्थव्यवस्था के अस्तित्व ने गाँव में शहरी जीवन को ला दिया है, और काफ़ी हद तक राज्य के नेतृत्व वाली राजनीति गाँव की राजनीति पर हावी हो गयी है। इन सभी कारणों से पिछले 50 वर्षों में ग्रामीण जीवन के सभी आयामों में व्यापक परिवर्तन हुए हैं। इसके कारण हमारे ग्रामीण जीवन का ज़्यादा गहनता से अध्ययन करना आवश्यक हो गया है।

यहाँ मैंने मुख्य रूप से ग्रामीण राजनीतिक क्षेत्र में होने वाले बदलावों के पीछे काम करने वाली गत्यात्मकता को समझने के लिए दो गाँवों का तुलनात्मक अध्ययन प्रस्तुत किया है। इसके माध्यम से मैंने यह जाँच–पड़ताल करने की कोशिश की है कि इसका ग्रामीण समाज की अर्थव्यवस्था और राजनीति से क्या जुड़ाव है। ग्रामीण जीवन के ये तीन दायरे अलग–अलग हैं और एक–दूसरे से जुड़े हुए भी हैं, तथा ये संयुक्त रूप से परिवर्तनों की दिशा तय करते हैं।[1] इसलिए व्यापक स्तर पर ग्रामीण का विश्लेषण करने के लिए यह आवश्यक है कि इन तीनों दायरों को एक सम्पूर्णता मानते हुए अध्ययन किया जाये, अर्थात् उनके आपसी सम्बन्धों पर ध्यान दिया जाये। अध्ययन के लिए चुने गये ये दोनों गाँव एक ही ज़िले में स्थित हैं और इनकी अर्थव्यवस्था और सामाजिक संरचना में काफ़ी समानताएँ हैं किन्तु

---

* *इकोनॉमिक ऐंड पॉलिटिकल वीकली* 42 (32) : 3323–29 (11 अगस्त 2007)।

ये समकालीन राजनीति के सन्दर्भ में काफ़ी अलग–अलग परिदृश्य प्रस्तुत करते हैं।

## नया ध्रुवीकरण

कदमपुर[2] कोलकाता शहर और औद्योगिक शहर दुर्गापुर को जोड़ने वाले दुर्गापुर एक्सप्रेस–वे के पश्चिम में स्थित है। यह उन पाँच गाँवों में से एक है जो टाटा मोटर्स की छोटी कार की परियोजना के लिए होने वाले भूमि–अधिग्रहण से प्रभावित होने वाला। इस गाँव में कुल 165 घर हैं। इसमें से 70 परिवार अनुसूचित जाति की श्रेणी से जुड़ी *बारगाक्षत्रीय* या *बागडी* से सम्बन्धित हैं। शेष परिवार तक़रीबन बराबर संख्या में गोवाला और माहिष्या जाति में बँटे हुए हैं। गोवाला जाति ओ.बी.सी. (अदर बैकवर्ड क्लासेज या अन्य पिछड़ा वर्ग) की श्रेणी से सम्बन्धित है। महिष्या भू–स्वामी जाति है और गाँवों में इसका दबदबा है। अनुसूचित जातियों के लोग मुख्य रूप से भूमिहीन मज़दूर हैं, लेकिन इनमें से कुछ लोगों के पास थोड़ी बहुत ज़मीन भी है। इनमें से कई लोग पिछली कई पीढ़ियों से बँटाईदारों के रूप में काम कर रहे हैं, लेकिन सरकारी दस्तावेज़ों में इन्हें बर्गादारों के रूप में दर्ज नहीं किया गया है। यह वाम मोर्चे की सरकार द्वारा चलाये गये ऑपरेशन बर्गा की कमियों को ही दिखाता है। एक अन्य प्रमुख विशेषता (जो ख़ासतौर पर सिर्फ़ इसी क्षेत्र से नहीं जुड़ी है) यह है कि लीज़ या भाड़े पर ज़मीन लेकर खेती करने की प्रथा भी मौजूद है, और बहुत से भूमिहीन किसान ऐसा ही करते हैं। इसलिए सरकार द्वारा अधिग्रहित की जा रही ज़मीन में इनका बहुत कुछ दाँव पर लगा हुआ है, इसलिए शुरुआत से ही ये लोग सिंगुर आन्दोलन में सबसे आगे रहे हैं।

सिंगुर कोलकाता से सिर्फ़ 40 किलोमीटर की दूरी पर स्थित है। यहाँ के लोग शहरी जीवन से नज़दीकी रूप से जुड़े हुए हैं। यहाँ के बहुत से बड़े भू–स्वामी सेवाओं या व्यापार के काम में लगे हुए हैं। इनकी ज़मीन पर या तो बर्गादार खेती करते हैं, या फिर भूमिहीन और छोटे किसान इनकी भूमि खेती के लिए किराये पर लेते हैं। सिंगुर के ग़रीब लोगों का एक तबका नज़दीक के शहरी क्षेत्रों में काम करने जाता है, और वह वहाँ कारखानों, दुकानों और छोटे व्यापारियों के यहाँ काम करता है। गाँव से तक़बरीन 30 युवा पुरुष काम करने के लिए मुम्बई, दिल्ली

और बंगलुरु जैसे शहरों में चले गये हैं। वे वहाँ मुख्य रूप से सुनार या बिल्डिंग आदि के निर्माण में मज़दूर का काम करते हैं। विपरीत प्रवासन (रिवर्स माइग्रेशन) के भी कई मामले सामने आये हैं। बहुत से लोग जिस कारख़ाने में काम करते थे, उसके बन्द हो जाने के कारण अपने गाँव वापस आ गये, या फिर बहुत से लोग इसलिए भी वापस आ गये कि उन्हें यह अहसास हुआ कि उनके लिए दूसरे शहर के कारख़ाने या व्यापार में काम करने से ज़्यादा गाँव की खेती का काम ज़्यादा फ़ायदेमन्द हैं। इसलिए यहाँ रहने वाले लोग कारख़ाने की मौजूदा स्थिति से वाक़िफ़ हैं। उन्हें यह पता है कि आधुनिकरण या आवश्यकता के नाम पर ये कारख़ाने अक्सर 'अतिरिक्त' मज़दूरों को काम से निकाल देते हैं। इसलिए ऐसा प्रतीत होता है कि गाँव के मज़दूरों का खेती की तुलना में कारखानों के काम से ज़्यादा मोह–भंग हो गया है। उन्हें यह लगता है कि खेती से कम–से–कम भोजन की सुरक्षा अवश्य है।

यहाँ की प्रभुत्वशाली जाति महिष्या है, जो अन्य जाति के लोगों के साथ मिलकर भूमि अधिग्रहण का विरोध कर रही है। बहरहाल, गाँव के घोषापारा में गोवाला जाति के लोग रहते हैं। रहने वाले लोगों ने कम्युनिस्ट पार्टी ऑफ़ इंडिया (मार्क्सिस्ट) या मार्क्सवादी कम्युनिस्ट पार्टी (यहाँ के बाद से माकपा) के प्रभाव से सरकार के सामने अपनी ज़मीन देने का प्रस्ताव रखा है। ग़ौरतलब है कि इस बस्ती में अभी भी माकपा का ही प्रभाव है। आरम्भ में, पूरा गाँव भूमि–अधिग्रहण के ख़िलाफ़ एकजुट था। लेकिन स्थानीय माकपा नेताओं के लगातार प्रयास करने और समझाने–बुझाने के कारण ग्रामीणों का एक तबका अपनी ज़मीन सरकार को बेचने के लिए तैयार हो गया। इससे गाँव के समाज में एक विभाजन हो गया। इस बार यह विभाजन दलगत आधार पर नहीं हुआ था, बल्कि यह इस आधार पर हुआ था कि कौन व्यक्ति आन्दोलन के पक्ष में है, और कौन इसके विपक्ष में।

रोचक बात यह है कि माकपा के बहुत से कार्यकर्त्ता भी खेतिहर भूमि बचाओ आन्दोलन (सेव एग्रीकल्चरल लैण्ड मूवमेंट) में सम्मिलित हुए, वहीं तृणमूल कांग्रेस के कुछ नेताओं ने नगदी के बदले में अपनी ज़मीन देने का प्रस्ताव किया। पिछले पंचायत चुनावों में माकपा उम्मीदवार की हार हुई थी। यह पिछली कई पीढ़ियों से बँटाईदार के रूप में काम कर रहा था। सरकार द्वारा भूमि अधिग्रहण का फ़ैसला करने के तुरन्त बाद इसने अपनी पार्टी बदल ली। यह बँटाईदार के रूप में तक़रीबन दो एकड़ ज़मीन की

खेती करता है, लेकिन इसे बर्गादार के रूप में पंजीकृत नहीं किया गया है। इसने यह शिकायत की कि सरकार द्वारा भूमि अधिग्रहण की घोषणा करने के बाद पार्टी के किसी भी नेता ने उससे सम्पर्क नहीं किया। इसने हमें यह बताया कि सिर्फ़ इसी गाँव में तक़रीबन 50 अपंजीकृत बर्गादार हैं। यदि सरकार द्वारा भूमि का अधिग्रहण किया जाता है, तो ये सब कुछ खो देंगे क्योंकि इन्हें सरकार की ओर से मुआवज़े के रूप में कोई राशि नहीं मिलेगी। उसने यह कहा कि 'पहले हर मौके पर पार्टी मुझे बुलाती थीं, लेकिन इस समय जब मैं अपना समय खो रहा हूँ, तो पार्टी मेरा ख़्याल नहीं रख रही है, बल्कि पार्टी में किसी ने मुझसे एक शब्द भी नहीं कहा'। यह माकपा के कार्यकर्त्ता की कहानी है। दूसरी ओर, तृणमूल कांग्रेस का नेता खेतिहर भूमि बचाओ आन्दोलन के आरम्भिक चरण में इसके प्रमुख नेताओं में से एक बन गया। लेकिन बाद में इसने आन्दोलन को धोखा देते हुए ख़ुद अपनी ज़मीन सरकार को बेच दी।

पिछले पंचायत चुनावों में अनुसूचित जाति के 32 वर्षीय सुकुमार तृणमूण कांग्रेस के उम्मीदवार थे। उन्होंने माकपा के उम्मीदवार को पराजित करते हुए स्थानीय पंचायत सीट पर जीत हासिल की। इन्हें अपनी पार्टी के आधार से ज़्यादा अपनी व्यक्तिगत लोकप्रियता के कारण जीत मिली थी। पंचायत चुनावों से पहले यह राजनीति में इतना ज़्यादा सक्रिय नहीं थे, और स्थानीय क्लब के माध्यम से यह सामाजिक सेवा के काम पर ध्यान दे रहे थे। इनके पिता एक छोटे किसान है, जो माकपा के साथ सक्रिय रूप से जुड़े हुए थे। सुकुमार ने स्नातक तक की पढ़ाई की है और वे ट्युशन पढ़ाकर अपना गुज़ारा करते थे। इनके अनुसार, मैंने स्थानीय माकपा नेताओं के भ्रष्टाचार और दबदबे की मुख़ालिफ़त के रूप में राजनीति में प्रवेश किया। लेकिन मैंने कभी भी चुनाव में खड़े होने का फ़ैसला नहीं किया था, और मेरी ज़्यादा रुचि सामाजिक कार्यों में थी। पिछले चुनावों में गाँव के लोगों ने मुझे तृणमूल कांग्रेस के उम्मीदवार के रूप में लड़ने के लिए मजबूर किया, और मैं चुनाव जीत गया। यह मेरे जीवन का एक संयोग था।

इसके बाद, अपने विचारधारात्मक रुझानों को स्पष्ट करते हुए उन्होंने यह कहा कि 'मैं मार्क्सवाद का समर्थन करता हूँ क्योंकि मैं एक वर्गहीन समाज बनाना चाहता हूँ। लेकिन मैं बंगाल के मार्क्सवादियों का समर्थन नहीं करता हूँ क्योंकि ये सभी भ्रष्ट हैं'। सुकुमार भूमि अधिग्रहण के ख़िलाफ़

चलने वाले आन्दोलन में गाँव के लोगों को जोड़ने वाले व्यक्तित्व के रूप सामने आये। जैसा कि एक ग्रामीण व्यक्ति ने कहा कि 'यह हमारी खुशकिस्मती है कि पिछले पंचायत चुनावों में सुकुमार ने जीत हासिल की'। सुकुमार गाँव के क्लब के मुख्य कर्ताधर्ताओं में से एक है। इस गाँव के पास अपना भवन है जहाँ स्थानीय युवक नियमित रूप से एकत्रित होते हैं। अब आन्दोलन से सम्बन्धित विभिन्न प्रकार की गतिविधियाँ क्लब के भवन में ही होती हैं। यहाँ यह ग़ौरतलब है कि असंगठित ग्रामीण लोगों ने अपनी पसन्द से एक पंचायत सदस्य को चुना है, ताकि वह राजनीति के संगठित क्षेत्र में उनकी आकांक्षाओं को अभिव्यक्त कर सके। अनुसूचित जाति का सदस्य होने के बावजूद अब सुकुमार पूरे गाँव का प्रतिनिधित्व करते हैं, और वे आन्दोलन की धुरी बने हुए हैं।

कुछ महिष्या किसानों ने गाँव में माकपा के प्रभाव का विस्तार किया। 1977 में वाम मोर्चे का शासन आने के बाद उन्होंने अनुसूचित जातियों को संगठित किया। इनमें से एक करुणा दास है, जो अवकाश–प्राप्त प्राथमिक शिक्षक हैं। ये वर्तमान में गाँव में माकपा के नेता हैं और ये लोगों को भूमि अधिग्रहण के पक्ष में संगठित कर रहे हैं। उनके अनुसार, 'आजकल सिर्फ़ खेती पर निर्भर रहकर कोई अपना गुज़ारा नहीं कर सकता है। खेती के बढ़ते ख़र्च के कारण अब इसमें लाभ नहीं होता है। सरकार मुआवज़े के रूप में एक मोटी राशि दे रही है। एक किसान खेती से जितना कमाता है, वह इस पैसे को बैंक में जमा करके मिलने वाले ब्याज से उससे ज़्यादा कमाई कर सकता है'। ये 1977 के बाद से कई बार पंचायत सदस्य रहे हैं तथा उन्होंने 'प्रधान' (मुखिया) और 'उपप्रधान' (उपमुखिया) के पद पर काम किया है। ये अब पंचायत समिति के सदस्य हैं। इनके बारे में यह बताया जाता है कि बाढ़ राहत की राशि में भ्रष्टाचार करने के आरोप में इन्हें गिरफ़्तार किया जा चुका है। निश्चित रूप से, इस गाँव में अनुसूचित जातियों के लोग माकपा का मुख्य समर्थन आधार हैं, लेकिन हमेशा से ही पार्टी का नेतृत्व प्रभुत्वशाली मध्यवर्ती जाति के हाथ में रहा है।

अस्सी से ज़्यादा वर्ष के हो चुके नंदा दास यह बताते हैं कि संयुक्त मोर्चा के शासन के दौरान और माकपा के नेतृत्व वाले वाम मोर्चा की सरकार के दौरान–दोनों दौरों में इस क्षेत्र के बँटाईदार संगठित थे। कई मौक़ों पर इनका स्थानीय घोष ज़मींदार के साथ टकराव भी हुआ, जो कि बेराबेरी गाँव में रहते थे। माकपा के नेता अरुण दास ने उस आन्दोलन

का नेतृत्व किया, और आगे चलकर 1978 में वे ग्राम पंचायत के प्रधान चुने गये। लेकिन जब एक बार वाम मोर्चे की सरकार मज़बूत हो गयी तो ज़मींदारों ने ख़ुद को माकपा से जोड़ लिया, और उसके बाद ऑपरेशन बर्गा कार्यक्रम को तक़रीबन वापस ले लिया गया। सिर्फ़ घोष ज़मींदार परिवार कांग्रेस समर्थक बना रहा। इसके अलावा, सभी ज़मींदार शासक गठबन्धन के सहयोगी बन गये और उनकी ज़मीन बर्गा ऑपरेशन में बच गयी। सिर्फ़ घोष परिवार की ज़मीन पर ही बर्गादारों का पंजीकरण हुआ। अब, सबसे पहले घोष बन्धुओं ने अपनी ज़मीन सरकार को बेचने का प्रस्ताव किया। इस तरह, उन्होंने अपने बर्गादारों से मुक्ति पायी। इनके अलावा, ऐसे कई अन्य परिवार भी हैं, जो अपनी जीविका के लिए खेती के अतिरिक्त किसी अन्य पेशे या व्यवसाय पर निर्भर हैं। ये लम्बे समय से सिंगुर शहर में ही बस चुके हैं, और अब इनकी अपनी ज़मीन की देखभाल करने में कोई रुचि नहीं है। ऐसे लोग भी अपनी ज़मीन बेचना चाह रहे हैं। भूमि अधिग्रहण करने की वर्तमान प्रक्रिया में माकपा नेतृत्व मुख्य रूप से उन भूमिपतियों पर निर्भर हैं जो खेती नहीं करते हैं। इसने अपने भूमिहीनों और बर्गादारों जैसे अपने पूर्व सहयोगियों को पूरी तरह पीछे छोड़ दिया है।

इस तरह, भूमि अधिग्रहण कार्यक्रम के ख़िलाफ़ आन्दोलन ने गाँव में वर्ग–जाति–दल के नये ध्रुवीकरण की शुरुआत की। वाम मोर्चा सरकार के आरम्भिक दौर में महिष्या जाति के कुछ लोग माकपा के नेतृत्व स्तर तक पहुँचे थे। उन्होंने अनुसूचित जातियों और महिष्या जाति के लोगों को सरकार के पक्ष में मोड़ने का काम किया। लेकिन पार्टी कार्यकर्त्ताओं द्वारा अपना प्रभुत्व दिखाने की प्रवृत्ति और भ्रष्टाचार के कारण माकपा के आधार में धीरे–धीरे क्षरण हुआ। पिछले दो पंचायत चुनावों में माकपा के उम्मीदवार को क्रमशः कांग्रेस और तृणमूल कांग्रेस से हार का सामना करना पड़ा। वर्तमान में, मुख्य रूप से गाँव का ग़ैर–खेतिहर भू–स्वामी तबका ही माकपा से जुड़ा हुआ है। इस तबके के लोगों की नज़र भूमि अधिग्रहण के कारण मिलने वाली मोटी रक़म पर है, और ये स्वेच्छा से अपनी ज़मीन बेचकर आर्थिक मुनाफ़ा कमाना चाहते हैं। लेकिन इसके अलावा अन्य सभी लोग भूमि अधिग्रहण के ख़िलाफ़ आन्दोलन में शामिल हुए। इनमें खेतिहर–भूमिपति, बँटाईदार, किराये पर खेत लेकर खेती करने वाले और भूमिहीन मज़दूर सम्मिलित हैं। इन सभी लोगों की जीविका खेती पर निर्भर

है। यहाँ तक कि मुख्य रूप से ग़ैर–खेतिहर पेशे पर निर्भर कुछ भूमिपति भी इस आन्दोलन में सम्मिलित हुए हैं, और इनमें से कुछ आन्दोलन में मुख्य भूमिका भी निभा रहे हैं। इस गाँव का एक युवक डॉक्टर बन चुका है और वह गाँव से दूर सार्वजनिक क्षेत्र की एक प्रतिष्ठित कम्पनी में काम करता है। इस युवक ने भी आन्दोलन में भागीदारी की। पुलिस द्वारा इस आन्दोलन में भाग लेने के कारण पीटा गया और जेल में डाल दिया गया। यह इस बात का प्रमाण है कि लोग सामुदायिक आधार पर और सामुदायिक हितों के लिए आन्दोलन में हिस्सा ले रहे हैं। गाँव से बाहर काम करने वाले बहुत से लोग भी इस आन्दोलन में सक्रिय रुचि दिखा रहे हैं; और जितना ज़्यादा सम्भव हो सकता है, वे उतना ज़्यादा इस आन्दोलन में भागीदारी कर रहे हैं। खेती और खेती से बाहर काम करने वाले ग्रामीणों का यह रुझान इस बात की ओर संकेत करता है कि ग्रामीणों का 'खून ठण्डा नहीं हुआ है', तथा ग्रामीण अर्थव्यवस्था को 'बेजान' अर्थव्यवस्था की संज्ञा नहीं दी जा सकती है। इसके बजाय, ऐसा लगता है कि कम–से–कम भारत के इस हिस्से में 'खेती से घिरी संस्कृति' अर्थव्यवस्था, राजनीति और संस्कृति को समाविष्ट करती है।

कदमपुर गाँव के इतिहास के इस महत्त्वपूर्ण मोड़ पर सामाजिक और पारिवारिक सम्बन्धों में भी बदलाव हुआ है। इस सन्दर्भ में यह उल्लेखनीय है कि गाँव की महिलाओं ने अपनी जाति और वर्ग से परे जाकर इस आन्दोलन में हिस्सेदारी की है। ये महिलाएँ, विशेष रूप से महिष्या जाति की महिलाएँ, पहले मुख्य रूप से घर के काम में ही लगी रहती थीं और अमूमन सार्वजनिक स्थानों पर नहीं दिखती थीं। लेकिन अब ये प्रदर्शनों का नेतृत्व कर रही हैं, नारे लगा रही हैं और रैलियों में हिस्सा ले रही हैं। सभी पाँच गाँवों में महिला समितियों का गठन किया गया है, ताकि ज़्यादा से ज़्यादा महिलाओं को गोलबन्द किया जा सके। कदमपुर में महिला समिति का नेतृत्व एक ऐसी महिला के पास है जिनकी उम्र 50 वर्ष से ज़्यादा है। इनकी शादी कम उम्र में हो गयी थी और उसी समय से यह सार्वजनिक जीवन से दूर थीं। उन्होंने यह कहा कि 'हम खेती पर निर्भर नहीं हैं, लेकिन जब गाँव का हित दाँव पर लगा हो, तो मैं पीछे कैसे रह सकती हूँ?' इन पाँच गाँवों की महिलाओं ने भूमि अधिग्रहण का विरोध करने के लिए एक रणनीति तैयार की है। ख़ासतौर पर, जब सरकारी अधिकारी सरकार द्वारा भूमि अधिग्रहण करने सम्बन्धी नोटिस देने के लिए गाँव में

आने का प्रयास करते हैं तो ये शंख बजाकर अन्य लोगों को सचेत कर देती है, और अपने हाथ में झाडू और छड़ी लेकर सामने आ जाती हैं। ग्रामीण महिलाओं द्वारा भूमि के सवाल पर इस भावनात्मक और स्वतः स्फूर्त प्रतिरोध से 1940 के दशक के आख़िरी वर्षों में हुए तेभागा आन्दोलन की याद आती है। 25 सितम्बर को ये महिलाएँ ब्लॉक डेवलपमेंट ऑफिसर (बीडीओ) के कार्यालय के सामने धरना दे रही थीं। इनकी माँग थी कि भूमि अधिग्रहण के नोटिस को वापस लिया जाये। पुलिस द्वारा 25 सितम्बर की रात में इन महिलाओं और उनके पतियों और बच्चों को बुरी तरह पीटा गया, तथा तक़रीबन 50 महिलाओं को गिरफ़्तार कर लिया गया।

## वितरण की राजनीति

कालीपुर हुगली ज़िले के धानीखाली ब्लॉक में स्थित एक गाँव है। इस गाँव में कुल 247 परिवार रहते हैं। इनमें से 113 अनुसूचित जनजाति की श्रेणी से सम्बन्धित हैं, 53 अनुसूचित जनजाति की श्रेणी से हैं, 44 अन्य पिछड़े वर्ग (ओबीसी) तथा 77 सामान्य श्रेणी से हैं (जिसमें 36 मुस्लिम परिवार भी हैं)। पहले यह गाँव एक बड़े गाँव का हिस्सा था जिसमें कालीपुर के साथ–साथ पड़ोसी गाँव मधुपुर भी सम्मिलित था। इन दोनों गाँवों का इतिहास और इनकी राजनीति नज़दीकी रूप से एक–दूसरे से जुड़ी हुई है। अतीत में इन दोनों ही गाँवों में एक कायस्थ ज़मींदार था। उस समय ग्रामीण जीवन में कायस्थ और ब्राह्मण जैसी उच्च जातियों का प्रभुत्व था। ज़मींदारी व्यवस्था का उन्मूलन हो जाने के बाद भी तत्कालीन सत्ताधारी कांग्रेस पार्टी की मदद से उन्होंने गाँव के सबॉल्टर्न तबकों पर अपना वर्चस्व कायम रखा। 1967–69 के बीच इस क्षेत्र में वामपंथी आन्दोलन के प्रसार की शुरुआत हुई। इसी समय, कांग्रेस पार्टी पहली बार सत्ता से बेदखल हुई और उसके स्थान पर संयुक्त मोर्चा की सरकारों का गठन हुआ। यद्यपि आरम्भ में वाम आन्दोलन का नेतृत्व उच्च जाति के एक व्यक्ति द्वारा किया गया, लेकिन यह मुख्य रूप से स्थानीय आदिवासियों के समर्थन पर आधारित था। उस समय मज़दूरी में वृद्धि और सीलिंग से ज़्यादा ज़मीन को कब्जे में लेने की माँग प्रमुख मुद्दे थे।

1977 में पश्चिम बंगाल में वाम मोर्चे की सरकार का गठन हुआ था। इसके बाद भी इस क्षेत्र में उपरोक्त मुद्दों पर बहुत से संघर्ष हुए थे। कायस्थ ज़मींदार परिवारों ने अपनी ज़मीन की बर्गा व्यवस्था पंजीकृत होने

से बचाने या राज्य द्वारा ले लिए जाने से बचने के लिए 1960 के दशक के आख़िरी वर्षों से ही अपनी ज़मीन को बेचना आरम्भ कर दिया था। मध्यवर्ती जाति महिष्या के कुछ परिवारों ने इन ज़मीनों को ख़रीद लिया था। इसके परिणास्वरूप इस गाँव के वर्ग संघटन में परिवर्तन होने लगा। मध्य वर्ग आने वाले कुछ महिष्या परिवार आर्थिक रूप से समृद्ध होने लगें। इन्होंने खेती के साथ–साथ व्यापार और अन्य आर्थिक गतिविधियाँ भी आरम्भ कर दी। चूँकि ये पारम्परिक रूप से कांग्रेस के समर्थक थे, इसलिए वाम मोर्चे की सरकार के आरम्भिक दौर में कई बार इनका टकराव खेतिहर मज़दूरों से हुआ जिनका नेतृत्व माकपा के हाथों में था। रोचक बात यह है कि इन परिवारों की समृद्धि बढ़ने के साथ ही इन्होंने माकपा के साथ समझौता कर लिया। हाल ही के दौर में इस पार्टी के नेताओं के साथ इनकी नज़दीकी खुलकर सामने आयी है। इन परिवारों के लोगों ने न सिर्फ़ इन नेताओं को आर्थिक लाभ पहुँचाया है, बल्कि पार्टी को काफ़ी चन्दा भी दिया है। पार्टी ने भी इस तबके के प्रति अपनी पुरानी शत्रुता का त्याग कर दिया है, और वह अब इनके हितों पर भी ध्यान देने लगी है। हालाँकि महिष्या जाति के समृद्ध लोग अभी भी यह चाहते हैं कि कांग्रेस या तृणमूल कांग्रेस का शासन वापस आ जाये।

इन गाँवों में अनुसूचित जातियों और अनुसूचित जनजातियों के सबॉल्टर्न लोग पार्टी नेताओं और भू–स्वामी समुदाय के बीच राजनीतिक समझौते से निराश हैं। उन्होंने स्पष्ट रूप से यह कहा कि 'पार्टी में काफ़ी बदलाव हो चुका है। पहले हमने जिन लोगों के ख़िलाफ़ संघर्ष किया, अब उन्होंने पार्टी पर कब्जा कर लिया है।' लोगों ने यह बताया कि 1960 के दशक के आख़िर में, और 1970 के दशक के आरम्भ में माकपा के उग्रवादी संघर्ष का नेतृत्व करने वाले उच्च जाति के नेताओं ने वाम मोर्चे का शासन आने के कुछ समय बाद ही पार्टी छोड़ दी। उसके बाद से ही महिष्या और सवर्ण बानिक जातियों के मध्यम वर्ग के कुछ लोग पार्टी के नेता के रूप में उभरे हैं। इन नेताओं के परिवार कांग्रेस समर्थक रहे हैं। आगे चलकर इन्हीं नेताओं ने भू–स्वामियों के साथ गठजोड़ कर लिया।

स्थानीय पंचायत के प्रधान बागडी (अनुसूचित जाति) समुदाय से हैं, और वे इसी गाँव में रहते हैं। अनुसूचित जातियों में बागड़ी और दुले जाति के लोग सबसे ज़्यादा संख्या में हैं। ये और आदिवासी माकपा का मुख्य समर्थन आधार हैं। 1977 के पहले चलने वाले उग्र संघर्ष के दौर

में आदिवासी अन्य लोगों की तुलना में पार्टी में ज़्यादा सक्रिय थे। पूरा आदिवासी समुदाय संघर्ष में भाग लेता था। ऐसे बहुत से संघर्षों का नेतृत्व आदिवासी महिलाओं ने किया। लेकिन समय बीतने के साथ जब पार्टी संघर्ष के बजाय सुधार पर ज़ोर देने लगी तो पार्टी के भीतर आदिवासियों की भूमिका लगातार कम होती गयी। पंचायत में प्रधान के पद को ग्रामीण राजनीतिक सत्ता के मुख्य साधन के रूप में देखा जाता है। यह गाँव जिस पंचायत में है, वहाँ के प्रधान की सीट अनुसूचित जाति के लिए आरक्षित हो गयी है। इसलिए हाल ही के समय में अनुसूचित जातियों के लोग राजनीति में ज़्यादा रुचि दिखाने लगे हैं, तथा ये पार्टी के विरोध का सामना करने वाली मुख्य शक्ति के रूप में उभरे हैं।

1998 के पंचायत चुनावों और 2001 के विधानसभा चुनावों में मध्य वर्ग और धनी लोग तृणमूल कांग्रेस–भाजपा गठजोड़ के पक्ष में प्रचार कर रहे थे। गाँव के लोगों के लिए यह विपक्षी गतिविधियों का उभार था। चुनावों के तुरन्त होने पर माकपा के समर्थकों ने तृणमूल–भाजपा का प्रचार करने वाले लोगों की पिटाई कर दी। इसके परिणामस्वरूप बहुत से लोग गाँव छोड़कर भाग गये। इसके बाद किसी ने भी खुलकर विपक्षी दल का प्रचार करने की हिमाकत नहीं की। 2003 के पंचायत चुनावों में माकपा का उम्मीदवार निर्विरोध चुनाव जीत गया। हाल ही के विधानसभा चुनावों में इन दो गाँवों में विपक्ष का कोई चुनाव प्रचार नहीं हुआ। ऐसा नहीं है कि सिर्फ़ वाम मोर्चे का विरोध करने वाले दलों को ही यहाँ अपनी राजनीतिक गतिविधियाँ चलाने से रोका जाता है। वाम मोर्चे के घटक दलों–फॉरवर्ड ब्लॉक और रिवोल्यूशनरी सोशलिस्ट पार्टी को भी यहाँ अपना प्रचार करने की अनुमति नहीं दी गयी। यद्यपि स्थानीय विधानसभा क्षेत्र का प्रतिनिधित्व फॉरवर्ड ब्लॉक के विजयी उम्मीदवार द्वारा ही किया जाता है, लेकिन माकपा के प्रतिरोध के कारण फॉरवर्ड ब्लॉक यहाँ अपना स्वतन्त्र संगठन नहीं बना सकता है।

इस गाँव में रिवोल्यूशनरी सोशिलिस्ट पार्टी के संगठन को उच्च जाति के एक सदस्य ने आरम्भ किया। शुरुआती दौर में यह व्यक्ति माकपा से जुड़ा हुआ था, लेकिन कुछ पार्टी की अन्दरुनी समस्याओं के कारण इसने माकपा की सदस्यता छोड़ दी। इस गाँव में आदिवासी नेता पाखी मुर्मु ने 1960 के दशक के आख़िरी वर्षों से ही आदिवासियों और अनुसूचित जातियों के एक तबके को माकपा के पक्ष में संगठित किया था। वे इस

गाँव में माकपा नेता माने जाते थे। लेकिन इन्होंने इसी समय माकपा की सदस्यता छोड़कर रिवोल्यूशनरी सोशलिस्ट पार्टी की सदस्यता ग्रहण कर ली। लेकिन माकपा के दबाव के कारण ये लम्बे समय तक रिवोल्यूशनरी सोशलिस्ट पार्टी में नहीं रह पायें। माकपा के सदस्यों ने इनके साथ और रिवोल्यूशनरी सोशलिस्ट पार्टी की सदस्यता लेने वाले अन्य लोगों के साथ धक्का–मुक्की और मारपीट की। बहरहाल, माकपा छोड़ने वाले उच्च जाति के व्यक्ति ने 1998 के पंचायत चुनावों में तृणमूल कांग्रेस–भाजपा गठजोड़ के उम्मीदवार के पक्ष में प्रचार किया। लेकिन पाखी ने ऐसा नहीं किया और वे फिर से माकपा में शामिल हो गये। उन्होंने बताया कि 'हमारे पास पार्टी में वापस आने के अलावा कोई और चारा नहीं था। हम इस पार्टी के समर्थन के बग़ैर नहीं जी सकते थे और हम कांग्रेस या तृणमूल–भाजपा में शामिल नहीं हो सकते थे क्योंकि वे भूमिपतियों की पार्टियाँ हैं'। असल में, स्थानीय आदिवासी जनसंख्या इसी दुविधा का सामना कर रही थी। वे एक संगठित दल या पार्टी के बिना अपने जीवन की कल्पना नहीं कर सकते थे, लेकिन उनके पास अपनी पसन्द की कोई पार्टी नहीं थी।

1998 के पंचायत चुनावों और 2001 के विधानसभा चुनावों के समय तृणमूल–भाजपा के पक्ष में मुख्य रूप से महिष्या जाति के कुछ मध्यम वर्ग और अमीर लोगों ने प्रचार किया। इनके साथ अनुसूचित जातियों के कुछ युवा भी जुड़े, लेकिन आदिवासी समुदाय का कोई व्यक्ति नहीं जुड़ा। चूँकि इनके भीतर समुदाय की मज़बूत भावना होती है, इसलिए अमूमन ये एक समूह के रूप में या एकजुट तरीक़े से ही कहीं जाते हैं। पहले उन्होंने सामूहिक रूप से माकपा को छोड़कर रिवोल्यूशनरी सोशलिस्ट पार्टी की सदस्यता ले ली थी। लेकिन 2006 के चुनावों में बहुत–सी शिकायतें होने के बावजूद पूरे समुदाय ने माकपा का पक्ष लिया। इन गाँवों की निम्न जातियों के बीच भी तक़रीबन इसी प्रकार की दुविधा से भरी सोच थी। ये सभी माकपा की गतिविधियों से सन्तुष्ट नहीं थे, लेकिन चूँकि इनके पास कोई विकल्प नहीं था, इसलिए इन्होंने माकपा का समर्थन करना जारी रखा। पंचायत के प्रधान खगेन मलिक माकपा के सदस्य हैं, और वे इन दो गाँवों के पिछड़ी जातियों के नेता हैं। ये बर्गादार हैं और पाखी मुर्मु की तरह निरक्षर नहीं हैं, बल्कि इन्होंने सातवीं कक्षा तक पढ़ाई की है। ये दिन में खेतों में काम करते हैं, और उसके बाद पार्टी का काम सँभालते हैं। उन्होंने स्पष्ट रूप से यह कहा कि–

*हम पार्टी में हैं, लेकिन हम नेता नहीं हैं। यह कहा जाता है कि यह ग़रीबों की पार्टी है, लेकिन असल में इसे उच्च तबके के लोग चलाते हैं। ये लोग ज़्यादा शिक्षित होते हैं, और पार्टी के काम के लिए ज़्यादा समय दे सकते हैं। मैं अपने परिवार की ज़रूरतों को पूरा करने के बाद ही पार्टी और पंचायत के काम को देख सकता हूँ।*

लाभों के वितरण की राजनीति ने भी कालीपुर में माकपा को मज़बूत बनाने में सहायता की है। इस बात को सभी जानते हैं कि यदि कोई माकपा से जुड़ा हुआ है, तो उसे पंचायत द्वारा लागू की जाने वाली योजनाओं का सबसे ज़्यादा फ़ायदा मिल सकता है। लेकिन इस तरह की राजनीति के कारण काफ़ी असन्तोष भी पैदा होता है। जब एक बागड़ी जाति (अनुसूचित जाति) का व्यक्ति प्रधान था, तो अनुसूचित जाति से सम्बन्धित अन्य जातियों के लोगों की यह शिकायत थी कि अधिकांश फ़ायदा बागड़ी जाति के लोगों को ही मिल रहा है। लेकिन ऐसा लगता है कि अन्य समुदायों के मुखर लोगों का भी ख़्याल रखा जाता है, और कई बार इसके लिए नियमों का उल्लंघन भी किया जाता है। एक असन्तुष्ट आदिवासी नेता और पाखी मुर्मु के नज़दीकी सहयोगी को 60 वर्ष का होने से पहले ही 500 रुपये प्रति महीने की वृद्धावस्था पेंशन मिलने लगी। इसी तरह, इन्दिरा आवास योजना के तहत नये एजबेस्ट्स देकर पाखी के घर की मरम्मत करवायी गयी।

वर्तमान समय में माकपा स्व–सहायता समूहों को संगठित कर रही है। इसमें मुख्य रूप से अनुसूचित जाति और अनुसूचित जनजाति की महिलाओं को जोड़ा जा रहा है। माकपा की जोनल कमिटी के सचिव के अनुसार इस पंचायत क्षेत्र में तक़रीबन 180–190 स्व–सहायता समूहों का गठन किया जा चुका है। इसमें 13 गाँवों की महिलाएँ शामिल हैं। प्रत्येक स्व–सहायता समूह में 10 महिला सदस्य होती हैं। इन्हें बैंकों से कम ब्याज दर पर ऋण मिलता है। इससे इन्हें संकट के समय सहायता मिलती है और इनके सामने नये विकल्प भी खुलते हैं। ये सभी केन्द्र सरकार की योजनाएँ हैं, लेकिन पार्टी काफ़ी कुशलता से इनका उपयोग अपने राजनीतिक–संगठनात्मक हितों को बढ़ावा देने के लिए कर रही है। इन महिलाओं के एक बड़े हिस्से को पार्टी की रैलियों के लिए भी गोलबन्द किया जाता है।

## एक संक्षिप्त तुलना

दो गाँवों के अध्ययन के आधार पर इनके बीच निम्नलिखित तुलना की जा सकती है।

## खेती से घिरी संस्कृति

दोनों ही गाँवों में लोगों की आकांक्षाएँ मुख्य रूप से भूमि और खेती पर आधारित हैं। हालाँकि यह भी सच है कि दोनों गाँवों में सक्रिय विभिन्न कारकों के आधार पर ये अलग–अलग तरीक़े से सामने आती हैं। दोनों ही गाँवों में अनुसूचित जाति और अनुसूचित जनजातियों से जुड़े सबॉल्टर्न समूहों ने भूमि और खेती से सम्बन्धित अपनी आकांक्षाओं और माँगों को पूरा करने के लिए संगठित राजनीति के क्षेत्र में प्रवेश किया है। कदमपुर में राज्य द्वारा भूमि अधिग्रहण करने के कारण किसानों के संघर्ष का जन्म हुआ है। लेकिन राज्य की नेतृत्व वाली संगठित राजनीति ने सबॉल्टर्न असन्तोष को नियन्त्रित रखने में महत्त्वपूर्ण भूमिका निभायी है। कालीपुर गाँव में भी संगठित राजनीति के प्रभाव के कारण सबॉल्टर्न समूहों ने 1960 के दशक के आख़िरी वर्षों में संयुक्त मोर्चा सरकार के दौरान और बाद में वाम मोर्चा सरकार के आरम्भिक दौर में बड़े भू–स्वामियों के ख़िलाफ़ संघर्ष किया। बहरहाल, कदमपुर किसानों को बहुत जल्दी और आसानी से संगठित किया जा सका क्योंकि संगठित राजनीति के अन्य तबकों से उन्हें सक्रिय समर्थन मिला। इन ग्रामीण प्रतिरोधों में छोटे किसानों और अनुसूचित जाति–अनुसूचित जनजाति के लोगों ने महत्त्वपूर्ण भूमिका निभायी है। ये लोग अभी भी छोटी किसान अर्थव्यवस्था से अपनी जीविका हासिल करते हैं। इसलिए यह बात सामने आती है कि ग्रामीण लोग 'अभी भी खेतों को छोड़ने के लिए तैयार नहीं हैं, और न ही 'भारतीय गाँवों के ख़त्म होने' के लक्षण सामने आ रहे हैं (गुप्ता 2005); इसके बजाय, जैसा कि पार्थ चटर्जी मानते हैं, 'पश्चिम बंगाल में अभी भी मुख्य रूप से इस बात पर ज़ोर दिया जा रहा है कि छोटे–किसान खेती की व्यवहार्यता पर ही क़ायम रहे, तथा राज्य की सब्सिडियों और गाँव स्तर के संगठन द्वारा उत्पादकता में थोड़ी बहुत बढ़ोतरी करने के उपाय खोजे जायें' (चटर्जी 1997)। इसलिए ऐसा लगता है कि बंगाल के ग्रामीण इलाकों में राजनीति के बदलते स्वरूप का मुख्य कारक 'खेती से घिरी संस्कृति है', जिसमें संगठित राजनीति का प्रभावकारी हस्तक्षेप हुआ है।

## जाति, वर्ग और सत्ता

दोनों राज्यों में काफ़ी हद तक अलग–अलग तरह के विकास के लिए कई कारकों को ज़िम्मेदार माना जा सकता है । इसमें जाति, वर्ग और सत्ता के बीच बदलता सम्बन्ध सबसे महत्त्वपूर्ण कारक प्रतीत होता है। ग्रामीण बंगाल समाज जाति की हैसियत और सत्ता के आधार पर काफ़ी स्तरीकृत है। जाति की हैसियत और सत्ता एक–दूसरे से अभिन्न रूप से जुड़े हुए हैं। यह प्रस्ताव समकालीन पश्चिम बंगाल के बारे में बेते (1992) के प्रस्तावों के निष्कर्ष से काफ़ी अलग है : 'कुछ ख़ास तरीक़ों से जाति और सत्ता के बीच का पारम्परिक सम्बन्ध उल्टा हो गया है...आज गाँव की पंचायतों पर ग़ैर–ब्राह्मणों का नियन्त्रण है, तथा पारम्परिक अभिजन पृष्ठभूमि में चला गया है। अब, सत्ता हासिल करने में भूमि का स्वामित्व एक निर्णायक कारक नहीं है' (भट्टाचार्य 2003)। निश्चित रूप से, उपरोक्त दृष्टिकोण ग्रामीण पश्चिम बंगाल में जाति, वर्ग और सत्ता के बीच सम्बन्धों के बारे में दो अतिवादी दृष्टिकोण प्रस्तुत करते हैं। ऐसा लगता है कि हक़ीक़त इन दोनों के बीच कहीं स्थित है। कदमपुर में निम्न जाति एक उपेक्षित सामाजिक समूह था, और भूमि अधिग्रहण के ख़िलाफ़ आन्दोलन शुरू होने से पहले नेतृत्व के स्तर पर इसकी कोई भूमिका नहीं थी। इस गाँव में निम्न वर्ग–जाति के लोगों की मज़बूत गोलबन्दी का कोई इतिहास नहीं रहा है। एक मज़बूत वामपंथी दल की मौजूदगी के बावजूद वाम मोर्चा के शासन के दौरान बड़े भू–स्वामियों के ख़िलाफ़ कोई संघर्ष नहीं हुआ। इसके बजाय, स्थानीय वाम नेतृत्व ने 1970 के दशक के आख़िर में ऑपरेशन बर्गा कार्यक्रम को त्याग दिया। शायद इसका कारण यह था कि वे अपने वर्ग के बन्धुओं यानी मध्यम जाति के भू–स्वामियों से अच्छा सम्बन्ध बनाना चाहते थे। संघर्ष में सबॉल्टर्न गोलबन्दी के अभाव का अर्थ यह था कि राजनीति के क्षेत्र में अनुसूचित जातियाँ अपनी दावेदारी प्रस्तुत नहीं कर पायीं। बहुत समय पहले यह सुनिश्चित किया गया कि अनुसूचित जातियों के एक तबके तक शिक्षा की पहुँच हो। इस तबके के बीच कांग्रेस पार्टी का अच्छा–ख़ासा प्रभाव था। वर्तमान समय में संगठित आन्दोलन के माध्यम से अनुसूचित जातियों ने ग्रामीण समाज में अपनी सशक्त उपस्थिति दर्ज करायी है।

इसके विपरीत, कालीपुर ज़िले में अनुसूचित जनजातियाँ या आदिवासी

अतीत में हुए वर्ग संघर्षों में सबसे आगे रहे हैं; लेकिन चूँकि बाद में वर्ग आधारित कोई गोलबन्दी या संघर्ष नहीं हुआ, इसलिए वे राजनीतिक रूप से नेपथ्य में चले गये। पंचायत में आरक्षण के कारण अनुसूचित जातियों का उभार दिखता है, किन्तु यह वास्तविकता से ज़्यादा औपचारिक है। क्योंकि वास्तविक शक्ति उच्च जातियों के हाथों में है।

## जाति और समुदाय

ग्रामीण समाज में संगठित राजनीति के प्रभाव और पश्चिम बंगाल में राजनीतिक दलों के आधार पर जन गोलबन्दी के लम्बे इतिहास ने निश्चित रूप से पूर्व ग्रामीण समुदाय में परिवर्तन किया है। इस सन्दर्भ में पार्थ चटर्जी (1997) ने लिखा है :

> *ऐसा लगता है कि किसान वर्ग के भीतर एक विभेदीकरण की प्रक्रिया आगे बढ़ी है, वर्ग के सवालों पर होने वाले संगठित राजनीतिक आन्दोलनों और चुनावी गोलबन्दियों ने मिलकर पहले के पूरे गाँव का निर्माण करने वाले समुदायों के आधारों का न सिर्फ़ क्षरण किया है, बल्कि उन्हें ख़त्म कर दिया है। आमतौर पर यह माना जाता है कि एक खण्डित समुदाय ने इसका स्थान ले लिया है, जिसमें किसान वर्ग का एक स्तर या जाति का एक स्तर शामिल है। लेकिन इसके साथ ही इसमें एक समुदाय की सामूहिक एकजुटता और पहचान की विचारधारात्मक विशेषताएँ मौजूद हैं।*

अपने दो गाँवों के अध्ययन से हम इन दोनों गाँवों में समुदाय की भूमिका को प्रस्तुत करने का प्रयास करेंगे।

हमने यह पाया कि कदमपुर में गाँव के लोगों ने एक समुदाय के रूप में भूमि अधिग्रहण के ख़िलाफ़ अपनी प्रतिक्रिया दी। इस गाँव की सम्पूर्ण खेतिहर ज़मीन का अधिग्रहण करने के सरकार के फ़ैसले ने शायद लोगों के बीच एक सामूहिक एकजुटता के निर्माण में महत्त्वपूर्ण भूमिका निभायी, और लोग जाति–वर्ग की सीमाओं से आगे जाकर एकजुट हुए। संगठित राजनीतिक दलों के हस्तक्षेप और प्रभाव ने भी इस एकजुटता को बढ़ावा दिया। लेकिन सत्ताधारी पार्टी द्वारा लगातार दबाव डालने और भूमि अधिग्रहण के बारे में गाँव के अलग–अलग तबकों की सोच में अन्तर ने

भूमि अधिग्रहण के सवाल पर कुछ हद तक ग्रामीण समुदाय में विखण्डन लाने का काम किया। कालीपुर के विपरीत यहाँ अनुसूचित जातियों के लोगों को कभी वर्ग के आधार पर गोलबन्द नहीं किया गया था। इसलिए ऐसा लगता है कि यहाँ गाँव के सभी तबके के लोगों को मिलाकर एक सामूहिक एकजुटता के निर्माण का आधार मौजूद था।

इसके विपरीत, कालीपुर में ग्रामीण समुदाय लम्बे समय से वर्ग के आधार पर विखण्डित था। इसका कारण यह था कि बहुत पहले से ही संगठित राजनीति के प्रभाव के कारण यहाँ की अनुसूचित जातियों और अनुसूचित जनजातियों के लोगों को उनके वर्गीय हितों के आधार पर गोलबन्द किया गया था। यहाँ हम यह देख सकते हैं कि अनुसूचित जनजातियाँ अपनी पारम्परिक संस्कृति का अनुसरण करते हुए ज़्यादातर एक समुदाय के रूप में काम करती हैं। यद्यपि इस गाँव की अनुसूचित जातियों के बीच इस तरह की आन्तरिक एकजुटता नहीं है, लेकिन उन्हें अनुसूचित जनजातियों के साथ गोलबन्द किया जा सकता है। एक संगठित पार्टी के साथ अपने साझा जुड़ाव के कारण इन दोनों समूहों के बीच मज़बूत सम्बन्ध है। इस तरह, ग्रामीण समाज पर संगठित राजनीति के प्रभाव ने पूर्व ग्रामीण समाज के विखण्डन में महत्त्वपूर्ण भूमिका निभायी है। लेकिन इसके साथ ही कालीपुर में नये जाति–वर्ग एकजुटता के निर्माण में भी इसकी भूमिका अहम रही है। वहीं कदमपुर में राज्य के नेतृत्व वाली संगठित राजनीति के प्रभाव के कारण ग्रामीण समुदाय और ज़्यादा मज़बूत हुआ है।

## संगठित राजनीतिक क्षेत्र की भूमिका

पश्चिम बंगाल में संगठित राज्य–केन्द्रित राजनीति में कामयाबी मोटे तौर पर इस पर निर्भर करती है कि एक राजनीतिक दल या गठबन्धन ग्रामीण लोगों को अपने पक्ष में किस सीमा तक गोलबन्द कर पाता है। इसलिए राजनीतिक दलों की यह मजबूरी है कि वे गाँवों में जायें, अपने समर्थन–आधार का निर्माण करें, पंचायत स्तर तक के चुनाव लड़े, तथा गाँव के स्तर तक अपनी सत्ता को मज़बूत करें। पश्चिम बंगाल में, विशेष रूप से वाम मोर्चा के उदय के बाद सत्ता का वास्तविक संघर्ष ग्रामीण क्षेत्रों में होता है। कदमपुर में पिछले कुछ समय से माकपा के समर्थन के आधार में क्षरण हो रहा था, और भूमि अधिग्रहण के निर्णय ने इसे ग्रामीण

समाज से पूरी तरह अलग–थलग कर दिया। विपक्षी राजनीतिक दलों के प्रभाव और हस्तक्षेप के कारण माकपा की स्थिति काफ़ी कमज़ोर हो गयी। इन दलों को पिछली विधानसभा चुनावों में हार का सामना करना पड़ा था। इसलिए ये किसी ऐसे मुद्दे की तलाश में थे जिससे वे राज्य के लोगों के सामने अपनी छवि को चमका सकें। ये सभी दल इस आन्दोलन से ज़्यादा से ज़्यादा राजनीतिक लाभ लेने के लिए इसमें कूद पड़े। इस बाहरी समर्थन से गाँव के लोगों को मज़बूत राज्य मशीनरी का सामना करने की ताकत और साहस मिला। मीडिया के तबके और नागरिक समाज के एक भाग ने भी इस आन्दोलन को लगातार गतिशील बनाये रखने में महत्त्वपूर्ण भूमिका अदा की। चूँकि संगठित राजनीति की स्थिति बहुत मज़बूत होती है, इसलिए पश्चिम बंगाल की ग्रामीण जनता यह उम्मीद नहीं कर सकती है कि वह कुछ निश्चित राजनीतिक ताकतों के समर्थन के बिना अपनी आकांक्षाओं और माँगों को पूरा कर सकती है। कालीपुर में सबॉल्टर्न या निम्न वर्गों के लोग एक लम्बे समय से अपनी माँगों को पूरा करने के लिए संगठित दलों का सहारा लेते रहे हैं; और इन्होंने पहले भी ग्रामीण समाज में कुछ हद तक मज़बूती से अपनी मौजूदगी दर्ज करायी है। लेकिन उनकी पसन्द के किसी विपक्षी दल के न होने, और गाँव की सत्ता पर माकपा के एकाधिकार के कारण निम्न वर्गों के लोगों को अपनी ज़्यादा माँगों को मनवाने और अपने अधिकारों को पूरी तरह सुरक्षित रखने में कठिनाई का सामना करना पड़ा है।

कदमपुर के सबॉल्टर्न या निम्न वर्ग के लोग तृणमूल कांग्रेस और कांग्रेस को आन्दोलन का अगुआ दस्ता मानते हैं। वहीं कालीपुर के लोग इन दलों को माकपा के विकल्प के रूप में स्वीकार नहीं करते हैं क्योंकि तृणमूल कांग्रेस और कांग्रेस पारम्परिक रूप से गाँव के भूमिपतियों का समर्थन करते रहे हैं। कदमपुर में भी अतीत में तृणमूल कांग्रेस और कांग्रेस का जुड़ाव बड़े भू–स्वामियों से रहा है। लेकिन इस गाँव में कभी वर्ग विरोध ने शत्रुता का रूप धारण नहीं किया, इसलिए निम्न वर्गों के लोगों द्वारा तृणमूल कांग्रेस और कांग्रेस को पूरी तरह से विरोधी पार्टी के रूप में नहीं देखा जाता है। इसलिए वर्तमान में भूमि अधिग्रहण के ख़िलाफ़ वर्ग–जाति की शक्तियों से आगे जाकर ग्रामीणों के बीच एकजुटता स्थापित हुई है।

## निष्कर्ष

कदमपुर में एक ऐसा किसान आन्दोलन चल रहा है, शायद जिसकी कल्पना वाम मोर्चे के शासन में नहीं की जा सकती थी। सिंगुर में हो रही इस उथल–पुथल का कारण यह है कि सरकार ने भूमि अधिग्रहण का फ़ैसला करके हजारों ग्रामीण परिवारों की जीविका को ख़तरे में डाल दिया। गाँव के लोग इस क्षेत्र को औद्योगिक शहरी क्षेत्र बनाने के प्रस्ताव का आर्थिक और सांस्कृतिक–दोनों ही दृष्टिकोणों से विरोध कर रहे हैं। ऐसा नहीं है कि गाँव की अर्थव्यवस्था और संस्कृति की हालत वैसी ही है, जैसे यह आज से 30–40 साल पहले थी; यह कहना भी सही नहीं है कि गाँवों के लोग किसी तरह का बदलाव नहीं चाहते हैं। साथ ही, सिंगुर इलाके ग्रामीण लोग शहरी जीवन की बुराईयों और लाभों के बारे में भी जानते हैं। इसलिए, उनके द्वारा सरकर के भूमि अधिग्रहण के फैसले के विरोध को उनकी अज्ञानता या पिछड़ेपन के रूप में नहीं देखा जाना चाहिए।

कालीपुर में दिखने वाली शान्ति की व्याख्या करते हुए यह कहा जा सकता है कि यहाँ ग्रामीण अर्थव्यवस्था में यथा–स्थिति कायम रखने की माकपा की नीति को कामयाबी मिली है। साथ ही, इसने सबॉल्टर्न लोगों को खैरात के रूप में प्रशासकीयता या गवर्नमैंटेलिटी[3] का कुछ लाभ देकर भी यथा–स्थिति को क़ायम रखा है। इस नीति से निम्न वर्गों और भू–स्वामी तबके के बीच की असमानता दूर नहीं हुई है, और लोगों में भू–स्वामियों का पक्ष लेने के कारण पार्टी के प्रति काफ़ी गहरा असन्तोष भी है; लेकिन सबॉल्टर्न या निम्न वर्ग अपना असन्तोष व्यक्त नहीं कर सकते हैं क्योंकि उन्हें विपक्षी दल ज़्यादा बुरे लगते हैं। राजनीतिक बाध्यताओं और भू–स्वामियों के समर्थक विपक्षी दलों के सांस्कृतिक नकारात्मकता के कारण ये लोग शासक दल यानी माकपा के साथ बने हुए हैं।

राजनीति के संगठित क्षेत्र के रूप में राज्य और वैश्विक पूँजी विकास की अपनी योजनाओं तथा विकेन्द्रीकरण के माध्यम से ग्रामीण समुदाय के साथ अन्तःक्रिया करते हुए उसे एक आकार प्रदान करना चाहते हैं। इस प्रकार की अन्तःक्रिया से समरसता या अशान्ति कुछ भी आ सकती है; यह पूरी तरह से इस पर निर्भर करता है कि समुदाय किस सीमा तक इन बदलावों को स्वीकार करता है। गाँव का समुदाय राज्य और पूँजी के साथ अन्तःक्रिया करते हुए ख़ुद को बदल रहा है। इसके कारण इसके

भीतर से कई ऐसे असन्तोष सामने आ रहे हैं जिनका उपयोग संगठित दल संसदीय लोकतन्त्र की सत्ता के संघर्ष में अपनी स्थिति मज़बूत बनाने के लिए करना चाहते हैं। इस तरह 'पूर्व का समुदाय' पूँजी और लोकतन्त्र से जुड़ी विविध शक्तियों के प्रयोग का क्षेत्र बन चुका है। विकास और विकेन्द्रीकरण के ऊपर लागू की गयी योजनाओं का नतीजा यह हुआ है कि ग्रामीण समुदाय के भीतर भी परिवर्तन हो रहे हैं या संक्षेप में कहे तो शायद 'भारत गाँवों के क्षरण होने' के बारे में व्यापक अध्ययन करने के लिए राजनीति को ऐसी मुख्य धुरी के रूप में देखना आवश्यक है, जिस पर गाँव का रूप जाना जाने वाला समाजशास्त्रीय यथार्थ महत्त्वपूर्ण रूप से टिका हुआ है।

## टिप्पणियाँ

1. पिछले विधानसभा चुनावों में वाम मोर्चे का मुख्य नारा था : 'खेती हमारी बुनियाद है, और उद्योग हमारा भविष्य है'।
2 मैंने सिंगुर ब्लॉक के जिस गाँव का अध्ययन किया, उसका वास्तविक नाम कदमपुर नहीं है।
3. गवर्नमैंटेलिटी या प्रशासकीयता शब्द का उपयोग मिशेल फूको द्वारा किया गया था। इसके द्वारा वे आधुनिक सरकारों की उन तकनीकों को परिभाषित करते हैं जो 'जिनका अपना उद्देश्य ख़ुद सरकार का कार्य नहीं होता है, बल्कि जनसंख्या का कल्याण और इसकी स्थिति में सुधार करना, उसकी सम्पत्ति, दीर्घजीविता और स्वास्थ्य में वृद्धि करना होता है...' (ब्रूचेल और अन्य 1991)।

## सन्दर्भ


भट्टाचार्य, सुकान्ता, 2003, 'कास्ट, क्लास ऐंड पॉलिटिक्स इन वेस्ट बंगाल', *इकोनॉमिक ऐंड पॉलिटिकल वीकली* 38(3)।

ब्रूचेल, ग्राहम, कॉलिन गॉर्डन और पीटर मिलर, 1991, *द फूको इफेक्ट : स्टडीज़ इन गवर्नमेंटेलिटी*, शिकागो : यूनिवर्सिटी ऑफ़ शिकागो प्रेस।

चटर्जी, पार्थ, 1997, *द प्रेजेंट हिस्ट्री ऑफ़ वेस्ट बंगाल*, नयी दिल्ली : ऑक्सफोर्ड यूनिवर्सिटी प्रेस।

गुप्ता, दिपांकर, 2005, 'विदर द इंडियन विलेज', *इकोनॉमिक ऐंड पॉलिटिकल वीकली* 40(8)।

रूड, ए. आर. 2003, *पोयटिक्स ऑफ़ विलेज पॉलिटिक्स*, नयी दिल्ली : ऑक्सफोर्ड यूनिवर्सिटी प्रेस।

# ग्रामीण उड़ीसा में वृद्ध : संकट में अकेलापन*

**प्रदीप कुमार पांडा**

प्रजनन–क्षमता और मृत्यु दर में तेज़ी से गिरावट आने के कारण पिछले तीन दशकों में बहुत से विकासशील देशों में वृद्ध लोगों की संख्या और जनसंख्या में उनके अनुपात में तेज़ी से वृद्धि हुई है। उच्च प्रजनन दर वाले बहुत से देश अभी जनसंख्यात्मक रूप से युवा हैं। यद्यपि इन देशों में वृद्ध लोगों का अनुपात कम है, लेकिन भारत जैसे कुछ देशों में वृद्धों की जनसंख्या का आकार बहुत ज़्यादा है। वर्तमान समय में, भारत में वृद्धों की संख्या बहुत से देशों की जनसंख्या से ज़्यादा है।

भारत में वृद्ध या बुजुर्ग लोगों की देखभाल करने के लिए परिवार एक परम्परागत सामाजिक संस्था है। यह उम्मीद की जाती है कि किसी व्यक्ति की वृद्धावस्था आने पर उसका परिवार उसकी देखभाल करेगा तथा उसे सहायता और सुरक्षा उपलब्ध करायेगा। अमूमन बुजुर्ग लोगों की देखभाल और सहायता करने की पारिवारिक व्यवस्था में भावनात्मक, सामाजिक, आर्थिक और स्वास्थ्य सम्बन्धी सहायता को सम्मिलित किया जाता है। असलियत यह है कि एक ख़ास सामाजिक सन्दर्भ में एक परिवार द्वारा अपने वृद्ध लोगों की देखभाल करने की क्षमता काफ़ी हद तक परिवार की सामाजिक और आर्थिक परिस्थितियों, प्रचलित सामाजिक और सांस्कृतिक मानकों तथा औद्योगीकरण और शहरीकरण के कारण इसकी बदलती संरचना पर निर्भर करती है। इसके अलावा, उपलब्ध सेवाओं की गुणवत्ता भी महत्त्वपूर्ण है। मसलन, बहुत बड़ी संख्या में परिवार ग़रीबी रेखा के नीचे जीवन यापन करते हैं। ऐसे परिवार अपने बुजुर्गों को ऐसी देखभाल या सहायता उपलब्ध कराने के सन्दर्भ में पारम्परिक अपेक्षाओं को पूरा नहीं कर सकते हैं (चांग 1994)।

---

* *इकोनॉमिक ऐंड पॉलिटिकल वीकली* 33(25) : 1545–50 (29 जून 1998)।

वृद्ध लोगों की वर्तमान स्थिति उनके जीवन यापन के प्रबन्धों से समाने आती है। असल में, वृद्ध लोगों के सामान्य कल्याण और देखभाल के सन्दर्भ में जीवन यापन के प्रबन्ध महत्त्वपूर्ण घटक होते हैं। इन लोगों के जीवन यापन के प्रबन्ध का सबसे महत्त्वपूर्ण आयाम अपने वयस्क बच्चों के परिवारों के साथ रहना है, या फिर ऐसे घर में रहना है जिसमें कई पीढ़ियों के लोग रहते हैं। यहाँ इनके परिजन उन्हें पैसा, व्यक्तिगत देखभाल और भावनात्मक समर्थन उपलब्ध कराते हैं। यहाँ सिर्फ़ बच्चे ही वृद्धों की देखभाल और सहायता नहीं करते हैं, बल्कि वे परिवार की सम्पूर्ण भलाई और कल्याण में भी योगदान देते हैं। वे छोटे बच्चों की देखभाल करते हैं, परिवार में फ़ैसला लेने में मदद करते हैं तथा घर के रोज़मर्रा के कामों में भी सहायता देते हैं। भारत में वृद्ध लोगों को परिवार का अभिन्न भाग माना जाता है, और उन्हें काफ़ी सम्मान दिया जाता है। परिवार द्वारा बुजुर्ग व्यक्ति की आर्थिक और भावनात्मक आवश्यकताओं का ख़्याल रखा जाता है। ऐसे व्यक्ति का अपने परिवार की युवा पीढ़ी के लोगों पर प्राधिकार होता है, अर्थात् ऐसे व्यक्ति की बात को महत्त्व दिया जाता है। बहरहाल, हाल ही में प्रकाशित अध्ययनों में यह बात सामने आती है कि परिवार के स्तर पर बुजुर्ग या वृद्ध लोगों की आर्थिक और सामाजिक सहायता भूमि और अन्य प्रकार की सम्पत्ति पर उनके स्वामित्व से जुड़ी हुई है। यदि सम्पत्ति पर से बुजुर्ग व्यक्ति का नियन्त्रण ख़त्म हो जाता है, तो इससे परिवार के भीतर उसकी हैसियत भी काफ़ी कमज़ोर हो जाती है (पेट्री 1982; सेन 1994)।

ऐसा लगता है कि हाल ही के वर्षों में भारत में परिवार के भीतर की पारम्परिक मूल्य व्यवस्था में धीरे–धीरे क्षरण हुआ है। इसके परिणामस्वरूप बुजुर्गों की पारम्परिक स्थिति और हैसियत में गिरावट आयी है। इसके लिए बहुत से कारकों को ज़िम्मेदार माना जा सकता है : (क) संयुक्त परिवार की संस्था का क्षरण; (ख) छोटे परिवारों के मानक को अपना लेने के कारण कम बच्चों का जन्म होना; (ग) आर्थिक गतिविधि में महिलाओं की बढ़ती भागीदारी; (घ) युवा सदस्यों का रोज़गार के लिए शहरों में पलायन; (ड.) पर्याप्त घरों की कमी; (च) शहरीकरण के कारण जीवनशैली और मूल्यों में परिवर्तन, और इसी के अनुरूप नज़दीकी परिवार की आवश्यकताओं की प्राथमिकता में बदलाव; और (छ) ग्रामीण आर्थिक संरचना में बदलाव के कारण भूमि जैसे उत्पादन के साधनों के साझा स्वामित्व की व्यवस्था का

धीरे–धीरे ख़त्म होना (बोस 1994; डांडेकर 1993; डीसूजा 1989; गोखले 1994; राजन और अन्य 1993)।

इस अध्ययन में वृद्धों या बुजुर्गों की देखभाल और सहायता की पारिवारिक व्यवस्था की जाँच की गयी है। इसमें विशेष रूप से ग्रामीण उड़ीसा में वृद्धों के जीवन यापन की व्यवस्था पर ध्यान केन्द्रित किया गया है। इसमें तीन प्रश्नों पर विचार किया गया है : पहला, क्या चुने गये ग्रामीण क्षेत्र में आर्थिक–सामाजिक और जनसांख्यिक विशेषताओं के सन्दर्भ में वृद्धों की जनसंख्या आम जनसंख्या से अलग होती है? दूसरा, क्या आर्थिक हैसियत और ग़रीबी के सन्दर्भ में वृद्ध सदस्यों वाले परिवार शेष परिवारों से अलग होते हैं? तीसरा, क्या बच्चों के वृद्ध सदस्यों के साथ रहने की व्यवस्था में परिवर्तन आया है, जिसके आधार पर यह कहा जा सके कि वृद्धों की सहायता और देखभाल की पारम्परिक एवं पारिवारिक व्यवस्था कमज़ोर हुई है?

## पृष्ठभूमि

उड़ीसा बंगाल की खाड़ी के पूर्वी तट पर बसा हुआ है। यह देश के कुल भौगोलिक क्षेत्र का 4.7 प्रतिशत है तथा यहाँ देश की कुल जनसंख्या का 3.7 प्रतिशत है। उड़ीसा की अर्थव्यवस्था मुख्य रूप से खेतिहर है। यहाँ की अस्सी प्रतिशत जनसंख्या खेती के काम से जुड़ी हुई है। खेती का राज्य के घरेलू उत्पाद में 50 प्रतिशत योगदान होता है। जहाँ भारत की जनसंख्या का 74 प्रतिशत हिस्सा ग्रामीण क्षेत्रों में रहता है, वहीं, उड़ीसा की जनसंख्या का 87 प्रतिशत ग्रामीण क्षेत्रों में रहता है। 1991 की जनगणना के अनुसार, जहाँ पूरे भारत में पुरुष और महिला की साक्षरता दर क्रमशः 64 और 39 प्रतिशत है, वहीं उड़ीसा में पुरुष और महिला की साक्षरता दर क्रमशः 63 और 35 प्रतिशत है (सेनशस ऑफ़ इंडिया 1991)।

यदि आर्थिक मोर्चे पर विचार करें, तो योजना आयोग द्वारा जारी आधिकारिक अनुमानों के अनुसार जहाँ 1987–88 में पूरे भारत की ग्रामीण जनसंख्या में 33.4 प्रतिशत लोग ग़रीबी रेखा के नीचे रह रहे थे, वहीं उड़ीसा की ग्रामीण जनसंख्या के 48.3 प्रतिशत लोग ग़रीबी रेखा के नीचे थे। एक्सपर्ट ग्रुप ऑन पॉवर्टी (1993) के अनुसार, ग्रामीण भारत की

तुलना में ग्रामीण उड़ीसा में ग़रीबी की व्यापकता ज़्यादा है (क्रमशः 35 प्रतिशत और 61.5 प्रतिशत)। जहाँ ग्रामीण भारत में वार्षिक प्रति व्यक्ति आय 2,239 रुपये थी, वहीं उड़ीसा में ग्रमीण प्रति व्यक्ति आय 1,615 रुपये ही थी (सेंटर ऑफ़ मॉनिटरिंग इंडियन इकोनॉमी 1993)। भारत में उड़ीसा एक ऐसा राज्य है जहाँ खेतिहर उत्पादकता कम है और ग़रीबी की व्यापकता सबसे ज़्यादा है। भारत के अधिकांश भागों की तुलना में उड़ीसा में खेतिहर आधुनिकीकरण और मूलभूत सुविधाओं का विकास काफ़ी कम हुआ है (वर्ल्ड बैंक 1991)।

भारत के अन्य भागों की तरह ही उड़ीसा में भी अमूमन माता–पिता की समपित्त में उनके वयस्क बच्चे भी हिस्सेदारी करते हैं। भारत में विभिन्न तरीक़ों से माता–पिता से उनके बच्चों के पास सम्पत्ति का स्थानान्तरण होता है। विरासत, बेटों के माता–पिता के साथ रहने और बेटियों को दहेज देना इसका प्रमुख तरीक़ा है (रोसेजविग 1994)। इसलिए एक बड़ी सीमा तक भूमि के रूप में सम्पत्ति परिवार के भीतर बुजुर्ग व्यक्ति की हैसियत तय करती है।

इरुदया राजन और अन्य (1994) के अध्ययन ने भारत में वृद्ध या बुजुर्गों के परिवार की संरचना और पेशे की संरचना के स्वरूप के बारे में रोचक निष्कर्ष प्रस्तुत किये हैं (सारणी 1)। इससे यह बात सामने आती है कि उड़ीसा में परिवारों के आकार का माध्य सम्पूर्ण भारत के माध्य की तुलना में कम है (भारत का 5.6 और उड़ीसा का 5.3 है)। शहरी और ग्रामीण क्षेत्रों के बारे में भी यही बात सच है। इसके अलावा, 5 से ज़्यादा सदस्यों वाले परिवारों और विस्तृत परिवार सम्पूर्ण भारत की तुलना में उड़ीसा में तुलनात्मक रूप से कम हैं (उड़ीसा में यह 40.5 प्रतिशत और 16.1 प्रतिशत है, वहीं पूरे भारत में 44.6 प्रतिशत और 20.2 प्रतिशत है)। दूसरे शब्दों में, संयुक्त और विस्तृत परिवारों का अनुपात कम होने और औसत परिवारों के आकार के छोटे होने का अर्थ यह है कि बुजुर्ग लोगों की देखभाल के लिए परिवारों में कम लोग उपलब्ध हैं।

**सारणी 1 : वृद्ध लोगों के परिवार की संरचना और पेशे की संरचना : उड़ीसा और भारत, 1981**

| संकेतक | उड़ीसा | भारत |
|---|---|---|
| परिवार की संरचना | | |
| परिवार के आकार का माध्य | | |
| कुल | 5.3 | 5.6 |
| ग्रामीण | 5.3 | 5.6 |
| शहरी | 5.0 | 5.5 |
| 5 से ज़्यादा सदस्यों वाले परिवार | 40.5 | 44.6 |
| विस्तृत परिवार वाले घर | 16.1 | 20.2 |
| पेशागत संरचना | | |
| वृद्ध लोगों के काम में भागीदारी की दर | | |
| कुल | 38.8 | 40.1 |
| ग्रामीण | 39.7 | 43.1 |
| शहरी | 29.9 | 27.5 |
| उम्रदराज मज़दूरों में खेतिहर क्षेत्र में काम करने वाले मज़दूरों का अनुपात | | |
| कुल | 85.5 | 80.1 |
| ग्रामीण | 89.4 | 89.2 |
| शहरी | 34.3 | 24.3 |

*स्रोत : राजन और अन्य (1994)।*

पेशागत संरचना के बारे में सारणी 1 से यह बात सामने आती है कि उड़ीसा में काम में वृद्ध व्यक्तियों की भागीदारी सम्पूर्ण भारत की तरह ही है (तक़रीबन 40 प्रतिशत)। हालाँकि उड़ीसा और सम्पूर्ण भारत– दोनों ही स्थानों पर खेतिहर क्षेत्र के मज़दूरों में उम्रदराज मज़दूरों की संख्या काफ़ी ज़्यादा है। असल में, उड़ीसा में यह अनुपात थोड़ा ज़्यादा

ही है। ग्रामीण–शहरी सन्दर्भ में भी महत्त्वपूर्ण अन्तर है। खेतिहर क्षेत्र में सम्पूर्ण भारत की तुलना में उड़ीसा के ग्रामीण और शहरी–दोनों ही क्षेत्रों में उम्रदराज या बुजुर्ग मज़दूरों का अनुपात ज़्यादा है।

## आँकड़े और अध्ययन–पद्धति

इस अध्ययन में उड़ीसा के बोलांगिर ज़िले के पाँच गाँवों में सर्वेक्षण से प्राप्त आँकड़ों का उपयोग किया गया है। बोलांगिर मुख्य रूप से राज्य का खेतिहर इलाका है, और यहाँ के ग्रामीण क्षेत्रों में काफ़ी ग़रीबी है।

इस अध्ययन में पाँच गाँवों के 1,107 परिवारों का अध्ययन किया गया। इन सबका सामाजिक–सांस्कृतिक वातावरण एक जैसा था, लेकिन इनके विकास का स्तर अलग–अलग था। विकास के स्तर को बिजली के उपयोग, ग़ैर–खेतिहर काम की सीमा और खेतिहर आधुनिकीकरण के सन्दर्भ में मापा गया। गाँवों को इस प्रकार चुना गया ताकि वे ग्रामीण उड़ीसा के विभिन्न विकासात्मक स्वरूपों का प्रतिनिधित्व कर सकें। इस सर्वेक्षण में परिवार के लिए प्रश्नावली तैयार की गयी। इसके आधार पर प्रत्येक परिवार के मुखिया से बातचीत की गयी, तथा परिवार की सामाजिक और आर्थिक विशेषताओं के साथ–ही–साथ इसके सभी सदस्यों के बारे में जानकारी हासिल की गयी। यह सर्वेक्षण सितम्बर, 1989 और फ़रवरी, 1990 के बीच किया गया था। उत्तरदाताओं की सुविधा के अनुसार साक्षात्कार लिया गया। इस बात का ध्यान रखा गया कि साक्षात्कार के समय उत्तरदाताओं की निजता कायम रहे।

चूँकि इस अध्याय का बुनियादी लक्ष्य बुजुर्ग लोगों के जीवन के हालात का विश्लेषण करना है, इसलिए इस विश्लेषण में उन परिवारों पर ध्यान केन्द्रित किया गया है, जिनमें कम–से–कम एक बुजुर्ग व्यक्ति हों। इसलिए इस सैंपल में कुल 271 परिवार सम्मिलित हैं, जिनमें कुल 341 बुजुर्ग थे। वृद्ध या बुजुर्ग लोगों को भारत में इनके बारे में मौजूद परिभाषा के आधार पर ही परिभाषित किया गया है, अर्थात् इसमें 60 वर्ष या उससे ज़्यादा के व्यक्ति को वृद्ध माना गया है। ये आँकड़े मूल रूप से परिवार की विशेषताओं और जीवन प्रबन्धों तथा आय और भूमि के स्वामित्व जैसे परिवार के आर्थिक हैसियत के संकेतकों से सम्बन्धित अध्ययन के लिए एकत्रित किये गये थे। इनसे हम उम्र, लिंग, वैवाहिक स्थिति और परिवार

की आर्थिक स्थिति या ग़रीबी के आधार पर वृद्ध या बुज़ुर्ग लोगों के जीवनयापन के प्रबन्धों का परीक्षण करने का भी अनूठा अवसर मिलता है।

## अनुभवसिद्ध नतीजे

*कुल जनसंख्या और वृद्ध लोगों की जनसंख्या :* उड़ीसा के चुने गये ग्रामीण क्षेत्रों की सभी लोगों और वृद्ध लोगों के सामाजिक–आर्थिक और जनसांख्यिकी स्वरूप पर ध्यान देने से रोचक नतीजे सामने आते हैं (सारणी 2)। इससे यह पता चलता है कि जनसंख्या का 5.7 प्रतिशत भाग या तो 60 वर्ष का है, या इससे ज़्यादा उम्र का है। वृद्ध महिलाओं का अनुपात वृद्ध पुरुषों से थोड़ा ज़्यादा है (क्रमशः 5.7 प्रतिशत और 5.6 प्रतिशत)। कुल जनसंख्या की तुलना में 60 वर्ष या उससे ज़्यादा उम्र के लोगों में लिंग अनुपात (प्रत्येक 100 पुरुषों पर महिलाओं का अनुपात) ज़्यादा ख़राब स्थिति में नहीं है। लेकिन वृद्धों की जनसंख्या में भी पुरुषों की संख्या महिलाओं से ज़्यादा है। सम्पूर्ण भारत के स्तर पर भी यही प्रवृत्ति सामने आती है, जो विकसित देशों और अधिकांश विकासशील देशों के विपरीत है। जहाँ वृद्ध महिलाओं की संख्या हमेशा ही वृद्ध पुरुषों से ज़्यादा होती है। भारत में लिंग अनुपात में महिलाओं की स्थिति ख़राब होने का कारण यह है कि यहाँ महिलाओं की हैसियत निम्नतर मानी जाती है। इसके कारण वृद्धों के बीच भी महिलाओं की मृत्यु दर ज़्यादा होती है।

यदि चुने गये गाँवों में सम्पूर्ण जनसंख्या और उम्रदराज लोगों की जनसंख्या की सामाजिक–आर्थिक विशेषताओं के बीच तुलना की जाये, तो कई महत्त्वपूर्ण अन्तर सामने आते हैं। सामान्य जनसंख्या की तुलना में 60 वर्ष या उससे ज़्यादा उम्र के पुरुषों और महिलाओं– दोनों की साक्षरता दर काफ़ी कम है। साक्षरता के मामले में लैंगिक आधार पर काफ़ी ज़्यादा अन्तर है। वृद्ध और कुल महिला जनसंख्या की साक्षरता दर में अन्तर इस प्रकार है : वृद्ध महिलाओं में सिर्फ़ 6 प्रतिशत महिलाएँ ही साक्षर हैं, वहीं सामान्य जनसंख्या में एक–तिहाई से भी ज़्यादा महिलाएँ साक्षर हैं। 60 वर्ष या उससे ज़्यादा उम्र के पुरुष और महिलाओं की तुलना में सामान्य जनसंख्या आर्थिक रूप से ज़्यादा सक्रिय है। लेकिन अभी वृद्धों में 60 प्रतिशत पुरुष और तक़रीबन 33 प्रतिशत महिलाएँ आर्थिक रूप से

सक्रिय हैं। हम ग्रामीण भारत में भी इसी तरह की तस्वीर देख सकते हैं। ग्रामीण क्षेत्रों में वृद्ध लोगों का एक बड़ा अनुपात खेती का काम करता है। खेती के काम में किसी की वास्तविक उम्र से ज़्यादा उसके काम करने की दक्षता महत्त्वपूर्ण होती है, इसलिए, बहुत से वृद्ध लोग 60 साल के बाद भी आर्थिक रूप से सक्रिय हैं। अन्त में, सारणी 2 से यह बात भी समाने आती है कि कुल जनसंख्या और वृद्धों की जनसंख्या–दोनों में ही अनुसूचित जातियों और अनुसूचित जनजातियों का वितरण एक जैसा है (एक–तिहाई से भी ज़्यादा पुरुष और महिलाएँ अनुसूचित जातियों और अनुसूचित जनजातियों से सम्बन्धित हैं)।

**सारणी 2 : लिंग के आधार पर कुल जनसंख्या और वृद्धों की जनसंख्या का सामाजिक–आर्थिक और जनसांख्यिकीय स्वरूप : ग्रामीण उड़ीसा, 1989–90**

| विशेषताएँ | सम्पूर्ण जनसंख्या | 60 वर्ष या उससे ज़्यादा की जनसंख्या |
|---|---|---|
| जनसंख्या का आकार | | |
| पुरुष | 3,118 | 174 |
| महिला | 2,915 | 167 |
| कुल | 6,033 | 341 |
| 60 वर्ष या उससे ज़्यादा उम्र की जनसंख्या का प्रतिशत | | |
| पुरुष | – | 5.58 |
| महिला | – | 5.73 |
| कुल | – | 5.65 |
| लैंगिक अनुपात | 93.5 | 96.0 |
| निरक्षर लोगों का प्रतिशत | | |
| पुरुष | 57.3 | 17.8 |
| महिला | 35.9 | 6.0 |
| कुल | 47.0 | 12.0 |
| आर्थिक रूप से सक्रिय लोगों का प्रतिशत | | |
| पुरुष | 64.9 | 59.2 |

| | | |
|---|---|---|
| महिला | 46.9 | 34.1 |
| कुल | 56.2 | 46.9 |
| अनुसूचित जातियों और अनुसूचित जनजातियों का प्रतिशत | | |
| पुरुष | 34.9 | 35.1 |
| महिला | 36.9 | 35.3 |
| कुल | 35.9 | 35.2 |

नोट : 1. लिंग अनुपात को प्रत्येक 100 पुरुषों पर महिलाओं की संख्या के आधार पर परिभाषित किया गया है।

2. आर्थिक रूप से सक्रिय जनसंख्या में परिवार के वे सहायक शामिल हैं जिन्हें उनके काम के लिए वेतन दिया जाता है या नहीं दिया जाता है।

## कुल परिवार और वृद्ध लोगों वाले परिवार

सारणी 3 में सभी परिवारों और वृद्ध सदस्यों वाले परिवारों की आर्थिक स्थिति का तुलनात्मक स्वरूप प्रस्तुत किया गया है। इन आँकड़ों से यह पता चलता है कि कुल 1,107 परिवारों में से तक़रीबन एक–चौथाई परिवारों में वृद्ध सदस्य हैं। सभी परिवारों पर एक साथ विचार करने पर यह बात सामने आती है कि ऐसे परिवारों का आकार (5.5) वृद्ध सदस्यों वाले परिवारों (4.1) की तुलना में 1.3 गुणा ज़्यादा है। इससे यह स्पष्ट रूप से पता चलता है कि जिन परिवारों में वृद्ध सदस्य हैं, वहाँ उनकी देखभाल करने के लिए कम लोग उपलब्ध हैं। सम्पूर्ण परिवारों और वृद्ध सदस्यों वाले परिवारों के भू–स्वामित्व और आय के बीच काफ़ी अन्तर है। चुने गये सभी ग्रामीण क्षेत्रों के सम्पूर्ण परिवारों में तीन–चौथाई के पास अपनी ज़मीन है, वहीं बुजुर्ग सदस्यों वाले परिवारों में सिर्फ़ 60 प्रतिशत के पास ही अपनी ज़मीन है। इसके अलावा, सम्पूर्ण परिवारों की भू–स्वामित्व का आकार वृद्ध सदस्यों वाले परिवारों की तुलना में 1.8 गुणा ज़्यादा है (क्रमशः 3.2 एकड़ और 1.8 एकड़)। यहाँ तक कि सम्पूर्ण परिवारों में प्रति व्यक्ति भू–स्वामित्व का आकार भी तुलनात्मक रूप से ज़्यादा है। इसी तरह, सम्पूर्ण परिवारों और वृद्ध सदस्यों वाले परिवारों की आय में भी व्यवस्थित अन्तर है। सम्पूर्ण परिवारों की वार्षिक आय वृद्ध सदस्यों वाले परिवारों की तुलना में 1.8 गुणा ज़्यादा है। इसी तरह, सम्पूर्ण परिवारों में वृद्ध सदस्यों वाले परिवारों की तुलना में प्रति व्यक्ति आय में 1.5 गुणा ज़्यादा है (क्रमशः 2,124 रुपये और 1, 438 रुपये)।

संक्षेप में, यह कहा जा सकता है कि सम्पूर्ण जनसंख्या से तुलना करने पर 60 वर्ष या उससे ज़्यादा उम्र की वृद्ध जनसंख्या के साक्षर और आर्थिक रूप से सक्रिय होने की सम्भावना कम है। इसके अलावा, यदि सम्पूर्ण परिवारों से तुलना की जाये, तो वृद्ध सदस्यों वाले परिवारों के पास कम ज़मीन और काफ़ी कम आय होने की सम्भावना है। ये सभी कारक यह दर्शाते हैं कि वृद्ध और उनके परिवार की स्थिति तुलनात्मक रूप से ज़्यादा दुर्बल होती है। अपने इस अध्ययन में इस बात पर ध्यान केन्द्रित नहीं किया कि इस प्रकार की वंचनाओं का उन सम्पूर्ण परिवारों की तुलना में उन परिवारों की भलाई और कल्याण पर क्या प्रभाव पड़ता है, जिसमें वृद्ध सदस्य होते हैं। निश्चित रूप से अनुसंधानकर्त्ताओं को इस क्षेत्र पर ध्यान देना चाहिए क्योंकि इससे विभिन्न सामाजिक सन्दर्भों के जीवन–स्तर में विभिन्न पीढ़ियों के बीच का अन्तर सामने आयेगा।

**सारणी 3 : सम्पूर्ण परिवारों और वृद्ध सदस्यों वाले परिवारों की आर्थिक हैसियत का तुलनात्मक स्वरूप : ग्रामीण उड़ीसा, 1989–90**

| संकेतक | कुल परिवार | वृद्ध सदस्यों वाले परिवार |
|---|---|---|
| परिवारों की संख्या | 1,107 | 271 |
| वृद्ध सदस्यों वाले परिवारों की संख्या | | 24.5 |
| परिवार के आकार का माध्य | 5.5 | 4.1 |
| भूमिहीन परिवारों का प्रतिशत | 24.8 | 39.9 |
| प्रत्येक परिवार के भू–स्वामित्व का आकार (एकड़ में) | 3.2 | 1.8 |
| प्रत्येक भू–स्वामित्व का आकार (एकड़ में) | 0.6 | 0.4 |
| परिवारों की आय का माध्य (रुपये में) | 11,576 | 6,341 |
| प्रति व्यक्ति आय (रुपये में) | 2,124 | 1,438 |

नोट : वार्षिक आय खेती, ग़ैर–खेतिहर पारिवारिक गतिविधि, वेतन या मज़दूरी के रूप में होने वाली आय तथा बाहर से भेजी हुई रक़म शामिल है।

*स्रोत : लेखक।*

## जनसंख्या की बढ़ती उम्र के सूचकांक

सारणी 4 में उड़ीसा के ग्रामीण क्षेत्र में जनसंख्या की बढ़ती उम्र से सम्बन्धित चुनिन्दा सांख्यिकी को दर्शाया गया है। इससे यह संकेत मिलता है कि 60 वर्ष या उससे ज़्यादा उम्र के लोगों का प्रतिशत 5.7 है, तथा 65 वर्ष या उससे ज़्यादा उम्र के लोगों का प्रतिशत 3.7 है। जैसा कि उम्मीद की जा सकती है कि उम्र बढ़ने के साथ वृद्ध लोगों के अनुपात में लगातार गिरावट होती जाती है। कुल जनसंख्या में मध्यम उम्र के लोगों का अनुपात 19.5 प्रतिशत है, जिससे यह पता चलता है कि जनसंख्या का एक बड़ा हिस्सा युवा है। वृद्धावस्था की निर्भरता अनुपात 9.6 है जो यह संकेत करता है कि वृद्ध लोग जनसंख्या के कार्यात्मक (वर्किंग) उम्र के दसवें हिस्से का निर्माण करते हैं। उम्र बढ़ने का सूचकांक 15.9 है जो यह संकेत करता है कि वृद्ध लोग युवा जनंसख्या (0–14 वर्ष) के छठवें हिस्से से थोड़ा ज़्यादा हैं। अन्त में, देखभाल करने वालों का अनुपात 28.2 है, इसका अर्थ यह है कि 15–49 वर्ष के उम्र समूह में आने वाली 100 महिलाओं को 28 वृद्ध लोगों की देखभाल करनी है। यह संकेतक रेखांकित करता है कि महिलाओं से यह उम्मीद की जाती है कि वे श्रम–बाज़ार में काम करने, बच्चों का पालन–पोषण करने के साथ–साथ परिवार के वृद्धजनों की देखभाल भी करें (कॉनसेप्शन 1994)। वृद्धावस्था निर्भरता अनुपात और देखभाल करने वालों का अनुपात यह संकेत करता है कि आने वाले वर्षों में प्रजनन क्षमता और मृत्यु दर में गिरावट के साथ वृद्धों की जनसंख्या में तेज़ी से बढ़ोतरी होगी। इसके कारण इन सूचकांकों में तेज़ी से वृद्धि होगी। दूसरे शब्दों में, भविष्य में वृद्ध लोगों की देखभाल की ज़िम्मेदारी परिवार के लिए कमाने वाले युवाओं या महिलाओं या सरकार पर आयेगी।

**सारणी 4 : जनसंख्या की उम्र बढ़ने के बारे में चुनिन्दा सांख्यिकी : ग्रामीण उड़ीसा, 1989–90**

| | |
|---|---|
| 60 वर्ष या उससे ज़्यादा उम्र के लोगों का प्रतिशत | 5.7 |
| 65 वर्ष या उससे ज़्यादा उम्र के लोगों का प्रतिशत | 3.7 |
| मध्यम उम्र (वर्ष) | 19.5 |
| उम्र बढ़ने की सूची | 9.6 |
| देखभाल करने वालों का अनुपात | 28.2 |

नोट : वृद्धावस्था निर्भरता अनुपात, 60 वर्ष या उससे ज़्यादा के 100 लोगों पर 15–59 वर्ष के लोगों की संख्या के बराबर है।
उम्र बढ़ने की सूची, 60 वर्ष या उससे ज़्यादा उम्र के 100 लोगों पर 0–14 वर्ष के बीच के लोगों की संख्या देखभाल करने वालों का अनुपात, 60 वर्ष या उससे ज़्यादा उम्र के 100 लोगों पर 15–49 वर्ष की महिलाओं की संख्या।

*स्रोत : लेखक।*

इन नतीजों से मैक्रो (बृहद्) स्तर पर कुछ हद तक यह अन्दाज़ा लगाया जा सकता है कि जनसंख्या की उम्र बढ़ने की प्रकृति और सीमा क्या है। बहरहाल, ये बहुत ही व्यापक स्तर के मापन हैं, और ये परिवार या सूक्ष्म स्तर पर वृद्धजनों की स्थिति के बारे में नहीं बताते हैं। आगे के भाग में यह वृद्धों को उनके परिवारों में मिलने वाली सहायता और देखभाल का प्रत्यक्ष मापन किया गया है। इस सन्दर्भ में विशेष रूप से वृद्धों की जीवन प्रबन्धों या जीवन यापन की प्रकृति पर ध्यान केन्द्रित किया गया है।

## वृद्धों की जनसांख्यिक विशेषताएँ

सारणी 5 में लिंग के आधार पर वृद्धों की उम्र और वैवाहिक स्थिति को प्रस्तुत किया गया है। 60 प्रतिशत से ज़्यादा (62.5 प्रतिशत) वृद्धों की उम्र 60–69 वर्ष के बीच है (युवा वृद्ध) और शेष 37.5 प्रतिशत की उम्र 70 वर्ष से ज़्यादा है (वृद्ध–वृद्ध)। पुरुषों की तुलना में महिलाओं के उच्चतर जीवन प्रत्याशा के कारण वृद्ध–वृद्ध श्रेणी में वृद्ध महिलाओं का अनुपात वृद्ध पुरुषों से थोड़ा ज़्यादा है। जहाँ तक वैवाहिक स्थिति का प्रश्न है, आधे से ज़्यादा वृद्ध (54 प्रतिशत) विवाहित हैं। 43 प्रतिशत विधुर / विधवा हैं; सिर्फ़ 3 प्रतिशत ही ऐसे हैं जिन्होंने कभी विवाह नहीं किया या जो विधुर हो गये। बहरहाल, वैवाहिक स्थिति के बारे में जेंडर के आधार पर काफ़ी बड़ा अन्तर है। वृद्ध

पुरुषों का एक बड़ा बहुमत (71 प्रतिशत) विवाहित है और इनमें से सिर्फ़ 20 प्रतिशत ही विधुर हैं। इसके विपरीत, वृद्ध महिलाओं में से 62 प्रतिशत विधवा हैं, और इनमें से एक–तिहाई से कुछ ज़्यादा विवाहित हैं। वैवाहिक स्थिति में जेंडर भिन्नता के पीछे दो कारण ज़िम्मेदार हैं : (क) पति–पत्नी की उम्र में अन्तर (औसतन महिलाएँ पुरुषों से 5 वर्ष छोटी हैं), और (ख) विवाह की दर में भिन्नता (महिलाओं की तुलना में बहुत ज़्यादा संख्या में पुरुष दूसरी बार विवाह करते हैं)। दरअसल, ये तथ्य भारत में हुए पूर्ववर्ती अध्ययनों की पुष्टि करते हैं (केन 1991; द्रेज 1990)। चूँकि वृद्ध लोगों की वैवाहिक स्थिति उनके जीवन–यापन के प्रबन्धों, समर्थन व्यवस्थाओं और व्यक्तिगत कल्याण और भलाई को गहरे स्तर पर प्रभावित करती है; इसलिए यह कहा जा सकता है कि वृद्ध महिलाओं के विधवा होने का उनकी आर्थिक स्थिति और देखभाल पर नकारात्मक प्रभाव पड़ता है। दूसरी ओर, चूँकि वृद्ध पुरुषों का बहुमत विवाहित है, इसलिए उनकी पत्नियाँ उनकी देखभाल करती हैं।

**सारणी 5 : लिंग, उम्र और वैवाहिक स्थिति के आधार पर वृद्धों का प्रतिशत वितरण : ग्रामीण उड़ीसा, 1989–90**

| विशेषताएँ | पुरुष | महिला | कुल |
|---|---|---|---|
| उम्र समूह | | | |
| 60–69 | 63.2 | 61.7 | 62.5 |
| 70 वर्ष से ज़्यादा | 36.8 | 38.3 | 37.5 |
| कुल | 100.0 | 100.0 | 100.0 |
| वैवाहिक स्थिति | | | |
| विवाहित | 71.3 | 35.3 | 53.7 |
| विधुर / विधवा | 25.9 | 61.7 | 43.4 |
| तलाकशुदा | 1.1 | 2.4 | 1.8 |
| कुल | 100.0 | 100.0 | 100.0 |
| संख्या | (174) | (167) | (341) |

*स्रोत : लेखक।*

## वृद्धों के जीवन–यापन के प्रबन्ध

सारणी 6 में 60 वर्ष या उससे ज़्यादा वृद्ध लोगों के जीवन–यापन के प्रबन्धों को दर्शाया गया है। तक़रीबन 80 प्रतिशत वृद्ध लोग अपने निकटतम परिवार के साथ रहते हैं, वहीं सिर्फ़ 18 प्रतिशत वृद्ध अकेले रहते हैं। वृद्ध लोगों का बहुमत (57.2 प्रतिशत) एक या एक से ज़्यादा पुत्रों के साथ रहता है, वहीं 4 प्रतिशत वृद्ध अपनी बेटियों के साथ रहते हैं। यह स्पष्ट रूप से पैतृक पक्ष वाले समाज की विशेषताओं को दर्शाता है, जिसमें बेटे के साथ रहने को सांस्कृतिक मानक माना जाता है। उत्तर भारत के अन्य क्षेत्रों की तरह ही यहाँ भी बेटियाँ विवाह के बाद अपने ससुराल जाती है, और अमूमन पुत्र अपने विवाह के बाद भी अपने माता–पिता के साथ ही रहते हैं। अपने एक या दो विवाहित पुत्रों के साथ रहने वाले वृद्ध व्यक्ति या तो एक बड़े घर में उनके साथ रहते हैं, या फिर उनके घर से सटे घर में रहते हैं। जब इस प्रकार की व्यवस्था मुमकिन नहीं होती है, तो वृद्ध लोग दूसरे सबसे अच्छे विकल्प को अपनाते हैं। सारणी 6 में इसे जीवन–यापन के प्रबन्धों की अन्य श्रेणियों के रूप में दिखाया गया है।

**सारणी 6 : जीवन–यापन के प्रबन्धों के अनुसार वृद्धों का प्रतिशत वितरण : ग्रामीण उड़ीसा, 1989–90**

| जीवन–यापन के प्रबन्ध | संख्या | प्रतिशत |
|---|---|---|
| अकेले | 62 | 18.2 |
| सिर्फ़ जीवनसाथी (पति या पत्नी के साथ) | 41 | 12.0 |
| विवाहित पुत्र | 195 | 57.2 |
| विवाहित बेटियाँ | 14 | 4.1 |
| अविवाहित बच्चे | 21 | 6.2 |
| अन्य | 8 | 2.3 |
| कुल | 341 | 100.0 |

*स्रोत : लेखक।*

यह अपने–आप में चिन्ताजनक बात है कि उड़ीसा के ग्रामीण क्षेत्रों में 20 प्रतिशत वृद्ध लोग बिना किसी सहायता के अकेले ही रहते हैं। इसका अर्थ यह नहीं है कि अकेले रहने वाले वृद्धों को कोई सम्भावित सहायता नहीं मिल सकती है। लेकिन ऐसे लोगों को मिलने वाली सहायता का स्तर कम होता है। साथ ही, उनका अकेलापन और सामाजिक पृथक्ता उन वृद्धों से ज़्यादा होते हैं जो अपनी पत्नी या पति, बच्चों के साथ दो या तीन पीढ़ियों वाले परिवार में रहते हैं। सारणी 6 के आँकड़ों से यह बात सामने आती है कि 12.5 प्रतिशत लोग अपने जीवनसाथी (पति या पत्नी) के साथ रह रहे हैं। इस तरह, तक़रीबन 30 प्रतिशत वृद्ध या तो अकेले रह रहे हैं या फिर सिर्फ़ अपने पति या पत्नी के साथ रह रहे हैं। यह स्पष्ट रूप से यह संकेत करता है कि ग्रामीण उड़ीसा की पारम्परिक परिवार व्यवस्था का धीरे–धीरे क्षरण हो रहा है।

## जनसांख्यिक विशेषताएँ और जीवन–यापन के प्रबन्ध

सारणी 7 में वृद्ध लोगों की उम्र, लिंग और वैवाहिक स्थिति के अनुसार उनके जीवन–यापन के प्रबन्धों को दिखाया गया है। इससे यह संकेत मिलता है कि वृद्ध–वृद्ध (अर्थात् 70 वर्ष की ज़्यादा उम्र वाली) महिलाओं या विधवा या विधुर लोगों के अकेले या एक विवाहित बेटी के साथ रहने की सम्भावना ज़्यादा है। साथ ही, उनके विवाहित पुत्रों के साथ रहने की सम्भावना कम है। असल में कोई ऐसा विवाहित वृद्ध पुरुष या महिला नहीं है जो 'अकेले रहने वालों' की श्रेणी में आते हैं। अकेले रहने वाले सभी वृद्ध विधुर/विधवा हैं। सिर्फ़ दो लोग ही ऐसे हैं जो अकेले रहते हैं क्योंकि वे अविविाहित हैं।

**सारणी 7 : उम्र, लिंग और वैवाहिक स्थिति के अनुसार वृद्धों के जीवन–यापन के प्रबन्ध : ग्रामीण उड़ीसा, 1989–90 (प्रतिशत)**

| जीवन–यापन के प्रबन्ध | उम्र | | लिंग | | वैवाहिक स्थिति | |
|---|---|---|---|---|---|---|
| | 60–69; कुल : 213 | 70 से ज़्यादा; कुल : 128 | पुरुष; कुल : 174 | महिला; कुल : 167 | विवाहित; कुल : 183 | विधुर / विधवा |
| अकेले | 61 | 21 | 12 | 25 | – | 39 |
| सिर्फ़ जीवनसाथी (पति या पत्नी के साथ) | 12 | 13 | 13 | 11 | 22 | – |
| विवाहित पुत्र | 60 | 52 | 64 | 50 | 66 | 48 |
| विवाहित पुत्री | 3 | 6 | 3 | 5 | 3 | 5 |
| अविवाहित बच्चे | 6 | 6 | 6 | 6 | 8 | 5 |
| अन्य | 2 | 2 | 2 | 3 | 1 | 3 |

*स्रोत : अन्य।*

## आर्थिक हैसियत और जीवन–यापन के प्रबन्ध

सारणी 8 में आर्थिक हैसियत के आधार पर जीवन–यापन के प्रबन्धों के सन्दर्भ में वृद्धों के वितरण को दर्शाया गया है। दो संकेतकों के माध्यम से आर्थिक हैसियत को मापा गया है : खेती योग्य ज़मीन का स्वामित्व और प्रति व्यक्ति आय। यह बात सामने आती है कि सारणी 7 में प्रस्तुत उम्र और लिंग के आधार पर जीवन–यापन के प्रबन्धों की तुलना में आर्थिक हैसियत के आधार पर जीवन–यापन के प्रबन्धों में ज़्यादा गहरी भिन्नता है। सारणी 8 यह दिखाती है कि भूमिहीन या कम आय वाले परिवारों में रहने वाले वृद्धों के अकेले या सिर्फ़ पति या पत्नी के साथ

रहने की सम्भावना ज़्यादा है। इनके विवाहित पुत्रों के साथ रहने की सम्भावना कम होती है।

**सारणी 8 : आर्थिक हैसियत के संकेतक के अनुसार वृद्धों के जीवन–यापन का प्रबन्ध : ग्रामीण उड़ीसा, 1989–90 (प्रतिशत)**

| जीवन–यापन के प्रबन्ध | भू–स्वामित्व | | प्रति व्यक्ति आय | |
|---|---|---|---|---|
| | नहीं; कुल : 142 | हाँ; कुल : 199 | निम्न; कुल : 207 | उच्च; कुल : 134 |
| अकेले | 35 | 6 | 23 | 10 |
| सिर्फ़ जीवनसाथी (पति या पत्नी के साथ) | 17 | 9 | 13 | 11 |
| विवाहित पुत्र | 35 | 73 | 54 | 63 |
| विवाहित पुत्री | 4 | 5 | 3 | 5 |
| अविवाहित बच्चे | 8 | 5 | 5 | 8 |
| अन्य | 2 | 3 | 2 | 3 |

***स्रोत : लेखक।***

भूमिहीन परिवारों में सिर्फ़ 35 प्रतिशत वृद्ध ही अपने विवाहित पुत्रों के साथ रहते हैं। वहीं भू–स्वामित्व वाले परिवारों में 73 प्रतिशत वृद्ध अपने पुत्रों के साथ रहते हैं। इसी तरह से (हालाँकि यह अन्तर इतना ज़्यादा तीखा नहीं है) 54 प्रतिशत वृद्ध 'निम्न' प्रति व्यक्ति आय श्रेणी में आने वाले अपने विवाहित पुत्रों के साथ रहते हैं, वहीं 64 प्रतिशत वृद्ध 'उच्च' आय की श्रेणी में आने वाले अपने पुत्रों के साथ रहते हैं। इस नतीजे से यह स्पष्ट रूप से पता चलता है कि ग़रीब वृद्ध वंचना या नुकसान की स्थिति में होते हैं क्योंकि उनका अपने पुत्रों पर नियन्त्रण नहीं होता है, अर्थात् उनके पास भू–स्वामित्व या किसी अन्य रूप में कोई सम्पत्ति नहीं होती है। भारत में और कई अन्य स्थानों पर बहुत से अनुसंधानकर्त्ताओं ने इस बिन्दु को दोहराया है (अदिशेषया 1980; केन 1982); चड्ढा 1990; गोल्डस्टीन और अन्य 1983; मार्टिन 1990; पेट्री 1982।

## जेंडर और जीवन–यापन के प्रबन्ध

जब जनसांख्यिक विशेषताओं और आर्थिक हैसियत के अलावा लिंग के आधार पर जीवन–यापन के प्रबन्धों का वर्गीकरण किया जाता है, तो किस प्रकार की तस्वीर सामने आती है? सारणी 9 में लिंग, उम्र और वैवाहिक स्थिति के आधार पर वृद्ध लोगों के जीवन–यापन को दर्शाया गया है। इससे यह पता चलता है कि उम्र बढ़ने के साथ–साथ अकेले रहने वाले वृद्धों के अनुपात में बढ़ोतरी होती है। 70 वर्ष के कम उम्र के 11 प्रतिशत पुरुष अकेले रहते हैं, वहीं 70 या उससे ज़्यादा वर्ष की 28 प्रतिशत महिलाएँ अकेली रहती हैं। इसके अलावा, उम्र बढ़ने के साथ विवाहित पुत्रों के साथ रहने की सम्भावना कम होती जाती है। यह उस प्रक्रिया को दर्शाता है, जिसमें बच्चे घर छोड़कर अपना अलग घर–परिवार बसाते हैं। जहाँ तक वैवाहिक स्थिति के सन्दर्भ में भिन्नता का प्रश्न है, तो वृद्ध पुरुषों का काफ़ी ज़्यादा अनुपात अपनी पत्नी या विवाहित बच्चों के साथ रहता है, वहीं अपने विवाहित पुत्रों के साथ रहने में विधुर पुरुषों का अनुपात कम है (क्रमशः 73 प्रतिशत और 44 प्रतिशत)। इसके विपरीत, विवाहित महिलाओं में से आधी अपने पति और विवाहित बच्चों के साथ रहती हैं, तथा आधी विधवा महिलाएँ अपने विवाहित पुत्रों के साथ रहती हैं। तक़रीबन 40 प्रतिशत वृद्ध पुरुष और महिलाएँ अकेले रह रही हैं।

**सारणी 9 : उम्र और वैवाहिक स्थिति के अनुसार लिंग के आधार पर वृद्धों के जीवन–यापन के प्रबन्ध : ग्रामीण उड़ीसा, 1989–90**

| जीवन–यापन के प्रबन्ध | पुरुष | | महिला | | पुरुष | | महिला | |
|---|---|---|---|---|---|---|---|---|
| | 60–69; कुल : 110 | 70 साल से ज़्यादा; कुल : 64 | 60–69; कुल : 103 | 70 साल से ज़्यादा; कुल : 64 | विवाहित; कुल : 124 | विधुर; कुल : 45 | विवाहित; कुल : 59 | विवाहित; कुल : 103 |
| अकेले | 11 | 14 | 22 | 28 | – | 42 | – | 38 |

| सिर्फ़ जीवनसाथी (पति या पत्नी के साथ) | 12 | 14 | 12 | 11 | 18 | — | 32 | — |
|---|---|---|---|---|---|---|---|---|
| विवाहित पुत्र | 67 | 59 | 52 | 45 | 73 | 44 | 51 | 50 |
| विवाहित लड़कियाँ | 3 | 3 | 4 | 8 | 3 | 2 | 3 | 7 |
| अविवाहित बच्चे | 5 | 9 | 8 | 3 | 6 | 9 | 12 | 3 |
| अन्य | 3 | — | 2 | 5 | 1 | 2 | 2 | 3 |

*स्रोत : लेखक।*

सारणी 10 में हमने आर्थिक हैसियत के संकेतकों के अनुसार, लिंग के आधार पर वृद्धों के जीवन–यापन के प्रबन्धों का वितरण प्रस्तुत किया है। भूमि स्वामित्व में भिन्नता के आधार पर महिलाओं के बीच एक महत्त्वपूर्ण विशेषता सामने आती है। भूमि का मालिकाना हक़ रखने वाली बहुत कम वृद्ध महिलाएँ अकेले रहती हैं (6 प्रतिशत) किन्तु इससे सात गुणा ज़्यादा भूमिहीन महिलाएँ अकेली रहती हैं (42 प्रतिशत)। इसी तरह, जहाँ भूमि पर मालिकाना हक़ रखने वाले 6 प्रतिशत वृद्ध पुरुष ही अकेले रहते हैं, वहीं अकेले रहने वाले वृद्ध भूमिहीन पुरुषों का अनुपात इनसे चार गुणा ज़्यादा अर्थात् 25 प्रतिशत है। प्रति व्यक्ति आय के सन्दर्भ में भी इसी तरह का, किन्तु तुलनात्मक रूप से छोटा अन्तर पाया जाता है। जहाँ 30 प्रतिशत ग़रीब वृद्ध पुमहिलाएँ अकेली रहती हैं, वहीं सिर्फ़ 14 प्रतिशत गैर–ग़रीब (ग़रीब की श्रेणी में न आने वाली) वृद्ध महिलाएँ अकेली रहती हैं। वृद्ध पुरुषों के सन्दर्भ में यह अन्तर तुलनात्मक रूप से और कम है। जहाँ 16 प्रतिशत ग़रीब वृद्ध पुरुष अकेले रहते हैं, वहीं सिर्फ़ 8 प्रतिशत गैर–ग़रीब वृद्ध पुरुष ही अकेले रहते हैं।

**सारणी 10 : आर्थिक हैसियत के संकेतकों के अनुसार लिंग के आधार पर वृद्धों के जीवन–यापन के प्रबन्ध : ग्रामीण उड़ीसा, 1989–90**

| जीवन–यापन के प्रबन्ध | पुरुष | | महिला | | पुरुष | | महिला | |
|---|---|---|---|---|---|---|---|---|
| | भूमिहीन; कुल :57 | अपनी भूमि; कुल : 117 | भूमिहीन; कुल : 85 | अपनी भूमि; कुल : 82 | निम्न प्रति व्यक्ति आय; कुल : 98 | उच्च प्रति व्यक्ति आय; कुल : 76 | निम्न प्रति व्यक्ति आय; कुल : 108 | उच्च प्रति व्यक्ति आय; कुल : 58 |
| अकेली | 25 | 6 | 42 | 6 | 16 | 8 | 30 | 14 |
| सिर्फ़ जीवनसाथी (पति या पत्नी के साथ) | 21 | 9 | 14 | 9 | 13 | 12 | 12 | 11 |
| विवाहित पुत्र | 40 | 76 | 31 | 70 | 60 | 70 | 48 | 53 |
| विवाहित लड़कियाँ | 4 | 3 | 4 | 7 | 3 | 3 | 4 | 9 |
| अविवाहित बच्चे | 9 | 5 | 7 | 5 | 6 | 7 | 5 | 9 |
| अन्य | 2 | 2 | 2 | 4 | 2 | 1 | 2 | 5 |

***स्रोत : लेखक।***

सारणी 10 से यह स्पष्ट है कि वृद्ध पुरुषों और महिलाओं–दोनों के लिए आर्थिक स्थिति में गिरावट के साथ अकेले रहने या एक जीवनसाथी के साथ रहने की सम्भावना बढ़ती है। दूसरी ओर, यदि वृद्ध पुरुष और महिला–दोनों की ही आर्थिक स्थिति अच्छी है तो उनकी अपने विवाहित पुत्र के साथ रहने की सम्भावना बढ़ती है। दूसरे शब्दों में वृद्ध व्यक्ति के अकेले या सिर्फ़ अपने पति या पत्नी के साथ रहने के निर्धारण में उसकी ग़रीबी की मुख्य भूमिका होती है। इसलिए, ऐसा लगता है कि ग्रामीण उड़ीसा में आधुनिकीकरण के बजाय ग़रीबी जीवन–यापन के प्रबन्धों का निर्धारण करने में महत्त्वपूर्ण भूमिका निभाती है। अकेली रहने वाली महिलाएँ अकेले रहने वाले पुरुषों से भी ज़्यादा ग़रीब हैं। स्पष्ट तौर पर ये महिलाएँ

बहुत ही कमज़ोर हालत में हैं। इन महिलाओं के बीच ग़रीबी का प्रमुख कारण यह है कि इनके पास ज़मीन का मालिकाना या कोई अन्य सम्पत्ति का अधिकार नहीं होता है। बहुत से अनुसंधानकर्त्ताओं ने भारत और दक्षिण एशिया के सन्दर्भ में इस महत्त्वपूर्ण मुद्दे को रेखांकित किया है।

## निष्कर्ष

निष्कर्ष के रूप में यह बात सामने आती है कि ग्रामीण उड़ीसा में वृद्ध जनसंख्या, सामान्य जनसंख्या की तुलना में कम साक्षर और आर्थिक रूप से कम सक्रिय है। इसी तरह, खेती योग्य ज़मीन के स्वामित्व और आय के सन्दर्भ में मापने पर यह बात सामने आती है कि जिन कुल परिवारों की तुलना में उन परिवारों की आर्थिक स्थिति कमज़ोर होती है जिनमें कोई वृद्ध सदस्य होता है। दूसरे शब्दों में, उड़ीसा के ग्रामीण क्षेत्रों में वृद्ध लोग और उनके परिवारों के सामाजिक और आर्थिक रूप से ज़्यादा कमज़ोर स्थिति में रहने की सम्भावना होती है। हम यह दोहराना चाहते हैं कि ग्रामीण उड़ीसा की ग़रीबी देश में सबसे ज़्यादा है। इसलिए यह तुलनात्मक ग़रीबी इस बात की ओर संकेत करती है कि आमतौर पर वृद्ध सदस्यों वाले परिवारों को अतिरिक्त सामाजिक–आर्थिक सहायता की आवश्यकता होती है। सरकार को इन्हें इस प्रकार की सहायता देनी चाहिए ताकि ये ज़्यादा प्रभावी तरीक़े से अपने परिवार के वृद्ध सदस्यों की देखभाल कर पायें। यह काफ़ी आवश्यक और प्रासंगिक है क्योंकि आज भी भारत में वृद्ध लोगों के लिए सामाजिक सुरक्षा काफ़ी कम है। सिर्फ़ औपचारिक क्षेत्र में काम करने वाले कुल श्रम शक्ति के 10 प्रतिशत लोगों को ही अवकाश का लाभ मिलता है।

वृद्धों के जीवन–यापन के प्रबन्धों के बारे में यह बात सामने आती है कि पैतृक पक्षीय समाज के पारम्परिक सांस्कृतिक मानक के अनुसार अधिकांश वृद्ध अपने विवाहित पुत्रों के साथ रहते हैं। लेकिन यह अपने–आप में चिन्ता का विषय है कि तक़रीबन 20 प्रतिशत वृद्ध अकेले रहते हैं, और दस प्रतिशत वृद्ध सिर्फ़ अपने पति या पत्नी के साथ रहते हैं, और उनका कोई भी नज़दीकी रिश्तेदार उनकी सहायता या देखभाल नहीं करता है।

एक महत्त्वपूर्ण निष्कर्ष यह भी है कि वृद्ध लोगों के जीवन–यापन

का प्रबन्ध एक जैसा नहीं है। असल में, उम्र, जेंडर, वैवाहिक स्थिति और आर्थिक हैसियत के आधार पर इसमें महत्त्वपूर्ण अन्तर सामने आता है। मसलन, वृद्ध–वृद्ध महिलाएँ, विधुर या विधवा और ग़रीब (भूमिहीन और कम आय वाले) वृद्धों के अकेले रहने की सम्भावना ज़्यादा है। इसके अलावा, यदि जेंडर के आधार पर जीवन–यापन के प्रबन्धों की तुलना की जाती है तो आर्थिक हैसियत के महत्त्वपूर्ण अन्तर सामने आते हैं। मसलन, ग़रीब वृद्ध महिला के ग़रीब वृद्ध पुरुष की तुलना में अकेले रहने की सम्भावना ज़्यादा है। इसकी व्याख्या तो कारकों के माध्यम से की जाती है : पहला, आधी से ज़्यादा वृद्ध महिलाएँ विधवा हैं, इसलिए जैसे–जैसे उनकी उम्र बढ़ती है, वैसे–वैसे उनके अकेले रहने की सम्भावना भी बढ़ती है। दूसरा, उड़ीसा जैसे पैतृकपक्षीय समाजों में महिलाओं को अस्तित्व कायम रखने के लिए सबसे महत्त्वपूर्ण संसाधन अर्थात् भूमि विरासत में नहीं मिलती है। इसलिए, उम्र बढ़ने के साथ महिलाओं की स्थिति पुरुषों की तुलना में ज़्यादा असुरक्षित हो जाती है। जीवन–यापन के प्रबन्धों, विधवा जीवन की स्थिति और जेंडर के बीच के गहरे जुड़ाव को ख़त्म करने के लिए यह आवश्यक है कि महिलाओं की संसाधन तक पहुँच और नियन्त्रण को सुनिश्चित किया जाये।

इस बात की पूरी सम्भावना है कि ग्रामीण उड़ीसा में ग़रीबी और आर्थिक संकट के बढ़ने से आमतौर पर वृद्धों, और विशेष रूप से वृद्ध महिलाओं को पारम्परिक रूप से परिवार के भीतर मिलने वाली देखभाल और समर्थन में कमी आयेगी। उड़ीसा के मौजूदा पितृसत्तात्मक पारिवारिक व्यवस्था के कारण वृद्ध महिलाओं के पास सम्पत्ति अधिकार नहीं है। इसके कारण अपना गुज़ारा करने के लिए पर्याप्त संसाधन जुटाने में उन्हें अत्यधिक कठिनाई का सामना करना पड़ता है। इसलिए यह ज़रूरी है कि सरकार वृद्ध महिलाओं की सहातया और देखभाल पर विशेष रूप से ध्यान दे। ज़्यादा तात्कालिक काम यह है कि अकेले रहने वाली ग़रीब वृद्ध महिलाओं को सामाजिक सुरक्षा उपलब्ध कराई जाये, क्योंकि उनकी स्थिति सबसे ख़राब है और वे सबसे ग़रीब हैं।

## सन्दर्भ

आदिशेषया, एम. एस. 1980, 'रोल ऑफ़ द एज्ड इन डेवलपिंग कंट्रीज', डब्ल्यूएचओ प्रिप्रेटरी कॉन्फ्रेंस फॉर यूनाइटेड नेशन्स वर्ल्ड असेम्बली ऑन द एलडर्ले, मेक्सिको सिटी।

अग्रवाल, बी. 1994, 'जेंडर ऐंड कमान्ड ओवर प्रॉपर्टी : अ क्रिटिकल गैप इन इकोनॉमिक एनालिसिस ऐंड पॉलिसी इन साउथ एशिया', *वर्ल्ड डेवलपमेंट* 22(10) : 1455–78।

बोस, ए. बी. 1994, 'पॉलिसीज ऐंड प्रोग्राम्स फॉर एजिंग इन इंडिया', संकलित, *द एजिंग ऑफ़ एशियन पॉप्यूलेशन्स,* न्यूयॉर्क : यूनाइटेड नेशन्स।

केन, एम. 1982, 'पर्सपेक्टिव्स ऑन फैमिली ऐंड फर्टिलिटी इन डेवलपिंग कंट्रीज', *पॉप्यूलेशन स्टडीज़* 36 : 159–75।

केन, एम. 1983, 'फर्टीलिटी ऐज एडजस्टमेंट टू रिस्क्स', *पॉप्यूलेशन ऐंड डेवलपमेंट रिव्यूज* 9:688–702।

———, 1986, 'द कॉन्सीक्वेंसेज ऑफ़ रिप्रोडक्टिव फेल्यर : डिपेनडेंस, मॉबिलिटी ऐंड मॉरटालिटी अमॉन्ग द एलडर्ली ऑफ़ रूरल साउथ एशिया', *पॉप्यूलेशन स्टडीज़* 40।

———, 1991,'वेलफेयर इंस्टीट्यूशन्स इन कॉम्परेटिव पर्सपेक्टिव : द फेट ऑफ़ एलडर्ली इन कॉनटेम्परेरी साउथ एशिया ऐंड प्री–इंडस्ट्रियल वेस्टर्न यूरोप', संकलित *लाइफ, डेथ ऐंड द एलडर्ली : हिस्टॉरिकल पर्सपेक्टिव्स,* सम्पा. : एम. पिलिंग और आर. एम. स्मिथ, लन्दन : रॉटलेज।

सेंशस ऑफ़ इंडिया, 1991, *फाइनल पॉप्यूलेशन्स टोटल्स–ब्रीफ़ एनालिसिस ऑफ़ प्राइमरी सेंशस एब्सट्रैक्ट,* सीरीज 1, पेपर 2 ऑफ़ 1992, नयी दिल्ली : गवर्नमेंट ऑफ़ इंडिया।

सेंटर फॉर मॉनिटरिंग इंडियन इकोनॉमी, 1993, *बेसिल स्टेटिस्टिक्स रिलेटिंग अ इंडियन इकोनॉमी,* वोल्यूम 2 : स्टेट्स, बॉम्बे : इकोनॉमिक इंटेलीजेंस सर्विस।

चड्ढ़ा, एन. के. 1990, 'एजिंग ऐंड रिलेटेड प्रॉब्लेम्स : अ सिनॉप्टिक व्यू', संकलित *स्टडीज़ इन मेडिकल एंथ्रोपोलॉजी,* सम्पा. : पी. सी. जोशी और ए. महाजन, नयी दिल्ली : रिलायन्स पब्लिशिंग हाउस।

चांग, टी. पी. 1994, 'फैमिली चेंजेज़ ऐंड द एलडर्ली इन एशिया', संकलित, *द एजिंग ऑफ़ एशियन पॉप्यूलेशन्स,* न्यूयॉर्क : यूनाइटेड नेशन्स।

कॉनसेपशन, एम. बी. 1994, 'इम्पलिकेशन्स ऑफ़ इनक्रिजिंग रोल्स ऑफ़ वीमेन फ़ार प्रोविजन ऑफ़ एलडर्ली केयर', संकलित *एजिंग ऐंड द फैमिली,* न्यूयॉर्क : यूनाइटेड नेशन्स।

डांडेकर, के. 1993, 'द एज्ड, देयर प्रॉब्लेम्स ऐंड सोशल इंटरवेंशन इन महाराष्ट्र', *इकोनॉमिक ऐंड पॉलिटिकल वीकली* 26(23): 1188–94।

द्रेज, जे. 1990, 'विडोज इन इंडिया', डिसक्शन पेपर नम्बर डीईपी 46, लंदन : द डेवलपमेंट इकोनॉमिक्स रिसर्च प्रोग्राम, लन्दन स्कूल ऑफ़ इकोनॉमिक्स।

डीसूजा, वी. 1989, 'चेंजिंग सोशल साइंस ऐंड इट्स इम्पीलकेशन्स फॉर द एज्ड'. संकलित, *एजिंग इन इंडिया,* सम्पा. : के. जी. देसाई, नयी दिल्ली : आशीष पब्लिशिंग हाउस।

गोखले, एस.डी. 1994, 'टुवर्ड्स प्रोडक्टिव ऐंड पार्टिशिपेटरी एजिंग इन इंडिया', संकलित *द एजिंग ऑफ़ एशियन पॉप्यूलेशन्स,* न्यूयॉर्क : यूनाइटेड नेशन्स।

गोखले, एस. डी., एन. पण्डित और आर. राज, 1994, *इकोनॉमिक पोटेंशियल ऑफ़ द एलडर्ली ऐंड लोकल लेवल पॉलिसी डेवलपमेंट ऑन कॉन्सीक्वेंसेज ऑफ़ एजिंग इन इंडिया,* न्यूयॉर्क : यूनाइटेड नेशन्स।

गोल्डस्टीन, एम. सी., एस शुलर और जे. एल. रॉस. 1983, 'सोशल ऐंड इकोनॉमिक फोर्सेज अफेक्टिंग इंटर जेनेरेशनल रिलेशंस इन अ थर्ड वर्ल्ड कंट्री : अ कॉशनरी टेल फ्रॉम साउथ एशिया', *जर्नल ऑफ़ जेरोनटोलॉजी* 38(86): 712–24।

मार्टिन, एल. जे. 1990, 'द स्टेट्स ऑफ़ साउथ एशियाज ग्रोईंग एलडर्ली पॉप्यूलेशन', *जर्नल ऑफ़ क्रॉस कल्चरल जेरोनटोलॉजी* 5(2):93–117।

मेसन, के. ओ. 1992, 'फैमिली चेंज ऐंड सपोर्ट ऑफ़ एलडर्ली इन एशिया : व्हाट डू वी नो?' *एशिया–पैसेफिक पॉप्यूलेशन जर्नल* 7(3): 13–32।

पेट्री, पी. ए. 1982, 'इनकम, इम्प्लॉमेंट ऐंड रिटायरमेंट पॉलिसीज', संकलित, *इंटरनैशनल पर्सपेक्टिव्ज ऑन एजिंग : पॉप्यूलेशन ऐंड पॉलिसी चेंजेज.* सम्पा. आर. बिनस्टॉक, डब्ल्यू. चॉ ओर जे. एस. शुल्ज, न्यूयॉर्क : यूनाइटेड नेशन्स फंड फॉर पॉप्यूलेशन्स एक्टिविटीज़।

प्लानिंग कमीशन, 1993, *रिपोर्ट ऑफ़ द एक्सपर्ट ग्रुप ऑन इस्टीमेशन ऑफ़ प्रोपॉर्शन ऐंड नम्बर ऑफ़ द पुअर,* नयी दिल्ली : गवर्नमेंट ऑफ़ इंडिया।

राजन इरुदया, यू. एस. मिश्रा और पी.एस. सरमा, 1995, 'लिविंग एग्रीमेंट्स अमॉन्ग द इंडियन एलडर्ली', *हाँगकाँग जर्नल ऑफ़ जेरोनटोलॉजी* 9 (2): 20–28।

श्रोसेनजविग, एम. आर. 1994, 'ट्रान्फर्स फ्रॉम पेरेंट्स टू द देयर एडल्ट चिल्ड्रेश इन द डेवलप्ड ऐंड डेवलपिंग कंट्रीज', संकलित, *एजिंग ऐंड द फैमिली,* न्यूयॉर्क : यूनाइटेड नेशन्स।

सेन, के. 1994, *एजिंग : डिबेट्स ऑन डेमोग्राफिक ट्रांजिशन ऐंड सोशल पॉलिसी,* लन्दन और न्यू जर्सी : जेड बुक्स।

शाह, वी. पी. 1993, *जेंडर ऐंड पॉवर्टी इन इंडिया, अ वर्ल्ड बैंक सेंचुरी स्टडी,* वाशिंगटन, डी. सी. : द वर्ल्ड बैंक।

# उभरती ग्रामीणता

## *हरियाणा में ग्रामीण जीवन और खेतिहर बदलाव का पुनरावलोकन**

**सुरिन्दर एस. जोधका**

1990 दशक के आरम्भिक वर्षों में भारत की आर्थिक नीतियों में हुए बदलाव का खेतिहर क्षेत्र पर काफ़ी प्रभाव पड़ा। अन्य बातों के अलावा, इसने भारत के विकास के विमर्श में खेती का हाशियाकरण कर दिया। ग्रामीण और खेतिहर अर्थव्यवस्था के बारे में समाज विज्ञान के अनुसन्धानों में कमी आयी। विश्वविद्यालयों में होने वाली सेमिनारों में तथा मुख्यधारा की मीडिया में खेतिहर प्रश्नों उत्साह या उत्तेजना पैदा नहीं होती थी। दुर्भाग्यवश जब 1990 के दशक के आख़िरी वर्षों में भारत के विभिन्न भागों से किसानों की आत्महत्या की ख़बरें आने लगीं, उसके बाद ही अकादमिक और राजनीतिक मंचों पर खेती की वापसी हुई।

इक्कीसवीं सदी के आरम्भिक वर्षों के आते–आते भारत ने खेती में एक नये विमर्श का आकार लेना आरम्भ कर दिया। इस समय मुख्य रूप से 'संकट' पर ध्यान केन्द्रित किया गया। जहाँ भारतीय अर्थव्यवस्था का काफ़ी तेज़ी से विकास हो रहा था, वहीं खेतिहर क्षेत्र जड़ता का शिकार हो गया था। राष्ट्रीय अर्थव्यवस्था में खेतिहर क्षेत्र के तुलनात्मक हिस्से में लगातार कमी आ रही थी। ग्रामीण भारत दुःख और निराशा का क्षेत्र बन चुका था, जहाँ वास्तविक आय में गिरावट हो रही थी तथा किसान हर समय आत्महत्या कर रहे थे।

रोचक बात यह है कि 'खेती के संकट' के इस नये विमर्श में सिर्फ़ कभी–कभार ही खेतिहर भारत की आन्तरिक असमानताओं का उल्लेख

---

* *इकोनॉमिक ऐंड पॉलिटिकल वीकली* 49 (26–27) : 5–7 (28 जून 2014)।

किया गया। ख़ुद को राजनीतिक–अर्थशास्त्र (पॉलिटिकल इकोनॉमी) की रूपरेखा के प्रति समर्पित मानने वाले तथा खेतिहर वर्ग सम्बन्धों और उत्पादन प्रणाली के वाद–विवाद में भागीदारी करने वाले विद्वानों ने भी इस पर कोई ख़ास ध्यान नहीं दिया।

आख़िर गाँव और खेती के साथ क्या हो रहा था। क्या गाँव वास्तव में पिछले 20 वर्षों में सामाजिक और आर्थिक रूप से जड़ हो गये थे, या इसमें बदलाव हो रहा था। यदि इनमें बदलाव हो रहा था, तो इस बदलाव की प्रकृति क्या थी, और इस बदलाव ने ग्रामीण जनसंख्या की विभिन्न श्रेणियों को किस प्रकार प्रभावित किया? विभिन्न श्रेणियों के खेती करने वाले किसान एक पेशे के रूप में खेती से किस प्रकार जुड़े हुए थे? पिछले 20 वर्षों में किसने खेती का काम छोड़ा और क्यों श्रम/उत्पादन सम्बन्धों के स्वरूप में किस प्रकार के परिवर्तन हुए और क्यों? जाति सम्बन्धों में किस तरह के बदलाव आये दलित समूह खेती से कैसे जुड़े हुए थे? पिछले दो दशकों में ग्रामीण सत्ता संरचना में किस प्रकार का बदलाव हुआ।[1]

## दो गाँव

अध्ययन के लिए चुने गये दो गाँव एक ख़ास तरह की ग्रामीण व्यवस्था का प्रतिनिधित्व करते हैं। अब तीसरी दुनिया के विभिन्न भागों में इस प्रकार की ग्रामीण व्यवस्था सामान्य रूप से ज़्यादा पायी जाने लगी है। ये वे गाँव हैं जो काफ़ी सक्रिय तरीक़े से शहरी केन्द्रों से जुड़े हुए हैं। औद्योगीकरण की प्रक्रिया और तकनीक के कारण इनमें काफ़ी तेज़ी से बदलाव हुआ है। यद्यपि अध्ययन के लिए चुने गये ये दोनों गाँव अभी भी शहरी केन्द्रों से इतने दूर हैं कि इन्हें शहर की परिधि (या सटे हुए) गाँवों के रूप में नहीं देखा जा सकता है। लेकिन निश्चित रूप से, ये आर्थिक रूप से 'पिछड़े' या सामाजिक और सांस्कृतिक रूप से पारम्परिक नहीं हैं। अध्ययन के लिए चुने गये दो गाँवों में, गाँव–1 पानीपत शहर से 9 किलोमीटर की दूरी पर बसा हुआ है, और दूसरा (अर्थात् गाँव–2) 17 किलोमीटर की दूरी पर स्थित है। दोनों गाँवों में बहुत–सी जातियों के लोग रहते हैं, और दोनों ही गाँवों ने 1970 के दशक में हुई हरित क्रान्ति का अनुभव किया है।

1970 के दशक के मध्य में हरियाणा सरकार ने पानीपत के निकट एक थर्मल पावर स्टेशन (ऊष्मीय शक्ति संयन्त्र) की स्थापना करने का फ़ैसला किया। गाँव–1 के कुछ किसानों को इस परियोजना के लिए अपनी खेतिहर ज़मीन का कुछ हिस्सा देना पड़ा। बहरहाल, इससे गाँव की खेतिहर अर्थव्यवस्था पर कोई ख़ास प्रभाव नहीं पड़ा। जिन ग्रामीणों की ज़मीन ली गयी थी, उन्हें थर्मल पावर स्टेशन में नौकरी देने पर विचार किया गया, और उनमें से कुछ को इसमें स्थायी नौकरी भी मिल गयी। इसमें अनौपचारिक (अस्थायी) श्रम से सम्बन्धित कई रोज़गार भी पैदा हुए। पिछले कई वर्षों से इस प्लाण्ट या संयन्त्र का विस्तार होता रहा है, और इस क्षेत्र में इसके कारण कई उद्योगों का भी विकास हुआ है। पानीपत तेल रिफाइनरी की स्थापना 1990 के दशक में हुई, और यह इन दोनों गाँवों के निकट, सिर्फ़ 4–7 किलोमीटर की दूरी पर स्थित है। लेकिन अभी तक इन गाँवों को तेल रिफाइनरी की परियोजना के कारण अपनी ज़मीन खोने की नौबत नहीं आयी है। लेकिन थर्मल पावर स्टेशन की तरह ही यहाँ भी स्थानीय लोगों के लिए अस्थायी रोज़गार के बहुत से अवसर सामने आये हैं।

## जनसंख्यात्मक विशेषताएँ और सामाजिक परिवेश में बदलाव

जब मैं इन गाँवों में गया तो मेरा ध्यान सबसे पहले इस बात की ओर गया कि इन दोनों गाँवों का आकार काफ़ी बड़ा हो गया है। वे बीस साल पहले की तुलना में अब काफ़ी अलग नज़र आ रहे थे। गाँव में बहुत सारी सड़कें बन गयी थीं, और गाँव का हर दिशा में विस्तार हुआ था। यद्यपि कई लोग गाँव से बाहर दूसरे शहरों में काम करने के लिए चले गये थे, लेकिन इसके बावजूद गाँव की सम्पूर्ण जनसंख्या में वृद्धि हुई थी। सारणी 1 यह बताती है कि पिछले 20 वर्षों में इन दोनों गाँवों की जनसंख्या में किस प्रकार का परिवर्तन हुआ है।

गाँवों के भौतिक और जनसांख्यिक विस्तार के कई दीर्घकालिक समाजशास्त्रीय प्रभाव पड़े हैं। यद्यपि अभी भी अधिकांश बाड़ा (टोले) जाति के आधार पर ही संगठित थे, और अधिकांश लोग अपनी जाति के बाड़ा में ही रह रहे थे, किन्तु गाँव का पुराना रिहायशी स्वरूप बदल चुका था।

मसलन, अब दलित समुदाय गाँव से दूर या अलग–थलग बने घरों में नहीं रहते थे। गाँवों का हर दिशा में फैलाव हुआ था। कई ऐसे उदाहरण भी थे जहाँ ग़ैर–दलित, दलितों के घर के काफ़ी नज़दीक रहने लगे थे। मसलन, गाँव–2 में मैंने लोगों से सामूहिक रूप से बातचीत की। ऐसे ही, एक सामूहिक चर्चा के दौरान मुझे चार अलग–अलग जातियों के लोग मिलें, जिनके घर एक–दूसरे के अगल–बगल में थे। इनमें से कोई भी भू–स्वामी जाट या रोर जाति से नहीं था, लेकिन ये सभी दलित भी नहीं थे। इनमें से एक ब्राह्मण भी था। एक व्यक्ति झिम्मर (यह एक स्थानीय ओबीसी जाति है, जो पारम्परिक रूप से भूमिहीन है) और एक अन्य व्यक्ति ग़ैर–दलित जाति से था। इन सभी के घर एक–दूसरे से इतने नज़दीक थे कि एक ग़ैर–दलित व्यक्ति के मकान की दीवार दलित व्यक्ति के घर से सटी हुई थी।

दोनों ही गाँवों की जनसंख्या में वृद्धि हुई थी। लेकिन गाँव–1 में होने वाली वृद्धि गाँव–2 में हुई वृद्धि से ज़्यादा थी। बीस साल पहले गाँव–2, गाँव–1 से थोड़ा बड़ा था। लेकिन अब गाँव–1 में घरों की संख्या और कुछ जनसंख्या–दोनों ही सन्दर्भों में ज़्यादा बड़ा हो गया था। शायद इसका सीधा कारण यह है कि यह गाँव थर्मल पावर स्टेशन के नज़दीक है। चूँकि यह गाँव शहर से नज़दीक है, इसलिए शहर के नज़दीक के गाँवों में व्यापार और नौकरियाँ करने वाले लोग भी रहते हैं। सारणी 1 से यह भी पता चलता है कि गाँव–1 में अनुसूचित जातियों की जनसंख्या में महत्त्वपूर्ण रूप से वृद्धि हुई है। असल में, ऐसा इसलिए हुआ है क्योंकि हाल ही में बाडी या बाज़ीगर समुदाय को अनुसूचित जातियों की श्रेणी में सम्मिलित किया गया है।

**सारणी 1 : अध्ययन के लिए चुने गये दो गाँवों की परिवारों की संख्या और कुल जनसंख्या**

| गाँव | परिवारों की संख्या | प्रतिशत वृद्धि | कुल जनसंख्या | प्रतिशत वृद्धि | अनुसूचित जाति की जनसंख्या | कुल जनसंख्या में अनुसूचित जाति का प्रतिशत | अनुसूचित जाति की जनसंख्या में प्रतिशत वृद्धि |
|---|---|---|---|---|---|---|---|
| 1 | 636 (358) | 77.65 | 3,783 (2,256) | 67.68 | 750 (331) | 19.83 (14.67) | 123.60 |
| 2 | 617 (359 | 71.86 | 3,536 (2,538) | 39.32 | 584 (360) | 16.52 (14.18) | 62.22 |

*स्रोत : सेंशस ऑफ़ इंडिया 2001 और 1981 (कोष्ठक में दिये गये आँकड़े सेंशस ऑफ़ इंडिया 1981 से लिए गये हैं)।*

इसमें अपने–आप में एक रोचक बात यह है कि जनसंख्या सम्बन्धी आँकड़े विवादित विषय बन चुके हैं। इसका उत्तर–औपनिवेशिक व्यवस्था की नयी विकास व्यवस्थाओं पर व्यापक प्रभाव पड़ा है। अब विकास और अल्पविकास (अंडरडेवलपमेंट) सिर्फ़ संरचनात्मक स्थितियाँ नहीं हैं, बल्कि ये आम लोगों की पहचान का स्रोत भी बन चुकी हैं। जैसा कि अखिल गुप्ता ने अल्पविकास के बारे में लिखा है : '...अल्पविकास पहचान का भी एक रूप है। यह लोगों को उनके आत्म के बारे में बताता है। लोग ख़ुद के बारे में क्या मानते हैं, वे अभी जिस अवस्था में हैं, वहाँ तक कैसे पहुँचे, और वे अपनी वर्तमान अवस्था से आगे अपने जीवन को कैसे बदल सकते हैं? असल में, ये सभी ऐसे प्रश्न हैं जो काफ़ी गहराई से विकास की संस्थाओं, विचारधारा और व्यवहारों को एक आकार देते हैं' (गुप्ता 1998 : ग)।

दोनों गाँवों के निवासी यह स्वीकार करते हैं कि विकास और अल्पविकास के व्यापक विमर्श में संख्याओं और राज्य के सामने ख़ुद को प्रस्तुत करने के तरीक़े का काफ़ी महत्त्व है। स्थानीय स्तर पर ख़ुद के बारे में बताते हुए लोग सिर्फ़ अनुसूचित जातियों और पिछड़े वर्गों जैसी प्रशासनिक श्रेणियों का ही प्रयोग नहीं करते हैं, बल्कि घर और परिवार जैसी श्रेणियों को भी राज्य की प्रक्रियाओं को ध्यान में रखते हुए परिभाषित और वर्णित किया जाने लगा है। अपने अध्ययन के दौरान जब मैंने परिवारों की संख्या का अनुमान लगाने का प्रयास किया तो मेरे सामने ये पहलू बहुत ही स्पष्ट रूप से सामने आये।

सारणी 1 हमें 2001 की जनगणना में की गयी गणना के हिसाब से परिवारों का आँकड़ा उपलब्ध करवाती है। लेकिन जब मैंने अपने फील्ड–वर्क के दौरान इस संख्या को सुनिश्चित करने (सभी घरों की गणना करके जनगणना के आँकड़ों को मिलना) का प्रयास किया तो यह पूरी प्रक्रिया अपने–आप में काफ़ी रोचक रही। मैंने इन दोनों गाँवों के सरपंचों और कुछ जानकार लोगों से दोनों गाँवों में परिवारों की कुल संख्या के बारे में पूछा। मुझे यह बताया गया कि प्रत्येक गाँव में 900 से 1000 घर हैं। यह संख्या मेरी अपेक्षा काफ़ी ज़्यादा थी। मैंने अपने सहयोगियों से यह कहा कि गलियों और घरों की गणना करें। चूँकि वे भी आसपास के इलाकों के ही रहने वाले थे, इसलिए उनका भी यही मानना था कि गाँव के अधिकारियों ने जितनी संख्या बताई है, गाँव में परिवारों की तक़रीबन

उतनी ही संख्या होगी। लेकिन जब हमने सूची बनाने का काम पूरा किया तो हमें यह पता चला कि गाँव–1 में कुल 550 परिवार हैं और गाँव–2 में 540 परिवार हैं। असल में, यह संख्या 2001 की जनगणना में बताई गयी संख्या से भी कम थी। इन परिवारों में से हम गाँव–1 से 503 और गाँव–2 से 491 परिवारों के लोगों का साक्षात्कार ले पायें।

आख़िर इस जनसांख्यिकीय मुद्रास्फीति (डेमोग्राफिक इनफ्लेशन) का क्या कारण था? स्थानीय प्रशासन ने हाल ही में ग्रामीण परिवारों का एक सर्वेक्षण किया था। इसका उद्देश्य ग़रीब परिवारों की पहचान करना था ताकि उन्हें उपयुक्त रंग का राशन कार्ड दिया जा सके। 'ग़रीबी रेखा के नीचे रहने वाले परिवार' की सूची में शामिल होने पर प्रत्येक परिवार को कुछ लाभ मिलता है। ज़्यादा परिवारों की इकाइयों के बारे में सूचना दर्ज कराने पर लाभी की मात्रा और बढ़ जाती। यह अपने–आप में रोचक बात है कि स्थानीय प्रशासन ने ग़रीबी के सर्वेक्षण के दौरान एक घर में रहने वाले पूरे परिवार के बजाय उस परिवार की एकल इकाइयों (अर्थात् पति, पत्नी और उनके बच्चों को भी) अलग परिवार माना। चूँकि यह पूरा मसला ग़रीबी रेखा के कार्ड से जुड़ा हुआ था, इसलिए लोगों ने भी इस प्रक्रिया में अपनी सहमति दे दी, या गणना करने वाले बाहरी लोगों को इसकी जानकारी नहीं दी (नोट : अंग्रेज़ी में 'हाउसहोल्ड' और 'फैमिली' दो शब्द प्रयुक्त हुए हैं। मैंने भाषा की गतिशीलता के हिसाब से हाउसहोल्ड के लिए परिवार शब्द का ही प्रयोग किया है; लेकिन जहाँ 'फैमिली' शब्द का इस्तेमाल एक अलग अर्थ में हुआ है, जैसा कि इस पैराग्राफ में 'एकल परिवार' के सन्दर्भ में–वहाँ मैंने इसे अलग से स्पष्ट कर दिया है– अनुवादक)।

## समुदाय और उनके सामाजिक व्यवहार

बीस वर्ष पहले (1988–89) में मैंने सबसे पहले इन गाँवों में शोध कार्य किया था। उसमें मेरा यह मानना था कि ग्रामीण भारत में परिवारों के अवसरों और सामाजिक–आर्थिक कल्याण और भलाई को तय करने में भूमि का स्वामित्व होना या न होना सबसे महत्त्वपूर्ण कारक की भूमिका निभाता है। इसलिए मैंने सामाजिक वर्ग की श्रेणी के साथ काम किया, जिसे मैंने ढ़ीले–ढ़ाले तरीक़े से भूमि–स्वामित्व के रूप में परिभाषित

किया। शायद आंशिक रूप से इसके पीछे मेरा अपना अकादमिक रुझान काम कर रहा था; और शायद इसका कारण यह भी था कि मैंने खेतिहर सामाजिक संरचना के बारे में जितना साहित्य पढ़ा था, उसमें से अधिकांश अर्थशास्त्रियों द्वारा लिखा गया था।

बहरहाल, पिछले कई वर्षों में भारतीय समाज विज्ञान विकास के अन्य सामाजिक चरों और संकेतकों के प्रति भी संवेदनशील हुआ है। अब मुख्यधारा का अर्थशास्त्र आय और उत्पादकता की सरल गणना से आगे बढ़ा है, तथा अब यह 'मानव विकास' की जटिल हक़ीक़तों पर विचार करने लगा है। वहीं, समाजशास्त्रियों और अन्य समाज वैज्ञानिकों ने 'समुदायों' की पुनर्खोज की है (जोधका, 2001)। साथ ही, वे वैयक्तिकताओं के अन्य रूपों को भी ज़्यादा महत्त्व देने लगे हैं, अर्थात् वे यह स्वीकार करने लगे हैं कि अलग–अलग लोग अपनी भलाई और कल्याण की भिन्न–भिन्न अवधारणा रखते हैं।

असल में, फील्ड–वर्क के दौरान गाँव के विकास के अनुभवों को समझने के लिए किसी भी अन्य सामूहिक श्रेणी के बजाय समुदाय का विचार सबसे ज़्यादा सहायक साबित हुआ। मेरे उत्तरदाताओं ने पिछले बीस वर्षों में अपने गाँव के विभिन्न तबकों के विकास के सन्दर्भ में अलग–अलग अनुभवों को व्यक्त करने के लिए समुदायों की अवधारणा का प्रयोग किया। विशेष रूप से, उन्होंने जाति समुदायों के माध्यम से अपने विचारों को प्रस्तुत किया। उन्होंने गाँव की जनसंख्या को समुदायों के आधार पर विभाजित किया, तथा ग्रामीण जनंसख्या के आर्थिक अनुभव को समुदायों के सन्दर्भ में देखा। कुछ समुदायों ने अच्छा प्रदर्शन किया, वहीं कुछ अन्य समुदायों का प्रदर्शन उतना अच्छा नहीं रहा। बहुत से ऐसे समुदायों का भी उल्लेख किया गया, जिनका प्रदर्शन बुरा रहा। इन समुदायों के बारे में यह कहा गया कि वे पिछले बीस साल में और ज़्यादा पिछड़ गये हैं, या उनकी स्थिति बीस साल पहले की तरह ही बनी हुई है।

गाँव–1 में दो मुख्य समुदाय थे : 'स्थानीय लोग' और 'पंजाबी'। इस गाँव में बड़ी संख्या में मुस्लिम भी रहते थे। लेकिन मुस्लिमों का एक बड़ा तबका 1947 में भारत विभाजन के समय पाकिस्तान चला गया। इसके बाद, उनके द्वारा छोड़ी गयी ज़मीन और घरों को उन हिन्दुओं और सिक्खों को आवंटित कर दिया गया, जो विभाजन के समय होने वाली हिंसा के चलते पश्चिमी पंजाब से यहाँ आये थे। यहाँ बसे पंजाबी लोगों ने ही इस

गाँव के मूल निवासियों को 'लोकल' (या स्थानीय लोग) कहना आरम्भ कर दिया। ये लोग स्थानीय हरियाणवी बोली बोलते थे। गाँव के मूल निवासी पंजाबियों को 'रिफ़्यूजी' (शरणार्थी) कहते थे। अब सिर्फ़ कुछ उम्रदराज उत्तरदाताओं ने पंजाबियों के लिए 'रिफ़्यूजी' शब्द का इस्तेमाल किया।

इस गाँव के सभी पंजाबी एक ही जाति समुदाय, अरोड़ा से सम्बन्धित थे। ये सभी पश्चिमी पंजाब के एक ही ज़िले से आये थे। इस गाँव के जिन 503 परिवारों का सर्वेक्षण किया गया, उनमें से 67 अरोड़ा लोगों के परिवार थे। इनकी आर्थिक स्थिति अलग–अलग थी। इनमें एक छोटा समूह ऐसा था, जिसे बड़ा किसान कहा जा सकता है। इनके पास 20 एकड़ से 60 एकड़ तक या उससे ज़्यादा ज़मीन थी। एक को छोड़कर, इस गाँव के सभी बड़े भू–स्वामी पंजाबी थे। अन्य 20 से 25 परिवारों को मध्यम या छोटे या अत्यन्त छोटे भू–स्वामियों की श्रेणी में रखा जा सकता था। पंजाबियों में कुछ लोग ग़रीब भी थे। इनके पास कोई ज़मीन नहीं थी और ये गाँव में दूसरों की ज़मीन लेकर खेती करते थे, या फिर दूसरों के खेत पर संलग्न या दिहाड़ी मज़दूरों के रूप में काम करते थे। पंजाबियों की एक बड़ी संख्या (तक़रीबन 30 परिवार) अपने परिवार द्वारा संचालित ग़ैर–खेतिहर पेशे में लगे हुए थे। इनमें से कुछ लोगों की गाँव में ही किराना की छोटी दुकान थी, या फिर गाँव से बाहर, नज़दीक के शहर पानीपत में इनका छोटा–मोटा व्यापार था। पेशेगत स्तर पर पंजाबियों में सबसे ज़्यादा विविधता थी।

गाँव में दूसरा प्रमुख जाति समुदाय गूजरों का था (97 उत्तरदाता परिवार)। यद्यपि अब वे ओबीसी में सूचीबद्ध हो गये थे, लेकिन इनमें 'प्रभुत्वशाली जाति' (डॉमिनेंट कास्ट) (श्रीनिवास 1959) की सारी विशेषताएँ मौजूद थीं। मुख्य रूप से ये भू–स्वामी और किसान थे। स्थानीय स्तर पर और इस पूरे क्षेत्र में इनकी अच्छी–ख़ासी संख्या थी। कर्मकाण्डीय स्तर पर ये पूर्व अछूतों से काफ़ी उच्च थे। इनके समुदाय में बहुत से सदस्य शिक्षित थे और शहर से जुड़े हुए थे। इनमें भी आन्तरिक विभेदीकरण था, लेकिन यह विभेदीकरण पंजाबियों जितना नहीं था।

इस गाँव में ब्राह्मण परिवारों की भी अच्छी संख्या थी (30)। ब्राह्मणों में सिर्फ़ एक परिवार ऐसा था जो पश्चिमी पंजाब से आया था। इसके अलावा, सभी ब्राह्मण परिवार 'स्थानीय' ही थे। इस गाँव के ब्राह्मण ख़ुद को अन्य दो प्रभुत्वशाली समुदायों से उच्चतर नहीं मानते थे। इस क्षेत्र

में कर्मकाण्डी विचारधारा काफ़ी कमज़ोर ही है, इसलिए अमूमन पण्डित होने को एक गरिमामय पहचान के रूप में नहीं देखा जाता थ (देखें सबरवाल 1972, 1973; जोधका 2002; टण्डन 1961)। इनमें से अधिकांश लोग छोटे भू–स्वामी थे और ख़ुद को इसी रूप में देखना चाहते थे। वे ख़ुद को गाँव के बड़े लोगों (अमीर और ताकतवर) की तुलना में छोटे लोगों (ग़रीब और हाशिए के लोगों) से जोड़ते थे।

जनसंख्या का बड़ा हिस्सा 'पिछड़ी जाति' की श्रेणी में आता था (तक़रीबन 125 परिवार), जो अब अन्य पिछड़े वर्गों या ओबीसी की श्रेणी का भाग थे। अभी इन गाँवों में पिछड़ी जाति के लोगों के बीच ख़ुद को ओबीसी के रूप में वर्णित करने का प्रचलन नहीं बढ़ा था, लेकिन वे काफ़ी लम्बे समय से 'पिछड़े' या 'बैकवर्ड' शब्द का इस्तेमाल कर रहे थे। राज्य सरकार ने पिछले कई दशकों से 'पिछड़ी जातियों' के लिए राज्य सरकार की नौकरियों में 'कोटा' या आरक्षण की व्यवस्था की है। राज्य स्तर पर यह आरक्षण मण्डल आयोग की सिफ़ारिशों के लागू होने के काफ़ी पहले दिया जा रहा है। 'पिछड़ों' में दो समूहों के बीच अन्तर करना काफ़ी महत्त्वपूर्ण है : एक समूह पारम्परिक रूप से भू–स्वामी/किसान रहा है, और दूसरा समूह पारम्परिक रूप से भूमिहीन रहा है। गूजरों के अलावा माली (अब ये ख़ुद को सैनी कहते हैं) भी भू–स्वामी किसान रहे हैं, किन्तु इनके पास गूजरों की तुलना में कम ज़मीन रही है।

झिम्मर (अब ये ख़ुद कश्यप राजपूत कहलवाना पसन्द करते हैं) गाँव–1 में ओबीसी की श्रेणी में सबसे बड़े जाति समूह थे। यहाँ इनके 99 परिवार थे। असल में, इस जाति के लोगों की संख्या गाँव में सबसे ज़्यादा थी। चूँकि इस जाति के लोगों का एक बड़ा हिस्सा भूमिहीन था, इसलिए ये अन्य किसानों की ज़मीन पर या गाँव से बाहर पड़ोस के शहरों और कारखानों में दिहाड़ी मज़दूर के रूप में काम करते थे। इनमें से कुछ लोग गाँव से बाहर स्थायी नौकरी भी करते थे। यह समुदाय इन दो गाँवों में सबसे ग़रीब समुदायों में आता था। इनकी स्थिति में स्पष्ट रूप से गिरावट आयी थी। बीस साल पहले आय और घरों की गुणवत्ता के आधार पर इनकी स्थिति स्पष्ट तौर पर दलितों से अच्छी थी।

इस श्रेणी का दूसरा प्रमुख समुदाय कुम्हारों का था। अब ये ख़ुद को प्रजापति कहते थे। पारम्परिक रूप से, ये मिट्टी के बर्तन बनाने का

काम करते थे। समय बीतने के साथ उनका पारम्परिक पेशा काफ़ी हद अप्रासंगिक होता गया। वे सामान ढ़ोने के लिए अपने पास गधे भी रखते थे। इस जाति के अधिकांश लोग भी भूमिहीन थे। लेकिन झिम्मरों की तुलना में ये ज़्यादा उद्यम करते थे। इनमें से कुछ लोग स्थानीय किसानों से ज़मीन लेकर जोतदार के रूप में उस पर खेती करते थे, वहीं कई अन्य लोगों ने गाड़ी या ट्रकों में निवेश किया था। बहरहाल, इस जाति के बहुत कम लोग सफल हुए थे और अभी भी इस जाति के अधिकांश लोग ग़रीबी रेखा के आसपास संघर्ष कर रहे थे।

गाँव में बहुत से अनुसूचित जातियों के समुदाय भी थे। इसमें सफ़ाईकर्मियों की दो पारम्परिक जातियाँ सबसे प्रमुख थीं : वाल्मीकी (48 घर) और चमार (36 घर)। 'निम्न ओबीसी' की तरह ही दलितों ने भी अपना नाम बदल लिया था। वाल्मीकियों को पहले चुहड़ा के नाम से जाना जाता था। मुझसे बात करते वक़्त ग़ैर–दलितों ने इस जाति के पुराने नाम का ही उल्लेख किया, लेकिन जब वे इस जाति के लोगों से बात कर रहे थे तो वे उन्हें वाल्मीकि कह रहे थे। इसी तरह, स्थानीय ग्रामीण चमारों को हरिजन के रूप में वर्णित कर रहे थे। चमार जाति के अधिकांश लोग चमार से ज़्यादा हरिजन कहलाना पसन्द करते थे, और अब उन्होंने ख़ुद को रविदासी के रूप में पेश करना भी आरम्भ कर दिया था। गाँव के बहुत सारे लोग दलित श्रेणी से परिचित थे, लेकिन बहुत कम लोग रोज़मर्रा की बातचीत में इसका प्रयोग करते थे। इन दो प्रमुख समूहों के अलावा अनुसूचित जातियों से सम्बद्ध कुछ अन्य जातियाँ भी थीं। ऐसी जातियों में सबसे प्रमुख बाडी या बाज़ीगर जाति थी। अनुसूचित जाति की श्रेणी में सम्मिलित अन्य जातियों के विपरीत बाडी कभी भी एक अछूत जाति नहीं थी। ये लोग गाँव से दूर बनी बस्ती में रहते थे, लेकिन बिना किसी झिझक के ये अन्य जातियों के लोगों से मेल–जोल रखते थे। गाँव में कई ऐसे छोटे समूह भी थे जिन्हें ओबीसी या अनुसूचित जातियों की श्रेणी में सम्मिलित किया गया था। इसमें धोबी, जोगी, नाई, बधिया और बहुत–सी सेवक दलित और ग़ैर–दलित जातियाँ शामिल थीं।

गाँव–2 में भी जातियों का स्वरूप इसी तरह का था। गाँव–1 की तरह यहाँ भी दो प्रमुख भू–स्वामी जाति समुदाय थे, जाट (92 परिवार) और रोर (104 परिवार)। गाँव की अधिकांश खेतिहर ज़मीन इन दो

'प्रभुत्वशाली जातियों' के पास थी। गाँव–1 के पंजाबी अरोड़ा की तरह ही, गाँव–2 के बड़े भू–स्वामी एक ही समुदाय अर्थात् जाति से सम्बन्धित थे। लेकिन पंजाबियों के विपरीत जाट कहीं बाहर से नहीं आये थे, बल्कि वे हमेशा इसी गाँव में रहते थे। गाँव–2 में प्रवासी पंजाबियों के कुछ परिवार भी रहते थे, लेकिन वे 1980 के दशक में पड़ोस के गाँव में चले गये थे। गाँव–2 में ब्राह्मणों की संख्या ज़्यादा थी (60 परिवार)। यहाँ भी ब्राह्मण किसान थे, और वे प्रभुत्वशाली जाति के बजाय ओबीसी जातियों के नज़दीक रहते थे।

ओबीसी श्रेणी में सम्मिलित जिन जातियों के पास ज़मीन नहीं है, उनमें झिम्मर (43 घर) सबसे प्रमुख थे। लेकिन वे इस गाँव के सबसे बड़े समुदाय नहीं थे। जोगी (36 परिवार) और कुम्हार या प्रजापति (25 परिवार) इस गाँव के दो अन्य प्रमुख ओबीसी जातियाँ थीं। गाँव–2 में इन समुदायों की सामाजिक और आर्थिक स्थिति काफ़ी हद तक गाँव–1 में उनकी स्थिति की तरह ही थी। दलित समूहों पर भी यह बात लागू होती है। यहाँ भी दो प्रमुख दलित समूह वाल्मीकि (40 परिवार) और चमार (50 परिवार) थे।

मैंने विश्लेषण के लिए जाति समुदायों को चार श्रेणियों में विभाजित किया है। पहला, दलित या अनुसूचित जातियाँ; दूसरा, पिछड़ी जातियाँ; तीसरा, प्रभुत्वशाली जातियाँ; चौथा, कर्मकाण्डीय रूप से उच्च जातियाँ, जिसमें ब्राह्मण, बनिया, अरोड़ा और राजपूत सम्मिलित हैं। यद्यपि गूजर और जाट ओबीसी की श्रेणी में सम्मिलित हैं, किन्तु मैंने इन्हें प्रभुत्वशाली जातियों की श्रेणी में रखा है।[2] सारणी 2 में हमारे सर्वेक्षण और हमारी अपनी श्रेणियों के अनुसार गाँव के जातिगत संघटन को दिखाया गया है। दोनों गाँवों में दलितों का अनुपात कमोबेश एक जैसा है। वहीं, गाँव–1 में पिछड़ी जातियों का अनुपात काफ़ी ज़्यादा था। गाँव–1 में पंजाबी अरोड़ा लोगों के कारण यहाँ कर्मकाण्डीय रूप से उच्च जातियों की संख्या ज़्यादा थी। अरोड़ा जाति के लोगों को प्रभुत्वशाली जातियों में भी सम्मिलित किया जा सकता था क्योंकि इस जाति के बहुत सारे लोग खेती का काम करते थे।

**सारणी 2 : उत्तरदाता परिवारों के गाँव के अनुसार जाति संघटन**

| जाति | गाँव–1 | गाँव–2 | कुल |
|---|---|---|---|
| दलित | 91(18.09) | 92(18.73) | 183(18.41) |
| पिछड़ी जातियाँ | 178(35.38) | 131(26.68) | 309(31.08) |
| प्रभुत्वशाली जातियाँ | 122(24.25) | 206(41.95) | 328(32.99) |
| उच्च जातियाँ | 112(22.26) | 62(12.62) | 174(17.50) |
| कुल | 503(100) | 491(100) | 994(100) |

*स्रोत : लेखक।*

## परिवार, जेंडर और सामाजिक जीवन के कुछ अन्य आयाम

परिवार अभी भी इन दो गाँवों में एक महत्त्वपूर्ण संस्था थी। तक़रीबन हर कोई एक परिवार में रहता था। कुछ व्यक्ति अकेले रहते थे, अमूमन वे अपनी पसन्द से ऐसा नहीं करते थे। अधिकांश परिवारों के मुखिया पुरुष ही होते थे। शायद ही कोई ऐसा परिवार था, जिसकी मुखिया कोई महिला थी। महिला उन्हीं परिवारों की मुखिया थीं, जहाँ या तो परिवार के पुरुष मुखिया की मृत्यु हो गयी थी, या फिर वह घर छोड़कर कहीं चला गया था। भारत के अन्य भागों के विपरीत, यहाँ बहुत कम पुरुष घर छोड़कर काम की तलाश में गाँव से बाहर गये थे। यदि पुरुष काम के लिए बाहर जाते भी थे, तो वे शाम तक वापस आ जाते थे। परिवारों का आकार बहुत छोटा नहीं था। 75 प्रतिशत परिवारों में 5 या उससे ज़्यादा सदस्य एक साथ रहते थे। 28 प्रतिशत परिवारों में तो 7 या उससे ज़्यादा सदस्य एक साथ रहते थे। बड़े पैमाने पर संयुक्त परिवार भी प्रचलन में था। सभी परिवारों में से तक़रीबन 35 प्रतिशत परिवार संयुक्त परिवार थे। पिछड़ी जातियों और अनुसूचित जातियों की तुलना में भू–स्वामी प्रभुत्वशाली जातियों में संयुक्त परिवार तुलनात्मक रूप से थोड़ा ज़्यादा थे।

ये दोनों ही गाँव उत्तर भारत के पितृसत्तात्मक गाँवों का प्रतिनिधित्व करते थे। 2001 की जनगणना के अनुसार इन दो गाँवों का लिंग अनुपात क्रमशः 894 और 890 था। यह राष्ट्रीय औसत से काफ़ी कम था। पहली नज़र में ऐसा लगा कि पारिवारिक ज़िन्दगी में कोई ख़ास बदलाव नहीं हुआ है। सार्वजनिक दायरे में महिलाएँ अभी भी अदृश्य थी। गाँव के लोगों

के साथ एक महीने तक रहने और बातचीत करते रहने के बाद एक दिन मुझे यह पता चला कि गाँव–1 में एक महिला ने सरपंच का चुनाव जीता था, और वर्तमान में यह सीट अनुसूचित जाति की महिला के लिए आरक्षित थी। जब भी मैंने सरपंच के बारे में पूछा तो या तो मुझे उसके ससुर का नाम बताया गया, या फिर उसके पति का।

बहरहाल, बहुत ही सूक्ष्म तरह पर स्थिति में बदलाव भी आया था। मसलन, बहुत कम महिलाएँ पर्दा कर रही थीं, और अब लड़कियों को पढ़ाने को ज़्यादा स्वीकार्य माना जाने लगा था। 20 वर्ष पहले की तुलना में अब सामान्य तौर पर सभी समुदायों में लड़कियों को स्कूल भेजा जाने लगा था। कई ऐसे परिवार भी थे, जिन्होंने अपनी बेटियों को पढ़ाई के लिए गाँव से बाहर भी भेजा था। ये लड़कियाँ हॉस्टल में रहती थीं, और वे अपने लिए एक अच्छा करियर और गरिमामय मध्य–वर्गीय शहरी जीवन हासिल करना चाहती थीं।

अब शिक्षा को ज़्यादा महत्त्व दिया जाने लगा था। दोनों ही गाँवों में बारहवीं कक्षा तक का स्कूल था। गाँव–1 में लड़कियों के लिए कक्षा 8 तक का एक स्कूल अलग से था। इन गाँवों में धार्मिक ट्रस्टों द्वारा निजी स्कूल भी चलाये जा रहे थे। बड़ी संख्या में बच्चे पढ़ाई के लिए पड़ोस के शहर में भी जा रहे थे। 2001 के सरकारी आँकड़ों के अनुसार, गाँव–1 की साक्षरता दर 66 प्रतिशत थी (77 प्रतिशत पुरुष और 55 प्रतिशत महिलाएँ), तथा गाँव–2 में साक्षरता दर 67 प्रतिशत थी (78 प्रतिशत पुरुष और 54 प्रतिशत महिलाएँ)। यद्यपि हमारे 30 प्रतिशत उत्तरदाता अभी भी निरक्षर थे, लेकिन सिर्फ़ 4 प्रतिशत परिवार ऐसे थे जिनमें कोई भी व्यक्ति शिक्षित नहीं था। 80 प्रतिशत परिवारों में तीन या उससे ज़्यादा शिक्षित सदस्य थे।

## आर्थिक जीवन

कुछ समय पहले तक यह माना जाता था कि ग्रामीण जीवन में पूरी तरह से खेती और खेती से ही जुड़ी कुछ गतिविधियाँ होती हैं। यद्यपि बड़ी संख्या में ऐसे परिवार थे जिनके पास कभी भी कोई ज़मीन नहीं थी, वे भी अपनी जीविका के लिए मुख्य रूप से खेती पर ही निर्भर थे। वे या तो किसानों के यहाँ दिहाड़ी/संलग्न मज़दूरों के रूप में काम करते थे, या

फिर किसानों को खेती में सहायक अन्य सेवाएँ उपलब्ध कराते थे। ग्रामीण हरियाणा की अर्थव्यवस्था में संरक्षक–आसामी (पैट्रन–क्लाइंट) सम्बन्धों के माध्यम से खेतिहर अर्थव्यवस्था सामाजिक रूप से संगठित थी, जिसमें जाति की संस्था मध्यस्थ की भूमिका निभाती थी।

औपनिवेशिक दौर में व्यवसायिक खेती के आरम्भ होने के साथ जजमानी सम्बन्धों की व्यवस्था कमज़ोर होने लगी थी (भट्टाचार्य 1985); और 1980 का दशक आते–आते यह व्यवस्था पूरी तरह से विखण्डित हो चुकी थी। लेकिन 20 वर्ष पहले इन दो गाँवों का मुख्य चरित्र खेतिहर ही था। खेती ग्रामीण सामाजिक जीवन के केन्द्र में थी। यह गाँव की काम करने वाली जनसंख्या के बड़े भाग को रोज़गार उपलब्ध कराती थी, और उन्हें उनकी मुख्य पहचान देती थी। गाँव के ग़रीब दलित और अन्य भूमिहीन लोग रोज़गार के लिए, और कई मौक़ों पर ऋण के लिए बड़े किसानों के पास जाते थे। किसान ग़रीब मज़दूरों को ऋण देकर यह तय कर देते थे कि एक निश्चित समय तक वे उनकी ज़मीन और उनके घर पर ही काम करेंगे। जिन लोगों के पास ज़्यादा ज़मीन थी वे स्थानीय स्तर पर राजनीतिक संस्थाओं को भी नियन्त्रित करते थे। गाँव में उन्हें काफ़ी इज़्ज़त से देखा जाता था और लोग उनकी बातें मानते थे।

अब यह तक़रीबन पूरी तरह बदल चुका था। यह बदलाव गाँव–2 की तुलना में गाँव–1 में ज़्यादा स्पष्ट रूप से सामने आया, लेकिन दोनों गाँवों में परिवर्तन का स्वरूप एक जैसा था। 30 प्रतिशत से भी कम परिवारों ने यह कहा कि खेती उनका प्राथमिक पेशा है। गाँव–1 में ऐसा कहने वालों की संख्या और भी कम थी (23 प्रतिशत)। जैसा कि सारणी 3 से स्पष्ट है कि परिवारों का सबसे ज़्यादा अनुपात मज़दूरों की श्रेणी का था। असल में, उनका एक बड़ा बहुमत खेती में क्षेत्र से बाहर काम करके अपनी जीविका कमाता था और यह कभी–कभार ही खेतों में काम करता था।

शायद ज़्यादा महत्त्वपूर्ण गाँव के बाहर रोज़गार करने वाले लोगों की संख्या थी (17.20 प्रतिशत)। जब हम इसे जाति के सन्दर्भ में देखते हैं तो यह आँकड़ा ज़्यादा रोचक हो जाता है। दोनों ही गाँवों में भू–स्वामित्व और खेती अभी भी प्रभुत्वशाली और उच्च जातियों का विशेषाधिकार बना हुआ था। सभी किसानों में से तक़रीबन 92 प्रतिशत इन्हीं जाति समुदायों से थे। इसके विपरीत, मज़दूरी को अपना प्राथमिक काम बताने वाले 80 प्रतिशत से ज़्यादा लोग दलित या पिछड़ी जातियों से सम्बन्धित थे।

**सारणी 3 : उत्तरदाता परिवारों का प्राथमिक पेशा**

| प्राथमिक पेशा | गाँव–1 | गाँव–2 | कुल |
|---|---|---|---|
| खेती | 117 (23–26) | 172 (35.03) | 289 (29.07) |
| मज़दूरी | 206 (40.9) | 153 (31.16) | 359 (36.11) |
| दुकानदार / व्यापारी | 39 (07.75) | 45 (09.16) | 84 (08.45) |
| नियमित सेवा / सरकारी नौकरी | 108 (21.4) | 63 (12.8) | 171 (17.20) |
| कोई नियमित रोज़गारी नहीं | 33 (06.55) | 58 (11.8) | 91 (09.15) |
| कुल | 503 (100) | 491 (100) | 994 (100) |

बहरहाल, सभी जाति समूहों में विविधता आयी थी। जैसा कि सारणी 4 से स्पष्ट है कि प्रत्येक श्रेणी में परिवारों का एक अच्छा–ख़ासा अनुपात खेती से बाहर कोई काम करता था। रोचक बात यह है कि स्थायी रोज़गार करने वालों में दलितों का अनुपात सबसे ज़्यादा है, और पिछड़ी जातियों का अनुपात सबसे कम था। ये दोनों ही समुदाय ग़रीब थे और इनके पास स्थायी नौकरी पाने हेतु सामाजिक और सांस्कृतिक पूँजी का अभाव था। दलित के स्थायी नौकरी पाने का आंशिक कारण यह था कि शिक्षा और रोज़गार में उन्हें मिलने वाला आरक्षण, पिछड़ी जातियों को मिले आरक्षण की तुलना में ज़्यादा प्रभावकारी साबित हुआ था।

**सारणी 4 : उत्तरदाता परिवारों में जाति के अनुसार प्राथमिक पेशा**

| जाति | खेती | वेतन मज़दूर | दुकानदारी / व्यापार | स्थायी नौकरी | कोई स्थायी नौकरी नहीं | कुल |
|---|---|---|---|---|---|---|
| दलित | 7 (3.8) | 106 (57.9) | 0 | 51 (27.86) | 19 (10.38) | 183 (100) |
| पिछड़ी जातियाँ | 17 (5.5) | 202 (65.37) | 14 (4.5) | 42 (13.5) | 34 (11.0) | 309 (100) |
| प्रभुत्वशाली जातियाँ | 201 (61.28) | 25 (7.6) | 23 (7.01) | 55 (16.7) | 24 (7.1) | 328 (100) |
| उच्च जातियाँ | 64 (36.78) | 26 (14.94) | 47 (27.01) | 23 (13.21) | 14 (8.04) | 174 (100) |
| कुल | 289 (29.07) | 359 (36.11) | 84 (8.45) | 171 (17.20) | 91 (9.15) | 994 (100) |

***स्रोत : लेखक।***

आर्थिक स्थिति के अलावा एक परिवार के काम करने वाले सदस्यों की संख्या में उस परिवार की सामाजिक और आर्थिक भलाई और कल्याण को निर्धारित करती है। ग़ौर करने वाली बात यह है कि हमारे उत्तरदाता परिवारों में से तक़रीबन आधे परिवारों में एक सदस्य पूर्णकालिक काम करता था; और कई मामलों में एक परिवार के पाँच सदस्य काम करते थे। इसके अलावा, इस सन्दर्भ में विभिन्न जातियों में एक जैसा पैटर्न सामने आया। कुछ ऐसे परिवार भी थे जहाँ कोई भी सदस्य पूर्णकालिक रूप से काम नहीं करता था।

ग्रामीण हरियाणा में परिवारों की बढ़ती सक्रियता का एक अन्य प्रमाण भी सामने आया। अब बहुत सारे परिवारों के सदस्य बहु–सक्रिय थे (जोधका 2006क; लिंडबर्ग 2005)। परिवार के विभिन्न सदस्य अलग–अलग पेशों में काम कर रहे थे। इसके अलावा, 15 प्रतिशत (152) उत्तरदाताओं ने यह कहा कि उनके एक द्वितीयक पेशा भी है। इनमें से कुछ गाँव के भीतर और कुछ गाँव के बाहर इस तरह के पेशे में काम कर रहे थे। अधिकांश मामलों में द्वितीयक या दूसरा पेशा गाँव के भीतर या फिर गाँव से बाहर नज़दीक के गाँव में एक छोटा सा व्यापार या कोई दुकान होता था।

**सारणी 5 : उत्तरदाता परिवारों में काम करने वाले सदस्यों की संख्या**

| श्रेणी | एक | दो | तीन | चार/पाँच | कोई नहीं | कुल |
|---|---|---|---|---|---|---|
| दलित | 82 (44.82) | 65 (35.52) | 24 (13.11) | 9 (4.91) | 3 (1.64) | 183 (100) |
| पिछड़ी जातियाँ | 144 (46.60) | 109 (35.28) | 37 (11.97) | 16 (5.19) | 3 (0.96) | 309 (100) |
| प्रभुत्वशाली जातियाँ | 162 (49.39) | 99 (30.18) | 40 (12.20) | 19 (5.80) | 8 (2.43) | 328 (100) |
| उच्च जातियाँ | 95 (54.60) | 46 (26.44) | 15 (8.61) | 6 (3.45) | 12 (6.90) | 174 (100) |
| कुल | 483 (48.60) | 319 (32.10) | 116 (11.97) | 50 (5.00) | 26 (2.60) | 994 (100) |

***स्रोत : लेखक।***

पिछले बीस वर्षों में दोनों ही गाँवों में एक उल्लेखनीय बदलाव यह हुआ था कि इनका स्थानीय बाज़ार कई गुणा बड़ा हो गया था। बीस साल

पहले प्रत्येक गाँव में 15–20 दुकानें थीं। इन दुकानों में गाँव के लोगों के उपभोग के लिए आवश्यक तक़रीबन सभी वस्तुएँ मिलती थीं। इनमें से अधिकांश दुकानों के मालिक स्थानीय बनिया या पंजाबी अरोड़ा थे। लेकिन पिछले कई वर्षों में इस स्थिति में बदलाव आ चुका है। गाँव–1 में दुकानों की संख्या 78 और गाँव–2 में 64 थी। इसके अलावा, स्थानीय बाज़ार में अब ज़्यादा अलग–अलग तरह की वस्तुएँ मिलने लगी हैं। सभी जातियों और समुदायों के लोग ऐसी दुकान चला रहे हैं। अतीत में जहाँ स्थानीय बाज़ार पर उच्च जातियों का एकाधिकार होता था, वहीं अब सिर्फ़ 32 प्रतिशत दुकानों का मालिकाना और संचालन उच्च जातियों के लोगों के पास था। यह भी अपने–आप में रोचक है कि हमारे किसी दलित उत्तरदाता ने दुकान चलाने को अपना मुख्य पेशा नहीं बताया लेकिन दलितों द्वारा कुछ दुकान चलाये जा रही थी। बहरहाल, अभी भी स्थानीय बाज़ार में जाति का तत्त्व महत्त्वपूर्ण था। दलित की जनसंख्या के अनुपात में उनकी दुकानों की संख्या काफ़ी कम थी। इसके अलावा, या तो उनकी दुकानें दलित बस्तियों के क़रीब स्थित थी, या फिर वे साइकिल या जूता बनाने जैसे काम करते थे।

गाँव के लोग गाँव के भीतर बसी बस्तियों से ही विभिन्न प्रकार की वस्तुएँ ले सकते थे, जिसमें खाद और कीटनाशक दवाईयों से लेकर गहने और बिजली के सामान आदि भी सम्मिलित थे। यह गाँवों में बढ़ती उपभोक्ता संस्कृति को दर्शाता था। इससे यह भी पता चलता था कि गाँव के लोगों के पास ख़र्च करने के लिए अच्छी–ख़ासी रक़म थी। स्थानीय बाज़ार का विकास होने में पारम्परिक जजमानी व्यवस्था के ख़त्म होने की भी बड़ी भूमिका थी।

## खेती

तकनीकी रूप से कहें, तो पिछले दो दशकों में इन दो गाँवों में खेतिहर अर्थव्यवस्था के संगठित होने के तरीक़े में कोई बदलाव नहीं हुआ था। दोनों गाँवों में उद्योगों के प्रभाव में बढ़ोतरी हुई, लेकिन 'बाहरी' लोगों को ज़्यादा ज़मीन नहीं दी गयी। इसके विपरीत, खेती के अन्तर्गत आने वाली ज़मीन में वृद्धि हुई क्योंकि अब 'बंजर' ज़मीन में भी सुधार करके उस पर

खेती की जाने लगी। पहले गाँव–1 की पंचायत की ज़मीन के बड़े हिस्से का कोई उपयोग नहीं होता था, लेकिन अब किसानों ने ऐसी ज़मीन का अतिक्रमण कर लिया था और वे उस पर लगातार खेती कर रहे थे।

जैसा कि दो दशक पहले स्थिति थी, अब भी इस क्षेत्र की दो मुख्य फ़सल गेहूँ और धान ही थे। 1980 के दशक में इन गाँवों के कुछ लोग गन्ने की खेती भी कर रहे थे, किन्तु अब किसानों ने गन्ने की खेती करना छोड़ दिया था। कुछ किसान बीस वर्ष पहले की तरह ही अभी भी तीसरी फ़सल के रूप में मटर और मसूर की दाल की खेती कर रहे थे। इन गाँवों में पहले की तुलना में उर्वरकों और कीटनाशकों का ज़्यादा प्रयोग होने लगा था। किसानों ने अपना बीज बनाना तक़रीबन पूरी तरह से बन्द कर दिया था, तथा वे संकर बीजों की आपूर्ति के लिए पूरी तरह बाज़ार पर निर्भर हो गये थे। वे नहर (तक़रीबन एक तिहाई) और ट्यूबवेल (तक़रीबन दो तिहाई) के पानी से अपनी सिंचाई सम्बन्धी ज़रूरतें पूरी करते थे। यद्यपि पानी का स्तर बहुत नीचे नहीं गया था, लेकिन किसानों ने एक नयी तकनीक सबमर्सिबल पम्पों का उपयोग करना आरम्भ कर दिया था। ये पम्प ज़्यादा महँगे थे लेकिन ये पानी का ज़्यादा बेहतर प्रवाह उपलब्ध कराते थे।

इन गाँवों में यन्त्रीकरण में भी वृद्धि हुई। 1980 के दशक के आख़िरी वर्षों में भी बहुत से किसानों के पास ट्रैक्टर था, लेकिन उस समय बैल रखने वाले किसानों की संख्या भी अच्छी–ख़ासी थी। मुझे कई ऐसे उदाहरण भी मिले थे, जब कई छोटे किसानों ने कुछ समय तक ट्रैक्टर से खेती करने के बाद फिर से बैलों से खेती करना आरम्भ कर दिया। इसका कारण यह था कि उन्हें यह महसूस हुआ कि उनके खेत के आकार के हिसाब से बैलों से खेती करना आर्थिक रूप से ज़्यादा फ़ायदेमन्द है। लेकिन अब ऐसी स्थिति नहीं थी। अब इन दोनों गाँवों में कोई भी बैल से खेती नहीं करता था। छोटे और सीमान्त किसान ट्रैक्टर ख़रीदने में समर्थ नहीं थे, इसलिए वे ट्रैक्टर रखने वाले किसानों से भाड़े पर ट्रैक्टर लेकर उससे अपनी ज़मीन की जुताई करवाते थे। गाँव–1 में 72 और गाँव–2 में तक़रीबन 90 ट्रैक्टर थे।

गेहूँ की कटाई के लिए अब थ्रेसर के स्थान पर संयुक्त हार्वेस्टरों का उपयोग बढ़ गया था। आरम्भ में इनके उपयोग का थोड़ा–बहुत विरोध

भी हुआ था क्योंकि ये हार्वेटर सिर्फ़ बीज निकालते थे और पौधे को छोड़ देते थे। चूँकि ये पौधे चारे का एक महत्त्वपूर्ण स्रोत थे, इसलिए इन्हें खेतों में ही छोड़ देना किसानों के लिए लाभदायक नहीं था। थ्रेसिंग मशीन को इसलिए वरीयता दी जाती थी क्योंकि यह पूरे पौधे को काटती थी, और गेहूँ को अलग करने के साथ ही साथ शेष पौधे को भूसे के रूप में चारे में तब्दील कर देती थी। लेकिन रिपर के नाम से प्रचलित एक नयी मशीन के आगमन से यह समस्या सुलझ गयी। यह हार्वेस्ट मशीन द्वारा छोड़े गये गेहूँ के पौधे को काटती थी और उसे भूसे के रूप में चारे में तब्दील कर देती थी। धान की कटाई करने के लिए भी मशीनें उपलब्ध थीं, लेकिन वे बासमती चावल के बड़े पौधों के लिए कारगर नहीं थीं। ग़ौरतलब है कि इन गाँवों में अधिकांश किसान बासमती चावल ही लगाना पसन्द करते थे। खेती में यन्त्रीकरण के इस दूसरे दौर का एक बड़ा कारण यह भी था कि अब खेती के लिए उपलब्ध मानव श्रम में कमी आ गयी थी। संयुक्त हार्वेस्टर मुख्य रूप से बाहर से आते थे, और वे एक गाँव में एक सप्ताह या उससे थोड़े ज़्यादा दिनों में अपना काम पूरा कर लेते थे। व्यापार करने वाले कुछ व्यक्तियों के पास यह हार्वेस्ट होता था, जो अमूमन खेतिहर जाति से सम्बन्धित होते थे। गाँव–1 के एक बड़े किसान के पास संयुक्त हार्वेस्टर था, लेकिन कुछ तकनीकी कारणों से इसका उपयोग नहीं हो रहा था। कुछ किसान अभी भी थ्रेसर द्वारा ही अपने गेहूँ की कटाई करवाना चाहते थे या तो उनके पास अपना थ्रेसर था, या फिर वे इसे किराये पर लेते थे। स्थानीय स्तर पर ट्रैक्टर रखने वाले किसानों के पास रिपर और अन्य मशीनें भी होती थीं। जब इन ट्रैक्टरों के मालिकों का काम ख़त्म हो जाता था, तब वे अपनी इस मशीन को किराये पर देते थे।

## भू–स्वामित्व और खेतिहर सामाजिक संरचना

राष्ट्रीय जीवन में खेती के गिरते महत्त्व के बावजूद, अभी भी सबसे ज़्यादा भारतीय खेती का काम ही कर रहे हैं। इन दो गाँवों पर भी यह बात लागू होती थी, लेकिन फिर भी यहाँ खेतों में काम करने वाले लोगों की संख्या में लगातार गिरावट हो रही थी। जैसा कि पहले उल्लेख किया गया है कि इन गाँवों के 30 प्रतिशत से भी कम परिवारों ने खेती को अपना प्राथमिक पेशा बताया। इसके अलावा, इन गाँवों में भू–स्वामित्व

में भी काफ़ी असमानता थी। जैसा कि सारणी 6 से स्पष्ट होता है कि गाँव–1 के तक़रीबन 66 प्रतिशत और गाँव–2 के 48 प्रतिशत परिवारों ने यह बताया कि उनके पास कोई ज़मीन नहीं है। वहीं दूसरी ओर, कुछ ख़ास परिवारों के पास बड़ी मात्रा में ज़मीन थी।

## सारणी 6 : अध्ययन के लिए चुने गये दो गाँवों में भू–स्वामित्व का स्वरूप

| | कोई भूमि नहीं | 2 एकड़ से कम | 2–5 एकड़ | 5–10 एकड़ | 10–25 एकड़ | 25–50 एकड़ | 50 एकड़ से ज़्यादा | कोई प्रतिक्रिया नहीं | कुल |
|---|---|---|---|---|---|---|---|---|---|
| गाँव–1 | 333 (66.2) | 25 (4.97) | 101 (20.1) | 30 (5.96) | 7 (1.39) | 5 (0.99) | 1 (0.19) | 1 (0.19) | 503 (100) |
| गाँव–2 | 235 (47.9) | 36 (7.33) | 130 (26.5) | 50 (10.2) | 30 (6.10) | 7 (1.42) | 2 (0.40) | 1 (0.20) | 491 (100) |
| कुल | 568 (57.1) | 61 (6.13) | 231 (23.2) | 80 (8.04) | 37 (3.72) | 12 (1.20) | 3 (0.30) | 2 (0.20) | 994 (100) |

नोट : ऐसा लगता है कि बहुत ही स्पष्ट कारणों से 10 एकड़ से ज़्यादा ज़मीन रखने वाले और उस पर खेती करने वाले परिवारों के बारे में स्पष्ट रूप से जानकारी नहीं दी गयी है।

*स्रोत : लेखक।*

यदि हम भू–स्वामित्व के मसले पर जाति के सन्दर्भ में विचार करते हैं तो यह असमानता और ज़्यादा स्पष्ट रूप से सामने आती है। पिछली एक सदी या उससे भी ज़्यादा समय में ग्रामीण सामाजिक जीवन में बहुत से रैडिकल बदलाव हुए, लेकिन अभी इन गाँवों पर प्रभुत्वशाली उच्च जातियों का प्रभुत्व बना हुआ था। पारम्परिक रूप से ये जातियाँ ही भू–स्वामी और खेतिहर समुदायों के रूप में रही हैं। तक़रीबन 95 प्रतिशत दलित और पिछड़ी जातियाँ पूरी तरह से भूमिहीन हैं। इसके विपरीत, प्रभुत्वशाली जाति के सिर्फ़ 12 प्रतिशत परिवार भूमिहीन हैं।

बहरहाल, ग्रामीण खेतिहर सामाजिक संरचना में जाति समूहों और वर्ग श्रेणियों–दोनों के ही आपसी सम्बन्धों के सन्दर्भ में बहुत महत्त्वपूर्ण परिवर्तन हुए हैं। साथ ही, भू–स्वामियों के अपने पेशेवर रुझान में भी बदलाव आया है।

## भूमि, श्रम और जाति

बीस साल पहले ही इन गाँवों के खेतिहर सम्बन्धों में काफ़ी रैडिकल बदलाव आ चुका था। उस समय किसानों ने लम्बे समय तक अपनी ज़मीन को खेती के लिए जोतदारों को देना बन्द कर दिया था। संलग्न मज़दूरों के साथ सम्बन्धों को भी पूरी तरह औपचारिक रूप दे दिया गया था (भल्ला 1976; जोधका 1994)। किसानों के लिए आवश्यक अतिरिक्त श्रम की पूर्ति दिहाड़ी और ठेके के मज़दूरों द्वारा की जाने लगी थी। ऐसे मज़दूरों को उनके काम के बदले एक निश्चित दर पर नगद राशि दी जाती थी। खेती के मौसम में काम का एक बड़ा हिस्सा उत्तर प्रदेश और बिहार से आने वाले प्रवासी मज़दूरों द्वारा पूरा किया जाता था। इसके अलावा, स्थानीय दलित और अन्य स्थानीय मज़दूर भी खेतों में काम करते थे, और वे खेती के समय का बहुत सारा काम सँभालते थे। 15 एकड़ से ज़्यादा ज़मीन रखने वाले मध्यम या बड़े किसान संलग्न मज़दूरों (अटैच्ड लेबर्स) को काम पर रखते थे। एक या दो अपवादों को छोड़कर सभी संलग्न मज़दूर गाँव के भीतर के ही होते थे। अग्रिम वेतन देने के मामले में सिर्फ़ स्थानीय लोगों पर ही विश्वास किया जा सकता था। यद्यपि यन्त्रीकरण की प्रक्रिया हरित क्रान्ति तकनीक से अभिन्न रूप से जुड़ी हुई थी, लेकिन इसके कारण श्रम का विस्थापन नहीं हुआ था। असल में, नयी खेतिहर तकनीक आने के साथ श्रम की माँग में तेज़ी से वृद्धि हुई। असल में, नयी तकनीक के कारण ज़्यादा फ़सलों तथा अब तक खाली या बंजर पड़ी ज़मीन पर भी खेती की जाने लगी। जब फ़सल की बुआई और कटाई के समय बाहर से मज़दूर आते थे, तब भी स्थानीय मज़दूरों के पास पर्याप्त मात्रा में काम रहता था।

बीस साल की अवधि बीतने के बाद इस पूरी व्यवस्था में काफ़ी परिवर्तन आ गया था। पिछले कुछ वर्षों में श्रम की माँग में बहुत स्पष्ट गिरावट आयी थी। असल में, यन्त्रीकरण के दूसरे चरण के कारण ऐसा हुआ था। असल में, माँग में ही नहीं बल्कि पूर्ति में भी गिरावट आयी थी। दलितों ने स्थानीय खेतिहर अर्थव्यवस्था से ख़ुद को तक़रीबन पूरी तरह से अलग कर लिया था। जैसा कि पहले वर्णन किया गया है, दलित तक़रीबन पूरी तरह से भूमिहीन थे, और अब वे स्थानीय किसानों के यहाँ मज़दूर के रूप में काम नहीं करना चाहते थे। मैंने पंजाब के

गाँवों के बारे में पहले के अपने लेख में बताया है कि दलित मुख्य रूप से सामाजिक और राजनीतिक कारणों से खेती करने वाले किसानों की ज़मीन पर काम नहीं करना चाहते थे (जोधका 2002)। किसानों के यहाँ काम करने के कारण उन्हें उन किसानों के प्रभुत्व और सत्ता को स्वीकार करना पड़ता था। दलितों ने खेतों में काम करने से ख़ुद को अलग करके पारम्परिक संरक्षक–आसामी (पैट्रन–क्लाइंट) सम्बन्धों के प्रति अपना असन्तोष दर्ज करवाया। दलित ने खेतों में काम करने की तुलना में साइकिल से शहर में जाकर वहाँ दिहाड़ी मज़दूर के रूप में काम करने को वरीयता दी। शहर में, अमूमन उन्हें गाँव की खेती की मज़दूरी के बराबर ही मज़दूरी मिलती थी। इनमें से कुछ ने मुझे यह भी बताया कि खेतों में काम करना ज़्यादा उबाऊ था, और वहाँ अमूमन आठ घण्टे से ज़्यादा काम करना पड़ता था।

खेतिहर अर्थव्यवस्था से दलितों को दूर करने में इस तथ्य ने भी महत्त्वपूर्ण भूमिका निभायी कि उन्हें उद्योगों में रोज़गार के वैकल्पिक साधन मिलें तथा पानीपत का शहरी केन्द्र उनके गाँव से ज़्यादा दूर नहीं था।

ऐसा लगता है कि दलित सामुदायिक स्तर पर भी ख़ुद को मज़बूत बना रहे हैं। सरकारी नौकरियों में जाति आधारित आरक्षण के कारण उन्हें स्थायी नौकरियाँ पाने में भी काफ़ी कामयाबी मिली है। जैसा कि पहले बताया गया है कि 28 प्रतिशत दलित परिवारों ने यह बताया कि गाँव के बाहर स्थायी नौकरी उनका मुख्य पेशा है। इसके कारण भी अल्पकालिक ऋण के लिए उनकी स्थानीय किसानों पर निर्भरता कम हो गयी होगी। इसके विपरीत, भूमिहीन पिछड़ी जातियों की आर्थिक स्थिति ज़्यादा कमज़ोर थी। वे अक्सर स्थानीय किसानों के यहाँ वेतन–मज़दूर या संलग्न मज़दूर के रूप में काम करते थे।

इन दोनों गाँवों में अभी भी मुख्य रूप से बड़े किसानों के यहाँ संलग्न मज़दूर काम कर रहे थे। लेकिन इनकी संख्या में काफ़ी गिरावट आयी थी। विशेष रूप से, गाँव–2 के बारे में यह बात सच थी। इस गाँव में संलग्न मज़दूरों की संख्या 15 या 20 से ज़्यादा नहीं थी। दो दशक पहले इस गाँव में ऐसे मज़दूरों की संख्या तक़रीबन 70 थी। गाँव–1 में भी 25–30 संलग्न मज़दूर थे, जिन्हें मुख्य रूप से पंजाबी किसानों ने काम पर रखा था। अब गूजर किसान संलग्न मज़दूर नहीं रखते थे।

संलग्न मज़दूरों के रूप में काम करने वालों की सामाजिक पृष्ठभूमि में भी काफ़ी बदलाव आया है। 1980 के दशक के आख़िरी वर्षों में संलग्न मज़दूरों का एक बड़ा हिस्सा दलित जातियों से सम्बन्धित था। लेकिन 20 साल बाद एक भी दलित संलग्न मज़दूर के रूप में काम नहीं करता है। बहरहाल, इन मज़दूरों को काम पर रखने की शर्तों और इनके अपने रोज़गारदाता से सम्बन्ध की प्रकृति में कोई ख़ास बदलाव नहीं आया था (देखें, जोधका 2012)। बड़े किसानों के लिए संलग्न मज़दूरों के विकल्प के रूप में नये प्रकार की जोतदारी व्यवस्था भी सामने नहीं आयी थी (वही)।

## खेती का भविष्य और ग्रामीण जीवन

दोनों गाँवों ने कुछ महत्त्वपूर्ण आर्थिक और सामाजिक परिवर्तनों का अनुभव किया। बहरहाल, इस बात का कोई प्रमाण नहीं है कि इन गाँवों में क्लासिकल तरीक़े से पूँजीवादी विकास हुआ, जिसमें कुछ किसान ज़्यादा ज़मीन ख़रीदने में समर्थ हो जाते हैं, तथा बाकी का सर्वहाराकरण होता है (लेनिन 1956)। इस क्षेत्र में कॉरपोरेट खेती या कॉन्ट्रैक्ट खेती की ओर भी कोई विकास नहीं हुआ। सिर्फ़ कुछ मौक़ों पर ही कुछ किसानों से बीज कम्पनियों ने बीजों के उत्पादन के लिए सम्पर्क किया। लेकिन इन दोनों गाँवों में यह एक मज़बूत प्रवृत्ति के रूप में सामने नहीं आ पाया। अगर राज्य द्वारा भूमि अधिग्रहण करने के कुछ उदाहरणों को छोड़ दिया जाये, तो इस क्षेत्र में किसानों द्वारा अपनी ज़मीन बेचने या दूसरे की ज़मीन ख़रीदने की कोई परिघटना सामने नहीं आयी। जिन छोटे किसानों को यह लगा कि अब खेती से उन्हें कोई ख़ास मुनाफ़ा नहीं हो सकता है, तो उन्होंने खेती छोड़कर कोई और काम अपना लिया, लेकिन उन्होंने अपनी ज़मीन नहीं बेची। सिर्फ़ उसी स्थिति में किसी परिवार ने अपनी ज़मीन बेची, जब पूरा परिवार हमेशा के लिए गाँव छोड़कर जा रहा था, और उसके सदस्यों को यह लगा कि वे गाँव की अपनी ज़मीन की देखभाल नहीं कर पायेंगे। कुछ मध्यम या बड़े भू–स्वामियों को शहर में अच्छा रोज़गार मिला, लेकिन उन्होंने भी अपनी ज़मीन बेचने के बजाय उसे खेती के लिए जोतदारों को दे दिया।

रोचक बात यह है कि अभी ज़मीन से जुड़ाव की एक मज़बूत भावना

थी, लेकिन खेती को एक इच्छित पेशा के रूप में नहीं देखा जाता था। सभी जातियों की युवा पीढ़ी के लोग खेती को नापसन्द करते थे। जब हमने अपने उत्तरदाताओं से पूछा कि क्या वे अपने बच्चों या नाती–पोतों को खेती के काम में लगाना चाहेंगे, तो सिर्फ़ 18 प्रतिशत लोगों ने इस प्रश्न का सकारात्मक जवाब दिया। अचरज की बात यह है कि सभी जातियों और पेशों से जुड़े लोगों ने इसी तरह की प्रतिक्रिया दी। दलित और उच्च जातियों में सबसे कम लोगों (क्रमशः 5 और 6 प्रतिशत) ने यह माना कि खेती के पेशे में रहना उनके परिवार के भविष्य के लिए अच्छा होगा। यहाँ तक कि खेती के काम में लगी प्रभुत्वशाली जातियों (9 प्रतिशत) में भी कुछ लोग ही यह चाहते थे कि उनके बच्चे खेती के काम को अपनायें। सिर्फ़ पिछड़ी जातियों में खेती के काम को जारी रखने की कुछ इच्छा बची हुई थी (11 प्रतिशत)। लेकिन इन समूहों को गाँव में रहने से कोई दिक़्क़त नहीं थी। बहुत से परिवार के सदस्य नज़दीक के शहर में नौकरी करते थे, लेकिन इसके बावजूद वे गाँव में ही रहते थे। अमूमन लोग यह मानते थे कि शहर प्रदूषित और महँगे होते हैं।

स्पष्ट रूप से, इस गाँव के सामाजिक और आर्थिक संगठनों में बदलाव हुआ है। इसके साथ ही, गाँव के निवासियों के लिए भी गाँव का अर्थ पूरी तरह से बदल गया। गाँवों में रहने का फ़ैसला करने को किसी भी तरह से गाँवा और उसके लोकाचारों से जुड़ाव के रूप में नहीं देखा जाता था। जातिगत पदसोपान की सामाजिक व्यवस्था अतीत की चीज़ बन चुकी है और गाँव की सामूहिक पहचान विखण्डित हो गयी है।

## स्थानीय सत्ता और पंचायत

हम इन दो गाँवों में सत्ता सम्बन्धों की प्रकृति को कैसे समझ सकते हैं? इस विषय से सम्बन्धित समाज–विज्ञान के साहित्य में 'भूमि' और 'जाति' को ग्रामीण भारत में सत्ता के दो प्रमुख स्रोतों के रूप में इंगित किया गया है (ड्युमो 1970; श्रीनिवास 1959)। स्वतन्त्रता–प्राप्ति के बाद के दौर में लोकतान्त्रिक राजनीतिक प्रक्रिया और वयस्क मताधिकार ने भू–स्वामी मध्यम स्तरीय खेतिहर जाति समूहों को स्थानीय और क्षेत्रीय स्तरों पर प्रभुत्व ज़माने में सहायता प्रदान की (कोठारी 1970; श्रीनिवास 1962)। बाद के

कई वर्षों में विद्वानों ने व्यक्तिगत राजनीतिक उद्यमिता की बढ़ती भूमिका (कृष्णा 2001) और दलित जातियों के भीतर बढ़ती राजनीतिक गोलबन्दी (जोधका 2006ख) के महत्त्व को भी रेखांकित किया है।

बीस साल पहले इन दोनों गाँवों में स्पष्ट तौर पर जाति और भूमि के आधार पर प्रभुत्व का निर्धारण होता था। इन दोनों गाँवों में बड़े भू–स्वामी (चौधरी) ही सबसे शक्तिशाली व्यक्ति होते थे, और ये सभी प्रभुत्वशाली/उच्च जातियों के सदस्य होते थे। प्रतियोगी राजनीति के आरम्भ होने के बाद प्रभुत्वशाली व्यक्तियों की सत्ता चुनावी राजनीति के माध्यम से संस्थात्मक रूप से पुनरुत्पादित हुई। सार्वभौमिक मताधिकार ने दलितों को पहचान की एक नयी भावना प्रदान की। मेरे एक दलित उत्तरदाता ने पिछले बीस वर्षों में स्थानीय राजनीति में हुए बदलावों का वर्णन करते हुए कहा कि 'प्रत्येक व्यक्ति का महत्त्व स्थापित हुआ, और हर व्यक्ति के पास एक ही वोट था'। लेकिन ज़मीनी स्तर पर स्थानीय लोकतान्त्रिक राजनीति विभिन्न गुटों के बीच गठजोड़ के माध्यम से काम करती थी। हमेशा ही गुट ऊर्ध्व (लम्बवत या वर्टिकल) प्रकृति के होते थे। इसमें सभी जातियों के कुछ लोग नेता के प्रति निष्ठा रखते थे, और यह नेता हमेशा ही एक बड़ा भू–स्वामी होता था। स्थानीय नेताओं को चुनाव करने के प्रतिनिधिमूलक व्यवस्था के आने के बाद भी गाँव के चौधरियों का स्थानीय ग्रामीण व्यवस्था में प्रभाव बना रहा। लेकिन उन्हें लगातार गुट के सहयोगियों को खुद से जोड़कर रखना होता था।

बहरहाल, पिछले बीस वर्षों में कुछ रोचक बदलाव हुए हैं।

खेतिहर राजनीतिक अर्थशास्त्र और जाति व्यवस्था में बदलावों के साथ ही साथ लोकतान्त्रिक चुनावी व्यवस्था ने गाँव में प्राधिकार की संरचना में रैडिकल बदलाव किया है। हमसे बहुत से बड़े भू–स्वामियों ने यह कहा कि 'चौधरी अब एक अतीत की चीज़ है'। पिछड़ी जातियों से जुड़े एक उत्तरदाता ने बदलती सत्ता संरचना के बारे में भूमिहीन जातियों की सामान्य भावना को अभिव्यक्त करते हुए कहा कि 'अब कोई किसी की इसलिए परवाह नहीं करता कि वह व्यक्ति अपने को चौधरी मानता है। यदि कोई चौधरी है तो अपने घर में है। हमें इससे कोई फ़र्क़ नहीं पड़ता'।

दूसरे शब्दों में, स्थानीय राजनीति में 'व्यक्ति' और 'व्यक्तिगत परिवार' की सत्ता का साफ़ तौर पर क्षरण हुआ है। 'सत्ता' ज़्यादा तरल हुई है, और

ऐसा लगता है कि अब यह सिर्फ़ जाति और भूमि से तय नहीं होती है, या सिर्फ़ ये दोनों ही इसे एक आकार प्रदान नहीं करते हैं। यद्यपि गाँव–2 में जाट जाति के लोग बड़े भू–स्वामी थे, लेकिन सरपंच छोटे भू–स्वामियों की जाति रोर से थे। यहाँ ख़ुद सरपंच के पास 6 एकड़ ज़मीन थी। गाँव–1 की स्थिति और भी ज़्यादा रोचक थी। जैसा कि पहले उल्लेख किया गया है, यहाँ के सभी बड़े भू–स्वामी पंजाबी आरोड़ा थे। एक पंजाबी भू–स्वामी परिवार का इस गाँव में काफ़ी प्रभाव था। इस परिवार के मुखिया एस.राम तक़रीबन 20 वर्षों तक इस गाँव का सरपंच रहा थे। उनकी मौत के बाद उनके बड़े पुत्र इस गाँव के सरपंच बने। लेकिन पिछले दस वर्षों से न तो इस परिवार का और न ही किसी अन्य पंजाबी अरोड़ा भू–स्वामी परिवार का व्यक्ति सरपंच बना। यदि यह पद अनुसूचित जातियों के लिए आरक्षित नहीं होता तो भी इस बात की पूरी सम्भावना थी कि गूजर या ब्राह्मण जाति का कोई छोटा भू–स्वामी सरपंच बनता।

आख़िर ये बदलाव क्यों हुए? गाँव की नयी सत्ता संरचना की क्या प्रकृति है? क्या इसका विकास प्रक्रिया पर कोई प्रभाव पड़ा है?

शायद, यह बदलाव लाने में 'ग्रामीण समुदाय' के समान्य विखण्डन ने सबसे महत्त्वपूर्ण भूमिका निभायी है। जैसा कि मैंने ग्रामीण पंजाब के बारे में एक अन्य आलेख में जो तर्क दिया है (जोधका 2002) उसी को दोहराते हुए मैं यह कहना चाहता हूँ कि यहाँ भी अलग होने दूर होने और स्वायत्त होने की प्रक्रियाओं को रेखांकित किया जा सकता है। जैसा कि पीछे वर्णन किया गया है, सफ़ाईकर्मी जातियों के कुछ लोगों के अलावा इस गाँव के दलित परिवार अपनी जाति का पारम्परिक काम नहीं करना चाहते थे। वे काम के लिए गाँव से बाहर गये, और इनमें से बहुत से लोगों को स्थायी नौकरी भी मिल गयी (देखें, सारणी 4)। अब ऋण के लिए उनकी स्थानीय भू–स्वामियों पर निर्भरता भी कम हो गयी। उन्होंने खुद को गाँव की खेतिहर अर्थव्यवस्था से भी दूर कर लिया। वे कभी–कभार ही गाँव या अन्य जाति समूहों के कर्मकाण्डीय जीवन के किसी अवसर पर पारम्परिक तरीक़े से भागीदारी करते थे। दूसरे शब्दों में, वे खुद को जाति की सामाजिक व्यवस्था का भाग नहीं मानते थे। इससे उनके भीतर एक तरह की स्वतन्त्रता की भावना आयी और उनकी राजनीतिक एजेंसी का विकास हुआ।

गाँव के अन्य 'ग़रीब' समुदाय अर्थात् सामाजिक पिछड़ी जातियों के पास भी खेती के बाद गाँव से बाहर जाना ही रोज़गार का वैकल्पिक स्रोत

था, और इनमें से बहुत से लोग रोज़गार के लिए बाहर भी गये। लेकिन इनमें से बहुत कम लोगों को स्थायी सरकारी नौकरी मिली।

क्या स्थानीय ग़रीब लोग ख़ुद को राजनीतिक रूप से सशक्त मानते थे? इसके जवाब 'हाँ' और 'ना'–दोनों ही हैं। जैसा मैंने पीछे वर्णन किया है कि पारम्परिक पदसोपानीय संरचना के टूटने से उनके भीतर नागरिकता की एक भावना विकसित हुई, और वे काफ़ी हद तक अपने राजनीतिक अधिकारों के बारे में जागरूक हैं। वे क्षेत्रीय स्तर पर जाति और सामुदायिक राजनीति की व्यापक दुनिया से संवाद करते हैं और उसमें भागीदारी करते हैं। इससे उन्हें राजनीतिक संसाधन भी मिलता है जिसका उपयोग वे संकट के समय कर सकते हैं। लेकिन वे ग़रीबी और हाशियाकरण के साथ आने वाली दुर्बलताओं के बारे में भी पूरी तरह से जागरूक हैं। जब मैंने झिम्मर समुदाय के एक उत्तरदाता से यह पूछा कि वे चुनाव लड़कर सरपंच क्यों नहीं बन जाते हैं। तो उस व्यक्ति ने बहुत ही स्पष्ट रूप से यह कहा कि :

> *हम ग़रीब लोग हैं। हमें यह पता है कि गाँव में किसी भी अन्य जाति–समुदाय से ज़्यादा हमारा वोट है। लेकिन हमें अपनी औक़ात का भी पता है। मैं इस गाँव में रहना चाहता हूँ। यदि मैं आपकी सलाह को गम्भीरता से लूँगा तो मुझे यह गाँव छोड़ना पड़ सकता है।*

कुछ अन्य उत्तदाताओं ने यह कहा कि सरपंच के पद का चुनाव लड़ने के लिए बहुत ज़्यादा पैसे की आवश्यकता होती है, '...इसके लिए कम–से–कम कई लाख रुपये चाहिए...हमें इतना पैसा कौन देगा?'

पारम्परिक प्रधानों से सत्ता किसके पास आयी है? वर्तमान समय में गाँव की राजनीति क्षेत्रीय राजनीति और नौकरशाही संरचनाओं से ज़्यादा नज़दीकी रूप से जुड़ी हुई है, और इसमें बहुत से कारकों की महत्त्वपूर्ण भूमिका होती है। ऐसा लगता है कि उभरते राजनीतिक परिदृश्य में 'राजनीतिक उद्यमियों' का एक नया वर्ग प्रमुख कर्त्ता के रूप में सामने आया है। ये सभी राजनीतिक उद्यमी आवश्यक रूप से अमीर नही हैं, किन्तु इनमें ज़्यादातर उच्च या प्रभुत्वशाली जातियों के हैं। अमूमन इसमें 25–45 वर्ष के आयु समूह के युवा लोग हैं। इनके बीच राजनीति और विकास नौकरशाही की बाहरी दुनिया के साथ समन्वय करने की क्षमता

आवश्यक मानी जाती है। लेकिन इसके साथ ही इनके भीतर यह क्षमता होनी चाहिए कि ये गाँव के विभिन्न जाति के समुदायों के साथ गहरा सम्बन्ध बना पायें। इन्हें इन सभी जातियों के लोगों को अपने नेतृत्व की क्षमता दिखानी होती है, और उन्हें यह विश्वास दिलाना होता है कि वे उन्हें राशन कार्ड दिलाने और विभिन्न विकास योजनाओं में आवेदन करने में समर्थ बना सकते हैं। चूँकि पुराने चौधरियों में अपनी सामाजिक स्थिति को लेकर एक गर्व की भावना होती है, इसलिए उनके लिए ऐसा काम करना कठिन होता है।

गाँव के कुछ लोगों ने यह शिकायत की कि स्थानीय सरपंच भ्रष्टाचार के मामलों से जुड़े हुए हैं (असल में, अप्रैल 2008 में एक सरपंच को भ्रष्टाचार करने के कारण निलम्बित कर दिया गया था)। लेकिन अब इन्हें पहले की तुलना में अपने काम पर ज़्यादा ध्यान देना पड़ रहा है, और ज़्यादा जवाबदेह तरीक़े से काम करना पड़ रहा है। वर्तमान समय में गाँव स्तर पर प्रतियोगी राजनीति के उभरते वातावरण में ग़रीबों के लिए बनी विकास योजनाओं के लागू होने की ज़्यादा सम्भावना है। निश्चित रूप से, यह स्थिति बीस साल पहले की स्थिति से सकारात्मक रूप से अलग है। इसने स्थानीय स्तर के राजनीतिक विमर्श को सत्ता और प्रभुत्व से सेवा सुनिश्चित करने और भ्रष्टाचार जैसे मुद्दों की ओर मोड़ दिया है।

## गतिशीलता और हाशियाकरण

वर्तमान समय में गाँव में कौन अमीर है और कौन ग़रीब है? सामाजिक और आर्थिक गतिशीलता का स्वरूप क्या है? सामाजिक और आर्थिक परिवर्तन की प्रक्रियाएँ ग्रामीण जनसंख्या की विभिन्न श्रेणियों को कैसे प्रभावित कर रही हैं? ग्रामीण जीवन के सामाजिक और राजनीतिक व्याकरण के काफ़ी हद तक बदल जाने के बाद भी उत्तर–पश्चिम भारत में ज़मीन आर्थिक रूप से सबसे महत्त्वपूर्ण सम्पदा बनी हुई है।

पिछले लगभग दस वर्षों में ज़मीन की कीमत में 10 गुणा वृद्धि हुई है। 1980 के दशक के आख़िरी वर्षों में एक एकड़ ज़मीन तक़रीबन 3 लाख रुपये में बिकती थी, लेकिन अब उसकी कीमत बढ़कर 25–30 लाख रुपये या उससे भी ज़्यादा हो गयी है। सिर्फ़ ज़मीन की कीमत

नहीं बढ़ी है, बल्कि ज़मीन से उत्पादित होने वाली वस्तुओं की क़ीमत में भी वृद्धि हुई है। ये सभी बदलाव हाल ही के वर्षों में चावल और गेहूँ की क़ीमतों में बढ़ोतरी के कारण हुए हैं। निश्चित रूप से, बड़े भू–स्वामियों की आय और उनकी भू–सम्पदा की क़ीमत में तेज़ी से वृद्धि हुई है। लेकिन यह भी याद रखने की आवश्यकता है कि ये कभी भी ग़रीब नहीं थे। हरित क्रान्ति के बाद बड़े भू–स्वामियों को अपनी ज़मीन से अत्यधिक अधिशेष या सरप्लस की प्राप्ति हुई। हरित क्रान्ति के समय और उसके बाद इन्होंने मशीनों आदि में भी निवेश किया, लेकिन इसके बाद भी इनके पास काफ़ी अधिशेष बचता था। आख़िर उन्होंने अपने इस अधिशेष का निवेश कहाँ किया?

उन्होंने मुख्य रूप से परिवार की अर्थव्यवस्था में विविधता लाने का प्रयास किया। उनमें से अधिकांश लोगों की पहली और सबसे मुख्य प्राथमिकता यह थी कि वे अपने बच्चों को अच्छी शिक्षा दिलायें। बाद के वर्षों में उनके बहुत से बच्चे स्कूल, कॉलेज और विश्वविद्यालयों में गये। चूँकि इन्होंने बाहर अपनी शिक्षा ग्रहण की, इसलिए उन्हें बाहर नौकरी करने का मौका भी मिला। इनमें से अधिकांश लोगों के पास अभी भी अपनी ज़मीन का स्वामित्व था, लेकिन इनके पास इतना समय नहीं था कि वे अपनी खेती की तरफ़ ध्यान दें, और उनमें अमूमन ऐसा करने का रुझान भी नहीं बचा था। 'हरित क्रान्तिकारियों' की तीसरी पीढ़ी खेती के साथ कोई सम्बन्ध नहीं रखना चाहती है। जो बच्चे स्कूल और कॉलेज में अच्छा प्रदर्शन नहीं कर पाते हैं, वे भी खेती से दूर रहना चाहते हैं। ये खेती के प्रति अपनी नापसन्दगी को छिपाते नहीं हैं। ये जीवन में आगे बढ़ना चाहते हैं, गाँव से बाहर निकलकर शहरी मध्य वर्ग के जीवन जीना चाहते तथा आरामदायक वस्तुओं का उपभोग करना चाहते हैं।

गाँव में रहते हुए भी ये शहरीकृत हो चुके थे। इनके पास कार, टेलीविज़न, रेफ्रिजरेटर और मोबाइल जैसी वस्तुएँ थीं। तक़रीबन 4 प्रतिशत परिवारों के पास व्यक्तिगत उपयोग के लिए कार थी। 35 प्रतिशत परिवारों के पास मोटरबाइक थी। तक़रीबन 40 प्रतिशत लोग रेफ्रिजरेटर का उपयोग करते थे और उनके पास एलपीजी कनेक्शन था। टेलीविज़न और मोबाइल फ़ोन तो और भी ज़्यादा सहज रूप से प्रचलित थे। उपभोग की वस्तुओं के सन्दर्भ में विभिन्न जातियों के बीच भिन्नता थी। बहरहाल, महत्त्वपूर्ण बात यह है कि 'मध्य वर्ग की उपभोग वस्तुओं' के स्वामित्व में असमानता होने

के बावजूद दलितों और पिछड़ी जाति के लोगों के घरों में ये वस्तुएँ पूरी तरह अनुपस्थित नहीं थीं। यह ज़रूर है कि इनके यहाँ इन वस्तुओं का अनुपात प्रभुत्वशाली जातियों और उच्च जातियों जितना नहीं था। मसलन, बहुत–सी दलित और पिछड़ी जाति के लोगों के घरों में मोटरबाइक और रेफ्रिजरेटर, एलपीजी कनेक्शन और मोबाइल फ़ोन था। असल में, भू–स्वामित्व और शहरी सम्पत्ति जैसी ज़्यादा 'ठोस सम्पदाओं' के मामले में ज़्यादा अस्पष्ट असमानताएँ थीं।

## कमज़ोरियों का विस्तार

इस तरह, पिछले बीस वर्षों में ग्रामीण अर्थव्यवस्था और सामाजिक व्यवस्था में होने वाले परिवर्तनों की प्रकृति ने नयी प्रकार की कमज़ोरियों के लिए आधार तैयार किया है। इन कमज़ोरियों का एक प्रमुख स्रोत यह है कि गाँवों में धीरे–धीरे साझा भूमि विलुप्त हो गयी है। दोनों ही गाँवों में खेती लायक हर तरह की भूमि पर अब खेती हो रही है। यहाँ तक कि गाँव–1 की पंचायत के स्वामित्व वाली भूमि (तक़रीबन 1,000 एकड़) का भी अतिक्रमण कर लिया गया है। यह अतिक्रमण मुख्य रूप से प्रभुत्वशाली / उच्च जातियों द्वारा किया गया है, और वे इस ज़मीन का उपयोग अपने निजी लाभ के लिए कर रहे हैं। जैसा कि जोधा ने तर्क दिया है कि साझा भूमि के विलुप्त होने के कारण ग़रीब की स्थिति और भी कमज़ोर हुई है (जोधा 1988)।

दोनों गाँवों में ग़रीबों की कमज़ोरी का एक अन्य सम्बन्धित स्रोत पशु स्वामित्व का बदलता स्वरूप है। हरियाणा पारम्परिक रूप से दूध और घी भी भूमि रही है। एक लोकप्रिय नारे में हरियाणा को दूध और दही की ज़मीन के रूप में वर्णित किया गया है : *देशन में देश हरियाणा, जित दूध दही का खाना*। बीस साल पहले जब मैंने पहली बार इन गाँवों में फील्ड–वर्क किया था तो उस समय इन गाँवों में सभी जाति–समुदायों के लोग अपने घर के सामने दुधारू पशु रखते थे। बड़े किसान ज़्यादा संख्या में जानवर रखते थे। इनके पास 5 से लेकर 40 तक जानवर होते थे। दूध सिर्फ़ पोषक तत्वों का ही एक स्रोत नहीं था, बल्कि इसे दूध विक्रेता को बेचा भी जाता था। कुछ किसान बछड़े / बछड़ियों को पाल–पोसकर बड़ा करते थे, और उन्हें बेचकर अतिरिक्त आय कमाते थे। ग़रीब किसान

आई.आर.डी.पी. योजनाओं के तहत बैल ख़रीदकर अपनी आय में वृद्धि करते थे। सिर्फ़ 10 प्रतिशत परिवार ही ऐसे थे जिनके पास कोई जानवर नहीं था। इसके अलावा, बहुत से ग़रीब परिवार भेड़ पालते थे और उससे अपना गुज़ारा करते थे।

बीस साल बाद यह स्थिति पूरी तरह बदल चुकी थी। इन दोनों गाँवों में अब कोई भी परिवार भेड़ नहीं पालता था। अब लोग पहले की तरह दुधारू पशु नहीं पालते थे। कुल परिवारों में से 42 प्रतिशत परिवारों के पास कोई पशु नहीं था। दलित (69 प्रतिशत) और पिछड़ी जातियों (57 प्रतिशत) में यह आँकड़ा तुलनात्मक रूप से ज़्यादा था। प्रभुत्वशाली जातियों के 90 प्रतिशत से ज़्यादा परिवारों के पास पशु थे, वहीं उनमें से 80 प्रतिशत के पास सिर्फ़ एक या दो पशु थे। 20 वर्ष पहले 70 प्रतिशत परिवारों के पास 2 से ज़्यादा जानवर थे, और 40 प्रतिशत के पास पाँच से ज़्यादा जानवर थे।

आख़िर इस प्रकार का परिवर्तन क्यों हुआ? इसके लिए कई कारकों को ज़िम्मेदार माना जा सकता है, लेकिन इसका सबसे महत्त्वपूर्ण कारण साझा भूमि का विलुप्त होना है। इसके कारण, गाँव के आसपास चराई की ज़मीन नहीं बची है। इस सन्दर्भ में पूछे जाने पर ग़रीब उत्तरदाताओं ने आमतौर पर यह जवाब दिया कि 'हम उन्हें चराने के लिए कहाँ ले जायें? गाँव के आसपास कोई ज़मीन नहीं बची है, और हमारे पास उनके लिए चारा ख़रीदने का पैसा कहा है?' तुलनात्मक रूप से अच्छी आर्थिक स्थिति वाले किसानों ने भी साझा ज़मीन के विलुप्त होने की शिकायत की, लेकिन उनकी मुख्य समस्या जानवरों की देखभाल से सम्बन्धित थी। 'वे दिन भर घर में बँधी रहती हैं और हमारी औरतों को अब गोबर के साथ काम करना पसन्द नहीं है। पारम्परिक सफ़ाईकर्मी जाति से सम्बन्धित लोग अब गोबर साफ़ करने के लिए नहीं आते हैं। हमारे अपने इस तरह के काम से दूर भागते हैं।'

इन परिवर्तनों से काफ़ी महत्त्वपूर्ण निहितार्थ सामने आये हैं। दुधारू पशु से एक परिवार को पोषक तत्त्व और अतिरिक्त आय मिलती थी, तथा संकट के समय यह संचित निधि का काम करती थी। भूमिहीन ग़रीब व्यक्ति के लिए एक गाय या एक भैंस अतिरिक्त आय का स्रोत था। छोटे और सीमान्त किसान दूध बेचकर अतिरिक्त आय कमाते थे। इसके

अलावा, वे अपने घर पर पाल–पोस कर बड़े किये गये गाय या भैंस को बेचकर भी अतिरिक्त आय कमाते थे। फ़सल के ख़राब होने या परिवार में विवाह होने की स्थिति में जब उन्हें पैसे की आवश्यकता होती थी, तो वे अपनी गाय या भैंस को बेचकर अतिरिक्त आय कमा लेते थे। पशुओं के स्वामित्व में कमी आने के कारण ग़रीब या उनसे थोड़ी बेहतर आर्थिक स्थिति वाले लोगों की स्थिति कमज़ोर हुई है।

## विलुप्त होता समुदाय

ऐसा नहीं है कि सिर्फ़ भौतिक साझा भूमि ही ख़त्म हुई है। असल में, ग्रामीण समाज से सामाजिक और भावनात्मक साझा स्थान भी तेज़ी से विलुप्त हो रहे हैं। भारतीय गाँव कभी भी पश्चिम समाज विज्ञान में समुदाय शब्द के अर्थ के अनुरूप एक समुदाय नहीं था। लेकिन गाँव के लोगों में एक सहभागी पहचान की भावना थी। जाति और पदसोपानीय सामाजिक व्यवस्था के विखण्डन ने सामूहिक पहचान की भावना को भी काफ़ी कमज़ोर किया। जनसंख्या के विभिन्न समूहों पर इसका अलग–अलग प्रभाव पड़ा, और इन परिवर्तनों को अलग–अलग तरीक़े से देखा जा सकता है। हाशिये पर रहने वाले लोगों विशेषकर दलितों के लिए ये परिवर्तन सकारात्मक रहे हैं। इसने उन्हें जाति की दमनकारी मानकीय व्यवस्था तथा पदसोपान के मानकीय मूल्यों से मुक्त किया है। प्रभुत्वशाली और उच्च जातियों के लिए ये परिवर्तन नकारात्मक रहे हैं क्योंकि इसके कारण उनकी सत्ता और विशेषाधिकार का अन्त हुआ है। इसलिए, यह अचरज की बात नहीं है कि वे इस परिवर्तन की सबसे ज़्यादा शिकायत करते हैं। लेकिन जैसा कि मैंने इस अध्याय में बताया है, वे गाँव से बाहर निकलना चाहते थे और उनकी युवा पीढ़ी अन्य पेशों को अपनाने के लिए तैयार थी। इनमें बहुत से लोग पहले ही ऐसा कर चुके थे।

एक अन्य स्तर पर, इन परिवर्तनों ने ग्रामीण समाज में वैयक्तिकता की एक नयी भावना पैदा की है; और व्यवहार्य आर्थिक अवसरों और सामाजिक समर्थन संरचनाओं के अभाव में इसने एक नयी तरह की बेचैनी को जन्म दिया है, जो एक प्रकार की 'सतामीमांसी असुरक्षा' (ऑन्टोलॉजिकल इनसेक्योरिटी) है (गिडेन्स 1991)। इसकी एक स्पष्ट अभिव्यक्ति इस रूप में हुई है कि इस क्षेत्र में बहुत से धार्मिक व्यक्तित्वों की लोकप्रियता में

वृद्धि हुई है। मुझे कुछ उत्तरदाताओं से यह सुनकर आश्चर्य हुआ कि कुछ बाबा और उनके डेरे इन गाँवों में काफ़ी लोकप्रिय हैं। इन गाँवों में दो सबसे लोकप्रिय सम्प्रदाय इस प्रकार थे : पहला, डेरा सच्चा सौदा, जो हरियाणा के सिरसा शहर में अवस्थित है, जो इन गाँवों से तक़रीबन 100 किलोमीटर की दूरी पर स्थित था; और दूसरा राधा स्वामी डेरा, जो कि इन गाँवों से तक़रीबन 350 किलोमीटर दूर पंजाब के व्यास में स्थित था। इन डेरों की स्थानीय शाखाएँ थीं, जिनके काम में गाँव के लोग काफ़ी रुचि दिखाते थे। गाँव–1 के विभिन्न जाति समूहों में डेरा सच्चा सौदा के तक़रीबन 500 अनुयायी थे। ये सभी तुलनात्मक रूप से ग़रीब थे। यद्यपि जाति की पहचान और सीमाओं की सावधानी से सुरक्षा की जा रही थी, लेकिन ऐसा लगता है कि इस नयी धार्मिकता ने इन डेरों के अनुयायियों के बीच एक नये तरह के समुदाय की भावना को जन्म दिया। डेरा के सत्संगों में मिलने–जुलने और तीर्थयात्राओं के कारण इनका आपसी सम्बन्ध मज़बूत हुआ।

एक अन्य स्तर पर, समुदाय के 'विखण्डन' और वैयक्तीकरण की प्रक्रिया ने एक नव–उदारवादी संवदेनशीलता को भी जन्म दिया। गतिशीलता की इच्छा, इलेक्ट्रॉनिक मीडिया की बढ़ती पहुँच, मोबाइल फ़ोन तथा उपभोग की संस्कृति ने गाँवों में भी शहरी मध्य वर्ग की जीवनशैली को बढ़ावा दिया है। यह एक बहुत ही महत्त्वपूर्ण विषय है, जिसके सामाजिक, आर्थिक और राजनीतिक– बहुस्तरीय निहितार्थ सामने आये हैं।

## टिप्पणियाँ

1. यह अध्याय पिछले 20 वर्षों में हुए बदलावों की एक समझ प्रस्तुत करता है। इस अध्याय में सारणियों के माध्यम से बदलाव के जिन आयामों को प्रस्तुत किया गया है, उनकी तुलना करने के लिए मेरे पास गणनात्मक आँकड़े नहीं हैं। अपनी पुनर्यात्रा के दौरान मेरे पास दो गाँवों का सर्वेक्षण करने के लिए संसाधन थे। लेकिन 1980 के दशक में अपनी पीएच.डी के लिए इन गाँवों में अपने सीमित संसाधनों के साथ मुख्य रूप से गुणात्मक अध्ययन किया था।
2. 2014 में संयुक्त प्रगतिशील गठबन्धन–2 की सरकार ने अपने कार्यकाल के आख़िरी महिनों में हरियाणा के जाटों को ओबीसी की सूची में सम्मिलित किया था (देखें जोधका 2014)।

## सन्दर्भ


भल्ला, एस. 1976, 'न्यू रिलेशंस ऑफ़ प्रोडक्शन इन हरियाणा एग्रीकल्चर', *इकोनॉमिक ऐंड पॉलिटिकल वीकली,* XI।

भट्टाचार्य, एन. 1985, 'एग्रेरियन चेंज इन पंजाब 1880–1940', अनपब्लिस्ड पीएच.डी. थीसिस, नयी दिल्ली : जवाहरलाल नेहरू यूनिवर्सिटी।

ड्युमो, एल. 1970, *होमो हायरार्कीकस : द कास्ट सिस्टम ऐंड इट्स इम्पलिकेशन्स,* दिल्ली : ऑक्सफोर्ड इंडिया पेपरबैक्स।

गिडेन्स, एंथोनी, 1991, *मॉडर्निटी ऐंड सेल्फ–आइडेनटिटी,* कैम्ब्रिज : पॉलिटी प्रेस।

गुप्ता, अखिल, 1998, *पोस्टकोलोनियल डेवलपमेंट्स : एग्रीकल्चर इन द मेकिंग ऑफ़ मॉडर्न इंडिया,* नयी दिल्ली : ऑक्सफोर्ड यूनिवर्सिटी प्रेस।

जोधा, एन. एस. 1988, 'पॉवर्टी डिबेट इन इंडिया : अ माइनॉरिटी व्यू', *इकोनॉमिक ऐंड पॉलिटिकल वीकली* नवम्बर : 2421–28।

जोधका, एस. एस. 1994, 'एग्रेरियन चेंजेज़ ऐंड अटैच्ड लेबर : इमर्जिंग पैटर्न्स इन हरियाणा एग्रीकल्चर', *इकोनॉमिक ऐंड पॉलिटिकल वीकली* XXIX (39)।

————————, (सम्पा.), 2001, कम्युनिटी ऐंड आइडेंटिटीज़ : कंटेम्परारी डिस्कोर्सेज ऑन कलचर ऐंड पॉलिटिक्स इन इंडिया, नयी दिल्ली : सेज पब्लिकेशन्स।

————————, 2002, 'कास्ट ऐंड अनटचेबिलिटी इन रूरल पंजाब', *इकोनॉमिक ऐंड पॉलिटिकल वीकली* 37 (19)।

————————, 2006, 'बियोंड ''क्राइसिस' 8 : रिथिंकिंग कंटेम्परारी पंजाब एग्रीकल्चर', *इकोनॉमिक ऐंड पॉलिटिकल वीकली* XLI (16) : 1530–37।

————————, 2006, 'कास्ट ऐंड डेमोक्रेसी : असशर्सन ऐंड आइडेंटिटी अमॉन्ग दलित्स ऑफ़ रूरल पंजाब', *सोशियोलॉजिकल बुलेटिन* 55(1): 4–23।

————————, 2012, 'एग्रेरियन चेंजेज़ इन द टाइम्स ऑफ़ (नियो–लिबरल क्राइसिस): रिविजटिंग अटैच्ड लेबर इन हरियाणा एग्रीकल्चर', *इकोनॉमिक ऐंड पॉलिटिकल वीकली* XLVII (26–27) : 5–13।

————————, 2014, 'गोईंग बैकवर्ड', *द इंडियन एक्सप्रेस,* नयी दिल्ली, 17 मार्च।

कृष्णा, अनिरुद्ध, 2001, 'व्हाट इज हैपेनिंग टू कॉस्ट? अ व्यू फ्रॉम सम नॉर्थ इंडियन विलेजेज़', ड्युम : टेरी सैनफोर्ड इंस्टीट्यूट ऑफ़ पॉलिसी वर्किंग पेपर एसएनएन 01–04।

कोठारी, रजनी, 1970, *कास्ट इन इंडियन पॉलिटिक्स,* हैदराबाद : ऑरियन्ट लॉन्गमैन।

लेनिन, वी. आई. 1956, *द डेवलपमेंट ऑफ़ कैपिटलिज़्म इन रसिया : द प्रॉसेस ऑफ़ द फॉर्मेशन ऑफ़ अ होम मार्केट फॉर लार्ज स्केल इंडस्ट्री,* मास्को : फॉरेल लैंग्वेजेज़ पब्लिशिंग हाउस।

लिंडबर्ग, स्टीफन, 2005, 'हूम ऐंड व्हाट टू फाइट? : नोट्स ऐंड क्वेरीज ऑन इंडियन फार्मर्स कलेक्टिव एक्शन अंडर लिबरलाइजेशन ऐंड ग्लोबलाइजेशन', अनपब्लिश्ड सेमिनार पेपर, पटियाला : पंजाब यूनिवर्सिटी।

सबरवाल, एस. 1972, 'स्टेट्स मॉबिलिटी, ऐंड नेटवर्क्स इन पंजाबी इंडस्ट्रियल टाउन', संकलित : *बियोंड द विलेज : सोशिलॉजिकल एक्सपोलेशन्स*, सम्पा., एस. सबरवाल। शिमला : इंडियन इंस्टीट्यूट ऑफ़ एडवानस्ड स्टडीज़।

———————, 1973, 'रिसिडिंग पॉल्यूशन : इंटरकास्ट रिलेशंस इन अरबन पंजाब', *सोशियोलॉजिकल बुलेटिन* 22 (2) : 234–59।

श्रीनिवास, एम. एन. 1959, *'द डॉमिनेन्ट कास्ट्स इन रामपुरा'*, अमेरिकन एंथ्रोपोलॉजिस्ट 61 : 1–6।

——————————, 1962, *कास्ट इन मॉडर्न इंडिया ऐंड अदर एसेज*, बॉम्बे : मीडिया प्रोमोटर ऐंड पब्लिशर्स।

टंडन, पी. 1961, *पंजाबी सेंचुरी 1857–1947*, न्यूयॉर्क : हरकोर्ट, ब्रेस ऐंड वर्ल्ड।

# लेखक परिचय

**सुरिन्दर एस. जोधका**

जवाहरलाल नेहरू विश्वविद्यालय, नयी दिल्ली के 'स्कूल ऑफ़ सोशल साइंसेज़' में 'सेंटर फ़ॉर द स्टडी ऑफ़ सोशल सिस्टम्स' में समाजशास्त्र के प्रोफ़ेसर हैं।

**कृष्ण कुमार**

दिल्ली विश्वविद्यालय में एजुकेशन (शिक्षा) के प्रोफ़ेसर हैं।

**जॉन मैकडॉगल**

*इकनॉमिक ऐंड पॉलिटिकल वीकली* में लेखन करने वाले लेखक रहे हैं।

**सतीश के. अरोड़ा**

*इकोनॉमिक ऐंड पॉलिटिकल वीकली* में लिखने वाले लेखक रहे हैं।

**रजनी परलीवाला**

दिल्ली विश्वविद्यालय में समाजशास्त्र की प्रोफ़ेसर हैं।

**राधिका चोपड़ा**

दिल्ली विश्वविद्यालय के समाजशास्त्र विभाग में एसोसिएट प्रोफ़ेसर हैं।

**प्रेम चौधरी**

एक भारतीय समाजवैज्ञानिक, इतिहासकार और इंडियन कौंसिल ऑफ़ हिस्टॉरिकल रिसर्च में सीनियर एकेडेमिक फ़ेलो हैं।

**शीरीन जे. जेजीभोय**

जनसंख्याविद् और समाजवैज्ञानिक हैं। इन्होंने स्वतन्त्र रूप से युवाओं के स्वास्थ्य और विकास, महिलाओं के सशक्तीकरण, जेंडर आधारित हिंसा और लैंगिक और प्रजनन सम्बन्धी स्वास्थ्य के मसलों पर काम किया है।

**दयाबाती रॉय**

एक समाजशास्त्री और मानवशास्त्री हैं, वर्तमान में प्रतीची इंस्टीट्यूट के साथ काम कर रही हैं।

**प्रदीप कुमार पांडा**

वर्तमान में नीति आयोग, नयी दिल्ली से जुड़े हुए हैं।

# भूमिका और आभार

आधुनिक और समकालीन दुनिया में हर जगह सामाजिक जीवन की गत्यात्मकता को समझने और उससे संवाद करने के लिए 'ग्रामीण' और 'शहरी' को दो सबसे प्रमुख श्रेणियों के रूप में इस्तेमाल किया जाता रहा है। तक़रीबन सभी राष्ट्र–राज्य अपनी जनसंख्या का वर्गीकरण करने के लिए इनका सार्वभौमिक रूप से उपयोग करते हैं। समाज विज्ञान की 'मुख्यधारा' विद्वता द्वारा इन्हें अलग–अलग प्रकार के सामाजिक संघटनों (सोशल फॉर्मेशन्स) के रूप में देखा जाता है, जो जीवन के विभिन्न तरीक़ों, सामाजिक संगठनों और आर्थिक व्यवस्थाओं के विभिन्न रूपों का प्रतिनिधित्व करते हैं। 'ग्रामीण' और 'शहरी' को मानव विकास और प्रगति की प्रक्रिया के दो 'चरणों' के रूप में देखा जाता है। सामाजिक सिद्धान्त में इन दो श्रेणियों के केन्द्रीय स्थान के कारण इन्हें 'विकास' के समाजशास्त्रीय और आर्थिक सैद्धान्तीकरण में सामाजिक और आर्थिक प्रगति के मुख्य संकेतक माना जाने लगा है।

'ग्रामीण' या 'गाँव' की अवधारणा का भारत में विशेष महत्त्व है। भारत में शहरों का एक लम्बा और विविधतापूर्ण इतिहास रहा है, इसके बावजूद अंग्रेज़ उपनिवेशकों ने दुनिया के सामने भारत को 'गाँव गणराज्यों' की भूमि के रूप में प्रस्तुत किया। भारत का यह प्रस्तुतीकरण इतना प्रभावशाली था कि राष्ट्रवादी नेताओं ने भी इसे काफ़ी हद तक बिना किसी आलोचना के ही स्वीकार कर लिया। गाँधी जी ने 'गाँव की ओर वापसी' को स्वराज हासिल करने का एकमात्र प्रामाणिक कारण माना। नेहरू और अम्बेडकर ने भी गाँव को भारत के पारम्परिक जीवन का स्थान माना। लेकिन गाँधी जी के विपरीत वे यह भी मानते थे कि यह भारत के आर्थिक पिछड़ेपन और सामाजिक बुराइयों को भी दर्शाता था। इन अवधारणाओं का दूरगामी प्रभाव पड़ा। इन्होंने समाज विज्ञान की विद्वत्ता, पॉप्यूलर राजनीति और

सार्वजनिक नीति को एक आकार प्रदान किया। मसलन, स्वतन्त्रता प्राप्ति के बाद के दौर में आरम्भ किये गये विकास नियोजन को ग्रामीण जीवन के 'बुनियादी तर्कशास्त्र' को बदलने के लिए तैयार किया गया था। यह ग्रामीण जीवन को आधुनिकता के साथ सुसंगत बनाना चाहता था तथा यह गाँवों की जनसंख्या को शहरीकरण की लगातार चलने वाली प्रक्रिया के माध्यम से 'शहरों' की ओर भेजना चाहता था।

अभी भी राज्य की नीतियों और आम जनों की कल्पना में जनसांख्यिक परिवर्तन और शहरीकरण की अवधारणा का मुख्य स्थान है। इसे सकारात्मक सामाजिक परिवर्तन के साथ–ही–साथ आर्थिक संवृद्धि और आधुनिकीकरण के संकेतक के रूप में देखा जाता है। बहरहाल, भारत में अभी भी 'ग्रामीण' का अस्तित्व है, लेकिन यह भी सच है कि इसमें कई तरह के बदलाव हुए हैं, और कुछ बदलावों को तो आमूलचूल (रैडिकल) बदलाव की संज्ञा दी जा सकती है। भारत की जनसंख्यात्मक परिवर्तन से सम्बन्धित उपलब्ध सरकारी आँकड़ों से यह बात काफ़ी हद तक स्पष्ट है। पिछले दशकों में शहरी जनसंख्या के आनुपातिक आकार में वृद्धि हुई है। जहाँ 1951 में भारत की 17 प्रतिशत जनसंख्या शहरी थी, वहीं 2011 में यह बढ़कर 31 प्रतिशत हो गयी। यदि हम शहरी जनसंख्या के सम्पूर्ण आकार को देखें तो यह वृद्धि और ज़्यादा प्रभावशाली लगती है। 1951 में भारत की कुल 62 मिलियन जनसंख्या शहरी थी, और 2011 में यह जनसंख्या बढ़कर 377 मिलियन हो गयी। आज भारत की शहरी जनसंख्या का आकार पश्चिमी यूरोप और उत्तरी अमेरिका के प्रत्येक देश की जनसंख्या के आकार से बड़ा है। बहरहाल, ज़्यादा महत्त्वपूर्ण बात यह है कि पिछले दशकों में ग्रामीण जनसंख्या के सापेक्षित वज़न में गिरावट आयी है, लेकिन ग्रामीण जनसंख्या के कुल आकार में तीन गुणा वृद्धि हुई है। 1951 में इस ग्रामीण जनसंख्या का आकार 298.6 मिलियन था, वहीं 2011 में यह बढ़कर 833 मिलियन हो गया। यह जनसंख्या तक़रीबन 6 लाख गाँवों में निवास करती है, जिनमें काफ़ी विविधता है।

यद्यपि अभी भी भारत में 'ग्रामीण' का अस्तित्व है, किन्तु यह कोई समरूपी या जड़ श्रेणी नहीं है; यह कभी भी समरूपी या जड़ श्रेणी नहीं रही है। इसमें अत्यधिक परिवर्तन हुए हैं। विभिन्न क्षेत्रों में इसके बदलाव की गत्यात्मकता अलग–अलग रही है। यह पुस्तक भारत में ग्रामीण सामाजिक जीवन से सम्बन्धित विभिन्न विषयों की एक विस्तृत प्रस्तावना

प्रस्तुत करती है। ये अध्याय भारत के कुछ सबसे प्रसिद्ध सामाजिक वैज्ञानिकों द्वारा लिखे गये हैं। इन अध्यायों का चयन इस प्रकार किया गया है, ताकि समकालीन अवधि में एक दृष्टिकोण का विकास करने में सहायता मिले; लेकिन इन अध्यायों को पढ़ते समय इनके अवधारणात्मक और अनुभवसिद्ध सन्दर्भ को ध्यान में रखना आवश्यक है। 1950 के दशक से ही बदलते समय, क्षेत्र और अध्ययन की प्रवृत्तियों तथा भारत में ग्रामीण क्षेत्र के महत्त्व का प्रतिनिधित्व करते हैं।

पुस्तक के पहले भाग में नौ अध्याय हैं। इन्हें औपनिवेशिक शासन से स्वतन्त्रता प्राप्ति के बाद के आरम्भिक वर्षों में सामाजिक मानवशास्त्रियों द्वारा किये गये गाँवों के अध्ययनों से लिया गया है। यद्यपि उस समय मानवशास्त्री गाँव में 'पारम्परिक' संस्कृतियों को समझने जाते थे, किन्तु उनके गाँवों के विवरण से उपमहाद्वीप के क्षेत्रों की महत्त्वपूर्ण विविधताएँ सामने आती थीं। इनमें से बहुत से विद्वानों ने जाति और सांस्कृतिक विश्वासों की सामाजिक व्यवस्था के बारे में होने वाले परिवर्तनों के बारे में बताया।

पुस्तक के दूसरे भाग में 11 अध्याय हैं। इन अध्यायों में भारतीय राज्यों द्वारा विभिन्न नीतियों और कार्यक्रमों अपनायी गयी विविध प्रकार की विकासात्मक पहलों के बारे में विवेचना की गयी है। इनमें मुख्य रूप से संवृद्धि और ग़रीबी के प्रश्नों पर ध्यान केन्द्रित किया गया है, तथा विभिन्न कार्यक्रमों के ज़मीनी स्तर पर काम का आलोचनात्मक मूल्यांकन किया गया है। इस पुस्तक के तीसरे भाग में कुल 15 अध्याय हैं, जो आधिकारिक रूप से तैयार किये गये विकास और परिवर्तन के प्रश्नों से आगे जाते हैं। ये विविध प्रकार के विषयों पर ध्यान केन्द्रित करते हैं तथा इनमें ग्रामीण जीवन की बदलती गत्यात्मकता का गहन विवरण प्रस्तुत किया गया है।

इस पुस्तक को तैयार करने में मुझे बहुत से लोगों से सहायता मिली है। मैं *इकोनॉमिक ऐंड पॉलिटिकल वीकली* के पूर्व सम्पादकों सी. राममनोहर रेड्डी और परंजोय गुहा ठाकुर का आभारी हूँ, जिन्होंने इस पुस्तक को तैयार करने की मेरी क्षमता पर भरोसा जताया। *ईपीडब्ल्यू* के कर्मचारियों ने हर स्तर पर मेरा सहयोग किया। मैं विभिन्न अध्यायों के लेखकों का भी आभारी हूँ जिन्होंने सहर्ष अपने शोध–आलेखों को इस पुस्तक में शामिल करने की अनुमति दी। मेरे कुछ विद्यार्थियों ने मेरे साथ *ईपीडब्ल्यू* के पुराने अंकों की गहनता से छानबीन की, और उसी के आधार पर हमने इस पुस्तक के लिए विभिन्न अध्यायों का चुनाव किया।

मेरे इन विद्यार्थियों में श्रेया सेन, तन्वी सिरारी, अनसूया चटर्जी, ईश्वरी भट्टाराई, सूरज बेरी, मल्लिका चौधुरी और तनिया चक्रवर्ती सम्मिलित हैं। इस काम में रुचि दिखाने के लिए मैं इन सबका आभारी हूँ। मैं पुस्तक की प्रस्तावना को पढ़ने और इस पर अपनी टिप्पणी देने के लिए स्नेहा सुधा कोमथ का आभारी हूँ। ऑरियन्ट ब्लैकस्वॉन के प्रोतेती बनर्जी और निलांजना मजमूदार का भी आभारी हूँ, जिनके कठिन परिश्रम के कारण यह पुस्तक प्रकाशित हो सकी।

**–सुरिन्दर एस. जोधका**

□□